问津文库

主编 王振良

九河寻真

2015

万鲁建 编

天津社会科学院出版社

图书在版编目（ＣＩＰ）数据

九河寻真. 2015/万鲁建编. -- 天津：天津社会
科学院出版社, 2016.12
（问津文库/王振良主编）
ISBN 978-7-5563-0328-1

Ⅰ. ①九… Ⅱ. ①万… Ⅲ. ①天津－地方史－文集
Ⅳ. ①K292.1-53

中国版本图书馆 CIP 数据核字(2016)第 307523 号

出版发行：天津社会科学院出版社
出 版 人：钟会兵
地 　　址：天津市南开区迎水道 7 号
邮 　　编：300191
电话/传真：（022）23360165（总编室）
　　　　　　　（022）23075303（发行科）
网 　　址：www.tass-tj.org.cn
印 　　刷：今晚报社印刷厂印刷

开 　　本：880×1230 毫米　　1/32
印 　　张：24.625
字 　　数：546 千字
版 　　次：2016 年 12 月第 1 版　　2016 年 12 月第 1 次印刷
定 　　价：88.00 元

文史荟萃与文化担当

章用秀

问津学术年会论文集《九河寻真·2015》付梓在即,鲁建兄嘱我写序,故能有幸得以先睹。

《九河寻真·2015》收入74位作者2015年撰文计74篇,分为社会与文化、风俗与史迹、人物与事件、综述与随谈等四个板块,举凡天津历史上的政治、经济、社会、民俗、文化、艺术、人物诸多方面均有所涉及。书后有附录,包括问津书院第三届学术年会综述、分组讨论小结等。

通过历史脉络的梳理和地域风貌的探讨,揭示天津城市的发展进程和人文精神,是本书的一个基本点。书中不少文章对天津的空间地缘环境、水利开发及社会经济基础做了精辟阐释。尹树鹏《塌河淀为天津提供的文化空间》在多方考察塌河淀的得名与形成的基础上提出,早年的天津平原分布着大小不一的淀泊,又有大小不一的减引河将其连在一起,海河蜿蜒其间,形成了一个完整的水系、水网。这是天津的地理空间留给天津先民的先天资源。在这众多淀洼中,塌河淀距城区最近,它对天津城市的形成、发展和走向起到了独特的作用。它决定了天津城区东部全部减引河的走向,减轻了天津的水患。在文化意义上讲,这片浩渺的水面提供的亲水空间、物产资源、社会人文又成了天津文化的重要组成部分。任云兰《海河的整治与近代天津城市环境的重塑》特别提到了海河裁弯取直对近代天津城市发展所产生的影响。闫立飞《五大道与都市意象的重构》认为天津五大道以其万国博览会的物质形态不仅创造特征鲜明的空间文化,而且重构了都市意象,成为现代都市代表性的意象符码。孙爱霞《屋顶花园娱乐空间与都市现代性》认为,天津的屋顶花园改变了津城市民传统的思维观念、休闲模式,建构、体现出精神文化层面的现代性。

天津是座开放和包容的城市,近代史上,天津作为中国北方重要的工商业城市,具有得天独厚的地理优势和物质资源。从这一层面上研究天津的历史,更能加深对天津的认知,确立其在中国历史特别是近代史上的地位和作用。任吉东《沦陷时期天津社会底层行业变迁——以粪溺业为中心》、成淑君《电影院与沦陷时期的京津社会》、王静《浅析沦陷时期的天津律师执业活动》等,是在城市史研究框架下探讨天津在沦陷时期的民众日常生活和经济状况的。罗海燕《近代学人华世奎诗文中的都市现代性呈现》专取华世奎及其诗文作为考察的主要对象,其结论是"诗中天津都市现代性的呈现具有写实性与悖论性两大特征"。这种将市井时尚与人文艺术相联系探讨近现代天津社会的方法同样值得借鉴。

以求真务实的态度考察天津的历史文化,是本书的又一基本点。天津在其城市发展历程中,积累了深厚丰富的多元的文化内涵。探索天津历史既需要科学的论证,也需要多方挖掘资料,揭开文献记录尘封的事件与人物。刘国有《清末法政学堂的兴起》便是在查阅《北洋公牍类纂》《大公报》等文献和旧报刊的基础上研究北洋法政学堂,并得出"清末中国的政法学堂,本为快速大量地培养法律和政治实务人才,开办后却逐步转向为普通政法高等教育,成为民国法政专门学校的前身"等结论的。叶修成《清代水西庄考论》则是通过查禄百、查禄昌《宛平查氏支谱》、杭世骏《词科掌录举目》、陆谦祉《清厉樊榭先生鹗年谱》、纪昀《纪文达公遗集》、查礼《铜鼓书堂遗稿》等,深入考证水西庄主人及其著述、兴建与衰落、宾朋好友及历史意义,以新的理念探讨一代历史名园,阐释其在中国文化史上所产生的深远影响。

除了文献之外,事实和实物也是有力的依据。新发现的"活的""会说话"的证据有时可以产生新的历史见解,甚至可以遴选出颇具当代价值的史实,重新审视老的结论。李瑞林《天津习武人孕育了两支"铁道游击队"》便是以事实为依据,考证出"微山湖畔铁道游击队员多是天津'八极拳'师吴秀峰的传人";"1939年,在京山铁路汉沽站至芦台站之间也活跃着四支由汉沽海下渔民组成的专扒鬼子火车的队伍,他们是河北形意拳的传人","老百姓叫他们'铁道飞行队'。罗丹《从票证看天津地铁发展》更是为"以物证史"开出一方新天地。作者以个人收藏的天津地铁券及地铁试车券、地铁一号线重新运营参观券、地铁代用币等,考察天津地铁的发展变化,由此使人们看到了改革开放以来中国城市化的进程。

以独特的视角发掘新鲜的资料,是本书诸多作者的追求。书中有不少为首次公之于世的第一手资料,亦有一些为作者的亲历亲闻。《让我沉迷的西于庄》的作者张建近年来在即将动拆和计划动迁的西于庄老区里，累计访问了 150 多户家庭、200 多位原住民，拍摄了大量图片，整理和撰写了几十万字的口述史资料。此文主要是记录他考察西于庄的经历和他所见的人和事，也记载了一些老街道、老胡同的变革，作为历史的记忆，颇具史料价值。《比利时租界的苦力岁月》(梁广中整理)以口述的形式道出了家住大直沽怡安街居民李殿华(已于 2014 年病故)当年被迫到海河东岸的比利时租界，在被日本占据的"和记洋行蛋厂"当童工的情况及其在海河边扛河坝、为纱厂卸火车、做苦力的人生经历，真切记录下 20 世纪三四十年代天津社会和底层百姓的生存状况。尹忠田《缅怀刘髯公先生》、李炳德《胡宗楙"梦选楼"藏书》等亦具有一定的原创性。严孝潜是严复的后裔，他写的《严复在天津生活逸事》记述严复在天津买过的房子、严复保存在天津的手迹、严复学生中的天津历史名人、严复曾修订过《天演论》、严复的儿孙等，多为前人所未尽言者，为深入探讨严复与天津的渊源提供了珍贵的资料。

学术研究的原创性不光是材料新、题材新，也体现在视角新、观点新上。姜维群《收藏五大道家具的理由》以五大道家具为切入点，解读民国时期天津的文化现象和风尚与取向，提出天津洋家具式样独特，全国首屈一指，天津洋家具不等于欧式家具，天津洋家具独立于海派家具之外；由于小洋楼的建筑格局，衍生出独特的天津"洋家具"文化。王振良《万壑千岩变态生——浅谈天津地方文化研究的几组对立概念》选择山与水、京与卫、南与北、中与西、雅与俗、上与下、城与郊等七组概念，逐一分析论证，认为由此"或可抓住天津文化发展起承转合之根脉"。对于研究天津的历史文化，这是一个颇有创见的崭新的理论和方法。

天津是中国历史文化名城。天津的历史,尤其是近代以来,有许多可圈可点之处,值得大书特书。但由于种种原因,学界甚至天津人自身对天津的历史文化缺乏客观的认识。有说天津本斥卤之地,筑城设卫不过几百年,实在无古可考;有说天津本商业城市,后开九国租界,属文化沙漠;有说天津只是个水旱码头,只存在那些在勾栏瓦肆吟唱的"赶大辙"一类难登大雅之作。这些年来陆续问世的各类体裁的文学作品和电视剧,对天津的城市形象和天津历史众生相,或多或少都进行了断章取义的丑化、矮化和扭曲。我曾在火车上,听到广播员介绍天津,将天津诸多文化精华的桂冠戴在了毫不相干的人的头上。更有浅薄无知之士把天津的几种吃食当成天津城市文化的代表。有的学者在言及天津城市性质和文化品位时,亦是不顾事实,张冠李戴,黑白颠倒,谬误百出,这真是学界的悲哀。

历史文化是一个城市最大的软实力。历史中蕴藏着立足现实、迈向未来的宝贵精神财富。随着中国近些年来的飞速发展,各地都开始重视本土的历史与文化。由王振良先生主持的问津书院以挖掘、探索、彰显天津地方文化为己任,组织、引领各路有识之士,围绕津沽历史与文脉这一主旨,开展卓有成效的学术活动。自2013年起,除举办每月一次的"问津讲坛"、专题研讨会、刊印乡邦文献、编辑和出版相关著作等,每年举办一届问津学术年会亦为其中之一项。《九河寻真·2015》是2015年第三届问津学术年会成果的荟萃,它凝聚了诸多文史学者的心血,也体现了作者弘扬地方优秀文化的一片热忱。

一位问津书院同仁说:"深读津城,彰显人文良知。"我很赞成这句话。我认为,"人文良知"就是一种文化自觉,文化自觉是发自内心的动力,它不靠别人去驱赶,不是靠外界的压力,有了内心的动力才有文化的担当,才有"深读津城"的责任感和紧迫感。问津书院和问津书院的同仁们不正是如此?

愿问津书院取得更大成就!愿今后的问津学术年会更加硕果累累!

2016 年 10 月

目 录

风俗与史迹

人物与事件

综述与随谈

附　录

社会与文化

海河的整治与近代天津城市环境的重塑

任云兰

一、海河的淤塞及对轮船运输的影响

天津位于华北平原的东北部,海河流域的下游,北与燕山山前平原接壤,东临渤海湾。地势低洼,是子牙河、大清河、永定河、南北运河和海河等诸多河流会合入海之处,故有"九河下梢"之称。流域内北部和西部为山地高原,东部和东南部为辽阔平原,山地到平原过渡地带很短。海河下游地处黄河与海河各支流冲击而成的平原,海拔高度不超过 50 米,地势由西北、南、西南三面向天津缓缓倾斜。海河水系上游河流像树枝,呈枫叶状,上大下小,上宽下窄,上陡下缓,河水流经海拔千米以上的高山,夏秋季节,河水在进入平原以后,水流陡然下泻,流短水急,而地势平缓的平原加之河道的淤塞,加剧了河流在雨水集中季节的泛滥。所以,处于这样的地理位置,天津平原每到雨季常常遭遇洪涝灾害的侵袭。

海河的一个重要特征是河道蜿蜒曲折。"河身迂回过甚,宽窄相悬过巨,而两岸引水支渠过多,分泄该河水量,使其不能保持相当深度。"①当时的海关年报指出:"自大沽而迄于天津之海河,河道蜿蜒曲折,不易行船。海河如此迂曲,以致大沽至紫竹林,以陆路计,仅长 34 英里,而以水路计,反在 60 英里以上。"②由于海河淤塞弯曲,影响了船只由大沽口进入天津紫竹林码头。据统计,1861 年,随着口岸贸易的开放,有 111 艘平均吨位 245 吨的船舶在海河里航行,除了在急转弯时不断撞击河岸外,并没有遇到什么困难。1870 年航行船舶的平均吨位增加到 388 吨,到 1880 年为 600 吨。③但到 19 世纪 80 年代中期,海河淤塞更加严重,甚至最小的轮船也不得不经常在大沽沙洲就将装载的货物卸到驳船上。这对驳船业有利,但不利于贸易。到 80 年代末,由于海河淤塞严重,许多船只不得不放弃直达天津紫竹林码头的打算,并在租界紫竹林码头以下 14 英里的地方建立了临时停泊所。1896 年是历史上最糟的一年,差不多有七个多月的时间,轮船不能驶抵租界码头。1897 年只有一艘轮船开到租界码头,海河已成为"一条几乎无用的航道"了,来往船只也不得不减轻装运量,无形中增加了运输成本。到 1898 年时,甚至没有一艘轮船驶抵租界码头。④

海河的淤塞问题严重地影响到了天津的贸易前景,也一直困扰着在天津有着巨大商业利益的各国商人及相关机构。其实早在

---

①海河水利委员会编印:《海河放淤工程报告书》,1935 年 12 月,第 5 页。

②《1865 年津海关贸易报告》,吴弘明编译:《津海关贸易年报 1865—1946》,天津社会科学院出版社 2006 年版,第 7—8 页。

③[英]雷姆森著,许逸凡、赵地译:《天津租界史(插图本)》,天津人民出版社 2009 年版,第 88 页。

④《天津海关 1892—1901 年十年调查报告书》,天津市历史研究所编:《天津历史资料》(第 4 期),1965 年,第 68—69 页。

1886年的海关报告中,津海关税务司德璀琳(Gustav Detring)就提出了裁弯取直的设想,他先是分析了海河淤沙的来源:"海河之淤沙,公认原于潮水之回流,该回流强行绕越河道内常见之急弯使然也。"据此,他提出了改进的方案:"设若截断数处河湾之颈部,便可修成一条几乎直通河口之水道,据料河水在其流程中既无弯道之阻,庶可维持一条其深足以行船之通海航道。"接下来,他还分析了这样做的好处:"笔直水道内之航运自必益形便利,大沽至天津之距离亦颇形缩短。此方案之费用比照由是所得之利则不为多,贷款所生之息易为轻微之船只通行税所抵付,而通行税又因滞期与事故次数之减少而大获补偿,盖滞期并事故现使白河之航运耗资甚巨。"①短短数言,分析非常准确。1890年,天津境内发生了严重的水灾,海关税务司德璀琳委托丹麦工程师林德(A. de Linde)历时两月查勘水灾状况,并绘成测量图,呈送直隶总督李鸿章。②同时,德璀琳提出一个方案,需要100万两银子来进行海河的疏浚,但这一方案遭到了中国地方当局的强烈反对,最终不得不放弃。到1896年,海河淤塞的严峻形势不仅使外国人,甚至中国人也开始惊惶。这一年林德(A. de Linde)受托勘测海河,以便制订海河整治方案。

二、海河管理机构的成立与海河的裁弯取直和疏浚

直到1897年,海河的淤塞情况才引起了中外官民的实际行

---

① 《1886年津海关贸易报告》,吴弘明编译:《津海关贸易年报1865—1946》,天津社会科学院出版社2006年版,第142页。
② 天津市档案馆、天津海关编译:《津海关秘档解译——天津近代历史记录》,中国海关出版社2006年版,第50—51页。

动。这一年,在直隶总督王文韶的协调下,经过多方的努力,组成了一个由中外人士共同参加的委员会,负责协商海河疏浚问题。该委员会主要成员有天津海关道台、中国招商局和中国机矿公司的代表、天津海关税务司、各个航运公司和驳船公司的代表以及各外国租界的代表和洋商总会的代表。[1]由林德任顾问。实际上,这个委员会从未举行会议,具体工程事务则由海关道台、首席领事与海关税务司举行的会议协调。

在该委员会的积极运作下,到 1900 年 6 月,分别在芦台运河上、在军粮城以及大沽建造了三个水闸,还削平了几道河湾,对一些较浅的河道也用木桩和侧面防波堤的方法加以整治。工程结束以后,海河水量增加了 65%,水面增高 15 英寸至 18 英寸(相当于 0.38 至 0.46 米。)[2]这时,义和团运动爆发,工程遭到严重破坏。

1901 年天津处于八国联军组成的临时政府都统衙门统治时期(1900 年 7 月 30 日至 1902 年 8 月 15 日),这时的海河工程局经过改组,正式成立,总共由 7 名代表组成,其中都统衙门代表 1 名(由法国的阿拉伯西担任),领事团代表 1 名(由英国领事担任),英法德租界各派代表 1 名,此外,还有海关税务司德璀琳和主任工程司林德。

到 1927 年时,海河工程局组织采用委员会制,委员为津海关监督、税务司、天津领事团领袖共 3 人,"尚有中外航商及总商会代表,系属咨询团体"。局内设秘书长 1 人,专管一切文牍事务,总工程师 1 人,主持工程处一切事宜。工程处内分为 5 科:总务科并测

[1]《天津海关 1892—1901 年十年调查报告》,天津市历史研究所编:《天津历史资料》(第 4 期),1965 年,第 70 页。
[2]海河水利委员会编印:《海河放淤工程报告书》,1935 年 12 月,第 5 页。

量科，"凡测量绘图人员河巡水夫及护岸工役等均属之"；工厂并船坞科，"凡工厂及船坞各项员役等均属之"；浚河科，"凡挖泥吹泥各船只员役等均属之"；海口工务科，"凡大沽海口浚滩及破冰工作员役等均属之"；材料科，"凡管理及收发材料人员均属之"。①

　　除了海河工程局以外，1918 年 3 月成立的顺直水利委员会（1925 年改称华北水利委员会）也在海河的疏浚和整治工程中发挥了一定的作用。有时，两个机构还联手整治海河。

　　海河工程局成立之后即着手对海河进行裁弯取直和疏浚工程。从 1901 年到 1923 年，海河工程局对海河不同地段进行了 6 次裁弯取直工程，从河道与裁弯处共挖取出 60 多亿立方英尺（约 1.699 亿立方米）的泥土。②经过裁弯取直工程后，海河河道顺直，河槽加深拓宽，河道泄洪能力加大，市区河段潮差增加，由 1898 年的 0.09 米增加到 1913 年的 1.34 米，缩短航程 26.34 公里。3000 吨级轮船可乘一次涨潮驶抵紫竹林码头，减少航行时间 1 小时，通航泊位吃水深增至 4.5—5 米，最大 5.5 米。③

　　1901 年 10 月，海河工程局开始了第一次裁弯取直工程。这次裁弯，起于挂甲寺，止于杨庄，削除了天津湾、火柴厂湾与东河区湾。"以后由塘沽至津水路稍近，缘已绕避轮船最难行驶之五湾"，④新挖航道 1207 米。1902 年 7 月，工程结束，海河航道缩短 1829 米。⑤

①海河工程局编：《天津海河调查报告书》，1927 年，第 31 页。
②[英]雷姆森著，许逸凡、赵地译：《天津租界史(插图本)》，天津人民出版社 2009 年版，第 210 页。
③海河志编纂委员会编：《海河志》(第二卷)，中国水利水电出版社 1998 年版，第 167 页。
④《1901 年津海关贸易报告》，吴弘明译编：《津海关贸易年报 1865—1946》，第 206 页。
⑤以下历次裁弯取直航道缩短里程数据均采自海河志编纂委员会编：《海河志》(第二卷)，第 167 页。

与此同时,海河工程局又进行第二次裁弯取直工程,自下河圈起到何家庄止,新挖航道 1170 米,削除了双湾与菜园湾以及东局子与菜园之间的两道急弯。1902 年 9 月初结束,缩短河道 5181 米。

1903 年 9 月,海河工程局进行第三次裁弯取直工程。这次裁弯自低坟头河湾的杨庄起到泥窝上面的新庄止,新挖航道 3380 米。1904 年 6 月底工程竣工,七月下旬正式通航。"开通后 1 点半钟,水即将该河道灌满,西 7 月 27 号,轮船任意由新河道来往。此段河工计长 11,000 英尺,河道中共挖深 22 英尺,面宽 400 英尺,底宽 180 英尺,共挖土 682,000 方,内有 630,000 方系本年所挖,3 月之久挖竣,工人最多时,系 15000 人。"[①]这次裁弯削除了海河上妨碍航行最严重的三个河湾:低坟头河湾、美点湾及白塘口湾,缩短海河航道 7131 米。

前三次裁弯取直工程主要是裁掉河道中的弯道,以后则主要是挖泥工程和束水护岸工程。

1911 年,海河工程局进行了第四次裁弯取直工程,这也是最大规模的一次裁弯取直工程。该工程自赵北庄起至蔡家庄止,新挖航道 3782 米。是年 4 月开工,1913 年 7 月结束,缩短航道 9077 米。这次裁弯工程结束后,海河的通航能力大大提高,潮汐涨落之差从昔日的 0.31 呎(0.09 米)增至 4.98 呎(约 1.52 米),1914 年 7 月,吃水 15 呎(4.6 米)的轮船通过海河直达天津,[②]这是有史以来通过海河吃水最深的船只。

1918 年,海河工程局与顺直水利委员会在三岔口共同进行了

---

①《1904 年津海关贸易报告》,吴弘明编译:《津海关贸易年报 1865—1946》,第 236 页。
②海河水利委员会编印:《海河放淤工程报告书》,1935 年 12 月,第 5、6 页。

一次裁弯取直工程,即第五次裁弯取直工程。1918年,海河工程局为三岔河裁弯取直。此段"最有意味之工程"数年前已由海河工程局建议实施。此后由于"诸多窒碍,尤以购买民地一事为难",因此"受无限之停顿"。1917年旧议重提,于是决定凿通此河,"为改良河道大计划之初步"。由顺直水利委员会总工程师平爵内任工程监督,"赖其躬自指挥,该工乃大告厥成矣。"同时,在此次裁弯取直工程中,天津警察厅长杨以德以及诸绅商在涉及河道附近居民搬迁中发挥了积极的协调作用。①1918年11月工程结束,新挖航道474米,缩短航道1585米。

1921年至1923年,海河工程局在灰堆进行了第六次裁弯取直工程。该工程起于下河圈,止于芦庄。1921年5月裁弯开始,6月"新河"号挖泥船进入裁弯工地施工,1923年10月工程结束,新挖航道2743米,缩短航道1534米。裁弯所挖泥土,经海河工程局与英租界当局议妥,用于填筑墙子河外的洼地。

1924年是一个创纪录的航运年,有1,502艘船只到达这个口岸,其中1,311艘驶抵天津租界河坝(即紫竹林码头),最大的吃水量为17英尺6英寸(约5.3米)。②

除了以上6次裁弯外,还做了大王庙裁弯(1919年)、葛沽裁弯(1941年)和塘沽裁弯(1942年)。

在裁弯取直以外,1900—1948年间,为了清除河道淤沙,还组织了多次治淤疏浚工程。海河的上游河道以永定河含泥沙量最多,北运河次之。正常情况下,南运河、大清河和子牙河的河水比较清,

---

①《1918年津海关贸易报告》,吴弘明编译:《津海关贸易年报1865—1946》,第359页。
②[英]雷姆森著,许逸凡、赵地译:《天津租界史(插图本)》,第209页。

海河沉淀的永定河和北运河的泥沙主要是靠南运河、大清河和子牙河的河水冲刷,但到 20 世纪 20 年代中后期,由于这些河流的上游兴建闸门,截流灌溉,如马厂和唐官屯水闸将南运河的清水截流,用于灌溉小站的稻田,致使流入海河的水量骤减,影响了海河泥沙的冲刷,使海河淤积越来越厉害,治淤疏浚显得更加迫切。随着机械化的发展和大型挖泥船的引进,治淤效率大大提高,开挖的土方逐年增多,效益也增加。

1902 年海河工程局首次自荷兰购进了"北河"号挖泥船,同时购入一、二号挟泥机,用于疏浚海河,当年即疏浚土方 33980 立方米。海河航道经过几次裁弯取直后,状况虽有好转,但未根本改观,因此到 1910 年时海河工程局又购入"新河""燕云"号挖、吹泥船用于疏浚海河。1912 年 6 月 21 日,测得海河含沙量为 1.41%,7 月,永定河堤决口,约有 440 平方公里的土地被淹,大量泥沙被带到海河。从 1912 年开始,海河工程局先后投入了"北河""新河""燕云"等挖、吹泥船进行疏浚,以后又增加了"西河""高林"等挖泥船,同时加强海河支流水系的治理。受洪水冲刷的影响,1917 年至 1926 年,海河河道情形甚佳。1927 年,受洪水影响海河疏浚工作至 9 月方开始,挖泥船只能在大潮时工作。此后,海河情形愈加恶劣,"民国十六、十七两年,淤塞益甚,疏导无功;十八、十九两年,情形稍佳;二十年则复为泥沙所填塞矣"[①]至 1933 年,海河状况始见好转,当年吃水 4 米的船只可以进出天津港,除 1939 年天津大水对海河航道造成一定影响外,至 1945 年,海河的允许吃水量一直维持在

---

① 《天津海关十年报告》(1922 年至 1931 年),天津市历史研究所编:《天津历史资料》(第 5 期),1980 年,第 72 页。

大沽基准面以下 4.9 米左右,航道基本畅通。自 1940 年起,因财力及燃煤等因素,海河疏浚颇受影响。1946 年,因煤价狂涨,为节省用煤,海河工程局只使用了一部分挖泥船("高林""北河""西河"号)及吹泥船("中华"号)进行工作,嗣因工潮,疏浚工作又告停顿。

1947 年疏浚较好,尤以 7、8 月份突出,因为 1948 年 8 月,驻青岛的美国西太平洋舰队之一部将进驻天津,天津市政府曾令海河工程局大力疏浚海河航道,以备美舰到来(后未成行)。1948 年,海河工程局又奉命疏浚转头地(即将河岸向陆地上凹进去一段,使河面变宽,便于船只调头的地方)和码头,不久即因经费及燃油缺乏,疏浚工作宣告停顿。

从 1902 年至 1948 年,海河航道共疏浚土方 1514 万立方米,其中河内弃土量为 94.8 万立方米、吹填量为 1470 万立方米(吹填量中有部分泥土不是从海河中疏浚出的)。[1]二十年代中期以后,挖泥船逐渐代替人工,疏浚量也比单纯依靠人工时要多。[2]经过疏浚,抵达津埠的轮船数量明显增多,1899 年时只有 2 艘,1904 年达到707 艘,1919 年突破 1000 艘,达到 1024 艘,1935 年时更达到了2216 艘。[3]

整治海河的经费主要来自河工捐、船捐、政府补助金和垫土费。从 1906 年到 1935 年的 20 年间,海河工程局的总收入为18,089,074.77 元,其中河工捐收入 9,410,913.84 元,约占 52%;船

---

[1]天津市地方志编修委员会编:《天津通志 港口志》,天津社会科学院出版社 1999 年版,第 121 页。

[2]参见海河志编纂委员会编:《海河志》(第二卷),中国水利水电出版社 1998 年版,第170—171 页。

[3]《海河工程局民国二十四年报告书》,第 18 表。

捐收入 4,835,451.02 元,约占 26.7%;政府补助金每年 93480 元,共收入 1,869,600 元,约占 10.3%;垫土费收入 1,973,109.91 元,约占 10.9%。①

政府补助金主要负担经常费。最初的经费有 1898 年直隶总督李鸿章拨付的 10 万两白银,与由英国工部局担保发行的 15 万两公债即 1898 年英国工部局 E 字公债一起作为海河工程局兴办工程的经费。1900 年至 1902 年,海河工程局的资金主要由都统衙门和外国租界的商界团体共同筹措,最初的 50 万两,其中 25 万两是由都统衙门拨付的,其余 25 万两由中国及租界各国共同筹措。从 1901 年 6 月 1 日到 1902 年 8 月 15 日都统衙门每月拨给海河工程局 5000 两维修费,在一年零两个半月的时间里,都统衙门共拨付 72500 两,加上最初的 15000 两测量大沽口的开办费用,都统衙门存在的两年期间,共拨付给海河工程局 337500 两。②此外,还有一些小型养护和维修工程的附加补助款还没计算在内。都统衙门对海河工程局工作的支持是有目共睹的,在都统衙门结束时,收到了海河工程局的致谢信:"你们对我们在河道治理工程中所给予的巨大帮助,得到本委员会同人的高度评价。"③ 1902 年中国政府接管天津的管辖权后,每年由津海关关税项下补助海关银 6 万两。

河工捐、船捐占海河工程局总收入的 78.7%。为了弥补经费的

①《海河工程局民国二十四年报告书》之"本局历年收入比较表"。
②[英]雷姆森著,许逸凡、赵地泽:《天津租界史(插图本)》,天津人民出版社 2009 年版,第 200 页。
③倪瑞英等翻译:《八国联军占领实录——天津临时政府会议纪要》,天津社会科学院出版社 2004 年版,第 783 页。

不足,海河工程局还发行公债,最早的是 1898 年英国工部局发行的 15 万两的 E 字公债。E 字公债年息 6 厘,全部公债 12 年内还清,偿付的保证是对一切进口货物、转口货物与出口货物从价征收每千 5 厘(万分之五)的河捐,①或者按关税 1%征收,1902 年加倍为 2%,到 1903 年增为 3%,不久又增至 4%。从 1902 年到 1935 年,海河工程局为裁弯取直工程、购置破冰船拖轮、疏浚河道以及修建万国桥等共发行了 8 次公债。②船捐从 1908 年开始征收,规定凡经大沽沙航道进入天津的船只,按所载货物的吨数,每吨收银 1 钱。

售卖泥土填地所获得的收益也是海河工程局疏浚海河经费的主要来源之一。随着租界土地的开发和城市的扩展,这项收益一直没断,而且基本上每年呈递增的趋势。

由于海河工程局的妥善经营,到 1926 年,海河工程局积累了价值 180 余万两的财产,包括 6 艘挖泥船和 6 艘破冰船,最昂贵的挖泥船"广利"价值 59 万余两。③

三、海河的疏浚与裁弯取直对近代天津城市环境的重塑

海河的整治,对天津城市环境的重塑,有着重要的影响。

第一,在裁弯取直过程中,部分原有河道转变为陆地,而部分陆地则被改造成河道,从而使其附近地区景观发生变化。相应地,

①《天津海关 1892—1901 年十年调查报告》,天津市历史研究所编:《天津历史资料》(第 4 期),1965 年,第 72 页。
②具体参见天津航道局编《天津航道局史》,人民交通出版社 2000 年版,第 11 页和《海河工程局 1929 年报告书》第 13 页。
③海河工程局编:《天津海河调查报告书》,1927 年,第 36—38 页。

一些地方、一些建筑在空间上发生位移,如天津原有小孙庄和大孙庄同在河东,经过裁弯,小孙庄依然留在河东,而大孙庄却"挪"到了河西,现在的地名成了"挂甲寺",但小孙庄的名字在河东大直沽一带保留至今。著名的望海楼教堂,原来河道从其前面通过,裁弯取直工程后,河道从其西面穿过。

第二,三岔河口的裁弯取直,使三岔河口发生重大位移,对天津城市环境的重塑有重大影响。三岔河口是南、北运河与海河呈西、东、南三个方向的丁字形交叉,西为南运河,东为北运河,往南流的是海河。早在元代,三岔河口已经成为"海运、商舶往来之冲",在这里汇合的南、北运河已经成为供应大都商货的重要通道。如元至正三年(1343 年),盐运司以向大都运送宫廷用的常白盐和百官用的官盐为借口,不断在三岔河口一带拦截商船,并向贩运米粟的富商巨贾索要重贿,由此可见三岔河口商业地位之重要。由于三岔河口成为距首都最近的河海通津之地,元朝政府于1316 年在这里设立了海津镇。元朝灭亡以后,三岔河口的商业地位并未受到影响。1404 年,明永乐帝朱棣下令在直沽设卫,同时在三岔河口西南设立卫城,这就是天津城的起源。在裁弯取直以前,北运河要绕过金家窑和狮子林,形成一个大河湾,然后折向西北,经杨村、通州,与会通河相接。特殊的地形,影响了船只的航行。到清末,直隶总督李鸿章就提出过裁直三岔口河湾的建议,由于遭到舆论的反对,未能实现。直到 1918 年,三岔口的裁弯取直工程才提上议事日程,自金钢桥东往南,另开一段新的河道,与海河相衔接,取消了北运河向东绕行金家湾、狮子林的大湾,使三岔河口改变形状;1920 年又开掘了自金钟桥往东至今三条石横街东口,与北运河相会的南运河新河道,取消了侯家后一湾,由此形成了新三岔河口的地理格局。①正是由于裁弯取直工程,海河与南北运河交汇的三岔河口发生了重大位移,改变了城市景观与环境。

第三,海河及两岸的景观和面貌随着海河的裁弯取直也有所变化,首先,原来弯弯曲曲的河道变成了基本上直线的河道,给人们的视觉效果发生了变化。其次,海河裁弯取直后,许多大吨位的轮船能直抵紫竹林码头,在运输的繁忙季节,海河两岸形成了千船竞发,万帆林立的一派繁忙景象,与河运时代小型船只的景象截然不同。再次,海河原来的老河道被栽上了树木,增添了新的景致。在海河的护岸工程中,首先采用了柳条排做骨料用于坝基的防护,试验成功后,在第三次裁弯取直的老河道内种植了大量柳树苗,为柳条排的编制解决了原材料的问题,保障了这种工程方法的原材料供给。今天河西区的柳林公园就是在此基础上建立的。此外,在护岸的丁坝上还栽种了包括柳树在内的各种树木,据统计,从1912年到1932年二十年的时间内,栽种了119750株树木,其中1931年就在第五段裁弯处的崔家码头增植柳树15200棵,连前共植107750棵,军粮城第二次栽种5550棵。②大片的柳树种植,不仅保护了河岸,保证了航道的安全,还绿化美化了环境。

第四,对裁弯取直过程中所产生的土方的处理,也对城市景观的重塑有一定影响。天津地区洼地极多,开埠以后,由于租界的开发,需要大量的土方填垫洼地。海河裁弯取直和河道清淤的泥沙正好派上了用场。在早期的裁弯取直中,疏浚的泥沙多被抛入深航道中,从1906年开始试验吹填,即将挖出的泥沙卖给有需要者,如各

①王世新主编:《红桥区志》,天津古籍出版社2001年版,第82—84页。
②《海河工程局1931年报告书》,第14页。

租界和开发者。1906—1940 年主要吹填海河干流两岸的租界地区,1920 年以后主要吹填南市和城南洼,1940 年以后主要吹填后来的河东粮库、铁路货场、二宫附近和大桥道一带。如 1921 年 6 月进行裁直上灰堆湾工程,"本年用机挑挖之土,有 156000 方之多,遂将此土排置沿河两岸。此项裁直工作,预期后年秋季即可告竣。……普通浚港事务,亦于 3 月 5 日开工,迄于年终,所挖之土,计共 160000 方。内中 110000 方,用之填入英界洼地;其余 50000 方,乃用之以垫城内南市洼也。"①从 1906 年到 1935 年,共从海河掘出泥土 3775190 方,其中 299606 用于回填海河,3628874 方用于天津洼地填地。②从 1916 年 8 月到 1934 年 12 月,海河吹泥用于英租界推广区域的垫土达到 200 万方。③从海河挖出的泥沙通过吹泥船输入管道,直达英租界洼地,如"燕云"号吹泥船的管道在地下长达 5000 尺,通过这些管道,海河泥沙被直接输送到目的地。④正是这些从上游夹带而来的泥沙,通过疏导,变成了天津城市建设的基石。

20 世纪 20 年代中期海河的淤积曾经引起各界的关注,甚至有人将海河的淤积"视为天津商埠地位之今后存亡大问题者"⑤经过数年多方的精心擘画,城市环境大为改观。"租界房屋,建筑格外茂盛。上年已经论及,今年仍是有加无已。德国租界建有全路,并新住宅,及扩大栈房。法租界,新筑数所高大行楼。英、意两界,亦均建有

---

①《1921 年津海关贸易报告》,吴弘明编译:《津海关贸易年报 1865—1946》,第 386 页。
②《海河工程局民国二十四年报告书》,第 16 表。
③《海河工程局民国二十三年报告书》,第 11 页。
④海河工程局编:《天津海河调查报告书》,1927 年,第 18 页。
⑤《海河工程局 1931 年报告书》,第 17 页。

许多新屋,所费不赀。房租自不能不昂,况屋甫竣工,住户即纷至沓来,足见租界之兴隆。"①

从某种意义上来说,海河的疏浚与裁弯取直,为城市建设提供了大量的土方,为城市景观环境的改变奠定了基础,使天津市区从洼地、水坑变成了后来的平地马路,并在此基础上建起了各种风格的西洋建筑和中西合璧的建筑,使天津成为"万国建筑博览会",为城市留下了丰富的文化遗产。

总之,海河的整治不仅在纳潮蓄水、防洪排涝、农田灌溉和生活用水等方面收到了明显的效果,从更宏观的角度讲,海河的整治大大便利了轮船航运的通行,促进了天津航运业和对外贸易的发展,沟通了天津的内外经济交流,促进了天津工商业的发展和租界地区的繁荣,重塑了天津城市环境。

(刊于《福建论坛》,2015年第5期,2015年5月,第94—99页)

---

① 《1913年津海关贸易报告》,吴弘明编译:《津海关贸易年报1865—1946》,第315页。

五大道与都市意象的重构

闫立飞

五大道指天津市和平区西康路、成都道、马场道与南京路合围的一块长方形区域。这块面积只有 1.28 平方公里的原英国租界区，集中了二十世纪二三十年代建造具有各国风格的房屋 2000 多所，其中保存完整的历史风貌建筑和名人故居 300 多处，以其万国博览会式的物质形态不仅创造了特征鲜明的空间文化，而且重构了都市意象，成为现代都市代表性的意象符码。

五大道作为具有高度辨识性的城市区域，首先在区域认同的基础上建构了区域意象。"区域是城市内中等以上的分区，是二维平面，观察者从心理上有'进入'其中的感觉，因为具有某些共同的能够被识别的特征。这些特征通常从内部可以确认，从外部也能看到并可以用来作为参照"①。五大道区域有着明显的"进入"感，"二三层高的砖木结构小楼、风格各异的围墙、尺度宜人

①凯文·林奇著：《城市意象》，方益萍、何晓军译，华夏出版社 2011 年版，第 36 页。

的林荫道、远离喧嚣的街道环境,构成了'五大道'这一区域的主题单元",使其不仅与老城区的拥挤、繁杂形成了鲜明对比,而且与其四周鳞次栉比的高楼及车水马龙的街道亦区别开来。有研究者指出,"从环境心理学的角度,五大道地区独特的空间形态及其历史背景,对生活、工作、行走其中的人们产生了或多或少的暗示、引导等行为心理影响"①。诗人林雪的《途经五大道》印证了这种影响与暗示:"我试着说出马场道。说出我们精神里的 / 罗马。仿佛临街,从那幽暗地下室 / 隐约送来一丝酒香。仿佛尘埃中的 / 葡萄酒桶,有一声微弱如耳语的爆裂……我试着解释命运——我不是必然 / 且必须来到这里,担负诗歌 / 或爱情的意义。即使我的身姿 / 从不在这里闪现,总会有别的女人 / 适时出现,像真理,像谬论,像历史 // 我试着说出家——在许多夜晚 / 来临时,踟蹰在黄昏 / 一遍遍问自己 / 到底怎么生活,才能成为 / 必须要成为的那种人"②。马场道上的罗马式建筑,让诗人联想到幽暗地下室,想到里面贮存的葡萄酒桶和微微飘来的酒香,同时生发出对该区域别样生活的想象,并以此对自己生活及命运进行质问和探寻。五大道不仅激发了诗人林雪诗性创造的灵感,而且其本身作为诗的意象融合了现实生活与精神世界的分隔,并强化了区域的意象特征。

五大道区域的外在形态与内在结构,展现了一种内敛与张扬并存的双重文化形象。作为上层社会的居住区,五大道一方面"摒弃了西方开放式的布局形式,多采取中国传统的高墙深院以强调

①李小娟,陈擎:《天津"五大道"地区的空间文化》,《城市》2009 年第 3 期。
②林雪:《途经五大道》,《诗探索》2010 年第 2 期。

隐私,并由此形成五大道特有的深幽寂静的街市风格"①,另一方面"依从它们中国主人的口味和习惯,并信由中国的设计师们随心所欲地改造,致使各国租界晚期建筑彼此之间变得模糊"②,表现出开放包容、个性鲜明的建筑风格。五大道内敛私密的空间布局所表现的"藏"和多样融合的建筑形态所表现的"扬",虽以其和谐相处与并行不悖展示了近现代中西方文化的冲突交汇及其创造性的再生,并造就了外"藏"内"扬"的都市文化性格,却也是导致其开放性的文化面貌及其曾经辉煌历史被遮蔽和埋没的一个重要因素。冯骥才指出:"在二三十年代,大天津与大上海——这两个近代中国一南一北的名城,曾经何其相像!但奇怪的是,改革开放后,上海人很快地一脉相通衔接上昨日的都市感觉,找到了那种历史的优势。曾经在上海洋行做事的老职员,在如今回滩的合资公司便顺理成章地找到自己擅长的位置,甚至接通了中断久远的往来。但天津好像失掉了这个昨天。我读了上海年轻作家们写的《上海的风花雪月》和《上海的金枝玉叶》,感觉他们就像写自己老祖母的往事那样亲切与息息相通……而曹禺的《雷雨》与《日出》写的地地道道是那个时代的天津。但天津人还会把它当作自己的过去吗?现在,人们已经误把《雷雨》和《日出》当作上海的往事了",不仅天津人如此,学者李欧梵面对五大道的现状及其历史,也惊诧不已,感觉"如闻异国的神话"③。

①夏青等:《天津五大道历史街区空间形态及风貌特色解析》,《天津大学学报(社会科学版)》2012第2期。
②冯骥才:《小洋楼的未来价值——〈天津老房子·小洋楼〉序》,《中国摄影报》1997年第28期。
③冯骥才:《阐释五大道》,郭长久主编《五大道故事》,百花文艺出版1999年版,第10页。

　　五大道独特的空间布局及其内敛的外在形态，虽然使其与外在世界发生断裂，却使得城市保持与延续了一种相对独立及优雅和谐的生活，创造了符合"慢行城市"的社区生活理念。宋安娜在《五大道之晨》中细致描述五大道区域的当下生活，"当第一抹晨曦跳上重庆道与广东路交口洋马车雕塑的琉铜金顶时，五大道上响起了环卫工人的扫帚声，唰，唰。七月槐花正茂，遍地鹅黄。工人将花瓣儿一簸箕一簸箕收起，倒入三轮车斗里。车轮水车般转，轻悠悠的，车后一路槐花香……如今五大道居民，士农工商，五方杂处。遛狗的女人牵着贵妇犬出门时，下岗女工的煎饼果子摊也点火了。女人们睡眼惺忪，用笑意相互问候，连狗儿都不叫，不忍打破这清晨的静逸……现今小区严禁小贩出入，而五大道却永远敞开着大门，也唯有五大道，还能听到小贩有滋有味的叫卖声，看见磨剪子戗菜刀的人坐在门槛以外，在磨刀石上兢兢业业磨快一把菜刀。生活细节往往印证时代，还有哪里能像五大道人家，每天用煤油墩布擦菲律宾木的地板，一年换两季窗户，夏天拆下里扇玻璃窗换纱窗，不等入冬，又拆下纱窗换玻璃窗的呢？拆拆换换，年复一年，便是这年复一年，五大道在保护着历史风貌建筑的同时，也努力维系着原有的生活形态"①。五大道的静逸、雅致、宽和与包容，以及对原有生活形态的坚持与固守，与"慢行城市"理念形成了有趣的呼应。克劳斯·昆兹曼对始于1999年的"慢行城市"（Slow City）进行了解释，"慢行城市可以被视作这样一种城市：人们享受着舒适、愉快而安全的生活。一座慢行城市是一座适宜步行的城市，是一座尊重场所历史的城市，

①宋安娜：《五大道之晨》，《天津人大》2011年第8期。

是一座挖掘经济发展潜力、保护自然资源和水资源的城市"①。可以说,宜居、舒适、愉快、安全、环保、节奏舒缓、尊重历史传统、以人为本的"慢行城市"理念,不仅是当下城市规划与发展的一个重要观念与基本目标,而且也为解释五大道为何在高楼林立、市声喧嚣、欲望张扬的后现代都市中仍然保持稳健步伐、平和心态与盎然生机提供了一个恰当理由。

五大道的生活细节及其区域意象受到关注的同时,其开放包容的历史品格与个性化的建筑风格所代表"扬"的一面,在现代性的叙事语境中获得了解放与重生。五大道既是现实的区域,也是想象的空间,它通过空间的想象生产出关于都市的记忆与历史,并赋予它以现实性。它的角色和意义只有在其被赋予之后才可能获得客观有效性②。以城市的开埠为起点,沿着北洋时代的峥嵘、逊清皇家的遗风,在五大道的空间内,不仅可以看到这个独特区域形成过程中历史风云的交集,而且还能发现天津作为近现代工商业城市,其政治、经济、社会、思想、人文等各个方面发展与运行的历史脉络及由此发生的动人故事。透过密实的围墙和葱郁的花木,一幢幢形态各异、个性突出的建筑物,既是时代的参与者,也是历史的见证人,它们以一种凝固的形态记录着风云变幻年代各类名人的英雄伟业、命运际遇与生活点滴。从末代皇帝、前清王公大臣、民国总统总理,到各部总长、各省督军,以及洋行买办、实业家、著名学者、文化名人等等,他们与生活起居的宅邸已经紧密地连接起来,共同组成近代中国百年激

①克劳斯·昆兹曼:《慢行城市》,邢晓春译,《国际城市规划》2010年第3期。
②爱德华·W.萨义德:《东方学》,王宇根译,三联书店1999年,第67页。

扬动荡的历史,共同见证这个城市苦难辉煌的前世今生。这一叙事,弥合了阶级叙事、殖民叙事的分裂,消解租界区原罪记忆的同时为五大道意象的敞开奠定了基础。五大道不仅融进了近代中国百年历史与民族伟大复兴的中国梦,而且也成为建设国际化港口城市与生态宜居城市的理论依据,它在意象层面突破了空间区域的限制,成为城市形象的代表性符码。从这个意义上说,大型纪录片《五大道》在中央电视台的播出,意味着五大道意象对都市意象替代与重构的完成。

(刊于《理论与现代化》,2015 年第 4 期,第 87—88 页)

屋顶花园娱乐空间与都市现代性

孙爱霞

　　"现代性"一直是天津城市化进程的内核,它既体现于器物美学层面,也体现于精神文化层面。在天津城市化进程中,有过这样一个娱乐空间——屋顶花园,它是人人知晓的露天娱乐场所,在民国中后期风靡整个津城。每当夏季到来,屋顶花园尤为津城市民追捧:"薰风已动,天气渐热,于是屋顶花园乃应运而起。……每当夕阳落山,游人如蚁,拥挤杂沓,真有举扇成幕,挥汗如雨之势。"(1930 年 6 月 14 日《北洋画报》所刊吴秋尘《屋顶花园时代》)最早出现的屋顶花园,是法租界大华饭店的屋顶花园,据 1928 年 5 月 30 日《北洋画报》所刊斑马之《记大华屋顶》云:"津埠向以歌台舞榭、楚馆秦楼,最称繁盛,然烦嚣非吾人所堪。电影院虽较沉寂,顾郁塞亦多不快。自去岁大华饭店经营屋顶花园,津人始得一消闲胜地。当时仕女如云,盛极一时。"继大华饭店之后,中原公司、惠中饭店、天祥市场、新明戏院、春和戏院、大华饭店、国民饭店、起士林饭店、劝业场等商场、饭店、戏院,均开设过屋顶花园。

屋顶花园的出现,为津城市民提供了一个新的消闲娱乐场所。这样一个娱乐空间的打造,既建构着器物美学层面的现代性,也建构着精神文化层面的现代性。

一、屋顶花园与器物美学层面现代性

作为一个被商人打造出来的娱乐空间,屋顶花园容纳了当时诸多现代性元素,具体说来:

屋顶花园在装修设计方面,采纳运用了当时诸多现代性器物。例如电灯,"电灯"是屋顶花园最为重要且普遍的设施,各种灯光技术被运用到屋顶花园的装修中。中原公司屋顶,四面共设一千六百盏电灯,共有蓝绿紫三色。用开关控制转动,闪成瀑布状的流纹,形成壮丽的"电灯瀑布"。大华饭店屋顶则以各种新奇的灯饰取胜:"环楼安置花样翻新之油绿篱笆,篱笆上遍安小电灯,红绿黄白,各异其色。……场前音乐亭,白如雪洞,中有流苏长垂之灯一盏,作浅蓝色,两架灯,皆蓝紫间。……灯衣下垂,作乳头形,又似花蕾,其色娇艳。"又如无线电,这种西方科技文明史下产生的现代性器物也被运用到屋顶花园里。1927年6月25日《北洋画报》所刊《消夏胜会记》有云:"朋辈邀往大华饭店屋顶啜茗,清风吹袂,竞使人有'琼楼玉宇,高处不胜寒'之感,其时舞侣翩跹,总计凡十五对,座客尤满。殆舞场散后,群趋客室,听无线电中传来之北京第一台义务戏。京津相距二百四十里,而同时聆曲,如在咫尺,广播 broad-cas-ting 之力,洵可惊叹。"由这段记载可知,市民对于无线电技术及其效果充满惊叹,足见屋顶花园经营者采纳运用现代性器物的成功。

水门汀砌成的跳舞台、香槟、刀叉等现代性器物,亦悉数于屋顶花园出现。如 1927 年 6 月 1 日《东方朔》吴秋尘《大华一餐记》云："步步高阶地到了屋顶花园，无非是些夹竹桃、石榴树、洋绣球之类，满台阳光，晒得人头痛。横一根电线，竖一根电线，成双成对，不知拴了多少电灯泡子。想来夜里的灯光，也许会比白天的太阳还更亮些。四周远望，附近街道，了如指掌，戒酒楼正在面前，一带街市，都还幽静。园中的藤儿藤椅，都山积在跳舞台上。方方的跳舞台是水门汀砌成，不知是不是也可以当溜冰场用。……在餐台上见到黄色钢目板精印卡片式的价目表，晓得早餐是一块五，晚餐是两块，宵夜是七毛五。……外国太太，又问可以不可以香槟 Bath。……从十二时半进餐，直吃到两点钟方休……刀叉声中，只听得一片好、好、好声……"跳舞台、香槟、刀叉都是西式器物，被屋顶花园的经营者运用到设计、营销里面，这本身就是一种"现代性"在城市化过程中的体现。

作为一个娱乐空间，屋顶花园容纳了当时诸多的现代性器物，其本身也成为器物美学层面现代性的一个标志。因此可以说，屋顶花园既建构又体现了器物美学层面的现代性。

二、屋顶花园与精神文化层面的现代性

屋顶花园不仅建构、体现了器物美学层面的现代性，也建构、体现了精神文化层面的现代性，即改变了市民传统的消闲观念，影响了市民的消闲方式。

屋顶花园最重要的一个功用就是作为跳舞场，于是跳舞、观舞成为民国中后期天津市民一种重要的消闲方式。1928 年 5 月 26 日《北洋画报》刊发的吴秋尘《大华屋顶开跳舞记》记录了前来跳舞之

人："若夫来此跳跳者，看跳跳者，除洋人之脸记不清楚之外，中国人来者，似乎一大半都是去年的诸公诸母。'别来无恙'，在这个年头，已大不容易。照旧还是'好花堪折直须折'的精神，依然存在。跳跳蹦蹦，不失其赤子之心，则尤难能可贵。初看跳舞时，曾对于年幼者，发生'这么点小孩就跳，什么时候跳到老'。对半老太太，发生'这般年纪，还跳些什么'。"由这段文字可知，在民国中期的天津，跳舞者的年龄跨度已经很大了。换言之，跳舞已经被不同年龄段的人所接受。去屋顶花园的人，并非都是跳舞的，有很多是观舞之人。如1928年8月11日《北洋画报》所刊斑马《夏夜观舞记》："余近日颇喜观舞……遂于九钟先就近到春和屋顶，男女甚多，但除音乐场外，不见西人。……旋又数点微雨，前席诸君，多有后移者，已而一轮涌现，景物转妍。……余乃决计再乘兴一探大华之胜。登其楼头，乐声悠扬，中西男妇，起舞者甚伙，……已而摇盘抽彩，余座旁某君，得香槟酒一瓶，章君得糖一大桶。……及十二钟有半，乃又偕赵君返春和。登其绝顶之凉台，放眼一观，则群众熙来攘往，亦正在大摇其彩。……摇彩毕，再舞，二男合舞，与二女合舞者甚多。至一钟有半，则不能舞者，亦上场学步矣。更有于舞群中，双手持一藤椅，登场舞蹈者，亦可谓极舞场之大观矣。"斑马作为《北洋画报》记者，反复往返于春和戏院与大华饭店两个屋顶花园的跳舞场，足以说明观舞也成为一种新的消闲方式。又如笔公《禁舞运动之尾声》中描述观舞之人："即国民饭店，自设露天跳舞池以来，其沿电车道之墙上，亦'挂'满'民众'，偷看妙舞，如蛾附火，如蚁附膻。"为了观舞，不惜跑到墙壁上，足见跳舞、观舞在当时的天津已经成为市民广为接受的一种休闲娱乐方式。

在屋顶花园出现之前，天津已有跳舞场，而且有关跳舞还曾引发一场论战。徐世光、华世奎、赵元礼等十余位旧文人以捍卫传统伦理道德为出发点,联名要求禁舞。但他们的禁舞要求遭到了舆论界反对,如诔心《禁舞运动平议》有云:"至于交际舞,实为公共娱乐之最适当者,不但活动身心,而且众人皆可乐之。……至开口便说'男女授受不亲',此种初世纪的老腐败的话,居然也搬出来唬人,试问男女果然授受不亲,则人们究竟如何的出来?"在这场论战中,屋顶花园的出现以事实例证支持了反对禁舞的一方。因为屋顶花园位于各个租界内,即便中国当局下禁舞令,也不能作用于此。最终,这场论战以反对禁舞一方胜利为结束。这样一场思想论战,可以看作是传统旧的思想与现代性思想的一次正面交锋,而反对禁舞一方的胜利,则为市民改变思维观念,接受新式的消闲娱乐方式提供了理论依据。于是,屋顶花园所代表的现代性消闲生活方式,更加为津城市民所接受,如 1937 年 6 月 23 日《语美画刊》所刊《屋顶花园》一文云:"在这溽暑将要逼人的天气,打算想法子避免是很容易办到的。不说那海滨避暑、别墅乘凉,单说普通人花上两角大洋便可消受的所在那末屋顶花园便是应时的好买卖。……从各屋顶看,津市享乐的人士,幸福确是不小。"

屋顶花园代表了一种现代性的消费休闲模式,它的存在改变了市民传统的模式,如"手持芭蕉扇,擎着小机凳,坐在河边上大哼其梆子腔"的休闲方式,使得市民能以较低费用的入场券体验不同于传统的,具有现代性的休闲模式。从这一点而言,屋顶花园改变了津城市民传统的思维观念、休闲模式,建构、体现出精神文化层面的现代性。

(刊于《理论与现代化》,2015 年第 4 期,第 97—98 页)

近代学人华世奎诗文中的都市现代性呈现

罗海燕

自 20 世纪末期开始,中国文化与文学领域中都市怀旧情绪蔓延。在这种思潮中,天津与北京、上海尤其被视为一种都市现代性的象征符号。不过,作为呈现对象的大都市京、津、沪,其现代性的呈现过程或方式不尽相同。相对而言,"北平"多"复活"在小说、散文中,如《狼烟北平》等;"上海滩"则多重现在影视里,如《上海滩》等;而"天津卫"则更多的是在史料中被还原出来,主要集中于《天津文史丛刊》等刊物。现在,随着都市现代性课题研究的深入,人们在"镜像""空间""图谱"与"人际"等方面都取得了可观成绩。但是,目前的研究由于研究主体介入方式本身限制的缘故,想象性建构与史料性实证,彼此沟壑并各自趋于极端。小说、影视等文艺作品,因历史性想象而建构起来的都市,无论是其空间还是镜像,往往带有很大的虚幻性,而史志由于记载零散,故借助历史考古而还原的都市,又不免具有碎片化倾向。因此,对两种研究方式进行调整,避免沉溺误区而忘返,十分重要也非常必要。

一、天津近代学人群体与都市现代性:以华世奎为中心

若以天津近代学人群体及其诗文为介入点,我们将能避免以往两种研究方式的弊端,同时在一定程度上能更好地还原天津都市的历史面貌与体认其深层的文化内涵。近代天津学人众多,如严修、赵元礼、高凌雯、王守恂、陈诵洛等,都名重一时。今则专取华世奎及其诗文作为研究的切入点和考察的主要对象,原因主要有三:一是,华世奎生于天津卒于天津,由晚清之大臣而成为民国之学人,对天津诸多重要的人与事非常熟稔。二是,华世奎虽然是一个文化保守主义者,但是他对都市生活本身没有偏见,其诗文大量涉及天津处,皆为客观描写或叙述。三是,华世奎亲自见证了许多有关天津的重大政治与文化事件,又将亲闻、亲见、亲历形诸诗文。可以说,其诗文既是管窥天津都市现代性的窗口,同时,也是都市现代性的一部分。华世奎(1863—1942),字璧臣,号"思闇""北海逸民""伏虎居士"等。他生于天津大家,华氏一族在当时较为显赫,津人誉之为"东门里高台阶华家"。其父华承彦为知名盐商,与当时名流颇多交往,对独子华世奎教育甚为用心。华世奎十六岁中秀才,十九岁为举人,由内阁中书考入军机处,荐升为领班章京。后奕匡组亲贵内阁,又被升任清内阁阁丞。袁世凯为内阁总理大臣时,升内阁阁臣。"百日维新"后,以省亲为名,辞官居于津门,以清朝遗老自居,惟以诗文、书法自娱。与孟(广慧)、严(修)、赵(元礼)并称为"四大家",且位于四人之首。其书法宗颜真卿,法度森严,遒润健雄,骨力开张,雍容华丽。故今人也多以书法名家目之。高毓浵赞之:"公书法之精,虽当代善书者亦为之搁笔也。"(《思闇诗集序

二》)华氏晚年订正、抄录其诗文汇为一编,题为《思闇诗集》,其中各体诗凡315首。高毓浵曾称:"《思闇诗集》成于晚年。盖自改玉以还,遂多锵金之句……风旨微渺,楷法精妍,落烟云而叠衍牒,积日月而成巨帙。"(同上)目前,对于华世奎的研究主要集中于其书法评鉴,对其诗文关注者很少,主要有李志刚《华世奎和他的〈思闇诗集〉》(《天津文史丛刊:第十一辑》)等介绍性文章。华世奎诗作多应酬,郭则沄评其诗则云:"其诗如高峰出云,舒卷成绮,闲适之致,雅近泉明。"(《思闇诗集序一》)笔者在整理、点校《思闇诗集》时发现,集中涉及天津者甚多,其与之前水西庄文人的载记与歌咏有着明显区别,自然也与在当代中国语境中的天津叙述有着本质差异。整体而言,具有现代性的天津空间、制度、人际以及日常生活,在华世奎诗文中有着独特呈现,可以简单概括为:写实性重于想象性,妥协性大于抗争性。

二、都市现代性的独特呈现:写实性与悖论性

其一,写实性重于想象性。伴随着都市文学的兴起,以及现代化过程中人的主体意识的增强,"都市"更多是作为一种想象,在怀旧情绪感染下建构而成。这种潮流影响所及,所谓"都市"的呈现,与其说是追往念旧,不如说是选择性记忆或虚构想象。相比之下,以华世奎为代表的天津近代学人对都市的体验和感知,则更多的是写实。无论是都市空间还是人际关系,在其诗文中可以说都属于一种忠于观察者体认的"客观真实"。随着都市的逐渐发达,摄影、洋装、百货大楼、电车、公园和跑马场、舞厅和咖啡馆,以及其他都市新事物,如来自西方的洋火、洋油灯、肥皂等,很快受到人们普遍

喜爱,成为中国普通民众日常生活的组成部分。其既进入人们的日常生活,自然也会渗透进诗文等作品中。话剧作为舶来品,于20世纪初叶传入中国,天津当时是新剧或文明戏的重镇。早在清宣统元年(1909)天津舞台上就出现第一出话剧《用非所学》。至20世纪30年代初期,天津社会性的话剧团体如现代剧社、虹社、青年剧社、五月艺社等都如雨后春笋。在这种风气影响下,华世奎对话剧也甚是喜好,时常观赏与评论。其曾作《观剧》一诗云:"承平雅颂久沦亡,来听琵琶倚夕阳。阅世尽多新傀儡,登台仅见旧冠裳。归根儿女双行泪,自古河山一战场。灵桂已雕秋菊老,争看桃李殿群芳。"(《思闇诗集》卷下)又曾为某剧社题诗二首,其一云:"礼乐衣冠几变更,黄钟息响釜雷鸣。现身惟到氍毹上,犹有承平雅颂声。"其二云:"傀儡登场亦偶然,感人深处在歌弦。缁衣巷伯都颠倒,恃此来操劝戒权。"(《题某剧社》,《思闇诗集》卷下)新剧的内容与形式引起了华世奎的故国之思与伤世之悲。此外,摄影于19世纪30年代末正式诞生,随着摄影技术的迅速发展,拍摄肖像照成为时尚。中国的摄影术由外国人引进,后逐渐在社会上普及开来。华世奎诗集中不少诗作属于肖像题诗。这不同于传统的为亡者所做的像赞,而是具有浓厚现代气息的新生事物。华氏或是自题小像,如51岁时所作《甲寅冬十一月自题小照二首》与68岁时所作《自题小照》等,或是为他人小像题作,如《题马景含家桐三十一岁小像二首》与《题夔州杨端品之楷遗像》等。此外,其诗中还提到火车等现代交通工具。天津本是近代中国铁路的发祥地,天津站始建于1888年,是当时中国最早、规模最大的车站。华氏《甲寅九月入都有感》一诗首句即云"又御风轮入帝阍","风轮"即火车,而《壬戌三月自京津早起登车途中作》一诗也是因坐火车而作。都市现代性还体现在出现新型的人际关系上。在城市社会,随着血缘群体和地缘群体等首属关系的逐渐衰落,都市人的社会交往越来越多地建立在次属关系的基础之上。张鸿雁所主编《城市·空间·人际:中外城市社会发展比较研究》①曾指出:"次属关系奉行的是普遍主义的事本性原则,体现了都市人格现代性的特征。同时,人们之间复杂的相互联系形成了社会网。"华世奎积极关注并参与都市中的公共生活领域,在他身上体现着人们之间的现代性人际关系。他曾与严修等名流创办、主持"崇化学会""国文观摩社""城南诗社""十老会"等,并参与撰修天津县志,还积极主持文庙事务等。

其二,妥协性大于抗争性。写实性强是华世奎诗文中天津都市现代性呈现的特点之一,不过,这尚属于浅层呈现。其深层呈现时则具有明显的悖论性,即面对现代都市,华氏对其既有抗争又有妥协,但是从结果看是妥协占了上风。德国学者西美尔《金钱、性别、现代生活风格》②曾指出:"现代生活最深层次的问题来源于个人在社会压力、传统习惯、外来文化、生活方式面前保持个人独立和个性的要求。都会性格的心理基础包含在强烈刺激的紧张之中,这种紧张产生于内部和外部刺激快速而持续的变化中。"西美尔所提到的"紧张"其实也是华氏呈现悖论的根本原因。随着西方列强的进入,古老中国的大门被迫打开,人们的生活由之发生了翻天覆地的变化。新的事物、语汇不可避免地进入人们的生活体验中。但是,华世奎却对这些新事物持警惕态度。今人刘炎臣《华世奎生平事略》一文载记华世奎往事,其称:"华先生思想守旧,反对学生作文用新

①东南大学出版社 2003 年版,第 53 页。
②《时尚的哲学》,文化艺术出版社 2001 年版,第 186 页。

名词。有一次华先生出的作文题,是用《四书》上的话'放利多怨说',我在作文中用了'需要'和'社会'两个新名词,华先生在试卷的顶眉上批写'需要二字不入文',还批写'社会二字是新名词,入文终嫌不雅'。另有一次,华先生出的题目是'温故而知新说',对我在试卷上所用的新名词,又批写'新名词少用'。"①除此以外,华世奎诗集虽刊于民国却依然避讳"玄"字,甚至到死保留着清朝的辫子。其实,在辛亥革命的炮火中,清帝退位后,连皇帝溥仪也剪发而穿西装,但是华世奎始终拒绝剪发。其诗尝云:"惟此弁髪难割爱,留同彩服寿双亲。"(《甲寅冬十一月自题小照二首》其二)再如,当时天津开始采用西历,尤其是除租界外,更是改变传统禁止燃放花炮。华世奎对此很是不满。其《己巳除夕二首》其一尝云:"时厉行新历,严禁夏历。"并感叹道:"正朔何人定,新年暗地过。"又,其《丙寅元旦》一诗颔联云:"爆竹有声喧外界,灯花无语入今年。"并自注道:"时因战事戒严禁放花炮。租界弗禁。"(《思闇诗集》卷上)

结 语

华世奎诗文中天津都市现代性的呈现具有写实性与悖论性两大特征。前者的形成,是因为华氏秉持诗宣性情的传统诗学理念,不会借助诗文虚构现实。郭则沄在序中就曾评论华氏诗作,称:"靡靡之世,庸夫沦焉,哲士卓焉。其遗世孤迋,蝉蜕于尘埃之表,芳馨悱恻,菀结于中,傫然闷可告语。奚以宣之?无宣之于诗而已。"(《思闇诗集序言》)而后者的形成,一则是因为西美尔所提及的"紧张"

---

①《天津河北文史》第 6 辑,1992 年版,第 152 页。

所致,同时也是华世奎在政治上的遗民情结使然,其因政治保守而文化保守,进而对都市现代性产生一定程度的排斥心理。不过,天津作为大都市,不断向前发展的脚步始终没有停止。华世奎只能采取妥协态度,他所参与的城南诗社也多次以"电灯""飞机"等作为诗钟的题目。他还曾写道:"冷眼静观时事变,冲怀渐与世情疏。"(《闲居》,《思闇诗集》卷上)这是他的政治态度,也是其晚年的文化态度,同时也影响了他诗文中都市空间与镜像的呈现。

(刊于《理论与现代化》,2015 年第 4 期,第 95—96 页)

"七七事变"前后《大公报》
的对日观察与对日态度

李学智

　　随着日本扩大侵华战争战略的推进，1936 年广田内阁大幅度增加了中国驻屯军。至 1936 年 9 月，华北日驻军总数已达 1.7 万人以上。①日军除加强了对北宁铁路沿线各战略要地的控制，还把军队开进通县（今通州区）和丰台，控制了北平东西的这两个战略要地。日军还在丰台非法建造兵营，并不断制造事端，进行挑衅活动。自 1937 年 3 月起，日军不断派出军事人员，以各种名目，到华北、华中各地秘密进行侦察活动，同时频繁进行挑衅性的军事演习。日本蓄意挑起事端，进一步扩大侵华战争的企图已日益明显。《大公报》作为舆论领袖，且居于对日前线之天津，其"七七事变"前后对日本动态的种种观察与评论，值得关注。

---

① 军事科学院军事历史研究部编：《中国抗日战争史（上卷）》，中国人民解放军出版社 1991 年版，第 568 页。

一、卢沟桥事件发生之前

卢沟桥事件发生之前,《大公报》对日本扩大侵略的野心是有清楚的认识的。特别是 1935 年之后,日本帝国主义使用各种伎俩,不断加紧对华北地区经济渗透和军事压迫,张季鸾认为,平津不保是早晚之事,吴鼎昌、胡政之亦持同样看法,虽然他们并不赞同张季鸾《大公报》亟须迁沪,以备不测的建议。这是 1935 年 2 月间《大公报》三位主持者之间的故事。但随着形势的发展,至同年 8 月,三人意见已经一致。1936 年 2 月初,胡政之、张季鸾率队来到上海,进行《大公报》沪馆筹建工作。4 月 1 日,《大公报》上海版创刊出版。①

1937 年 5 月 31 日,《塘沽协定》4 周年之际,《大公报》发表社评《塘沽协定的四周年》,在述及二十九军之喜峰口抗战、中央军之古北口之战的"光荣、悲壮"后认为,"人以科学武器,我以血肉精神,不特有守攻,不足以言战事,即长期抵抗,亦终有力尽能索之苦。"

社评谴责日人"超越塘沽协定范围","卵翼非法组织"、"巧占察北,图进绥远特务机关深入西蒙,定期飞航及于宁夏",从而使中国人感到"中日恢复亲交终成不可能的幻想"之后,仍表示"殊愿日方深自省察也",②对日本的停止侵略行径心存希望。

6 月初,日本近卫内阁上台。6 月 9 日《大公报》为此发表社评

---

①方汉奇等著:《〈大公报〉百年史》,中国人民大学出版社 2004 年版,第 226—229 页。
②《塘沽协定的四周年》,《大公报》1937 年 5 月 31 日社评。

《最近外交大势》称："日本新总理近卫公爵两代主持东亚同文会，盖为特别重视中日问题之政治家。读其在数月前发表论中日关系之文，又可见有改善中日关系之抱负，故最让步的估计，近卫新内阁应不至孟浪从事，使再急剧恶化。"①对近卫首相在中日关系问题上的态度给予积极的评价，期待因日本新内阁上台将会使中日关系好转。

时至 6 月 25 日，《大公报》再发社评《中日与英日》。虽然此社评称中日关系"苟不能改善，则必须警戒随时之改恶也。以是之故，我政府国民对于目前形势绝不容持苟安心理"。但对中日关系即将出现的巨大转折并无任何实际的预感，而称："中日间在近期内恐不能有重要交涉之发展，……其所谓不舍广田三原则，足证日本政策之基本认识完全如旧。"②

或许正是在这种意识的影响下，6 月 27 日的"星期论文"栏发表了方显廷撰写的《中日"经济提携"之途径》。其文认为，日本 1931 年策动九一八事变以来，在国际上受到孤立，其"对华政策，至少在方法上，不得不有所转换。"另一方面，认为数年来中国国内局势好转向上，中国逐渐形成为统一的民族国家，两广事件、西安事件之解决，"尤为国内团结之证"，加之绥远抗战之奋勇，故日本在"尚未

①《最近外交大势》，《大公报》1937 年 7 月 9 日社评。

②《社评·中日与英日》，《大公报》1937 年 6 月 25 日，第 2 版。"广田三原则"是指日本外相广田弘毅 1935 年 10 月提出所谓对华三原则：一、中国政府彻底取缔反日运动，并摆脱对欧美的倚赖，改为对日亲善及合作；二、承认满洲国独立，并支援满洲国与中方控制的周边区域进行经济和文化交流；三、为应对来自外蒙等地共产势力的威胁，中方应就日方的要求与日方合作于与外蒙接壤地区设立设施。广田弘毅的对外侵略政策得到军部法西斯的支持，1936 年二·二六军人政变后，广田出任首相。他恢复了"只有现役陆军和海军军人才能担任陆军大臣和海军大臣"的规矩，缓和了政界与军界的矛盾。

决心逼中国走入最后一步之前,不得不变更方法",加之日本自身存在的各种困难,由此造成"日本对华政策转变"。此文列举了1936年以来中日已进行和在计划中的一些经济合作项目,如棉花栽培、津石铁路、塘沽筑港等,之后亦指出,"欲求'中日经济提携'之实现,非放弃侵略野心,互相尊重领土与主权之完整,以平等互惠为原则不可。"①

1937年6月29日,《大公报》发表社评《中日国交之前途》。②此社评的主要内容为对日本有关中国的若干认识——误解,如"中国对自身进步估价过高""中国有日本已退却之感"等,进行解释。社评表示,"此皆纯粹误会","中国对己身当然有正当之估价,从未自认为进步已多"。然后再郑重声明,"中国人并未感觉日本之重压已松,或政策已变也。中国本热望日本'退',此所谓'退'者,实则为'进'。故易词言之,中国人实热望日本舍错误之'进',而为正当之'进',……日本并不悟此,对于错误之'进',实际一步未退,今乃谓中国认为日本已退,而生慢心,此诚误解之甚者也。"

针对日本论者关于"中国政府妨碍日本之经济发展"的认识,社评称:"此亦绝非真相,中国只是主张日本商界投资须依中国法令,须得合法许可,在此范围内,对日本任何发展绝不阻止,……中国所必须反对者,只为自由行动式的垄断资源,反对走私,反对倾销毒药,反对自由飞行,反对冀东割裂我统治权,及察北之驱走我

---

① 方显廷:《星期论文·中日"经济提携"之途径》,《大公报》1937年6月27日,第2版。方显廷,浙江宁波人(1903—1985),著名经济学家。20世纪20年代留学美国,获耶鲁大学经济学博士学位。1929年受聘于南开大学,任社会经济研究委员会(后改为经济研究所)研究主任,兼文学院经济系经济史教授。
② 《中日国交之前途》,《大公报》1937年6月29日社评。

行政机关,而成为养匪扰边之根据地。"此社评劝告日人,"对华行平和亲善外交,应为其应付世界外交之最有利的政策。"时到如今,事到如此,《大公报》还在耐心地向日本解释中国的情况和中国人的态度。

然此社评亦有值得称道者。此社评在回应日本人对所中国抱有的"中国究何所恃?何所依赖?"的"疑问"时,做出了如下一段"明白答复":"中国所恃者只系国民之觉醒,其目标为决心建设现代标准之国家,……一言蔽之,中国所恃者只系此决心建国自保之共同意识,而深信有此共同意识之民族,在任何情势下,绝不灭亡,不崩溃",显示出国人对于国家前途的明确认识和抱有的坚定信心。然后,社评指出另一可恃之点,即"迄今尚始终欲信赖日本国民之常识,在种种失望之后,尚不信日本国民竟打算错误到底。具体言之,吾侪愿信日本国民应终能了解认识与中国真正成立平等互尊的关系之利益及其必要性。"笔者以为这段文字为此社评最可值得称道者:其对日本讲话时,把日本人视为一个整体,进一步说,"错误"对待中国且有可能"打算错误到底"的,是"日本国民",而非其他什么人。而不是如此后某一时期那样,把日本人分为"人民"和"统治者"截然两部分,把侵略中国只视为日本统治者的行为。

这篇社评,今日读来,好像是中日战争爆发前对中日关系所做的一个带有总结性意味的论述、判断。

二、卢沟桥事件发生之后

7月7日,卢沟桥事件发生,中日关系即成为《大公报》最为关注的中心问题、新闻报道和评论的中心问题。

7月9日,《大公报》头条新闻即为题为《卢沟桥中日军冲突》的报道,并转发了中央社南京8日电所报道的中国外交部派员赴日本驻华使馆,提出口头抗议的消息,称中国政府的态度至为明确:"此次事件,责任不在我方,显系日军挑衅。"①

同日,《大公报》发表社评《卢沟桥事件》。社评称:"卢沟桥地方发生日军藉故向我军攻击事件,视去年九月之所谓封台事件,情态尤重,实为不幸之至。"对于事件发生后日方传播"颠倒事实"的消息,表示"殊堪遗憾",并称"此事据吾人所获确报,至足证明是非曲直的责任之所在。盖中国近年自中央以至地方当局,对于外交咸取不惹事政策,一意于修养国力振刷内政。"二十九军官兵"勉抑悲愤,力避纠纷",并以去年9月丰台事件,中国军队"含泪屈让",撤退移防为证。②此次日军于夜间演习之时,"敢于出而滋事,殆直不可想象。"谴责日方以兵士失踪要求入宛平城搜索,甚且要求我军退出卢沟桥,为"放肆要挟,有意寻衅"。社评表明中国的立场,"不愿向人挑衅,可避即避,决不孟浪。然而退避当有程度,屈让应合界限,若果我避而人逼,我退而人进,则横逆之来,攻击无端,其势有不容不慷慨自卫另作打算者。"衡以国际环境及日本的情况,中国北方"来日大难,隐忧正多"。呼吁中央和地方当局"务即商定切合实际之具体方案,预定缓急先后之因应步骤,共同负责,彻底一致,

①《卢沟桥中日军冲突》,《大公报》1937年7月9日。
②占据丰台是日军为侵占北平乃至控制华北的既定目标,1935年以来不断制造事端,力图将中国军队挤压出丰台。1936年9月18日下午,二十九军丰台驻军一部演习回营途中与日军相遇,日军数名骑兵冲入中国军队行进的队列中,挑起冲突。日军以此增兵,强占丰台重要地点,并要求在丰台地区的中国军队撤至南苑或西苑,宋哲元只得将中国军队移防到丰台东南方的赵王庄、新林庄。

……并应使社会各方有力人士认清现局，明了利害，以与政府呼应，是非祸福，荣辱毁誉，全国同之，夫然后始可望形成整个力量，以当不测之变。"①

同日发表短评《沉着应付》称："卢沟桥事件发生，迄今晨三时为止，就所得各方报告，对于此事件的前途尚难判断。全国同胞们，尤其是北方同胞，此时一面要加倍警戒，一面须立定决心，尤须处以镇静，沉着应付！中国对外有其一贯的坚定立场，不惹事，不孟浪，但倘受攻击，当然要自卫。所以卢沟桥事件前途如何，端看日方的态度。"②

以上评论，在对实际的态势和发展趋势尚不十分清楚的情况下，口气相当缓和。

7月9日，北平当局与日军达成如下协议：一、双方停止射击；二、日军撤退至永定河左岸，中国军队撤至永定河右岸；三、卢沟桥的守备由河北保安队担任。翌日，中国军队如约撤退，而日军不但不履行协定，反而大举调兵向中国军队进攻，事态更加严重。

7月11日，《大公报》发表短评《卢沟桥事件逆转》称："卢沟桥事件昨又逆转，日军不仅不撤，并且继续挑衅。……日方陆续增兵，大局刻刻在增加其严重程度！我方具有和平解决的愿望，但亦抱定守土自卫的决心。……事件的开展，现在不能推测。然而可断言，前途一切端看日本的真实态度。"③此时《大公报》并未看清日本的企图，对日本尚抱有希望，口气仍比较缓和。

---

①《卢沟桥事件》，《大公报》1937年7月9日社评。
②《沉着应付》，《大公报》1937年7月9日短评。
③《卢沟桥事件逆转》，《大公报》1937年7月11日短评。

实际情况是,7月10日日本军部提出下一步的用兵规模,要动员15个师团,战费55亿日元。11日,日本内阁会议决定,以关东军独立混成第一、第十一旅团和朝鲜军第20师团火速增援中国驻屯军;同时从国内派出3个师团和18个飞行中队进入华北。当日并发表《关于向华北派兵的政府声明》。同日,日本任命香月清司接替病重的田代皖一郎任中国屯驻军司令;平津当局与日军又达成一所谓现地协定:一、第二十九军代表声明向日军表示道歉,惩办此次事变责任者;二、取缔共产党、蓝衣社及其他团体的抗日活动;三、卢沟桥的守备由河北保安队担任。

7月12日,《大公报》发表社评《危机一发的东亚大局》,揭露日军近两天来的侵略活动,对日本"厚污我方的种种措辞表示严正的抗议",指出日方行动"在历史上将要种下百年的浩劫",后果"简直是不忍想象",而"衷心祈祷主动方面能够悬崖勒马。"社评严正申明国人维护国家领土完整的决心,揭露日本搞所谓"华北五省自治""华北特殊化"的阴谋。但称"这次卢沟桥事件发动的背景,大致仍是'特殊化'的梦在作祟",就低估了日本的野心。社评指出妄想"拆散中华民族,割裂中国领土,已是时代过去的陈腐思想!"又称,"日方果恳悬崖勒马,应切实表示诚意,勿再遏其感情,施其高压,当然为中国方面所愿",①表现出软弱乞和的心态。

卢沟桥事件发生后几天来,《大公报》的言论一再强调,我们致力于国内的和平发展,不愿事态扩大,无意与日本对抗。《大公报》所表现出来的是,中国人真的是不想与日本开战,不惜忍辱含垢以

---

① 《危机一发的东亚大局》,《大公报》1937年7月12日社评。

维持住和平的局面。而《大公报》人也许并没有意识到,这其实恰恰
是日本所担心的,恰恰是日本所不愿意见到的。

　　7月13日,《大公报》头条新闻的标题为《日本继续增兵运械,
前方形势仍甚严重,局势闪烁刻刻可趋恶化》,报道了卢沟桥日军
并未撤退,丰台日军加紧构筑工事,而且日军坦克车、重炮车、摩托
车多辆,及载有钢炮、迫击炮重机关枪的卡车30余辆,由古北口经
通州,12日晚抵达北平的消息。此条新闻内的小标题《日军源源开
来》下的"本市消息"称:"日军积极向平津增兵,其已到山海关者,
昨先后开来津五列车",并详细列出每趟列车所载日士兵数量、各
种轻重武器、马匹的数量,以及所进驻的地点(如东局子兵营、海光
寺兵营或继续开往丰台等)。其"中央社北平十二日电"称:"日本已
决定于关东军方面抽调大部军队向华北增援,并由该国另开两师
团。现已有一部分士兵登轮待发。"①同日,《大公报》发表短评《昨天
形势》称:"中日双方虽已商定撤兵,但日方迄不实行,……一方面
日本国内对华空气异常紧张,一方面更大举增兵,昨夜并有由古北
口运来的大批军械开到北平城外。……我方立场甚坚定:人如决心
进犯,我必拼命自卫。因为大势如此,我们除了为悲壮而坚决的抵
抗外,实在没有第二条路可走!"②有日本的国内情况及大举增兵和
大批军械运到北平的事实,《大公报》对日本大举发动侵华战争可
能性的判断向前进了一步。

　　事实已很明显,日本政府一面宣传不扩大事态,一面加紧布置

①《日本继续增兵运械,前方形势仍甚严重,局势闪烁刻刻可趋恶化》,《大公报》1937年
　7月13日。
②《昨天形势》,《大公报》1937年7月13日短评。

扩大对华侵略。但从根本上说,《大公报》仍不愿、不敢直面这样的事实。同日,《大公报》还发表一社评《希望日本政府持重》:一面指出日本近卫政府近日来种种扩大事态的举动,如"召集金融界新闻界谈话,要求援助,军事上调兵遣将,极力作对华扩大化的布置",一面又表示"衷心希望他(近卫)不要成为政治上的冒险家"。①弱国面对强权的可怜、可悲毕现。

7月15日,《大公报》发表社评《我军复原以后》称:再次停战,我军有复原撤退,但"究竟日军能否全撤?今后之有无枝节?恐任何人不敢能为之保证",而"日本通信机关关于中国撤兵,竟无个字发表"。此社评推断,"盖日本情势甚不可测,我军或仍需赖民众后援,始可充分达到和平目的",并提出了若干项属于"善后"的措施:日军完全撤到7月8日原驻地点,"恢复一切原状";日军已到援军立即开回,未到者取消动员;日方赔偿当地商民损失;上述措施实施,日方不得附加任何条件。此社评还提出"撤减天津日本驻屯军至过去数额",以为防止祸端再起的"方策",并对此项主张的"法律与事实的种种理由",做了详细的陈述。②上述评论,此时《大公报》显然仍对日方抱有停战撤兵,恢复和平的希望。

7月16日,《大公报》发表社评《日本诚意何在?》。③此社评指出,此时双方约定停战,中国军队践约撤退,而日方"事实上不但彻底撤兵未见实行,援军利械且仍源源而来。日本通信社昨午更宣称,交涉在津接洽,尚无进展",《大公报》对此深感"惶惑、愤惧"。日

①《希望日本政府持重》,《大公报》1937年7月13日社评。
②《我军复原以后》,《大公报》1937年7月15日社评。
③《日本诚意何在》,《大公报》1937年7月16日社评。

本人到底要想干什么?《大公报》进行了推测:"日方殆故于夜间在卢沟桥挑起冲突,然后从而扩大,希冀占据一二军事要点,以为要挟条件之地。即今之诱我迫我,先使撤兵,彼则从容增援,占得军事上极优越地位,而后以高压方式强我以严重要求",并称"此类推断,皆有根据,非同臆造。"看来,此时的《大公报》虽不惜从极坏的角度揣测日方的阴谋,但对于日人之险恶、歹毒、疯狂的程度,实在还是估计不足。此外,《大公报》还进一步分析日人的心理:"揆日本之意,当因既已大举动兵,不能毫无所得,故必须乘此机会,于念念不忘之所谓'华北特殊化'者,达到相当目的"。但对其真实意图既难以窥见,心理推测亦当价值了无。而基于这样的认识,《大公报》似乎还想"将"日本一军:"日本果欲否认其说,惟有无条件的和平解决,痛快撤兵,即日恢复一切原状,庶可见谅于中外,否则万目睽睽,是非俱在,纵有强权,其如公理未泯何!"最后,《大公报》特郑重警告日本,如果一意强压中方,"其结果纵有所得,终必成中日间永久冲突之祸根"。

中国与日本,弱国对强国,贫病涣散之弱国对一极端蛮横凶残之强国。国人面对无耻强盗时之软弱与无奈,在七七事变前后《大公报》对日态度中表现得淋漓尽致!不过有一点,《大公报》人的见识实在我辈之上:日本若以卢沟桥事件发动全面侵华战争,"其结果纵有所得,终必成中日间永久冲突之祸根"。

无独有偶。7月17日,蒋介石在庐山发表谈话,除了"如果战端一开,那就是地无分南北,年无分老幼,无论何人,皆有守土抗战之责"之言为大家熟知,蒋氏并对卢沟桥事件提出4点立场并称:"这四点立场,是弱国外交的最低限度",日本如"不想促成两国关系达于最后关头,不愿造成中日两国世代永远的仇恨,对于我们这最低限度之立场,应该不至于漠视。"①蒋氏的谈话,表明了中国的严正立场,特别是关于日本如"不想促成两国关系达于最后关头,不愿造成中日两国世代永远的仇恨,对于我们这最低限度之立场,应该不至于漠视"之语,是在以不屈的抗争警告强敌。此后的实际是,日本"漠视"了,亦果真"造成中日两国世代永远的仇恨",因果进程不幸被蒋氏言中。战争结束70年了,中日之间关系竟仍如此,可见《大公报》和蒋氏在这个问题上都是很有些预见性的。

1937年7月17日,《大公报》发表社评《时局真相的解释》,阐述对时局的观察、认识:中国的中央政府与冀察地方当局,"一直是求和平,不是求战争。……所以时局的关键始终只在日方能否撤兵,能否停攻我们的部队",而事实上,"日方反大举增援,进兵不已",不但从关外,从朝鲜,纷纷进兵,而且决定从日本国内派遣师团来中国。"依现状推论,在几天以内,平津间并且平津外,将有数万日军集中,那么这两天的比较沉静,只可解释为等候援兵齐集之

①《蒋院长演辞昨晚已发表》,《大公报》1937年7月20日,第3版。蒋氏提出四点立场是:"(一)任何解决不得侵害中国主权与领土之完整;(二)冀察行政组织不容任何不合法之改变;(三)中央政府所派官吏,如冀察政务委员会委员长宋哲元等,不能任人要求撤换;(四)第二十九军现在所驻地区,不能受任何约束。"
《社评·国家的重大时机》,《大公报》1937年7月24日,第2版。此日《大公报》为现在所能见到的抗战开始后《大公报》天津版的最后一期。7月26日,日军北平特务机关长松井面见宋哲元,送交给冀察当局的最后通牒:"一、八宝山、卢沟桥附近的三十七师,须于27日中午前撤至长辛店;二、北平市及西苑的三十七师,须于27日中午前,经平汉线北面撤至永定河右岸,以后继续移驻保定地区;三、如不按上述执行,即认为贵军无诚意,我军将不得不采取单独行动。"宋哲元拒绝了日军的要求。7日27日,日本陆相杉山元在议会发表战争演说,声称决意"克服一切困难","达到膺惩华军之目的"。28日,日军向北平发动进攻,中国守军进行了激烈的抵抗,二十九军副军长佟麟阁、第一三二师师长赵登禹阵亡。宋哲元率军部于当夜撤至保定。29日、30日,北平、天津相继陷落。8月5日,《大公报》苦苦挣扎了4天之后,毅然停刊。当年9月18日,《大公报》在汉口复刊。

后,要有严重动作。""中国决没有一点再屈再退之余地,平津一带同淞沪一样,是中国的心腹,是几百代祖先惨淡经营的国土。日本此时对中国主权更进一步的任何打击,其意义是要中国的命!中国政府与人民固然不求战,并且避战,但到避不了之时,只有拼命自卫。因为要不然就是放弃华北,就是自杀……关于这一点,中央与宋(哲元)是绝对一致的。"日本向中国大举派兵,"这是一个极严重的事实,世界舆论界要认清此点。……全世界人要明白,今天的危机是远东百年以来所未有。日本此次之大举派兵如不能中止,不能撤退,这当然要解释为决心征服中国之第一步骤。……这个危机,就中国说,是自有历史以来之最大国难,就世界说,也是目前国际政局中之最大灾祸。""希望全世界关心远东的人,丝毫不可梦想,需要认识危机重大的真相,大家为防止远东大祸而努力!"①

7月18日,宋哲元在天津会晤日军司令官香月清司。回北平后,发出和平解决布告,下令撤除城内防卫设施,撤退部分军队,同时宣告二十九军绝对遵守中央命令,枪口不对内;冀察领土主权不能任人侵犯;对日交涉仍本和平原则进行。

7月19日,《大公报》发表短评《看这两天!》。当此日本增兵运械,任意扫射挑衅,继续扩大侵略的态势已非常明显,而且《大公报》也已明白地看清了这一点,此短评称"其用意已甚明了,而大局趋势尤为显然"的同时,却还在说"现在大局的关键,在日方省悟保持和平的重要,能够悬崖勒马。东亚祸福的分歧点,在日方一念"。②其语近似,不,实际上是在哀求,逻辑上已经不通。这不能不使人感

①《时局真相的解释》,《大公报》1937年7月17日社评。
②《看这两天》,《大公报》1937年7月19日短评。

到中国这一个老大弱国的悲哀与无助,强邻日本的可恶与凶残。

21日,宛平前线我军已依约撤走,改由石友三部保安队接防。7月22日《大公报》发表社评《严重时局的新阶段》指出,我军后撤是"冀察当局避冲求和最后一着",此后局势如何,"一切专看日军举动了"。①其同日的短评《宛平前线我军后撤》则告诫国民绝不要因此松懈,此时"仍要具有最大觉悟,抱定最大决心,以应付当前这不测的局面!"②7月23日再发短评《日方应速撤兵》,敦促日方亦履约撤兵,并称,日方"若仍反复,使形势再造逆转,恐怕东亚大局的前途真不堪设想了。"③这篇短评对日本人仍然还是很给面子,实在还是客气得很。因为日方其实根本一直就没有"反复",一直是在不断增兵,7月中旬后,日军已完成了对平津地区的战略包围。这,《大公报》本是看得很清楚的,但并不愿捅破这层纸,当是对日本人仍然心存最后的一丝幻想,抱有最后的一点侥幸。

7月24日,《大公报》发表社评《国家的重大时机》指出:由于三十七师撤离宛平,"大局反而真正严重",并且批评南京国民政府所标榜的"不求战而应战",已不能应对严重的局势。此时《大公报》已判定日本大举侵华战争已无可避免,平津的陷落即在眼前,已做了停刊内迁的安排。在《大公报》停刊前的这篇社评中,袒露了积压在心底的想法,发出了对日本人的忠告:"我们对日本国民说几句话:你们不要太得意了!假若你们军人想就此征服中国或摧残中国到不能翻身的地步,这完全是错误的。中国怎样也征服不了,怎样也能翻身,而我们受重大损害之后,你们的损害恐怕更甚。……以侵

①《严重时局的新阶段》,《大公报》1937年7月22日社评。
②《宛平前线我军后撤》,《大公报》1937年7月22日短评。
③《日方应速撤兵》,《大公报》1937年7月23日短评。

邻为政的日本,实在是眼看陷于不可挽回的错误了!"①

这篇社评,让人们深深感觉到了悲愤满怀的《大公报》人对日本的鄙视和蔑视,对中国必将战胜侵略者的信心!

三、结论

上述胪列表明,七七事变是近代中日关系的转折点。虽经甲午之战、庚子之变、九一八事变、一二八事变,以及塘沽协定、何梅协定,等等,中日关系的趋势是在逐步恶化,但并没有破裂,还在交往,还在谈如何合作,如何使中日关系向好的方向转变、发展。七七事变,日本迫不及待地拉开了旨在灭亡中国的全面侵华战争的大幕,中国人民面对穷凶极恶、步步进逼的日本侵略者,已经退到了实在无法再退的最后一步,也终于放弃了对日本的种种幻想,义无反顾地投入了与侵略者的殊死搏斗。

近代以来直至 1937 年的卢沟桥事件,日本一步一步把中国人欺负到家了,是真可恨;而国人则一直隐忍,一再退让,对日本抱有

---

① 《社评·国家的重大时机》,《大公报》1937 年 7 月 24 日,第 2 版。此日《大公报》为现在所能见到的抗战开始后《大公报》天津版的最后一期。7 月 26 日,日军北平特务机关长松井面见宋哲元,送交给冀察当局的最后通牒:"一、八宝山、卢沟桥附近的三十七师,须于 27 日中午前撤至长辛店;二、北平市及西苑的三十七师,须于 27 日中午前,经平汉线北面撤至永定河右岸,以后继续移驻保定地区;三、如不按上述执行,即认为贵军无诚意,我军将不得不采取单独行动。"宋哲元拒绝了日军的要求。7 日 27 日,日本陆相杉山元在议会发表战争演说,声称决意"克服一切困难","达到膺惩华军之目的"。28 日,日军向北平发动进攻,中国守军进行了激烈的抵抗,二十九军副军长佟麟阁、第一三二师师长赵登禹阵亡。宋哲元率军部于当夜撤至保定。29 日、30 日,北平、天津相继陷落。8 月 5 日,《大公报》苦苦挣扎了 4 天之后,毅然停刊。当年 9 月 18 日,《大公报》在汉口复刊。

不切实际的幻想,是真窝囊。

　　呜呼!

　　(此论文曾提交 2015 年 7 月 31 日至 8 月 2 日南开大学历史学院等单位举办的 "长城抗战暨抗战胜利 70 周年高层学术论坛"并收入会议论文集,第 152—162 页)

天津沦陷时期教育界的抗日活动

张绍祖

1937 年 7 月 29 日，在中国军队"天津大出击"之后，日本侵略者开始对天津市区发动了大规模的军事进攻。下午日本战机在狂轰滥炸市区的同时，驻海光寺日军开炮，第一炮击中河北省政府，紧接着第二、第三炮击中南开大学木斋图书馆。随后更多的炮弹击中南开大学的其他建筑物。此外，日军还对河北省立女子师范学院、河北省立工业学院、南开中学、河北中学、南开女中和南开小学等进行了轰炸和炮击，天津的文化教育机构与各类学校遭受了不同程度的破坏。7 月 30 日天津沦陷。

教育状况

1937 年"七七"事变后抗战爆发，南开大学奉命迁往长沙，后又迁昆明，与北京大学、清华大学合组成西南联合大学；北洋工学院迁至西安等地，与北平大学、北平师范大学合组西北联合大学。河北省立女子师范学院被迫停办,院长齐国梁率领员生迁移后方。河北省立工业学院被日军强行解散,改作陆军医院。河北省立法商学院、河北省立水产专科学校等也被强行解散。这些院校的内迁和停办,使留在天津的教育系统失去了完整性。

唯一留在天津的高等院校——私立天津工商学院,成为当时华北地区最有影响的学校之一。一些留津的知名学者多应聘到该校任教。这个时期,创建的高等院校有私立达仁商学院与私立育德学院。达仁学院为掩护地下工作与执行反奴化教育而设,1939年夏,由南开大学经济研究所留津同人袁贤能及教育部派驻天津专员徐治等共同创办,校址在英租界海大道(今大沽北路),校舍简陋。1940年呈准教育部备案,逐年发给补助费。1941年12月太平洋战争爆发,日寇侵入租界后,两次被敌宪查封。育德学院创办于1937年"七七"事变后。由靳云鹏、孟遂安、崔汉声、姜般若等人联络爱国人士和英国人白克德,在英租界内组建"天津学院",后易名为"天津大学""育德大学",设二系和一个专修班。太平洋战争爆发后勒令停办。

这个时期,据不完全统计,1938年我市有中等学校22所,学生8623人;到1945年有中等学校31所,学生13522人。新开办的中等学校有市立女中,市立商科职业学校,私立中学有达文、进修、渤海、浙江、通澜、山西旅津初级中学、含光女中及众成商科职业学校、仁爱高级护士职业学校等。太平洋战争爆发后,日伪天津教育局还接管了美以美会办的汇文中学,改为市立二中;接管了英国伦敦会办的新学中学,改为市立三中;原河北省立天津中学于1940年改为市立一中。

1937年至1945年,天津小学仍有所发展,据不完全统计,校数由 158 所增至 194 所,在校学生数由 33577 人增至 67627 人。新建的小学有市立第五十一小学、钟纺公大小学、私立民智女子小学、私立春日小学、私立培新小学等。

1921 年 12 月,由日本东亚同盟会捐资创立天津同文书院,校址在南门外海光寺南。1926 年 5 月添设校董会,并更名中日中学校。该校是日本在津的一个日式教育的核心,为日本在天津地区进行教育文化渗透的桥头堡。天津沦陷前后,日本在天津建立不少日本男女学校,还把这些学校的许多做法推行到整个天津的教育系统中去。

天津在敌伪统治下处于最黑暗时期。日伪天津市教育局驻有日本顾问、辅佐官等,总揽大权,为在天津推行奴化教育出谋划策。他们要求学校必须贯彻日伪华北政务委员会教育总署规定的八条"训育方针"。

在教学内容上,日伪当局把日语定为各级、各类学校的主课,规定"全市各级学校一律增设日语课程"。每个学校增添日本教师一名。学生每日见到日本教师必须行礼问安。上学的第一课,就是升日本国旗,学习日文的 51 个片假名,学生上体操课必须使用日语口令。日伪当局极力推行"汉人日化"的教育,妄图使我国青少年淡忘母语,以达最终灭亡中国的目的。

在教学内容上,日伪当局还编辑了一套奴化教育教材,据《新民报》载,其编审方针是"扫除一切抗日思想,排除三民主义",还对原有教材进行删改,歪曲历史。每次举行强化治安运动时,强迫教师、学生参加游行,逼着佩戴"第×次强化治安运动"的绸条。强迫学生剃光头,定期军训,准备充当日寇的炮灰。这种亡国灭种的奴化教育极为毒辣,给天津青少年的毒害是深重的,对天津的教育事业摧残是严重的。

共产党地下组织领导的抗日活动

1937 年 7 月抗战爆发后不久,天津党组织发动了大批党员、民先队队员及爱国青年学生奔赴冀东、冀中等地参加抗日游击战争,天津青年学生的热血洒在广阔的抗日战场上。民先队在天津建立了秘密机关,先后在耀华、圣功、省立女中等学校中发展了民先队组织,为抗日战争培养了大批骨干力量。民先队 1937 年 9 月在天津秘密出版了队刊《灯塔》,专门做抗战报道和宣传,一直坚持出版到 1939 年夏天。民先队还具体组织和输送了许多爱国青年奔赴延安或内地。在华北人民抗日自卫委员会里,有不少青年学生和知识分子创办了很多以传播抗日消息为主的刊物,如《时报》《新闻报》《大华报周刊》等。

天津沦陷初期,青年学生在市内进行了多种形式的抗敌斗争。许多青年抗日组织应时而生。1937 年 8 月,天津学生联合会临时委员会成立,他们在租界内举行讲演会,散发传单,宣传抗战。还有"学生救国先锋团""华北青年战地服务团"等团体在积极进行抗日活动。

天津于 1939 年至 1943 年是日本统治下最黑暗的时期,一切抗日组织都被严禁,但是,进步的秘密读书会仍然在活动。爱国青年学生秘密串联起来,采取读书会的形式,阅读进步书刊,探讨祖国的前途。许多青年通过读书会的活动,走上革命的道路。1939 年,三个民先队员在河北省立天津中学(今天津三中)的一些同学和校友中建立了读书会,1940 年,中共平津唐点线工作委员会派人来津开展工作时，就以这个读书会为基础建立了党的外围组织中国青年抗日先锋队（简称青抗先）。1941年，又在青抗先小组的基础上发展党员，建立了抗战后市内的第一个党支部。1941年，一些读书会成员到冀中抗日根据地去寻找党的领导，1942年，这些同学被党组织派回天津开展工作，建立了天津市青年抗日救国会（简称青救会）。转年，根据党的指示改名为"天津市各界抗日救国联合会"（简称"抗联"）。"抗联"是共产党领导下的一个以青年学生为主的秘密抗日组织，该组织成员深入到学生和教职员中进行工作，还在工人中发展力量，同时，也打入伪军、伪警中，了解敌情，并尽可能地掌握武装。1944年"抗联"中建立了党组织。到抗战胜利时，"抗联"会员已发展到一百余人，其中有党员五六十人。1944年，天津青年学生在党的领导下新建了许多秘密抗日组织，例如在中共冀东区党委领导下建成的抗日统一战线组织"天津民族革命联盟"（简称"民联"）等。

河北省立工业学院教师杨十三、洪麟阁在抗战爆发后，毅然投笔从戎，与学院的一些校友、师生组织了一支抗日武装——工字团，在华北人民自卫委员会的领导下，奔赴抗日前线，参加了1938年的冀东抗日大暴动，以后又在冀东坚持游击战争。

国民党地下组织领导的抗日活动

（一）天津教育促进会的抗日活动

天津沦陷时期，部分教育界人士在重庆政府教育部"战区教育委员会"的组织领导下，于1938年底成立了一个秘密的抗日团体"天津教育促进会"。该会设理事会、监事会。由教育部陈立夫部长派任天津市战区教育督导员张维民(原名张东祥,号卓然)为理事长,王润秋为副理事长。袁贤能、刘廼仁、黄道、马晋恒、苏亭午、何肇葆、刘培之、沈慧儒、李陵甫为理事。张士骏为监事长,陈华普为副监事长。姚金绅、杨绍思、余宗毅、崔诵芬、汪含英为监事。当时各中等以上学校的校长多数参加了该会。

　　该会为了联系青年从事抗日工作,先后办了几个学校,同时还组织读书会、训练班等。1939年春,该会组织一部分青年成立"天津青年读书会"。以交通员王嘉铭任干事长,张惠年、张福吉、周宝璞、郑元琳、董铁生、韩士智、郑庆里、刘鸿慈、王凤鸣为干事。读书会的主要活动是联系青年学生,介绍有关抗战救亡的书籍,宣传抗战建国纲领,抵制奴化教育,介绍青年学生到后方升学。读书会到1941年底,由于太平洋战争爆发,环境险恶,停止活动。三年中发展的会员约有40余人,介绍到后方升学的有20余人。开展读书会活动的学校有耀华中学、工商学院、市立师范、市立一中、汇文中学、新学中学、民众教育实验学校等。

　　该会于1939年夏创立私立达仁学院,于是年8月间在英租界松寿里租房三间,创设"星光补习学院",设国文、英文、算术三科,并附设小学部。1939年暑期,教育部专员徐治同理事长张维民商议,开办一所正式中学,招收不愿上敌伪学校的青少年,救济不愿在敌伪学校工作的教职人员。经决定命名为"燕达中学校"。经费除酌收学费外,由教育部负担。校址利用英租界英国兵营旧址(今天津一中址)。由大律师张士骏任校长。1939年底,该会又在英租界小白楼先农里租房一大间,成立"玉莹补习学校",设备简陋,只有一张可打乒乓球的长桌,几条长凳子。办这个学校的目的,是为了开办"青年抗日训练班",每期约10人,共办三期,训练时间每期一周。受训者多为青年读书会的会员或有联系的爱国学生。讲课教师有张维民、邢棠林、俞少伯等。该会还向后方输送爱国师生,被保送、选送学生有 40 来人。

此外,该会还为敌占区的私立学校向教育部办理立案。在日军占领天津以后,国民党政府不承认敌伪统治下的伪组织办的各级学校。但有些新成立的私立学校如进修中学、渤海中学、浙江中学、含光女中、通澜中学等,这几个学校虽非伪组织所办,但国民党政府尚未承认。该会根据各校报告,转呈教育部,经批准暂予备案,承认了这几个学校的合法地位。

1943 年冬,平津形势更为紧张,敌人加强搜查。到 1944 年 2 月天津教育促进会的秘密活动不慎被日本宪兵队特务、伪警察局督察股长王绍曾侦知, 他立即报告了日本一四二〇宪兵队宫原、白崎,并由他作眼线,于 1944 年 2 月 19 日,在天津法租界劝业场门前将该会副理事长王润秋逮捕。相继被日本宪兵队逮捕的还有达仁学院院长袁贤能、工商学院院长刘迺仁、师范学校教导主任王晋恒、耀华中学校长陈晋卿、新学中学校长黄道、广东中学校长罗光道等。

一个月之后,3 月 20 日,日本宪兵队完全避开伪警察和保甲人员,直接带领翻译特务,突然袭击,入户抓人。甚至连伪政权的市长、警察局长也不知信息,不知案情。这次被捕的大都是各界名人,教育界有市教育局长何庆元、市立三中校长张元第、大佛寺小学校长冯贯一等。

王润秋等被捕人士在日本宪兵队受到严刑审讯,但由于大家从容应付,敌人也没有捞到什么确实证据,大多先后释放。只有王润秋、张元第等几个人,在施行灌凉水、严刑拷打后,又判罪送到北平日军陆军监狱。王润秋教授不幸于1944年11月25日被酷刑致死,时年45岁。而张元第直到抗战胜利前夕,才被从狱中保释出来。出狱后,张元第将对日本侵略者的深仇大恨铭记心中,他一直保存着监狱的灰布号牌,用来教育学生和子女。

天津沦陷时期,还有许多像王润秋、张元第一样因各种原因而不得不身处沦陷区的教育界知识分子.虽身处逆境但仍坚持与敌伪抗争。有的因不甘附逆,或身陷囹圄,备尝酷刑,或慷慨就义,他们所表现出的不屈的反抗精神与民族气节是值得记取与弘扬的。据《中国第二次教育年鉴》记载:抗战期间天津殉难9人,忠贞人士13人。据孟国祥:《对抗战时期中国文教忠贞及殉难人士表彰之研究》论文记载:"天津市教育局报赵天麟等52名,天津市教育促进会报被难人员有袁贤能等11名,其中有4人与教育局所报重复。天津共报忠贞及殉难人士59人。"耀华中学前校长赵天麟"从事教育工作为敌伪所忌,被其所遣匪徒狙击身亡"。耀华中学校长陈晋卿时年60岁,"努力教育工作被捕系狱17日";明德中学校长康辅德"捐资兴学,激励青年上进,毁家纾难,不畏强敌,坚贞不屈";大同中学校长郝擢先"担任地下工作被捕,严刑拷问不屈系20余日";达仁商学院院长袁贤能"因有抗日行为为敌宪3次拘捕";达仁商学院教授祖吴椿"参加天津市教育促进会被拘17日";"私立天津工商学院院长刘廼仁'努力教育事业有功'";"天津私立乙种工业学校教员曾庆贞,参加抗日杀奸团工作,被擒'虽受酷刑,卒未吐实';天津慈惠学校校长余宗毅,在校策动抗战工作,被捕后守正不屈";"天津市当时还编有《教育文化界人士抗战期间忠贞自守始终不渝之人士》一册,并列有蔡津成等723人。"天津沦陷期间教育界殉难、忠贞人士将永留抗战史册。

(二)天津抗日杀奸团的爱国行动

1937年冬,军统局天津站站长曾澈、南开中学学生李如鹏等在青年学生中组织抗日杀奸团(简称"抗团")。抗团在各校学生中发展成员。有抗团成员学校为南开中学、耀华中学、圣功女中、工商附中、汇文中学、中西女中、新学中学、志达中学、广东中学、中日中学及达仁学院等。初期组织严密,人数不多,参加者多是中学有炽烈的爱国热情,品学兼优的学生。入团时要宣誓,誓词是"抗日杀奸,复仇雪耻,同心一德,克敌治国。"团长曾澈,下设组织干事、行动干事、宣传干事、交通干事。李如鹏负责组织,孙大成负责行动。女子大队长是方茂萱,下设小队长是李桂芬、刘蕴华、张捷、张同贞。男子大队长是李如鹏,小队长有袁汉俊、王宗铃、祝宗梁、夏䄂麟。抗团外围组织"挺进团",也叫"小学联",总负责人李如鹏,广东中学刘永康负责男生队,圣功女中张捷负责女生队。

抗团成立后,积极开展抗日宣传。每当"九一八"、"七七"等纪念日时,便散发传单,宣传抗日。我军在台儿庄战场取得重大胜利时,抗团全体出动在闹市区散发捷报。也有的利用清晨或夜间,把宣传品投往住户的邮箱内。1938年夏出版《跋涉》刊物,揭露日本侵略军暴行,报道抗战消息。

行动方面一是纵火行动:抗团成员到出售伪教科书的书店,趁人多买书时放火,对店主发出警告;国泰电影院(1949年后称华安电影院、新闻影院)放映辱华影片《大地》时,抗团在影院座位上放炸弹;还到日本人开的大丸商店放火。抗团小学生还点燃了南站的棉花仓库,熊熊大火给日寇造成了重大损失,驻守南站的一位日军中尉为此剖腹自杀。这些行动轰动全市,对敌伪政权起到震慑作用。

二是杀奸行动:王竹林当时是长芦盐务局局长,又是天津商会会长，日军占领天津后担任傀儡组织维持会委员，到处拜访亲朋故友和遗老遗少做敌人的帮凶。抗团认为王竹林地位虽不算高，但活动很卖力，决定派行动组惩办王竹林，起到杀一儆百作用。1938年12月27日王竹林在丰泽园饭庄请客，行动组由孙大成带领赵尔仁、孙湘德等人潜伏在丰泽园门口，宴会结束后，王竹林出来送客时，由孙大成打第一枪，王中弹往后跑，赵尔仁再补一枪，王当即倒毙在门内。王死后，不少北洋旧官僚不敢出来为敌人做事。伪海关监督兼伪联合准备银行津行经理程锡庚，积极为日寇效力，也成为抗团暗杀的目标。1939年4月9日，行动组得知当天下午程带全家到大光明电影院看《贡格丁大血战》影片，立即派祝宗梁率领袁汉俊、刘友琛执行，冯健美为他们把枪支带到影院里。组员们坐在程锡庚座位后面，在影片放映中间，打出字幕"程经理外找"，程锡庚一起身，又被家属拽着坐下。祝宗梁认准了目标，自后面一枪击毙程锡庚。影院大乱，行动组趁机撤出。

抗团本身没有经费，曾澈从军统天津站拨出少数钱供印刷宣传品之用，从事杀奸活动所需用的经费，多来自知名人士的协助，也包括团员家庭的支持。如天津永安堂的陈经理，他是胡文虎的外甥，他的家（原河北路顺和里）成为各队负责人的联络地点，而且还提供过他的私人汽车为抗团使用。再如静海中学教师李明（李桂芬），她的家（滨江道恒和西里）也是抗团活动联络点，团员宣誓就在她家。此外，有些团员的家庭，为抗团存放枪支、宣传等物。

1939年9月军统局天津站行动组长裴级三被日特逮捕后叛变投敌，将曾澈、李如鹏、丁毓勤、吴原等人出卖，他们被日本宪兵队逮捕，施以酷刑，他们坚贞不屈，英勇就义。他们牺牲后，天津抗团遭到极大的破坏，陈肇基、赵尔仁、夏廼麟、刘永康等决心重建抗团,继续战斗。在中原公司(今百货大楼)四楼剧场及滨江道国泰电影院实施爆炸后,抗团再遭破坏。陈肇基、夏廼麒、吴莲顺、于学惠、王金栋被捕。1940 年春节刘永康等赴北平参加北平抗团枪杀汉奸行动,是年 8 月被捕。此时先后共达百人以上的抗团经过敌人的几次大迫害,骨干多被逮捕,活动被迫中止。但天津抗日杀奸团的英雄事迹永留史册,他们的传奇故事被一代又一代人传颂。

爱国师生自发抵制奴化教育进行抗日斗争

在沦陷时期,在日伪的法西斯统治下,天津的爱国教育工作者以高度的抗日救国精神办学,广大师生自发抵制日伪的奴化教育。如 1937 年 9 月,耀华学校校长、爱国教育家赵天麟基于民族义愤,毅然决定开办"特班"。招收了被迫停办的南开中学等校的失学学生一千余人,并请留津的南开中学教师任课。因学生人数骤然增多,教室远远不够用,每天下午 4 点前为耀华学校原有班上课时间;下午 4 点后,为"特班"授课时间。

赵天麟校长坚持对学生进行抗日爱国教育,1937 年 9 月 1 日该校建校十周年时,仍悬挂中国国旗,唱中国国歌。他为了抵制日伪政权的奴化教育,联络了广东中学校长罗光道、法汉中学校长王文华、志达中学校长张敬熙、慈惠中学校长余宗毅等组织"除奸委员会",他任董事长,罗光道任副董事长。该会于 1937 年 12 月 12 日,在海大道女青年会召开秘密会议,参加会的有各校教师 50 多人,赵天麟任主席并做了慷慨激昂的讲演。他说:"现在国难当头,我们勿忍视倭奴侵占我华北领土。我教育界为四万万同胞的先导,我等均为高尚的知识分子,要宣传抗日工作,不应坐视倭奴以我华人当犬马，永不当亡国奴。爱国抗日到底。"会上，几个学校还共同决定：一、继续用旧课本，决不更改有三民主义内容的教科书；二、各校学生抗日爱国到底，一律不准买日货；三、各校从即日起，增加军训 1 小时。会上并提出宣传抗日要谨慎，勿生意外。这次会议是租界教育界坚持抗日爱国，抵制伪政权推行奴化教育的爱国行动。

在赵天麟校长的带动和影响下，耀华学校相继建立"中华民族解放先锋队""清华同学会""抗日杀奸团"等抗日组织，同时也涌现出一批反奴化教育的先驱。张肖虎先生，从清华大学来津受聘于耀华学校音乐教师，他以音乐为武器，以耀华学校的礼堂为阵地，经常办音乐会，进行爱国主义宣传。何作艇先生因从事抗日活动两度遭日寇逮捕。他在物理实验室保存了为抗日军队制作的遥控爆炸装置，随时准备以身殉国。黄元镇、郝贻纯等以"特班"学生为掩护，领导全市"中华民族解放先锋队"活动，进行抗日爱国斗争。赵天麟校长的抗日举动，遭到了日伪当局的嫉恨，1938 年 6 月 27 日，发生了日本宪兵队操纵的"暗杀团"刺杀赵天麟校长的严重事件。

天津沦陷时期爱国师生自发的抵制日本的奴化教育，教师在课堂运用中国优秀传统文化对学生进行抗日救国教育。如天津工商学院附属中学教师吴大勋在语文课上讲述屈原的《离骚》、岳飞的《满江红》等，大声朗读，反复讲解，声情并茂，感人至深。身处日寇铁蹄下的青年学生，被唤起了不愿当亡国奴的爱国之心。这是在当时条件下最好的爱国主义教育。

今年是抗日战争胜利 70 周年，我们永远不能忘记天津沦陷期间，日本侵略者摧残文化教育机构及各类学校，推行奴化教育，残杀爱国师生的滔天罪行。我们要世世代代牢记天津沦陷期间，为全民抗战做出贡献与牺牲的忠贞人士与抗日英烈。我们要继承抗日英烈的遗志，维护二战成果和战后国际秩序，决不允许开历史倒车。我们要加强抗日战争历史的研究，加强青少年的爱国主义教育，大力发展天津各级各类教育，以实际行动纪念抗日战争胜利70周年。

（刊于《天津市社会主义学院学报》，2015 年第 2 期，总第 48 期，2015 年 6 月 20 日，第 33—37 页）

天津沦陷后,战斗在租界里的 《高仲明纪事报》

倪斯霆

1937 年 7 月 7 日,随着日军蓄意挑衅,悲壮的枪炮声回响在宛平城内。卢沟桥上,硝烟弥漫。积蓄经年的中国抗战终于爆发!

华北危矣! 平津告急!

三周后,因日方背信弃义,幻想中的沟通失败。时任冀察政务委员会委员长兼国民革命军陆军第二十九军军长的宋哲元,与部下第三十八师师长兼天津市市长的张自忠等人,于北平紧急磋商后,迅速向其所部发出"自卫守土"感电。

旋即,驻守天津的第三十八师副师长李文田(兼任天津市公安局局长)被师长张自忠委任为天津军事总指挥。面对日军对天津的咄咄紧逼,7 月 28 日,李文田率部于天津多方位对日军展开反击。经过一天浴血奋战,在重创机场与车站的日军后,李文田奉命于 29 日率部撤出天津。

翌日,除各国租界外,日军全面接管津城。

至此,天津沦陷。

租界内，四个文人在酝酿抵抗

天津法租界，位于老西开的法国天主教堂，其标志性的三个圆形塔楼直插云端，在四周低矮房屋的映衬下，显得巍峨耸立，气度不凡。

其对面便是沦陷前沽上市民夏季泛舟避暑、嬉戏游玩的墙子河。

河北岸靠东面与法国教堂斜对着的第一条街巷，当年是天津法租界贝拉扣路(沦陷后日军易名三十号路，今哈尔滨道)。这是一条并不宽敞且闹中取静的小马路，与西面比邻的福煦将军路(沦陷后日军易名二十六号路，今滨江道)的宽大、热闹、繁华相比，它显得逼仄、隐蔽、幽静，适合人居。1925 年由河北省曲阳县同乡王、范、周三姓商人合资兴建，取天赐恩德寓意而命名的天德里，便坐落在这条街巷的南端东侧，与墙子河对岸的法国教堂可谓咫尺之遥。

1937 年 8 月中旬的一天夜晚，在天德里 14 号(当年门牌)三层小楼二楼的一间小屋内，门窗紧闭，烟雾缭绕。四位已经无报可编刚刚下岗的年轻报人，正在紧张激烈地讨论着一件神秘而又庄重甚至可能掉脑袋的大事。

为首者便是暂租这间屋子的主人，战前天津《大公报》采访部主任并兼本埠新闻编辑的顾建平。其余三人中的两人为顾建平的曾经部下，原《大公报》记者林墨农、孔效儒，另一位则为战前天津《益世报》记者程寒华。

目前随着日军接管天津，他们此前所服务的《大公报》《益世报》已同津城其他大小报刊一样，均被勒令取缔出版，如想继续从事报纸行当,则只有到战前已被日军收买,眼下已沦为日寇"派遣军机关报"的《庸报》去报到。因为随着《庸报》的附逆,原报馆大批有气节的员工已纷纷离职,《庸报》馆正在焦急地笼络编采人员。

但这绝非是顾建平等人所愿。他们不但不会去为日本人编报,反而正在酝酿着如何利用自己的编报所长,去唤醒民众,一同抵抗日军的残暴统治。

此刻,只听操着浙东口音的顾建平(1908—1982)低声而又激奋地说:"日军封锁了津城与外界的联系,天津已成孤岛。我们不能坐以待毙,我们应该去和日本人斗一斗。"

孔效儒很抽了一口烟,郁闷地问:"怎么斗?我们都是拿笔的文人,虽然报国心切,但赤手空拳何以施展。"

正在扒着窗帘观察外面动静的林墨农回头急切地说:"老顾,你过去是我们的头儿,如今仍是。你说吧,怎么干?"

林墨农话音未落,程寒华便掐灭烟头,抢着说:"诸位老兄,现在我们是一个团体,国难当头,为了不作亡国奴,和日本人斗,匹夫有责。顾兄,你说怎么干,我们就跟着你干!"

听到三个人的表态,顾建平反倒平静下来,只听他缓缓地说:"我想起了一个故事。那是在一战的时候,德军占领了整个比利时,比国所有报刊都被查封。在布鲁塞尔,有一位比国记者在市外找了一所小屋,自己砌了夹壁墙,在那里安放了电台、简单铅字与小型印刷机。就这样,他与一两个学生秘密地自编自印自己发行了一份鼓吹抗战的小报,名字就叫《比利时自由报》。开始时是单线传递,后来读者渐多,便改为连锁送递。送递时他们就将报纸装在背心裤筒里,凡是得到报纸的人,就可以知道许多被德军封锁的战况及协约国胜利的消息,极大地鼓舞了沦陷区人们的斗志。德军始终在追查这张报纸,但都被这位记者巧妙的躲过了,这张报纸一直出版到德军战败,退出比利时为止……"

"你是说咱们也办一张秘密报纸,秘密发行,唤起市民抗日?"林墨农听明白了。

"可是到哪去找印厂印刷呢?如果日本人发现了肯定玩完。"孔效儒思索着说。

程寒华试着问大家:"我们是不是可以搞一张油印报纸,这样我们便可以自己编辑自己印刷自己发行了。"

"对!寒华兄说的对。我们就稿一张油印小报,这样有钢笔、蜡纸,有一架油印机,有一台收音机便可以开工了。至于报名嘛……我看就叫《高仲明纪事报》。高仲明者,子虚乌有之人,就是日军发现,也是查无对证。纪事报,就是以记事的形式报道抗战消息,宣传抗日事迹。我们一定要编得文字活泼,通俗易懂。"顾建平受了程寒华的启发,脑子在急速运转。此刻,他两眼发光,望着大家兴奋地说。

这一晚,他们谈得热烈,说的尽兴,个个摩拳擦掌,情绪高昂。在细细地分析了怎样才能做到天时地利人和的诸种因素后,直至翌日黎明,四人方才散去……

恐怖下,一张油印小报在秘密传播

若想编印报纸,一个固定处所是必不可少的。

顾建平提议就将工作地点设在他租住的天德里二楼一间小屋内。理由是贝拉扣路地处法租界,位于华洋杂处的市中心,便于报纸的迅速传递,而且此地虽处都市繁华之首,但闹中取静,相对隐蔽;其次,此地尚属法国地界,洋人集中,人员成分复杂,日本人暂时奈何不得;此外,最最重要的是,此处住房四周邻居成分却相对简单。住在三楼的房东是电报局小职员,为人沉默寡言,他的两个儿子,分别在大学与中学读书。而一楼租户则是来自农村的一个土财主,平时除了关心他们县里是否进了日本兵或土匪外,对其他均无兴趣。

地点选定后,四人便进入了神秘而紧张的筹备中。

首先他们需要一台广播收音机和一架誊写油印机。油印机难不倒干报的人,他们用铁丝和网布制作了一个简易设备,再寻来一个废旧胶滚,简易誊写油印机便大功告成。但收音机却让他们为难,想买没钱,即使有钱,作为战时紧俏品,也是一时难觅。好在林墨农急中生智,他想到了一个即单身又有爱国心的朋友家,有一台名牌收音机。于是他与之联系,朋友深明大义,慨然允诺他可以每晚定点去家里收听抄录新闻。这让四人大喜,虽然增添了每晚跑道之苦,但毕竟苦胜于无,最关键的信息渠道问题终于解决了。

接下来,四个穷文人倾其所有凑了一元八毛钱的开办费。他们买了一元钱的白报纸,裁成16开作为印报用纸,再用两毛钱买了牛皮纸糊信封,其余的六毛钱买了一盒蓝色油墨。又从朋友处寻来几十张旧蜡纸、两支旧铁笔和一块旧钢板,并将钢板用斧子剁成两半,以备两人同时刻写……

1937年9月初,在一个阴雨闷热的夜晚,他们在将屋内两扇窗户用席子遮好再蒙上一块黑布后,这个秘密“报馆”便开工了。

四个人做了简单分工。林墨农负责去友人家收听抄录新闻;顾建平负责总体编辑;程寒华与孔效儒承担具体编辑工作的同时,还负责刻写蜡版;而最后油印报纸、糊信封和分装递送,则四个人同时上阵。

这其中最苦的要数林墨农。从"报馆"到其朋友处,相距两里地,加上绕道,他每晚来回至少要走十里路,而且在宵禁戒严期间,进出日租界和中国地,日本宪兵搜查盘问甚严,他每次都是将抄到的稿件藏在贴身处,和日伪人员巧妙周旋,可谓险象环生。但林墨农对此却毫不畏惧,为节省时间减少麻烦,他费尽心思搞到了一个伪政府职员上下夜班时佩戴的白袖章,这样他便可以大摇大摆地去上"夜班"了。其具体工作时间是,每晚10点从"报馆"出发,11点到朋友处开始收听抄录南京"中央广播电台新闻",午夜12点抄完,回到"报馆"已是翌日1点钟。随后,四人便开始了紧张的分工合作,直至凌晨五点钟左右,报纸正式印出,紧接着便是兴奋中带着惊险的秘密递送。

这是一张16开12张24版的"日报",不仅有被日军严密封锁的抗战新闻,而且还有特写报道、本埠新闻、社论、短评。创刊的最初三天,每天只印30份。10份送给他们最可靠的朋友,让朋友们在阅后继续传递。其余20份留存起来,以作日后补报之用。

就这样,在沦陷之初风雨如磐的天津,秘密抗战小报《高仲明纪事报》开始神秘地在苦闷中渴盼得到外界声音的市民中间流传了。当时正值淞沪大战的第二个月,许多震撼人心的胜利消息与感神泣鬼的忠勇故事,深深地鼓舞并感染着人们。发行第三天,就有一位大学校长送来了全年的"订报费",在被婉拒后,他主动要求承担义务递送员,并决定秘密发展进步学生加入递送队伍。

很快,报纸发行量就由创刊时的10份增加到50份。20天后,升到400份。两个月后飙升到800份,其最高量曾达到千余份。读者的迅速增加,让顾建平等人既兴奋又始料不及,原来的四人单线递送已远远不能适应日益庞大的读者群,于是他们发明了"联保"的发行方式——扩充更多的进步人士加入到发行队伍,每个发行人都是单线与他们联系,其下线则是一大批读者,读者再将他们阅后的报纸继续向周边扩散,以此反复。同时,为了安全,他们还采取了"检举"与"调查"两项重大措施:前者请忠实的读者随时检举不忠实的阅报户;后者他们四人随时留意探听阅报户中哪个可疑。无论哪方面发现问题,立即取消对方阅报资格,并且通知其供给者,有时对供给者也予以同样措施,甚至将其所在的整条发行链停掉。

高额发行份数的背后,则是工作量的数倍增加,最让顾建平等人头疼的,便是需要调查每个阅读者的政治背景、居住环境,尤其是其周围是否有日本商户、洋行及汉奸住宅。此外,尚有每日印不完的报纸、糊不完的信封、买不完的纸张油墨和不能一次送出的邮件……而这一切,都是他们四人承担,因为他们做的是掉脑袋的秘密工作,不能大张旗鼓发动人去干。

《高仲明纪事报》犹如暗夜中的点点荧光,在真实报道抗战消息和迅速唤起人们抵抗情绪的同时,也很快便被日军及汉奸们发现,他们撒出眼线,在四处寻找这张可怕而又神秘的小报……

搜查中,秘密"报馆"几度搬迁

危险接踵而至。

一天夜晚,当林墨农从友人处抄听新闻回程途中,突遇日伪大搜捕,白袖章不管用了,他作为可疑人员被带到了宪兵队,万幸的是,审查他的是一个已附逆的报馆旧同事,他在胡拉乱扯讲了一番老同事们在事变后的各自遭遇后,引发了审查者的感慨,很快便被稀里糊涂地放走了。又一个夜晚，油印中的墨滚裂开了，程寒华连夜去亲戚家开的橡胶门市部去买，归途被一汉奸盯梢，在多走许多路七转八拐后，方才把尾巴甩掉……

面对危险情况，顾建平决定取消林墨农每晚外出抄听任务，他通过关系辗转结识了一位"慷慨"的朋友，此朋友在没问他做什么的情况下，心照不宣地主动送给他一台性能极佳的美国收音机。二十年后，顾建平才知道这位朋友是中共地下党员。

有了自己的收音机，他们又采取"买日本枪打日本"的方法，从日本堀井洋行以学校印讲义的名义，采买来一架日产轮转油印机。

设备添置更新后，外出危险大大降低，工作效率也相应提高，然而新的危险又接着出现。日产轮转油印机性能虽好，但噪音很大。一天凌晨，大家正在工作，突然传来急促的敲门声。顾建平赶紧掐断电源从门缝挤出身来一看，原来是楼上房东的大儿子，他问顾建平在干什么，怎么屋内总是传出轰轰声。顾建平急中生智，连忙说，声音不是来自我屋，这是远处的炮声。就在房东儿子将信将疑走开之时，顾建平果断决定，此处已不宜久留，要立即搬家。

几经周折，顾建平等人最终看上了英租界益世滨道（今柳州路）与敦桥道（今西安道）相交处的益世里。这是一幢连体的二层小楼，他们选中了其中的 11 号，一楼由二房东一家自住，二楼他们以两家的名义全部租下。这里离法租界他们原来的"报馆"所在地天德里很近，站在露台上隔着不高的女儿墙便可清晰地看到法国教堂。

随即，在 1937 年 11 月初，秘密"报馆"在新址便按时"营业"了。

他们将那架轮转油印机放在铁床的帐幕后面，纸张油墨及各种资料平时均藏在米面袋中。为了掩人耳目，他们故意将收音机的天线、地线大大方方地架设好，每天从中午起，到夜晚11点以前，收音机总是大声地播放着北平电台的大鼓书或东京播送的日本歌，声音大得让全胡同的人都能听得见。而到了夜间11点，他们便把声音拧到最低限度，找到南京或长沙(后来是武汉、重庆)的中央社新闻电台，从《满江红》听起，把所有的新闻全部录下。然后再收听路透社、合众社的电讯，有时甚至能收到延安的广播。在他们的努力下，这些电台所播出的国共两党领导全民抗战的消息，及时地出现在秘密小报上，并在已成"孤岛"的天津沦陷区内传播，极大地鼓舞了人们的抵抗斗志。

1937年12月13日，日军攻破南京城。随后，惨无人道的大屠杀开始了。

三天后，中国战区最高司令长官蒋介石在陪都重庆发表了著名的《告全国国民书》。继此前在庐山喊出"人不分男女老幼，地不分东西南北，一致起来，长期抵抗"的抗日宣言后，再次疾呼"父勉其子，兄励其弟，长期抵抗，争取世世代代的自由！"

当顾建平等人在小楼里第一时间从重庆中央社新闻电台听到这一声音时，他们的悲壮情怀代替了心中的激动。当天夜里，他们便立即收录，立即刻版，立即印刷……一千八百多字的超长文告，让他们比平日整整延长了四个小时的工时，一直到日出后的九点多钟他们才印完发出。蒋介石在12月16日发出疾呼，17日早上，蒋之全文便刊登在了他们秘密油印的小报上，并已悄然"上市"。他们当时不知道，这与流亡在汉口的《大公报》《中西报》等国内权威大报几乎是在同一时间刊出了此文。

危险真的出现了！

就在顾建平等人发出这期报纸的当天中午，当他们带着一夜疲劳蒙头大睡时，英租界工部局的十多个侦探持枪破门而入。这本是一次突如其来却没有目标的大搜查，但他们四人的"作案"实证与工具却被起获。万幸的是，搜查人员中没有日本宪兵与高丽浪人，中英两国侦探对这些油印小报抱着睁一眼闭一眼的态度，没对小楼进行彻底搜查，故而隐藏巧妙的收音机与油印机奇迹般地躲过了此劫。

顾建平等人被英租界工部局逮捕了。面对审讯，顾建平侃侃而谈，力陈宣传抗日是中国人的本分，不违英租界之法，并反复讲述了日军在天津烧杀抢掠给平民百姓带来的灾难。或许是顾建平慷慨激昂的言辞引起了英租界工部局警务处华人副处长李汉元的同情，让他有了恻隐之心，第二天，顾建平等人在交了一大笔"保证金"后，便被取保释放了。但为了不让他们再给英租界找事，也为了给日本人一个交代，顾建平四人及家眷被驱逐出英租界，而且不许在英租界以外，用任何形式向英租界住民宣传"足以引起不幸事件"的思想。附带还有一项说明："保证金"是无限期的不再退还。

搬出英租界，顾建平等人几经权衡，他们又秘密潜回法租界贝拉扣路，在原"报馆"所在地天德里附近的效康里31号租下了第三处"馆址"。

新"报馆"仍是一座二层小楼，这次他们全部租下，二层全部作"报馆"，一层他们在一位医生的指导下，挂上"山东曲阜孔氏制药厂"的招牌，成为"中西合璧"专门生产妇科药丸"坤宁珠"的小药厂。为了更安全地编好《纪事报》,他们让家眷分别住到了两层楼的四处,而且每家都安设了很完备的天线、地线,以备必要时可以轮流在各家随时收听中央广播,在各家随时都可以编印报纸。

在此后的日子里,他们白天在一楼药厂生产药丸,夜间在二楼"报馆"秘密编印报纸。黎明时刻,几辆挂着缀有药厂名字三角帆布包的自行车,便踏向了马路的四方。外人不可能知道,三角帆布包里,除了少量的小药丸,更多的是刚刚印出的《纪事报》。

为了安全,他们将后二楼的一个窗户打通,人员可以随时从窗户爬到楼后一个工厂的铁棚内。劫后幸存的收音机与油印机及其他文件资料便藏在铁棚内的一个破旧汽油桶内。夜晚取出,黎明送回,即便捷又安全,而且遇有紧急情况,人员也可从后窗撤离。

就这样,他们在这里坚持战斗了一年零九个月。他们所发出的平型关大捷、太原保卫战、上海保卫战、南京保卫战、台儿庄大战、徐州保卫战、武汉保卫战、华南保卫战的消息及战时评论,极大地鼓舞着身陷沦陷区的天津民众,让人们坚持抵抗,坚决不做亡国奴。这其中,虽然有不少战场失利的消息,但它对读者传递的信息却是:尽管屡战屡败,但我们还是要抗战,而且我们就在不屈不挠地抗战着。此外,每逢"九一八事变""七七事变""八一三抗战"纪念日,他们还都编发特刊,号外发行,以示警醒。

最后的时刻到来了!

1939年9月28日,由于秘密小报引起了日本人的极度关注,他们终于闯入法租界,实施大搜查。秘密"报馆"终于被发现,虽然顾建平等人及家眷提前获知消息,已安全撤离,但"报馆"还是被日本宪兵队彻底破坏。至此,在天津沦陷后,坚持每日秘密出版达两年之久的《高仲明纪事报》,在天津消失了。

顾建平、林墨农、孔效儒、程寒华四人撤离天津后,分别去了游击区与大后方,继续从事着他们钟情的抗战与报纸编辑工作。

其实,在天津沦陷之初,国共两党地下人员在天津都曾编发过抗日报刊。如中共天津市委书记姚依林便领导编印了《时代周刊》《抗日小报》《风雨同舟》《灯塔》等;而国民党中央社天津分社社长陈纯粹则主持编发了《实录》《长城》《吼声》《电稿》等。这些报刊在事变后的天津,都起到了唤起民众,坚持抵抗的作用。但如若论起坚持时间之久,秘密潜伏之深,每日坚持出报不辍和真实报道时局之迅速,则非顾建平等人所办的《高仲明纪事报》莫属。

(刊于天津市和平区政协、天津市和平区档案馆编《抗日战争与天津》,2015年10月,第375—384页)

沦陷时期天津社会底层行业变迁
——以粪溺业为中心

任吉东

"沃尔斯利无意间发现了中国农业的一个秘密:用人的粪便做肥料,至少在沃尔斯利看来,这一行为比国内英国人用鸟粪或碎骨粉施肥更让人恶心。"①明朝后期来华的葡萄牙人费尔南也在书中描述他看到的肥料买卖:"欲购者走在街上,边走边敲击一块木板,其状犹如沿街乞讨。他们以此方式表明自己欲购何物,因为他们也承认所购之物的名称十分不雅,在大街上高声叫卖委实不妥。这种交易如此兴隆,以至于有时在某个海港会看到有二三百条船入港装粪,犹如我国海港的轮船装运食盐。根据各地的需求,往往还要市场检察府进行分配才行,对于秧苗来说,人粪是上等肥料,中国的这一地区庄稼一年三熟,需要充足的肥料。"②光绪中期游历中国

---

① [美]罗芙芸著、向磊译:《中国通商口岸卫生与疾病的含义》,江苏人民出版社 2007 年版,第 89 页。

② [葡]费尔南·门德斯·平托等著、王锁英译:《葡萄牙人在华见闻录——十六世纪手稿》,澳门文化司署、东方葡萄牙学会、海南出版社、三环出版社 1998 年版,第 194 页。

的宫内猪三郎在其所著《清国事情探险录》中曾专门谈到清国的围厕和肥料，"都会之地，各处都设有很大的围厕，白天近街的居民和路人都到此如厕，夜间，则在家中的一隅放一个带盖的桶以作厕所，每天会有扫除者前来清洗。"随后他还介绍了晒粪和制作粪饼用于耕田的情况。①

　　有别于中国粪溺业行业的悠久历史，关于中国粪溺业的系统研究起步较晚，相关学术研究主要从两个大方面入手，一种是从粪溺自身的行业特点入手。②另一种是从近代卫生和市政文明的普及应用着眼，这其中视研究对象又可分为两类，一是针对公厕体系的研究。③一是针对粪业系统的研究。④这些研究大多在近代化或文明的视野下将粪溺清理视为卫生问题考虑，虽然也有相关粪业组织的论述，但多着重对其社会影响和社会控制，在时间上也偏重于清

①[日]宫内猪三郎著：《清国事情探検録·围廁及び肥料》，清国事情编译局 1895 年版，第41 页。
②相关研究可见[美]朱莉·霍兰著、许世鹏译：《厕神：厕所的文明史》，上海人民出版社 2006 年版；周连春著：《雪隐寻踪：厕所的历史、经济、风俗》，安徽人民出版社 2005 年版；卢汉超著、段炼等译：《霓虹灯外：20 世纪初日常生活中的上海》，上海古籍出版社 2004 年版。
③相关研究可见苏智良、彭善民著：《公厕变迁与都市文明——以近代上海为例》，《史林》，2006 年第 3 期；银尧著：《厕所改造与城市文明——以近代成都为例》，四川大学历史文化学院硕士论文，2007 年。
④相关研究可见 Xu Yamin.Policing Civility on the Streets: Encounter with Litterbugs, 'Nightsoil Lords'and Street Corner Urinators in Republican Beijing. Twentieth–Century China 2005(2)；辛圭焕：《20 世纪 30 年代北平市政府的粪业官办构想与环境卫生的改革》，《中国社会历史评论》，2007 年第 8 期；杜丽红：《1930 年代的北平城市污物管理改革》，《近代史研究》，2005 年第 5 期；潘淑华：《民国时期广州的粪秽处理与城市生活》，《中央研究院近代史研究所集刊》，2008 年总第 59 辑；彭善民：《商办抑或市办：近代上海城市粪秽处理》，《中国社会经济史研究》，2007 年第 3 期；王芳芳：《近代苏州壅业同业公会研究》，华中师范大学硕士论文，2009 年。

末民初,对日本占领时期的研究过于薄弱。有鉴于此,本文拟探讨沦陷前后天津粪业所面临的不同境遇及其对粪业的影响,从而对近代天津粪业的发展变化在较长时段上加以初步解读和认知,以求教于方家。

一、无为而治:沦陷前的天津粪溺业

在传统中国社会,对于在城市粪溺处理一向是"自扫门前雪"的状态,完全处于民间社会的自发经营状态,"虽然在理论和立法上,城市环境卫生仍属于以'爱民'相标榜的国家和地方官府的职责范围,但它们由于大都并不直接关乎钱粮与社会稳定这样的大事,所以显然不是国家和官府的施政重点,官府的举办与否,完全要视当政者的道德责任感和行政能力、地方乡贤力量的活跃程度以及地方财力等多种随机因素而定,具有相当大的偶然性。"①

光绪初年的《申报》对此也有评论:"后世郡县之制不如古者都鄙乡遂之法,设官较少于三代,以故门径闾巷,无有专司之人,而乡民之散处与城市之聚居,地殊而势即不同,因而民居市廛,所在往往失于辟除,而地方遂以恶浊。大城之中,必有通衢数处,所集店户,生意清高,雇人粪扫,挨户醵资,尤不碍手,故官无辟除之令,而民有清理之劳,坦途涉足,意旷心怡,不待掩鼻而过也。所不堪者,市梢城角,出入往来,不少于大街,徒以居者行者,一则诧业猥琐,不嫌秽浊,一则一过即去,是以无人为之。"②

①余新忠著:《清代江南的卫生观念与行为及其近代变迁初探——以环境和用水卫生为中心》,《清史研究》,2006 年第 2 期。
②《城壕建厕说》,《申报》1881 年 11 月 13 日。

可以说在传统社会体系下，城市内部有着一套自我消化城市粪溺的办法，而这个办法小部分出于士绅公益运作，大部分出于市场利益驱使，由这只看不见的手自行调配，游离于官府控制之外，既无成法，亦无定式。具有数百年历史的天津也是如此，虽然天津的粪便交易也称得上是一项大宗买卖，但一向由收粪者自行掏挖、变卖，自行划定市场界限，官府历来不予干涉。据一份天津商会的报告称"津郡春秋二季粪秽出境，每岁约三十万石，每石一百四十斤，其价资连上船车脚五百五十文，南运河及西河一带客贩来津购运，有一种游手之人包揽雇船，所谓跑合者是也，凡代雇船一只，有花费洋一元，连谢礼零费须洋二元数角，私相授受，久沿为例，查每船运粪平均约三百石，值年景好时，运出船不下八九百只之多，此运销粪秽之大概情形。"①

曾经有一些民间的士绅和商人企图对此行业加以控制和把持垄断，以便从中牟利。1909年天津举人张璨文就曾禀请将天津西河运河一带粪船及跑合人所收各费化私为公，招人包办②；同年，民人任士奎等又希图设置清洁公司，从中抽收粪船谢钱③；两年之后，又有民人周文义、李香圃等拟设立保安粪行一处④；民国伊始，杨富春、张月桂等拟发起转运肥料公司⑤，这种情况一直到1937年仍然存在，该年周子清等备资十数万元之巨款，企图组设天津市地方清

---

①《为民人任士奎等禀称设置清洁公司一案》，《大公报》1909年11月2日。

②《关于天津地方自治之文件》，《大公报》1909年5月17日。

③《为民人任士奎等禀称设置清洁公司一案》，《大公报》1909年11月2日。

④《为周文义等拟设粪行抽用等事致天津商务总会移》，J0128—002263—001，1912年，天津市档案馆。

⑤《转运肥料公司试办简章》，J0128—002885—025，1915年，天津市档案馆。

洁所①,这些建议和措施,都被当时的天津商会予以否决,"查转运肥料系民自由营业,并不受若何羁縻,若公司一经成立,商贩先受一番剥削,设再意存垄断,营是业者又受拘束,实为营业及转运诸多窒碍。"②

　　天津日本租界的商业会议所曾专门致函天津商会,询问城市粪溺的处理方式,"在天津城内外粪尿之处分法:一、在官衙直接(派)苦力行扫除否,若有其官衙系何名;二、在官衙门有包办扫除否。三、市居各家自行使令苦力扫除否。在天津城内外对粪尿扫除市民负担:一、前一项之办法官衙支给之经费若干,市民应一月一年纳捐额几何;如此之粪尿空投弃否,或以相当代价下附农否,其价几何。前两项办法在官衙其给扫除费用否,给费之际其额若干。包办者有无废除粪尿代价否,包办者包办扫除之时,如不领费用其犹有粪尿之代价否,如有论月论年,其额若干;三、前三项办法其扫除费几何。天津城内外有一定之粪尿厂否,若有其地何名,干粪之用途并买卖习惯法及价额,制造干粪者与扫除粪尿者其有何等之关系。"③而天津总商会的回答则为:"查天津市粪尿历由贫民扫除制造干粪,亦由若辈自行经理,向来官不过问,并无一定规则。"④长期以来,天津官方一直以不与民争利的思想,对粪业经营乐衷于放

①《为周子清等组织天津清洁所事与天津市商会往来函》,J0128—008998—001,1937年,天津市档案馆。
②《为查杨富春等拟创设转运肥料公司事与天津商务总会往来函》,J0128—3—004060—001,1915年,天津市档案馆。
③《为天津粪便清扫规则应详细示知事致天津商务总会函》,J0128—002263—004,1912年,天津市档案馆。
④《为贫民自行扫除粪便等事致日本商业会议所函》,J0128—002263—004,1912年,天津市档案馆。

任自由,粪商也是属于各自为战的局面,并没有统一的行会组织。

而国家政权介入对于粪业的管理也是在二十世纪初出现的,"在原来的中国, 总起来说南北各地没有听到任何关于卫生设施……,当时受到兵灾之后,天津的街道不干净及杂乱的程度,可以说是不能忍受,所以在都统衙门内特别设有卫生局,以法国军医及日本军医为主任,依靠都统衙门的威力,力行了关于道路及其他的清洁方法。"①在城市市政建设逐步完善的背景下,粪业也被官方纳入了政府机构管理的体系之下, 由于其涉及范围较广,因此警察局、卫生局和社会局都有部分的管辖权。但这种管辖只是为了维护城市的公共卫生,对粪厂的经营场所、公厕的卫生维护以及相伴生的道路清洁等做了规定和要求,并没有涉及粪业内部的经营,依旧是"新瓶装旧酒"、中体西用②,在缴纳费用方面,"仅与卫生局厕所租金月纳一元或二元,又特别一二三各区有清洁费之征收,每月缴给该管警察分局数元不等。"③

粪业行业的公会组织则出现在 1930 年左右,"本市粪业团体共有二处,一为天津市清洁业职业工会,一为天津市肥料业同业公会。以上两会过去均有相当历史,就字面上观察,前者似属于工,后者似属于商,然实际两会内容则颇有近似之处。肥料业同业公会会员多系粪厂厂商,其会员数目因未整理尚难明了,至职业工会过去计拥有会员贰佰五十余人,多系南市及刘庄一带粪业份子,此外,

---

①日本中国驻屯军司令部编、侯振彤译:《二十世纪初的天津概况》,天津市地方史志编修委员会总编辑室 1986 年版,第 332 页。
②参见任吉东、原惠群:《卫生话语下的城市粪溺问题——以近代天津为例》,《福建论坛》,2014 年第 3 期。
③《为纳营业税事致天津市商会来往函》,J0128—007926—029,1941 年,天津市档案馆。

本市粪业在上开两会均未加入者亦颇不少。"①

　　总体而言,这一时期的粪业行业还属于相对自由发展阶段,政府层面并没有给予更多的关注,对其经营方式和传统惯习也未加干涉,而行业组织也属于初始阶段,就连肥料业同业公会会长马振声也声称:"职会自成立公会以来,经年许久,可云毫无利益于同业,且以肥料业名义,范围广大不易策谋,以致同业家藉题观望,裹足不前,所有入会者除数家粪商外别无其他,名不符实,几年来实无成绩可言。"②

二、横征暴敛:沦陷后的天津粪溺业

　　1937 年 7 月 29 日日本侵略者侵占天津后,由于战乱和统治者日益增加的苛捐杂税,天津粪业行业进入举步维艰的时期,主要表现在以下几个方面:

　　1. 交通堵塞,场地被占。1937 年天津沦陷后,由于战乱和驻军,粪业也随之陷入了停滞之中,"此次事变损失繁多, 如西营门内四座坟公厕现为驻军防地,该处交通断绝,已无行人来往,因之无粪可收。"③"自津变以来,肥料一项致以停业"④。

　　而且"继之雨水连绵又将粪地淹没成渠,迄今大水汪洋,晒粪

①《为肥料业清洁业分别成立工会事致胡局长的签呈》,J0025—005709—010,1946年,天津市档案馆。
②《为核复解散肥料业公会另组粪业公会事给天津市商会的训令》,J0128—001435—001,1939年,天津市档案馆。
③《关于公厕租户请缓纳租款呈文》,J0001—000360—003,1937年10月,天津市档案馆。
④《关于粪户请免捐呈文》,J0001—000360—007,1937年,天津市档案馆。

无地更为失业,"据当时的肥料业公会统计,受淹的粪厂达 418 亩,直接损失达五万余元①。而城市的清洁工作又不能荒废,"各厕所仍应扫除以重卫生,而每日所拾之粪,因无处归纳,黑夜之间均向河沟抛弃,不然到处皆粪。"更由于战乱导致的粪夫避乱回乡,"旧有工役因变回籍,招雇乏人,损失奇重。"②当时的卫生局局长侯毓汶给天津市治安维持会委员长高凌霄的一份调查报告中也承认很多粪厂"事变后既未收粪又无晒晾之所,营业完全停顿,所称营业赔累,确系实情。"③

2. 巧立名目、苛捐杂税。日军占领后成立了伪政权天津市地方治安维持会,维持会制定公布了天津市污物扫除暂行规则,其中规定了:"各户之粪溺由卫生局监督粪夫承办收集之;公共厕所由卫生局设立或由卫生局招商承办"④。首任卫生局局长侯毓汶上任伊始就颁布了公厕管理六项办法,对全市的粪厂和公厕进行检查清理,"查公共厕所便溺之人甚多,最应注意清洁,倘若肮脏不堪,气味熏蒸,殊与公共卫生大有妨碍。本局成立后,经派员将全市公厕逐一调查,其有损坏不整设备不完或不扫除及滥贴广告者,自应严加整顿,以肃市容而重清洁,当已规定简便易行之整顿办法六条,限各公厕租户一体遵行,如果办理得法,著有成效,经本局查明属实,准其免交厕捐三个月,以示鼓励,若仍旧任意玩视,不加整理,本局为保障公共卫生计,即将厕所租户取消,转租

---

① 《本市各粪厂被淹损失择要表》,J0001—000360—026,1937 年,天津市档案馆。
② 《关于粪户请免捐呈文》,J0001—000360—007,1937 年,天津市档案馆。
③ 《关于公厕租户请缓纳租款呈文》,J0001—000360—003,1937 年,天津市档案馆。
④ 《为抄发修正天津市污物扫除暂行规则致社会局训令(附规则)》,J0025—2—000037—006,1937 年,天津市档案馆。

他人，以资整顿。"①

但其中的"免交厕捐三个月"被当时的治安维持会否决，"免捐一节，事关本市收入，应先行呈准方得实施，从速更正，勿得免除。"②不仅如此，为扩大税源，成立伊始的维持会决定对粪业征收铺捐，而在此之前的 1937 年 4 月份天津市行业捐税调查中，粪业"系劳工性质，对于缴纳捐税并不繁多，所有会员应纳之捐税只有厕所捐一种，其外概无负担，亦无苛捐杂税。"③针对这创举性的"铺捐"，山东淄川县人、粪商孙景云就在一份呈状中诉苦："粪夫一业本系贫苦无告之人自食其力以维持生活，至贱至秽，迫无逾此，终日所得无几糊口尚苦不足，更何论于养家，所以自古代以至民国多少年来，曾无勒令粪夫交纳铺捐之成例，要知粪夫交纳皮、铺捐实出创举，并无可根据之章则，倘使势在必行亦应厘定办法分别等第布告全市一体遵行，再津市以内并无粪厂积粪之所，皆在四乡委与津市，无干铺捐一节。"④

1938 年伪天津国税管理署又推出了征收个人所得税的敛财方式，使得粪商们叫苦不迭，"敝会各会员完全系劳工份子，凡设立粪厂所用资本每个人最多不过二十元，仅备购买粪俱而已。"⑤肥料业同业公会主席马振声也一再声称："查本会自成立以来因本业素为

①《关于整顿全市公厕通告申请备案给市治安维持会的呈》，J0001—000624—001，1937年 9 月 17 日，天津市档案馆。
②《关于考查公厕租户如整顿确有成效卓著者将另行呈请核奖致津治安维持会的呈》，J0001—000624—003，1937 年，天津市档案馆。
③《为报捐税名称事致天津市商会函》，J0128—007456—010，1937 年，天津市档案馆。
④《关于责令粪夫缴纳铺捐以制止致维持会的报告》，J0001—000113—001，1937 年，天津市档案馆。
⑤《为报会员所得税报表事致天津市商会函（附该表）》，J0128—007851—002，1938 年 2 月 14 日，天津市档案馆。

清苦各粪户均无力纳资,轮流公推一人担任会内职务,系义务并无薪金,至所属各粪户雇用劳动者为担粪夫每人每月除供给粗糙伙食外,每人工资仅三四元之代价,对于纳税义务,查厘定章程不敷纳税资格,且本业向来异常清苦,为社会所公知。"①

1941年更推出了商业营业税,要求粪商们和其他商人一体交税,天津特别市肥料业同业公会会长马振声为此辩解道:"本会所属同业各户皆为粪夫组合而成,乃天然所产之肥料非豆饼麻酱肥田粉羊毛绒之类也,所称肥料公会者不过较粪业名称美闻而已,所有会员率皆愚蒙不文之人,终日只知与大粪为伍,再谈资本亦寥寥无几,徒赖劳动之力耳。上等者伙友数名、粪车数辆,相爱等着全家数口不分老幼群起操作,或担桑条箕篓或背竹枝粪筐晒粪储粪,整日不息,静待四乡农人前来购买,一手接钱一手交货。所得劳资即随时支用,仅能糊口,焉有盈余,目不识丁似难立账,更查同业各户皆称某某粪场,如张家即称张家粪场,李家即称李家粪场,近有称某字号者,乃系整顿公会划一涉及并无匾额,亦无铺捐,仅与卫生局厕所租金月纳一元或二元,又特别一二三各区有清洁费之征收,每月缴给该管警察分局数元不等,除外再无任何花销,惟查粪土无税,古有明训,今者又无铺捐作为根据其缴纳营业税一则。"②

无独有偶,肆意征收苛捐杂税并不是天津粪业个案,同样处于沦陷区的上海也是这样:"粪而有税,这已是今日司空见惯的一件事了,这种人身上排泄出来唯恐其污秽刺鼻避之不及的臭东西,想不到竟是千百人靠它发大财的唯一捷径!据说单就本市第一区每

---

①《为查无纳税资格事致天津市商会函》,J0128—007895—042,1938年,天津市档案馆。
②《为纳营业税事致天津市商会来往函》,J0128—007926—029,1941年,天津市档案馆。

月的粪税,就可以征得四百万之额,这是本市财政局所征收的清洁捐!最近本市除了清洁捐(粪税)之外,又有巧立的新名目叫作"肥料变价费",所谓"肥料变价费"也,据说它的切口就是粪捐的黑市!粪的唯一去处,当然是农村,用途自然是把它代替肥料,如今一担粪在如此成本奇昂的情形下,农民们已经深感负担不起了,况又再加沿途关卡林立,苛抽强敲,今日谈建设农村实在今日农村只有破产。仅仅一个粪的小事件便已经弄成乌烟瘴气、黑幕重重,盐碱这一片支离破碎的江山,到底如何收拾? 濒于破产灭亡,谁应负责? "自古未闻粪有税、而今只有屁无捐。"①

3. 恃强欺弱、肆意侵占。战乱的繁杂无序和粪业行业所拥有的巨大利益,诱使不少商人和团体,甚至是日本商人也妄图借机加以垄断控制,早在日租界成立之时,就有日本人宫崎假借中国商人名义承办日本租界掏粪事宜,而据中国粪商李子清交代:"旧日租界之粪便,本人于民国三年即开始承办,彼时系由日人万太成立卫生会,由家叔李松泉承办,至民国十七年,租界成立保净科,将取粪事务,包给谢文清、崔雅亭承办(谢崔二人仍转包与本人)。"②

当日军占领天津全境后,一些日本商人又将触手伸向了更多区域,"本会同业杨玉波、刘桂林来函,报称近来突有外人无理侵占肥料业权利,到处强行清除粪便并任意向粪户勒索,致使我业粪夫不能遵守常规,前往各户作业,或有过问者,破口便骂,继则相挞,最诧异者,该外人等一日有向粪户讹索数次者,有数日不清除一次粪便者……查肥料业同人致力斯业,率皆世之相传,举家人等通赖

---

①李白:《粪与肥料变价》,《现代周报》1944年第7期。

②《处理粪便事项(第一册)》,J0056—1—0934,1945年,天津市档案馆。

之残喘生活,莫不各知自爱,若干年来既无可嘉之处,亦无大过失,今一旦被人占去,举家老幼将何以生存,查此长此以往不特损害肥料业同业之生计,即津市社会治安亦感受其影响。"在诸多侵占粪户者中赫然有"滨田穗助"等日本商人,其侵占多达二百三十户。[1]

而另一位日本商人加藤用鹏则借口奉日本驻津田代总领事许可,打着"文化卫生社主任"的名头,意欲加入特一区清洁事业,据特一区包商张凤楼呈称"客腊中旬突有友邦人士加藤用鹏者拟在特别一区境内办理清洁事务,意欲加入属所合作,其目的则是为收敛费用……加入合作,旨在加捐一倍(每平房一间原收五分者,现改收一角),归该加藤君收受(即除属所原收五分外,下余者均归其有),并无任何义务"。而且加藤用鹏蛮横地声称:"吾有能力将你们公司没收。"最后这位友邦人士还借助日本警察第五分署的势力强令包商张凤楼同意合作并签订合同,"此确系总领事官之许可,应与之合作,不得拒绝。"[2]这种强买强卖的强盗行为,不仅损害了粪商的经济利益,也加重了普通民众的经济负担,使得在被日军奴役下的天津沦陷区民不聊生、"进出"两难。

三、余论

作为社会底层行业,天津的粪业行业一直在官方默认的自由范围内,以商农两便的方式自主经营发展,天津沦陷后,粪业一方

---

[1]《为制止外人侵占肥料业权力致天津市商会函(附被侵占者姓名单)》,J0128—007995—001,1941年,天津市档案馆。

[2]《关于职区清洁事务所有友邦人士加藤用鹏问题致外事处的函》,J0001—3—003509—001,1938年,天津市档案馆。

面因为战乱和天灾损失惨重，又接二连三地受到政府方面的各种苛捐杂税重重剥削，面临行内和行外觊觎利益者的侵占和欺压，使得天津市粪业从业者内外交困、举步维艰，在这其中，既有愤而抗争，采取不合作态度者，"二十六年七七事变惟天津市清洁业职业工会自行停止而团结未散，仍暗中活动，工作未受伪组织任何支配……案经代表等不畏死之精神，暂停止工作之清洁业职业工会之旧名义抵抗之。"①肥料业公会的常务董事四人，董事十人及候补董事五人也先后离职②。也有为虎作伥、肆意压榨同行者，同为粪业组织的天津市清洁业职业工会主席屈恩普就声称："敌伪时期有王金亭等乘机以日伪之势压迫少数粪职业人巧立名义组织肥料业同业公会，明为同业谋福利而事实则不然，假公会名义联络日本技术武官勾结经济局第四科林国之拟议章则垄断自肥，剥夺粪职业人之权益"。③这些因素无疑也自然造成了沦陷时期天津城市粪业整体的混乱，"查本市对于粪夫运粪时间及居民在街巷便溺者以往均有限制及禁令，迨至沦陷期间，不惟僻街小巷粪土堆积而每日自晨至夕无时不见粪车或肩担往来通衢，不但有碍卫生，且为传染之源更有无知粪夫为要挟居民金钱动辄数日不予清除，相沿成习。"④

(刊于《南方论丛》，2015年第5期，第75—81页)

---

①《关于职区清洁事务所有友邦人士加藤用鹏问题致外事处的函》，J0001—3—003509—001，1938年，天津市档案馆。

②《为送改选报告表等事市各业公会监选委员会的函（附名册等）》，J0128—001437—009，1941年，天津市档案馆。

③《为撤销敌伪时期所组织肥料业工会等事给屈恩普等的批》，J0025—005709—014，1947年，天津市档案馆。

④《为限制运粪时间禁止街巷便溺的提案》，J0025—004861—004，1947年，天津市档案馆。

电影院与沦陷时期的京津社会

成淑君

　　1937 年"七七"事变爆发后不久,北平①、天津相继被日军攻陷,此后经历了长达八年的殖民统治时期。在此期间,电影院由于其独特的功能和地位,成为侵略者和反日爱国者共同瞩目的焦点。日本侵略者将其作为政治宣传和思想控制的重要工具、经济掠夺和任意迫害的对象,反日爱国者则使之变成了传达爱国立场、反抗日本侵略的舞台。

　　抗战爆发前,在京津两大城市的公共娱乐场所中,电影院无论从数量还是影响方面都处于数一数二的地位。②日伪政权很早就认识到电影院等娱乐场所在打造歌舞升平的城市图景方面所具有的重要意义,因此在占领天津后不久就有意识地进行这方面的规划

---

①北平被日军攻占后,改名北京。文中为论述方便,后面一律写作北京。

②《天津市公共娱乐之检察问题》,《公安月刊》1931 年"七八九"合刊;杜丽红:《20 世纪30 年代的北平城市管理》,中国社会科学院研究生院近代史系 2002 年博士论文,第99 页。

建设。"建设戏院及电影院等项公共娱乐场所如何,于本市繁荣颇为重要,极有关系,该项娱乐营业应充分使在市区地界内发展,俾日繁盛"。①不过,这显然只是他们占领初期为稳定局面而采取的权宜之计,其后的一系列举措皆围绕着控制、利用和掠夺而展开。

一、日伪对电影院的控制和利用

占领京津后,为了稳固其殖民统治,使两地民众接受和认同其侵略的正当性,消解其反抗意识,日伪千方百计地宣传其政治主张,实施思想同化。为此,他们高度重视电影与戏剧在思想灌输方面影响广泛且化民于无形的作用,认为:"在民众娱乐中,戏剧、电影影响最大,因此在取缔管理的同时,应注意加以指导,使之成为思想诱导的工具"。②作为电影放映场所的电影院随之进入其关注视野。与戏院相比较,电影院在宣传方面显然更具优势和利用价值,具有了包括电影本身在内实施宣传的所有有利条件——时间、空间与技术上的支持等,更符合日伪"宣传之要谛在尽一切手段,利用一切时间与空间"③的要求。具体而言,电影比戏剧具有更为直观和强烈的感染力,且易于制作和推广。同时,电影院里电影放映前后的时间,从技术的角度也更便于用来作为宣传之用——通过制作幻灯片循环放映即可。

---

① 伪天津特别市公署:《为研讨建设戏院及电影院等项公共娱乐场所事给社会警察工务及卫生局长训令》(1938年9月9日),天津市档案馆,全宗号J0090—1—001415。
② 《华北地区思想战指导纲要》,转引自黄东:《塑造顺民——华北日伪的"国家认同"建构》,社会科学文献出版社2013年版,第57页。
③ 《电影院新闻放送要旨》,天津市档案馆,全宗号J0001—2—000736。

20世纪30年代中期，京津两市的电影院数量分别多达三、四十家。[①]不仅数量多，而且建筑规模普遍很大。当时天津市的电影院多数可容纳一千人左右，少者也有六七百人，最多的开明电影院甚至有5000多个座位。[②]如此众多的民众聚集在一个相对封闭、安静和放松的环境里，其宣传效果自然被日伪政权所期待。日伪在电影院内的政治宣传，主要是通过控制电影本身的放映与电影正式放映前后放映相关幻灯片或强令收听广播等方式进行的。

京津沦陷后，两地的伪政权在建立之初就将电影检查纳入了议事日程。分别设置了电影审查委员会和影片戏曲检查员联席会，专门制定和颁布了电影审查办法以及对电影院等公共娱乐场所的管理规则。总体来看，虽然具体规定有所不同，但核心思想却殊途同归。都明确规定：电影放映前必须先期提请审查，核准后方能放映。对提倡和促进中日满亲善、发扬东亚文明、"描写党共罪恶使人民知所警惕者"之类的电影，给予褒奖。反之，对妨碍中日满亲善、宣传共产主义、有辱日本天皇之尊严、鼓吹战争、含有"反动思想"等内容的电影，则进行删减或禁止上映。如果电影院违规放映，一经发现，不仅立即勒令停演，追缴其娱乐场所登记证，还要将电影院主管人拘押，予以严厉处罚。[③]1938年初，北京光陆电影院在放映

---

①李薇：《娱乐场所与市民生活——以近代北京电影院为考察对象》，《北京社会科学》2005年第4期；于树香：《近代天津电影业》，《天津日报》2004年12月13日。

②任大星主编：《天津电影史话》，中国文史出版社2005年版，第97—100页。

③《北京地方维持会审查电影办法》，转引自汪朝光：《抗战时期沦陷区的电影检查》，《抗日战争研究》2002年第1期；《天津特别市公署检查电影暂行规则》（1938年12月），转引自黄东：《塑造顺民：华北日伪的"国家认同"建构》，第56页；《天津特别市公署审查图书戏曲规则》，《天津特别市公署行政纪要》，1938年；《电影检阅规章，市署已准予施行》，《新民报晚刊》1940年8月6日。

美国影片《大地》时,因片中出现农民张贴反日标语的镜头,日本特务机关不仅将影片强行没收,还将影院经理狠打一顿,使之受尽折磨。①

1940年华北伪政权"华北政务委员会"建立后,公布了《华北电影检阅暂行规则》及施行细则,从此包括京津在内的华北沦陷区建立了统一的电影审查制度。新的电影审查制度较之前更加详细和严格,有关损害日伪政权、"污蔑"天皇、宣传共产主义甚至"在变乱中夸张破屋失业情形,使人心不安或过分暴露物质不足之状况,为敌人反宣传之资者"等方面的电影画面和情节,一律进行剪除或取缔。②除电影外,电影院以幻灯片形式放映的时局标语、漫画和商业广告等,同样也被纳入审查范围。伪天津特别市政府宣传处为此特别制定了《管理电影院放映宣传玻璃版办法》对其进行规范,规定放映的所有种类的幻灯片都必须经过审查核准后才能放映。③

为加强宣传,更好地为其侵略服务,日伪不仅对电影严格审查,还直接控制电影的制作、发行和放映。1938年2月,"新民映画协会"于北京成立,在控制华北地区影片放映的同时,还制作一些新闻短片。1939年初,又成立了"兴亚影片制作所",由日本"北支那派遣军"直接控制,拍摄《建设东亚新秩序》《东亚进行曲》之类所谓的"宣抚电影"。不久,在"新民映画协会"的基础上,由伪华北临时政府、日本的兴亚院等共同投资建立伪"华北电影股份有限公司",

①田静清:《北京电影业史迹》,转引自汪朝光:《抗战时期沦陷区的电影检查》,《抗日战争研究》2002年第1期。
②《华北电影检阅暂行规则》,(伪)华北政务委员会编印《华北政务委员会法规汇编》上册,转引自《塑造顺民——华北日伪的"国家认同"建构》,第58页。
③《天津特别市政府宣传处管理电影院放映宣传玻璃版办法》(1944年7月8日),天津市档案馆,全宗号401206800—J0001—2—000664。

不仅在北京修建摄影场拍摄影片,为侵略中国大造舆论,而且还垄断了京津在内华北沦陷区电影的发行和放映,对各地电影院实行影片配给制度,并积极推行日本、德国和意大利等生产的影片。1941年太平洋战争爆发后,英美电影一律被禁止在各电影院上映。①此外,伪政权有时也直接强制干预电影院影片的放映。1941年7月,伪北京市警察局就强令各电影院在整个7月内停演英美电影,尽量放映"足资启发反共亲日思想及宣传友邦日本文化风景之影片",电影票和电影说明书上并需加盖"亲日、反共"字样以广宣传。②

由于日伪对电影发行、放映的严厉控制和强制干预,所以沦陷时期京津影院中放映的影片"有不少是宣传奴化的"。③据统计,1943年在华北沦陷区上映的电影,仅日本片和伪满片就占据了近65%。④在此时期,天津的电影院一半以上遭到查禁和关闭。⑤太平洋战争爆发后,天津英法租界内的电影院也被纳入了华北电影股份有限公司的影片审查和配给系统中。

日伪不仅通过控制电影的发行和放映来引导舆论宣传,而且电影院内电影放映前后的时间也被其充分利用做宣传之用。为达到"将电影院中至今仍放置无事之短时间用于有意义之宣

①参见高维进:《中国新闻纪录电影史》,后浪出版咨询(北京)有限责任公司、世界图书出版公司2013年版,第366—367页;季伟、李姝林:《中国电影制片史别话》,中国电影出版社2011年版,第124页。

②《北京特别市公署警察局保安科函》(1941年),转引自柳迪善:《风月场、游艺场与宣教场——对解放前后电影院空间功能的一次考古》,《北京电影学院学报》2011年第6期。

③其愚:《沦陷后的北平》,《华美》1938年1卷12期。

④(伪)华北政务委员会总务厅情报局编《电影检阅论》,转引自《塑造顺民——华北日伪的"国家认同"建构》,第61页。

⑤于树香:《近代天津电影业》,《天津日报》2004年12月13日。

传上"①的目的,制作了不少幻灯片在电影院中放映。1942年3月,伪华北防共委员会"为普遍宣传防共意义、暴露共党罪恶起见",特别制作幻灯片六幅连同字幕共七幅,交给华北电影股份有限公司转发华北各地影院,由各省市警察局协助施行,随场放映,"俾使观众于共党害民行为触目怵心,知所警惕"。②为了掠夺战略物资,制作了鼓励市民踊跃捐献废铜、废铁的幻灯片通令各电影院放映。③1941年12月8日,日本偷袭美国珍珠港,标志着太平洋战争的爆发,日本将其称之为大东亚圣战。为了讨好日军,伪天津政权将每年的12月8日定为"八达日",寓意是达到日本标榜的"八纮一宇"之时日已经到来。这个称号,得到了日本特务机关的欣赏。每到这一日,各影院都被要求放映幻灯片,上写"本日为圣战八达日"字样。④在日本帝国主义的其他一些特殊纪念日如天长节(天皇诞辰)、海军纪念日等,天津伪政权也会要求各电影院放映幻灯片以示庆祝。⑤

除强令各电影院放映幻灯片外,日伪还强迫各影院装置扩声机或收音机,在休息时间播放新闻或重要人物的演讲。从1941年3

---

①《电影院新闻放送要旨》,天津市档案馆,全宗号J0001—2—000736。
②《训令警察局 准内署咨送防共漫画幻灯片配给华北各电影院放映一览表请转饬放映等因仰遵照办理由》,《北京市政公报》1942年第155期。
③天津市影片戏曲检查员联席会:《为鼓励市民献废铁铜事致各电影院通知》,天津市档案馆,全宗号J0110—3—000029。
④《为宣传圣战八达日事给各电影院通知》(1942年1月7日),天津市档案馆,全宗号J0110—3—000030;《为在电影院及戏院张贴大幅标语及给各影剧院的通知》,天津市档案馆,全宗号J0110—3—000011。
⑤《为纪念天长节放映玻璃板事给各电影院通知》,天津市档案馆,全宗号J0110—3—000030;《为庆祝友邦海军纪念日事给各电影院通知》,天津市档案馆,全宗号J0110—3—000030。

月至 1942 年底，为稳固法西斯殖民统治，日伪在华北各地先后进
行了五次"治安强化运动"。为配合这一行动的开展，伪华北政务委
员会规定所有电影院、戏院、主要车站等公共场所都必须常备广播
收音机，以收听各要人关于本次运动的讲演，讲演时如电影正在放
映则必须停止。①1941 年，日军报导部计划在华北沦陷区各电影院
"于闭幕休息时间加以宣传"，为此，令特务机关督办各地伪政权在
影院中装置扩声机，按时播放日本同盟通讯社和中华通讯社有偿
提供的新闻。②京津各影院都被迫装置了扩声机，且扩声机连同安
装费统由影院自己负责。③

二、日伪对电影院的经济掠夺和欺压

领土扩张和经济掠夺是日本侵华战争的主要目的，京津特别
是天津又是日本在华北的掠夺中心，在此形势下，电影院作为具有
广泛影响力的重要商业资本自然也不能幸免于难。1940 年，日租界
当局以日本居留民团需为日侨提供娱乐为由，强行霸占"新明戏
院"，并将其改名"樱花馆"。影院经理孙宝山也被扣以勾结国民党
军队将领的罪名，被日本宪兵队逮捕关押，惨死狱中。④1941 年太平
洋战争爆发后，英、法、美等国人在天津经营的工商企业一律被日
本侵略军没收。平安、光明、大光明和大明电影院均因投资人有或

---

① 《训令》，《天津特别市公署公报》1941 年第 101 期。
② 《为在各电影院内广播新闻由》(1941 年 12 月 11 日)，天津市档案馆，全宗号 J0001—
2—000736。
③ 《关于各电影院各戏院装置扩声机广播新闻办法》，天津市档案馆，全宗号 J0001—2—
000736。
④ 周恩玉:《回忆天津市影剧院业的历史情况》，《天津文化史料》第 3 辑,1992 年。

者是英国人的原因被宣布为"敌产",予以军管。①

沦陷时期,为争取片源和通过电影检查,京津的电影院面临着各种勒索和敲诈。太平洋战争爆发后,由于英美电影被禁映,影片数量有限,影院只得开始实行跑片制度,由二至四个影院同演一个影片"拷贝"。当时,各电影院被分为头轮、准头轮、二、三轮等级别,京津大小影院的排片权完全掌握在时任营业科长的日本人井上义章之手。为争取好的片源,天津各电影院的主管人员不得不经常去北京贿赂井上。井上则故意从中作祟,结果造成各电影院钩心斗角的局面,一些影院因此一蹶不振,只能勉强维持。②而要通过电影检查,同样是困难重重,需要花费大量金钱铺路,"院方为了较好的影片能在审查时顺利通过,只好忍痛下大本钱"。③此外,电影院还遭受着种种莫名的勒索。1938 年,天津伪警察局长将各电影院经理召集到警察局,公然要求凑钱为该局补交税收任务,并说其名称就叫"无名税"。如不交钱,将被扣押在拘留所不得回去。④每年冬天,天津伪政权还要求电影院义务放映两天, 将所得票款补助冬赈。⑤1943 年 3 月 30 日,为"感谢"日本将天津日租界交还汪伪政权以及纪念伪华北政务委员会成立三周年,天津华安、明星、河北、东亚等7 个电影院被迫半价放映以示庆祝。⑥

---

①周恩玉:《回忆天津市影剧院业的历史情况》,《天津文化史料》第 3 辑,1992 年;于树香:《近代天津电影业》,《天津日报》2004 年 12 月 13 日。

②冯紫墀:《我在平安电影院二十年的经历》,《天津文史资料选辑》第 32 辑,1985 年;周恩玉:《回忆天津市影剧院业的历史情况》。

③田静清:《北京电影业史迹》,转引自汪朝光:《抗战时期沦陷区的电影检查》,《抗日战争研究》2002 年第 1 期。

④周恩玉:《回忆天津市影剧院业的历史情况》,《天津文化史料》第 3 辑,1992 年。

⑤《公函华北电影公司》,《天津特别市公署公报》1941 年第 96 期。

⑥《感谢友邦日本交还专管租界》(广告),《庸报》1943 年 3 月 30 日。

这一时期,京津的电影院还经常被伪政权征借用作防空演练、防空电影讲演会等用途。①不仅正常的放映秩序得不到保证,放映时更有大量的日伪军警特务等混杂其间,或无票观影,或故意刁难。影院方面只能小心周旋,稍有不慎,就会招来祸患。1938 年,上权仙电影院就因向前去看电影的日本宪兵队翻译朴某收票招致他的报复,影院经理周恩玉被宪兵队抓去,差点被打死。丹桂影院同样也因检票问题得罪了天津伪警察局侦缉队,结果影院副理被逮捕,还被迫头戴高帽打着小锣在南市游街示众。②

三、爱国者反抗侵略的舞台

沦陷时期,京津的电影院不仅被日伪当作政治宣传和思想控制的重要工具,也成为爱国抗日者传达爱国立场、反抗日本侵略的重要途径和舞台。

自 1931 年日本发动"九一八"事变拉开大规模侵华战争的序幕开始,尤其是 1937 年发动全面侵华战争后,随着国土的节节失陷,抗日救亡、共赴国难迅速成为时代的主旋律。在此情形下,各电影院依旧照常放映,不免给很多人带来了"商女不知亡国恨,隔江犹唱后庭花"的感觉,也因此招致不满。③早在 1933 年,就有北

---

① 《为防空训练事给平安电影院便函》,天津市档案馆,全宗号 J0036—1—000141;《关于在河北光明两电影院举行津防空讲演会新闻稿》,天津市档案馆,全宗号 J0001—3—009565。
② 周恩玉:《回忆天津市影剧院业的历史情况》。
③ 有关日本侵华战争爆发前后电影院在主流舆论表述中所呈现出的差异性问题,笔者将另作专文进行探讨。

京爱国的秘密组织认为电影院无视民族危亡之实，犹自歌舞升平，"实为可恶"，于是纷纷致函警告。无奈之下，北京各电影院不得不在报纸上联名登广告为己开脱，"谓停业恐将以扰乱人心获罪"。并提出继续营业且兼顾爱国救亡的两全性办法：每周日早加映一场，以所得收入捐助给抗日战士。[①]1938年"七七"事变周年纪念日之前，天津抗日杀奸团（以下简称"天津抗团"）给天津所有的电影院和戏院发信要求在7月7日当天停止演出以纪念国耻，否则，该团将采取极端措施。对一贯亲日的影剧院，还在信函中附上一粒子弹。最终除平安电影院以外的所有影戏院届时都按要求停演了，不过都不敢明说停业是为纪念抗战一周年，而是在门口挂出"修理机器，停演一天"或是"修理内部"之类的公告牌。平安电影院的不听招呼惹恼了抗团的一些成员，他们特意制造了一枚不伤人的炸弹想教训它一下，后因负责人禁止而作罢。[②]

当时，日本人经营的电影院和放映亲日影片的电影院通常都会成为秘密抗日爱国组织的攻击目标。1937年，天津的光陆和国泰两家电影院在同一天同时发生爆炸事件，原因就是两家影院当时都在放映美国米高梅公司出品的影片《大地》，这部描写中国农民生活的电影被认为有辱华人的形象，放映后天津抗团即给影院去信警告，令其停演。其时两家影院都由日本人经营，对此警告未予理睬。结果在放映的第三天，天津抗团分别在两个电影院放置了定

①《北平电影院受警告》，《玲珑》1933年第3卷第4期。
②祝宗梁：《天津抗日杀奸团》，《纵横》1996年第4期；周利成、周雅男编著：《天津老戏院》，天津人民出版社2005版，第163页。

时燃烧弹,并趁乱发放了抗团署名的反日传单。[1]1938 年,伪华北电影股份有限公司拍摄了一部名为《更生》的影片,因其反战亲日,一经上映即引起抗日爱国者的不满,在天津的河北电影院放映时,电影院同样发生了爆炸事件。[2]

另外,一些抗日爱国志士和团体也选择通过在电影院制造极端事件来显示对日伪的反抗,并进而震慑和动摇日伪的统治。1939 年,天津抗团在英租界的大光明电影院,一举刺杀了酷爱看电影的大汉奸、伪华北联合准备银行天津支行经理兼津海关道监督程锡庚,引起了伪天津政权及日本驻屯军的极大关注,轰动了全国。[3] 1945 年 4 月,王世敏、陈熊业二人即受爱国心趋势,"为扰乱北京治安",在北京的光陆电影院放置了定时爆炸物。[4]

四、余论

电影院作为在近代出现的一种新型城市公共空间, 被视为现代化都市的一个重要象征和繁荣的标志, 也成为市民追求现代时

---

[1] 祝宗梁:《天津抗日杀奸团》,《纵横》1996 年第 4 期;周恩玉:《回忆天津市影剧院业的历史情况》;任大星主编:《中国天津电影史话》,第 17 页。按:周恩玉在《回忆天津市影剧院业的历史情况》一文中称, 光陆和国泰两家电影院发生爆炸事件的时间是 1936 年。由于《大地》一片 1937 年才开始在美国上映,因此综合各种资料来看,爆炸时间应是 1937 年。

[2] 裕振民:《我过去从事电影工作之杂感》,《国民杂志》1942 年第 17 期;《关于河北电影院发现爆炸物给市公署报告》,天津市档案馆, 全宗号 J0001—2—000176。

[3] 祝宗梁:《天津抗日杀奸团》,《纵横》1996 年第 4 期;周利成、周雅男编著:《天津老戏院》,第 163— 165 页。

[4]《北京特别市公署警察局保安科函》(1941 年),转引自柳迪善:《风月场、游艺场与宣教场——对解放前后电影院空间功能的一次考古》,《北京电影学院学报》2011 年第 6 期。

尚生活方式的文化地标,在中国都市生活中扮演着重要角色,广泛而深刻地影响着都市生活。

由于电影在宣传方面具有"习于娱乐时印入,能灌输于无形"①的特点和优势,因此"影画戏为通俗教育最能普及之利器,各国教育家均视为一种最重要之宣传品",②就不仅成为国民党也成为社会上普遍之共识。因为对电影的社会教育作用的重视和推崇,电影院从其出现之始就已超越了电影放映场所的单一功能和意义,从而与政治紧紧地联系在一起,被视为政治宣传和思想控制的重要工具。如南京国民政府时期,国民党政权就制定了统一的电影检查制度。在执政之前就规定电影院在电影放映前必须放映总理遗像。③以后并逐渐发展成为一套包括国民党党旗、国旗、总理遗像、蒋介石肖像等在内的"国歌片头"。④日本侵华战争爆发后,又下令各地电影院多选有利于激发民众爱国观念的影片放映。⑤由此来看,日伪之所以将沦陷时期京津地区的电影院当作政治宣传的重要工具,某种程度上也是对当时电影院政治功能的一种继续利用,并将这一功能发挥到了新的高度。在其影响下,抗战胜利后天津市政当局明显加强了在电影院的政治宣传。

沦陷时期,电影院成为包括日伪与秘密抗日爱国组织等各方势力争相利用和传达声音的舞台,这与它所具有的政治功能及其在都市生活中的重要地位和影响紧密相关。同时,也充分反映出日

---

①《厅令各县电影院放映国耻等片》,《江苏省政府公报》1931年第875期。
②《影戏院开演时须先映总理遗像遗嘱》,《广州民国日报》1926年6月18日。
③《影戏院开演时须先映总理遗像遗嘱》,《广州民国日报》1926年6月18日。
④参见陈蕴茜:《崇拜与记忆:孙中山符号的建构与传播》,南京大学出版社2009版,第432页。
⑤《厅令各县电影院放映国耻等片》,《江苏省政府公报》1931年第875期。

伪对沦陷区政治宣传和思想控制的重视，以及对公共空间和公共生活政治渗透和控制的强化。各种政治势力对电影院这一公共娱乐空间的态度及其利用情况，对电影院和其经营者本身利益的漠视，不仅有力证明了日本帝国主义的侵略本质，也说明：抗日战争时期，政治对个人和日常生活的影响达到了前所未有的高度，包括个体娱乐权利在内的各项权利，在国家利益面前均被极大地忽视和压制了，娱乐和爱国呈现出一种相互对立的状态。

（刊于《城市史研究》第33辑，社会科学文献出版社，2015年9月，第141—150页）

浅析沦陷时期的天津律师执业活动

王　静

　　近年来,抗战史逐渐加强了对社会史的重视,尤其是在城市史研究框架下探讨战时沦陷区和国统区的民众日常生活。当前学界在探讨沦陷时期的城市发展时,主要着重于两点:一是突出沦陷区的殖民性、民族性;[①]一是强调沦陷区城市居民日常生活与城市发展之间的关系。[②]从日常生活空间的角度探讨城市群体与城市的关

[①]汪敬虞在《抗日战争时期华北沦陷区工业综述》中探讨了日本侵略华北的所谓"开发"和"建设"的计划。汪敬虞:《抗日战争时期华北沦陷区工业综述》,《中国经济史研究》第1期,2009年。赵亮在《抗日战争时期中国西部城市的发展》一文中认为1937年"七七事变"中国全面抗战开始后,由于东中部地区的相继沦陷,一批政府机关、军队、工厂企业、高校以及官员、平民迁至内地,促进了西部地区的发展,其主要表现就是西部的城市发展。抗战时期西部一些传统中心城市在规模、经济、文化等方面有了巨大进步,还出现了一些新兴城市。(请补充所提及文献的版本信息)赵亮:《抗日战争时期中国西部城市的发展》,《成都大学学报(社会科学版)》第4期,2004年。
[②]巫仁恕在《抗战时期沦陷区的城市生活——以苏州菜馆业的兴衰为例》一文中探讨了抗战苏州的市民生活,并指出了该时期苏州菜馆业繁荣背后的原因。巫仁恕:《抗战时期沦陷区的城市生活——以苏州菜馆业的兴衰为例》,《新史学》第4期,2014年。王玉洁:《对武汉沦陷时期在汉英人状况的考察》探讨了不同阶段在汉英人的处境和对策。王玉洁:《对武汉沦陷时期在汉英人状况的考察》,华中师范大学硕士论文。

系,强调的是空间内群体的实际动态,其中各阶层群体在战时所呈现出的不同心态变化。律师作为近代中国新兴的中间阶层,通过他们在沦陷前后执业活动的变化,不但可以管窥该时期律师生存的"机制"和"位置",而且从他们身上还可以观察近代中国民族主义发展的另一个面相。

一、七七事变前后天津律师的空间分布

1913年3月,按照北洋政府的《律师暂行章程》规定,天津律师于天津河北黄纬路咸安里27号成立律师公会。初期公会会员仅有吴大业、钱俊兴、张务兹等3位执业律师;而且在执业过程中,因民国初创,"法条繁多,手续复杂,兼以政治不良,司法不克独立,故执行职务诸多掣肘"。①1921年至抗战前是天津律师业发展的鼎盛时期,1932年天津律师人数激增到814人,1933年高达860人,1935年虽回落为609人,但与同时期北京律师公会(448人)相比,还是具有相当优势的。同时根据1936年律师公会会员登记人数,可以发现天津律师的活动范围主要集中在大经路市府中心地带,人数占公会总会员的近40%;其次是英法租界,数量比例分别为20%和16%;位于老城区的律师人数稍低于法租界,其余则分散在日租界、意租界、德租界、奥租界、俄租界以及河东一带。

七七事变后,日军包围天津,日军对市内街区实施定点攻击,特别是大经路(今中山路)天津行政中心地带"日机过处烈焰腾空;房屋倾圮,迄晚未息,损失奇重"。②7月30日,天津沦陷。8月1日,

---

① 张务滋:《中国四十年来律师之业务》,《北洋理工季刊》第4卷第2期,1936年。
② 《天津沦陷时浩劫惨重》,《天津百年老街中山路》天津社会科学院出版社2008版,第168页。

伪天津治安维持会成立。同年9月,伪"天津高等法院"和伪"天津地方法院"成立,统由维持会直接领导。1937年12月,地方法院归法部领导。1940年3月隶属于华北政务委员会,同年5月由临时处理法务委员会领导,1943年11月又归伪华北事务署领导。原天津地方法院建筑因连同案卷资料被日军炮火所毁,搬迁到河北西窑洼,1942年2月又迁至南马路办公。律师公会也未能幸免,初期受战争影响,"会员大部分离津,在津者也大多数居无定所",再加上会址先是被军队占用,后暂移至河北二马路诚安里四号办公,之后新会址又被日本商会占用,公会活动陷入停滞状态。一直到40年代初,"秩序渐复常态,津市以华北巨埠,人口较前激增,司法事务亦因之日趋繁钜",①天津律师活动才逐渐增多。

二、"孤岛"不"孤":租界律师事务的反常繁荣

与战前相比,战后律师的活动空间出现了新的变化。英法租界,特别是"孤岛"时期(1937年11月12日至1941年12月8日)的英法租界是律师活动的主要场所。根据1941年天津律师公会会员录,当时在英租界设立事务所的律师人数为55人,为人数最多之区域;法租界则有31人。"孤岛"时期的英法租界,因当时在外交上并没有与日本公开对抗,工部局反而越来越在具体问题上妥协于日方,而日方则由于战时需要,一方面尚依赖英方的帮助,比如军用物资的运输;另一方面日方内部尚未对租界问题形成共识。所以,相较于市区警察局动辄"出动警察五千余人,保甲人员三万五

①《关于律师之件》,河北省档案馆馆藏,《河北高等法院》634—75—70。

千余人,在各主要道路交口值勤警备",对可疑者"随时可以检查盘问以至搜查住宅"①的状况而言,英法租界则相对安宁。

就律师个人业务而言,租界的安全吸引了众多有产者迁居到此,"司法事务亦因之日趋繁钜"。"法租界的人口最近增加了数倍以上,多数是来自乡间的有产者,由市区迁入租借的富户也不少。"②随着租界人口的增多,不仅为"附庸于社会生活之业务"的律师提供了客源,"租界上显现出一种变态的繁荣,大街上特别热闹。摩登男女阔佬,遗少,穿着讲究的衣服逛来逛去。天祥市场和劝业市场,两个取乐地尤其热闹。所有电影院例常告客满。劝业商场的顶楼有的在茶座谈笑,有的在高尔夫球室里娱乐,一点国难景象也没有。"③更重要的是,人口增多所带来的房荒问题刺激了房地产买卖的活跃,因此,在冲要位置代办房产买卖成为律师受理非讼案件的主要业务。比如李洪岳与王芝邮在今滨江道基泰大楼开设宗正联合事务所;徐维藩与宋掳云在今建设路寿德大楼开设中信法律联合事务所,张靖远与罗耀枢等在今解放路中百站(原新华大楼)开设信成法律会计联合事务所等等。业务范围涉及房产买卖双方的契约公证费,登报声明手续费、代办相关业务费用,以及代办租房双方的租约、房租等管理费等等。

就律师公会而言,公会大部分活动也局限于英法租界。1940年,伪华北政务委员会法部曾就律师清查暨会员大会召集等事质疑律师公会,认为公会故意拖延。公会辩解道:公会活动停滞一是

---

①黄秀丹、张晓维:《日伪时期天津五次"治安强化运动"》,天津市文史馆编《天津文史丛刊》第6期,1996年,内部发行,第153页。
②赵捷民:《沦陷后的天津》,《今日评论》第1卷第13期,1939年。
③赵捷民:《沦陷后的天津》,《今日评论》第1卷第13期,1939年。

因为自 1938 年以来，"因无宽大会场，不能容纳多人且以事变之后，会员一部离津，在津者更多迁居无定。"[1]二是因为"会员寓居英法租界者大半，自租界隔绝交通不便，每遇召集会员大会，不足法定人数，纯为事实，并非拖延。然会员未经彻底清厘，根基未臻健全，实为大会不能开成之主要原因。"[2]因此之故而停滞的天津律师公会，其活动不得不先后借址法租界 32 号路李兆庚评议员事务所，以及法租界 31 号路会长李洪岳寓所开会。

除了英法租界，日意租界也有律师设立事务所。日意因同属轴心国，意租界当局与日本占领军关系比较协调，因此住户增加不少。以律师为例，从 1936 年的 16 人上升到 1941 年的 23 人；[3]相反，与意租界毗邻的日租界，虽然"已可自由通过了，大多数中国青年还是不敢到那里去，也不愿到那里去。那边据说是安全了，但有血性的中国人实在羞于得到那个安全。"[4]律师从业人数从战前19 人下降为战后 5 人，而且"到那里的人，都有相当的原因，否则他们宁愿住在英租界。"此外，原德租界，战后人数为 12 人，比战前增加 9 人；原奥租界和原俄租界人数并未有太大变化，基本维持在 8 人和 2 人。

天津河北一带和老城区一带也是律师较为集中的地区，执业人数分别为 42 人和 40 人。个中原因，一是因为"事变以还，秩序渐复常态"[5]；二是因为天津地方法院迁到河北西窑洼，而临近法院一

---

① 《关于律师之件》，河北省档案馆馆藏，《河北高等法院》634—75—70。
② 《关于律师之件》，河北省档案馆馆藏，《河北高等法院》634—75—70。
③ 《天津律师公会会员录》，天津档案馆馆藏，《天津市各机关汇集全录》J250—1—1—142，J227—1—1—678。
④ 赵捷民：《沦陷后的天津》，《今日评论》第 1 卷第 13 期，1939 年。
⑤ 《天津律师公会第一次常任评议员会记录》，天津档案馆馆藏，《天津市地方法院及检察处》J44—40—49。

直是中小律师招揽业务的主要途径;三是由于市营住房的建设。1939年天津水灾后,为解决市区房荒问题和日渐严重的房屋租赁纠纷,1940年日伪政府确定建设市营住宅方案,地址就在老城鼓楼附近。因此,也吸引了一些以房屋租赁、房屋买卖等为主要业务的律师。

三、沦陷时期律师的"沦陷"

律师作为自由职业者,收入来源主要来自于:受聘充当常年律师顾问、作公证人以及充当民事、刑事诉讼案件的代理人或辩护人以及代理非诉讼事件。而收入的高低,"事务之繁简,则视人而已。在个人社交之优劣,信用名誉之强弱。"[1]虽然有像施庆珍凭借家父(施霖)人脉,业务"相当忙,因此招来同业中有些嫉妒。"[2]也有像来自司法界上层,比如来往于京津两地执业的前北京朝阳大学校长江庸、前北洋政府司法总长章士钊等人,专办大案、要案且收费较高的名律师;也有一些法学院的讲师因曾任庭长、院长,凭借社会声望和优越地位业务也比较活跃。但对于大多数律师而言,沦陷期间甚至出现了"业务不振积欠常费者甚多,纷纷请求变通本会第五条不纳会费三月以上视为退会之规定"的现象。主要原因在于:

(一)从报纸到广播:律师业务广告途径的"沦陷"

律师业务渠道由多变寡的改变首先体现为报纸数量的锐减。

①张务滋:《中国四十年来律师之业务》,《中国之经济建设》第4卷第2期,1936年。
②方媚:《女律师的生活》,《女声》第3卷第4期,1944年。

20世纪初期,报纸成为近代城市的重要现象。像北京"报纸的发达,确是可惊。不看报的北京人,几乎变得家家看报,而且发展到四乡了。"①从1927年始至抗战前,天津的报纸业也盛极一时,报馆林立,共有大小报馆50余家,画报及周报8家,通讯社20余家;②内容丰富,主要分为政党报、机关报和商业报等类型,向公众报告新闻、介绍新知、评议时政,发布商业信息,为中外商家出售商品服务。比如天津《大公报》通过评论、新闻、附件、副刊、广告等栏目向民众传播新知识、倡导白话文、启发新观念、宣传新生活等,而且报馆有着较为成熟的发行渠道,即派报社。派报社是报纸的发行单位,负责从报社领到报纸批发给报贩。1937年以前,天津的派报社共有18家。③大多数集中在南市广益街一带,有九家;东站附近有三家,其中光明派报社不仅在东站福生祥客栈内设点,而且又在意租界大马路租房一处共同发行。在报纸推销方式上,"光明"利用天津东站等地车站和各次客车的售报资格,派报贩上站售报,随车卖报。④另外,苏启明创办的华昌派报社是规模最大的一家,它包销天津《大公报》《益世报》《庸报》等,以及上海的《申报》《新闻报》《时报》等,使用报夫50余人行走于街头贩卖报纸。

报纸丰富的信息量、可读性以及广泛的读者群吸引了众多商

①梁漱溟:《我的自学小史》,《学人自述》,杭州大学出版社1998版,第170页。
②俞志厚:《一九二七年至抗战前天津新闻界概况》,中国人民政治协商会议天津市委员会文史资料研究委员会编《天津文史资料选辑》第18辑,天津人民出版社1982版。
③张利民等:《近代环渤海地区经济与社会研究》,天津社会科学院出版社2003版,第523页。
④俞志厚:《一九二七年至抗战前天津新闻界概况》,第39页。

家登载广告,其中也包括律师。仅以 1937 年 5 月的《大公报》为例,29 名律师登载了共 80 多条广告。这些广告主要有律师受企业或个人聘为常年法律顾问的广告，也有些律师代表某单位某商号或私人在报纸上登出启事或声明，一般以大字标题登在报刊较为显著的版面。因为律师登载广告费用由当事人负担,所以律师不仅能借此扬名,而且还会从报馆或广告社方面得到一笔广告费回扣。反观天津沦陷后,律师的业务广告则主要刊登在《庸报》一家。一是因为报纸数量锐减。在伪天津新闻管理所的审查下，天津报纸仅剩 25家报纸和 6 家通讯社继续出版营业。1938 年初,除《庸报》外,仅《东亚晨报》《天声报》《天风报》《大北报》等十几种报刊,到 1943 年秋,只剩下《庸报》《新天津画报》《天津妇女》3 种报刊。①二是迫于压力不得不登载在《庸报》。其原因在于《庸报》的军方背景,日军部不仅强制推销《庸报》,"由于庸报有日本军部更直接的支撑着,所以别于其他报纸,他们收买了许多丧心病狂的恶棍,挨户强迫订购。如其你说不看,他便装腔作势说什么'这是人家日本上方的命令,不遵行便要吃官司的',如其你说没钱,他又会说'白看报不要钱',可是到了月底便有日本浪人佩戴手枪来强索了。如其你真的没钱,那便要真的吃官司。而且任何庸报订户,都绝对没有停订的权力。"②在太平洋战争爆发前夕,《庸报》的日发行量达 4 万份以上。③而且,该报还以中日"经济提携"为名,强迫各商号刊登广告,以至于收入颇丰,每月可盈余伪联币百万元。

---

①罗澍伟:《近代天津城市史》,中国社会科学出版社 1993 年版,第 706 页。

②问征:《沦陷后的天津报纸》,《战时记者》第 2 卷第 3 期,1939 年。

③中国人民政治协商会议全国委员会文史和学习委员会编《文史资料选辑合订本》第 49卷,中国文史出版社 2011 版,第 139 页。

其次,体现在律师对广播电台的利用。1927 年 5 月 15 日,天津首先出现电台播音,即"天津无线广播电台";次年 6 月,国民政府接管了该电台。自 1925 年日商义昌洋行在天津创办第一座义昌广播电台始,广播电台以其信息快、易接收、覆盖面宽、受众广的优势逐渐被人们所认识。抗战之前,天津前后共设立了 16 座电台。其中存续时间较长的民营电台,主要有仁昌广播电台、中华广播电台、青年广播电台和东方广播电台四家,这四家广播电台都是以广告收入为主要经济来源的商业电台。"七七"事变以前,律师也借助广播来提高个人知名度。比如仁昌电台,除了播放曲艺和广告,还定期播讲法学知识,其中就邀请张承惠等律师讲述继承法和婚姻法。[1]青年会电台是由天津基督教青年会创办,安装在东马路青年会屋顶上,机器设在二楼南端。天津基督教青年会不仅不定期举办涉及德育、智育、体育、群育等方面的讲演会,而且还经常定期组织学术讲演周。不同国籍、不同身份的讲演者济济一堂,也包括律师,他们的讲演稿直接通过青年会电台同步播出。[2]通常情况下,这种讲座属于义务性质,邀请知名律师不仅能够增加电台收入,扩大听众范围,而且对律师而言,也起到了宣传作用。不过,收音机当时在天津尚未普及,再加上销售价格昂贵——产品均为进口洋货,少则几十块大洋,多则上千,一般家庭无法承受,能够买得起收音机的都是中等收入以上的人家。所以电台的社会作用还远不能和报纸相比。[3]

---

[1]姚士馨:《解放前天津律师业概述》,中国人民政治协商会议天津市委员会文史资料研究委员会编《天津文史资料选辑》第 37 辑,1986 年,第 179 页。
[2]赵建敏主编《天主教研究论辑》第 8 辑,宗教文化出版社 2011 版,第 326 页。
[3]张利民等:《近代环渤海地区经济与社会研究》,天津社会科学院出版社 2003 版,第 524 页。

沦陷后,大部分民营电台停播,像青年会电台"七七"事变后就被日本人低价收购。①1938年1月,伪"天津广播电台"成立。该电台共播出三套节目:一套为新闻及综合节目,一套专门转播东京台日语广播,一套为1942年设立的"天津广播电台特殊电台",专播商业广告。宣传日军战绩、日伪政策,奴化人民,推销日货是其主要内容。②同时,日军部还下令登记收音机用户,强令剪去可以收听短波广播的设备,并强制推销日本廉价收音机,仅北平一地就推销了近4万台,但这些廉价收音机却只能收听当地日伪广播。③

(二)"律师多败类":律师公众舆论引导权的"沦陷"

表面上看,《庸报》4万份的日销量对律师扬名发挥了重要的作用,但与战前相比,这一时期律师对报纸的利用明显呈现出形式单一的特点,律师完全丧失了对报纸舆论作用的利用,特别是日本宪兵队密捕杀害《益世报》主编生宝堂以及一名报童④后,这一特点尤为明显。

战前,报纸除了登载一些业务广告、启事外,律师还利用报纸的副刊进行法律咨询活动,这种免费宣传形式对报社、律师以及读者都有很强的吸引力。比如"法律解答"是由大公报聘律师面向社会大众提供法律咨询的服务栏目,该栏目自1936年1月开办,每周二、四或周六不定期在副刊家庭版答复读者来信,内容涉及婚姻

---

①中国人民政治协商会议天津市委员会文史资料研究委员会编:《天津文史资料选辑》第2辑,天津人民出版社1979版,第54页。
②苏士梅:《中国近现代商业广告史》,河南大学出版社2006版,第74页。
③赵玉明:《中国现代广播简史(1923—1949)》,中国广播电视出版社1987版,第49页。
④《益世报》依仗在意国租界的便利条件,照常印行,并使用能够泅水的报童把报纸装在铁筒或油布包内泅过海河,到法租界销售,关心战局的人们群相争购,立时引起日本宪兵队的注意,密捕杀害《益世报》主编生宝堂以及一名报童。

与家庭、离婚、债务合同纠纷、房屋土地所有权纠纷、公共事务以及刑事、民事等法律条款解释等方面。该栏目前后共推出129期,解答读者来信425封,1937年7月因抗战爆发而停办。

战前,报纸也是律师进行舆论宣传的重要工具。一种是针对案件本身,律师往往利用报纸等媒体公布于众,寻求公众舆论支持。1935年"施剑翘刺杀孙传芳"一案中,施剑翘的律师根据"父受诛,子可复仇"之古训,为其辩护。而检方则以法治无情相诘难,指斥被告以数千年之旧伦理,文饰其罪。法权最后之所以相形见绌于道德伦理,其中报纸,特别是《大公报》《益世报》等报纸对该案的长篇累牍报道发挥着重要的作用。通过舆论赢得诉讼胜利是律师辩护的手段之一,但也有一些律师通过报纸,利用律师名誉问题打击对方律师。1930年上海"律师多败类"风波就是控辩双方律师登报相互攻讦的严重后果,以至于上海律师公会出面干涉,认为"事于会员本身事小,而于同业全体关系甚大。"①如此互相诋毁,甚至会"动摇社会对律师信仰"。②

一种是利用经济制裁制约报纸舆论导向,维护行业信誉。经济制裁是律师公会阻止报纸侵害律师名誉的重要手段之一, 大多数报纸之所以不愿意与律师界为敌, 除了律师依法维权之职业特点外, 律师大量的广告也是报纸经济收益的重要来源,1933年6月15日,《益世报》的律师名誉污名风波即为其中一例。该报语林栏目刊载《妓女律师医生》一文,认为"现在有一种人亦无罪就该杀者律师也",并在文中详细地论说了"律师所操之职业,只管取钱,不管

---

①上海律师公会:《致董俞会员函》,《上海律师公会报告书》1928年,第107页。
②上海律师公会:《致叶荑康会员函》,《上海律师公会报告书》1930年,第61—62页。

你聘他来处理任何案件。明明你犯的是奸盗邪淫之案子,他都有法给你辩护,如你偷了别人的东西,他上堂去三言五语,说你因一时急需,实在无法,暂时借用,以后仍拟归还。你犯的淫案,他为你辩护道,圣人有云,食色,性也,凡人当然不免在对方诱惑之下,他自然知道予之不取必有天灾,于是刑事可以变为民事,民事一变可罚几个钱而已,对方明明无罪,他可以说得天花乱坠,将他徒刑三年。"总之,"律师实逢人之恶又长人之恶者也,……越是阔的律师越该杀。"①文章一出,天津律师公会认为"诋毁同业无以复加,名誉有关,难安缄默。"一面对报纸提起诉讼,同时号召所有律师不得订阅该报,不得在该报登载广告,对该报进行经济制裁。

反观战后,对律师而言,报纸完全丧失了舆论工具的作用而简化为广告工具。这一时期,律师在《庸报》上刊登的广告主要是一些受企业或个人聘为常年法律顾问的广告,比如"朱道孔受任靳少卿法律顾问通告""律师杨冠生受任天津市绸布棉纱呢绒业同业公会为常务律师特此通告"等;或者代表某单位某商号或私人在报纸上登出启事或声明,像"律师王履占代同义隆货栈副经理刘厚斋、刘兆丰对律师孙仲阳代表仁厚堂等十家声明之声明""律师周乾济代麟丰堂声明置产"等等。

(三)"日语普及运动":律师业务语言的"沦陷"

1942 年 11 月,日籍辩护士大干木一在《庸报》上连续刊登启事,声称有人冒充该事务所翻译进行诈骗。这则启事虽聊聊数句,但却透露出沦陷后律师执业活动的两个特点:一是,律师执业需要专业的日语翻译;二是日籍律师及其事务所颇受人们,包括中国籍

---

①红瓣:《妓女律师医生》,《益世报》1933 年 6 月 15 日,第 11 版。

律师在内的人们的信赖。究其原因，首先是应日伪政府的需要。日伪政府在华北推行第五次"治安强化运动"中，提出"华北之建设，须以中日提携、共存共荣为中心理念，是以对于日语普及运动，以及中、日文化之沟通，亦应加以策划，"并要求各机关以身作则。①按此要求，伪华北政务委员会法部就在法院专门设立日语翻译室。

其次，人们对日籍律师，甚至对会说日语人的需求完全来自战时的需要。战前日籍辩护士(律师)的业务并不多，当时在天津执业的日籍律师主要有大干木一、竹内信等人。天津沦陷后，一方面随着日侨来津者增多，日籍辩护士业务逐渐增多，再加上1941年太平洋战争爆发后，英美籍律师被关押到山东潍县集中营，于是日本的司法代办和辩护士开始在中国法庭代理诉讼案件。另一方面，就法庭而言，伪司法官吏对日籍律师毕恭毕敬，委曲求全，不敢得罪；就委托人而言，每年付若干代办费买一张日人签名的法律顾问证，并聘请日本辩护士和司法代办为常年法律顾问可以以壮声势。以天津货栈业为例，太平洋战争爆发后，天津市的进出口业务完全中断，而且日军大量抢购各种物资，货栈业的代客和自营业务完全停顿，日军在物资缺乏的情况下，以抓捕"经济犯"为由，对货栈业进行勒索。鉴于此情况，天津志成货栈业就聘请国际法律事务局竹内信为常年法律顾问。此外，竹内信也担任私人法律顾问，像担任李春兴的常年法律顾问。也正因为如此，一些中国律师也开始与日籍律师合作。比如郭定森与大木干一合作担任广仁堂法律顾问，受理广仁堂地产买卖。当然，其中不乏一些被日籍律师欺骗的中国代理

①中国人民解放军历史资料丛书编审委员会编《八路军参考资料2》，解放军出版社1992版，第502页。

人，比如某日籍律师就凭借着与日领事馆中岛领事的关系侵吞了代理人大量土地等等。①

另外，律师公会也需要日籍律师来周旋与日军方的关系。天津沦陷后，日伪天津高院废除了前天津高等法院所颁布的律师登记办法，并对天津律师进行清查，为会员定制新徽章，并由国际法律事务局派送。为便利公会会员领取，公会与宪兵队及竹内信多方接洽，最后商妥由会内派发并在国际法律事务局附设公会办公处。

需要提及的是，战前一些律师拓展业务的渠道主要通过交际、人情以及中介等方式进行。比如舞场歌楼等娱乐场所是军阀、官僚、政客、富贾等上层人物经常去的地方，有的律师为了接近他们亦涉足其间，如高善谦律师就经常出入舞场、跑马场、回力球场、网球场等娱乐场所。再如白鋆律师，经常盘桓于花街柳巷，认了不少秦楼干女儿。杨寿怡律师则是梨园界的票友，以票戏为手段，广为交际；人情则包括同乡、同寅、师生、同学等关系，像号称"法院通"的李华峰、金殿选、李炳阳、陈彰寿等人就是利用与法院和检察机关推检人员的关系，可以把本来无理的案子变为有理或使当事人获得有利判决。有的律师甚至与帮会勾搭，利用专吃这碗饭的掮客为助手，靠这些人在街上拉案子。律师对于经常出力的掮客，给予优厚佣金，以促使其拉更多的案子，同时借助这些人之口，替自己吹嘘和宣传。沦陷后，除了上述渠道外，能够与日军部以及日领事馆关系密切的人员建立联系也成为某些律师招揽业务的筹码。"黑律师"邓锦道办案不问曲直，凭着与日本宪兵队的关系，每年从中运动出不少涉嫌毒赌娼在押人犯。曾经一个大杂货店的副经理被

---

①藤江真文等著、万鲁建编译：《近代天津日侨回忆录》，天津人民出版社2014版，第203页。

押在宪兵队一两个月，他通过日本宪兵队广田部队翻译金命熙的关系,后得以马上释放。[1]

四、结语

1937 年 7 月天津失陷后,许多律师纷纷转向内地等城市。与此同时,律师界仍有部分人留守天津,继续坚持从事律师业务。面对日伪政权的白色恐怖以及对进步力量的高压政策,律师执业活动举步维艰。

沦陷后的天津,不仅影响了律师执业的活动范围,特别是日军封锁英法租界之后,律师个人活动受到限制,公会活动陷于停滞;而且更重要的是影响了律师拓展业务的渠道,尤其是对中小律师而言,失去了报纸、广播等媒介的助推导致业务不振。夹处于环境的变异及时潮的冲击间,律师们有着不同的姿态与表述,有的"自堕其人格,看了人家的'眼前富贵'就生羡慕之心,半途失节",一些"黑律师"通过"巧立名目""制造假证""串通威胁"等手段榨取委托人钱财,影响非常恶劣。他们"拉案子不问事件大小,给钱就干,办起事来不问青红皂白,有缝就钻。"有的抵抗,"竭力节约,以渡难关,忍受痛苦,准备牺牲。"[2]胡毓枫[3]律师不仅为民仗义执言,不畏强权,曾担任控诉律师公会会长李洪岳之原告辩护人,而且以律师

---

①朱道孔:《解放前黑律师劣迹种种》,中国人民政治协商会议天津市委员会文史资料研究委员会编:《天津文史资料选辑》第 37 辑,天津人民出版社 1986 版,第 199 页。
②法学会:《敬告上海律师界同仁书》,《明灯》第 2 卷第 12 期,1941 年。
③中国人民政治协商会议天津市北辰区委员会文史资料研究委员会编:《天津北辰文史资料》第 6 辑,内部发行,1998 年,第 52 页。

身份作掩护,从事地下抗日活动,最后不幸于 1941 年冬被人毒害于天纬路律师事务所门前。还有的选择了虚与委蛇,律师公会以会员人数不足为借口,拖延法部对律师清查。甚至有的隐遁。但正如《明灯》杂志所言,"国家不保,则法律无所寄托,国家有损,人权亦何从保障。"总而言之,如果说执业活动的改变只是律师作为"生意人"的一种表现的话,那么沦陷时期的律师要想其"地位与职业将更神圣,更庄严",则从"生意人"向"法律人",乃至进行抗争的转变则是根本途径。

最后需要提及的一点是,沦陷区的天津律师总体上处于一种爱国主义的集体失声状态,除了日伪政府的高压统治,还有待相关研究进一步挖掘沦陷区律师的心态。

(刊于《城市史研究》第 33 辑,社会科学文献出版社,2015 年 9 月,第 164—175 页)

沦陷时期的天津日侨

万鲁建

一、沦陷时期的日侨概况

1937 年 7 月 30 日天津沦陷,日本对天津实行殖民统治,并以天津为基地,入侵中国内地,对华北地区进行掠夺,于是日侨蜂拥而至。"军队一旦行动起来,普通人也会紧随其后,于是被称为慰安妇的人过来了,劳动者过来了。以这些人为对象,出现了简易食堂和只能喝杯酒的商店, 这些都不是新建的, 而是租借中国人的房屋,胡乱改装而成。……每个日本人都是外交官的时代过去了,现在日本人作为征服者,开始趾高气扬地出现在天津街区。"①根据统计,1936 年在津的日本人不过 8982 人, 到 1937 年底则达到了 17811 人, 几乎增加了一倍。1938 年 7 月到 8 月就增加了约二千名。"到 1943 年 7 月,日侨已达 26472 户、73562 人,比 1937 年增加

---

① [日]藤江真文等著、万鲁建编译:《近代天津日侨回忆录》,天津人民出版社 2014 年版,第 94 页。

1937 年 7 月日军在市内开炮轰击

了 55751 人,增长 3 倍多,平均每年增长 26.7%。"①这些抱有淘金目的、企图一攫千金的日侨大量到来,逐渐改变了天津日侨社会的旧有秩序。"天津市内的日租界内不用说了,外国租界、特别区也不用说了,即便是中国街区,日本的旅馆、西餐馆、饮食店的广告牌处处泛滥。伴随着天津日本人村的急剧膨胀,村里也发生各种变化。"②1939 年,天津日本总领事馆警察署在关于在津日侨思想倾向的调查中也说:"天津日本人长期以来蜗在租界内从事营利性活动,导致他们大多持有利己主义精神……特别是从满洲涌入天津的日本人之中,有人明显具有此种倾向,甚至为了自己的利益不惜同胞相食。4 万在留日本人的精神体系处于支离破碎、混沌模糊的状态。"

由于来津的日本人激增,狭隘的日租界已经无法容纳,于是日

---

①李竞能著:《天津人口史》,南开大学出版社 1990 年版,第 271 页。
②[日]支那问题研究所编:《支那问题研究所经济旬报》第 26 号,1938 年 4 月 1 日,
第 7 页。

本人开始向日租界外移动，尤其是向以旧俄租界天津站为中心的地带和中国街旧城东马路河北区转移，"事变前没有一个日本人居住的中国街区，随处可见日本人街。"①"1935年日侨居住日租界的有5915人，居住租界外的1738人，居住租界外的日侨只占日侨总数的22.7%。1940年居住日租界的日侨23965人，居住租界外的日侨猛增至26107人，居住租界外的日侨占全部日侨的52.1%，超过了日租界的日侨。"②1942年和1943年英、法、意租界相继被收回，天津成为日本一国的势力范围，日本侨民散居各处，日本商品也充斥市场，1937年天津市区尚有外侨2.6万人，但到了1944年减至2万人。而日本人七年间却增加了7倍多。

　　人口的激增，带来日租界房屋的紧张。由此也导致地价上涨。另外根据日租界当局的调查，1934年天津土木建筑承包业者仅有15名，最近（1938年5月）已经多达93名。其中事务所在日租界的为68家，为最多。③针对店铺和住宅之不足，东京建物会社在1938年制定计划，预定如下三项：在常盘街一番地、蓬莱街二番地、秋山街一番地的670坪土地上，建设三层总计1250坪的大楼，其中面向常盘街的外侧一层为店铺，内侧为住宅，二层为综合住宅，三层则为公寓，预计1938年11月竣工。二是在旭街德义楼遗址约470坪的土地上，将残留的一部分建筑改修增建，变成三层，面积增加至950坪。预定为芙蓉旅馆，也是11月竣工。三是在秋山街奥田医

①[日]外务省外交史料馆藏：《外务省警察史》第35卷（支那之部—北支），不二出版1999年版，第182页。

②李竞能著：《天津人口史》，南开大学出版社1990年版，第274页。

③[日]《天津土建界的活跃和复兴景气的一个侧面——工程材料的供给不足是问题》，《支那问题研究所经济旬报》第30号，1938年5月11日，第13—14页。

院遗址 250 坪的土地上,建设总面积约 1000 坪的五层大楼,充当贸易斡旋所,一层为陈列室,二层以上全部为事务室,预定 1939 年春天竣工。该工事为中国人黎少山以 16.5 万元承包。此外,清水组、大仓组、大林组、福昌四家也加入进来。此外还预定来年在山口街和宫岛街交口,新建一座现代式公寓。

从日侨的居住区域来看,1930 年日侨共计 5760 人, 日租界为 5218 人。外国租界中,法租界 218 人,英租界 115 人,支那街 94 人,特别一区 83 人,意租界 18 人,特别三区 14 人。居住在日租界外的日侨合计 542 人, 即与居住在日租界内的日本人相比, 不过只占 14%。但日本占领天津后,"由于两国之间发生战争,居住在日租界的中国人开始向别处转移,从 1938 年开始在日本租界内居住的中国人开始逐渐减少。"①这种居住区域分布开始逐渐发生变化,尤其是在 1939 年日本封锁英法租界以后, 这一变化更加明显。根据 1939 年 5 月末的统计,当时居住在天津的日侨达到 41640 名。从分布来看,居住在日租界者为 25711 人,法租界 96 人,英租界 42 人,意租界 156 人,特一区 1503 人,特二区 302 人,特三区 2125 人,特四区 710 人,华界 10651。也就是说仍有超过半数的日本人居住在日租界内,而英法租界内的日本人合计不过百余人,几乎可以忽略不计。居住在华界的日本人达到 10651 人,占到居住在租界外人口的 66%。

从日侨的来源地来看,1925 年大阪府籍的日侨最多, 为 359 人;东京府次之,余下依次是长崎、兵库、朝鲜等地方。1938 年,则是来自朝鲜的日侨最多,为 2406 人;其次是东京都,为 1039 人;

①[日]臼井忠三编:《天津居留民团三十周年纪念志》,天津居留民团 1941 年版,第 24 页。

再次是福冈县人,为1017人。如果除去来自朝鲜的日侨,则以东京都的人为最多。这是一个显著的变化。这与日本1937年占领天津有关。而福冈县人则从1925年的192人猛增到1017人。这些都说明,日侨的主要来源已从关西转移到关东。这也说明以前如果还只是商业移民的话,到了1938年则更多具有政府移民的色彩。

从日侨的职业来看,1903年以杂货商最多,为176人;土木承包次之,100人;然后就是官吏、店员,分别为83人、62人[①]。这也说明,随着日本驻屯军的到来,出现了很多为之服务的杂货商。而日租界的开发和整备,带动了土木承包业的兴盛。1921年日侨达到5000人。在20世纪20年代,则变成了银行、会社的会社员、商店主以及店员占大部分,总领事馆、租界局等其他公务员、医院的医师、从业人员、学校教员、律师、新闻记者及从业人员、僧侣、神官、传教士、接生婆等种类繁多。到了1938年,日本人的职业情况则又有了很大变化。贸易业者居首,事变当时旅馆不过7家,此时却达到50余家,料理店饮食店等合计超过200家,显示出其急剧繁荣,另一方面伴随着大公司的进入,土木建筑承包业者也达到近100家,反映出租界内日本人的发展。[②]

二、租界封锁前后的彷徨

天津抗战的迅速结束,以及日本所扶植的伪天津特别市维持

---

①[日]外务省通商局编:《通商类纂》第67卷,不二出版1990年版,第191—192页。
②[日]朝川禄锐编:《北支!! 天津事情》,天津出版社1938年版,第448页。

会的成立,使得天津很快恢复了往昔的平静。日伪当局曾自夸道:
"治安维持会当时在我军的指导下消除了民众的反日情绪,在维
持治安方面取得了显著成效。"①当时在津的松本正雄也说:"虽说
天津是基地,也靠近战场,而我毫不担心,在动乱中自由自在地过
着快乐生活。"②长野郎在 1937 年底来津时,也没有感到与战前有
太大的不同,感觉完全不像是战地。但是他也表示了忧虑,他认为
"在炽烈的排日情绪下,无论是最温和的支那商人,还是妇女和孩
子,抗日观念都在暗流涌动。……如果对于此点不给予特别注意
的话,将来可能会非常麻烦。"③由于当时日本还没与英美开战,英
法租界还能够自由往来。岸田国士也入住在英租界的旅馆。尽
管服务生都是中国人,但是"没有人对日本人表示出不友好的
强硬态度。……他们内心怎么想的,我不知道,表面上并没有什么
异常。"④

不过,进入 1938 年以后,由于以青年学生为主的抗日杀奸团
十分活跃,加之日伪当局自身内斗不已,使得局势一度很是混
乱。"国共抗日分子提供了可乘之机,打着'不应该打中国人'的
标语,对各机关职员以及一般民众中持有不满情绪的人进行宣
传,致使这些人潜在性地持有了'表面服从内心抵抗'的思想。另
一方面,为潜伏在英法租界内活动于华北一带的土匪残兵进行
抗日游击战提供了便利条件,到了 8、9 月份,中国街、特别地区
等地自不必说,就连我日租界内都连续发生了放火、暗杀要人等

①[日]外务省外交史料馆编:《外务省警察史》第 35 卷(支那之部—北支),第 220 页。
②[日]藤江真文等著、万鲁建编译:《近代天津日侨回忆录》,第 92 页。
③万鲁建编译:《津沽漫记——日本人笔下的天津》,第 171 页。
④万鲁建编译:《津沽漫记——日本人笔下的天津》,第 144 页。

暴行。"①1938 年来津的饭塚知信也说:"天津以英租界为巢穴,抗日恐怖组织非常横行,处处让人感到杀气腾腾,难以让人安心参观。"当他在街上与两名士兵聊天时,"两个士兵中的一个人不断警戒着四周,睁着有点恐慌的眼睛,让人感到很不寻常。"②由此可见,在沦陷初期,由于国民党的地下暗杀活动,还是让整个天津处于紧张之中。日本人的生活也受到一定的影响。"一般中国民众的抗日行动加剧,居住在支那街、各特别区方面的 1800 名日本人频频遭到中国官民的迫害,白天都不敢外出,日本人的生命财产处境危险。"③

1938 年 4 月 9 日联合准备银行天津分行经理兼津海关监督程锡庚在英租界大光明电影院被暗杀,凶手逃入英租界,"工部局当局邀请日本人在租界里进行数次搜查,结果逮捕了数人。"但由于双方在引渡犯人问题上,因证据问题存在分歧,虽经多次交涉,仍旧未能达成协议,英租界当局提议将任何可能的证据"提交一个由一名英国人、一名日本人和一个中立人士组成的咨询委员会。美国驻津总领事同时受命出面斡旋。但日本军事当局却拒绝咨询委员会的建议,并且在 6 月 14 日上午 6 点开始封锁天津英、法租界。"④并在日租界与英、法租界边界设置检问所。"日本占领天津后,租界内也不再安全,多次发生针对日本人的炸弹爆炸事件。这也从一

①参见[日]外务省外交史料馆编:《外务省警察史》第 34 卷(支那之部—北支),不二出版 1999 年版。
②万鲁建编译:《津沽漫记——日本人笔下的天津》,第 156 页。
③[日]外务省外交史料馆编:《外务省警察史》第 34 卷(支那之部—北支),第 440 页。
④《英国国会议事录》(上院),卷 113,1939 年 6 月 20 日。转引自琼斯著、许逸凡译:《天津》,《天津历史资料》第 3 期,第 75 页。

个侧面说明，中日两国之间的战争也影响着普通日本人的生活。"①福田清人此时恰好来津，他看到"傍晚都是急着回家的劳动者们，他们争先恐后地涌到狭窄的电车口上车。"犹如事变前紧张的上海租界。

1939 年 2 月 8 日日本宣布解除对英、法租界的封锁，但仍可随时恢复。从封锁期间的情况来看，对限制日本人出入娱乐场所、往返租界内外发挥了作用，但也给两租界外居住的日本商社在商业贸易上带来很大不便。1939 年 6 月 15 日日本宣布对英租界实施第二次封锁，宣称英租界不仅成为抗日分子实行阴谋的策源地，而且英租界当局还暗中给与支援，认为现在一切祸端的根源就是租界，已经严重威胁到日本建立大东亚秩序的建立，必须实行强制措施。

日本当局叫嚣要"打倒暴英"，要求居住在英法租界的日本人撤离，中日各大公司仓库的货物也开始外运。天津的日本各新闻通信记者所组成的天津日本人新闻通信记者团也发表促进英国当局醒悟的强硬声明。当时东京的舆论界也要求采取强硬手段彻底解决。"在日本封锁英法租界时，当时中等学校的学生也轮换作为检查辅助员，不过当时并不是真的人手不足，而是要对生活在国际环境下的日本国民进行大英帝国、法国不足惧的精神教育。"②英国、法国侨民进入日租界时，需要佩戴袖章，在其表示"敌对国人"的圆圈中写有敌字，妇女也需要佩戴同样的丝带；中国人则需要出示身份证明书和传染病预防注射完毕的证明书。由于德国是日本的盟

①[日]外务省外交史料馆编：《外务省警察史》第 35 卷(支那之部—北支)，第 31 页
②[日]西村正邦著：《天津的柳絮》，非卖品 2002 年版，第 136—137 页。

封锁英法租界时期日军对过往行人进行检查

国,因此德国人可以自由出入。当然"不用说英国人对日本人的态度也不好,拿着英国国旗在白河河口和天津之间往返的支那船员,对于走岔的日本船员也采取敌对行动,英国水兵在舰上侮辱日本人的举动,平常也总能看到。"①

英、法租界封锁以后,连接日意租界的日本桥的交通量激增,引起极大混乱,日本驻屯军当局自6月22日起禁止卡车通行。同时英租界内的物价开始急剧上涨,据报道居住在界内的华人"反英"情绪也开始高涨。6月27日天津广播电台第二放送(日语)向内地广播租界问题的演讲,还号召天津的日本人收听。日本国内的反英情绪也都非常高涨,举行各种反英大会。另外,随着租界的封锁,

①万鲁建编译:《津沽漫记——日本人笔下的天津》,第172页。

租界内的华人工厂的原料进口和销路日益困难,使得"华商陆续向华界方面转移,东马路、南市极为繁华,租界内的商业日渐衰微。"[1]进出日租界变得非常困难。尤其是对中国人,更是严格盘查。不仅如此,一些中国男女伪警察还协助日本兵检查。每次"经过检查卡口,就会经常遇见日本兵及其爪牙无耻的中国狗男女在污辱中国人。"[2]由于欧美人大都回国,日本人也事先撤入日租界,遭难的主要是居住在租界的中国人和去租界工作的中国人。

对于封锁英法租界一事,一般日侨也反应不一。一些商人因商品在英租界的码头登陆,认为"军人所做乃无视现实,造成外国小麦无法进入,天津的粮食价格上涨。"乃非明智之举。但没有任何利害关系的日本人则借此要求日本军队"借此一举收复租界"。[3]由于封锁,物资无法进入外国租界,物价飞涨,人也因为无法外出而变得冷清,陷入极端不景气。居住在此的 30 万中国人因无法输入新鲜蔬菜而穷困,相反从外国租界运出的物资急速增加,日租界也受到影响。一些日本人主张借此机会收回租界。很多日侨纷纷撤离英法租界,"天津英法租界居住的日侨纷纷向日界和华街、特别区方面转移,兴中公司、国际运输等为首的四百数十家会社已经转移完毕,眼下朝鲜银行、正金银行、福昌公司各支店也在积极准备转移。很快英法两租界就显露出凋敝衰落之象。两租界的码头装卸锐减,特三区、特一区两码头的船舶往来极为频繁,天津经济的中心区域正从英法两租界向华街及日租界转移。"[4]到了 1938 年 12 月,"事

---

①[日]《京津日日新闻》,1939 年 6 月 29 日,第 2 版。
②《南开春秋》(文史丛刊)总第七期,第 206 页。
③[日]八木哲郎著:《天津的日本少年》,草思社 1997 年版,第 106—107 页。
④[日]《支那问题研究所经济旬报》第 46、47 号,1938 年 11 月 11 日,第 30 页。

实上大部分日侨及商行已撤出英法租界"①。

其后日、英两国为解决封锁租界问题,7月英国驻华公使克琪同日本外相有田八郎在东京举行会谈,双方缔结"有田克琪协定",英国承认日本在中国镇压抗日活动"有特殊需要",保证在各方面与日本合作,但由于此时美国对日态度强硬,谈判最终破裂。直到1940年6月才又恢复谈判,最终联银券在英租界内得以合法流通,并同意封存中国、交通银行原存于英租界的白银。此后英国又将军队撤退到香港。封锁租界问题也告一段落。日刊工业新闻天津支局长赤崎茂信说虽然解除了封锁,"英法两租界表面上确实恢复了原来面貌,但实际上封锁前后,已经发生了巨大变化。……他们租界的自然消失,只是时间问题。"果不其然,太平洋战争爆发后,日本军队很快接收英租界,改名极管区,并任方若为伪区长,此后天津完全处于日军控制之下。

这一时期,1939年8月大洪水又不期而至,更是严重影响了日侨的生活。很多日本人开设的商店,由于事前没有将货物保管好,几乎都被洪水冲走了。日本人开设的工厂,也因大都处于下游的低地,机器无法移动,最后全都被水淹而报废。更严重的是由于事前准备不足,加之洪水大,不知道什么时候能够消退。因此,很多日本人开始向别处转移。有的人举家回国,有的人则到外地投奔亲戚或朋友,无法离津的日本人则只能开始水上避难生活。有的家庭居住在二楼未被水淹的地方, 大部分日本人都是在天津日本总领事馆和居留民团的统一安排下, 进入天津日本公会堂和租界内的各学

①[英]《泰晤士报》1939年1月15日,转引自琼斯著、许逸凡译:《天津》,《天津历史资料》第3期,第74页。

1939 年天津大水时日侨避难

校避难。

　　洪水过后,日本人再次激增。"天津的日本色彩也日渐浓厚。有名的中国饭店必须提前预订,外国租界的西餐馆,也逐渐被日本人所占据,外国客人被驱逐,甚至在外面贴上了纸条,上面写着'有日本酒'。不少洋人的旅馆,也配备了会日语的服务生,车站也配备了招揽客人的日本人。"[1]大量日本人的增加,带来的是住宅难问题。"随着日本人的增加,民团为解决住房困难,不断寻求地方建设新房屋。同时租房也日渐增多,且租金也日渐提高。"[2]多次来津的长野郎也说"日租界现在的一个苦恼是住宅难问题。从外国租界撤回的日本人,从内地过来的日本人,双重增加,使得日租界内的住宅

---

①万鲁建编译:《津沽漫记——日本人笔下的天津》,第 183 页。
②[日]《京津日日新闻》,1940 年 1 月 18 日第 7 版。

极度缺乏,也没有地方可以建设新的住宅,现在不要说空房子了,就是出租房也全都租出去了,没有一间空房。因此,租金高涨就不用说了,三十元左右的房子已经涨到了一百元左右,一不小心都进不了天津了。"①

与此同时,中国人对日本人的感情也逐渐发生了变化。长野郎观察认为:"以前参加临时政府被视为卖国贼,现在也没人那么认为了,大家也都没有那么多顾虑了,表面上一般还是会表现出悲愤。每天都能在报纸上看到抗日的文字,走到街上看到的也都是抗日宣传画,现在都没有了。"②

三、战败遣返前后的凄惨

进入 20 世纪 40 年代,尽管封锁租界通过日英两国的外交谈判而最终得以解决,但是实际上两国的关系伴随着世界局势的变化,正在日趋紧张。日本逐渐与德意法西斯国家靠近,三方最终于1940 年 9 月签订《德日意三国同盟条约》,表明三国轴心正式结成。日本开始利用三国同盟关系,在远东扩张其利益。这与美国在远东的利益产生了冲突,尽管双方此后一直在举行会谈,试图缓解日益紧张的两国关系。但是世界局势的变化,最终让两者的谈判走向了破裂。

1941 年 12 月 7 日,日军偷袭美军基地珍珠港,太平洋战争爆发。此后不久,前来华北进行视察旅行的姬野德一,在其旅行记中

---

①万鲁建编译:《津沽漫记——日本人笔下的天津》,第 187 页。
②万鲁建编译:《津沽漫记——日本人笔下的天津》,第 188 页。

有如下文字：居住在天津的人们，"可能是受到接收租界的大冲击，在留的日本人心情很好，现在洋溢着如我一般的喜悦之情"。不过，天津的商社却没有那么热闹，全都歇业。从1939年底开始实行粮食统一分配政策，使得日侨开始感觉到生活的艰难。到了此时，由于来自欧美国家的进口粮食已经无法供应，来自中国南方的粮食也变得艰难起来，日侨的生活日渐艰难。八木哲郎曾如此写道："太平洋战争爆发后，不要说进口面粉，就是来自上海的面粉也不大能进来了。在寒风呼啸的天津大街上，中国人在指定的600家粮店前排起了长队，粮食不足的情况日益严重。大家都知道公定价格所能买到的小麦分配量，有时进来的大米限制一家只能购买50斤。甚至连天津的中产阶级，也不得不吃替代粮食——玉米、小米、高粱、豆类来充饥，此外别无他法。我家的阿妈抱怨说南京米真难吃，令人难以忍受。"①

1945年5月8日德国战败，至此德意日三国同盟仅剩其一，但此时日本也已是强弩之末，在太平洋战场上节节败退。尤其是8月6日、9日美国分别向广岛和长崎投掷两颗原子弹，使日本国内死伤惨重；与此同时，8月8日苏联宣布对日作战，并迅速出兵中国东北，号称"百万"大军的关东军顷刻瓦解。最终日本走投无路，于8月14日宣布接受波茨坦宣言，昭和天皇发表《停战诏书》，宣布无条件投降。第二次世界大战结束，中国的抗日战争终于取得胜利。全国各地欢庆胜利。在天津，马路上的行人奔走相告，并燃放鞭炮庆祝。在日本投降之初，国民政府的军队还远在大西南，无法维持当地的秩序，因此通过谈判仍决定由当地的日军及伪军暂时维持

①[日]藤江真文等著、万鲁建编译：《近代天津日侨回忆录》，第304页。

日本少年骑车到八里台上学,路上有日军守护,可见局势之紧张

秩序,直到美国海军陆战队的到来。日本宣布投降,使得先前一直处于蒙蔽状态的日侨深感无所适从，心理呈现一种混乱和不安的情绪。他们不知道今后会如何,不知道个人财产会被如何处理,也不知道何时被遣返,"他们昨日还在标榜的一切共同目标，现今全已失掉"。

战败使得在津的日侨惶惶不可终日。当听到电台广播昭和天皇的《停战诏书》时,"一些走在马路上的日本男人都立正垂耳敬听,日本女人则双膝跪下静听,边听边哭。"[1]当时在天津日本人学校上小学的久村千惠子回忆说,当时听到这个"玉音放送",有一个同学哭着说:"为什么? 我父亲肯定要剖腹。"但是她自己确实一点

---

[1] 刘洪涛:《日军投降之日见闻》,《天津文史资料选辑》,1995 年第 4 期,第 96 页。

也不觉得悲伤,并没有哭。也有不少日侨早在日本战败投降前的二三日,就已经从中国人那里得知了消息,因此听到昭和天皇的停战诏书时早已有了心理准备,并没有太多的波动。

中国人在得知日本宣布投降后,压抑在内心的怒火也开始爆发出来,"自发的打日本人的风潮迅速蔓延"。1945 年 8 月 16 日在小营市场内就发生了卖菜的打日本人的事情。"火车东站打日本人的气氛更是厉害,是发现一个打一个","当时的日本人如同过街老鼠,人人喊打。"①很多日本人被打得头破血流。当时上小学的久村千惠子有一天就从家里的窗户看到几个日本人正被中国人追打。也有"穿着和服的日本妇女被中国孩子拽着衣服,吓得赤足而逃。甚至还有日本人被群众围住殴打。"很多居住在英租界、日租界外的日侨也全都逃到并寄居在日租界的人家当中。甚至还有普通日侨被当成战犯而带走。例如,曾任天津日本小学校讲师的松本正雄和隆和洋行主内山春吉都曾被当成战争嫌疑犯。不过,最终经过中美两国军官的审查证明是误会,才得以释放。当然也有日本人在占领期间因为与中国人友好相处,而受到中国人的礼遇,甚至让她居住在家里。有众多中国朋友的久村内山甚至还想继续留在中国,只是最后因为政策限制而不得不回日本。还有日本人带美国兵到家里来,喝酒聊天,似乎刚刚过去的战争早已远去。也有不少中国人对此不关心,正如八木哲郎事后回忆说:"天津街道上的中国人不过是茫然若失,非常平静,一边说着'大战结束',一边和往常一样行走在街上。"②此后,蒋介石发表对日本要"以德报怨"的声明,警

①刘洪涛:《日军投降之日见闻》,《天津文史资料选辑》,第98页。
②[日]八木哲郎著:《天津的日本少年》,第258页。

察局通知不许随便打日本人,情况才有所好转。但抢窃日本仓库的事情还是时有发生,市面上一度全是日本军用物资。

但是,他们的生活却因战败而发生了变化,很多日侨陷入了困境,大家都开始急忙思考战败后的对策。八木哲郎后来在回忆中说:"随着战败的到来,不少日本人的生活开始变得穷困。有些人开始自己制作豆腐,卖给日本人,以资生活。还有一部分人受雇于中国人,甚至还有一些日本女性从事卖淫活动。一些人开始靠变卖东西为生。"很多人在战败时因为无法获得任何消息,便将自己的现金通过横滨正金银行天津支店汇到日本,但是战后全都成了一张废纸。

日本投降之初,天津地区还没有专门的日本侨民管理机构,管理之责主要由天津市政府外事处和天津市警察局负责。直到1946年1月18日,天津市政府才成立了日侨管理处,主要负责日侨的调查、登记、管理、感化教育、遣返回国等工作。[1]日侨管理处由当时的天津正副市长张廷谔、杜建时分任正副处长,并下设管理组、教育组、总务组三组,负责所有的日侨遣返工作。除此之外,天津日侨归国准备会和天津日本官兵善后联络部在中国政府的监督下,也负责日侨的遣返工作。具体工作是帮助日俘日侨兑换货币、征收伙食费、管理寄存金、整理证券及移交的文件,指导侨民生活及填发各种证明文件等。

遣返日侨工作始于1945年10月,首先是遣返从其他各地来津的日侨。1945年10月20日,首批遣返回国的日侨3400人搭车赴塘沽乘船返回日本,拉开了中国战区大规模遣返工作的序幕。11

---

①胡荣华:《战后天津暨华北地区日俘日侨遣返研究》,载《近代史研究》,2008年3期。

到达天津塘沽后，日侨在等待遣返船只期间进行体育活动

月 17 日，第一艘遣返船从塘沽港起航，各地的日侨日俘陆续登船回国。本市的日侨则从 1946 年 1 月开始遣返，到 1946 年 5 月 2 日，天津本市的日侨仅剩四千余名。8 月 10 日最后一批日侨集中于南货厂，乘坐美军的一艘登陆艇和一艘医院船回国，日侨的遣返工作基本结束。遣送程序是在天津市警察局派出的督察员、特警班学员等的陪同下，来到天津市内的南货厂集中营。在接受身体、行李检查及身份核实登记后，从该处乘坐小船或货车到塘沽港。

在天津的日侨被集中在货物场、学校等各处，经过检查行李，等待坐船回国。在货物场等待期间，日侨相互配合，轮流打扫卫生，分发食品，共同维持良好的秩序。据当时等待遣返的樋口隆一回忆，他一家就集中在以前义务劳动过的野战货物厂，自带水桶到分配处领取水和食物，住了一个星期。松本正雄也回忆说，"每家周围都是行李，中间是按照人数建造的床铺"，由于仓库没有火，大家只好"拿出所有的毛巾和外套，相互偎依着取暖"。小林洋行主龟泽省朔也说："居住在两栋仓库之中，连和衣而躺的地方都没有，各自只能依靠饭团生活，虽然还没有达到蚁巢毁坏的程度，但是确实非常凄惨。"

根据当时的遣返规定，当时日侨回国准许携带的钱数为 1000 日元，物品则为盥洗具一套；毡毯（或棉花被褥）一条；短袜三双；冬季衣服三套;衬衫三件;夏季衣服一套;手提包一件;大衣一件;手提袋一件;皮鞋三双。因此,在乘坐开往塘沽的火车前,要检查日侨是否携带违禁品。一旦被查到携带违禁品,就会被没收,甚至还可能无法回国。尽管如此,当时还是有日侨想方设法携带违禁品。据近藤久义后来回忆说,"如何用能带的行李掩盖违禁品,以便将值钱的东西带回去,大家费尽心思。"近藤一家就将糖精放在一个写着英语、重有一磅的橙黄色罐子里带回国。手表则交由孩子戴着。近藤久义当时喜欢集邮,也将带有孙中山像的一角钱邮票藏在携带的字典后面封页内带回国了。经过检查没有问题后,便集体乘坐无盖货车到达塘沽港,再次换乘美军提供的舰艇回国。

四、结语

天津沦陷的八年期间,日侨的人数在不断增加,从1937年7月日本占领天津前的不到一万人,增加到1945年日本战败时的将近7万人。而在此之前的三十余年,日侨总计才增加了几千人。可见,日本占领天津,极大地吸引了日侨的到来。他们与早前来津的"埋骨族"不同,这些伴随战争而来的日侨,大多是一旗族。他们对天津没有太多感情,有的只是希望在此地淘金和获得享受。因此,他们的生活是畸形的,也是战时生活的一个反映。

他们对于如何实现日本政府所宣扬的"大东亚共荣"没有兴趣,看不起中国人,甚至对欧美人也不屑。特别是英法租界封锁时期乃至太平洋战争爆发以后,"膺惩英美",成为一个流行的口号。太平洋战争初期的胜利,更是让日侨忘乎所以。对于欧美人也轻蔑起来。

天津沦陷初期,由于战斗很快结束,大部分日侨并没有感受到太多战争的影响。但是影响还是不期而至。首先是来自日本内地和关外的日侨进入天津,打破了先前日侨所建立的社会秩序。另一方面是与中国人的关系也有了微妙的变化,尽管仍旧有很多中国人为日侨所雇佣。但是中日两国之间发生的战争,仍旧在潜移默化地影响着两国人的关系。随着国共两党在天津开展地下抗日活动和抗日杀奸团的活跃,日侨开始感觉到形势的紧张,尤其是日军封锁英法租界和1939年大洪水的到来,更是在日侨心理上带来了巨大冲击。不少日侨深感天津的变化,不少人由此而回国或迁移他地。当然,更多的日本人到来了,更加改变了昔日天津日侨社会的构成。

等到太平洋战争爆发后,天津几乎不见欧美人,天津的国际色彩日渐淡薄。加之日本国内统制政策也逐渐波及海外租界。日侨开始感受到生活的单调和无聊。此时,很多好莱坞电影已经不能看了,能看的都是宣传"皇军威武"的战争片和纪录片。粮食也开始紧张起来,尤其是1943年以后献铜献铁运动的开展,更是让日侨的生活一落千丈,完全进入一种统制生活当中。1945年8月15日日本宣布战败投降,日侨进入等待遣返的在天津的最后时光。这一时期,由于财产和物资被国民政府所接收,日侨也被集中到各个地点等待遣返。尽管蒋介石实行了"以德报怨"的宽大政策,但是日侨在津的最后一段生活仍旧是充满灰暗。当然,这一切都是日本军国主义发动侵略战争所造成的。日侨既是参与者,同时也是受害者。这就是历史的吊诡之处。

(本文是2015年9月17日至18日在天津举办的"抗战时期的中国与天津"学术研讨会交流成果)

评剧是怎么登上大雅之堂的

陈　克

　　中国的传统民间俗曲,戏曲说唱不计其数,经过长期的融合锤炼,最后形成少数大剧种。如京剧那样行当多,生旦净末丑;唱腔丰富,艺术流派多;剧目繁多。评剧于民国初年才形成,但是到了二三十年代就成了与京、梆比肩的大剧种,可谓后来居上。各方面的研究认为,评剧源于河北的地方说唱和小戏,如莲花落、蹦蹦戏、二人转、梆子戏、秧歌戏、皮影戏、什不闲等等,其间的传承关系各有说法。1915年成兆才率领庆春班第三次进天津演出时,经当时的红十字会会长吕海寰建议,改"平腔梆子"为"评剧",评剧之名由此而来。至此评剧走完了融合升华之路,登上了大城市的舞台。

　　自从清中期徽班进京以后,京剧首先成为垄断京津舞台的主流剧种,此时评剧的前身还只是些零散的小戏种。咸同年间,天津城市皇会中就有莲花落、什不闲的会档,如《天津皇会行会图》中"侯家后同乐什不闲""意善莲花落""盐坨文殊庵前妙显寸跷莲花落圣会""顺天府宛平县长乐京什不闲天后宫进香会"等,天津皇会中还有些唱腔不明的花鼓会、地秧歌等会档。天津开埠以后，城市经济日渐发展，人口不断增多，演出市场也逐渐繁荣起来。除了名气较大的四大茶园(东马路袜子胡同的"庆芳茶园"、侯家后北口路西的"协盛茶园"、北大关金华桥南的"袭胜茶园"和北门里元升园的"金声茶园")以外，为下层民众服务的演出场所也不断涌现。各地民间说唱、小戏等纷纷进津讨生活。所谓"东门贵、西门贱"，天津西门外是平民聚集的地方，也是个江湖艺人撂地演出的热闹场所。1895年7月4日《直报》："本埠西门外前一二十年生意甚廖，近年山东女大鼓书、时调小曲、神巧戏法、平讲各书无一不备。每日人山人海，直无立足之处，洵可谓之极盛。"当时清政府是禁止女优公开演出的，曾经多次驱逐外地女优出境。1896年5月15日《直报》："本埠为通商码头，茶馆码头、优伶娼妓无不利市三倍。近于端阳节前，山东又来女优数十人在各处演戏。月之十二日又在东门外某会馆，借坐搭桌。正值开演期间，经邑尊访之，派差尽数抓获。讯明后，赶即逐出境外，不准在津逗留。此亦清理地面一举也。"1898年4月29日《直报》："演唱淫词秽曲最足败坏人心，……昨西门外，有某甲率领两幼女开场演唱，围听者正兴高采烈，适该管保甲局员，亲带勇丁往为抄拿，除将甲棍责外，并一切演唱时调小曲者尽行驱逐。"说明那时当局是禁止女演员演出的。清政府还以整顿风化、禁演淫戏的名义对演出内容加以干涉。许多类似小戏班也确实在演唱淫词秽曲，1906年2月2日《大公报》："茶店口西陆河茶园内，前晚演唱和尚打茶围之淫戏。百般丑态，满口淫词。""日前，南段总局传饬各局，于初八日起，严禁各园演唱淫戏。每日于十二点钟将次日戏目定准，由本区巡警去取，送呈总局查核。倘有不合之处，两点钟适令更改，至两点后不改，方为准许演剧。序须按堂令唱法，不准装作淫态,以正风化。"不管当时对"淫戏淫词"掌握的尺度如何,肯定是针对民间演出中的低俗内容,不都是偏向大剧种的厚此薄彼。事实上,为了吸引底层观众的趣味,各地蜂拥而入的草台班子的演出,必定掺杂着庸俗下流的内容,政府对这些内容禁演亦属正当。

谈到评剧的形成必然要谈到成兆才,而成兆才的艺术生涯也离不开天津。1874年,成兆才生于滦县扒齿港镇绳各庄村,名兆才,字捷三。他自学成才登台演出,后来拜师学习'莲花落'并加入戏班成为江湖艺人。与上述的草台班子一样,进入天津北京等大城市演出,是他们生存和发展的必由之路。成兆才随戏班多次进天津演出,对他这一时期的演艺生涯缺乏文献资料,特别是前两次进津的时间和退出的情况,回忆资料说法比较模糊。成兆才第二次进津都被认定为1901年,被驱逐一般又归因于直隶总督杨士骧(有的回忆文章写成杨子骧或杨子祥),时间和人名都有误。1901年天津还在外国人的都统衙门手中,租界又扩大了许多倍,租界对民间演出的控制较松是可能的。1904年6月22日《大公报》有一则消息:"本市市情日紧,生意萧条,惟茶园则时有增添,而且客座常满。课下永平府属来一种蹦蹦戏,在各茶园共六七处演唱。装男扮女,作态极淫,大为地方风俗之害云。"这则消息说明,至少在1904年,天津还在演出蹦蹦戏,来自永平府的蹦蹦戏是东路评戏的前身,而且极有可能就是成兆才一类的戏班。当时他们演出的内容如何?有没有女演员?何时被驱逐的现在还说不清。杨士骧是1907年才接替袁世凯被任命为直隶总督的。他以"有伤风化、永干力禁"将类似戏班驱逐出天津,至少是在1907年7月以后。杨士骧酷爱京剧,而且爱唱,是个十足的戏迷。宣统元年(1909)五月,突然中风死亡,据说就是在一次宴会上引吭高唱时发生的。杨士骧崇拜京剧,鄙视民间小戏是完全可能的,再加上随后慈禧与光绪双双驾崩后的国丧期,不仅天津禁止各类演出,全国都禁止演出。从 1907 到 1909 这两三年歇业期间,成兆才当过酿酒工人、扛活、打短工,也卖过香料"荷包"、盖帘(锅盖)等。有材料说,成兆才等人聚集在滦县吴家坨张德礼家中,对拆出莲花落进行大胆改革,然后 1909 年以新的姿态出现在冀东农村。天津汉沽区志则记载,"宣统元年(1909)春,莲花落艺人成兆才、月明珠等被赶出天津,来汉沽谋生。灶首张廷惠为其置办戏箱,在张家祠堂演出,组成庆春莲花落班。主演成员有成兆才、任连会、任善庆、月明珠、张化文、余钰波、张德礼等,在汉沽演唱两年"。据汉沽文化馆的人员说,宁河档案馆存有一份租赁证明,说张廷惠为成兆才置办的戏箱、戏服都是租赁给他们的。张廷惠是汉沽寨上的盐田灶首,堂号"桐裕成"。据张家后人回忆,张家有个祠堂建于 1913 年,成兆才曾在张家祠堂排练演出,后来张家一直支持他的戏班。这里有个问题,成兆才何时开始在汉沽寨上进行演出活动的?是 1909 年还是 1913 年?他后来在唐山"永盛茶园"演出时的"庆春班"与"张廷惠庆春莲花落班"是不是一回事?不管怎么说,长芦灶首张廷惠在成兆才低谷时期资助的史实是不能被忽略的,而且张家与成兆才的关系是很深的。庆春班时期是成兆才涅槃重生的时期,他彻底改造了莲花落,吸收各路唱腔,丰富了角色,剔除了低俗的内容,吸收了河北梆子的全套伴奏乐器,订出诸如"不准夜不归宿,不准嫖娼,不准赌钱,不准打架斗殴"的班规,还起了一个"京东第一平腔梆子戏"的名称。1915 年以一个新剧种的面目重新进入天津,接受大都市的检验,结果大受欢迎。1915 年吕海寰改名是评剧诞生的结点,此后再也不称莲花落、蹦蹦戏了。成兆才的成功,一方面是表演形式的革新,另一方面也是剧目创作成功。除了把传统剧目改编成大戏外,还与时俱进创作现代题材,充分发挥了评剧通俗的特点,使评剧成为最接地气的剧种。从新政时期开始,天津就出现了话剧潮流,"警世剧"和"时装剧"方兴未艾。成兆才耳濡目染,敏锐地大胆尝试,创作了《杨三姐告状》《黑猫告状》《安重根刺伊藤博文》《枪毙驼龙》等现代剧。其中根据1918年直隶滦县高家狗庄(今属滦南县)农家女杨国华(杨三姐)不畏强权,为其二姐申冤告状的真实故事,创作的《杨三姐告状》一炮打响,常演不衰,成为成兆才的代表作。该剧的正面人物是以天津警察厅长杨以德为原型,杨以德外号"杨邦子"(早年曾做过更夫),在天津无人不知。他虽在天津做过许多恶事,但人们认为杨三姐案子是他做的唯一一件好事。这出戏在天津上演,不但市民津津乐道,杨以德也是举双手赞成。从此评剧一改被驱逐的命运,火遍津城。应当说《杨三姐告状》对评剧在城市舞台站稳脚跟起了巨大的作用。成兆才为评剧艺术奋斗了一生,至少留下了一百多部剧本。

天津是个近代兴起的大城市,随着经济的发展,各地的移民纷纷向天津聚集,同时也带来各地的民间文化。大城市是民间文化融合的熔炉,许多民间的表演形式在天津升华成为高水平的曲艺曲种如大鼓、单弦、相声等,和成熟的戏剧剧种如评剧、梆子等。天津是评剧形成的发祥地,评戏也是在天津历尽挫折脱胎换骨的。因为天津是个大舞台,有成熟的观众和巨大的演出市场。天津为评剧的升华提高,为一大批名角的产生提供了沃土。

(刊于天津市文化局内部刊物《天津文化》,2015年第5期,2015年5月,第46—48页)

清遗民词社——须社

杨传庆

辛亥革命后,天津成为众多遗老名流的聚集地,"北之津、胶,南之淞沪,殊多遗老足迹。"①特别是 1925 年初,逊帝溥仪潜至天津设立"清室驻津办事处"后,遗逸来津晋谒者更是络绎不绝,天津俨然成了遗老们情之所向、心之所系之地。寓居津门的大佬寓公,往往身份较高,又与政治多有瓜葛,并且擅长诗词创作。因此,这一时期津门吟坛觞咏不断,结社之风颇盛。在遗民文人所结社团中,郭则沄(字蛰云,号啸麓)为领袖的须社是最具代表性的一个。

一、须社概略

(一)须社前身是冰社

须社是清遗民文人创立的最为纯粹的一个词社,而其前身却

---

① 陈灌一著:《睇向斋秘录》,中华书局 2007 年版,第 150 页。

是诗社——冰社。关于冰社的记述不多,通过散见文献的点滴记载,尚可粗知其貌。[①]郭则沄《洞灵小志》记:"曩与沽上流人结冰社,每酒罢剧谈。"[②]郭氏友人许钟璐为其所撰《墓表》也说他"在天津,结冰社、须社、俦社。"[③]可见,冰社在须社之前。郭则沄有《冰社初集追怀浪公》一诗,有云:"社寒名亦寒,名者惟李子。"[④]诗中提到的李子(浪公)是冰社另一位重要人物李放。李放(1887—1926),字无放,又字小石,号浪公、词龛,直隶义州人(今河北易县)。李放曾任清政府度支部员外郎,辛亥后,隐居不仕,他是郭则沄退离宦海后在天津结识的挚友。从郭诗可知,冰社之名为李放所命。郭则沄又记云:"乙丑丙寅间,冰社同人恒过李小石词龛夜话"。[⑤]由此可知,冰社早在乙丑(1925 年)就已结社,李放宅是集会的主要场所。李放去世后,社友周学渊有《金缕曲》(题朱鸟庵旧藏万树凤砚)词云"恨冰社光阴如幻",并注云:"小石在时,集冰社为消寒之饮,酬唱甚盛。"[⑥]不难看出,流寓津门的遗老文人们在冰社之中唱和颇盛。郭则沄之父郭曾炘《邴庐日记》"丁卯正月十五日"记云:

> 晚,冰社会期,憺仲为主,就栩楼设席,到者为白栗斋、查峻臣、叶文泉、周立之、李.又尘、李子申、林子有、郭侗伯、徐芷

---

①昝圣骞先生较早提及"冰社",颇多文献发掘之功。昝圣骞:《晚清民初词人郭则沄研究》,南京师范大学 2011 年硕士论文。

②郭则沄:《洞灵小志》,民国甲戌(1934)蛰园刻本。

③卞孝萱、唐文权编:《辛亥人物碑传集》,团结出版社 1991 年版,第 783 页。

④郭则沄:《龙顾山房诗集》,民国戊辰(1928)栩楼刊本。

⑤郭则沄:《清词玉屑》,朱崇才编:《词话丛编·续编》,人民文学出版社 2010 年版,第 2796 页。

⑥《烟沽渔唱》,须社 1933 年刻本。

升、任仲文。社中每会皆拈题分韵,是日即以上元雅集为题,余分得"桥"字。①

可知,冰社社员有郭曾炘、胡嗣瑗(号愔仲)、白廷夔(字栗斋)、查尔崇(字峻臣)、叶文樵(字文泉)、周学渊(字立之)、李书勋(字又尘)、李孺(字子申)、林葆恒(字子有)、郭宗熙(字侗伯)、徐沅(字芷升)等人,社集活动为拈题分韵作诗。

后来,冰社由诗社逐渐转向了词社,郭则沄在杨寿枬《鸳摩馆词钞序》中说:"及旅沽上,结冰社,仍沉酣于诗。久之,乃改作长短句。"②在由课诗改向课词的过程中,李放起到了促进作用。郭则沄说:"小石屡劝余填词,逡巡未敢试也。"③对于冰社从诗社转为词社的时间,《邴庐日记》戊辰(1928 年)七月"初七日"记云:"是日为冰社会期,冰社同人近改为填词之会,来者有侗伯、峻丞、琴初、栗斋、芷升、立之、叔掖、子有、又尘诸君,以戊辰七夕拈题。"④由须社社集《烟沽渔唱》可知,戊辰七夕为须社(此时实应称冰社)第五集,据一旬一课的社集制度,则冰社作为纯粹词社的第一次社集当在 1928 年农历五月末。

在成为纯粹词社之后,冰社之名继续沿用。冰社社员林葆恒有《芳草渡》(用清真韵寄怀冰社诸君子)一词,此词载《沤社词钞》1930 年十月第二集(林此年加入上海沤社),可知到了 1930 年秋

---

①郭曾炘:《邴庐日记》,李德龙、俞冰主编:《历代日记丛钞(第 183 册)》,学苑出版社 2006 年版。

②杨寿枬:《鸳摩馆词钞》,云在山房类稿本。

③郭则沄:《清词玉屑》,朱崇才编:《词话丛编·续编》,人民文学出版社 2010 年版,第 2873 页。

④郭曾炘:《邴庐日记》,李德龙、俞冰主编:《历代日记丛钞(第 183 册)》,学苑出版社 2006 年版。

天,词社的名字仍是冰社。这也与袁思亮《冰社词选序》所记时间吻合,他说冰社:"起丁卯夏,讫庚午秋,凡三年,得集盈百,社友颇有以事散之四方者,沤社遂起而继之矣。于是朱彊村侍郎与闿枝翰林选其词之尤工者如干阕,郭君啸麓为印而存之,名之曰《冰社词选》。"①可见至庚午(1930年)秋社作行将结集时仍用冰社之名,并且初拟词社作品集名为《冰社词选》,而非《烟沽渔唱》。因此,冰社更名为须社的时间必在1930年秋季之后。如此看来,须社作为词社名存在的时间也就半年有余。至于为何郭则沄等人要将"冰社"改名为"须社",未见有文字解释,或许是他们欲隐藏眷念故国的"一片冰心",故而代之以须髯皆白的形象。

(二)须社社员、社集、结社始末

1933年,郭则沄将须社唱酬词作结集为《烟沽渔唱》付梓行世。《烟沽渔唱》分七卷,前五卷为须社百次社集词,后二卷为《集外词》,亦是须社社员平时唱和之作。《烟沽渔唱》前列须社社友名单,其中"须社词侣"二十人,他们是:陈恩澍、查尔崇、李孺、章钰、周登皥、白廷夔、杨寿枬、林葆恒、王承垣、郭宗熙、徐沅、陈实铭、周学渊、许钟璐、胡嗣瑗、陈曾寿、李书勋、郭则沄、唐兰、周伟。社长是郭则沄,徐沅说:"啸麓提点词盟",许钟璐也说:"蛰云社长,结珮众芳,扶轮大雅。"②另有"社外词侣"十三人。他们是:陈宝琛、樊增祥、夏孙桐、陈懋鼎、陈毅、高德馨、邵章、夏敬观、姚鼏素、万承栻、袁思亮、钟刚中、黄孝纾。须社词侣并无津籍人士,社员来自不同的地

---

①袁思亮:《蓑庵文集》,沈云龙主编:《近代中国史料丛刊续编(第二十一辑)》,文海出版社1974—1982。
②《烟沽渔唱》,须社1933年刻本。

域,所以郭则沄说:"须社词侣,等是流人,戢羽云津"。[1]而社外词侣则一般都不在天津,有时路过津门,偶尔与社,大多则邮递词作参与唱酬。

关于须社的社集方式,袁思亮云:"须社社友都二十人,皆工倚声,月三集,限调与题。"[2]陈曾寿记云:"须社者,天津流人文士所设立,月再三集,集则拈题限调。"[3]周学渊也忆云:"余昔年从张园诸老及旧好查、郭成词社,一句一课,百课即止。"[4]可知须社词侣每旬社集一次,每月三集,共集百次。不难看出,在郭则沄的维持下,须社的社集频繁而稳定。须社社集日期不少都定在传统节日,如人日、元夕、花朝、上巳、寒食、清明、七夕、中秋、重九、立冬、除夕等,另外如题图、题画、社友聚散也是雅集缘由。须社社集地点经常是社友的宅第,如郭则沄的栩楼、白廷夔的冰丝盦、林葆恒的飞翠轩、郭宗熙的栖白廎、杨寿枏的云在山房、陈曾寿的苍虬阁、李书勋的水香簃等。室外社集点则有水西庄、乾隆柳墅行宫、李园、八里台、西湖别墅等。

前文已言,须社作为词社,第一次正式社集在戊辰年(1928)五月末。其最后一次结集则在辛未年(1931)五月。另外,杨寿枏有《须社百集觞客小启》一文,详细记述了须社最后一集的情况。

是日会者客五人:闽侯陈弢庵宝琛、天门陈止存恩澍、宁海章一山梫、常熟言仲远敦源、闽侯何寿芬启椿。主十二人:遵化李子申孺、长洲章式之钰、闽侯周熙民登皞、无锡杨味云寿

---

①《烟沽渔唱》,须社 1933 年刻本。
②《烟沽渔唱》,须社 1933 年刻本。
③陈曾寿:《听水斋词序》,陈宝琛:《听水斋词》民国刻本。
④章用秀:《记天津梦碧词社》,《天津文学史料》,1986 年第 1 期。

栴、吴县徐芷升沅、秋浦周立之学渊、贵阳胡晴初嗣瑗、天门陈
仁先曾寿、济宁许佩丞锺璐、闽侯郭啸麓则沄、宜兴李又尘书
勋、黄陂周君适伟。社友他适者四人：长沙郭侗伯宗熙、闽侯林
子有葆恒、保定王叔披承垣、商邱陈葆生实铭。社友已逝者二
人：宛平查峻丞尔崇、白栗斋廷夒。①

可知最后一次社集的地点是杨寿栴的云在山房,时间是辛未(1931
年)五月十二日,须社词侣二十人中有十三人出席,五人离开天津,
(唐兰于1930年也离津)二人离世。百集之后,随着社友的星散,须
社最终完结。

二、须社唱酬及其标榜"汐社"之因

须社由流寓津门的遗民文人倡立,自然它的性质是遗民词社。
须社社员对词社身份的认识非常明确,这表现在将须社视作"汐
社"上。"汐社"是南宋谢翱、林景熙、方凤等人元后结成的诗社,谢、
林等人在唱酬中抒发了遗民的亡国悲思,体现了忠于故国的节烈
之行。"汐社"遗民也因此成为后世遗民追慕标榜的对象。就须社而
言,多人将其比作"汐社",如郭则沄说须社有"汐社之遗风",章钰
词有云"汐社逍遥人莫怪","那觅新亭,权呼汐社,来踏啼鹃血"。周
学渊词中云"同怜汐社憔悴",徐沅《满庭芳》词云"殊乡联汐社"。②
杨寿栴也说:"余与君云津遁迹,汐社论交。"③徐沅《龙顾山房诗余

①杨寿栴:《辛庵词序》,《思冲斋骈体文钞》,云在山房类稿本。
②《烟沽渔唱》,须社1933年刻本。
③许钟璐:《辛庵词》,民国刻本。

序》云与郭则沄"相与箓遯云津,寓声汐社。"①须社诸人将其结社唱酬看作"汐社"再现,他们的身份也确与谢翱、林景熙等相同,是纯粹的遗民。正如杨寿枬所说:"红桥高宴,半属遗民;清溪胜游,大都流寓。"②须社成员除唐兰(1901—1979)和周伟(生年不详)外,大多在清朝取得过功名甚至出仕为官,因此多具遗民之志。

须社社长郭则沄是一个具有浓厚遗民情结之人,许钟璐为其所作《墓表》称辛亥鼎革后,郭父对其云:"国体虽变,天下事未可知,汝年尚可为,当忍辱负重,以匡王室,此狄梁公所以策唐也。"在许看来,郭则沄担任民国政府官职,有匡复之意。许钟璐又赞其"坚守初衷,百折而不变",终生"以君恩亲命终无以报,引为遗恨"。③许氏所言并非虚夸,郭则沄为溥仪被赶出紫禁城痛心呼号,溥仪在张园设立"清室驻津办事处"后,郭则沄与其父郭曾炘更是张园常客。1928年7月7日,乾隆裕陵、慈禧定东陵被盗后,郭则沄与其父随溥仪和众多遗老在张园朝夕祭奠。④郭则沄又编有《十朝诗乘》《清词玉屑》等,通过对清朝文献掌故的辑录,寄托对故国的情思。其他如章钰"遗命以故国衣冠服敛"。⑤陈曾寿参与张勋复辟,曾任婉容之师,后来又任满洲国内廷局局长。郭宗熙曾出任溥仪满洲国尚书府第一任大臣。胡嗣瑗1917年参与张勋复辟,出任内阁左臣,1922年溥仪赏其"紫禁城内骑马",1925年溥仪命其为天津"行在办事

①郭则沄:《龙顾山房诗余》,民国戊辰(1928)刻本。
②《烟沽渔唱》,须社1933年刻本。
③卞孝萱、唐文权编:《辛亥人物碑传集》,团结出版社1991年版,第783—784页。
④郭曾炘:《邴庐日记》,李德龙、俞冰主编:《历代日记丛钞(第183册)》,学苑出版社2006年版。
⑤袁思亮:《蘉庵文集》,沈云龙主编:《近代中国史料丛刊续编(第二十一辑)》,文海出版社1974—1982年,第2000页。

处"顾问兼摄总务,后随溥仪至东北任满洲国执政府秘书处长。社外词侣如陈毅、万承栻曾参与张勋复辟,帝师陈宝琛、夏敬观、夏孙桐、袁思亮等都是当时的遗老名流。正是在这个意义上,胡平生《民国初期的复辟派》一书将天津须社与上海淞社、希社、超社,北京的钵社一起定位为亡清遗老的文社。①

(一)须社唱酬——浓郁的遗民情结

须社词侣的遗民身份决定了社集唱酬中浓郁遗民情结,正如龙榆生所言:"鼎革以还,遗民流寓于津沪间,又恒借填词以抒其黍离麦秀之感,词心之酝酿,突过前贤。"②据《烟沽渔唱》,须社作词达一千余阕,黍离麦秀之思是词作的主题。他们感慨沧桑国变,追忆昔时岁月,寄托故国哀思。如第五十八集《清平乐》(上元灯词)即是一例:

> 上元良夜。一刻千金价。有约踏灯同去也。簾外春寒休怕。
> 天街宝马香车。当年风物堪夸。冷落而今水部,梦中曾到东华。(李孺)

> 飘珠结翠。夹道香尘起。万点春灯如梦里。艳斗红莲秋水。
> 白头作客天涯。鳌山回首东华。今夕传杯何处,镜屏冷伴梅花。(周学渊)

> 铜街夜迥。踏遍金鬼影。摇梦红莲风不定。一枕春醒吹醒。
> 白头还对鳌山。人间换尽雕阑。片片粉蛾飞断,十三楼上新寒。(郭则沄)

关于此次须社同人赋上元灯词,郭则沄在《清词玉屑》中再次提及,

---

① 胡平生:《民国初期的复辟派》,台湾学生书局 1985 年版,第 56 页。
② 龙榆生:《晚近词风之转变》,《同声月刊》,第一卷第四号(1941 年),第 65 页。

他说:"官曹胥吏,每乘新岁,于衙署前大张春灯,以工部为最。制皆纱绢,巧施彩绘。余幼时尤见之。曩与须社同人赋上元灯词,限《清平乐》调。"他还特意点出"其时朝野清晏,士大夫家恒于是夕张灯猜谜,以笔墨笺楮为酬。灯影中,三五少年,负手微哦,亦饶有风味。"郭则沄和同人们在上元之时陷入了对同光时京师大张春灯,繁华热闹的场景的追忆,然而这一切都成过眼烟云,人间已换,冷落飘零。所以他发出了"梦华影事,转眼皆非"的悲叹,"经眼承平,渺如说梦,惘然而已。"①

须社社集作词以咏物为主,所咏有承载遗民情结的典型之物——冬青、忠樟、蟹和蝉,最多的则是秋蝶、秋草、秋柳、秋水、秋声、夕阳、寒鸦、寒衣、寒钟、残荷、落叶、破砚、残棋、烛、雁、冬柳等残败之物。这些残破之物无不勾起他们对残破河山的忧虑,寄托了他们的憔悴伤心以及对国变乱局的深深哀感。如第七十七集《壶中天》(咏残棋),郭则沄词:

> 几番柯烂,叹纵横黑白,无多残子。赌取宣城无好手,两字全输而已。蚁阵桓桓,蜂笼叱叱,劫后须料理。吴图重复,棘门元是儿戏。闻道旧日,长安侧楸,重整朝暮看悬帜。破碎河山收局否,丘貉纷纷空计。鹦鹉凭呼狻猊,待乞箸雨秋灯里。却占星象,敛秤还望佳气。

此词陈宝琛和作下片有云:"兀自坐烂樵柯,神州累卵,眼看全盘错。大好河山供打劫,试较是非今昨。"军阀混战造成了国家破碎动荡,须社词人对濒于毁亡的大地神州的未来命运充满了忧虑。这种

---

① 郭则沄:《清词玉屑》,朱崇才编:《词话丛编·续编》,人民文学出版社 2010 年版,第2799—2800 页。

忧虑在他们的词中频现,如第四十二集《桂枝香》咏月饼,查尔崇云:"曾认团圞大好河山影,怕妖蟆容易窥近。"周学渊云:"剩留故国山河影,痛孀娥味甘凄怨。"郭则沄云:"碎写山河影,怕琼肌新染铅泪。"第四十八集《疏影》咏影,杨寿枏云:"更那堪破碎山河看,共玉蟾圆缺。"山河破碎,战乱频仍,无人能收拾残局。他们对战争不满,对现实失望,对太平世界则充满向往。如第四十三集《湘月》,周学渊云"眼底竟无干净土";林葆恒《罗敷媚》词云"如此江山百可哀";第四十六集《龙山会》(九日集云山房),林葆恒云:"酒行后,应念万方多难";第五十一集《百字令》,胡嗣瑗云:"故园何许,恁兵戈连岁,浮家天末。"唐兰《满庭芳》云:"问天下何日澄清"。不难看出,须社遗民并非远离了现实,他们对时局极为关注,而对社会现实的不满又加重了他们的故国的追思与哀念。他们的词罕见"烟沽渔唱"中潇洒的山林之趣,从这个角度看,须社唱酬集《烟沽渔唱》之名与其浓郁的遗民情结可谓名不副实。

(二)须社标榜"汐社"之因

须社以"汐社"相标榜,借集社唱酬抒发浓郁的遗民情感,寄托对故国的怀念,他们的言行与情感自然会受到宋明遗民忠孝节义观念的影响。但是,须社词侣中不少人在民国甫立之时积极投身官场,并未对新政权有所反抗与不合作。例如郭则沄曾历任民国北洋政府铨叙局局长、国务院秘书长、侨务局总裁等职;杨寿枏曾任财政部次长兼盐务署署长;郭宗熙曾任民国吉林省省长;李书勋曾任天津海关监督;林葆恒曾留学哥伦比亚大学,民国后任驻菲律宾副领事。可见,辛亥鼎革时,易代之际的忠义观念并未在他们身上有强烈的体现。那为何会在1930年前后流露出如许多的遗民悲慨呢?袁思亮《烟沽渔唱序》云:

> 世异变,士大夫所学于古无所用,州郡乡里害兵旅盗贼,
> 不得食垄亩、栖山林,群居大都名城为流人。穷愁无憀,相呴濡
> 以文酒。……天津之有须社,上海之有沤社,胥此志也,而须社
> 为之先。①

从袁序可知须社结集之因:于世无用,苦于军阀混战,精神上穷愁
苦闷。这群在现实中无所作为之人,将要在何处安放自己的心灵,
他们一致的指向是回到故国中去。也就是说"穷愁"的处境,对他们
往回看产生了重要影响。为什么在这一时期他们对"穷"有如此深
切的感受而不是辛亥国变之时呢?徐沅在《烟沽渔唱序》中说:"戊、
己以还,沧流兹苦。一时寓公侨客播迁,栖屑局促于海津一隅。咸有
潜虬尺水,负蠜荒厓之慨。"②戊、己指戊辰(1928 年)、己巳(1929
年),所谓"沧流兹苦"指的是蒋介石与各路军阀之间的混战给民生
带来的巨大灾难。1928 年 6 月,蒋介石宣布成为南京国民政府主
席,年底张学良"东北易帜",国民政府宣告统一全国。对于众多遗
老而言,北洋政府可以与他们很好地兼容,须社诸人出仕为官即为
明证。而到了戊、己之时,须社词侣寄身的北洋政府的灭亡,造成了
他们再一次的身心动荡。特别是 1928 年孙殿英盗掘东陵之后,溥
仪小朝廷"复辟、复仇的思想""达到了一个新的顶峰",他们更是对
蒋介石政府充满了仇恨。③这是须社结集的最为现实的因素。而徐
沅"潜虬尺水"一语,又让人看到了尽管须社诸人局促海津,却依然
渴望有所作为之心。只是现实处境是如此之"穷",唯有于倚声唱酬
中发泄苦闷,追思故国。袁思亮说:

---

① 《烟沽渔唱》,须社 1933 年刻本。
② 《烟沽渔唱》,须社 1933 年刻本。
③ 溥仪:《我的前半生》,群众出版社 1983 年版,第 230—231 页。

嗟乎,苦其心,范其才,束缚于声律,壮夫笑之,等诸俳优,
徒蕲竦夫一二知者,玩其辞,悲伤其意。吾曹之遇可谓穷矣。虽
然水深火热,嚬呻满国中,而吾曹犹获从容觞咏以自适其志。
世每况而愈下,后之人读斯集者,且穆然想像其流风而欣羡慨
慕以为不可复得乎? 然则吾曹之遇固犹未为穷也欤?①

可以说,袁序道出了须社之苦心与存在的窘境。须社的唱酬会招致
壮夫耻笑,特别是在国家水深火热、民不聊生之时,这样的"从容觞
咏"是多么不合时宜! 但这一切都是遇"穷"的结果,须社的唱酬是
深藏苦心的无奈之举。

诚然,须社词侣以词人身份唱咏确有不得已处,如郭曾炘记郭
宗熙时曾说:"民国初年,迭任东三省要职,一为吉林省长,当时用
人尚未大悖也。"②可见与民国初年相比,他们在仕途上陷入窘境,
适于他们生存的土壤所剩无几。曹秉章在为郭则沄诗集作序时说:

忆与君同客辽幕,遍历白山黑水间,君呵冻笔草檄立就,
纵谈边事如指掌,豪迈不可一世。……宜若可乘时得位,大有
为于世,而岂诗人也哉? 国变后……比君居沽上,主坛坫,论君
者必曰诗人……嗟呼! 此岂君之初志, 抑岂吾之所期于君者
哉? ……世变日亟,吾侪夙昔所期,殆不可复遂,蛰云其安于诗
人可耳。③

"豪迈不可一世",渴望大有作为的郭则沄最终只落得"诗人"之名,
这让其友感慨万端。"诗人"既非其"初志",亦非他人"所期",在"世
变日亟"的处境之下,除"安于诗人"外,别无他途,但是他们的心是

①《烟沽渔唱》,须社 1933 年刻本。
②郭则沄:《龙顾山房诗集》,民国戊辰(1928)栩楼刊本。
③郭曾炘:《邴庐日记》,李德龙、俞冰主编:《历代日记丛钞(第 183 册)》,学苑出版社 2006 年版。

不"不安于诗人"的。郭则沄《满江红》(放歌和息庵)词云:

> 萧瑟金台,浑不信、斜阳犹昨。更莫恨,江淹才尽,匡衡名
> 薄。世事大都如说梦,人生第一须行乐。看酒杯、倒泻似黄河,
> 从天落。棋局换,谁高着。吟社散,空前约。望苍茫陵阙,云垂
> 烟错。如此江山巢幕燕,何为富贵乘轩鹤。只尊前、咄咄次公
> 狂,无多酌。

"巢幕燕"之典来自《左传》,燕筑巢于帷幕之上,可想处境凶险。"乘
鹤轩"亦来自《左传》,卫懿公好鹤,鹤亦乘轩,无功之人攫取利禄。在
郭则沄眼中,时局动荡,江山危殆如幕上燕巢。面对如此江山,无功
受禄之人却很多,而欲有为者却无所作为,正如周学渊所说"如此江
山供涕泪,闲煞新亭才杰。"世事如梦,只能借酒行乐销忧,"才杰"之
"闲"充满了无奈与愤激。"穷"的处境,对须社词侣心灵指向故国产
生了重要影响,这群穷途末路之人在如此情境下,选择了"汐社"似
的唱酬,向过去追溯自我的存在,尽情抒发对故国的哀念。

三、须社之词学旨趣

清季民国之时,常州词派比兴寄托思想深入人心,"海内倚声
家,莫不沾溉余馥"。[1]自然,须社的词学思想也深受其影响,如徐沅
云:"固知诗词同源,皆足以继三百篇之旨,非小道也。"[2]"词惟小
道,原于《诗》之比兴讽刺。"[3]词非小道,可寄托幽微深渺之情,所以
须社词人首选词作为情感的载体。正如徐沅所说:"辛亥变后,世事

①龙沐勋:《论常州词派》,《同声月刊》第一卷第十号(1941),第1页。
②徐沅:《濂溪渔唱序》,林葆恒:《濂溪渔唱》,民国刻本。
③郭则沄:《龙顾山房诗余》,民国戊辰(1928)刻本。

益奇，身世家国之感，诗所不毕达者，惟长短句足以写之。”[①]作为常州词派的余绪，身处特殊情境下的须社词人在词学旨趣上又有自己的独特之处。

(一)远尊南宋

与之前的常州词派词学思想相比，须社词人对南宋词的尊崇达到了一个新高度。郭则沄为林葆恒所辑《词综补遗》作序时说：

> 余维词学肇于五代，而盛于南宋，其托旨也类广骚，其抗声也类变雅，盖乱世之余音也。南宋词人，骋妍斗绮，咸有寄托，白石低徊于清角，青兕悱恻于危阑，梦窗怊怅于愁鱼，玉田流连于剩水，探喉有忌，触感无端，独茧丝殚，五噫歌苦。[②]

郭则沄认为南宋词是乱世之音，托旨抗声类乎骚雅，词中寄托了家国情怀，因此词“盛于南宋”，还特意拈出了白石、稼轩、梦窗、玉田四家作为词史代表。与郭则沄南宋词盛的观点一致，许钟璐《烟沽渔唱序》说：“溯自乐府寖微，词学代起，南唐擅其绮靡，北宋衍以清妍，洎及临安，益臻绝诣。……岂不以涉兴者易尽，而赋愁者多工欤？”[③]他认为南宋词在前代基础上“益臻绝诣”，达到了词史巅峰。而他做出这一判断的理由就是南宋词多写穷愁之情，意味深厚。此可谓“词穷而后工”之论。而据“穷”之程度，须社词人又格外注重南宋末年遗民之词，徐沅说：“盖王、唐诸彦，生于板荡，俯仰身世，所怀万端，危苦烦乱之情郁不自达者，悉于令慢发之。托体虽小，寄慨则深。……吾人今日所遭，其亦天水之末造例矣。”[④]“玉田、碧山诸

---

①徐沅：《瀼溪渔唱序》，林葆恒：《瀼溪渔唱》，民国刻本。

②林葆恒编、张璋整理：《词综补遗》，上海古籍出版社 2005 年版，第 3 页。

③《烟沽渔唱》，须社 1933 年刻本。

④《烟沽渔唱》，须社 1933 年刻本。

家,行迈苍凉,倚歌见志,世以为直接骚雅,良不虚也。"①王沂孙、张炎、唐珏等南宋遗民词人的结社吟唱是借词抒发国家灭亡之悲,个人流离之苦,他们的词哀叹时事,寄托深厚,蕴藏忠于故国的情怀。须社诸人今日所遭与宋季前贤一样,所以玉田、碧山就是他们的榜样。如徐沅评骘郭则沄词云:"始怳然于身世所际,若玉田之万花吹泪,一叶飘零;碧山之病翼惊秋,枯形阅世者,适承之矣。"他在论及须社唱和时又云:"虽未必声声归宫,字字协律,而忧生念乱,讬旨缪悠,迹之宋末社事,其义一也。"②

须社词人对词史的认识是缘于特定的政治背景,为表达特定的情感诉求而做出的,显然是非理性的。郭则沄《词综补遗序》说:

> 吾辈心恫物变,遇迫陆沉,追日情孤,攀天泪尽,谷换陵移之感,兰衰蕙变之忧,以视前贤,殆又过之。君以秦川之公子,为永嘉之流人,漂泊类于王尼,萧瑟同于庾信。曩尝与余共结须社、沤社,近又续举瓶社,皆主于词者也。家国之悲,郁乎莫语,而自托于填词。③

对于须社词人来说,词是寄托亡国之悲,慰藉精神苦痛的工具。他们如此推尊南宋词,正是因为他们的遭际与宋末词人有相似之处,可谓同病相怜,故引为同调,大加褒奖,其目的也是为"吾辈"以填词寄托家国之悲寻找历史依据。

(二)近师彊村、大鹤

须社词人推尊南宋,在词史上为自己找到了一个遥相呼应的"同党"之后,他们又在当代词坛上找到了两位导师:彊村(朱祖谋)

---

①林葆恒编、张璋整理:《词综补遗》,第1页。
②《烟沽渔唱》,须社1933年刻本。
③林葆恒编、张璋整理:《词综补遗》,第3—4页。

与大鹤(郑文焯)。朱祖谋为民初词坛领袖,影响巨大。对朱祖谋清季以来的创作,须社词人给予了很高评价,许钟璐在描述清代词史时认为清词至王鹏运、朱祖谋,愈来愈工,超过王士禛、陈维崧、朱彝尊、厉鹗。郭则沄则说:"庚子之变,半塘、彊村诸老,积其羁感,发为秋词,意气见于骚盟,涕泪溢于诗史,而砥课既密,声律渐严,深究四声,高探两宋。"①在郭看来,半塘、彊村逢庚子巨变,涕泪唱和,忧虑国事,其词足当诗史,是南宋之后词体文学的又一高峰。所以,须社以彊村为导师是必然之事,他们在社集时屡依彊村韵唱和,唱酬词作结集时,郭则沄又倩彊村选定词作。彊村去世后,郭则沄作《水龙吟·挽彊村词丈》有云:"承明先辈,风华绝代,飘零如许。""海内清才有数。叹沧波、沤盟谁主。"②对词坛盟主的离去表达了极大的遗憾与悲苦。

彊村之外,须社词人推崇的另一位词家是郑文焯,郑氏清亡后号"樵风遗老""樵风逸民",是忠于清廷的著名遗民。徐沅《词综补遗序》说:

> 辛亥变后,诗道益穷,樵风、彊村诸家,尤工变徵,乃以扈芷握荃之致,寓苕华黍离之悲,盖世于是为陆沉,词于是为后劲焉。近三十年作者云起,挈其旨趣,要不出乎文、朱二家。③

作为满洲旗人,亲历清季乱局的郑文焯在晚年词中集中表达了他对清廷衰亡的忧虑与哀思。郑文焯将其末年词集命名为《苕华诗余》,取名来自《诗经》《小雅·苕之华》,以"君子伤周室之将亡"寄寓自己对清室将亡的哀悯,并云"忧生念乱,所遇更有哀于苕华之诗

①林葆恒编、张璋整理:《词综补遗》,第3页。
②郭则沄:《龙顾山房诗余》,民国戊辰(1928)刻本。
③林葆恒编、张璋整理:《词综补遗》,第2页。

人"。①至其亡国后之作,更是充满了对清王朝的眷念,正如蔡嵩云所言,大鹤"辛亥以后诸慢词,长歌当哭,不知是声是泪是血,殆所谓亡国之音哀以思欤?"②据徐序可知,大鹤与彊村寄托"苕华黍离之悲"的词作对清季民初词坛,尤其是须社遗民词人的创作,产生了深刻影响。

须社酬唱(1928—1931)之时,新文学正如火如荼,一直以来我们都忽略了他们的存在,或有意,或无意,有意忽略它的原因自然是他们的政治立场和"耻辱"的遗老身份。但是如果我们走进他们所处的战乱、动荡、无序、无可为的历史情境,可能对他们的立场与情感会有所理解。作为一个特殊的存在,须社这一清朝遗民文人群体的唱酬是民国文学史不应缺少的考察对象;这样的与新文学并生的旧文学,也展示了民国时期传统文人的别样心态。

(刊于《北京社会科学》,2015 年第 2 期,第 34—40 页)

---

①郑文焯:《苕雅》稿本,国家图书馆藏。
②蔡桢:《柯亭词论》,唐圭璋编:《词话丛编》,中华书局 1986 年版,第 4914 页。

万壑千岩变态生

——浅谈天津地方文化研究中的几组对立概念

王振良

天津地方文化(以下简称"天津文化")的研究,最近五年来呈现出蓬勃发展的势头,相关研究机构不断涌现,发表和出版了大量成果。然而,对天津文化研究的整体思考,有关探讨还相对缺乏。2011年,笔者有幸参与《中国地域文化通览·天津卷》的学术框架设计,涉及天津文化研究中的不少基础性范畴,并促使笔者将它们联系起来考量与整合。今择取笔者认为最重要的七组对立概念,同时将与之关联的问题和浅陋的思考罗列出来(不是解决),希望能对相关研究有些微启示,或可抓住天津文化发展起承转合之根脉。

第一组概念——山与水

这是笔者选择过程中最为纠结的一组概念。天津的山只存在于蓟县,而其与天津建立行政统属关系,还是最近四十多年的事。

津蓟之间虽然不能说没有文化交流，但的确是十分有限——在绝大部分历史进程中，两地因自然地理环境的差异，都各自处在独立发展的位置上。

但是，考虑到现在行政区划上的关系，不论从哪个角度研究天津文化，都必须要有蓟县的存在，如此才能促进文化的相互认知，从而强化蓟县对天津的心理归属感。2014年《中国地域文化通览·天津卷》的出版，已从理论上大体解决了这个问题。著名考古学家陈雍先生，站在当代大天津的视角，提出天津历史"万千百"的概念，即万年以上的人文史，千年左右的城市史，将近百年的近代史。①根据考古发掘成果，距今一万年以前，蓟县北部山区和山前丘陵地带，已有丰富的旧石器文化遗存，其中东营坊遗址的绝对年代距今超过4.35万年②。天津的城市史，可追溯到战国的无终古城（在今蓟县），秦汉的泉州古城（在今武清）、东平舒古城（在今静海）和雍奴古城（在今宝坻），建城时间距今都在两千年以上。③即以天津城区而论，自金代设直沽寨算起，历史也超过了八百年。1840年起，两次鸦片战争虽然均已波及天津，但天津城市真正发生深刻变化，仍须以1860年开埠为节点，此后近百年间，天津舞台上几乎承载了所有影响中国近代历史进程的重大事件，以至出现"近代百年看天津"的说法。

陈雍先生还提出天津文化从山区到平原、从陆地到海洋的两

---

① 参见张炳学、刘志永主编：《中国地域文化通览·天津卷》，中华书局2014年版，第5—8页。
② 盛立双编著：《初耕集：天津蓟县旧石器考古发现与研究》，天津古籍出版社2014年版，第14页。
③ 参见郭蕴静主编：《天津古代城市发展史》，天津古籍出版社1989年版，第31—34、43—44页。

大演进趋势①，这也印证了山和水两大概念对天津文化研究的重要。站在人文历史的角度看，从山区到平原主要是史前时期原始文化的推移，从陆地到海洋主要是历史时期古代文化的发展。站在地质历史的角度看，自然界的环境陵迁给天津留下两大世界性遗产——蓟县的中上元古界地质剖面和滨海的数道贝壳堤（原始海岸线），这是两部独一无二的"大地史书"，正好也是一山一水，堪作天津自然文化的有趣注脚。

关于这组概念，笔者最早的选择是河与海，根本就没有山的事，实际上说明了水之于天津文化的重要。天津地处九河下梢，白河之津，渤海之滨，河与海都涉及水，可以说是"水"培育了天津文化。天津地名的亲水性在北方十分突出，如沽、港(jiǎng)、塘、洼、淀、口、汀、滩、嘴、圈、垡、坨、堼，无论是水是土，其得名实质都缘自水。华北平原的水系变迁，不但改变了天津的地形地貌，对人文历史的塑造也影响深远，直接导引了天津文化的发展走向。因水而兴的漕运(河运与海运)，为天津成为工商重镇奠定了基础。由水直接派生的则有渔业和盐业，这是天津地区经济发展原初阶段的两大支柱。

天津文化从陆地到海洋的演进趋势，自古迄今就从未停止过。随着海岸线的逐步东移，海河的入海口也从泥沽、军粮城推进到塘

---

① 2010年6月，在天津市文史研究馆、天津市建筑遗产保护志愿者团队和天津市言语学会联合举办的李世瑜社会历史学学术讨论会上，陈雍先生作了题为《10—0.2kaBP天津地区人地关系——从李世瑜先生渤海湾西岸调查说开来》的学术报告，报告中陈先生提出天津文化从山区到平原、从陆地到海洋的两大演进趋势。报告提纲刊于天津市建筑遗产保护志愿者团队编《瞻望穿月斋——李世瑜社会历史学学术讨论会纪念集》(《天津记忆》第67期，2010年12月5日印行)，可惜提纲过于简明，未能明确这些重要观点。

沽和大沽。晚清民国时期天津港从河港向海港的转化,民国以降滨海地区海洋化工的崛起乃至近年海洋产业发展战略的提出,新中国成立之后持续的填海造地以及现今临港工业区、南港工业区和天津自由贸易试验区的创建,甚至 2009 年滨海新区作为独立行政区的正式设立,其实都是这一发展趋势的直接证明或结果。

河海概念的合并,以及山的概念之引入,是学界对天津文化认知日益深化的产物,它不仅是空间上的横向拓展,更是时间上的纵向延伸。搞清山与水这组概念,天津文化研究中的诸多根本性问题都可迎刃而解。

第二组概念——京与卫

在天津文化发展过程中,与首都的关系以及如何处理与首都的关系,一直是个重要话题。学者曾用"临海近都"①来概括天津的地理环境,也可见毗邻首都对天津的影响之大。如果说"临海"(或者扩大些作"临水")是自然地理环境的话,那么"近都"实际上就是人文地理环境。

设卫筑城是天津历史上最重要的事件之一。永乐二年十一月二十一日(1404 年 12 月 23 日),明成祖下旨在直沽设卫并赐名"天津",同时命工部尚书黄福、平江伯陈瑄、都指挥金事凌云、指挥同知黄纲筑城浚池。永乐二年十二月九日(1405 年 1 月 9 日)又设天津左卫,永乐四年十一月八日(1406 年 12 月 18 日)复将青州左护

---

①用"临海近都"表述天津地理环境,据云源自民国时期,但迄未检索到原始记录或相关线索。然这一提法因概括力甚强,近年受到天津地方文化研究者关注。

卫改为天津右卫。[①]

卫是守备性质的军事建制,虽然并无行政职能,但却拥有土地(城堡和屯田)、民众(军士和军属)及政事(军政和屯政)。对于天津三卫来说,由于临近京师,军事守备意义尤其重大。故此民间释曰,天津卫就是给首都看门的。说法虽然戏谑,但是却不无道理。明清两代天津地区的发展,几乎都与"近都"相关。

从军事和外交层面讲,明代嘉靖年间大沽炮台的设立,万历年间支援朝鲜壬辰卫国战争,清代马戛尔尼、阿美士德等使团访华,四次大沽口保卫战,九国租界的设立,直隶总督行署"几有成为清政府第二朝廷的趋势"[②],民国天津寓公云集成为北京政府"后台",这种种历史推衍都与天津临近北京相关。

从经济和文化层面讲,元明清三代的漕运沟通了南北物流,尤其是天津的粮食仓储与转运功能,刺激了天津作为工商业城市的迅速崛起。清朝顺治九年(1652),天津左右两卫并入天津卫,同时结束卫所官员世袭制,设巡道、同知管民政,设户曹、盐政管税赋和盐业,设总兵、游击、参将管军事。此后,天津撤卫设州(旋升直隶州),设府县,直至1928年设天津特别市,1949年后设天津直辖市,其城市地位的急速提升,很大程度都是"近都"的结果。

其实,天津与首都的关系,自金代就已开始。天会三年(1125),金兵攻陷燕京,天津地区正式并入金的版图。天德三年(1151)四月,海陵王完颜亮下诏迁都燕京并定名中都。贞祐二年(1214)之前,又在天津设立直沽寨,派都统梁佐、副都统李咬住戍守,遂成畿

[①] 参见南炳文:《关于天津设卫建城史的几个问题》,见《明史新探》,中华书局2007年版,第396—400页。

[②] 李剑农:《中国近百年政治史》,商务印书馆2011年版,第122页。

南军事重镇。①今天津大直沽,梁、李皆为大姓,据说就是梁佐和李
咬住的后代。元代至元十九年(1282)开通海漕,直沽成为转运枢
纽,乃在大直沽专设接运厅和临清万户府。延佑三年(1316)又在直
沽设海津镇,命副都指挥使伯颜镇守。②

直到今天,"卫"的身份依然影响着天津。作为首都的门户,天
津整体发展水平恐怕永难超越首都;而同时作为首都的门面,天津
又总不至于太差。这种尴尬对天津来说,既是坏事也是好事,关键
在于摆位必须得当。在目前京津冀协同发展背景下,天津的城市定
位或许能够更加明晰。

第三组概念——南与北

对天津文化影响最大的省份有三个——南方的安徽,北方的
山西与河北。其中皖、晋各有两大事件,在天津文化发展过程中,留
下了无法消弭的印痕。

先说安徽。一次是明初的靖难之役(民间常与燕王扫北混为一
谈)。朱棣夺取帝位迁都北京后,在直沽设卫筑城并定名天津,同时
在天津近郊地区,大肆分封功臣赏赐土地,其中很多受封者来自安
徽,今天津郊县的不少村庄,就是这一时期形成的。而最为人们所
熟知的,则是天津卫城的驻军及家属,直接将安徽宿县附近方言带
来,形成独特的天津方言岛。③安徽对天津再次产生重大影响是在
晚清,李鸿章出任直隶总督之后。在前后约三十年时间里,天津乃

---

①参见韩嘉谷:《天津古史寻绎》,天津古籍出版社 2006 年版,第 243 页。
②参见韩嘉谷:《天津古史寻绎》,第 269 页。
③参见李世瑜编著:《天津的方言俚语》,天津古籍出版社 2004 年版,第 5—7 页。

至整个直隶的军政要职,几乎都为皖人把控。以此为基础,李鸿章开展了图强自救的洋务运动,初步奠定了天津工业发展格局,并对全国产生重大影响。此后直到民国,安徽的东至周氏家族、石埭陈氏家族、阜阳倪氏家族等,仍在天津实业界居显赫地位。淮军将领周盛传、周盛波弟兄,驻扎小站屯田种稻,使沿海斥卤之地变成万顷良田,不但培植出著名的小站稻,而且揭开了小站练兵的序幕。如今小站居民的口语中,依然保留着大量行伍词汇。

再说山西。明代永乐年间,与安徽移民同时略晚,山西移民也大量涌入天津。安徽移民多属军功封赐,而山西移民主要是实边垦荒,因此人口数量上很快超过安徽,但是很长一段时间里,天津风俗仍主要受皖地影响。迨至清代前中期,山西移民持续来津,晋地风俗开始渐居上风。迄于近代,因为历史上割不断的联系,山西商帮又进军天津并迅速崛起,尤其是金融和商贸领域,在现代银行和现代商贸出现之前,一度居于绝对的垄断地位。著名的晋商乔氏家族、渠氏家族等,都曾以天津为最重要经营之地。

至于河北,因为地理上与天津一体相依,外加行政区划的分合,历史文化关系更是剪不断理还乱。最简单的,天津城市人口的不断增加,主要就是河北省的贡献,尤其水旱饥荒之年或者社会动荡之际,天津都要接纳河北人口的涌入。这些人若找到工作并定居,便成为新的城市移民。河北对天津的影响是全方位的,行政的纠葛,人口的扩张,产业的延伸,商贸的交流,文化的互动等,不一而足。

作为"运河载来的城市"①,天津确实深受南方运河沿线省份影

①此语在民间流传甚广,未详原始出处或时代,亦有作"运河驮来的城市"或"运河漂来的城市"者,在北京城也有与之相类似的说法。

响,但是很多时候学界把这种影响无限放大,从而忽略了北方省份特别是晋、冀两地在天津的深刻烙印。近代以来,随着左宗棠收复新疆、万里邮路的开通、关内外铁路的接轨,"三北"地区对天津的影响逐渐增强。尤其是杨柳青人赶大营,沟通了新疆和天津的物流通道,对天津的商业和贸易影响巨大。

　　学界"重南轻北",我想最主要的原因是,"北"植入天津的主要是民间文化,而"南"除此之外,更多地附着了张力强大的精英文化。

第四组概念——中与西

　　作为国家级历史文化名城,天津临海(水)近都的地理位置,再兼以九河下梢和运河枢纽的叠加, 决定了天津近代独特的城市发展脉络。

　　因为临海(水),天津很早就成为感受"西风"的前沿。著名的意大利传教士利玛窦,明代万历年间就来过天津。其后荷兰的哥页使团、英国的马戛尔尼使团和阿美士德使团,都经由运河或海路自天津晋京,在天津思想文化史上留下重要印记。特别是 1840 年以后,天津直接经历或间接参与了中国近代史上所有重大事件——五次反侵略战争(鸦片战争、第二次鸦片战争、中法战争、中日甲午战争、八国联军侵华战争),两次改良运动(洋务运动、戊戌变法),三次革命运动(太平天国运动、义和团运动、辛亥革命)——这在近代中国城市发展史上是绝无仅有的。

　　1860 年天津被迫开埠后四十余年间,英、美、法、日、俄、德、意、奥、比九国租界逐渐划定并开发,对天津城市近代化产生了全方位影响,除看得见的城市规划、建设和管理之外,还包括政治的、军事的、经济的、文化的,甚至完全看不见的对民众心理的微妙改变。

　　天津的西风东渐虽然是个渐进式过程,但对整体的天津历史而言,仍然是楔入式的突变。[①]这种突变介入的结果,造成中西思想文化的激烈冲突,其政治化之后的表现就是火烧望海楼、义和团运动和老西开事件。在不断地碰撞和调整中,有智识的统治阶层代表人物,开始接受并学习西方先进思想文化,在天津产生两位具有全国意义的代表者——李鸿章和袁世凯,他们通过洋务运动和北洋新政,发起以民族自救为目标的改良或改革运动,虽然最后都功败垂成,但却为民国黄金十年(1928—1937)天津经济发展奠定了基础,甚至 1949 年后天津工业的腾飞,也与之有着千丝万缕的联系。

　　中西文化在天津的碰撞融合,应该说“西”是主动的甚至强制性的输出,“中”是被动的乃至不情愿的输入。但随着思想启蒙的不断深入,“中”在被动中逐渐开始主动学习吸纳,这在物质层面和精神层面都给天津留下了痕迹。物质层面的表现就是河北新区的建设,它在此前老城厢和租界区这二元城市空间结构中,又杂交出融中西理念于一炉的“新区”,从而使天津城市空间布局成为三元模式,最后形成中西合璧、古今交融的万国建筑博览会卓异景观。天津城市空间布局和万国建筑景观,大体到清末就已基本形成,但是整整一百年过去了,它们仍然强烈影响着天津城区的规划布局和空间发展——细节如海河上的北安桥,还在完全模仿巴黎塞纳河上的亚历山大二世桥。精神层面的表现,我以为是著名的南市(其雅俗问题后叙),这里不仅是中西文化碰撞在空间上的缓冲地,更

---

①参见张炳学、刘志永主编:《中国地域文化通览·天津卷》,第 225—227 页。

是双方在心理上的一个平衡处。

第五组概念——雅与俗

任何地方文化，无不存在着雅俗的二元对立。但一般规律都是，雅文化作为发展的主流或主线，俗文化作为其支流或补充；即使俗文化极度发达的地域，也无法与强大的雅文化分庭抗礼。天津则似乎是个例外，很多年来无论民间还是学界，大都心安理得地接受"戏曲之乡""曲艺之乡""相声之乡"之类封号，把天津看成是俗文化的大本营。关于天津文化结构的探讨，也常把码头文化、市民文化、混混文化等作为重要概念，这些固然都有一定的道理，但确实犯了以偏概全的毛病，使得学界都对天津的认知存在整体误区。

其实，从现有资料来看，天津俗文化虽然也源远流长，但真正发达仍是清末民国以降的事，至今也不过一百多年历史。追溯早期天津俗文化，可以找到不少零散资料，譬如笔记中关于明末清初天津演剧的记载，著名艺人石玉昆的评书，杨辉祖记录的天津鼓词，颜自德辑录的《霓裳续谱》，还有杨柳青年画至少可溯源至明末，但是以现代的眼光来观照，它们与同时的天津雅文化相比，并不具有任何优势地位。随着康雍乾时期漕运的繁盛和盐业的发达，天津古代雅文化的发展达到顶峰，从张氏遂闲堂文人群体，到查氏水西庄文人群体，甚至直到道咸时期梅成栋的梅花诗社、梅宝璐的后梅花诗社，天津雅文化都保持着相当的影响力。而且，这种影响力并不仅仅局限于天津，而是南达吴越浙闽，甚至远达云贵川粤，几乎覆盖了大半个中国。即以水西庄文人群体而论，无论是人才规模之巨，持续时间之久，还是传世作品之多，影响范围之广，在当时中国文化史至少是文学史上都是空前的。

清末民初，随着天津商贸的兴旺，尤其寓公群体的大量涌入，皮黄（后来衍变为京剧）、梆子、评剧以及曲艺（主要是评书和相声）、民间音乐（主要是法鼓）等，才快速且畸形地繁荣起来。随后通俗文学崛起，涌现了戴愚庵、赵焕亭以及继起的还珠楼主、宫白羽、郑证因、朱贞木、刘云若等一代名家，缔造了民国通俗小说的最高峰。但即使从文学史的角度来看，民国天津也并非只有俗文学才能走向全国，其时无论是传统的雅文学还是肇兴的新文学，也都有着相当的创作实绩和社会影响，只是我们基于俗文学的巨大影响，在史料发掘和评判眼光上时常出现误读。

先说传统的雅文学，晚清以迄民国，天津出现过消寒诗社、城南诗社、冰社、戍社、俦社以及梦碧词社、玉澜词社等众多社团，流风所及至今未衰。就拿1921年成立的城南诗社来说，其活动一直持续到1949年之后，其间参加活动者在200人以上，天津著名文化人士（包括本土和寓居）几乎尽皆卷入，成为继南社之后中国最大的传统文学社团之一，仅此而言研究者也不应无视其存在。①再加上特立独行的李叔同，其文学作品虽然数量不多，但总体成就却颇高。

再说肇兴的新文学。虽然总是被史家们忽略，但天津在新文学史上的位置不容低估——只一个天才的剧作家曹禺，一个天才的诗人穆旦，就足以奠定天津新文学的地位了。辛笛、靳以、柳无忌、罗皑岚、刘荣恩、朱英诞、李霁野，另有海风社（邵冠祥、王余杞等）、绿波社（赵景深、于赓虞等），还有《大公报》和《益世报》的新文学副

---

① 参见章用秀：《天津地域与津沽文学》，天津社会科学院出版社2000年版。

刊,再加上天津对话剧的卓越贡献,如此的新文学阵容,除了京、沪、渝之外,能比肩的城市恐怕并不多见。

此外,古代天津的雅文化,如果再考虑郊县的因素,地位恐怕还要有所提升。

天津的雅文化和俗文化一直是融合发展的。既有雅文化向俗的倾向(文人杨无怪、杨辉祖、储仁逊、李琴湘等都对俗文化钟情有加),也有俗文化向雅的痕迹(钱慧安、阎道生对杨柳青年画的改良最为典型)。常被人们看成杂巴地儿的南市,其实是天津雅俗文化融合发展的最典型区域。总是单纯强调俗的一面,对天津文化认知乃至发展来说,不是一个好的倾向。

第六组概念——上与下

上和下在天津文化中,并不是简单的空间概念,更隐蔽着一种民俗心理。

天津的城市布局,从空间角度看明显分三大部分:一是以天津卫城和城东(宫南和宫北大街附近)、城北(北大关附近)为核心的传统城区,既有原初的模糊规划理念存在,而实践上又有极大自由;二是原英、法、美、德、日、意、奥、俄、比九国租界地,是相关各国规划理念在天津的移植,既体现了近代规划思想,同时又具有各自宗主国的特色;三是以大经路(今中山路)为核心的河北新区,这是中国主动向西方学习先进城市规划理念进行的初次实践。①

除了上面这种带有学理味道的分析之外,在天津租界前后存续

---

①张炳学、刘志永主编:《中国地域文化通览·天津卷》,第221页。

的八十多年时间里,天津人心中的城市空间,还有着另一种爱憎分明的"二元"分法——"中国地儿"和"租界地儿"。前者显示出的是当家做主的自豪(虽然十分有限),后者则形同国外与我无关(行使不了主权)。别看这两个词都已经"儿化",但真从天津人嘴里吐出来,其情感色彩绝对不一样,后者明显带有轻蔑的意思,而前者则显得亲切自然。与这两个词相对应,天津人还有两个更绝的表述语——"上边儿"和"下边儿"。"上边儿"一般特指天津卫城,有时也可包括城东、城北一带商贸繁华区(但绝对不含河北新区);"下边儿"则基本等同于"租界地儿"。在天津话里,"上边儿"和"下边儿"语音上的褒贬色彩虽不如"中国地儿"和"租界地儿"那么明显,但"下边儿"在汉语里的特指,则使其憎恶之意更加鲜明,中国人听起来似乎也更加"解恨",虽然外国人可能并不明白这种精神胜利法式的隐晦感情色彩。

"上边儿"和"下边儿"的产生,应该与天津城区的地理位置有关。天津卫城所处地势较高,因此称为"上";租界地所处地势低洼,早年坑塘星罗,只有零星村落分布,这就自然是"下"了。"上边儿"和"下边儿"产生之初,大约并未脱离地理的因素,但它一旦与天津城市被屈辱地分割得七零八落的现实联系起来,两个词的运用就体现出天津人心态上的分野,同时也在某种程度上显示了天津人或者说天津城市的性格。

天津明清以来,长期作为华北地区的集散中心,吸引了大量物流和人流。因此民间有"上卫"和"下卫"的说法。很长时间人们望文生义(笔者介入天津文化研究之前亦是如此),曲解"上卫"是外地人进城(天津卫)办事,"下卫"是天津人出城办事。其实,这两个词意思相同,指的都是外地人到天津来。天津卫城地处九河尾闾,是海河的起点,交通长期以水路为主,住在上游各地的人到天津要顺

流而下,故曰"下卫"(宜兴埠历史上甚至有一条"下卫路"),而处在
"下边儿"乃至"海下"(自今灰堆一带起,沿海河经咸水沽直至海口
大沽都泛称"海下")的居民到天津,则要逆流而上,故曰"上卫"。可
见,所谓"上卫"或"下卫",是相对于河水流向而言的,是"外地人"
基于地理特征而产生的概念。不过不管是"上"还是"下",都以天津
为"中心"则毋庸置疑。

第七组概念——城与郊

　　前面我们提到天津历史城区是"三元结构",即传统城区、九国租
界与河北新区。其实,传统城区又可细分为三部分:一是大直沽、宫南
宫北和北大关(估衣街、针市街一带),被认为是天津城市最早的聚落
乃至文化元点;二是明清天津卫城(俗称老城厢),是天津城市的发源
地和传统文化中心区;三是过去长期被忽略的铃铛阁、永丰屯、西沽
乃至堤头等"卫星城"。①这些传统城区,融入天津城市的时间有先有
后,时至今日仍在一定程度上保留着各自发展阶段的特征,这对研究
农村聚落融入城市社区的过程,有着很强的"活化石"意义。

　　天津城区的拓展历史,其实就是对周边郊区不断辐射并蚕食
的历史。农村并入城市之后,历史累积或者说文化沉淀的速度会自
然地加快。但由于郊区面积相对广阔,历史时期也相对较长,因此
其历史累积叠加起来,总量和影响也不容忽视。

　　最典型的当然是蓟县。由于地理环境和行政统属等因素,很长
时间蓟县历史相对独立发展,其原始文化、山水文化(附含宗教文

---

① 张炳学、刘志永主编:《中国地域文化通览·天津卷》,第229—230页。

化)、军事文化(附含长城文化)、皇家文化(主要是静寂山庄)、红色
文化(主要是盘山),都具有独一无二的影响力。还有过去鲜为人知
的,就是蓟县地处朝鲜半岛晋京"朝天"的必经之路,明清以来朝鲜
使节留下七百多部"燕行录",其中绝大部分都有关于蓟县的记载,
形成了蓟县独有的中朝文化交流通道。此外,西龙虎峪"五子登科"
的窦燕山家族,李江、王晋之、李树屏"穿芳三隐"等,也都是蓟县文
化史上的精彩篇章。

　　天津的其他几个郊县,人文历史也都有不俗表现,并出现了许
多著名家族。譬如,宝坻的刘氏家族(刘元)、王氏家族(王煐)、李氏
家族(李光庭、李光里),宁河的杜氏家族(杜立德)、刘氏家族(刘兆
麒)、廉氏家族(廉兆纶)、王氏家族(王小航),武清的曹氏家族(曹
化淳)、杨氏家族(杨洪)、刘氏家族(刘髯公),静海的励氏家族(励
杜讷、励廷仪、励宗万、励守谦)、玄氏家族(玄默)等。其中多数家族
都是人才辈出,不但出过一二品大员,还诗书传家著文立说,给天
津留下宝贵的典籍文献。在此仅举一例,励氏家族不但累世翰林,
而且在乾隆修纂《四库全书》时,励守谦的献书数量,仅次于扬州马
氏高居第二位,超过朱彝尊、李文藻、郑大节等当时著名藏书家,即
此一点就可奠定其在中国文化史上的地位。此外,天津近郊的杨柳
青、葛沽、北仓等古镇,也都有着相当丰富的历史文化积累。

　　今滨海新区地域范围内,虽然开发时间相对最晚,但除了渔、
盐二业和近代以来塘沽、汉沽的迅速发展外,文化上的表现也不乏
可圈点之处。大港的高毓浵家族(旧属静海),北塘的高赓恩家族
(旧属宁河),都是科名不断的文化世家。高毓浵、高赓恩均是翰林
出身,每人身后都留下数十种著作。

　　天津的郊区文化,作为天津文化的重要辅翼和延展,理应引起

研究者的重视。

结语

清代康雍年间，天津有位叫沈起麟的诗人，他到蓟县游览之后，留下《盘山杂咏》十二首，其中《乱石村》云："乱石村边缓缓行，扶筇拾级路犹平。从兹渐入高深处，万壑千岩变态生。"[1]诗里的"万壑千岩"实即"万水千山"，而天津文化恰恰因"山"与"水"两大因素，千百年来幻化出无穷的"变态"，有着众多的"高深处"期待着学界的"从兹渐入"。

综观以上谈到的七组概念，山与水属于自然地理因素(可谓之"天")，这是天津文化发生和发展的直接动因，堪称天津文化的根本之根本，其后各组概念都或多或少地打上了"山"或"水"的印记。京与卫、南与北、中与西，是天津的各种地缘关系，属于人文地理因素(可谓之"地")，它们与津沽地域直接或间接的交流，对天津不同时期的文化发展产生了巨大影响。雅与俗、上与下是住民的思想和心理因素(可谓之"人")，既是在前述诸种因素融会贯通中形成的，同时也反作用于这些因素。至于最后的城与郊，则是基于天津现行区划形成较晚，与所属区县历史上的文化交流薄弱(运河沿线的武清、北辰、西青、静海相对好些)而作的硬性补充，在学理上笔者目前并无更好的释读。

(刊于《文学与文化》，2015年第3期，总第23期，第116—123页)

---

[1]赵娜、高洪钧编注：《天津竹枝词合集》，天津人民出版社2014年版，第12页。

风俗与史迹

略论天津人过大年

高惠军

天津人过年可以用两个词来概括,就是"讲究多""心气高",这大概可以说是天津年至今始终保持甚至飘荡着浓浓"年味"的社会根源。或可以说是天津人的个性和性格成就了天津的年文化,让如今的天津年变得更加丰富多彩、红红火火,彰显出盛世中国,繁荣天津的大景象。

什么叫讲究?就是重视,要好,要精致,要漂亮。什么叫心气儿?心气儿就是志气,是自尊,是不甘落后。俗话说:"过年不讲究,嘛时候讲究? 过年没心气儿,一年没精神儿。"

就拿天津最为流行的"春节妈妈例儿"说起:"腊八粥喝几天,哩哩啦啦二十三,二十三糖瓜粘,二十四扫房子,二十五炸豆腐,二十六炖大肉,二十七杀公鸡,二十八把面发,二十九贴道西,三十儿晚上熬一宿,大年初一走一走。"讲究的天津人家是件件认真落实。所以今天的天津人还在那里费时费火地熬腊八粥、泡腊八蒜;买糖瓜祭灶王爷;雇钟点工擦玻璃、打扫卫生;赶庙会购置年货花钱似流水；排长队领取面点、肉食大礼包；成箱的海鲜、蔬菜往家里搬，给亲戚好友家里送；贴福字、贴春联、挂吊钱；吃年夜饭；放鞭放炮，放盒子花……直至把个天津城搅得车水马龙，沸沸扬扬，让你"今夜无人入睡"。

天津是一个"五方杂处，五行八作，舟车攸会，率多流寓（指天津作为水陆交通中心，很多外来人迁居到此），连樯万艘，商贾凑集"之地，曾经的漕海两运，卫营军旅，农工民商，共同构成天津移民的主流。再加上后来的"开埠通商、西风侵染"，天津卫成为名副其实的集大江南北，中西荟萃的风水宝地"淘金锅子"，"天津人会挣钱，敢花钱"。且不说历史上前朝的遗老遗少、盐粮巨贾、商家铺户，到了过年为了显摆财富大兴"斗富"之风；就是过去一般的百姓之家也存着不甘落于人后的信念，讲究："借钱吃海货，不算不会过"，讲究："嘛钱不钱的，乐呵乐呵得啦"的豪爽与谐趣。这就是"心气儿"。天津人过年尤其讲究心气儿，因为有了这股子气儿，才有了可以称其为大美无形的"天津大年味"。

其实细论起来这种讲究之风实在是中国数千年传统文化对天津人的熏染，成为天津人骨子里和血液中"年文化"基因的具体表现。更因了移民、因了漕运、因了率多留寓的游子，远离了家乡，远离了亲人，那"回家团圆"可能已经变成了一种奢望和期盼，于是对家乡的年的装扮之风，对家乡年的风俗习惯的承袭，就成为"游子"对"家"，对"亲人"，对"根"的最好的追寻与遥拜。这也就是为什么天津人的"年"固守着中华传统，保留更多民间风俗与习惯的根源。甚至是"春节"发展成风靡世界的"中国年"的根本原因。

说起中国年文化的传统似乎离不开"礼、仪"二字。《诗·小雅·楚茨》："献醻交错，礼仪卒度。"《周礼·春官·肆师》："凡国之大事，治其礼仪,以佐宗伯。"在这里礼仪含有节度、秩序、规矩、尊敬、甚至德的修养,并由此产生了尊卑上下、长幼有序、内外有别等概念。尤其涉及天地自然、人神先祖的祭祀活动,那礼仪的行为准则和规范是万万不可错位的,否则便被视为大不敬,因此古人又云:"礼者敬人也"。天津人讲究礼仪与天津的水旱码头、四海相聚、九河归一的地理位置不无关系。三教九流、江湖行帮、梨园弟子、五行八作、豪商巨贾,乃至市井游民,纷繁而复杂的人际关系无不助长着礼仪之风尚的弥久常新。于是天津人做事、办事讲究"要里儿、要面儿",这"理儿"就是"礼",是规矩,这"面儿"就是"人情",是关系,所谓:"嘛大不了的事儿,看在我的面子上,得啦"。尤其是到了过年,这"拜大年"的礼仪风俗就变成实实在在的融洽关系、沟通人情、化解矛盾,以求来年共同顺利,共同发展,共同发财的行为准则、规范和最美好的祝愿。

天津人拜大年,尤其得说说天津人独创的大年初二"姑爷节"。天津素有"一个姑爷半个儿"的俗话,也应了"丈母娘看姑爷,越看越喜欢"的戏谑……正因为如此,到了过年就必须要有个讲究,叫作"闺女不看娘家三十晚上灯",这是要求嫁出去的女儿过大年时一定要安安分分地在婆家伴夫亲子,张罗年夜饭,三十晚上与老公陪爹娘守岁聊天,初一早起小夫妻给二老拜年的风俗和古礼儿。于是到了大年初二一大早儿,闺女着急回家不用说,再看身穿崭新笔挺的唐装、洋服、小头儿锃亮的姑爷们,奋勇争先地携妻率子早早奔赴老丈人、丈母娘家拜年,就成为理所当然的头等大事了。这一天天津的姑爷们讲究不能"掉链子",适当地"出点血""破点财"那叫本分。天津的"姑爷节"让天津的大街小巷瞬间充满"新年"的新味道。

要说天津人过年的讲究和心气儿，只有到了正月十五、十六两天才真正以"城"的面貌呈现出"天津年"的大味道。这是因为初五以前的年多是以家庭为主要空间的活动，那么从初六到十六更多的就属于社会空间了。从初六的"溜百病"开始，群体性的"狂欢"已经在悄悄地酝酿之中。正月十五，满月高挂、彩灯万盏、花会云集、锣鼓喧天、游船如织、万人塞巷……"正月十五闹花灯"已经成为实实在在的"天津人的狂欢节"。一个"闹"字，含着多少情志，多少景象，多少激烈，多少情趣……此刻天津人的"心气儿"，就像是孩子们燃放的"钻天猴"，那叫一个高啊！

所谓"花会"是天津人对秧歌、高跷、舞龙、舞狮、法鼓、跨鼓、小车、竹马、杠箱、宝辇等等民间广场表演艺术的总称，又是天津人艺术创造精神和创造力的具体体现。天津的民间艺人自称"玩儿会"，天津人爱玩儿、会玩儿、敢玩儿、玩儿的潇洒、玩儿的起，在这里他们把艺术和玩儿统一在一起。

历史上的天津花会有近百个种类，数千道会，这一点仅从北京国家博物馆保藏的清代《天后宫行会图》就可见端倪。该图共绘制了天津民间花会一百〇六道。时至今日，天津人仍然努力保留着这些传统的民间艺术样式。特别是在天津非遗中心的大力扶植和推动下，有些本已濒临失传的花会组织得以恢复，并成为天津极富特色的民间艺术团体。

总之，天津城作为一座现代化的国际大都市，在六百多年的发展历程中，不仅形成了完备的现代工、商、金融、科技体系，且涵养了生命力十分顽强的民俗文化体系——妈祖崇拜、民俗老例、庙会、灯会和民间花会成为天津（中国）年俗文化传承的有效载体。与之相伴的德孝、礼仪等传统文化的优良基因得以传承。它们不仅使天津保持了浓厚的中国年的氛围和味道，同时它也培养和孕育了一代代民间技艺能人（非物质文化遗产传承人）。"年俗艺术"——剪纸、年画、泥人、面花儿、吹糖人、捏面人，乃至民间花会艺术，成为民族智慧和工巧技艺的象征。从社会文化学角度看中国年俗，看天津人过大年的讲究，品天津人居高不下的心气儿，可见天津人的人文性格和文化品位，可见天津人的精气神，更可见天津人"爱国诚信、务实创新、开放包容"精神的历史文化价值。

（刊于《春风笑语乐津渝——天津市·重庆市春节习俗》，澳门特别行政区民政总署文化康体部制作，2015 年 2 月出版）

古文化街的年味儿是一种乡愁

管淑珍

　　老话儿说得好——娶不完的媳妇过不完的年，办喜事（娶媳妇）和过大年是天津卫最具完美主义理想色彩的大事。天津人惯于"耗财买脸"，办喜事、过大年花钱如流水一般，图的就是热闹吉利、兴高采烈，让日子过得要多火爆有多火爆，最终，增强了整个城市的文化凝聚力。正如清同治十年《续天津县志》中所讲："民俗尚华侈，而皆好善乐施。"应该说，天津人的"耗财买脸"给社会创造的是正能量。

　　娶媳妇的事儿咱先不说了，且说过年，过年可是咱天津人心气儿最高的一件大事。天津人过日子，最重视的四个字就是"应时到节"，而在所有的节日中，最隆重最庄严也最富生活气息的就是春节。对天津人来说，年过得好不好，不仅关乎一时的心气儿，甚至关乎一年的运气，因此，怀着敬畏上苍、感恩天地的备办年事，是非常重要的事情。

　　进了腊月，天津人都喜欢在宫南宫北这一带扎堆儿，走走看看,疏散筋骨,怡情养性,交朋会友,最重要的是采办年货。据天津民俗学者张仲先生讲,在1949年前,宫北大街的店铺90多家,宫南大街有50多家,除了出售文房四宝,文具纸张的店铺之外,风筝魏、帘子李、灯笼王等民间工艺品的老字号和裱画作坊等也具有极高的人气。在小吃中,最具天津味儿的有宫北大街的"石头门坎"素馆的素包子,而龙嘴大铜壶的茶汤儿也曾写进张仲先生的小说里。

由此可见,宫南宫北是天津卫最具文化根性的地方,且不说这附近的三岔河口本就是天津卫的发祥地,只说那些相信"万物有灵"的市民们,在这里可以瞻仰天后宫老娘娘的神像,也可以叩拜天后宫内近百位的诸神,就是一种精神感召;京剧名角谭鑫培、龚云甫都曾在这里的戏楼上展示过精妙绝伦的手眼身法,令天津戏迷大饱眼福;这里距东门里文庙很近,亦可以感受千古帝王之师孔圣人的熏陶;这里距始建于明代的玉皇阁很近,伫立于玉皇阁的高楼上,可以充分体味到"看七十二沽往来帆影"的文化气息。

自1986年古文化街建成开业,宫南宫北整体上修缮一新,气象万千,遍街都是具有浓郁传统文化特色的中国符号——文玩字画、民间艺术品等,琳琅满目,让人目不暇接,于是,作为"津门故里"和"沽上艺苑"的古文化街,其影响力渐渐辐射到全国乃至海外。

应该说,对于"他者"或"局外人"来说,想象天津的最好方法就是到古文化街来采风,那些怀着东方想象的外国游客,能够在古文化街感受到这个城市"众声喧哗"的特点,以独特视角来观察我们的城市;对于天津本土人士来说,古文化街是能够让我们"记住乡愁"的一块风水宝地,中国味、天津味、古味、文化味等百味杂陈,每一种味道都不是人为制造的,而是这个城市骨子里就有的。

古文化街的最大特点就是年味儿浓。《尔雅》上讲："年者,取禾一熟也。"天津卫是商业城市,却崇尚天人合一,因此,各种年货都带有浓郁的乡土精神。"人叫人千声不语,货叫人点手自来",古文化街的年货,具有极强的吸引力。

天津人腊月二十三要祭灶,因此,许多人会到天后宫前院的灶君殿拜一拜,然后在宫南宫北各个街巷胡同间买一些用麦芽糖制作的糖瓜,再请一张灶神画像,各自回家祭灶,嘴里不停地念叨着"上天言好事,回宫降吉祥",希望灶王爷到天上的玉皇大帝面前多进美言。

最具有视觉冲击力的以"吊钱儿"、"窗花"为主的剪纸作品铺天盖地而成的"一堂红"。贴吊钱儿,是天津特有的民俗事项,其间还有许多讲究。天津人常说:"二十九,贴道西。"腊月二十九家家户户都要贴上通红的吊钱儿,吊钱儿所刻的内容都是吉祥如意的含义,如吉庆有余、四季平安等,还有一些是合体字,如"招财进宝",寓意和造型都很受大众喜爱。贴吊钱儿有固定时间,揭吊钱儿也有固定时间,什么时间呢? 正月二十五为"填仓"之日,这一天,大家要将吊钱儿揭下来,团成一团或包上零钱再用砖头压上,不仅如此,"填仓"这一天还要吃干饭喝鱼汤,这一切都预示着拥有更加殷实的粮仓,生活更加富裕吉祥。过去,天津人将"窗花"称之为"窗户眼儿",因为那时多用粉莲纸糊窗户,故有此说,自门窗安装玻璃之后,天津人喜欢在正门玻璃上贴上"肥猪拱门"或"和平鸽子"等剪纸,又漂亮又吉利。

杨柳青年画中的门神和胖娃娃年年有鱼(余)等,几乎所有的民间美术作品,都是以吉利祥瑞为主导精神进行创作的。玉丰泰等老字号的绢花绒花还是很畅销,道理很简单,家家户户除夕之夜的接年饭要插石榴花,出嫁女儿要给娘家妈妈买聚宝盆,而这些花儿朵儿的都包含着一套套的"妈妈例儿",老百姓本着"心诚则灵"的原则,年年照买不误,商家呢,也以"年年在此"为最大的荣耀和祥瑞。

到古文化街采办年货,老主顾专认中华老字号,天津人是以"捧名角儿"的心态来呵护着中华老字号的,因此,天津地域文化一直具有顽强的生命力,天津的城市记忆也是最鲜活最持久的。

2006年,春节已被列入首批国家非物质文化遗产。春节本身是一种"活的"非物质文化遗产,参与者众多,而他们的情感与文化保护活动本身又是那么水乳交融,几乎是一种集体无意识,这一点极难能可贵的。

天津民众在春节前后的"狂欢化"的文化活动,是老百姓表达民间文化立场的机会,以祭祀为核心的年味儿,弥散在古文化街的每一个角落,牵动人心,令人魂牵梦萦,于是,我们说,年味儿也是一种"乡愁",保护好年味儿,就是守住了城市的文化之根,就是记住了"乡愁"。

(刊于天津市群众艺术馆文化季刊《天津·海河文化》,2015年第2期,总第93期,第19—21页)

天后信仰与地方社会秩序的建构

侯杰 李净昉

　　众所周知,皇会起源于天津民间的娘娘会,是为纪念海神天后诞辰而举行的大型祭祀活动。由于它受到清朝皇帝的嘉赏①而有别于其他地方的天后崇拜,是天津独有的社会文化现象。而这一独特的文化现象根源于天后信仰在民间拥有深厚的心理基础,民众出于不同的心理需要赋予天后多种职能,在其神灵谱系中加入不少天津本地的世俗神灵。皇会在清乾隆年间的兴盛有赖于天津民众对天后信仰的笃深,也有赖于地方社会的支撑,皇会的兴办与停办更与地方官绅的态度有着直接的联系。皇会特殊的性质使得众多的社会阶层参与其中,并使得更多的社会群体能够在这一盛大的庙会中实现互动。以往对皇会的研究多着眼于其经济、娱乐功能,

---

① 关于皇会的起源有几种说法:一说始于康熙四年(1665),一说始于康熙三十年(1691);还有天后宫道士所称,清乾隆年间乾隆皇帝南巡,适逢娘娘会,对出会盛况大加赞许,御赐"同心法鼓会"两面龙旗,赏"远音跨鼓会"鼓手每人一件黄马褂,"津道鹤龄会"鹤童每人一个金项圈。这一番隆重的赏赐使娘娘会的身价百倍,为谢皇恩,由此改称皇会。

对于其本身所包含的信仰、仪式等方面的内容缺乏从地方社会秩序建构的视角加以认真考察和分析。本文拟通过重点研究光绪年间和1936年举办的皇会,来深化天后信仰的学习和研究。

一

天后信仰在天津的传播,离不开信仰者的虔诚供奉。而天后本身也经历了一个不断发展和深化的过程,不论是形式还是内容,乃至神灵的职能,如从单纯的护海神逐渐演变成全职全能神。天后宫内,从天后娘娘到眼光娘娘、瘫疹娘娘、子孙娘娘、送生娘娘及一些土生土长的神灵,如王三奶奶、挑水哥哥、曹公、马公、报事童子等同时受到供奉,满足着信仰者希望现实生活中的各个方面都能得到神灵护佑的愿望,充分体现出中国信仰体系中所具有的实用性、多神性、系统性等特征。天后宫,也因天后信仰的兴盛而成为天津民间信仰的中心地区之一。无论是在皇会举办期间,还是平常时节,天后宫的香火都十分旺盛。以天后宫为中心,宫南、宫北大街及其附近区域都成为天津信仰生活、民俗活动最为集中的区域之一。清人梅宝璐在竹枝词中写道"九河天堑近渔阳,三辅津梁著水乡。海舶粮艘风浪稳,齐朝天后进神香。"[①]

对天津信仰者来说,天后娘娘虽然是一位从南方传来的神灵,但是并不妨碍对她的顶礼膜拜。为纪念天后诞辰所举行的仪式经历了从娘娘会到皇会的演变过程,这在一定程度上反映出信仰者

---

① (清)张焘:《津门杂记》卷下,《津门杂记·天津事迹纪实见闻录》,天津古籍出版社1986年版,第117页。

对天后的信仰在不断深化，天后在信仰者心中拥有了极为尊贵的地位。天后信仰之所以能在天津地区发生如此重大的影响，一方面是因为随着海运、漕运的发展使得海上护佑成为一种现实的社会需要，另一方面，天津信仰者在接纳天后信仰的同时，融入了当地的经济文化内容，使天后娘娘的职能更加充实完备。于是，舟师水手和商贾信仰者普遍把海神天后作为自己航海运输的保护神，而天津女性信仰者则率先将天后信仰扩展到与自己生活息息相关的求子和祛疾（主要是天花）等方面上来，赋予了天后娘娘更多的、更实际的职能。①

　　天津女性信仰者对天后的崇拜既表现出民间信仰的一般特征，又对天后信仰的不断扩展起到了推动作用。女性信仰者所拜之神与她们在实际生活中遇到的问题密切联系，女性沉重的生育责任、家庭负担都使她们更渴望神灵对其精神世界予以某些慰藉。当时女性最关心的问题是子嗣的繁衍和儿童的天花诊治，恰恰在广泛流传的天后灵迹故事中有关生育和祛病的内容占较大比重。在女性信仰者心中，天后已成为司各事之神，成为信仰者心灵中的主宰。于是天后被信仰者赋予越来越多的职能，逐渐分化出"子孙娘娘""瘢疹娘娘""耳光娘娘""眼光娘娘""送生娘娘""千子娘娘""百子娘娘""乳母娘娘""引母娘娘"等神灵。皇会期间，天后宫内"香火最盛的地方，便是五位娘娘的大殿。电灯虽然不少，灯光还是被香火的浓烟所遮掩"②。

　　天后会同其他诸神，构成了一个独特的信仰体系，相应的信仰

①尚洁：《天津皇会》，山东教育出版社1999年版，第28页。
②《大公报》1936年4月10日第6版。

习俗又丰富和强化了这一体系。就生育习俗而言,长期以来,天津社会一直流传着"拴娃娃"的习俗。即婚后无子的女性信仰者,为了求子,便去娘娘宫(天后宫)给"送子娘娘"烧香许愿,从那里偷偷地拿一个泥娃娃回家,作为自己的长子。如果生了孩子,先要塑99个泥娃娃到天后宫还愿。自己的头生子,也只能排行第二。对"娃娃大哥"不仅要每天供应饮食,四季还得给他变换衣服。随着时间的延续,"娃娃哥"的年龄也在增加,要不断地到娘娘宫附近的泥人店里换一个年龄相当的娃娃,在家中供奉起来。这个娃娃哥一直供到老。正因为在清代天津这类家庭普遍供有"娃娃哥",故那时天津对人的尊称总是"二爷"。

由于女性信仰者对天后和众位娘娘的敬奉比较虔诚,她们参与皇会或其他宗教活动也十分积极。"元旦日,娘娘宫大街,则见有红衣妇女,进香请愿,联袂于途。是日津埠风俗,无地可游,唯娘娘宫一带可以观人而已。其进香者多为窑姐,所谓进顺遂之香者是","正月元宵日,娘娘宫大街竟日烧香者最伙,且多为大家妇女,与正月初之进香者全然不同。"①女性信仰者对天后崇拜的推动使得天后职能更加扩展,加上天后的正神地位,地方官员也十分重视对天后的祭拜。从清代乾隆开始,每年农历二月、八月,都要由直隶总督亲临天后宫祭神,天后也逐渐具备了护城的职能。

信仰者对天后的崇信单纯靠一己之力,有时是不够的。在信仰者看来,与拥有超自然力量的天后等神灵直接交流存在着很大的困难。信仰者与天后之间需要一个媒介,这就是道士②。道士是仪式

①胡朴安:《中华全国风俗志》下,河北人民出版社1986年版,第43页。
②元代泰定三年(1326)敕建天后宫时由僧人做主持,到明代正统年间已改为道士,但具体年代待考。

的执行者，介于人神之间，世俗与神圣的沟通集中体现在他们身上。在现实生活中，他们不仅要引导信仰者的信仰活动，还要担负世俗社会的某些责任。皇会举办初期，每当会期临近，道士便要游走四方，索要批文，筹集资金，联络道会。后来尽管有了官府和商人的介入，但邀请各会及一系列联络协调工作仍需要道士来完成。道士，作为宗教信仰活动的重要参与者，他们在建立信仰者和神灵联系的同时，也成为建构世俗社会秩序的重要一环。

信仰者对天后信仰的笃深使皇会的举办有了深厚的社会心理基础，这是皇会的兴办及一系列习俗活动得以传播的较为持久的动力。每逢举办皇会的年头，天津居民在农历三月间即开始忙于各项准备工作，许多角落锣鼓敲的喧天，男女老少多要添置穿戴，出现了一派儿童欢乐、妇女争妍的气象。四乡小镇和外县农民，不顾春耕农忙，为看皇会而乘"进香船"或"进香车"来到天津。不论是在车上还是船上，香客们都插着写有"天后宫进香"的黄色旗子。三月十六日"送驾"，即把天后送到娘家，十八日"接驾"，把"天后"从娘家接回天后宫。据传说，二十日和二十二日是天后巡乡散福之日。在十七、十九、二十一这三天，各个会分别到各街巷去表演，俗称"踩街"。皇会出会序列大致如下：前有门幡引导行进。后面是捷兽、龙灯、中幡、跨鼓、老重阁、拾不闲、鲜花会、西园法鼓、庆寿八仙、五虎扛箱、道众行香等会，一边走一边表演，敲打拉唱、吹耍逗趣。接着就是抬着"送生娘娘""癍疹娘娘""子孙娘娘""眼光娘娘"四个宝辇，"天后圣母"的华辇以及各种仪仗，有序地沿着"会道"行进。"跑落"和挑茶炊子的姿态，备受欢迎，不时博得喝好。遇到"截会"的香客，表演得更加起劲。二十三"天后"诞辰日，各个会都要齐集在天后宫内外表演，庙前戏楼演戏庆寿。善男信女进庙烧香，从早到晚

络绎不绝。直到二十四日凌晨,持续八天,规模盛大的皇会才告
结束。[①]

　　在国家制度和道德礼法的约束和规范之外,皇会中的这些仪
式、习俗使信仰者容易达成共识,形成默契。尽管从南到北,不同地
区都有天后信仰,天后的职能也存在一定差异,但中国民间信仰强
大的包容性和整合性使信仰者实现了心理及文化上的认同。

二

　　天后信仰本属民间信仰,后因历代皇帝对天后的屡次敕封,从
而使得这一信仰进入国家的正祀系统,并不断得到巩固和提升,且
常常与国家命运和民族大义相联系。而统治者对天津"娘娘会"的
封赏,更对这一信仰的巩固和扩展起了推动作用。而国家介入对民
间信仰的管理,实际是从信仰入手加强对地方社会控制的一种手
段。国家常用的管治方法是把地方神明菩萨标准化,将之纳入国家
确认的神仙体系内。国家通过加封名号的方法,提升个别神明地
位,使之成为地方的主导神明。当地方社群集中崇拜某一官方认可
的神祇时,也就等于国家间接地控制了地方信众的宗教及社会行
为。[②]天津皇会正是有了统治者的认可而具有了政治色彩,也因此
调动了地方上层人士参与的积极性。

　　官方的态度决定了皇会的规模。皇会是一项费时耗资巨大的
社会文化活动,不同于民间惯常的迎神赛会,具有浓厚的官方色

---

① 参见王大川等主编《津沽旧事》,上海书店 1994 年版,第 97—98 页。
② 参见廖迪生:《香港天后信仰》,三联书店(香港)有限公司 2000 年版,第 12 页。

彩。官方的支持是皇会举行的必要条件之一,以 1936 年皇会为例,官方从组织筹备到具体实施都要实行全面细致的考虑和布置,甚至天后出巡路线的选择也要他们来做定夺。他们通过直接或间接的参与,更加有效地实现对社会的控制。1936 年津市官绅为繁荣地方,发展商业而兴办皇会。此次皇会筹备会的主任就是市府秘书长施骥生,副主任为公安局长刘玉书。[①]官方介入皇会筹备会,意味着皇会从一开始即受到了官方的控制,为官方意志所左右。

皇会还体现了中央和地方社会的互动关系。朝廷的封赏以及地方的重视显示出中央和地方社会在文化层面上的交流和互动,沈存圃和明经峻所作描写皇会的诗里提到"康衢击壤知帝力,阙里犹记乡人傩"[②],正是这一关系的生动写照。国家意志的介入有时会打乱民间信仰活动的某些固定程式,或赋予信仰活动新的内涵。皇会本来是为纪念天后诞辰于旧历每年三月二十三日举行,而光绪三十年(1904)举办的皇会则是为庆贺慈禧太后七十大寿而举办的,名为"皇太后万寿皇会",因而被蒙上了一层政治色彩。天津地方官一心一意要将其办得排场、体面、火爆、热烈,甚至从本不宽裕的地方财政中拨出白银 5000 两用于"庆典",允诺"如不敷用,再行续领"。为给当时不景气的市面注入活力,官府还颁发了较为宽松的经济政策:自十月初九日至十一日止,所有天津来往集船,携带零星用品,估价在 30 两以内者,免收厘金,以示格外体恤。同时,为营造"圣节"氛围,对于工巡房铺各捐,均分别减免。皇会的出巡路线也一改往年惯例,改为进北洋大臣衙门的东辕

①(民国)望云居士、津沽闲人:《天津皇会考纪》,《天津皇会考·天津皇会考纪·津门纪略》,天津古籍出版社 1988 年版,第 33 页;《大公报》1936 年 3 月 9 日第 6 版。
②(清)张焘:《津门杂记》卷中,第 76 页。

门,出西辕门。①

　　1936年的皇会也存在中央与地方意志的冲突与协调问题。正
当皇会筹备进入高潮时期,天津市长萧振瀛接到宋哲元从北京下
达的命令,务须停办皇会,原因是中日关系正在吃紧,而皇会使得
天津地面会聚的人口众多,恐怕因此节外生枝,惹来麻烦,弄出治
安问题。但萧振瀛考虑到皇会筹备的初衷是为振兴工商,以及已经
花费的资金等问题,最终决定坚持办会。②

三

　　需要指出的是,在传统社会秩序下,地方官绅在皇会的组织和
筹备过程中起主导作用。自明清以来,随着天津工商业的迅速发
展,原先处在四民之末的商人阶层在经济格局改变的前提下,社会
地位逐渐提升,其参与社会事务的积极性也异常高涨。特别是到了
近代,随着天津由北方商业重镇发展为华北地区的商业中心,商人
又获得了前所未有的发展机遇,各类行业组织的建立和发展也为
商人广泛参与地方事务提供了保障。从商人群体的社会关系网可
以看出,他们与各阶层的互动在不断加强,传统社会的结构和秩序
也因此受到一定的挑战和冲击。

　　天津皇会的筹备和组织正是由于有了商人的热心参与和支
持,才显现出与以往不同的景象。特别是不少商人资财丰盈,家业
富足,成为社会上财势显赫的豪富。他们不断积聚的实力,在社会

①参见张修华:《天津皇会纪事》,《天津老城忆旧》,天津人民出版社1997年版,第540页。
②《大公报》1936年3月27日第6版。

上赢得了极大的关注和较高的地位。"第一是走盐商,走久接地方,一派纲总更气象。水晶顶,海龙裳,大轿玻璃窗儿亮,跑如飞蝗,把运司衙门上……其次粮字号买手最吉祥……钱来的涌,职捐的狂,蓝顶朝珠皆可想。"①

　　商人们对天后信仰活动的热心参与和鼎力支持,又巩固了他们的社会地位。皇会起初是由天后宫承办,但因耗资巨大,无力负担,只得寻求天津巨商们慷慨解囊。天津大盐商、大钱商等纷纷提供数额可观的资金支持。不仅如此,他们甚至还直接促成皇会的举行。光绪三十三年(1907)的皇会便是天津商会独立组织策划起来的,而且皇会与劝工会同期举办,天后宫及巡警总局也都给予了积极配合。天后宫的门首挂上了"商业劝工会"的匾额,旧城南北门及河北大街、竹竿巷等交通要道均设立了牌坊。②而1936年的皇会,更是由天津市商会、银行业同业公会、银钱业同业公会和华商工会联合倡议兴办,并参与了皇会的筹备工作。出会日期、出会路线等也都是市府与商会等讨论以后制定出来的。

　　"三月十六日,由天后宫起驾,经过宫南大街、磨盘街,进东门,出西门,过横街子、韦驮庙、进千福寺。三月十八日,由千福寺起驾,经双庙街、六合轩、铃铛阁、太平街、针市街、估衣街、毛贾伙巷、宫北大街进宫。三月二十日,经宫北大街、毛贾伙巷、大胡同,过金刚桥、大经路,入天纬路,至三马路,仍南行至市府西辕门,出东辕门,过金刚桥、大胡同、估衣街,进北门,出东门,进袜子胡同,至宫南大

---

①(清)杨一昆:《天津论》,《津门杂记》卷下,《津门杂记·天津事迹纪实见闻录》,天津古籍出版社1986年版,第102页。
②董季群:《天后宫写真》,《天津文化通览》第一辑,天津社会科学出版社2002年版,第116页。

街进宫。三月二十二日由天后宫起驾,经磨盘街、进东门、出西门,由西马路至南阁、针市街、北马路、东马路,仍入袜子胡同进宫。三月二十三日,回宫祝寿。"①考察这次皇会及光绪三十三年举办的皇会全过程,可以发现天后出巡所经过的地段往往是天津繁华的商业地区,包括宫南宫北大街、针市街、估衣街等有名的商业街道。商业的发达以及商人社会角色的变化决定了随着社会经济的发展,传统的社会秩序也会随之做出相应的调整和重建。商人及其行业组织参与类似皇会的民间信仰仪式,其意义不仅限于单纯的经济活动,更重要的是具有系统性的民间信仰乃至仪式本身也是建构社会秩序的重要组成部分。因此对整体实力不断增长的商人群体而言,天后信仰通过对信仰者的聚合可以增强同乡或同业的凝聚力,而皇会又为他们参与地方社会秩序的建构与调整提供了特殊的平台。

皇会之所以能成为近代天津的一大盛会,根本原因还在于天后信仰在社会上具有深厚的心理基础,信仰者自发参与皇会的热情景象犹如一场狂欢。他们常常会打破对仪式秩序的种种规定和限制,尽情表达对神灵的感激、内心的祈望以及聚会的欢乐,神圣与世俗交融于一体。

尽管地方官费了很大精力来维持秩序,但是信仰者常常会不予遵守。"所有皇会规定好的路线,左右的商家铺户,门前楼上,早有亲友顾主先期预约好了,借地看会的人占据满了。更有雇棚铺、现搭看台,专为看会的。挤得黑压压一片,人山人海,真可以说是商

---

① (民国)望云居士、津沽闲人:《天津皇会考纪》,《天津皇会考·天津皇会考纪·津门纪略》,天津古籍出版社 1988 年版,第 38 页。

人辍市,百业停工,交通断绝,万人空巷,观众如潮。自天后宫以至西头如意庵,所有沿途各路,绝无隙地"[1]。兴高采烈的香客们还会随时随地采取一些截会的行动,以至于电车、汽车"嘀嘀"狂叫不止,仍无人让路,最后只好停在原处一动不动,交通拥挤不堪。在天后宫内,信仰者蜂拥着挤跪在正殿的拜席上,手里擎着香火,只顾喃喃或默默地祈祷。他们神情专注,就是香火偶尔掉落在席上,有将其衣服引燃的危险,也在所不顾。[2]因此,偷盗、丢失物品等事难免会发生。由于女性信仰者对这一活动特别热衷,所以甚至可以说皇会期间"为终年不出门之妇女解放时期"[3],所以引来了很多男性信仰者的尾随、拥挤。还有人趁机强行敛钱等,杨一昆在《皇会论》中说"有一等游手好闲,家家去敛,口称善事,手拿知单,有钱无钱,强派上脸,图了热闹,赚了吃穿"[4]。

皇会是"鱼龙曼衍百戏陈"的盛会,法鼓会、鲜花会、捷兽会等大多是由行业性的公会,或是地域性的馆所、社会公益性的组织(如水会)等社会团体组成。皇会为民间的各种社会组织提供了展示实力的机会,而这些组织之间的竞争常常在正式出会前就已经开始了,"自经发起筹备以来,各处参加者极为踊跃。自旧历三月初三日(国历三月二十五日)起,各会分批沿街赴市府内表演。故连日市政府门前,每日下午一时许,即被男女观众包围。"[5]尽管花会这

---

①《大公报》1936 年 3 月 7 日第 6 版。

②董季群:《天后宫写真》,《天津文化通览》第一辑,天津社会科学出版社 2002 年版,第 124 页。

③《大公报》1936 年 3 月 7 日第 6 版。

④(清)杨一昆:《皇会论》,《津门杂记》卷中,《津门杂记·天津事迹纪实见闻录》,天津古籍出版社 1986 年版,第 77 页。

⑤《大公报》1936 年 4 月 1 日第 6 版。

类民间文艺的表演意味很浓,但能够参加皇会者毕竟还是少数,所以各施绝技,尽情展示。参加皇会的花会多是民间组织,具体由哪一家来承担哪道会也是有讲究,存在竞争关系。"宝塔仍是章家办。花瓶会,到底让口岸店。打顶马的数周家露脸,衣帽新鲜,顶戴齐全,人物体面,胜似当年王寿田。"①而各种团体、组织的积极参与和竞争,也促使了天后信仰的社会传播。

结 语

天后信仰的发源地并不是天津,但是随着漕运、海运的大规模展开,天后信仰也随着从事沿海贸易活动的商人信仰者进入天津,并成为本地较有影响力的民间信仰。供奉天后的天后宫不仅是天津民俗信仰活动的中心,也逐渐由信仰中心发展为地方经济文化的中心。天津信仰者对天后信仰有着较强的心理认同,他们赋予天后的诸多职能正是其现实要求在不同层面的表现。

皇会是为纪念天后诞辰而举行的盛大仪式,由于有了统治者的嘉赏而备受瞩目。天后信仰在天津信仰者心目中地位特殊,因此皇会的举办受到来自不同社会阶层的信仰者之普遍重视。而皇会参与者的社会地位以及各阶层的互动关系,都与地方社会秩序的建构和调整紧密联系。从这个意义上说,民间信仰也成为建构和调整地方社会秩序的重要因素。天后虽然不断受到国家的敕封,是象征尊严和文明的神灵,但并不妨碍不同的社会阶层对之寄予不同

①(清)杨一昆:《皇会论》,《津门杂记》卷中,《津门杂记·天津事迹纪实见闻录》,天津古籍出版社1986年版,第79页。

的信仰和期望。①这些不同的信仰和期望,源于各社会阶层不同的社会需要。皇会的举办,便将来自不同社会阶层的信仰者聚合在一起,民间信仰的包容性发挥了较为关键的作用。

(刊于天津市妈祖文化促进会编《弘扬妈祖精神,共话美丽天津·中国梦》,天津人民出版社,2015年,第81—89页)

①参见(美)杜赞奇:《文化、权力与国家——1900—1942年的华北农村》,江苏人民出版社1996年版,第133页。

月色依旧，月饼犹香
——老天津卫的中秋食俗

许哲娜

在二十世纪二三十年代的天津卫，每逢中秋，"一年容易又秋风"恐怕是报纸上最常见的应景诗句了。这或许是那个风雨飘摇、兵荒马乱的年代，旧式文人内心深深惆怅最真实的写照吧。可是在报纸的另一面却往往别有"天地"。当时的《大公报》等报纸杂志常常会刊登一些面向中小学生的节日征文。文中总是洋溢着孩子们对节日的热切憧憬。"穿新衣，戴新帽，街上去，跑一跑。给个钱，买块糕"，一位名叫李如瑾的小朋友用稚嫩的笔触写下的纯真童谣，概括了二十世纪二三十年代天津儿童过中秋节兴奋而美好的记忆。除了新衣新帽，对孩子们来说，最有诱惑力的莫过于"吃"了。在他们天真的想象里，中秋节的月儿"很早的出来"，是因为和自己一样按捺不住"等着吃那甜蜜的月饼"的迫切心情。

的确，无论哪个年代，"吃"总是中秋节给人留下的最深切最美好的记忆。食物不仅具有果腹的功能，美食尤其是节日特色美食所带来的愉悦感更具有抚慰情绪的作用。从"连日津市英法各菜市及东浮桥官银号等处菜市，每晨顾客拥挤不堪，称鱼量肉，买办一切，皆是过节所需也"，到"呵！那些买礼物的、送礼物的，月饼，水果，形形色色，往来不绝，十足地表现出中秋节的热闹"等绘声绘色的描述中，无不洋溢着采购、准备、享受节日美食的满足感与愉悦感。可以说，"吃"的狂欢构成了节日喜庆氛围的重要组成部分。

中秋月饼由于被视作"团圆饼"，是合家团聚、花好月圆的吉祥象征，意义重大，因此格外受到重视，是"无论贫富商民必购之物"。在叶笃庄回忆录中提到，老天津卫的一些上层社会人家往往会摆上"一大套月饼，最大的直径有一尺多，逐个缩小，最后在顶端是一个很小很小的月饼"。1933 年中秋节，尽管商家声称"人民购买力弱，故不及去年，而商业竞争者众，售价低廉，货物更需精良，故余利当较往年倍少"，但一品香、祥德斋等茶食店在农历八月初一至二十日短短的二十天内仅凭月饼收入一项的余利总额仍"足可维持四个月至开支所需"。

据常建华考证，大约是从唐代开始，中国人就有在八月十五晚上赏月的习惯，吃月饼的习俗也滥觞于此时，宋代开始流行，到明代普及为民间习俗。在这一历史发展过程中，除了永远不变的象征团圆美满的圆形，月饼经历了"月糕""金饼""玩月羹""团圆饼"等形形色色的称呼变化，大小、花色、馅料、口味也在不断地发生着改变。

到了二十世纪初叶，月饼制作技术革新大约是这个时期最值得称道的事件了。在翻阅这一时期天津报纸上的月饼广告时，很容易注意到商家卖力宣传自家月饼时常常强调的两个特点，一是"受热均匀"，二是"新制"。这在今天看来应该是食品卫生的基本要求，却作为产品优点大肆鼓吹，简直是匪夷所思。然而，如果再翻翻当时关于月饼卫生状况的其他报道，就会发现这两大进步切实地解决了传统月饼的食品安全问题，在当时的的确确称得上一种骄傲。

首先，传统"火烤"工艺往往因为"冷热不匀"导致制造出来的月饼"多为半生不熟之物"，容易"伤肠胃，害牙齿，易生腹泻痢疾之症"。一些实力较为雄厚的南味食品店如冠生园、广隆泰通过引进现代食品工业设备——"科学炉"进行烘焙，保证了烘焙过程月饼受热均匀，从而克服了月饼夹生的弊端。

其次，传统月饼主要依靠手工制作，生产效率低下，因此为了应付从八月初一到八月二十左右突然猛增的节日消费，就得提前一段时间把月饼做好装箱。问题是中秋之前的天气还比较闷热，在当时冷藏保鲜条件有限的情况下，月饼变质是常有的事。比如有一位名为牛刀的作者就曾经看到过，在中秋节前"分外热闹了许多"的北门外，家家点心铺外都特意"点起了不怕费电的电灯"，更增添了几分喜气洋洋的节日气氛，然而这灯光映照出的却是有些让人扫兴的情景：预制装箱的月饼等不及上市早就"起了霉"，商贩们正在尽力把月饼擦拭得光鲜诱人，一摞一摞地摆在"光明辉煌"的灯光下招徕顾客。而相形之下，用"科学炉"烘焙，生产效率更高，这就大大缩短了制作月饼的时间提前量，保证了上市月饼的新鲜程度。因此在当时，强调自家月饼是"新制"的，成了与"预制"月饼竞争的营销噱头之一。

除了技术方面的改进，月饼口味也有了明显的突破。南北风味平分秋色，从清中叶以来就一直是京津食品市场的主要特色。在天津市场上，以冠生园、稻香村、生春阳主营南食，祥德斋、一品香主营传统北方风味。以月饼为例，最初南北月饼在制作工艺上相差无几，皆是"外面以油面为皮，经火烤熟"，其主要区别体现在体形方面,北方月饼"圆而薄",南方月饼"圆而厚";馅料方面,前者"内含皆甜质物,为白糖、豆沙等,",后者"不仅甜者一种,尚有咸者肉者"。大约到了 20 世纪 20 年代,南食店率先推出了所谓"改良饼",主要是对原来"坚硬难咬"的饼皮进行改良,"将月饼外皮做得松软"。这种经过改良的月饼由于"颇迎合人之心理",一经推出就取得了相当大的成功,"销路遂亦推广,为北方食品店所不逮者"。此后,"改良月饼"成为各商号招揽顾客的主要招牌,甚至可作为各式月饼的总称。如 1927 年中秋节,冠生园、广隆泰就是以"改良月饼"来总称本店出售的各色月饼以吸引消费者。

为了适应人们对新奇口味日益增长的需求,商家竞相推出更加丰富多元的风味品种,最终打破了天津月饼市场以南北划分风味的格局。其风味品种更细致地划分为"广东月饼""扬州月饼""上海月饼""山西月饼"等。其中广式口味异军突起,成为在天津传统食品市场南北两大体系之外自成一体的风味流派。不但在专门销售洋广杂货的广隆泰等有广东背景的商号,而且在冠生园、稻香村等南食店,广式粽子、广式月饼一直都是其主推产品。广东技师成为保障月饼品质的金字招牌。特别是莲蓉馅,是广式月饼的标志性馅料。广式莲蓉月饼是当时社交活动中的待客佳品。二板在 1925 年为《北洋画报》撰写的《关于月饼的谈话》一文中谈及,几次与该报主笔见面,"他差不多每次都拿莲蓉月饼敬我,的确别有风味。"

天津作为较早开埠通商的沿海都市,西餐文化颇为发达,这对天津月饼行业也产生了一定影响。早在 1906 年,就有商家利用月饼在原料和制作工艺上与西式点心具有相通之处的特点,推销以进口原料制作的"新式中秋月饼"。如广吉祥号在《大公报》上刊登广告,自称采用制作"各式面包饼食、甜咸梳打"的"上等洋面粉"来烘焙月饼,更自诩月饼上的"一切人物花草"等图案也因用了"外国糖浆"进行"推凸"而显得"玲珑异常",从而呈现了"食之即见爽口,观之更觉悦目,独开生面而与众不同"的良好效果。乐陶陶在1927年为其特制的"美国月饼"大登广告,其实恐怕没有什么新奇之处,不过就是把"特聘美国波士顿大学烹饪专家韦女士"指导生产过程作为一个宣传的噱头。1936年又有正昌老洋点心铺推出"特制洋月饼"。而在一些受西方影响文化影响较深的家庭,也出现了自制的"半中半西式的月饼"。如《关于月饼的谈话》的作者二板提到与《北洋画报》主笔的一次见面,他"又拿出他们老本家冯夫人[她的'密水桃'(Msiter)冯建统,也是我多年的朋友,今年春间被派到美国去了]的手笔,半中半西式的月饼,给我吃。"

一枚小小的月饼,蕴涵着千年不变的家国情思,也折射出开放创新的城市精神。月饼生产由家庭手工业向机器工业的萌芽性转变,构成了天津城市工业化进程一个不可或缺的组成部分。月饼口味的"演进史"从一个侧面反映了天津随着多元文化融合趋势的不断增强,逐渐成长为华北地区乃至全国性市场中心,甚至国际化都市的城市发展历程。

(刊于2015年9月21日《天津日报》"文史"版)

清末法政学堂的兴起

刘国有

长期以来,独立设置专门的政法大学进行法律和政治学教育,培养司法和行政管理人才,是中国法政教育体制的重要特征。本文将以直隶和京师等法政学堂的早期发展为中心,追溯这一体制产生的背景、对象与演变过程,揭示中国近代法政专门教育的若干特征,以就教于方家。

一、法政学堂的前身——仕学馆、进士馆与课吏馆

1902 年京师大学堂设立仕学馆,培养行政官员,学制三年,这是中国近代法政学堂的前身,"光绪二十八年,经前管学大臣奏设仕学馆,考选京外有识人员入馆肄习法政"。①"仕学馆自开办以来,专攻政法,教习明辨,讲义详备,故不及三年而程度已甚高。"1904

①《大公报》1906 年 10 月 16 日第二版,《学部奏保仕学馆学员毕业奖励原折》

年4月,仕学馆又附设进士馆,"所有上科新进士均须入馆学习。其年在三十五以下愿改外官者始可自便"。①该馆规模宏大,楼房就有四百二十余间,开设政法各学科和算学、洋文、体操等课程,"系属法政专科,为应时切要之学"。②

据媒体报道,"进士馆所定规则三年毕业,分为六期",讲授法律各主要学科,"仕学馆研究法律已近三年,所学国家根本组织法、裁判所构成法、刑法、刑事诉讼法、民法、民事诉讼法、商法、行政法、国际公法、国际私法、国法学、法制史、罗马法各科完备,确属专门。进士馆所授学科与此亦无差异。"③期末、毕业均有分科考试,分别等次。"六期中每期考试一次,列优等者每次给小文凭一件,三年卒业后,查有曾给三次小文凭者方准与试毕业大考,其小文凭不足三次者,留堂续习,以观后效。"④期末考试长达一星期,"进士馆新旧班学员自本月十七日起期考一星期之久,仕学馆亦同于是日考一星期,惟进士外班仅考两日"⑤。次年始设外语课,"闻进士馆所定课程并无各国文字。兹因某进士之请,拟添设英法俄德日本五国文教习,以宏造就而备译才"⑥。进士馆似有旁听生,即外班,"进士馆外班诸员每星期之第三日赴馆听讲一次"⑦。1906年9月,进士馆在馆学员70多人,不在馆130多人。仕学馆学员杨肇培后任北洋法政学堂副监督,进士馆学员徐谦为民国著名法律家。1906年10月,

①《大公报》1904年4月3日,《进士开馆预闻》
②《大公报》1906年10月16日第二版,《学部奏保仕学馆学员毕业奖励原折》
③《大公报》1905年5月9日第四版,《进士馆近闻》
④《大公报》1905年5月16日第三版,《进士觖望述闻》
⑤《大公报》1905年6月14日第四版,《进士馆期考》
⑥《大公报》1905年5月20日第三版,《进士馆增设外国文之传闻》
⑦《大公报》1905年6月1日第四版,《进士馆外班学员之言》

进士馆和仕学馆原有学员全部离校，进士馆又设政治、理财讲习科，招收各部"学有根底自愿讲习之员"研究政法，课程 8 门，学员80 人，期限 6 个月。

各省则设课吏馆培训官员，直隶课吏馆为袁世凯 1902 年 4 月所设，"以六科课吏，内有吏治、律例、洋务等门，优给廪饩，以培人才"，①招收考评特等以上官员入馆研习，设政治、财赋、洋务、河工四专业，分别研习外交、律例，"钱粮税课、屯牧矿冶以及工艺诸学"，"外国历史、外交、政治以及教案、条约"和"河渠疏浚，考求水利以及种植树木、经理道涂"等，配藏书楼，学员按各自专业学习讨论，主管官员朔望来馆测试，总督袁世凯也曾亲自命题考核。但效果并不理想，"在馆肄业各员向有日记，抄录成说者多，自抒心得者少。嗣后宜将逐日所看书籍各抒心得作为札记，朔望呈由本司道职道校阅以觇学识…日记半月一册，程式由馆刊发以规划一"。袁世凯要求"每岁甄别一次，如先有出差等事，仍令补考。"②袁还建议课吏馆充实内容，严格管理，添聘教师分科授课，"今宜于课吏馆内添聘讲师，酌加功课，限定钟点，使各员每日入馆受其课程，即遵照奏定学堂章程法政大学各科目略加增减，钟点则每日以四小时为限，候补人员为正课，学员必须入班听讲。现任官为旁听学员，愿听讲者随时报名注到，皆不住馆…学期则一年，而毕业考其成绩，酌量委用。"③

1904 年 6 月，袁世凯到该馆考试学员，各科题目分别为"强迫教育中国是否能仿行"，"我欲铸金币，则纸币在所必需，如他

①《大公报》1905 年 4 月 7 日第二版，《徒托空议》

②《课吏馆禀呈课吏馆章程六条并批》《北洋公牍类纂》第一册 221 页

③《大公报》1905 年 4 月 16 日第二版，《清宫途策》

国人伪造,将何法禁止之。""英德日本皆以宪法立国,其规则孰为美仑论。"①从此可知,该馆教学重点是行政实务,基础理论不受重视。

课吏馆的专业设计、学习方式乃至藏书均较传统,不敷实用。根据章程,直隶课吏馆各专业参考书"官书为主,如钦定图书集成,列朝圣训,续东华录,一统志各种,应向官书局支取,至大清律例,洗冤录,刑案汇览并应多备数份以便分阅"以及"郡国利病书,皇朝经世文编,农政全书及新出财政各书",现代政治外交资料则付之阙如。②不少学员缺乏现代科学常识,难以接受系统的政法教育,平时敷衍应付,考试时弃难就易、偷改专业,"今候补各员流品日淆,或自正途,或由捐纳,虽不无有志之士,而终鲜济世之才,何也?出身不自学堂,学业皆无程度…题目稍难,辄存趋避,乃有向习政治者忽占洋务,向习财赋者忽占河工"。③四川课吏馆学员"每日入课吏馆,名为肄业,其实不过闲谈而已。所谈者无非是某观察之太太某日生辰当送送礼…除此之外,不过吃两个馒头而已。"④

二、"臬署"与"藩属"——直隶法政学堂演变

课吏馆思想陈旧,进士馆不够专业,难以培养高层次法律人才,因此很早就有设法律学堂的动议,"日前某部奏设法律学堂一折,内有进士仕学等馆,其取义在明澈中外大局,于各项政事皆能

---

①《大公报》1904 年 6 月 19 日第三版,《课吏题目》
②《直隶课吏馆章程》《北洋公牍类纂》第一册第 218 页
③《姚永康之整顿课吏馆条陈禀并批》《北洋公牍类纂》第一册
④《大公报》1904 年 5 月 13 日附张,《课吏腐败》

知其大要,法律仅属普通学科之一,断难深造等语。"①直隶省闻风
而动,1905 年 5 月,署直隶提刑司(通称臬司)陈伯平即开始动手,
在衙署内兴建法政学堂,后称臬司法政学堂②,讲授政治、历史、教
育、理财、交涉、宪法、法学概论、警察诸学科,中国律例为授课重
点③,"臬宪陈廉访拟在署内创设法政学堂一处,业经禀商袁宫保,
刻已履勘本署仪门内西偏地址起盖茅屋数大间,当即鸠工庀材矣。
所有工程限五月初间一律落成,俟工竣后即行招考学生。"④章程设
计者为直隶学务局日本顾问渡边龙圣,总办欧阳弁元,陈伯平会
办,清苑知县罗正钧提调,华籍教习潘履安讲授大清律和条约。⑤

这时的直隶法政学堂,主要招收已有功名的旧知识分子和在
提刑司衙门学习的幕僚,以培养新式司法人员。很快,直隶又将原
课吏馆改建为直隶法政学堂,当年 9 月招收"本省道府同通,直隶州
州县佐杂" 80 人入堂,2 年毕业,培养行政和外交人才,原直隶法政
学堂改名为幕僚学堂,附属于新设的法政学堂,媒体常将新学堂称
为藩属法政学堂⑥,设预科和正科,预科"以补习普通科学为主,兼

---

①《大公报》1905 年 5 月 9 日第四版,《进士馆近闻》
②《北洋公牍类纂》卷 3《署按察使陈筹设法政学堂谨拟章程十条》
③《北洋公牍类纂》卷 3《署按察使陈筹设法政学堂谨拟章程十条》
④《大公报》1905 年 5 月 27 日第四版,《法政学堂兴工》《据北洋公牍类纂》卷 3《署按察使
  陈筹设法政学堂谨拟章程十条》可知,臬署法政学堂为一陈姓署理臬司倡办。查钱实甫
  《清代职官年表》无此人在直隶的任职记录。此人疑为通永道陈启泰,理由是 1905 年 9
  月 17 日大公报载"新授安徽臬司、按察使陈伯平廉访启泰日前禀请袁宫保,情愿出洋
  赴日本考察法政等科,已蒙批准,约在交卸直臬篆务后即行东渡可知"陈启泰任安徽按
  察使前曾署理直隶按察使。臬署法政学堂开办时直隶臬司应为宝芬,暂由陈启泰署理。
  徐保安《清末地方官员学堂教育述论(以课吏馆和法政学堂为中心)》。http://wenku.
  baidu.com/view/e165657d2f60ddccda38a097.html
⑤《大公报》1905 年 7 月 26 日第四版,《法政学堂各员名》
⑥《大公报》1905 年 9 月 24 日第四版,《法政督办有人》

授东文东语,以浏览东籍之用",设伦理学、历史、地理、世界政治地理、算学、教育学、法学通论、经济原论、东文东语等,每周 30 学时。正科专习中外政法专门各学科,设大清律例、大清会典、交涉约章、政治学、宪法、行政法、刑法、民法、商法、国际公法、国际私法、刑事诉讼法、民事诉讼法、裁判所构成法、应用经济、财政学、警察学、监狱学、统计学、演习裁判等。学堂设监督、提调各一员,"监督会同藩司专任延聘教员,酌定章程,总理全堂用人行政一切事宜。""以每年年假后开学至年终为一学年,中分两学期。""所有学员概不住宿"。①

直隶法政学堂 1905 年 10 月 1 日开学,这是中国现代法政学校开学第一日,"臬署法政学堂已于初三日开学,是日陈廉访同各学生行礼毕,演说一遍,遂散。…每日八点钟上堂,至十一点钟下堂,下午一点钟上堂,至三点钟下堂,后各生出堂回寓"。②该班开学后,藩属学堂始招收行政人员,"前奉院饬改课吏馆为法政学堂,业经遵办在案。本司道现将本堂房屋改修,不久工竣。各科教习亦将延请到齐,自应先期招考学员来堂肄业。蒙宪谕,本省道府同通,直隶州州县佐杂各班,无论在津在省,分道分府及有差无差,不拘年岁,均准投考。暂定员额录取八十名…教授法政等科,两年毕业,考给文凭,分别设奖。"③1906 年 6 月,直隶法政学堂官、绅两班共 60 人,同时的北洋医学堂 36 人,直隶师范学堂 505 人、直隶高等工业

①"藩属法政学堂监督徐观察思谦刻下辞差,所遗斯差委派候补李太守接充。"《大公报》1907 年 5 月 29 日,《法政学堂监督易人》
②《大公报》1905 年 9 月 9 日第四版,《法政学堂开学》"初一日藩属之法政学堂考试官学生",此处之法政学堂,标明为"藩属"。1906 年 7 月的一则报道,则明确说是"臬署"。
③《大公报》1905 年 9 月 11 日第三版,《省城法政学堂示》

学堂 211 人。①

　　"臬署"与"藩属"法政学堂,是一个学堂的两个办学单位。按总督袁世凯和学堂总办欧阳弁元的设想,直隶法政学堂成立后,应吸收合并课吏馆,但遭到陈伯平反对,陈认为课吏馆与学堂在招生对象、学制设计、教学管理各方面均有不同,难以合并,"查课吏馆系奉谕旨奏设,开办以来颇著成效,此项学堂乃官幕并选,又必须限以名额,虽设旁听一科,究不能容多数并入,均不无微碍。又学堂毕业须至两年,课吏馆人员犹得时出小差,藉资调剂,学堂则四期课程均不能稍有间断,而名额既定,在馆应课者势不能全数选入,未免有向隅之处,似仍以分设为宜。"②欧阳弁元只好"请札饬臬司将业经禀准开办之法政学堂改名为幕僚学堂仍附属直隶法政学堂,专为教幕之地,毋庸招考候补人员……直隶法政学堂专教候补各项人员,其附属之幕僚学堂,应归法政学堂监督兼管以专责成。"③结果,两学堂的并立成为事实。1906 年 8 月 1 日,《大公报》同时刊发两则法政学堂消息,一是"藩属法政学堂牌示",发布期末考试学员名单,"预科第一学期官班学员赵毓桂等…绅班学员王邦屏等"④;一是"教员须人","臬署法政学堂汉文教习柳少尉士(世)棻现奉藩宪牌示饬赴涞水县典史本任。"⑤1907 年 7 月,臬署法政学堂告示"本学堂新章程,嗣后有旁听缺出,递禀请补者,必须取具省中各幕切实保结、盖印戳记…以例案粗通而品行端谨、文理优长者为合格

①《大公报》1906 年 6 月 26 日第六版,《直隶全省各学堂学生名数全单》
②《署按察司陈尊奉批谕三端列入法政学堂规章暨课吏馆碍难议并情形禀并批》《北洋公牍类纂》
③见《北洋公牍类纂·欧阳道弁元酌拟课吏馆改设法政学堂章程禀并批》
④《大公报》1906 年 8 月 1 日第三版,《藩属政学堂牌示》
⑤《大公报》1906 年 8 月 1 日第三版,《教员须人》

取录。"①1908 年 7 月,"省城臬署法政学堂刻下招考新班学员六十六名,无论本省外省之举贡生监,暨有职人员均许投考"。②

袁世凯还曾创办吏胥学堂培训衙门执行人员。1905 年 7 月的公告说,"省城新设法政学堂,以造就官幕人才,特官所日与共事者,惟书吏、差役、执事之人耳。吏犹不乏上流,役则每况愈下,营私舞弊,习以固然。好义急公徒成虚语。惟趋之于学堂之中,使各有普通之道德、技能,实为改良行政之枢纽。应参酌半日学堂之意,各于署旁设立吏胥学堂,按初等小学章程变通教授,办公时刻有订约,日课以三小时为率,吏役流品不同,约班次以两三级为率,不论年岁之长幼,但分程度之高低。本部堂先就天津行辕创设,以为之倡,其司道府厅州县各属亦应斟酌情形一律添设。"③天津县吏胥学堂创立最早,"邑侯唐大令接奉札饬后,当即与学董林墨卿君筹办,并拟在县署西辕门外建造学堂云。"④这是袁世凯时代发展最快的政法警务学堂,在直隶同类学堂中规模最大。1906 年 6 月直隶的 16 个吏胥学堂中,天津县吏胥学堂学员 194 人,枣强县吏胥学堂 30 人,宣化吏胥学堂 60 人。

有的书吏文化程度较高,工作繁忙,不愿进吏胥学堂,袁世凯就决定先设丁役学堂,以"期开化""差役家丁"。1906 年 6 月,天津丁役学堂有学员 136 人。

1906 年 7 月,直隶省还曾设立监狱学堂,似为直隶法政学堂附属机构。1906 年 7 月,"藩司毛实君方伯刻下续行招考学习监狱人

---

①《大公报》1907 年 7 月 17 日第五版,《臬司牌示》
②《大公报》1908 年 7 月 13 日第二版第一版,《法政学堂招考》
③《大公报》1905 年 7 月 17 日第二版,《直督袁倡设吏胥学堂通饬量设札》
④《大公报》1905 年 7 月 17 日第四版,《议设吏胥学堂》

员，令候补佐班各员投考，有志愿学者须先期报名，于十六日考试。"①学员为各州县试用、补用县丞、典史、同知、主簿、巡检、通判等。报考者齐集省城，毛实君又前往看望，"藩司毛实君方伯日前赴本署法政学堂考试学习监狱各员。"②7 月 20 日，毛实君主持了监狱学堂入学考试，"藩司毛方伯于上月二十九日（公历 7 月 20 日）在署内法政学堂考试学习监狱及习法政各员。"考题为"问法政所以维持国家，振兴国家之具也。故研究法政者必以爱国之心为本，而监狱者又法政之一端也。将欲从事于监狱学者又必以爱国之心为本。人人知爱国则国兴。人人知爱其民，则民兴，而国更无不兴矣。诸君讨论者有素，何以所见著于端。"③学员部分入本部学习，部分选派日本留学，"本司叠次考试学习法政及监狱各员，均着于六月初一日早八点以前齐集法政学堂，听候本堂教习先行讲授监狱学大意，以为游学准备。即自是日起，每日讲授三小时，午前分三堂讲授。所有各堂笔记，按日呈阅，候讲授完毕再行分别取录或派赴日本学习监狱专科或俟暑假开学到堂学习可也。"④

三、京师法律、法政两学堂

京师法律学堂为刑部直辖，却晚于直隶法政学堂成立。1905 年

---

①《大公报》1906 年 7 月 3 日第三版，《招考监狱学员》。毛庆蕃，字实君，1907 年 5 月 27 日由天津河间道迁江苏学政，未有直隶藩司的任职记录。大公报 1906 年 3 月 9 日后，曾连续报道署理藩司毛实君方伯作为藩署法政学堂总办对藩署法政学堂进行的管理，可见毛庆蕃曾署理直隶藩司。《清末地方官员学堂教育述论》（以课吏馆和法政学堂为中心）徐保安 http://wenku.baidu.com/view/e165657d2f60ddccda38a097.html
②《大公报》1906 年 7 月 11 日第三版
③《大公报》1906 年 7 月 24 日第四版，《考试纪题》
④《大公报》1906 年 7 月 27 日第四版，《藩辕牌示》

4月,政务处与外务部、刑部研设法律学堂,培养修法与外交人员,拟名"中西律例学堂","招考学生学习中西律例,""由刑部奏稿。"5月,刑部尚书伍廷芳提议广设法律学堂,"伍尚书前奏请各省将课吏馆内添造学堂,专设仕学速成科,自候补道以致佐杂,凡年在四十以内者,均令入馆学习政法等业,本地绅士亦准听讲等语,已交学务处议奏。日前议妥,请仿照直隶政法学堂章程办法参酌办理,其所订科目章程颇为完全,于造就已仕人才佐理地方政治深有裨益。"①8月底,伍廷芳、沈家本等上奏法律学堂章程报军机处和管学大臣审核,"已议妥,奏明奉旨依议矣"。②

当年10月,清廷批复报告,认为各省法政学堂预备科刚刚开学,专门科尚未招生,故需单设法律学堂,按仕学馆章程给予奖励,"本年三月二十日(公历4月24日,作者注)军机处片交修订法律大臣沈家本奏专设法律学堂一折,又奏请在各省课吏馆内添设仕学速成科讲习法律片……现在预备科甫设,专科尚未有人。伍廷芳等所请专设法律学堂实为当务之急,自应惟如所请…速成科办毕业后,应请简派大臣会同学务大臣详加考验,列定等第,分别年限,比照仕学馆奖励章程酌量办理。……以六个月为一学期,三学期为毕业,每一学期后由督抚率同教习面试。"③11月初,刑部等有关负责人开始讨论学堂章程,"闻刑部各堂官会议前经奏准开办法律学堂。兹已拟定章程十余条,大致本学堂学生系用京中各部候补官员,外省学堂学生系用候补州县佐贰等官,每堂以三四十名为正

---

①《大公报》1905年8月31日第三版,《议准设政法学堂》
②《大公报》1905年8月29日第三版,《准设法律学堂》
③《大公报》1905年10月1日第五版,《孙家鼐等议复专设法律学堂折》

额,学生年限以二年为期。"①"以造就已仕人员、研精中外法律、各
具政治知识、足资应用为宗旨,并养成裁判人才,期收实效。"②12
月,选定宣武门内象坊桥作为校址,开工兴建③,正科 3 年,速成科一
年半。1906 年 6 月议定速成科学员毕业后"发给文凭,派充京外警
务、裁判官,其部署及各省按察司应用人员,惟完全科毕业后方能
重用。"④该堂第一期招生 200 人,大大超出上一年开学的直隶法政
学堂,"法律学堂已于十五日揭晓,共取二百名,另有二百名备取"
⑤,还曾试图招收军人,培养军法官。9 月,第一期录取结束,正取学
员 120 名,副取 80 名,备取 187 名。1906 年 11 月,京师法律学堂开
学,刑部侍郎、法律学堂监督沈家本亲自出席典礼,"一切办法颇属
文明,总理沈子敦正卿悉心筹画,力求进步。该堂所聘教员均能热
心从事讲授功课,不厌精详。东文助教汪子建尤能反复推求,不遗
余力⑥。各学员相爱之笃,皆表同情。"⑦

　　1907 年 10 月,京师法律学堂准备添招别科,三年毕业,要各省
推荐现职和候补官员投考,每省限十名,"现定于十月内添立新班,招
考在京候补候选各员,并拟由各省考取已有实官之员送京肄业。不
论官绅,统归提学使详加考验。"⑧

---

①《大公报》1905 年 11 月 8 日第二版,《会议法律学堂》

②中国近代法律教育探析 宋方青 http://www.pkulaw.cn/fulltext_form.aspx?Db=qikan&Gid=
　　1509951430&EncodingName=

③《大公报》1905 年 4 月 7 日第二版,《拟设中西律例学堂》。

④《大公报》1906 年 6 月 20 日第三版,《议定法律之出身》

⑤《大公报》1906 年 8 月 6 日第三版,《法律学堂将揭晓》

⑥似为汪有龄(1879—1947),字子健,浙江杭县人,后创办北京朝阳大学,并任校长。http://
　　baike.baidu.com/view/3458910.htm

⑦《大公报》1906 年 12 月 15 日第三版,《纪法律学堂》

⑧《大公报》1907 年 10 月 29 日,《提学司牌示》

1907年初,学部即筹设法政大学,后决定改建进士馆。"学部荣华卿尚书与政府商议,拟在京师设立法科大学一所,考选文武学堂内精通中西文字之学生入校研究,其一切教授章程参酌法律学堂办理。"①"京师进士馆此次毕业颇有可选之才,足资任使。现学部议拟将该馆改为京师高等法政学堂以树各省之风声。"②2月底,学堂正式成立,"学部已将进士馆改为法政学堂,设立豫科二班,别科二班③,学额一百名。豫科以二十至二十五岁之举贡生监文理精通者为合格,别科以二十至三十五为合格,概不住宿,每月各缴膳费二元五角"④,聘日人岩谷和沙山为教习,讲授法政通论、宪法、财政、外交史、理财各论、理财通论、行政法、国际公法、国际私法等课程⑤,原拟开设的治学馆并入法政学堂讲习科,培训裁汰之各部冗员。3—4月,学部指派于永章为监学,学部右丞乔树枏兼任监督,林棨为副监督。招考时报名十分踊跃,仅京师各部吏员就达三千人以上,学堂还要求每省各荐2—3人,"毕业后仍回原籍办理一切法政事宜,用资得力。"⑥5月,录取豫科200名,别科100名。1907年11月,学部批准法政学堂扩招插班生,所有报名者均加试中文和日文,豫科加考算学、理化,别科加考法学通论、理财原论。⑦

---

①《大公报》1907年2月1日第四版,《拟设立法科大学校》
②《大公报》1907年2月6日第四版,《进士馆拟改高等法政学堂》
③别科为造就从政之才以应急需而设,学员在各部院候补候选人员及举贡生监年岁较长者中间考选,不必由预科升入,俾可速成,以应急需。徐保安/清末地方官员学堂教育述论
④《大公报》1907年2月25日第四版,《法政学堂之成立》
⑤1907年9月,该讲习科又进行了扩充,以便吸收各部新进各员以及裁汰官吏。
⑥《大公报》1907年4月3日第四版,《调员肄习法政》
⑦《大公报》1907年11月3日第四版,《添招法政学员》

四、北洋法政学堂与其他法政学堂的相继设立

直隶法政学堂章程规定,"本堂俟毕业人数足敷委用时即行停办或归并北洋法政大学堂办理。"①因此,袁世凯很早即决定在天津另设法政大学,"袁宫保拟在天津创办直隶、山西、陕西、河南甘肃等五省师范学堂及法政学堂各一所,尚未定议"②。袁亦拟在津设宪政学堂培训直隶官员,"专授宪法学及各国议院章程等科,其第一班订为知府及道台肄业。第二班订为知县及知州肄业。第三班订为候选等官肄业。"③这可能是北洋法政学堂政治经济科的最早胎动。1905 年 10 月,袁世凯命幕僚黎渊等筹办北洋法政学堂,这是一所新式政法大学,"设于北洋天津地方,为教授高等法律、政治、理财专门学术之地…以造就完全政法通材"。与已有法政学堂主要培训司法人才不同,它设有专门的政治经济科直接招收新式中学毕业生,培养政治和理财专家,开设政治学、比较宪法、最近政治史、比较行政法、政治学史经济学史、社会学,以及日、英、法、德等多种外语课程,虽然聘请多名日籍教习使用日语授课④,但华籍教师已占多数。

畿外各省的法政教育则进展不一,学部甚至多次发文催促。1906 年 8 月,奉天开设法政学堂,沈家彝为总教习,11 月开学,录取学员 60 人,"二年卒业…系法政之普通学,卒业后分上中下三等,上等者由将军奏保应升官阶,中等者将军量材派充要差,下等者

①奏定直隶法政学堂章程.大公报[N]1906—9—3—6
②《大公报》1905 年 10 月 9 日,《拟办五省师范法律学堂》
③《大公报》1907 年 9 月 1 日第四版,《拟设宪政学堂》
④北洋公牍类纂(卷三·吏治一)[M].北京:北京益森公司,1907.37。相比之下,北京法律
　学堂和直隶法政学堂等最初都只招收绅班和别科。

但给卒业文凭。"①1907年1月,署顺天府尹孙宝琦创设顺天法政学堂,分警察、吏治和法律三科,日本人冈田(朝太郎)为教习,招收"同通佐贰杂职,计有四十名上下"。"专为教育候补人员而设,以四十名为定额。""考取顺属候补州县以及佐杂人员入堂肄习外,并附候选官员一班,亦准报考,其警察学教习派候补县丞刘元菜,法律学教习派候补府经历孟性善充任"。②但衙门内多数候补人员并不积极,"一时不能足额,故又准候选者一律入学,以养政法普通人才"③,也只招到36人。1907年6月,湖北上报学部,拟开办法政大学堂,分"完全、简易两科。完全科七年毕业,简易科三年。原定规模阔大,章程深密,实为各省之法政学堂所不及。"④1908年5月,湖南巡抚岑春煊决定该省法政学堂别科和讲习科先行开学,以后再招预科。

五、法政学堂教师选聘与考试招生

对仕学馆教习我们只知有日籍教授岩谷、华籍教习林某(讲授国际法)。进士馆"教习大半系大学堂仕学馆旧日教习。"如日籍的岩谷、杉⑤,华籍章宗祥、陆宗舆等。直隶臬署法政学堂只有中外教

---

①《大公报》1906年12月4日第五版,《法政开学》
②《大公报》1907年1月15日第九版,《顺天府设立法政学堂》
③《大公报》1907年1月7日第三版,《大京兆作意人才》
④《大公报》1907年6月17日第四版,《湖北开办法政大学堂》
⑤杉应为杉荣三郎,东京帝国大学法科毕业,曾任职日本大藏省,1902—1912年来华工作,历任京师大学堂、进士馆和京师法政学堂法律及经济学教习。岩谷,应为严谷孙藏(1867—1918),毕业于东京外国语学校,曾赴欧洲学习法律,1902—1917年在华工作,历任京师大学堂仕学馆正教习,京师法政学堂教习(1906—1912),后任民国法典编辑会调查委员。参见[美]任达著,李仲贤译:《新政革命与日本》,江苏人民出版社2010年版,第80—83页。

习各一人,通译一人,藩属法政学堂则额外添聘中日教习各一人。京师法律学堂筹办时,伍廷芳和沈家本分别主张选聘留美和留日同学,荣庆则想聘用仕学馆毕业生,"闻沈伍两侍郎奏请设立法律学堂一折已由军机处议奏。现在学务大臣荣张二公会同沈伍二公与议,荣军机以法律学堂教习,即以仕学馆本年卒业生充当,甚善。伍侍郎拟将美国留学生调回充当最妥。沈侍郎以聘东洋法律学教习为是,各主一说,尚未定议云。"①沈家本还多次致电驻日公使杨枢,要他推荐优秀人选。最终聘请日籍冈田朝太郎、松冈义正和华籍汪子建、钱念慈(留日)、陈公猛等讲授外国法,姚芝山、吉时生讲授中国法。到北洋法政学堂时,留日归国的法科学生已经不少,虽聘日本教师今井嘉幸和吉野作造,但中国教师已占多数,稽(嵇)镜、易恩侯、李志敏、高种等皆为其代表。

初期的法政学堂只招现职和候补官吏,均考策论。1905 年 7 月,直隶臬署法政学堂发文说,"本署司筹设法政学堂,前已出示招考。现定筹给每月津贴银官十二两,幕六两,均各扣除二两,由堂代备笔墨等费,以昭划一。兹改定于六月二十日(公历 7 月 22 日,作者注)在于课吏馆命题考试策论一篇,以凭录取。"初试考题为"张释之为廷尉,于定国为廷尉,民自以不冤论。"和"问刑法之目的要不外维持治安,然犯罪之智巧与害世之奸恶均随世逶而俱进。故刑法规定不能不适乎时宜。今欲杜绝奸慝,防御犯罪,凡立法司法应定如何之适当方法而可以达刑法之目的,保人类之安全?试详言之。"可见幕班纯为培养司法人才。

1905 年夏历 10 月底,直隶藩属法政学堂官班招考,题为"中国

---

①《大公报》1905 年 5 月 22 日第三版,《会议法律学堂意见》

历代法制与现今欧美各国法制异同论。"次年3月招考绅班,"非各州县备文申送者不准与考",说明须县以上衙门正式推荐才能报名。1906年8月,新修订学堂章程说,"本学堂专招募直隶候补人员,不拘班次大小…以改良直隶全省吏治,培养佐理新政人才为宗旨…设于藩署附近,以便藩司随时稽查督励,堂中重要事宜由监督就近会商办理"。聘有中日教员,"于日教员所任学科一律延聘精通日语人员为之通译,以收速成之效","招收学员每年以一百二十人为定额,因讲堂狭隘,暂分两班教授","本省候补人员""年在四十五岁以下""文理明通""不染嗜好"者皆可报考。

初创时期的法政学堂,因学员出路未定,很多人并不积极,不少学堂都一再延长报名期限,乃至扩大招生范围。直隶法政学堂招收绅士进行现代法律教育,给传统习幕者带来冲击,他们竟张贴虚假广告,散布谣言,以阻止他人投考,"臬宪陈廉访近因修改刑律,拟在署内添设法政学堂一处,当即出示招考官幕两途各生,无论何省人员均须投考,系为造就人才而资刑政起见。乃有臬署班中学习刑席之人把持太甚,在二道口地方张贴伪示一张,略谓此次招考,不准他人应考,非本署班中人不得应试,所有报名各生尽非班中人,俟届试期万勿应考,须当自爱云云。噫!昔习刑席者尽是浙绍人盘踞把持,不许他人进班肄习。"①当局只好专文辟谣,"设立法政学堂原为造就官幕人才,幕学生虽云就司班选取,不过因班为学幕者荟萃之地,取材间易得幕学有根底之人。其不在班内而文理优长或曾习幕,功亏一篑或官宦子弟学有渊源,并有志入学堂肄习者,岂能不稍宽其途。如果一概不准,现在班内报考者仅八十人,而学堂

---

① 《大公报》1905年7月22日第四版,《刑席把持》

原定幕额三十名。顷课吏馆奉饬改章,本署学堂尚可加额。若专就此八十人中选取长于文理功候已深者,恐亦未足额。如取于班内不足,而外间高手转因不在班内不得预考,亦岂原立学堂宏奖幕学之意。若虑其人来历不明,现已饬令各具切实保状,将来入堂肄业时尚应各按规则呈送原书,不致无从稽覆。该学生等若能长于文理,功候已深,即不患居人之后,纵或一时见遗,亦可自勤于学,下次再考,不必汲汲分别班内班外。"①

山东法政学堂开办时,因官员报名太少,巡抚竟拿来官员名册随意圈划,强迫应试,投考学员也不认真作答,有的竟然白卷应付。②上课听讲也不认真,有的随意出入,也有人埋首书桌酣然大睡,使日本教习十分生气,"谓中国如此情形,实不堪教诲矣。"③有的教习上课时竟大讲"黄河中七十二家大王"等迷信思想,遭到学生质问。④顺天法政学堂本来要招40人,可是报名人数寥寥,只好命候补官员一律入学。1907年11月,顺天法政学堂期末考试,法科教师崔某竟将考题事先泄露给个别学员,致"各员群起大哗",被监考的府尹抓住,当场辞退。⑤1907年2月,浙江法政学堂开始报名,原定官班占全员六成,即120名,可报名人数太少,只好放开报名,要求"随宦子弟一体具报",仍然达不到足够要求,而绅班则报名人数过多。⑥

防范枪手作弊也是当时难题之一。直隶法政学堂最早招生复试时,让考生将各自的初试答卷默写一遍,以核对笔记。不想有人

①《大公报》1905年7月25日第四版
②《大公报》1906年9月5日第五版,《强迫教育》
③《大公报》1906年11月30日第五版,《略记腐败》
④《大公报》1907年5月15日第五版,《济南学堂之现状》
⑤《大公报》1907年11月6日第五版,《法政学堂考试毕业》
⑥《申报》1907年2月28日第二张第九版,《法政官班学额不足》

携带初试答卷原文带入现场临摹，有的诚实考生则忘记了答卷内容，造成混乱。缴卷时只好全体拍照备查。[①]京师法律学堂入学考试时通知北京各学堂监督到场确认学生身份，以防冒名替代，"法律学堂连日考试，于防范枪冒特为认真，每届考试日期，必约集京师各学堂监督，学员于点名之时详细审查，如有本堂学生冒名顶替者，即行扣除，以杜幸进而选拔真才。"因学员来自北京各单位，考生程度参差不一，如八旗生源"百余人，其中有缮写履历者，有缮写官话字母者，所交之卷笑话颇多，而迁就呈递者亦不过二十余本。"

六、结语

清末中国的政法学堂，本为快速、大量地培养法律和政治实务人才，开办后却逐步转向为普通政法高等教育，成为民国法政专门学校的前身。鲜明的日本色彩是这些学堂的共同特征，不仅日籍教习和留日归国学生是学堂教学力量的骨干，课程设置和内部管理也多取法日本，有的学堂还直接使用日语授课，这给中国后来的法律和政治发展打上了深厚的日本烙印。[②]

（此文为2015年10月在天津公安警官职业学院法学讲座时交流成果）

[①]《大公报》1905年8月5日第五版，《枪替得意》
[②]清末法律改革的主持者沈家本和学部侍郎严修都曾深受日本影响。严修还曾专门赴日考察教育并推动法政学堂的创办，审查学堂章程。如(1905年)六月初五日，"五钟落席，盛暑不适。仁安来，与商法律学堂事。仁安代拟折稿，余又改易数处，抄送荣相阅改。"六月初六，"接茂□信，为法律学堂事。访荣相商定法律学堂事。"六月二十七，"臧佑宸来信，拟办法政讲习会。"见《严范孙先生日记》(三)第1404页。

清代天津水西庄考论

叶修成

　　清代天津有座历史名园——水西庄。著名诗人袁枚将之与扬州马曰琯的"小玲珑山馆"、杭州赵昱的"小山堂"、吴焯的"瓶花斋",誉为当时四大书史收藏之家、文人雅集之所①。水西庄历代主人广揽天下文人墨客,遍交朝廷内外要员,宴游酬唱,诗文赠答,成就了文坛一桩风雅盛事而彪炳史册。

一、水西庄主人及其著述

　　水西庄,由津门大盐商查日乾父子创建。其鼎盛时期则在第一、第二代主人操持期间。查氏家族渊深的文化素养和高超的诗情才艺,是水西庄文事活动兴盛的重要人文因素。现将水西庄主人的生平履历和创作著述分别简介如下:

---

①（清）袁枚:《随园诗话》卷三,江苏广陵古籍刻印社 1998 年版,第 50 页。

查日乾(1667—1741),字天行,号惕人,又号慕园,著有《春秋臆说》《史腴》等①。生有三子:查为仁、查为义、查礼。

查为仁(1694—1749),又名成觇,字心毂,号莲塘,又号莲坡、花海翁、花影庵主人、澹宜居士,庠生,康熙五十年(1711)辛卯科解元,一生未仕,著有三十二种,付梓者《莲塘未定稿》《绝妙好词笺》等②。

查为义(1700—1763),字履方,号集堂,又号砥斋,太学生,历官安徽太平府通判、江南淮南仪所监掣通判,署淮北盐运分司,工画兰竹,兼写意花卉,著有《集堂诗草》等③。

查礼(1715—1782),原名为礼,又名学礼,字恂叔,号俭堂,又号铁桥、鲁存、榕巢、茶坨、藕汀、红螺山人、九峰老人、澹安居士,太学生,历官户部陕西司主事、广西庆远府理苗同知、太平府知府、四川宁远府知府、川北道、松茂道、四川按察使、布政使、兵部侍郎兼都察院右副都御史、湖南巡抚等,《清史稿》卷三百三十二有传。工画墨梅,著有《铜鼓书堂遗稿》《沽上题襟集》《经案茶铛集》《嘉祐石经考》《唐人行次考》《皇朝摹印可传录》《味古庐箴铭文小集》《桂海随笔》《味古庐印谱》《铜鼓书堂藏印目》等④。

水西庄文脉,前后承续了一百多年。查氏后裔中较为知名者,尚有查善长(1729—1798)、查善和(1733—1800)、查淳(1734—1822)、查诚(1752—1811)、查彬(1762—1821)、查梧(1773—1824)、查林(1782—1832)、查讷勤(1773—1817)、查恩绥

①(民国)查禄百、查禄昌等纂:《宛平查氏支谱》卷一,1941年铅印本,第10页。
②(民国)查禄百、查禄昌等纂:《宛平查氏支谱》卷一,第16页。
③(民国)查禄百、查禄昌等纂:《宛平查氏支谱》卷一,第57页。
④(民国)查禄百、查禄昌等纂:《宛平查氏支谱》卷一,第120页。

(1839—1906)等人,他们均有著述流传后世。

二、水西庄的兴建与衰落

水西庄位于天津城西五里南运河畔,始建于康熙末年①,雍正年间陆续建成。有关庄园的地理方位、构建背景、建筑形态和景物特色,查为仁曾有载录。

天津城西五里,有地一区,广可百亩,三面环抱大河,南距孔道半里许,其间榆槐柽柳,望之蔚郁。暇侍家大人过此,乐其水树之胜,因购为小园。垒石为山,疏土为池,斧白木以为屋,周遭缭以短垣,因地布置,不加丹垩,有堂有亭,有楼有台,有桥有舟。其间姹花袅竹,延荣接姿,历春绵冬,颇宜觞咏。营筑既成,以在卫河之西也,名曰"水西庄"②。

水西庄内的主要景点,据汪沆《津门杂事诗》注云:"中有揽翠轩、枕溪廊、数帆台、候月舫、绣野簃、碧海浮螺亭、藕香榭、花影庵、课晴问雨诸胜"③。水西庄面临卫水,背枕郊野,植花莳竹,风景秀丽,《(乾隆)天津县志》即称其"水木清华,为津门园亭之冠"④。

---

① "花影庵"有二:一在西曹,康熙五十三年(1714)春,查日乾、查为仁系狱时所建(见查为仁《旧雨兼新雨初集》);一在水西庄内,但不知建于何年。查为仁于康熙五十九年(1720)三月蒙恩矜释出狱。其《蔗塘未定稿·是梦集》有诗《花影庵盆梅初放》一首,系于康熙六十一年(1722)冬。据此诗题可知,水西庄之花影庵于1722年冬即已建成,换言之,水西庄最晚亦于此年即已肇建,因此,民国《天津芥园水西庄记》所谓水西庄"经始于雍正元年"的说法不确。

② (清)查为仁:《抱瓮集》,第11页,(清)查为仁:《蔗塘未定稿》,乾隆八年(1743)写刻本。

③ (清)汪沆:《津门杂事诗》,乾隆四年(1739)写刻本,第15页。

④ (清)吴廷华、汪沆:《天津县志》卷七,来新夏、郭凤岐:《天津通志》(中),南开大学出版社2001年版,第78页。

清代赞美水西庄风物的诗古文词颇多。雍正十一年（1733）九月，文渊阁大学士陈元龙乞休归里，过访水西庄，并为之撰写《水西庄记》。此文记述了查日乾辟地构园的经过，并描绘了水西庄的旖旎风光，"亭台映发，池沼萦抱，竹木荫芘于檐阿，花卉缤纷于阶砌，其高可以眺，其卑可以憩也。津门之胜，于是乎毕揽于几席矣"①。水西庄内曲水池沼、垂柳修竹，体现出了浓厚的江南园林特色，不仅拥有大面积的水域，而且栽种了许多南方植物。北方园林水西庄所特有的江南风韵，正是吸引大批江浙士人来此游赏的重要自然因素。

乾隆年间，水西庄又经多次扩建。乾隆十二年（1747）十月，查礼于水西庄旁营建近圃②，内有野色亭、梦余室、沽上校书房等景点③。同年十一月④，查为仁扩建的小水西庄落成，查为仁绘图并题诗。时值查为仁生辰⑤，其率妻儿刘氏、查善长、查调凤、查容端、查绮文等人在庄内举行诗会。其后，儿媳严月瑶、侍女宋贞娘等人亦和诗⑥。乾隆二十二年（1757）秋，查为义在"近圃之右，得地数亩"，另建介园⑦，后更名为"芥园"⑧。

乾隆十三年（1748）二月，高宗出巡东鲁，路经天津，驻跸水西

①（清）吴廷华、汪沆：《天津县志》卷七，来新夏、郭凤岐：《天津通志》（中），第78页。
②（清）查礼：《铜鼓书堂遗稿》卷七，《续修四库全书》第1431册，上海古籍出版社2002年版，第52—54页。
③陈克、岳宏主编：《水西余韵》，天津古籍出版社2008年版，第91页。
④据宋贞娘诗题"时乾隆丁卯长至月"，可知小水西庄建成于乾隆十二年十一月。
⑤据查容端诗句"园成正值悬弧庆"，可知此日正值查为仁的生辰，即十一月初七日。
⑥（清）梅成栋：《津门诗钞》卷八、卷二十，天津古籍出版社1987年版，第253、616—619页。
⑦（清）查礼：《铜鼓书堂遗稿》卷十四，《续修四库全书》第1431册，第103页。
⑧（民国）高凌雯：《天津县新志》卷二十四，来新夏、郭凤岐：《天津通志》（中），第1012页。

庄①。乾隆十六年(1751)春,水西庄改建为行宫②。其后,咸丰三年(1853)、同治十二年(1873),水西庄两度水浸,楼阁废圮,台榭倾颓;光绪二十六年(1900),兵警入驻,草木荒落③。于今,水西庄园林荡然无存,早已成为了天津历史的陈迹,正如金庸先生2001年夏来访时所题诗云:"天津水西庄,天下传遗风。前辈繁华事,后人想象中。"

三、水西庄兴盛的时代背景

水西庄建成之后,雍正年间,造访的宾客并不多,因而,水西庄显得颇为寂寥。其文事活动的兴盛实源于乾隆元年(1736)的博学鸿词科考。

为了笼络在野士人以歌咏盛世、粉饰太平,乾隆帝谕令京内大臣及各省督抚荐举各地名流雅士在京城举行博学鸿词科考。这次考试发生在乾隆丙辰年,故称之为丙辰词科。当时被保荐者达260余人④,而参加考试者有170余人⑤。应征的士子多为当时文坛的精英。查礼亦曾应考⑥,虽未中式,但却有幸结识了这批士子。应征士子中,有数十人与水西庄查氏诗文往来赠答,另有十

①(民国)高凌雯:《天津县新志》卷首,来新夏、郭凤岐:《天津通志》(中),第497页;(清)查礼:《铜鼓书堂遗稿》卷三十一,《续修四库全书》第1431册,第225页。

②陈克、岳宏主编:《水西余韵》,天津古籍出版社2008年版,第185页。

③王世新主编:《天津市红桥区志》,天津古籍出版社2001年版,第163页。

④(清)杭世骏:《词科掌录举目》,第9页,周骏富辑:《清代传记丛刊·学林类》,明文书局1986年版。

⑤王澈:《乾隆元年荐举博学鸿词史料(下)》,《历史档案》1990年第4期,第25页。

⑥(民国)赵尔巽等撰:《清史稿》卷三百三十二,中华书局1977年版,第10962页。

多人曾先后造访过水西庄,参与雅集吟咏,如沈德潜、厉鹗、杭世骏、袁枚、周长发、朱稻孙、汪沆、万光泰、符曾、李锴、查祥、王霖、张凤孙、周大枢、申甫、许佩璜、傅王露、汪祚、金文淳,等等。水西庄文事活动一时臻于鼎盛,与扬州马曰琯的"小玲珑山馆",南北遥相呼应,在士林中影响极大。彼时,水西庄由查为仁主盟。时人江春(字颖长,号鹤亭,歙县人)将查为仁与马曰琯并称为"南马北查"①。

其后,随着厉鹗的到来,水西庄文事活动达至顶峰。厉鹗先后三次入京,皆因有事,未曾过访水西庄②,但与查为仁一直保持着书信往来、诗文赠答③。期间,并为查礼所辑《沽上题襟集》、查为仁所著《蔗塘未定稿》分别作序④。乾隆十三年(1748),厉鹗以孝廉铨选县令进京。他取道大运河,六月末到达天津,馆于查氏古春小茨。厉鹗在此与宾朋们雅集酬唱、游览风景、鉴赏书画、观看戏剧,并与查为仁篝灯茗碗,商榷笺注《绝妙好词》,且为之作序。宴游觞咏数月后,八月初,厉鹗未入京就选,即离开了天津,返归浙江⑤。

乾隆十四年(1749)六月,查为仁去世⑥。查礼亦于同年四月底离开天津,赴任粤西⑦。彼时,水西庄由查为义操持。而查为义风期

①(清)李斗:《扬州画舫录》卷十二,中华书局1960年版,第274页。

②(清)厉鹗:《沽上题襟集序》,(清)查礼辑:《沽上题襟集》卷首,乾隆六年(1741)写刻本。

③(清)查礼辑:《沽上题襟集》卷三,乾隆六年(1741)写刻本。

④(清)查礼辑:《沽上题襟集》,乾隆六年(1741)写刻本;(清)查为仁:《蔗塘未定稿》,乾隆八年(1743)写刻本。

⑤(民国)陆谦祉:《清厉樊榭先生鹗年谱》,台湾商务印书馆1981年版,第72—75页;(清)厉鹗:《樊榭山房续集》卷七,中华书局1936年《四部备要》本,第175—176页。

⑥(民国)查禄百、查禄昌等纂:《宛平查氏支谱》卷一,1941年铅印本,第16页。

⑦(清)查礼:《铜鼓书堂遗稿》卷九,《续修四库全书》第1431册,第66页。

清远,素淡人生,且诗学才艺均逊于查为仁和查礼,再加上博学鸿词的应征士子此时也陆续进入仕途,或纷纷返归故乡,水西庄的文事活动于是也就逐渐走向了衰落。

四、水西庄的宾朋好友

雍乾年间, 与水西庄查氏交往的宾朋好友, 前后多达两百余位。其中,多年寄寓天津,并经常参与水西庄雅集酬唱的在野诗人及下层小吏,除本文所提名者之外,重要参与者还有:徐兰(字芬若,号芝仙,虞山人)、查奕楠(字贡木,号松晴,海宁人)、查羲(字如冈,一字尧卿,号选佛,海宁人)、余尚炳(字犀若,号月樵,绍兴人)、余峥(字元平,号高妙,山阴人)、余懋檿(字荆帆,号枫溪,诸暨人)、朱岷(字仑仲,一字导江,武进人)、赵贤(字端人,号浅山,钱塘人)、葛正笏(字搢书,号信天,昆山人)、恽源浚(字哲长,号铁箫,阳湖人)、田同之(字在田,德州人)、赵虹(字饮谷,嘉定人)、高镔(字季冶,辽阳人)、高秉(字青畴,号泽公,辽阳人)、高蔼(字五云,号宗山,新城人)、吴可驯(字骥调,仁和人)、潘世仁(字廷简,仁和人)、陆宗蔡(号染香,吴县人)等。

这些多年参与水西庄文事活动的宾朋好友, 构成了一支较为稳定的诗人群体,所作诗歌也体现出了一定的共同特征,形成了水西庄独特的诗歌艺术风格, 主题多般叙写常态生活, 吟咏风物景致,抒发宾主友情,疏离社会政治;语言则素朴自然、平淡和雅,摒绝华丽浮艳。

为了广邀声誉,提高名望,水西庄主人还结交了朝廷内外的众多要员兼及诗人。这些要员虽然多数未曾到访水西庄,但他们与查氏之间的简牍往来、诗文赠答,也极大地助推了水西庄文事活动的繁荣与发展。这些要员兼及诗人中,知名者主要有以下诸人(以生年为序)。

陈元龙(1652—1736),字广陵,号乾斋,海宁人,官至文渊阁大学士兼礼部尚书。康熙三十五年(1696)十月初三日,查日乾生母刘氏七十寿辰,为之作诗贺寿①。雍正十一年(1733)九月,乞休归里,过访水西庄,为之赋诗四首,并撰写《水西庄记》一文②。乾隆元年(1736)六月初八日,查日乾七十寿辰,为之撰写《慕园府君七十寿序》③。

陈仪(1670—1742),字子翙,号一吾,文安人,官至侍读学士。康熙四十九年(1710)十月初三日,查日乾为生母刘氏补办八十寿诞庆典,为之作诗贺寿④。康熙五十二年(1713),为查日乾生母刘氏遗照题诗⑤,并撰写《祭刘太君文》⑥。康熙五十五年(1716)九月初九日,查为仁作诗《赏菊》两首,为之和诗⑦。乾隆元年(1736)六月初八日,查日乾七十寿辰,为之作诗贺寿⑧,并撰写《慕园府君七十寿序》⑨。乾隆六年(1741)五月十二日,查日乾卒,为之撰写《祭查慕

---

①(民国)查禄百、查禄昌等纂:《宛平查氏支谱》卷八,1941年铅印本,第10页。

②(清)吴廷华、汪沆:《天津县志》卷七、卷二十三,来新夏、郭凤岐《天津通志》(中),南开大学出版社2001年版,第78、240页。

③(民国)查禄百、查禄昌等纂:《宛平查氏支谱》卷五,1941年铅印本,第6—7页。

④(民国)查禄百、查禄昌等纂:《宛平查氏支谱》卷八,第12—13页。

⑤(民国)查禄百、查禄昌等纂:《宛平查氏支谱》卷八,第5—6页。

⑥(民国)查禄百、查禄昌等纂:《宛平查氏支谱》卷四,1941年铅印本,第6页。

⑦(清)查为仁:《赏菊倡和诗》,第3页,(清)查为仁:《蔗塘未定稿》,乾隆八年(1743)写刻本。

⑧(民国)查禄百、查禄昌等纂:《宛平查氏支谱》卷八,第22页。

⑨(民国)查禄百、查禄昌等纂:《宛平查氏支谱》卷五,第8—11页。

园文》①。

赵国麟(1673—1750),字仁圃,号拙庵,泰安人,官至文渊阁大学士兼礼部尚书。雍正十三年(1735)三月十二日,与查日乾相逢于虎丘,为之赋诗一首②。乾隆五年(1740)九月二十二日,为查日乾所辑《查氏七烈编》作序③。

陈世倌(1680—1758),字秉之,号莲宇,海宁人,官至文渊阁大学士。乾隆元年(1736)六月初八日,查日乾七十寿辰,为之撰写《慕园府君七十寿序》④。乾隆十九年(1754)甲戌科会试,查为仁之子查善长考取进士,为正主考官。

钱陈群(1686—1774),字主敬,号香树,嘉兴人,官至刑部侍郎。雍正三年(1725)秋,乞假南归,过访水西庄,作诗赠别,查为仁次韵送之⑤。

张鹏翀(1688—1745),字天飞,一作天扉,号南华山人,嘉定人,官至詹事府詹事。乾隆五年(1740)三月,查礼为其《使滇集》题诗⑤。乾隆六年(1741)二月十六日,为查礼所辑《沽上题襟集》作序⑥。同年四月,查为仁为其《西山纪游图》题诗⑦。乾隆九年(1744),查

①(清)陈仪:《陈学士文集》卷十三,《丛书集成初编》第2498册,商务印书馆1936年版,第261—262页。

②(民国)查禄百、查禄昌等纂:《宛平查氏支谱》卷八,1941年铅印本,第35页。

③(清)查日乾辑:《查氏七烈编》卷首,乾隆五年(1740)宛平查氏刻本。

④(民国)查禄百、查禄昌等纂:《宛平查氏支谱》卷五,1941年铅印本,第12—13页。

⑤(清)查为仁:《抱瓮集》,第6页,(清)查为仁:《蔗塘未定稿》,乾隆八年(1743)写刻本。

⑤(清)查礼:《铜鼓书堂遗稿》卷三,《续修四库全书》第1431册,上海古籍出版社2002年版,第27页。

⑥(清)张鹏□:《沽上题襟集序》,(清)查礼辑:《沽上题襟集》卷首,乾隆六年(1741)写刻本。

⑦(清)查为仁:《山游集》,第20页,(清)查为仁:《蔗塘未定稿》,乾隆八年(1743)写刻本。

礼进京,至接叶亭造访张鹏翀①。

张照(1691—1745),字得天,号泾南,娄县人,官至刑部尚书。乾隆元年(1736)九月,为查为仁《花影庵集》作序②。乾隆六年(1740)二月,为查为仁《游盘杂诗》题诗③。

商盘(1701—1767),字苍雨,号宝意,会稽人,官至云南元江府知府。雍正十三年(1735)秋,假满入都,过访水西庄,查为仁出歌者演剧,商盘吹紫箫和之,并赋诗多首④。

秦蕙田(1702—1764),字树峰,号味经,无锡人,官至刑部尚书。乾隆二十七年(1762),为查日乾侧室王氏撰写《王太君传略》⑤。

英廉(1707—1783),冯氏,字计六,号梦堂,汉军镶黄旗人,官至东阁大学士。乾隆十一年(1746)至乾隆十三年(1748)秋,任天津河防同知。期间,多次参与水西庄宴游觞咏⑥。

钱载(1708—1793),字坤一,号箨石,秀水人,官至礼部侍郎。乾隆四十八年(1783),为查礼撰写《俭堂府君小传》⑦。

曹秀先(1708—1784),字恒所,号地山,新建人,官至礼部尚书。乾隆四十九年(1784)六月,查礼及其妻合葬三河县马昌营,为之撰写《俭堂府君墓志》⑧。

①(清)查礼:《铜鼓书堂遗稿》卷二十九,《续修四库全书》第1431册,上海古籍出版社2002年版,第217页。

②(清)查为仁:《花影庵集》卷首,(清)查为仁:《蔗塘未定稿》,乾隆八年(1743)写刻本。

③(清)查为仁:《山游集》,第8页,(清)查为仁:《蔗塘未定稿》,乾隆八年(1743)写刻本。

④(清)查为仁:《莲坡诗话》卷中,第9—10页,(清)查为仁:《蔗塘未定稿》,乾隆八年(1743)写刻本。

⑤(民国)查禄百、查禄昌等纂:《宛平查氏支谱》卷二,1941年铅印本,第22—24页。

⑥(清)英廉:《梦堂诗稿》卷八,《四库未收书辑刊》第9辑第26册,北京出版社2000年版,第422—426页。

⑦(民国)查禄百、查禄昌等纂:《宛平查氏支谱》卷二,第33—36页。

⑧(民国)查禄百、查禄昌等纂:《宛平查氏支谱》卷三,1941年铅印本,第11页。

刘墉(1719— 1804),字崇如,号石庵,诸城人,官至体仁阁大学士。乾隆四十八年(1783)癸卯科顺天府乡试,查为义之孙查彬中举,为正主考官。嘉庆六年(1801)十一月,为查彬之母项氏撰写《项太孺人六十寿序》①。

纪昀(1724— 1805),字晓岚,献县人,官至协办大学士。乾隆十九年(1754)甲戌科会试,与查为仁之子查善长同科进士。乾隆四十九年(1784)甲辰科会试,查为义之孙查彬考取进士,为副主考官。乾隆六十年(1795)三月,查为义与其妻杜氏、继配王氏合葬三河县留水渠,为之撰写《江南淮南仪所监掣通判集堂查公墓志铭》②。

在所有到访者之中,地位最尊贵者,还要数乾隆帝。乾隆帝出巡,曾于十三年、三十五年、三十六年、三十八年、四十一年先后五次驻跸水西庄,并为之赋诗三首,后勒碑立于芥园御碑亭内③。

康熙二十二年(1683),查日乾奉母始来天津自谋生计④,在城内筑有于斯堂。其时可称之为"于斯堂时代"。期间,查氏所交往的名流,主要有以下几位(以生年为序)。

姜宸英(1628— 1699),字西溟,号湛园,慈溪人,官至翰林院编修。康熙三十五年(1696)十月初三日,查日乾生母刘氏七十寿辰,为之作诗贺寿⑤。康熙三十七年(1698)二月十五日,为查氏撰写《七

---

①(民国)查禄百、查禄昌等纂:《宛平查氏支谱》卷五,1941 年铅印本,第 21—22 页。

②(清)纪昀:《纪文达公遗集》卷十六,《续修四库全书》第 1435 册,上海古籍出版社 2002 年版,第 472—473 页。

③(民国)高凌雯:《天津县新志》卷首、卷二十四,来新夏、郭凤岐:《天津通志》(中),第 497—498、1012 页。

④(清)陶良玉:《慕园府君六十寿序》,(民国)查禄百、查禄昌等纂:《宛平查氏支谱》卷五,1941 年铅印本,第 5 页。

⑤(民国)查禄百、查禄昌等纂:《宛平查氏支谱》卷八,第 9 页。

烈传》①。

吴雯(1644—1704),字天章,号莲洋,蒲州人。康熙三十五年(1696)十月初三日,查日乾生母刘氏七十寿辰,为之作诗贺寿②,并为查氏作《七烈哀辞》一文③。

查嗣韩(1645—1700),字荆州,号皋亭,海宁人,官至翰林院编修。康熙三十五年(1696)十月,为查日乾生母刘氏撰《刘太君七十寿序》④。康熙三十六年(1697)十月,为查日乾作《容斋跋》⑤。

查慎行(1650—1727),初名嗣琏,字夏重,号查田,后改名慎行,字悔余,号他山,又号初白,海宁人,官至翰林院编修。康熙四十九年(1710)十月初三日,查日乾为生母刘氏补办八十寿诞庆典,为之作诗贺寿⑥。康熙五十九年(1720)十一月二十四日,为查为仁《无题诗》作序⑦,并传授查为仁作诗之法,"诗之厚,在意不在辞;诗之雄,在气不在直;诗之灵,在空不在巧;诗之淡,在脱不在易,须辨毫发于疑似之间,余可类推。"⑧

查昇(1650—1707),字仲韦,号声山,海宁人,官至詹事府少詹事。康熙三十九年(1700)秋日,为查日乾生母刘氏小照题诗⑨。

查嗣瑮(1653—1734),字德尹,号查浦,海宁人,官至侍讲。康

---

① (民国)查禄百、查禄昌等纂:《宛平查氏支谱》卷二,第2—3页。
② (民国)查禄百、查禄昌等纂:《宛平查氏支谱》卷八,第10页。
③ (清)查日乾辑:《查氏七烈编》卷一,乾隆五年(1740)宛平查氏刻本,第12页。
④ (民国)查禄百、查禄昌等纂:《宛平查氏支谱》卷五,第1—2页。
⑤ (民国)查禄百、查禄昌等纂:《宛平查氏支谱》卷七,第5页。
⑥ (民国)查禄百、查禄昌等纂:《宛平查氏支谱》卷八,第16页。
⑦ (清)查为仁:《无题诗》卷首,(清)查为仁:《蔗塘未定稿》,乾隆八年(1743)写刻本。
⑧ (清)查为仁:《莲坡诗话》卷上,第12页,(清)查为仁:《蔗塘未定稿》,乾隆八年(1743)写刻本。
⑨ 陈克、岳宏主编:《水西余韵》,第40页。

熙三十五年(1696)秋,为查日乾生母刘氏小照题诗①。康熙三十七年(1698)十月初一日,为查日乾作诗《赠别天行弟》②。康熙庚辰辛巳之间,来游天津,寓居查氏于斯堂,前后几及两载,与张氏遂闲堂宾主诗酒唱和③。康熙五十二年(1713),为查日乾生母刘氏遗照题诗④。

汤右曾(1655—1721),字西厓,仁和人,官至吏部侍郎。康熙四十九年(1710)十月初三日,查日乾为生母刘氏补办八十寿诞庆典,为之作诗贺寿⑤。

赵执信(1662—1744),字伸符,号秋谷,益都人,官至右春坊右赞善。康熙六十一年(1722)十月,赵执信为查为仁之妻金至元《芸书阁剩稿》作序⑥。

陈鹏年(1663—1723),字沧洲,湘潭人,官至河道总督。康熙五十八年(1719)九月,为查为仁《花影庵集》作序⑦,并为查为仁之妻金至元撰写《金孺人小传》⑧。

五、水西庄的历史文化意义

水西庄,作为一代历史名园,在中国文化史上曾经产生了非常

①陈克、岳宏主编:《水西余韵》,第40页。
②(民国)查禄百、查禄昌等纂:《宛平查氏支谱》卷八,第30页。
③(清)查为仁:《莲坡诗话》卷上,第14页,(清)查为仁:《蔗塘未定稿》,乾隆八年(1743)写刻本。
④(民国)查禄百、查禄昌等纂:《宛平查氏支谱》卷八,第6页。
⑤(民国)查禄百、查禄昌等纂:《宛平查氏支谱》卷八,第15页。
⑥(清)金至元:《芸书阁剩稿》卷首,(清)查为仁:《蔗塘未定稿》,乾隆八年(1743)写刻本。
⑦(清)查为仁:《花影庵集》卷首,(清)查为仁:《蔗塘未定稿》,乾隆八年(1743)写刻本。
⑧(清)金至元:《芸书阁剩稿》卷首,(清)查为仁:《蔗塘未定稿》,乾隆八年(1743)写刻本。

深远的影响,具有十分重要的历史文化意义。其意义主要体现在以下三个方面。

(一)延揽失志文士,抚慰失意心灵

水西庄查氏崇尚气谊,喜好结纳。大江南北才人,凡过津门者,一刺之投,无不延款,尤其对仕途失志的文人雅士,更是百般优待。

乾隆元年博学鸿词科考,应试者170余人,仅录取了15人[1]。其余应征未选之士,或羁留京师,继续等待机会;或重返山林,仍然诗酒自娱;或游走江湖,另寻仕进之阶。其中,就有十多人曾先后造访水西庄,来此寻找失意心灵的慰藉,宾朋好友的温情。

汪沆,博学鸿词科考落选之后,当年即来天津,寓居于查氏香雨楼[2]。文酒诗乐之余,他仍然时常眷念仕途,渴望科名,正如他客居津门所作诗云:"威凤自应栖阆苑,枯槎无路觅河源。至今剩有觚稜梦,终恋君王一饭恩。"[3]但自从来天津后,他积极参与水西庄雅集酬唱,宴游觞咏,同时受聘纂修天津府县志乘,失意的心灵在此得到了一定程度的纾解。直至乾隆八年(1743),汪沆赴闽中,入将军幕府,从此离开了水西庄[4]。

杭世骏,乾隆八年二月以言事获罪被罢,愤懑抑郁之下,立马来到天津,以寻求心结的慰藉。查为义延请同人集会南溪园,赋诗劝勉,抚慰他失职后的创痛;查为仁陪他游览杨柳青、水西庄,消解

---

[1] 王澈:《乾隆元年荐举博学鸿词史料(下)》,《历史档案》1990年第4期,第25页。
[2] (清)查礼:《津门杂事诗序》,(清)汪沆:《津门杂事诗》卷首,乾隆四年(1739)写刻本。
[3] (清)杭世骏:《词科余话》卷三,第899页,周骏富辑:《清代传记丛刊·学林类》,明文书局1986年版。
[4] (清)查礼:《铜鼓书堂遗稿》卷五,《续修四库全书》第1431册,第36页。

他心中的郁闷。杭世骏也作诗云:"羁愁慰藉仗群公""一夕清欢笑语通",宾主诗酒流连,调适了心绪。数日之后,杭世骏即返回京城。初夏时,杭世骏南归浙江,再度过访水西庄,与同人诉说衷肠,依依惜别①。查礼等人在水西庄内置酒钱别,作诗送行②。

吴廷华,福建兴化府同知罢免之后,乾隆二年(1737),即来天津,时常参与水西庄诗歌酬唱活动,并与汪沆共同纂修天津府县志乘③。乾隆三年底,受方苞之邀,进京入值三礼馆,任纂修官④。

查为仁收养培育孤儿、赒恤潦倒文人,款接名流雅士,因而,水西庄一时成为失志与在野文人的心灵栖息地和生活庇护所,彼时在南北士林中影响巨大。许佩璜(字渭符,江都人)过访水西庄时,赠以查为仁诗云:"庇人孙北海,置邮郑南阳。"⑤即以东汉孙嵩庇护赵岐免受迫害,西汉郑庄结交天下名士的典故,来称誉查为仁广揽宾客、荫庇士人的事迹。

(二)结交高官大吏,转换商人身份

在官本位的传统社会里,商人的社会地位较为卑微。水西庄查氏虽因经营盐业而家资雄厚,但家族中早期并无仕宦人员,所以其社会地位并不高贵。实地到访水西庄的宾朋,亦多为失意或罢免的官员、失志或在野的文人、遁入空门的佛道人士,时任官员者则不多见。由此可知,当时官商之间交往的分界甚为严明。因此,水西庄

①(清)杭世骏:《道古堂诗集》卷十一,《续修四库全书》第1427册,第83—84页。
②(清)查礼:《铜鼓书堂遗稿》卷五,《续修四库全书》第1431册,第37页。
③(清)吴廷华:《天津府志后序》,(清)吴廷华、汪沆:《天津府志》,来新夏、郭凤岐:《天津通志》(上),南开大学出版社1999年版,第589页。
④(清)杭世骏:《词科余话》卷七,第1104—1105页,周骏富辑:《清代传记丛刊·学林类》,明文书局1986年版。
⑤(清)梅成栋:《津门诗钞》卷二十九,天津古籍出版社1987年版,第949页。

查氏急欲通过仕途来转变其盐商身份和提升社会地位。查日乾极力鼓励三个儿子通过科举考试或捐银纳贡而进入仕途，甚至冒着被处以极刑的危险，约请曾经中举的邵坡代做文章，制造了查为仁乡试科考舞弊案①。同时，水西庄查氏广交朝廷内外的高官大吏，希望能够得到仕途上的援引。如，雍正九年(1731)，查日乾携查礼进京拜见陈元龙②，陈元龙时任文渊阁大学士兼礼部尚书。乾隆七年(1742)，查为仁携查善长入都过访杭世骏③，杭世骏时任翰林院编修。水西庄查氏先后结交的其他高级官员，尚有徐用锡、朱轼、蒋涟、陈宏谋、陈时夏、赵殿最、金德瑛、梁诗正、任兰枝、陈大受、杨汝毅、汪由敦、赵大鲸等。

其后，查氏后裔成进士者有三人：查善长、查彬、查讷勤；中举人者有九人：查诚、查鹤(1770—1797)、查毅勤(1811—1891)、查咸勤(1791—1863)、查以新(1838—1873)、查丙章(1831—1881)、查恩绥、查双绥(1864—1928)、查尔崇(1862—1930)。其他进入仕途者，还有：查为义，官至江南淮南仪所监掣通判；查礼，官至湖南巡抚；查淳，官至大理寺少卿；查枢(1761—1807)，官至云南永善县知县；查林，官至云南晋宁州知州。

水西庄查氏家族由盐商巨贾向官宦之家的华丽转身，也为我们深入研究清代的科举制度、商人身份转变以及天津盐商文化等重要课题提供了一个经典学术案例。

---

①《清实录》第6册，中华书局1985年版，第507页。
②(清)查礼：《修复灵渠记》，(清)查礼：《铜鼓书堂遗稿》卷二十九，《续修四库全书》第1431册，第206—207页。
③(清)杭世骏：《道古堂诗集》卷十，《续修四库全书》第1427册，第79页。

(三)繁荣文学艺术创作,促进地域文化发展

水西庄建成之后,查氏即以此作为平台,广揽天下文人雅士。乾隆初期,到访并参与水西庄文事活动者,即有两百来位。吴廷华描述了当时文人在此雅集的盛况,"四方闻人过沽上者,争识之。斗韵征歌,日常满座,北海风雅,及亭馆、声乐、宾客之盛,咸推水西庄。"①查氏与宾客在水西庄或吟诗填词,或著书立说,或作画题词,或研讨经史,或鉴赏金石,或观演戏剧,各类文化活动极为兴盛,影响遍及大江南北。乾隆五年(1740)冬,查礼将刘文煊、吴廷华、查为仁、汪沆、陈皋、万光泰、胡睿烈及其本人"在津酬唱之作,每年简择数章,各成一卷"②,辑录为《沽上题襟集》八卷,并请厉鹗作序。扬州"小玲珑山馆"诗人群体,在厉鹗倡率之下,成立邗江吟社,举办诗会吟咏,效仿水西庄故事,也将宾主酬唱诗作结集为《韩江雅集》。其后,汪沆则将"韩江之雅集"与"沽上之题襟"联袂并称③。由此,当查为仁和马曰琯去世之后,杭世骏不禁扼腕叹息:"查莲坡殁而北无坛坫,马嶰谷殁而南息风骚!"④杭氏为诡谲时世中的士林失去了两位重要的组织者和庇护者而深感锥心之痛!

天津,虽地接北京,但向为军事重镇,发挥着拱卫京师的功能,由此,民俗尚武力,文风不昌盛,故被称为"椎鲁不文"之地⑤。然而,

①(清)吴廷华:《莲坡府君小传》,(民国)查禄百、查禄昌等纂:《宛平查氏支谱》卷二,1941年铅印本,第26页。

②(清)查礼:《沽上题襟集后序》,(清)查礼辑:《沽上题襟集》,乾隆六年(1741)写刻本。

③(清)汪沆:《樊榭山房文集序》,(清)厉鹗:《樊榭山房文集》卷首,中华书局1936年《四部备要》本,第209页。

④(清)杭世骏:《吾尽吾意斋诗序》,(清)杭世骏:《道古堂文集》卷十一,《续修四库全书》第1426册,第308页。

⑤(清)王又朴:《诗礼堂古文序》,(清)王又朴:《诗礼堂古文》卷首,乾隆十九年(1754)刻本。

当水西庄文事活动兴盛之时,天津的诗人[①],周焯(字月东)、胡捷(字象三)、胡睿烈(字文锡)、查曦(字汉客)、赵松(字泰瞻)等人积极参与集会,宴游觞咏,切磋诗艺。水西庄宾朋的诗词酬唱、书画创作,极大地激发和培育了天津文人的诗情才艺,也有力地促进了天津地方文学与艺术的发展,他们共同开创了天津历史文化前所未有的繁盛局面。水西庄宾主所创作的诗词书画、所刊刻的图书古籍、所收藏的金石鼎彝,也都成为天津丰厚的历史文化遗产中的一部分。

六、结 语

天津查氏在南运河畔构筑水西庄,广揽四方名流雅士,宴游觞咏,诗文赠答。查为仁主盟期间,水西庄的文事活动臻于鼎盛,与江浙诗社遥相呼应,南北交流,在当时士林中影响巨大,为此,中国文化史应该给予它一席之位,而不要留下了历史的遗忘。

[刊于《天津师范大学学报》(社会科学版),2015 年第 4 期,2015 年 7 月 15 日,第 44— 50 页]

---

①天津人多为外地移民,凡移居者第二代以下,本文即视为天津人。

皇船坞的一些细节

吉朋辉

　　皇船坞建于康熙五十二年(1713),在天津城南门外海河闸口三里,原广场桥与今解放桥之间,紧邻海河,坐南向北。康熙、乾隆皇帝数次南巡,所用御舟平时就存放于天津皇船坞内。

　　成书于嘉庆十年的《长芦盐法志》中有皇船坞图。从图中看,整个皇船坞被一道围墙圈起,面向海河设一闸门,海河水由闸门引入形成一道沟渠,渠两侧各建三座盛放御舟的船坞。船坞旁另建有官厅、水手房、库房等。

　　皇船坞虽建于康熙年间,但主要在乾隆年间使用。乾隆帝南巡,并不从天津上船,而是先由旱路南下至水道发达之地,才由车辇换乘御舟。船要提前送到江苏宿迁、清江浦等地备用。南巡一般在春天开始,由于冬季河道结冰,因此前一年九月就要开始把船往南送了。皇船坞的十一艘船中,安福舻、翔凤艇是每次必用的。

　　乾隆帝南巡回銮,一般从德州就弃舟登岸,皇后、皇太后则继续乘船北上。一条运河里,除了皇家船队不能有其他船。然而运河是交通大动脉,漕船、商船络绎不绝,于是只能采取强制措施。比如乾隆二十七年(1762)春,皇太后由运河水路回銮,清廷令所有船舶届时在天津西沽、临清口外卫河以及洪泽湖、扬州、常州等地回避。

皇帝巡幸一结束,御舟就回到皇船坞内,船内所有陈设、铺垫都被收存起来,船身用席片苫盖,由座粮厅负责修缮保养。

御舟原则上每年一小修,十年一大修。而实际上,皇帝每次巡幸需用之前都要大修。乾隆二十六年(1761)四月,乾隆皇帝计划转年南巡,惦记着存放在皇船坞的安福舻,于是令在津任长芦盐政的金辉负责修整备用。金辉到皇船坞去查看,发现除安福舻外,翔凤艇顶部渗漏,船底也已糟朽,于是奏准一并修理。加上修另外三只较小的船,共用去白银六千三百余两。

金辉修理御舟的同时,顺便把皇船坞也重修了。他在给乾隆的奏折里描述道:六座船坞中有五座"柱木歪斜,装修闪裂,下脚豆渣石、金刚墙并上身墙垣多有闪裂倒塌之处,头亭瓦片破碎渗漏",实在破败不堪,"又坞身原盖本属低矮,每遇阴雨连绵之时,水涨船高,坞内不能藏贮"。重修皇船坞自乾隆二十七年三月份开始,九月份完工,共费白银近两万两。

乾隆觉得金辉办理皇船坞事宜得力,于二十七年五月十六日下诏,正式将皇船坞御舟交长芦盐政管理。此后,历任盐政在这事上无不尽心尽力,但也有拍马屁拍到马蹄之时。如乾隆三十五年(1770),长芦盐政西宁修缮御舟,将安福舻、翔凤艇船顶两层木板及中间锡片全行揭起修整,并更换上层木板。乾隆认为,根据损坏情况,只将上层木板更换即可,西宁如此大费周章,乃是"攘为己能,希图见好",将其申斥一番还不算完,又令他赔偿所耗银两。

乾隆去世后,嘉庆不事虚华,对摆谱用的御舟并不怎么上心。嘉庆十年(1805),皇船坞里的船已十六年没有大修了,长芦盐政达灵阿上折子请修,但直到两年后,嘉庆帝准备巡视天津,才令长芦盐政李如枚加以修整。此后清朝皇帝再无大规模南巡,功能退化的皇船坞于道光年后被拆除。

(刊于 2015 年 4 月 29 日《今晚报》第 21 版"今晚副刊")

让我沉迷的西于庄

张　建

有好友开玩笑说，就冲你对西于庄这么牵肠挂肚，应该到那里去任职。其实，在我步入西于庄之前，对那个地方根本不了解，只听别人说过，西于庄有点"野"。所以在我采访西沽的三年里，竟没到一街之隔的西于庄去看过。那时，我觉得弄完了西沽，就该结束我的"口述史生涯"了，这些年因为做口述史把我消磨得已经力不从心。然而，刚刚步入 2014 年，西于庄却扑面而来，并且来得很匆忙，它不断提示我，这个承载着万余户的老区不久将会消失，于是我那扇虚掩的闸门一下子喷涌而出，从 2014 年 1 月 13 日启动西于庄采访至 2015 年 3 月，共探访这个陈旧的街区 100 多次，深度采访了 35 户原住居民，整理访谈录 10 多万字；拍摄了西于庄老街旧巷82 条；记录拍摄了 100 个现居家庭；考察记载了十几处历史遗址；拍摄了有年味的老门 100 扇、收录春联 100 副；手绘《西于庄旧貌复原图》20 幅、平面示意图 3 幅；汇编完成《图说西于庄》画册并留下 12 万字的《西于庄采访日记》。

不知不觉西于庄让我沉迷其中，有一个阶段，经常半夜醒来再无法入睡，那些老人的音容笑貌一幕一幕地浮现在眼前，就像患了强迫症，生怕有什么遗漏，生怕做不到位，于是就没完没了地往西于庄跑，然而越跑头绪越乱，越跑想法越多，越跑压力越大，越跑干劲越足。现在回过头来想想，自己都感到不可思议，好些西于庄人以为我就是土生土长的老住户，甚至有些日子不到那里去，他们找借口会约我来聊聊。今年春节，我特意跟几位采访过的老住户道别，他们恋恋不舍地把我送到胡同口，忽然不知道说什么好，其中有位老奶奶打破沉默蹦出一句："让柳二爷保佑你吧！"这句话至今还萦绕在我耳边。我想，很多西于庄人会记住我的，今后人们也会通过我的呈献记住西于庄的。

画意西于庄

想说诗情画意的西于庄，只因本人不擅长写诗，所以减掉俩字。但是西于庄的画意是存在的，它不仅在我的眼里，也在我的心里。

我从小就喜欢画画，三四岁的时候站床上在墙上画；五六岁的时候蹲胡同在地上画；七八岁的时候登桌子在黑板上画；十几岁的时候伏案子在大字报纸上画，然而最终没能成为画家。二十世纪七十年代末也曾想过要报考美术学院，可基本功实在太差，于是就到第二工人文化宫去补习，只是随着年龄的增长，这个愿望渐渐淡漠，成为工人圈里会画画的，美术圈里会打杂的。不过，我还是承认自己有这个天分，不论哪种艺术形式，接受起来都特别顺畅。比如，喜欢泥塑的时候，一上手就得到泥人张传人的肯定，后来还拿了奖。再如，喜欢粘贴画时，羽毛画、贝壳画都尝试过，最后用吹塑纸作画达到顶峰，不仅入选第一届民间艺术作品展，还拿了奖。又如，喜欢集邮的时候，一上来就手绘纪念封，不仅参加了天津市的集邮展，还成为一个时期天津地方发行首日封的主要设计者。我的原则是，无论爱好什么，都不能耽误本职工作，都不能影响政治上的进步，所以弄得我在工人圈里像搞政治的，在干部圈里像搞艺术的。以后迷上了摄影，这一次终于在多年的寻觅中找到了目标，于是把以往的艺术感知全部融入其中，使我在这条路上越走越远。

有人说，会画画的人学摄影特别快，我深有同感，不是有句老话：艺术都是相通的嘛！摄影与绘画的重叠之处就在于，都讲求构图、色调、质感、意境，不同的是一个用笔，一个用镜头。正因为我受绘画艺术的熏陶，在从事摄影后才缺乏忧患意识，眼睛里总是充满了美感，拍什么都力图有种画意在其中。这次拍摄西于庄棚户区，同样怀着这样的心境，在确保客观记录的同时，尽可能拍的比实际见到的要好，而实现这一点不仅勤于思考、做好准备，还需听候老天爷的安排。

2014年2月7日，西于庄迎来了新年的第一场雪，整个老区变得简洁而寂寥，似乎要褪掉嘈杂与陈旧，于是我冒雪抢拍了雪霁中水墨的西于庄。

3月10日，西于庄上空刮了一阵风，卷走了多日不散的雾霾，天湛蓝而清澈，我伴着凛冽的寒风，苦苦等到天黑的那一刻，抢拍了夜幕下静谧的西于庄。

5月20日，西于庄被绵绵细雨滋润了二十多个小时，仿佛连空气都淋湿了。绿色把这里的一切都渲染得葱茏而富有生机，于是我抢拍了春雨里馨香的西于庄。

或许这就叫"天道酬勤"吧！呈现画意的诸多元素都交给了我，"我用信念当支架，用对生活释解的密码去调光，用心灵感应来构图，拍出了我之所见，我之所想……"（摘自1995年《恬静的时空——张建摄影作品选》）。画意西于庄，应该说是我对这一老区的回馈，在我采访西于庄的几个月里，得到诸多百姓的理解和支持，那种和善、那种真诚、那种淳朴，必将化作美好布满整个像素。

挖掘与寻找

比起早先采访过的西沽、堤头、南市、铃铛阁，西于庄不仅历史积淀有限，而且没留下任何有分量的文物古迹，就连像点样的青砖四合院都少得可怜，在寻访有资历的老人时，他们讲述的西于庄历史，大多从二十世纪四十年代起始，并且第一句话要先告诉你，"以前这里嘛都没有，全是水坑和稻田。"这就意味着，西于庄形成于二百多年前，但它发展相对缓慢，特别是有钱的、有权的、有影响力的豪门贵族都集中在老城里及周边一带，或者与西于庄一街之隔的老西沽，唯独没有选定这块所谓的蛮荒之地。用西于庄人自己的话说，在这落脚的，除了宰猪的、拉车的，就是打小空儿的，一般人都不愿往这扎。

到底西于庄还有没有值得挖掘的历史遗迹呢？从红桥区文物部门了解到，整个西于庄没有几件正式列入文物保护名录的项目。按理说，这倒省心了，用不着再费劲深究渊源与背景，或者没完没了地拍个不停。可是，在采访了第20个老西于庄人之后，我忽然对这个区域有了新的认识，也就是在访谈过程中，逐渐凸显出西于庄的个性，我觉得任何个性的背后都存在着自然形成的社会基础，其中就包括带有标志性的实体与建筑。于是,促使我把挖掘和寻找西于庄的遗迹遗址当作抢救"最后的西于庄"中的一部分。

根据大量知情人提供的线索,我罗列了30多个点位,最后经过考察、比对,决定把界线划在二十世纪五十年代以前,对西于庄人曾产生过一定影响的遗迹遗址。其中有的能查到文献记载,还有的完全靠田野调查来复原当时的情景。比如,让西于庄人津津乐道的柳二爷庙,即没有丁点的痕迹,也没有丝毫的记录,要寻找它的准确位置,只能靠残存的老街巷来做参照。之所以将其列入历史遗址,就因为它曾经是西于庄文化生活的中心,每年都举办盛大的出巡活动,周边各路民间花会在此献艺,它对西于庄民风的形成,起到至关重要的作用。再比如,西于庄人家喻户晓的屠宰场,应该说是西于庄人加速聚集的诱因之一,很多西于庄人的祖辈都曾经在屠宰场或与屠宰相关的行业某事由,这种技术含量低,靠着一把子力气养家糊口的就业方式,吸引了大批河北省及津郊农民来此谋生,进而成家立户。与之相类似的还有西于庄的渔民和农民,这三部分人的相融,构成了西于庄的主体。由此说,寻找和确认他们的发祥之地,应该具有一定的意义。

总而言之,我所考证和收录的这些所谓的遗迹遗址,即便不被权威部分承认,也没什么大不了的,我只是尊重它的真实存在,为此我无比快乐,这就足够了。

最下功夫的一次

如果要从1995年拍摄老城胡同算起,至今已经20年了。这期间,我拍过的胡同数不胜数,而2014年我在拍摄天津最后一片较大规模的棚户区——西于庄的老街旧巷时，却发现它是我所拍过的胡同中最杂乱的一次，然而又是我最下功夫的一次。为什么说西于庄的胡同比较杂乱呢？这就得从西于庄的地域构成来分析，它南靠子牙河，堤岸平缓，难敌水患，多为菜地；西面和北面均为广袤农田，中部布满沟壑、坑塘，唯有东部尤其是东北角一带相对平整，成为人们安家落户的首选，不仅如此，这一带与西沽难解难分，虽有一路之隔，但人声鼎沸的驴市和香火旺盛的龙王庙，都给西于庄带去了经久不衰的人气，尤其是西沽的盐店街与西于庄的当铺西街相对应，更是深受豪门富贾的熏陶。从资料记载来看，这一隅最早形成的胡同距今约三百年，可见西于庄无疑起源于此。然而也正是因为地形地貌的限制，这种局部的缓慢的繁华竟然延续了上百年，直到二十世纪四十年代，特别是 1949 年以后，西于庄的城防大堤以东，西于庄大街以南才开始大规模的填埋、筑巢，而选择在此生根的，又多为靠打零工、卖苦力维持生计的穷苦大众，他们从住窝棚开始，后搭建土坯房，再后来随着日子的一天天好转，逐步翻建成砖瓦房，但是，几十年来由于人口的剧增，本来就缺乏规划的居住区，更加剧了私搭乱盖的速度，使胡同和街巷七绕八拐，走进去就如同步入迷宫，有的胡同甚至仅能容纳一人通行。

为什么说这次拍摄西于庄胡同最下功夫呢？还不单单因为西于庄胡同的杂乱，主要归结于这种不灭的胡同情结。2011 年底，多家媒体刊发了西于庄将要拆迁的消息，也许人们都在忙着过年，似乎并未引起广泛的注意，而我却坐不住了，2012 年春节一过，就单枪匹马地穿梭在西于庄的大街小巷，大约用时一周，便把西于庄（新红路以南）的 78 条胡同全都走了一遍，心想，爱拆拆去吧，反正都在我镜头里了。然而，两年过去了，西于庄依然如故。2013 年，又是年底,媒体再次把西于庄拆迁改造的消息放在了头条,所不同的是12月27日,国务院总理李克强到西于庄视察,给这里的居民带来福音,一时间西于庄棚户区改造成了热门话题,并定为红桥区委、区政府的"一号工程"。各路媒体和摄影爱好者纷至沓来,搅得我又坐不住了,甚至好几宿没睡好觉,于是从2014年1月13日起,我用新的感知,再次返回西于庄的老街旧巷,不仅补齐了新红路以东的区域及其他遗漏,还完成了"雪中西于庄""雨中西于庄"和"夜幕下的西于庄"等延伸的专题。特别是我结合相关资料对西于庄的82条老街巷的历史和现状进行了考察与核实,并整理出简要的说明,这比以往有了明显的改观。

定格那么一种状态

近年来,我在即将动迁和计划动迁的老区里,累计访问了150多家庭、200多位原住民,拍摄了大量图片,整理和撰写了几十万字的口述史资料,也就是说,始终围绕着老家、老院、老胡同做文章。

可是,面对西于庄这个将要消失的老区,我首先萌生的想法,却是要下力量拍摄一组"老家庭"。不是一直没离开老家庭嘛,怎么又来个"老家庭"?它跟以往涉及和展现的老家庭不一样,它将是系统的、简约的,带有标记性和图解式的,或者说是用摄影语言来传递现实生活。于是经过反复思忖,决定把这组家庭用"内"、"外"两个视点来表达,以相对静止的手法实现对生存环境最大限度的表达,从而取名为《老家·老院》。

一开始气魄挺大,准备拍摄100个家庭,可真正实施起来,才发现难度实在不小,于是把目标砍掉一半。假如你坐在屋里空想这件事,并不觉着有多复杂,一名专职记者,主动登门为那些即将迁离的老住户留个影,不仅分文不花,还送给大照片,这等好事还能拒绝吗?而我的思路是:选择拍摄对象尽可能分布广泛,照顾到"面";其次被摄者要配合我托举带有自家门牌号的写字板;再则还需截取一张室内陈设的"空镜头",并进行简要的采访。这三方面,环环相扣,缺一不可,尤其是我要求每个画面里都要有春节的元素,也就是说《老家·老院》非得在正月里拍完。

把自己的主观意识,转换成对方的实际行动,需要讲多少道理才能让对方理解,如此天真的想法被现实击得粉碎,老百姓根本听不懂,他们不关心你要干什么,只考虑不要对自己有什么伤害,在经过多次碰壁之后,我忽然把拍摄的理由精练成两个字:"帮我。"由我愿为你做事,转化成请你帮我做事,当"主仆"颠倒之后,心结一下子打开,最顺利时,一个下午连采访再拍摄完成10个家庭。

西于庄的老百姓特别朴实,或者说是住大杂院的共同特点,他们直来直去很少隐瞒,诙谐自嘲其乐无比。就说我这块写字板吧,托着它拍照,很多人自然联想到"文革"时挨批斗的情景,大家插科打诨,消除了尴尬。

《老家·老院》是我自己给自己设定的考题,是把"创作"与记录相结合的探索。2014年春节期间完成了80户,本以为再没有机会了。谁知,2015年春节让我补齐了20户,最终实现了既定的目标。可以说,这个专题概括了原住民的真实状态,"老家"和"老院"互为补充,构成了一个家庭的整体,而门牌号又是每个家庭的代码。在《老家·老院》里,似乎强调的主体并不是家庭的主人,而是这个家庭赖以生存的环境,无论一砖一瓦,还是一盆一罐,都浸透了几代人繁衍生息、拼搏进取的美好愿望,这个空间是留给人们填充故事的……

门好似书的封面

春节期间,大规模地把镜头对准老区旧宅的大门,这已经是第三次了。头两次侧重于西沽,每次起码拍摄100扇贴着对联、吊钱、门神、福字的,布满年俗文化的,火红耀眼的家门,我曾给这个专题起名为《门上的春节》和《百乐门》。

2014年,宣布西于庄棚户区改造的消息,正值春节前夕,特别是李克强总理在视察西于庄时,向当地老百姓郑重承诺,力争让这里的居民能在新房里过下一个春节。这就意味着,2014年的春节,很可能是西于庄人在老地方过的最后一个春节。正因如此,很多人都把这个春节当作辞旧迎新的"告别仪式",所以当春节来临时,西于庄家家户户都张灯结彩,激情四射地释放着各自的心愿,似乎比哪一年都显得火爆,而花费心思最多、年味最浓郁、最集中的,莫过于那些薄厚不一、轻重不一,且自成一体的家门。

起初,并没想重复以往还要再拍一组"门上的春节",当时全部心思都放在了《老家·老院》的拍摄上,从腊月二十八到正月十五,只要有空,就一头扎到西于庄的老街旧巷里,苦苦地寻觅着采访对象,为的是让《老家·老院》中的每一个画面都留有"年"的痕迹。在孤独寂寞甚至煎熬的寻访过程中,为了填充"空白",我走一路,拍一路,尤其胡同两侧那一扇扇喜悦、欢快,充满期待的门户,更叫我无法与之擦肩而过,正应了小贩经常吆喝的那句话:走过、路过,不能错过。如此这般地积少成多,忽然让我冒出个想法,何不再拍它100扇门呢?本来这个题材对我并不新鲜,可是一旦凝聚成某个思路时,依然兴奋得热血沸腾。

于是,在保持《老家·老院》和《老街旧巷》正常推进的同时,我又开始了"百门"的拍摄。这次拍摄"百门"的唯一区别,就在于每扇门必须保留完整、清晰、独立的门牌,还必须限定在西于庄老区范围内,其目的就是强化史实性,避免张冠李戴、似是而非。或许有人会说,门牌号也算个问题吗? 的确如此,自然流失除外,还有不少"门牌爱好者",经常是房子还没拆,门牌先被"请"走了。所以,拍100 扇门,至少在 500 扇门里挑选,最后确定的这 100 扇门,至少要拍出 120 扇门做备份。另一个难点是,许多胡同宽不过两米,眼看着门上的精彩,却打不开镜头,也就是说,任何一件看似简单的事情,在实施过程中都会有其不简单的一面。

100 扇门,被静静的截取下来,有些花枝招展,别管那扇门有多旧、有多破,有多么不起眼,一旦"中国红"浮在上面,就好似飘来一抹祥云,你会因此而感动。门,关上它立刻把世界切割到最小,而打开它,又瞬间成为世界的全部;门,其实就是一道槛,迈出去才知道外面有多大,走进来才知道家有多温暖;门是一道屏障,关上它挡住了一切外来的喧嚣,打开它呈现出不一样的风景;门,是书的封面,每天开开合合在不断续写着平淡无奇却又感人至深的故事。

(完稿于 2014 年 12 月 30 日,修订于 2015 年 10 月 10日)

莲坡曾作宝坻游

宋 健

莲坡者,水西庄第二代主人查为仁是也。清乾隆庚申(1741)二月初三至十一日,莲坡有盘山之游,往返共十天。途经宝坻时,盘桓二日,留下了诗文,成为研究宝坻乾隆时期风土人情的珍贵史料。

宝坻与莲坡颇有渊源,盖因其续妻乃宝坻刘氏。清雍正八年(1730),莲坡曾到宝坻探望姻亲,惜未留下文字。此番盘山之游,宝坻乃必经之地,停留小住,亦情理中事。

莲坡为当时津门文坛之盟主,家财巨富,素喜结交天下名士,如佟蔗村、赵执信、陈鹏年、刘文煊、吴廷华、汪沆、陈元龙、厉鹗、杭世骏、陈章、施世纶、沈德潜、袁枚、董邦达等,都曾成为水西庄之座上客(刘尚恒《查为仁的交游与水西庄主要宾客》,载刘著《天津查氏水西庄研究文集》),"诗酒宴集,殆无虚日"(袁枚《随园诗话》卷三)。这一次游盘山,与莲坡同行的,有画家朱岷、诗人陈皋和来自苏州的少年陆染香。朱岷,字导江,号客亭,又号七桥,武进人,以书画名世,他在乾隆二年(1737年)所绘《秋庄夜雨读书图》,今存天津市历史博物馆;亦能诗,著有《怀南草堂诗稿》。陈皋,字江皋,号对鸥,钱塘人,名诗人陈章之弟,陈章有诗《采茶歌》:"凤凰岭头春露香,青裙女儿指爪长。度涧穿云采茶去,日午归来不满筐。催贡文移下官府,哪管山寒芽未吐,焙成粒粒比莲心,谁知侬比莲心苦。"一时传诵,名满诗坛。陈皋诗格高古,摇笔立就,才名不输乃兄,著有《吾尽吾意斋集》、《对鸥漫语》。那个苏州少年陆染香,名宗蔡,据津门红学名家韩吉辰先生考证,此人很可能是《红楼梦》的作者曹雪芹避难水西庄时所用的化名! 果真如此,那就太有意思了,我的这篇拙文,不妨改名《雪芹曾作宝坻游》了! 韩先生的研究成果,2011年8月6日《每日新报》曾有长达两个版面的报道,红学界一时为之轰动。韩先生是我的前辈,承蒙青眼,视我为忘年之交,他曾征求我的意见,我对韩先生刻苦钻研的精神十分钦佩,陆染香的身世经历与曹雪芹亦有相似之处,但要确证"染香子"就是曹雪芹,恐怕还需要更坚实的证据。——我倒真希望"染香子"就是曹雪芹,因为宝坻曾有曹家一块所谓"受田",那可是《红楼梦》里"乌庄头"故事的"原始素材"(本人曾撰文《曹家受田宝坻西》,载于《天津日报》"满庭芳"副刊);而此次盘山之行,"染香子"留下了诗作,那岂不是曹雪芹的"佚诗"?!

二月初三凌晨,莲坡一行"载小车、简朴从、携书酒",从水西庄出发,前往盘山。"出镇海门,渡浮梁",经北仓,中途遥望杨村,薄暮时抵崔黄口止宿。

初四,过青龙湾河入宝坻境。是日,"东风大作,灰埃眯目,余寒料峭,闭车中不敢骋望",过大口屯,莲坡有诗:"大口屯临东海滨(自注:即七里海。),黄沙漠漠水无痕。只因燕市多屠贩,错使人呼打狗屯。"至马家店,在茶棚寺小憩并共联一首五律,"粘壁离去"。

茶棚寺,康熙、乾隆、民国《宝坻县志》均无载,当为乡间小寺。古时宝坻寺庙甚多,仅宝坻城里,即有"九桥十八庙"之说。"十五里,抵宝坻城,进南门,诣妇家","流连话旧,情味欢洽"。稍稍休息,乃访大觉寺(宝坻人俗称东大寺)。"于时夕阳在地,双槐倒影,残僧三两,门宇大半颓圮",一派破败景象。寺内有"浮钟",相传自东海浮来,击之,其声清越,"云风雨能自鸣"。中庭有石碣二,分别建于明正德、万历年间。又于短垣之下,见一半截碣,为苔藓剥蚀,漶漫不可句读,细视之,知为金时张瓒所撰《大觉寺碑记》,此记,今《县志》录有全文。晚归妇弟之"心香书屋",酒罢,"听妇弟(刘)林皋弹琴,至漏下二十刻方就寝"。对鸥作《晚寻大觉寺》《坐心香书屋听刘子林皋弹琴》诗。——这是莲坡一行在宝坻的第一天。

初五,早饭后,莲坡一行徒步往访西大寺,即古广济寺。途径石幢金顶。此古迹,"文革"时被毁,1988年重修。石幢金顶坐落在今宝坻区城中心十字路口,是当时县城最高点,为辽开泰(1012—1016)时创建,清康熙十八年(1679)地震倒塌后重修。石幢高11米,通体石筑,由八面体的幢座、幢身、宝盖组成。幢凡七层,每层或凿佛龛,或雕佛像,或镂花卉,或刻经文,最上层宝盖装有铁风铎8个,整个经幢,比例匀称,形象优美,为天津地区保存最好的优秀石幢艺术作品。现为天津市重点文物保护单位(参见1995年《宝坻县志》)。西行数十步,就是广济寺了。莲坡见到的广济寺,"规模弘壮",颇具震撼力。入寺,有"透灵碑",相传此碑犹如透明的玻璃,"可以隔望",此话自然是太夸张了,莲坡见到的,"光泽如镜",仍不禁叹为"异事"。碑侧有铭文,标明此碑为辽兴宗重熙五年(1036)所立。按,广济寺为辽代高僧弘演(或弘性)法师首倡筹建,经多方募化、捐献、借贷,历时数十年,由弟子道广、义弘二法师,于太平五年

（1025）建成。此寺由天王门、东西配殿、钟楼、鼓楼、三大士殿、宝祥阁及甘井、华亭、法堂、香阁、浴堂等建筑物组成,以三大士殿最为有名。大殿东西24.5米,南北18米,斗拱雄伟,出檐深远,全殿共有28柱,外柱18根,内柱10根,柱高近5米;殿顶脊高过人,两端有庞大的鸱尾,尾高近4米,尾上有众多的鳍,上端为龙尾,下端为龙头;瓦山坡上有奇异的飞禽走兽;大殿墙壁为1.16米厚砖墙,内墙壁绘五百罗汉,殿内有观音、文殊、普贤三大士及侍立菩萨、韦陀、十八罗汉等塑像45尊,相传均出自元代雕塑大师刘元之手,精美绝伦。刘元是宝坻人,我国古代杰出的艺术家,他的雕塑,被称为"刘元塑",乃美术史之专有名词,天下闻名的山西晋城玉皇庙二十八宿星君神像,是刘元硕果仅存的杰作（多年前,我曾专诚前往考察,撰有《巧夺天工刘元塑》一文,发表在《天津日报》副刊）。1932年4月,古建大师梁思成先生专程到宝坻考察了广济寺,尤其对三大士殿赞不绝口,说大殿建筑"内部梁枋,结构精巧,似繁实简,极用木之能事,为后世罕见",并感叹道:"在发现蓟县独乐寺几个月后,又得一辽构,实是一个奢侈的幸福!"三大士殿是中国古木建筑已发现中之最古者,为中国稀有单层而高大建筑,独具风格,雄伟壮观。不幸的是,莲坡、梁思成见到的广济寺,在1947年被拆毁,那块"透灵碑"据说被抛弃在西护城河中,再未重现。我们现在看到的广济寺,是2007年5月在原址重建的,较比旧寺,规模更加宏大。出了广济寺,莲坡等又东行观览了文昌阁、北极台等宝坻名胜,还遇到一个卖旧书的,其价甚贱,莲坡购得《玉海》《通典》《说文长笺》《通志堂经解》等二十余种,很是欢喜。晚上,"轰饮心香书屋,弦管杂陈,不觉至醉"。对鸥得《过广济寺观辽太平年佛殿记》诗一首。——这是莲坡一行在宝坻的第二天。

　　初六,早起,莲坡拜访了知县洪肇懋,话旧片刻。洪肇懋,号东阆,乾隆十年主持纂修了《宝坻县志》,在卷首为宝坻"八景"一一绘画、题诗。这部志书,至今仍是研究宝坻历史、文化的重要"宝典"。辞别洪县令,莲坡等出北门,"遥望蓟州诸山,层峦叠翠,自东而西,绵亘树杪,其最高者,即田盘山也",北行十五里,过三岔口,过了沟河,就出了宝坻境。盘山越来越近,莲坡一行离宝坻也越来越远了。

　　在宝坻,莲坡的心情是愉快的,对鸥更显示了"摇笔立就"的诗才,画家导江和少年染香子,到了盘山才诗兴大发。——如果染香子是曹雪芹的化名,盘山之游,他共作诗十一首,在马家店茶棚寺小憩时,还有"禅心香印存。坐来忘世事"的联句,则这些"曹雪芹佚诗"又够红学家们研究一阵子、争论一阵子了。

　　(刊于《天津文史》,2015 年第 2 期,2015 年 6 月,第 33—34 页)

拉贝的天津印迹

张翔　彭辉

　　北京、天津、南京是约翰·拉贝在中国 30 年时间里主要待的三个城市，有关拉贝在北京和南京的记载比较详尽，在天津的记载却少之又少。那么，这个在天津生活了 6 年，有着"中国的辛德勒"之称的人究竟给天津留下了哪些记忆？拉贝先生在天津住了 6 年的旧居到底又是怎样的情况？6 年时间里，拉贝先生在天津都有哪些不

拉贝故居

为人知的活动?

西门子北方总部负责人
曾写过《天津的故居》

　　1882 年出生于德国汉堡的约翰·拉贝早年丧父。1908 年,26 岁的他来到北京的西门子代表处做会计和文书工作,后来因为工作努力,升任西门子驻北京代表处负责人。1909 年 10 月 25 日,拉贝与女友多拉在北京结婚。一战之后,鉴于中国与德国当时的关系,拉贝返回了德国汉堡。直到 1921 年中德复交,拉贝一家才又回到北京。他惊喜地发现,自己在北京的房屋和财产都"原封未动"。

　　1925 年,西门子北方总部迁到天津,一是天津当时有租界的便利条件,二是 20 世纪 20 年代的天津是北方经济中心。当时西门子公司把北方总部设在天津可能还有一个考虑,因为当时的进口设备都是从海运而来,天津的码头就在租界海河边,大型轮船可以直抵万国桥(今解放桥)。

　　拉贝在天津时,工作生活基本上是在英租界范围之内,因为当时已经没有德租界了,1917 年当时的中国政府把天津德租界收回,改名叫特别第一区。当时的西门子在全中国范围内的销售额非常大,在 1995 年出版的

约翰·拉贝

《拉贝画传》里，拉贝记录道："西门子中国公司的经理雷德斯博士对我说：'拉贝先生，天津办事处就由您负责了。您就放手干吧，但不要让我们账目上看到赤字'。"据拉贝的儿子奥托·拉贝回忆，西门子公司将拉贝调到天津担任负责人后，拉贝非常忙碌，以至于"在炎热的夏天，我们一家人去海滨休养，他仍在工作岗位上坚持工作。"

拉贝来天津，还与当时天津正在建立一个自动化的长途电讯局有关。天津的电话在北方发展得比较早，20世纪20年代，电话局有一个变化，原来是商办，后来是官办，政府接管，以后一直由政府经营，电话局就设在法租界，到了20世纪20年代，技术比以前提高了，用的都是比较新的电话。从1925年到1931年，作为西门子北方总部的负责人，拉贝足足在天津待了6年的时间。此外，西门子还生产电力设备和发电设备。天津当时有四个发电厂，英租界发电厂，日租界发电厂，法租界发电厂以及比利时发电厂，西门子与这些发电厂都有供货关系。就当时的发电设备来说，西门子应该是最好的。作为较早来到天津的公司之一，尽管西门子公司因为一战德国战败，德租界被收回，在华规模有所缩小，但没有影响西门子的业务，当时在天津有三四十家德国公司一直在经营。

就目前已知的有关拉贝在天津的记载，并不多见。根据天津社科院的刘海岩研究员的说法，拉贝在当时只是一个公司的负责人，他的活动不会在报纸上有诸多的记载，他只是一个普通的经理，也不是很有名，拉贝的名气大是因为后来在南京救助中国人那一段。而且在当时，拉贝作为西门子的天津办事处负责人，也不是以个人名义活动，而是代表公司在活动。当然，也有一些零星的记载，如在天津商会档案里，他作为出席人，参加了在德国俱乐部举办的中外企业家聚会活动。目前能找到的在天津的活动的就是这些，而且拉贝在资料里的译名也不一样。

据拉贝的儿子奥托·拉贝回忆，其父曾于1927年写了一本《弥勒佛》，1931年写过《天津的故居》，但后来都失传了，具体是因为没有出版还是因为在颠沛流离中失散的，目前无从知晓。现在出版的《拉贝日记》也是他的外孙女乌尔苏拉女士于1996年出版的。

拉贝夫人

嫁女儿外孙女出生
大事都在天津完成

拉贝在天津的故居一直是个谜，一方面是文字资料太少，另一方面是很多人不研究老照片。在拉贝儿子的记录当中，一直说他们家在俄租界，所以很多人都奔着俄租界去找，但是俄租界建筑在1976年地震之后基本上已经荡然无存。很可能是拉贝儿子记不清，或者把德俄搞混了。2009年，拉贝的家人出了一本画册《拉贝画传》，其中就有一些拉贝在天津的旧居照片。

在《拉贝画传》中的旧居照片上，可以看到远端原海军总长刘冠雄的旧居塔楼，还有一张拉贝夫人在楼顶的照片，她站在三层的露台上,从照片里就可以看出栏杆,远处还有一个楼,就是现在马场道的安乐邨。根据照片分析和位置对比,我们可以确定拉贝旧居位于马场道河西区一侧,即原传德楼位置,但传德楼在2002年被拆除,现场无法比对。笔者有幸发现一本20世纪50年代的油印小册子——《天津里弄住宅调查报告》,其中有一张传德楼的平面图。把这张图和现在的卫星图叠加在一起,再通过刘冠雄的旧居和安乐邨的背景,最终确定拉贝旧居位于现在马场道和友谊北路交口,即现在的俏江南餐厅外的那片绿地。2013年通过朋友转述,说有一个老人就住在这儿,当时也见过住在这里的外国人,但等我们联系到老人的时候,90多岁的老太太刚过世。

拉贝的旧居在当时是别墅建筑,属于主体两层,局部三层。通过老照片还可以看到旧居内部有一些北欧的装饰风格,如鹿头等。20世纪20年代在天津的英国人和德国人交流的比较多,包括一些打猎的活动、赛艇的活动、足球的活动,都相互参与。赛艇是去海河,打猎去河北省,度假就去北戴河。这些英国人和德国人每年夏天最热的时候,都奔北戴河避暑。

1947年拉贝夫妇合影

而位于大沽北路和唐山道交口的西门子办事处,因大沽路拓宽则在2005年被拆除,现在已经成了停车场。

目前可以确定的拉贝家族的

很多大事，都是在天津完成的。1930年8月3日,约翰·拉贝的女儿格雷特尔·拉贝在天津与西门子员工威廉·施莱格尔结婚。在《拉贝画传》里,拉贝说"同事们问我

拉贝天津故居室内

是否同意这桩婚姻? —那当然啦! 我邀请你们全体都来参加。"在天津社科院研究员刘海岩看来, 拉贝女儿应该是在德国俱乐部举行的婚礼。

拉贝的外孙女乌尔苏拉·赖因哈特也是在天津出生。1931年,拉贝被调到南京当负责人,他的女儿女婿继续在天津生活。拉贝女儿格雷特尔经常带着她的女儿乌尔苏拉·赖因哈特去南京看望外公外婆,"拉贝夫妇非常喜爱这个外孙女, 常常被她天真的话语逗得开怀大笑。"

在南京时给天津发电报
称自己和全体职员"一切都好"

1931年,因为工作调动,拉贝去了南京。随后的1937年12月13日,在被日军占领的南京城内,拉贝被推选为南京安全区国际委员会主席, 带领着国际委员会在南京城内设立了一个4平方公里的国际安全区让中国人避难,25万南京市民因此免遭杀戮。

拉贝在津故居推测图

拉贝在南京救了那么多的中国人,或许跟他一战以后回到中国的际遇不无关系,这也可能是当时他救助的一个原因,当然更主要的可能还是考虑到人性的问题。他当时成立的国际安全区,有德国人、英国人、美国人,日本人考虑到国际影响,没有进去。于是拉贝在"基本上相当于半个和平区"的地界内,保护了25万人,成为中国的辛德勒。

因为拉贝在南京的所作所为,1938年回国以后受到德国政府

拉贝夫妇1909结婚照

不公正待遇,生活很潦倒,只能勉强维持。那时候不光是拉贝,战争期间及战后,德国人生活普遍不太好,季羡林二战期间在德国滞留了十年,他当时就回忆说德国十年唯一的感觉就是饿,吃不饱,所以拉贝的境遇不是个案。拉贝在后来的日记里也写道,战后中国人找到他,给了他2000马克,这在当时是很大一笔钱了。当时的国民政府没有忘记拉贝,因为事情发生在南

京,知道拉贝境遇不好的时候,就以政府名义资助他。拉贝的外孙女乌尔苏拉·赖因哈特后来曾写道:"那时他由于缺乏营养患上一种难受的皮肤病,服用了几罐子人造黄油和熏肉后才痊愈。就这点而言,救了他和他一家的命。"

拉贝从 1931 年去南京后,再没有回过天津,都是他的家人到南京来。不过,拉贝曾经给天津这边发过电报,1937 年 12 月 14 日,那时候南京已经陷落,大屠杀开始了,他让《纽约时报》记者德丁先生从上海向天津的女儿和柏林的施莱格尔先生报平安:"本电文签署人和当地办事处全体职员到 12 月 14 日晚上 9 时为止一切都好。"

(刊于 2014 年 12 月 27 日《每日新报》"星期六"栏目)

天津洋家具堪比民国海派家具

姜维群

　　"五大道"已经成为天津旅游的最大名片,不是这片历史建筑最代表天津特色,而是最代表天津特色的老城厢拆得太干净了。于是"五大道"这个租界文化的遗存成了天津历史建筑的"硕果仅存"。

　　许多徜徉于五大道的游客都有一个隐约的遗憾,就是大家无论冬夏只能在大街上溜达,几乎很少能进到小洋楼的里面,看一看那里的楼梯楼板,看一看那里的家具装饰。正如学者冯骥才说的,天津两种文化,一个是老城厢的中国传统文化,一个是五大道小洋楼的租界文化。由此也可以这样说,由于小洋楼的建筑格局,衍生出来独特的天津"洋家具"文化。收藏五大道的洋家具,研究个中的特色,不仅仅是文化,更是收藏的实物能够把原有的文化复原。

一、天津洋家具式样独特，全国首屈一指

笔者在《民国家具鉴赏必读》中阐释了一个观点，"租界地的建筑完全照搬了欧洲发达城市，建筑会直接影响家具的品种和品样，二者又会改变人们的服饰取向与生活习惯，进而改变我们固有的做法和作风。"说的再直截了当一些，家具其实是建筑的一个拓影，什么样的建筑往往决定什么式样的家具。

天津九国租界地，创了一个世界之最，至今这里被称之为万国建筑博览。仅以开滦矿务局大楼为例，外表 14 根高大的罗马柱，内中高大的天井异常壮观，建筑面积近 10000 平方米。当年每个房间每一个角落都配置了角柜和柜子等，至今留下的房间壁炉，式样各异，各有妙思。可以想见，当年家具的式样也是各臻奇妙的。

天津的洋家具不同于海外同时期的家具，当时这里的家具仅有一少部分是跨洋海运过来的。家具的配置是很独特的一门学问。尤其是新的城市一个新的建筑落成，没有现成的家具可以"拿来主义"，必须重新量身打造。据记载，庆王府的家具就是小德张亲自设计的，这样的家具必然打上时代的烙印、城市建筑的烙印，也必然打上个人审美趣味的烙印。

天津在上世纪初，是一个崛起的城市，中国建筑一般以平房为主，而租界地以楼为主。城市面积的扩张，需要大量的家具填充其间，天津的家具制造业出现空前的繁荣，仅举一例，一斑可窥全豹。

天津惠福木器行（天津家具五厂前身）其始建于 1927 年，恰值天津市已升为"特别市"，因为市场好，很快就发展起来，其主要经营的是木器家具和沙发。中国的沙发是舶来品，洋楼的客厅、书房

的格局沙发成为必备的家具。在惠福木器行的"档案资料"中发现，1935 年 2 月 7 日坐落在海大道的木器行发生火灾，火灾殃及周围的商铺和住户，并烧死一名叫鲍仁规的中年人。受灾比较严重的商铺有敦庆隆，同兴银号等。另外就是，仅此一处就有三家木器行被火灾，即惠福木器行、裕兴顺木器行、华洋木器行。由此可见，天津当时的家具生产具有一定的规模，产量相当可观。

天津洋家具的特点不以红木为主，以柚木为贵。柚木是一种珍贵的木材，价格和红木相等，其优点是不翘不裂，柔韧而具有油性，木质硬度适中。而更多的家具使用榉木、椴木和榆木。天津的洋家具在式样上中西结合，多为欧洲家具的简约风格。特别是存世的座椅数量惊人，式样繁多几乎不胜枚举。意租界的意大利领事馆现在旧建筑犹存，据回忆当年地下室内的座椅有几百上千把。确实，那么多的楼宇，那么多房屋厅堂，椅子应该是一个大项，且式样新奇，具有鲜明的"天津特色"。

二、天津洋家具不等于欧式家具

说一个现象，"五大道"热了，于是有人想用回流的欧式古典家具装饰，想冒充下五大道的"当年"。然而人们立刻会发现，这些欧式古典家具和五大道的建筑格格不入，一看就像是一个外国人在冒充中国人。这就是一个时代有一个时代的符号，一个时代有一个时代的特异。像国外风行的巴洛克、洛可可式家具，曲线精美分外华丽。虽然在五大道的洋家具里面能找到其中的影子，但它已经融在简约的元素之中了，融在诸多的中国元素中了。

以穿衣镜为例，这是洋建筑里面的摆设，但已经化为中西合璧的天津洋家具了。譬如这件陈列于意租界领事馆内的穿衣镜,乍看是国外形制,但又有中国座屏的架构。有镟木纺轴的国外工艺,又有如意云纹,甚至帽顶处是双凤朝日的图案。这样的家具形制,别说外国,就是中国也只有天津有。至于衣柜、角柜、梳妆台等家具都有这样的特点。

三、天津洋家具独立于海派家具之外

一说民国家具必然想到海派家具。海派家具形成了色彩统一木质独特的民国家具特色,但它不是天津洋家具,不是主流,只是有一些在天津的南方人家庭喜欢使用海派家具。

天津洋家具以柚木为上,柚木家具等同于红木一样的华贵。至今的民国家具中,凡柚木家具必是柴木家具的几倍价值。

在式样上,海派家具的式样拘谨,谨守在几个典型的程式化的式样上。像大衣柜,以双开、三开为多。而天津洋家具的立柜有独柜,式样很多,有双开、三开和四开门的。在镜台、梳妆台的式样上也是五花八门,是独立于海派家具之外的民国洋家具。

明式家具已经退出流通领域,进入拍卖行列;清式家具前20年大量的外流存世量已经有限;作为天津的洋家具因为不是红木花梨(中国人崇尚硬木)的材质,一度被排斥在收藏之外。随着民国家具的研究的深入,越来越发现天津民国洋家具的独特性和唯一性。所以,收藏天津民国洋家具,发掘其中的文化历史信息,应该是天津人责无旁贷的事。

(刊于 2015 年 5 月 5 日《天津日报》"收藏版")

溥仪与天津西餐

金彭育

末代皇帝溥仪被赶出北京紫禁城后,选了一个吉日,即于1925年2月23日、农历"二月二,龙抬头"这一天,乔装打扮,坐火车来到天津,住进了日租界宫岛街的张园(现鞍山道与山西路口)。张园原名"露香园",是清末湖北提督张彪在津寓居的花园别墅。溥仪到津那年是19岁,离津赴东北是26岁,这是他人生的重要成长时期。这7年的"寓公"生活,他心中随时梦想的是有朝一日实现复辟,恢复其失掉的皇位。溥仪和婉容经常出入于各种社交场所,但仅限于天津的日本、英国、法国和德国租界,这都是天津租界中心的繁华地区,显示了他生活的豪华和奢侈。由于婉容熟悉天津,而天津的生活又远比紫禁城里新潮和舒适自在。溥仪觉得,天津洋房里的抽水马桶和暖气的生活远比清宫里好。溥仪在天津,追求西化,穿西装、吃西餐、买洋货、看赛马,打网球和高尔夫球,开摩托车和汽车。从他在天津的一些活动地点,可以窥见一些他生命的轨迹。溥仪居津,其在外吃西餐的地点有利顺德大饭店、皇宫饭店、西湖饭店、起士林西餐厅、正昌点心铺等。

溥仪吃西餐，与他的英国老师庄士敦有关，是庄士敦把欧洲的生活方式介绍给溥仪的。1921年，紫禁城设立了"野意膳房"，做中餐；设立了"番菜房"，做西餐。溥仪曾吟西餐怪诗一首：明日为我做西菜，牛肉扒来炖白菜；小肉卷来烤黄麦，葡萄美酒不要坏。在天津，他的"行在"设有中西膳房，中膳房有十几个厨师，西膳房有六个厨师，还有一个专做日本料理的厨师。在张园，溥仪在家吃西餐的次数不多，每月也就一二次，多数是到租界的大饭店去吃。他在张园、静园的西餐专职厨师是王丰年和于清和。后来到了长春，他专设了一个"西膳房"，从天津来的王丰年和于清和，继续给溥仪做西餐，直到伪满垮台。溥仪吃西餐，一般是两个菜，一个汤，一个点心，再加上面包、水果。顺序是先上前菜、小吃，有时是一杯鸡尾酒，然后是一道汤，两道菜。一般是牛肉配一些菜，最后再上一道甜点。咖啡、水果。溥仪吃西餐有时喝一点法国葡萄酒或是英国白兰地。

婉容对天津是熟悉的，因此溥仪和婉容经常出入于各种社交场所。利顺德大饭店位于现解放北路199号，建于1886年。是中国近代首家外商开办的大饭店，由英国圣道堂牧师约翰·殷森德创建，许多名人，如孙中山、黄兴、宋教仁、溥仪、袁世凯、段祺瑞、蔡锷、梁启超、张学良等都曾在此下榻。美国前总统胡佛亦曾长期住在这里。这是溥仪和婉容去的最多的地方。主要菜品以英式为主，有煮雪鱼、清鸡汤、油酥盒子、炸比目鱼排、牛里脊肉扒素菜、煮菜花蛋黄汁、烤火鸡、生菜沙拉、奶油栗子粉、美国蜜桃冰激凌、英式小点心、咖啡，还有德国白酒、法国红酒、香槟酒、白兰地酒和甜酒等配餐酒。皇宫饭店位于英租界维多利亚路，现解放北路179号，建成于1921年。原属英商傲禄士公司，由英侨娄利司于1905年创办。溥仪和婉容到这里吃正宗的英式西餐、下午茶和奶油咖啡双色冰激凌。

西湖饭店位于马场道 169 号、建于清末民初,意大利风格。德商买办雍剑秋 1920 年改建成"西湖饭店"。张学良、张学铭、傅作义、溥仪、商震、阎锡山曾到此。1942 年改为天和医院,名医方先之任院长。因距离赛马场附近,这也是溥仪和婉容偶尔去的地方。这里有住宿、餐饮、娱乐和舞厅,现房屋已拆除。西湖饭店在 20 世纪 20、30 年代最为兴盛,主要是住宿,一楼有大型宴会厅,西餐为主,主厨是马师傅,主营法式西餐。这里还经常举办大户人家的西式婚礼。西湖饭店的西餐特色是天津本土化,符合天津市民的餐饮特点。

起士林大饭店初为德国厨师起士林开办。据传他曾是德皇威廉二世的宫廷厨师,曾任袁克定(袁世凯长子)的西餐厨师。1907 年在法租界大法国路办起士林点心铺,后迁到德租界威廉街光陆影院对过。现址位于小白楼,摩登风格,钢混结构 4 层楼房,原为"维格多利西餐厅"。1949 年后改为起士林大饭店。溥仪和婉容经常去这里购买正宗的德式点心和糖果。起士林由于有冷热饮,溥仪和婉容非常喜欢,奶油冰激凌、果料刨冰和奶油栗子粉他们最爱吃。起士林菜品主要是德国风格,有德式香煎小土豆饼、土豆沙拉、酸包菜、酸黄瓜、煎牛排、炸猪排、黄油煎鳜鱼、德式软炸鱼、奶油酸牛柳、肝泥酱、红酒冻、冰咖啡、奶油鸡茸汤、红菜汤,肉杂拌汤等。溥仪和婉容是这里的贵客,餐厅领班也都认识他们。每次到了餐厅,领班都会向他们推荐新的特色菜品。

正昌点心铺位于法租界大法国路与狄总领事路口,即现在解放北路与哈尔滨道交口处,这是一幢骑楼式的楼房。经理为希腊人达拉茅斯,该店进口各类咖啡豆,现磨现卖,味道纯正,很受在津的外国人欢迎。此外,还经营法式西餐和西点。有简单套餐和冷热饮,外卖有正宗的法式面包、点心、糖果和法国产的葡萄酒。由法国来华厨师和面包师主理。法式面包的大众品种主要是法式棍面包,因外形像一根长棍子,俗称"法棍",这是一种法国特产的硬式面包。其实法式面包的种类相当多,形成一个大的面包家族。计有法国软式面包、法式圆面包、香奶油面包、古罗斯布鲁面包、风提面包、黑麦面包、全麦面包、菠萝面包、果料面包、小茅屋面包、小餐包、牛角包和面包心等,还有各式吐司、布丁和奶油蛋糕。溥仪和婉容经常去正昌点心铺,档次很高,品质优良,溥仪家里大部分面包和西点购自这里。

(刊于 2015 年 9 月 18 日《今晚经济周报》第 13 版"津食杂谈"栏目)

清末重臣李鸿章与天津李公祠

井振武

天津有一座"李文忠公天津专祠",1905年由袁世凯奉旨建造,它坐落在河北区金刚桥西子牙河畔(旧称"河北窑洼"),那是一个时代的背影。

李鸿章一生中最辉煌的事业在天津。《清史稿》评论说:李鸿章"独究讨外国政学、法制、兵备、财用、工商、艺业。闻欧美出一新器,必百方营购以备不虞。"他将在上海、南京等地积累的丰富洋务经验移植到北方,把天津作为推行洋务新政的实验场,成为近代化运动的引擎,对"近代中国看天津"产生了极其深刻而久远的影响。

少年科举

李鸿章(1823—1901),本名章铜,字渐甫,号少荃,晚年自号仪叟,安徽合肥乡磨店人。道光二十七年进士、翰林院编修、淮军缔造者、署理两江总督、钦差大臣、直隶总督、署北洋大臣、武英殿、文华

殿大学士,著名外交家,洋务运动
的主要代表人物。

1823 年 2 月 15 日,出生在庐
州望族的一个官宦家庭。据李鸿章
回忆说:"前吾祖父穷且困,至年终
时,索债者几如过江之鲫。"亲族周
家,常予周济。其父李文安耕读持
家,勤奋苦学,近四十岁时,考取戊
戌科进士,分发刑部供职,官至督
捕司郎中、记名御史,在京城为官
十八载。著有《贯坦纪事》一卷。

初入天津的李鸿章

李鸿章六岁入家中开设的"棣
华书屋"学习。母亲相夫以教诸子发奋读书,企盼各子嶷嶷自立,致
身报国。鸿章天资聪明,深受父亲熏陶,勤于读书、行思坐想,取象
于收视反听之间,异于常人。一次,父亲看到书房中的账本,随口吟
到"年用数百金,支付不易"发出对生活的感叹;在一旁的鸿章却脱
口应对说:"花开千万朵, 色彩无穷", 意在劝导父亲, 深得喜爱。
1840 年 18 岁的李鸿章考中秀才。三年后,在庐州府学拔选为优贡。
时,父亲已在京做官,望子成龙心切,函催前往,准备来年的顺天乡
试。1845 年李鸿章赴京城。他在《入都》一诗中颇为豪迈地说:"丈夫
只手把吴钩,意气高于百尺楼。一万年来谁著史,三千里外欲封侯。
定须捷足随途骥,那有闲情逐野鸥。笑指卢沟桥畔路,有人从此到
瀛洲。"充分表达了政治抱负与理想追求。在父亲的介绍下李鸿章
有幸投奔其父的同科进士、翰林院侍讲学士曾国藩门下, 发愤经
史,习制举文。

曾国藩(1811—1872)湖南湘乡白阳坪人,近代著名的思想家、军事家和政治家。初随父学习,后入"涟滨书院"、"岳麓书院"读书。道光十八年中进士,升翰林院庶吉士。道光二十五年(1845年)后,升翰林院侍讲、补日讲起居注官、充文渊阁直阁。后回乡组织湘军、湘勇、镇压太平天国运动,对李鸿章一生影响极大。

在京师,李鸿章租房住,在进士何仲高府上当塾师,"自愧长安居不易,翻教食指累高堂"。1847年李鸿章参加会试,列为二甲第十三名进士,朝考改为翰林院庶吉士,入馆学习。1850年,改授翰林院编修。第二年,又充武英殿纂修、国史馆协修,与父亲同朝为官。有机会阅览大内密藏书卷,纵横经史、潜心学问,与友人吟诗赠答,过着封建士大夫向往的精神生活,怡然自乐。

壮年戎马

1851年冬,太平天国运动风起云涌,彻底改变了李氏父子的命运。1853年3月,李鸿章被征调前往安徽,先在兵部侍郎周天爵处充幕僚策划剿杀捻军;后入工部左侍郎吕贤基幕府办理团练防剿太平军,随营帮办一切。父亲李文安注意研究团练组建,曾撰有《寨图说团练条规》,1854年返回老家创办团练。李鸿章与父亲一样在讨伐太平军的战斗中"劳劳策马",出生入死,备尝艰辛。1855年7月,父亲死在任上。临终前留下遗嘱说:"贼势猖獗,民不聊生,吾父子世受国恩,此贼不灭,何以家为,汝辈当努力以成吾志"。

李鸿章谨记父训,屡立战功,赏加按察使衔。1859年1月,投奔湘军统帅、恩师曾国藩幕府。初入幕,近一个月坐冷板凳。鸿章纳闷往见曾国藩打探消息,"不得要领"。于是同科好友陈鼐出面为李说情,曾帅回答说:"少荃翰林也,志大才高,此间局面窄狭,恐艨艟巨舰,非潺潺浅滩所容,何不回京供职?"陈再三请求"老师盍姑试之",方得应允。在曾国藩的细心调教下,李鸿章的命运发生巨大转折,一跃成为文案与智囊,参与机要,权位日隆。

1861 年太平军占领苏州后,忠王李秀成率部攻打上海。湘军曾国荃、陈士杰等战将知道李秀成是很难对付的敌手,均视援救上海为畏途。12 月,曾国藩权衡左右,决定让李鸿章前往支援,还表示湘军无兵可派,需要自己想办法,并惋惜地说:"少荃去,我高枕无忧矣。惟此间少一臂助。"1862 年 2 月,李鸿章将张树声兄弟、周盛波兄弟、刘铭传、吴长庆、潘鼎新等团练武装揽于麾下,草创淮军,移驻安庆北门外大营。曾国藩不但调兵遣将、帮助配备人员,还亲临祝贺。时,淮军共计 13 营 6500 人。3 月,曾国藩命淮军乘火轮东下,增援上海,控制战略要地。

1862 年 4 月,清政府任命李鸿章署理江苏巡抚。在上海李鸿章如鱼得水,一方面延揽郭嵩焘等人才,组建统治班底,着眼"捐厘助饷",从物资、资金上支援金陵、安庆湘军大营的西线战争;另一方面制器兵器,创设"炸弹三局",聘请外国军官,购置 32 磅、68 磅大炸炮,扩充军力;还创设外国语言文字馆,造就洋务人才;在军事上率领淮军在虹桥、徐家汇等地与太平军厮杀,取得重要胜利,军威大震,从而淞沪地盘得以巩固。年底,实授李鸿章为江苏巡抚。李鸿章以上海为根据地,实施"用沪平吴"方略,兵分三路进攻苏州、常德等地。利用华尔的洋枪队——常胜军协助作战,占领太仓、昆山、江阴。1863 年底,攻占太平天国军事重镇——苏州,设宴计杀八降将及强御者千人。因功加太子少保衔,赏穿黄马褂。在与洋枪队首领华尔、白齐文、戈登,以及阿斯本、赫德、马格里和上海外国群体接触中、在与英使交涉买断擅修吴淞铁路谈判中积累了丰富的外交经验。1864年7月,太平天国首都——天京(南京)陷落。清廷晋封李鸿章一等伯(肃毅),赏戴双眼花翎。第二年5月,以江苏巡抚署理两江总督,驻节南京。与曾国藩精心筹划创立江南制造总局和金陵机器局,并在江南制造总局设翻译馆、兵工学校,成为洋务先驱。

中年封疆

1866年,授李鸿章为钦差大臣,接办围剿捻军重任。第二年被任命为湖广总督,仍留营办理督剿。正当剿灭东捻军赖文光部于扬州之际,西捻军张宗禹部突从陕境攻入畿南,朝廷震恐。清政府以督剿不力褫夺李鸿章世职,准其戴罪立功。李督师淮军逐步将西捻军团团包围在南以黄河、西以运河、北以减河为界的有限区域内,并绞杀于山东荏平县境内的徒骇河畔。因功,开复所受处分,授协办大学士,赐紫禁城内骑马。随后,奉命赴陕西督办援剿马化龙。

1870年6月天津教案爆发。9月,李鸿章奉命率淮军由陕抵京畿一带协防。月底,从恩师曾国藩手中接过关防印信,出任直隶总督。11月,清政府撤去三口通商大臣,职权并归直隶总督,李鸿章身兼两职,权位显赫。按上谕规定:通商大臣衙署改为直隶总督行馆(地点在今天的金华桥畔)。每逢海河春融开冻,便移往天津理政,至冬封河后,再回省城(保定)。并特许"如天津遇有要件,亦不必拘定封河回省之制"。李鸿章在金钟河南岸金家窑大街上修建私人宅邸(称中堂大人公馆)以居住;所率淮军五营兵马初驻津城南海光寺,后因水灾迁往河北窑洼,环大悲院高阜处筑营,并修建用于军事瞭望,高约九丈,有五级的镇海楼一座。其中护卫营驻扎的营盘,就在大悲禅院今天的大雄宝殿处,护卫营的任务是负责直隶总督行馆日常保卫与安全。

河北窑洼镇海楼护军营驻地

从此,李鸿章开始了长达二十五年、两度执掌直隶总督的政治生涯。这期间,李鸿章官运亨通。1872年,清政府诏授李鸿章为武英殿大学士,留直隶总督任。1874年,改文华殿大学士,权力相当于首席阁揆,仍留直隶总督任。同年,受命督办北洋海防事宜,"所有分洋、分任练军、设局及招致海岛华人诸议",统归筹办,权倾朝野。

李鸿章担任直隶总督期间,权利不断扩大。1879年晋太子太傅、1883年署北洋大臣、1885年会同醇亲王办理海军。

1893年(光绪十九年)正值李鸿章70寿辰。慈禧太后亲书"调鼎凝厘"匾额,还书"栋梁华夏资良辅,带砺河山锡大年"对联,并赐福寿益寿字、御笔蟠桃图、无量佛、带素貂褂诸多珍物祝贺。光绪皇帝也御书"钧衡笃佑"匾额,并书"圭卣恩荣方召望;鼎钟勋贲富文年"对联,以及福寿字,无量佛等诸多珍稀宝物相赐,以示恩宠。满朝文武、封疆大吏,诸如:庆亲王爱新觉罗·奕劻、光绪帝师翁同龢、京师大学堂总教习吴汝伦、管学大臣孙家鼐等等,纷纷撰联祝贺。其中,军机大臣张之洞撰了"四裔人传相司马;大年吾见老犹龙"的贺联。李鸿章荣耀无比,风光无限。

第二年,清王朝又赏戴三眼花翎。李鸿章这位四朝老臣,成为汉官中受此殊荣第一人。

津防屯垦

　　李鸿章在与西方打交道过程中体会到"洋人论势不论理","鄙见则谓明是和局而必阴为战备,庶和可速成而经久。"因此,他把"制器与练兵",视为"身心性命之学。"初入津门,李鸿章即在《裁撤通商大臣酌议应办事宜折》中表示:"惟自各国通商开埠,公使驻京,津郡为往来冲途,尤为京师门户,关系极重。"提出加强海防建设与屯垦植稻,休养地方的全面规划。调周盛传等人一起前往大沽、北塘、天津、通州等处考察地理形势,选址修筑海防炮台及纵深防御设施。他认为:大沽海口南北炮台最为扼要。命副将罗荣光率部及征召民工重修大沽炮台。借鉴德国炮台图式,吸收美国海防新论观点,组织人马按传统修造工艺,历时四载,建成庞大的、中西合璧的、最前沿防御体系——大沽口炮台。该防御体系由南岸大炮台4座;周围小炮台40座;北岸大炮台2座,平炮台6座组成。还配有护身夹墙、壕沟、拦潮坝等设施,并从德国、英国购入先进的后膛钢炮数尊,装备炮台。大沽炮台日常驻军为1800人,堪称宏伟一流。

　　同时,命周盛传率部在距大沽炮台以西15公里,濒临海河转弯处筑新城一座,修建纵深二级防御工事,驻扎重兵。梯次筑城设险,一旦出现军情,随时可派兵数千人增援。

　　作为第三级纵深防御工事设置在三岔河口。命大名镇总兵徐道奎率总督守兵水师营改建黑炮台(今狮子林大街河北区政府所在地),安装克虏伯炮、连射炮、机关炮等洋炮多门。内河水师营驻守炮台,常驻官兵500人,舢板船32只,另设五丈高六角形瞭望塔一座。三级防御工事环环相扣,成为拱卫京师的重要屏障。

李鸿章接办津门军火工业后,首先罢黜洋总管密妥士,命幕僚刘含芳治军械,并调集人员,扩充实力,选址建厂,增大规模,分设西局(南门外海光寺)与东局(城东十八里贾家沽)等四厂,制造枪炮、炸弹等。还购进西门子炼钢法设备,建成炼钢厂,铸造钢弹壳,形成了一个机械制造、基本化学、金属冶炼、铸造、热加工、船舶修造等多种生产能力的国内最大军火企业。局内设宝津局(中国近代化铸币厂)和电气水雷局,还从国外引进天津最早的印刷设备,印刷出版《克虏卜小炮简易操法》《船阵图说》《机锅用法》等军事知识普及读物。使天津北洋机械局成为北方最大军火企业,其产品主要供给津京地区驻军使用,极大地加强了天津的军事地位。

李鸿章于1878年在北洋机器局(东局)内附设电报学堂。学堂聘请一些外籍教师讲授"电学与发报技术"等,专门培训报务员,学成后从事电报业务。电报学堂的创立,成为近代中国海军职业技术教育的先驱。第二年,电报学堂师生参与架设了两条电报线:一条是从天津至大沽北塘海口炮台之间,约60公里;另一条是从北洋机器局(东局)至直隶总督行馆之间,约6.5公里。有了电报,下情通畅,指挥便捷,"号令各营,顷刻回应"。

在屯垦方面,李鸿章令周盛波、周盛传兄弟的淮军"盛字营"从马厂移驻新农镇、新城戍防,修建马新大道,挖马厂减河引南运河水、修小闸子引河将海河水引到小站,试办"海上营田"。购置有主土地"一千三百六十五顷",平整土地、改造海滨荒滩,通过治河、挖渠、建桥、修涵,引进火轮水车、自造风力水车、手摇水车、脚踏水车汲水,形成沟渠纵横灌溉网,"开哇穿淦,拟南方水田"蓄水种稻,周盛波兄弟屯垦津郊二十载,使先农镇(即小站)以及军粮城地区成为著名水稻种植区,涵稻田达六万余亩。还绘有《盛字全军屯田图说》传世。屯垦带动民营,小站稻作区面积扩至十三万六千余亩。小站稻名扬四海,惠及津门。1881 年,李鸿章重要的洋务干将唐廷枢设立普惠堂,邀徐润、郑观应等筹集官、商股银各 6.5 万两,"合买沽塘荒地四千顷,为开垦种植、畜牧等用",在宁河县新河一带创办天津沽塘耕植畜牧公司(今塘沽火车站一带)。据《益闻录》记载:"概从西法,以机器从事。行见翻犁锄禾,事半功倍。"这是近代中国第一家股份制农场,天津成为率先尝试农业近代化、机械化的地区。

位于九河下梢的天津城,"每伏秋间,川谷涨溢,宣泄不及,势必泛滥四乡,受害最巨者,南乡尤甚"。1872 年 1 月 30 日,《三述奇》作者祁兆熙随钦差崇厚从法国归来,经天津"见南门外积水如潮。"1877 年永定河漫决,直隶水患。李鸿章组织力量修复金门,旁及南、上、北三灰坝,改河筑堤,经五大河宣泄,水患稍纾。1890 年运河满溢,造成南乡一带水患成灾。李鸿章下令淮军"盛字营"军门卫汝贵负责开挖一条新河,以解民困。卫军门分派勇弁、轮番作业,由八里台、经卫南波、水柳殿、秋麦港等注,开渠导水,至洋码头设三孔大闸一座。第二年 5 月竣工,正河、支河全长 130 余里,架桥十一座,使八里台、双港、八里口、聚宝庄等村免遭水患,李鸿章命名为"卫津河"。

晚年洋务

李鸿章一生中最辉煌的事业在天津。他将在上海、南京等地积累的丰富洋务经验移植到北方,把天津作为推行洋务新政的实验场,成为近代化运动的引擎,对"近代中国看天津"产生了极其深刻而久远的影响。他认为:"以中国之大,而无自强自立之时,非惟可忧,抑亦可耻。"

在办理"天津教案"中,李鸿章与曾国藩一样对国内洋务人才的匮乏感同身受,遂采纳容闳、丁日昌等人建议,于1870年10月10日联名上《调陈兰彬江南差遣片》,正式向清廷提出派留学生出国肄业的建议。选聪颖弟子,赴泰西各国,分门学习,"或有异才出乎其间,精通其法,且效其意,使西人擅长之事,中国皆能究知,然后可以徐图自强。"曾国藩病逝后,李鸿章从1872年先后派遣四批120名幼童赴美利坚合众国留学,筹拨款项、派遣官员管理,是幼童留美活动的实际领导者。1877年3月,又与两江总督沈葆桢函商派遣船政学堂学生赴英法学习造船、驾驶技艺,并推荐日意格、李凤苞作为监督,带领邓世昌、严复等30名学生赴欧洲英法留学,开中国留学生运动之先河。这些留学生回国后,多成为洋务企业、新式学堂及海军的中坚力量。

1872年,唐廷枢奉李鸿章之命,在上海筹办轮船招商局,开异地办企业之新风。第二年轮船招商局正式成立,唐廷枢任总办,徐润、朱其昂、盛宣怀为会办。李鸿章经营江浙多年,熟悉长江流域情况,轮船招商局总部设在上海,利于航运事业的发展。而后相继开辟了上海往返天津、烟台、长江等处运输航线,以及赴美国旧金山、往海口、海防、新加坡南洋埠口的航线。轮船招商局天津分局设在紫竹林以东咪哆吐洋行内(今解放南路281号),繁忙的轮船运输使天津很快成为北方的航运中心。

军火企业扩建与轮船招

天津轮船招商局(原址在今解放南路281号)

商局的创立,使能源需求急剧上升。1876 年 9 月,李鸿章委派轮船招商局总办唐廷枢赴唐山开平一带勘测采煤。唐廷枢"携洋人矿司勘察煤铁成色,查得开平镇所产之煤甚旺,可供未来二三百年"。于次年 8 月派唐廷枢筹办煤矿,拟定《直隶开平矿务局章程》,招商集股。1878 年李鸿章委任唐廷枢为总办,从国外进口设备,6 月 25 日,在直隶(今河北)唐山开平镇正式成立"开平矿务局"。1881 年正式投产。并委任徐润为会办,雇佣矿工三千人,当年产煤三千六百余吨。

同年 3 月,经李鸿章批准,北起胥各庄南至阎庄的内运河——即煤河工程全面启动,至 8 月竣工。与此同时,又在宁河县新河庄西草滩开挖了一条约 40 里长的外运河,内、外运河贯通,极大地便利了水上原煤运输。另从唐山矿场至胥各庄修筑"快车马路"一条,胥各庄设储煤场,煤装驳船由纤工牵至阎庄,再改用汽轮拖带,经芦台、北塘口转运天津,运煤大通道由此开通。开平矿务局原煤产量到 1889 年达 24.7 万吨,1898 年更增至 73 万吨,在洋务派创办采矿企业中成效最为显著。

1878 年,李鸿章委托郑观应筹备上海机器织布局。1880 年,郑观应拟定《上海机器织布局招商集股章程》,局址设在杨树浦。第二年 5 月,李鸿章札委郑观应出任织布局总办,并请容闳从国外订购轧花、纺纱、织布等全套机器设备。经李鸿章奏准,"十年以内只准华商附股搭办,不准另行设局"。该局所产布匹,在上海销售,免完厘税,如运销内地,仅在上海新关完一正税,概免沿途厘税。上海机器织布局是国内第一家机器棉纺织工厂,在中国棉纺织史上具有划时代意义。

另外,李鸿章派盛宣怀去江西兴国、湖北大冶兴办矿山;派朱其诏在热河承德府平泉创办铜矿、在土槽子、遍山线创办银铅矿；派李金镛、袁大化去漠河办理金矿等多家异地企业。据统计仅漠河黄金年产量达一万八千余两，一度为洋务企业中的佼佼者。

天津金融街（解放北路）原法租界内天津大清邮政局旧址

1878 年 3 月，李鸿章同海关总税务司赫德商定，指派津海关税务司德璀琳以天津为中心在北京、上海、烟台、牛庄海关试办邮政。23 日，在津海新关大公事房内（现营口道 2 号）创办了"天津海关书信馆"，收寄华洋公众邮件，办理邮政业务。7 月，发行中国第一套大龙邮票，天津成为近代中国邮政的发祥地。1886 年 5 月，在李鸿章的支持下，由津海关税务司德璀琳、英商怡和洋行经理茹臣共同创办了天津第一份中英文报纸《时报》。

1879 年英国伦敦教会医生马根济写信给李鸿章，希望得到支持与资助。李鸿章选址三岔口河北大王庙（遗址今南运河旧曾公祠西侧）建总督施医院一座，委任马根济主其事，医院的经费，皆由李鸿章提供，诊治、舍药，免费救治病人。并拨曾公祠一套四合院专门接待女性患者就医。大王庙总督施医院是近代天津开办西医院之始。

1879 年李鸿章采纳薛福成建议，挫败赫德利用为清政府向外国代购舰船机会，企图攫取海防总署大权的阴谋。接着，清政府下令"海军属李鸿章"。李鸿章在天津设水师营务处，负责筹办海军事宜。第二年 8 月，在天津筹办水师学堂，着手培养海军人才。并亲赴

天津电报学堂

海河口、奔波于渤海湾间，考察、选定大沽、旅顺和威海，建设船坞与军港。调英国三琴士官学校留学生罗丰禄担任大沽船坞总办，设水雷营。接着，派刘含芳赴旅顺、威海筹办鱼雷营、水雷营，修建船坞。并兼领沿海水陆营务处，经营军港工程，设屯防营、筑炮台，开办水雷、鱼雷学堂和医院等等。旅顺、威海成为海军重要基地。

1880年李鸿章上奏《请设南北洋电报片》提出在天津创办北洋电报学堂，获得批准。学堂设在老城厢东门外扒头街，招收学员，聘请、雇用洋员讲授电磁学、电报实务、陆线海线架设、测量及电报工程等二十门课程。委托大北电报公司向国外订购电信器材，为津沪电报线路的建设作准备。1881年9月，津沪电报总局在天津东门里"问津行馆"设立，盛宣怀任总办，郑观应襄理局务。在天津紫竹林、大沽口、山东济宁、江苏清江、苏州、上海等地设立电报分局，并架设了连接天津与京师的电报线。年底，天津至上海的电报线竣工，津沪电报业务开通。电报学堂的学生被分配到北至恰克图、满洲里；东至上海、中至南京、南至广州、福州、西至湖北、江西的广大区域从事电报普及与推广，极大地推进了中国近代化进程。

1881年5月，由开平矿务局出资，开建从唐山煤井至胥各庄的铁路(凡18华里)，11月告竣。最初用骡马拖车运煤，后改用小机车，可拉百吨，这就是驰名中外的唐胥铁路。1885年，开平铁路公司成立，并与矿务局分离。第二年，铁路拓展至芦台。李鸿章以军事运输需要,把铁路一直修到塘沽的大沽口。1887年官督商办性质的开平铁路公司经过改组,增添招商股份,在天津三岔河口望海楼附近成立,更名为天津铁路公司(又称津沽铁路公司)。李鸿章派幕僚伍廷芳担任总办,延揽、网罗筑路人才,调耶鲁大学土木工程毕业的詹天佑,担任铁路公司帮工程司。随之,铁路从塘沽修筑至天津,与唐山胥各庄贯通,该路称"北洋铁路",天津成为中国最早有铁路运营的城市。

1881年,李鸿章采纳补南皮县知县劳乃宣的建议,决定在天津筹设运书局,核定书目、每三月南书北运一次,由招商局代运,主要解决北方缺书现状,为直隶246家书院购书及庠序之士必读课本四书五经以及西学数理化等书

李鸿章到唐山火车站视察时与铁路官员合影

籍。1882年初,由海防支应局经理、在保定与天津问津书院设局同时开业售书,后定名为直隶官书局。这是天津成立最早的官办教育书店,南北文化交流意义重大,为创办新学准备了条件。

为适应国防建设需求,一批军事院校相继创立。1881年8月,李鸿章请因病离任的福州船政大臣吴赞诚担任督办,调严复任教习,仿照福州船政学堂,创立北洋水师学堂。学堂位于城东天津机器局东局(今河东区东局子中国人民解放军军事交通学院)之旁,"堂室宏敞整齐,不下一百余椽,楼台掩映,花木参差,藏修游之所无一不备。另有观星台一座,以备学习天文者登高测望,可谓别开生面矣。"学堂分设驾驶与管轮两个班,共计培养毕业生210名。诸

如：黎元洪、谢葆璋、张寿春、吴毓麟、张伯苓等都是该校学生，北洋水师学堂成为培养海军人才的重要基地。

同一年，李鸿章采纳马根济的提出建议，从撤回国的留美幼童中选派林联辉、唐国安等八人接受现代医学学习。"施医养病院"（今天津市和平区大沽路 75 号，口腔医院）内设医学馆。师生同居一院，朝夕可以照应，全部经费从海防支应局拨给。马根济和驻天津英美海军中的外科医生鲍德均、伊尔文、麦信坚等人担任教习，临床教学则在施医养病院中进行。医学馆甲种学制 4 年，乙种学制 3 年，仿造西国定章，学员毕业核给考取官凭，分派军营或战舰委用。医学馆是中国举办西医教育之肇始。

1885 年初，李鸿章采纳周盛波、周盛传建议，以造就将才为宗旨，仿照西洋军事学院，创立天津武备学堂。学堂设在柳墅行宫原址（今大光明桥东河沿）。从各营挑选弁兵百余名入堂学习，初学制一年。后招收学生数量猛增，学制遂改为二、三年，办学步入正轨。每逢月考、季考，李鸿章或派司道大员前往监考，或亲往检验甄拔，对学习优秀者送往德国留学深造。学员段祺瑞、冯国璋、王士珍、曹锟、吴佩孚、李纯等人，后来成为北洋军阀首领。天津武备学堂首开近代陆军教育，为各省效法的楷模。

1888 年，北洋舰队正式成立，并制定《北洋海军章程》。丁汝昌担任提督，林泰曾为左翼总兵，刘步蟾为右翼总兵，海军衙门设于山东威海刘公岛。北洋舰队共有军舰 25 艘，官兵 4000 余人，大沽、旅顺、威海设为常驻基地，天津成为中国近代海军诞生的摇篮。

洋务运动促进了天津城市的发展。1882 年，天津工程局成立，1887 年铺设了第一条渣石路。第二年，分别在子牙河、北运河交汇处架设大红桥钢桥，在旧督署后南运河上架设了一座开启式铁桥，俗称老铁桥。这一年天津出现面粉工业。津商吴崇仁还创办自来火（火柴）公司。1901年，李鸿章又批准开办济安自来水公司。漕运与海运的繁忙，使物流通畅，老城厢东门外南、北运河及海河三岔口附近码头林立，停泊在租界的海河畔各国船只众多。交通便利促使侯家后、大胡同、宫北、南大街一带城市商业繁荣，催生了三条石地区早期民族工业。稳定与相对升平的环境，使南来北往的戏曲艺术名角，纷纷来津组班作艺，津沽成为首屈一指的戏曲集散地，茶园文化兴盛，对戏曲发展产生重大历史影响。

晚清时期，天津成为中西文化交融、科学技术应用、物流交通发达，思想自由开放的最活跃地区，成为近代中国"蒸汽机"时代强有力的引擎。涌现出郑观应、薛福成、严复、唐廷枢、徐润、伍廷芳、盛宣怀、詹天佑等一大批才华横溢的思想家、科学家、实业家和外交家，客观上为中国的独立与进步积累了物质力量并储备了各方面人才。

外交折戟

作为清朝的外交家，李鸿章的名字与近代中国许多条约相联系，无不打上天津烙印。李鸿章感到"中外交涉案件，洋人往往矫强，有关道承上接下，开谕调停，易于转圈。"于1870年11月上《裁并通商大臣酌议应办事宜折》，提出添设海关道一职，获得清政府同意。海关道的职权，比照各口现办章程，专管洋务及新钞两关税务（担任海关及钞关监督），承办华洋交涉案件，与领事馆、税务司等商办一切，并随时禀报，由直隶总督裁夺。李鸿章在天津接见过美国前总统格兰特、日本国伊藤博文等多名外国政要。初登外交舞

1879年美国前总统格兰特与总督李鸿章在天津合影

台，李鸿章在处置洋枪队的问题上突显睿智与霸气；在签署《中秘查办华工专条》中表现出深思熟虑；在解决天津教案中利用法国内部矛盾，请英国人协调，延用曾国藩弹压官绅商民的手法，迅速平息了一场外交争端；在处理"马嘉理事件"和迁移蚕池口教堂中，表现的出手老道，这些都展现了李鸿章机动灵活的外交家风格。然而更多的是委曲求全，特别是中日甲午战争爆发，成为李鸿章一生事业的滑铁卢。淮军在陆地上丢盔弃甲、一败涂地。因督师无功，李鸿章被拔去三眼花翎，褫夺黄马褂，革职留任。黄海大战后，又采用消极防御，致使北洋海军在威海卫损失殆尽，没有了资本的清王朝，完全丧失了外交谈判中的筹码。

1895年2月，李鸿章被任命为头等议和全权大臣。3月14日，李鸿章及随员33名、仆人90名，乘德国商船"公义号""礼裕号"从天津大沽港出发，19日抵日本福冈。20日，在山口县赤间关市（后改称下关市）"春帆楼"与日本全权弁理大臣伊藤博文谈判。先是被日本浪人小山丰太郎开枪击伤，血染黄马褂；续而在谈判中又被日方代表伊藤博文、陆奥宗光威胁、恫吓。日方破译中方往来电文，尽知底细，把起草好的文本拿出来，只问"允"与"不允"，备尝凌辱。李鸿章据理力争，但无法扭转外交败局，4月17日，被迫在割地赔款的《马关条约》上签字。18日,李鸿章抵津,称病不出。7月29日,应诏赴京。第二天,与枢臣入宫觐见,受到光绪皇帝严厉诘责。随后,被留在京城,奉旨入阁办事,"生归困谗,威脱权劫",一跌谷底。日本是李鸿章的伤心地,他发誓不再登日本大陆一步。后来,李鸿章出使欧美各国在日本换船,他宁可在两船之间搭个跳板冒险过去,也绝不上岸。

李鸿章在北京没有个人宅邸,因此暂住贤良寺,倍感失势的冷落与凄凉。这期间,他对幕僚说了一段发人深省的话。他说:我"少年科举,壮年戎马,中年封疆,晚年洋务,一路扶摇,遭遇不为不幸,自问亦未有何等阴越,乃无端发生中日交涉,至一生事业,扫地无余……我办了一辈子的事,练兵也,海军也,都是纸糊的老虎,何尝能实在放手办理?不过勉强涂饰,虚有其表,不揭破犹可敷衍一时,如一间破屋,由裱糊匠东补西贴,居然成一净室,虽明知为纸片糊裱,然竟决不定里面是何等材料,即有小小风雨,打成几个窟窿,随时补葺,亦可支吾对付。乃必欲爽手扯破,又未预备何种修葺材料、何种改造方式,自然真相破露,不可收拾,但裱糊匠又何术能负其责?"

1896年2月,清政府再次起用李鸿章,委派为钦差大臣乘法国邮船出访俄国、德国、荷兰、比利时、法国、英国、美国等。并与俄国签署《中俄密约》,出让中东路权,以期换取外交上的联俄抑日,结果引狼入室,俄国乘机多次要挟,清朝落入虎狼围攻的境地。在欧美期间,英国维多利亚女王赐李鸿章"维多利亚头等大十字宝星"。10月归国,奉命任总理衙门大臣上行走。11月,任阿河大臣。1899年11月,任命商务大臣。12月,又改任署理两广总督。

1900年,义和团运动兴起,八国联军出兵武装干涉。6月,清王

1896 年李鸿章会见英国政治家

辛丑条约谈判中的李鸿章(前左)与庆亲王(前右)

朝命李鸿章"迅速来京",李在上海观望动静,迟迟不发。得知将调任直隶总督兼北洋大臣消息后,曾雄心勃勃地表示:"舍我其谁也!"8 月间,八国联军攻下天津和北京,两宫出逃西安,国内局势一片混乱。9 月,李鸿章乘招商局"安平"轮,在一艘俄国军舰护卫下从沪起程,北上返回天津。10 月,再次接手直隶总督大印,将总督行馆迁至海军会所(今河北区金刚公园处)。随即进京,与各国驻华使节周旋交涉,洽谈条约细节。

第二年 9 月,李鸿章与全权代表庆亲王奕劻一起在丧权辱国的《辛丑条约》上签字。中国完全沦入半封建半殖民地社会。

星陨身后

李鸿章"入都后,又以事机不顺,朝夕焦思,往往彻夜不眠,胃纳日减,触发旧疾,时作时止"。1901 年 9 月,伤风感冒。10 月,"忽咯血碗余",一病不起。这期间,俄国公使雷萨尔上门相逼,病情加重。11 月 7 日,李鸿章辞世贤良寺,享年 78 岁。生前自觉不久于人世,仍不忘告诫清朝最高决策者:"臣等伏查近数十年内,每有一次构衅,必多一次吃亏。上年事变之来尤为仓促,创深痛巨,薄海惊心,今议和已成,大局稍定,仍希朝廷坚持定见,外修和好,内图富强,或可渐有转机。譬如多病之人,善自医调,犹恐或伤元气,若再好勇斗狠,必有性命之忧矣。"并留下一首感愤诗。诗云:"劳劳车马未离鞍,临事方知一死难。三百年来伤国步,八千里外吊民残。秋风宝剑孤臣泪,落日旌旗大将坛。海外尘氛忧未息,诸君莫作等闲看。"

清政府对李鸿章给予了极高规格的哀荣:颁旨予谥"文忠",照大学士例赐恤,赏陀罗经,追赠太傅,晋封一等侯,入祀贤良祠;原籍及"立功"省建立专祠,将生平战功政绩,宣付国史馆立传,伊子李经述承袭一等侯爵。全国立功省份计建祠堂十座,其中在京城西总布胡同(27号)修建的李鸿章祠堂,最为荣耀。

1903年,李鸿章灵柩运回合肥,葬于东乡大兴集夏小郢。2002年合肥市政府花巨资修缮李鸿章享堂,并复制李鸿章墓一座,墓中仅有当年的棺材板一块。旧墓遗物还有两块御碑和一块神道碑。

李鸿章有:两妻一妾。原配夫人周氏,有两女:镜蓉、琼芝;无子。弟昭庆把儿子过继给李鸿章,取名经方。1861年,周氏病逝。1864年,续娶赵氏,有二男、一女:经述、经远;女菊耦。后纳莫氏为妾,有一子:经迈。赵氏死后,莫氏扶正,被诰封一品夫人。李鸿章后裔现以道、永、昌辈居多,居住在天津、北

晚年李鸿章

京、上海、合肥，以及世界各地，人数约达 2 万。

李鸿章拥有财富，据社会上盛传其子从天津载运回老家的大箱子、板条箱、盒子和袋子整整一船，"大约数百万金之产业，意中事也。招商局、电报局、开平煤矿、中国通商银行，其股份皆不少，"留给子孙。

李鸿章著作由幕僚吴汝纶整理，编为《李文忠公全集》，共四十五卷；及坊间石印《合肥李文忠公墨宝》存世。2008 年 1 月，顾廷龙、戴逸主编《李鸿章全集》38 卷，约共 2800 万字，16 开，精装本 39 册，由安徽教育出版社出版。这是目前规模最宏大，内容最完备的一部李氏全集。2010 年 8 月，天津市档案馆馆藏《李鸿章在天津筹办洋务档案文献》涉及 1866 年至 1895 年间档案近百卷、500 余件，入选第三批《中国档案文献遗产名录》。

李公祠堂

"天津李公祠"位于河北区金刚桥西子牙河畔，占地 2 万平方米，1905 年由直隶总督袁世凯奉旨建造，全称为"李文忠公天津专祠"。该祠堂完全仿照李鸿章家乡安徽建筑风格，20 世纪 30 年代曾对外开放，又有"颐园"之称。

祠堂正门坐北朝南，有大门楼一座，朱漆红门，格外气派。门两侧各有一只雕工精细的石狮子。进入大门，迎面是一座磨砖影壁，两侧门房数间。整个建筑为两进式院落。前院东西厢房各三间，院子正中安放着李鸿章的铜像（1906 年落成，现不知所终），庄严肃穆。跨过中厅，进入后院，正面连九间的大殿为享堂，是主要建筑。院子中间有八角亭一座，亭内安放着光绪皇帝与慈禧太后合撰的汉白玉御制碑。院落内有袁世凯等人撰写的公德碑多座。厅堂间悬挂着许多匾额、楹联。其中有"功迈汾阳""中兴柱石""中外一人"等等,格外醒目。袁世凯撰写的对联,挂在显著位

天津李公祠荷花池

置,其云:"受知早岁,代将中年,一生低首拜汾阳,敢诩临淮壁垒;世变方殷,斯人不作,万古大名配诸葛,长留丞相祠堂"。庭院错落有致、古香古色。在正院西厢,还建有跨院一处。祠堂后面,凿池引水,湖中有亭、岸旁有树、曲桥与亭榭相连,湖光为殿堂增色,环境幽雅。该祠堂曾一度成为天津社会名流、政客、诗人集会聚议赋诗的场所。

抗日战争期间,祠堂被日寇占据,遭受严重毁坏。1946年,李氏后裔李家琛将部分建筑借用给天津县教育局供办学使用。1949年后,几经拆建原建筑已不复存在,原遗址上建起了高耸的天津万象轻纺城大厦。目前,在金刚桥西子牙河畔仍有一条以李公祠命名的"李公祠大街"和一条"李公祠东箭道",述说着前世今生。

"李文忠公天津专祠"现存的文物有:1954年迁往宁园湖心岛的御碑亭(今已修复);《李文忠公祠堂碑》、《天津李文忠公祠堂碑记》等五通石碑,珍藏于天津历史博物馆邃园内,尚可凭吊;2004年又相继出土光绪皇帝和慈禧太后准建天津李公祠的汉白玉谕碑、袁世凯为李鸿章撰刻的公德碑等三座碑,存于河北区中山公园碑

林内。还有散落在各处的一些雕饰石刻、石墩等文物。

　　在天津与李鸿章有关的遗址还有多处,其中保存完好的有:李鸿章主持修建的大胜寺(河北区大悲禅院西院内)以及亲自选址建造北洋海军大沽船坞(塘沽区大沽坞路 27 号)和原法租界内(今天津解放北路——金融街)天津大清邮政局旧址。近年来,天津相继修复了梁启超饮冰室、清逊帝溥仪、大和尚弘一法师、剧作家曹禺等名人故居。红桥区也复建了曾国藩公祠。在李鸿章逝世 110 年期间(2011 年),雕塑家为李鸿章铸造了天津第一尊户外铜像,安坐在宁园湖心岛御碑亭前,背后是津京高速铁路。人们相信延续近代天津的历史文脉,复建李公祠堂也将为期不远。

(刊于《天津政协》,2015 年第 2 期,第 45—48 页;2015 年第 3 期,第 47—49 页;2015 年第 4 期,第 45—47 页)

泥沽村:周人麒与碧霞宫的故事

吴裕成

　　津南地灵奎宿屡照临,周家书香朱衣频点头,清代泥沽周氏一代三进士。周人龙康熙年登榜,周人骥雍正年高中;至乾隆三年,人龙、人骥的堂弟周人麒中举,转年联捷成进士。再加上周人凤中举,道光年间崔旭咏津门诗,有"周氏一家称四雄"之赞。可见泥沽周家的风光事迹在津沽传播,至道光时佳话讲了七八十年。

　　兄弟俊彦,门楣光耀,乡间文化这一时之盛,当缘自深厚的历史积淀。

　　天津七十二沽,泥沽是得名颇早之沽。宋朝与辽对峙,设五砦,其中有泥姑砦。沈括《梦溪笔谈》记,宋朝边防"潴水为塞",绵延八百里,"东尽沧州泥沽海口"。葛沽为津南古镇,民间拿来比照,说明泥沽之古:"先有沙泥寨(泥沽),后有太平庄(葛沽)"。不妨提及的是,这样一座古老的村落,"文革"中易名立新村,不过很快恢复原称。

　　周人麒(1705—1784),字次游,号晴岳,别号衣亭。生而端方,少年老成，"年十二锐然以勤学自励"。他资禀一般，但"好学其天性"，"键关夜读，书声琅琅动四邻"。及至神识初开，文思飙发，落笔千言而立就。周人麒34岁成进士，会试排名并不靠前，殿试时被乾隆帝"拔置词垣，充《大清一统志》纂修官"。六年后，奉旨授翰林院检讨。乾隆帝召词臣分韵赋诗，周人麒所赋每每"雅意精裁，有初唐之风味"，天子奖赏。当时海内推重，声名藉甚。然而，周人麒天生体弱，寒窗苦读又透支了健康，中年一病多年，不得不休致归里。卧疴泥沽村，家不富有，他"不问产，惟闭户教学著书"，乡间好学之士追随从学者接踵，文誉益隆。晚年应聘主讲顺德龙冈书院，不到十年间那里文风振兴。后思乡而归，72岁"岁丁酉，麒授徒城中"，应当有过居住在津城的岁月。

周人麒一生，沽村卫城，居津时间最长。他暑窗雪案，留下大量经学著作，如《尚书简明录》《礼记纂言》《孟子读法附记》等。笔触也关注家乡。他为"世居津城"的栾家家谱作序，还写了《栾树堂遗诗序》，为一位穷困而死的津地老诸生写《朱谷斋遗诗序》。津人立传，他为大沽节妇孟氏、贞女吴氏写了合传。所作《张烈女传》，传主是"天津士族"之女。津城南门内建贞女牌坊，他以《梁贞女传》记之。民国《天津县新志》称其"多有传述"，"乡邦掌故多赖以传"。

周人麒的天津写作，一篇《重修碧霞宫记》尤见桑梓情怀。

泥沽村曾有一座碧霞元君庙，"未审始于何代，明天启间重修之"。至乾隆丁丑（1757），宫庙已颓废荒凉。道士王鹤立筹钱数千，重修刚开工，钱便花尽。大殿拆了，神像陆处，王道士登门向周人麒哭诉求助。此时，周人麒闲居林下已十年。他说："醵钱修庙之事，不是我所擅长的。可是，此处实为一方名胜，先曾祖景运大夫手书'放大光明'匾也在殿上，今倘若置之不理，那是罪过。"于是，嘱托旧友、表侄及门生诸人,随道士遍走海河两岸,醵数十金,鸠工庀材,完成重修。

借助周人麒所记,可知重修后碧霞宫的规模,"大殿及静室庖厨数楹,山门院墙以次修整,墙外左侧开水田一区,台畔植榆柳数十株。又于静室后壁开一门,凡台下之蔬圃花卉,及隔河之田庐林木皆入室中,虽绘画有不及焉"。

周人麒这篇重修记,于民间信仰着墨不多,记修建事之外,记述泥沽地理之胜,笔畅意酣,乡情充溢通篇。开篇写方位:"由天津东南行百里至于海。其间地势之最高者曰泥沽,即《宋史·地理志》所谓泥沽砦也。"宏观区位,史书载记,用语缓平中奇崛已起。接着,描述碧霞宫所踞高台,以及傍河环境:"沽之东南数十步,有土阜突起,又高于平地丈余,广方二三亩,南望官道不三四里,北临大河,河水东流,折而南十余里为盘沽,陆望不过五六里;西流折而北,又折而东二十里为赵北庄,陆望亦不过五六里。"这样稔熟的周边关系、空间叙述,非本乡本土者而不能,非文章高手而不能。这段文字以八字收结——"县内胜境,此为第一"。

泥沽人写泥沽,周人麒对于这胜境这第一,还有更精彩的抒写:"此地东接大海,为闽粤江浙、奉天锦州商船醎舫必经之地。登台而望,潮之来也,庙下之帆飞而西,赵北庄之帆飞而东,盘沽之帆飞而北;潮之退也,庙下之帆飞而东,赵北庄之帆飞而西,盘沽之帆飞而南。危樯柔橹,乘风鼓浪,出没于烟涛浩渺之中者,俱一览而得之。而庙南孔道,车马络绎往来不绝,复应接不暇焉。"河环三面的泥沽,碧霞宫登高四顾,河随海潮起落,水流或东或西并现,水上帆樯随潮而动,一派生机,壮观天地间。宋辽时期的军事要塞,已变成海口与津门之间舟车繁忙的通道。生于斯长于斯的周翰林,不禁感叹:"诚哉,沽上之快观也。"

天津八景,明代有"吴粳万艘"、清时有"洋艘骈津",周人麒妙笔勾勒海河船运,特殊的航段,典型的风光,于无意间,为津沽八景之一景,圈出绝佳的取景框。此篇状景抒怀,大家气象。嘉庆年间天津进士牛坤《周衣亭太史公传》,称其"文思纵横",所言不虚。

清代津门秀才华鼎元有《碧霞宫》诗:"香烟飘渺乡幡飘,琳宇重修益阔寮。林影河流回绕处,淋漓大笔费摹描。"同治《续天津县志·祠庙》记两座碧霞宫,一在泥沽,一在宜兴埠。华鼎元所咏哪一座?从"林影河流回绕处"一句看,此诗应该属于泥沽。其诗写于同治乙丑年(1865),距周人麒经历的重修已过百年,似乎又曾动土木——"琳宇重修益阔寮",只是尚未发现相关记载。

镌石以记的,是1926年重修。

有过文士辉煌的泥沽村,民国时走出一位北洋将军。孟恩远(1858—1933),家世贫寒,曾经村里务农,水上撑船,城里贩物,后投袁世凯小站陆军,逐渐腾达,官至吉林督军,获惠威将军衔。孟恩远为重修碧霞宫捐资。刻了碑,碑文说"溯灵宇所自始,初仅草堂数椽,亦不知始于何时。乾隆中叶,先贤周衣亭太史集议募赀,规模乃廓,碧霞宫因以名焉"。这是追念周人麒当年助修之功,并且,文末再次言及"闻衣亭先生赋碧霞宫,并叙宫外三景环列如绘,代远年湮,搜辑不可得,记述阙略",云云。乾隆时重修,周人麒撰文以记,不知是否刻上碑石。泥沽人的口碑一直立着,周人麒事迹几代相传,人们甚至还记得他对碧霞宫外河环三面的描述。至于民国年间这次重修,碑文形容"栋宇呈壮丽之观,金碧饰庄严之相,慈善仪型,肃焉如在",不妨视为庙貌的实记材料。

历史上,碧霞元君即泰山娘娘崇拜,北方流传很广。在泥沽,碧霞宫又称娘娘庙,见载于清道光《津门保甲图说》中《西倪沽图》。如今,泥沽碧霞宫仅存遗址,入载 2012 年津南区第三次文物普查不可移动文物名录。遗址仍呈高台地势。那通民国重修的碑刻平卧于此,躺在工棚一角,也算得到了保护。

(刊于 2015 年 8 月 10 日《天津日报》"满庭芳"版)

天津习武人孕育了两支 "铁道飞行队"

李瑞林

"西边的太阳快要落山了,微山湖上静悄悄。弹起我心爱的土琵琶,唱起那动人的歌谣。爬上飞快的火车,像骑上奔驰的骏马,车站和铁道线上,是我们杀敌的好战场,我们爬飞车那个搞机枪,闯火车那个炸桥梁,就像钢刀插入敌胸膛,打得鬼子魂飞胆丧。"每逢听到这支充满豪迈气概,歌颂抗日战争年代由"马猴子"、"土八路"组成的"铁道游击队"歌曲,我的心中就会悠然产生一种自豪感,深深被那些从战争中学习战争、驾驭战争的优秀中华儿女们感到骄傲。

微山湖畔"铁道游击队"员多是天津"八极拳"师吴秀峰的传人。提起电影、歌颂鲁南地区"铁道游击队"的事迹,人们自然会想到微山湖畔,想到那些机智勇敢的铁道游击队员们通过扒抓鬼子火车,解决百姓生存所必需的粮食奇缺、军队的武器弹药供给不足的问题,又沉重地打击日本鬼子的动人事迹,人们总是能讲出"铁道游击队"的骨干人物及事迹,他们可都是成长于津门的八极拳师吴秀峰的传人。

八极拳师吴秀峰(1908—1976),出生于河北孟村的武术世家,儿时因病致聋,12岁前尚不会讲话。自少年起,跟在天津谋生的父亲吴会清习练八极拳技艺,在父亲的精心调教下,技艺达炉火纯青之境。

1936年,在津门习练"沧县国术开门八极拳"的师生欢送吴会清师爷(前右坐者)返籍时在津合影。吴会清右侧站立者为吴秀峰

1931年,23岁的吴秀峰应邀赴枣庄市清真寺传播八极拳,受到枣庄人民的喜爱,带艺入门者50余人。三年的武艺真传,使八极拳技艺在山东枣庄发扬光大。

在日本侵华期间,山东习练开门八极拳技艺的传人们组织成立了"铁道游击队",活跃在微山湖的铁路沿线,扒火车、破坏桥梁,沉重地打击了日本侵略者。日本侵略者在这些手无寸铁的中国人的沉重打击下,处于无奈的状态,只能大骂"'马猴子'死了死了的有"。

吴秀峰从鲁南返回天津,又在天津传授武艺数十年,跟随其习武者众。

1958年,吴秀峰在津参加工作。其事迹被辑入《津门骄子》书籍。

吴秀峰 　　　　　　　　　　　　辑入吴秀峰事迹的《津门骄子》

2008年，吴秀峰之子吴连枝（站立者）应邀到山东枣庄，参加"纪念八极拳大乡老吴秀峰来我清真寺传艺77周年纪念会"，与会人中多有当年"铁道游击队"后世传人

汉沽盐民支队

汉沽与宁(河)玉(田)丰(润)地域相连。1949年前是联合县第五区重要的活动地域。日本侵略者为掠夺汉沽地区的盐化产品和农渔资源,消灭冀中游击队,多次大搞强化治安,搞经济封锁,百姓生活十分困苦,长芦盐产地的百姓只能扫盐碱吃,冀东游击队的供给也遇到了很大困难。

1939年,在京山铁路汉沽站至芦台站之间也活跃着四支由汉沽海下渔民组成的专扒鬼子火车的队伍,他们是河北形意拳的传人。为抗击日本帝国主义的侵略,取得抗日战争的胜利,做出了积极的贡献。被冀东联合县五区书记武汉兴(1949年后任唐山地委书记)取名"飞行组",也叫盐民报国队、盐民支队,老百姓叫他们"铁道飞行队"。

1939年,汉沽沿海渔村小神堂有几个和刘庆祝练"形意拳"的习武人为了糊口,产生了扒鬼子火车解决没有粮食吃的想法,得到大家赞成。以刘庆奇为首,刘庆保、刘玉祥、刘庆斗、刘庆旺、刘玉坡、刘玉福等人组成了专扒日本鬼子火车的一个小组织,他们攀上运行中的火车,用刀划开苫布,往下拨拉成麻袋的粮食,然后运到村里分给大家,解决了村民的吃饭问题,很受村里老少的欢迎。

1943年是抗日战争最艰苦的岁月,部队军需供应奇缺。飞行队员陈玉清扒到了几件漂亮的长方形木箱,拉到家拆开一看,里面装着崭新的歪把子机关枪,及时报告给武汉兴书记,把枪迅速运到了解放区。工作团折价为小米付给了飞行队。

1943年由我宁玉丰联合县工作团统一指挥铁道飞行队,人员增加到百余人,活动范围拓宽到茶淀至胥各庄车站。

陈玉清和小神堂村的村民刘玉福,又从车上扒来日本产的"战场急救医疗用品箱"10个,解了部队抢救伤员的燃眉之急;扒日本军毯32捆,每捆20条,及时交给了部队,为战士们解决了冬季御寒问题;扒来压发手雷两吨多,装了一大马车,解了部队燃眉之急。武书记的通讯员、22岁的付庄人徐向新为此献出了生命。

曾经和常住在大神堂的武术大师唐维禄学武艺的大、小神堂,双桥子、杨家泊等村的青年渔民、农民及盐工杨树田、刘洪勋、李焕文、刘连成、刘四秃等人也来参加,形成了一支专门破坏铁路,扒抓鬼子火车的队伍。

为了增加飞行队行动的准确性,工作团还通过组织关系与唐坊车站的内线及时取得联系通情报。飞行队为百姓,为抗日武装部队提供了大量武器弹药、衣服、粮食等,有力地支援了解放区军民的抗日斗争,搅得铁路沿线的日本鬼子坐卧不宁。日本鬼子因为军需物资经常丢失,就加强了防范。一次,飞行队接到消息,有一趟从东北方向开来的军火列车通过,陈玉清、刘玉坡从芦台火车站扒上车厢,被一个穿高筒皮靴手拿战刀的押车鬼子看到,从另外一节车厢顶爬过来,举刀朝他俩砍来,刘玉坡急闪身,腿被扎了一个口子,顿时鲜血直流,撕了褂子的下摆,做了简单的自我包扎;陈玉清的小腿也被砍了一刀,血流不止。"不是鱼死、就是网破,今天拼了!"陈玉清、刘玉坡在蹩手的车厢里与鬼子撕打起来,日本鬼子用武士道精神拼死搏斗。陈玉清与刘庆祝学过形意拳,会些形意散手,也毫不软弱,左右呼应。刘庆奇连过两节车厢顶,跃入与鬼子撕打的车厢,从背后抱住鬼子,夺过手中的战刀,手被划破。直到今天都还留有明显的痕迹。

"小日本,我操你八辈祖宗!"三人忍着疼痛边骂边将鬼子痛打后推倒在地,把奄奄一息的鬼子搭着抛出车厢,随被火车运行中带起的风卷进车轱辘底下轧死。

全身是血的刘玉坡,强忍着疼痛来到海辛庄妹夫王廷荣家,没说几句话就晕倒了。村里人用抬盐的大筐把他连夜抬到丰南黑沿子村治疗;陈玉清被送到丰南毕家鄽中村治疗;刘庆奇自己来到枣树底下村的岳父家包裹伤口。

腿部伤残的陈玉清

1946 年,中共冀东地委把盐民报国队与工人团合编为"盐民支队",后又编入宁河县大队,先后参加战斗多次,均大获全胜。

1947 年,盐民支队改编为人民盐警大队。

1948 年 12 月 14 日,汉沽解放,"盐民支队"改建成海防支队,随东北野战军九纵攻打塘沽新河。2013 年初,和撰写 50 集电视纪录片《说滨海》脚本的孟建编辑交流海防支队事,海防支队参加了攻打塘沽美军机场的战役,炸毁了美军设立在塘沽的弹药库,泯灭了美军想向国民政府长期租借塘沽为基地、赖着不走、霸占领土的野心。

海防支队扩大了影响,又改名为铁龙部队。有的参加了抗美援朝、国防建设等工作。大部分队员随大军南下,这些同志 1949 年后有的在南方省市担任要职,就地落户在南方。曾经的盐民支队队员李焕文转业回汉沽时已经是正团职军官。

长芦盐志有文字记载:"盐务支队转战在冀东路南沿海盐区,打击敌人,壮大自己,为开辟盐区,保卫盐区,解放盐区,历经战斗20余次。何振亚、唐宗来、刘荫福等90余名同志为冀东盐务事业献出宝贵生命。这支英雄的盐民子弟兵的业绩永留史册"。

(刊于《天津档案》,2015年第4期,2015年7月,第56—57页)

1896 年小站练兵弹劾案始末

张 博

1896 年 6 月 11 日，一行人从天津的吴楚公所出发，坐船沿着海河行至咸水沽上岸，前往小站。这支队伍中，有清政府兵部尚书、协办大学士荣禄，陪同前往的还有顺天府尹陈夔龙。当他们悄然抵达小站时，发现这里的七千人马正紧张地按照德国陆军的阵法操练，军容整肃精壮。

荣禄观看了半天，对陈夔龙说："你看小站新军与过去的军队相比，怎么样？"陈夔龙回答说："我不懂得兵法，不敢妄加评论，不过从表面上看，过去的军队不免暮气沉沉，这小站练兵采用的是外国操练方法，倒可以说是别开生面。"其实，在荣禄抵达天津的时候，直隶总督王文韶特意让所管辖的淮军和地方练军排队迎接，旌旗招展，颇有马鸣风萧之象。但是到了小站后，见到了袁世凯的新建陆军，陈夔龙认为，这支部队才有更新的气象。

荣禄仅从小站新军操练的场面上，就认为这支新建陆军，只要坚持不懈,不出一两年,就能成为一只劲旅。因而,荣禄对陈夔龙说:"你说的很对,这个人必须保住。"

当荣禄一行进入新建陆军军营后,七千人的新建陆军,除了出差的和生病的200多人,其余的人着装齐整地接受了荣禄的检阅。荣禄近距离观看这些士兵,发现先前听说新建陆军的士兵都在20岁上下,身体魁梧、体格雄健并非溢美之词,没有老弱病残凑数。以荣禄多年的经验来看,当时清朝的军队没有比新建陆军更加优秀的。当着荣禄的面,袁世凯让几位负责教练的外国军官带领士兵演练起来,步兵的攻守埋伏、枪炮接应、进退得当。骑兵演练跳跃壕沟,当时还没有来得及为骑兵配备枪支,战马总计仅有200多匹,袁世凯告诉荣禄,准备派人到国外购买800匹战马,供骑兵使用。炮兵演练使用的是克虏伯大炮。这一切,让荣禄感到新建陆军确实应该继续编练下去。不仅如此,在校阅军队后,荣禄为新建陆军的表现所震惊,队伍的精整、阵法的变幻莫测,对于一个刚刚编练百余天的军队来说,实属难得。

对于荣禄此行天津的目的,坊间并没有得到确切的消息。荣禄到了天津后,外界认为荣禄此行是为了检阅部队,不仅要到小站,还要前往芦台。而在以后的几天里,荣禄还专程到了天津机器局东局视察。荣禄在天津马不停蹄地视察军事机构,让外界难以知晓他此行的目的,一些媒体尽管嗅出了点味道,也含糊不清地发了几篇消息,都认为荣禄到天津肯定有事情要办,具体什么事情,因为荣禄不肯透露,所以无从知晓。其实,荣禄此行是光绪皇帝亲自批准的,目的是要查看袁世凯在小站编练新军是否有违规行为。

克扣军饷 强占民田 不服上级 铺张浪费
胡景桂:小站练兵四宗罪

1896年5月28日,光绪皇帝的龙案上摆放着一件奏折,这道奏折差点成为袁世凯小站练兵的终结者。尚未从甲午战争的惨败中缓过神儿来的光绪皇帝,看到这件奏折后,非常恼怒。

本来在甲午战争前后,清政府文武官员都认识到了中国兵力的薄弱,练兵已经成为救亡图存的重要一环。而此时的清军,积弊依旧,克扣军饷的事情时有发生。以至于光绪皇帝频频下发谕旨,告诫各地练兵的大员,如果因为练兵不当而被御史弹劾,立即严惩。

就在光绪皇帝谕旨下发后不久,监察御史胡景桂就上了一道奏折,狠狠地参了袁世凯一本。说起来,胡景桂的这道奏折很有意思,在开头就说自己上这道奏折的初衷是响应光绪的号召,之后用"风闻"两个字作为弹劾袁世凯的开篇。"风闻"二字用得很有学问,说明自己以下要讲的事情,是听说的,自己并没有看见,如果一旦不属实,御史本人没有任何的责任。

袁世凯在小站练兵,专门采用西方的练兵方式,连士兵的服装衣帽、各种制度都与西方的一样。胡御史认为,西方练兵,主要是军纪严明,不是非要士兵穿短款的衣服,外国人穿衣服就是这个样子,不当兵也这么穿衣服。当然,如果说穿短款衣服是为了操练方便,倒也说得过去。但是,军营也按照西式的建就不太正常了。非要按照西方军队的营房来修建军营,没有任何道理,难道住了西式的军营,练兵就能取得成效了? 胡御史认为,西式军营的修建比中式的要贵很多,花钱是中式军营的好几倍,他猜测袁世凯这样做的目的,是为了从中捞取好处费。接着,胡御史抬出当年李鸿章设洋枪队的例子,当年的洋枪队由外国军官统帅,但中国的士兵依旧穿清朝的服装,没有任何问题。袁世凯一切都按照西式的来做,就是为了粉饰外观,只学西式练兵的外表而已。

接着,胡景桂笔锋一转,听说小站练兵的军官很多,而能够成为军官的,不管才能的大小,只要跟袁世凯有交情,就能得到相应的位置,饷银发放多少也以此为标准。以至于从天津武备学堂毕业的学生,心里非常不平衡。虽然袁世凯给普通士兵定的军饷很高,但是层层盘剥后,能够落到士兵手里的还不到三两。不仅如此,袁世凯给自己定的办公经费太高了,每个月一千两,一切其他的支出还不计算在内,比他的前辈宋庆每个月还多领四百多两。胡御史认为,办公经费这么充裕,还层层盘剥普通士兵的军饷就更加不应该了。

胡景桂给光绪皇帝的奏折中,不仅历数袁世凯如何铺张浪费、克扣军饷,还指出袁世凯在天津以钦差大臣自居,在告示中频频使用"钦命督办军务处练兵大臣"的字样,这种提法是否曾经上奏皇帝,外间不得而知。同时,袁世凯拒绝接受北洋大臣、直隶总督王文韶的公文,经常用不符合官场规矩的行文方式与王文韶对话。当袁世凯建造军营,强占民田后,天津商民曾经上告到王文韶那里,王文韶也曾多次提醒袁世凯,袁世凯不仅不听,还强词夺理,与王文韶争辩。据说小站军营门外有卖菜的人,与士兵发生口角,袁世凯听从一面之词,竟然将卖菜的给杀了。胡御史认为,这是典型的扰乱地方的行为。

为此,胡景桂建议光绪皇帝,应该派朝中大臣前往查办,或者由北洋大臣、直隶总督王文韶严密参查。而且应该另选练兵之人，这样才能不浪费国库的银两，天津的百姓才能免遭荼毒。

看到了这件奏折，光绪皇帝勃然大怒，当天就发布上谕。上谕里说，因为天津要编练新军，特意选派袁世凯按照西洋模式操练部队，并且在军饷方面非常优厚，本来希望小站练兵能够壁垒一新，一改从前八旗、绿营和练兵的习气。没想到才过了几个月，就有人弹劾袁世凯营私舞弊、克扣军饷，不服上司管教，扰害地方百姓。袁世凯的新建陆军所给的练兵经费是最多的，必须切实操练，才能收到效果。光绪皇帝命令荣禄立即前往天津，详细查明袁世凯在小站督练新军的情形，绝对不能只有外表，没有实质内容。另外，要查明御史弹劾袁世凯的各条是否证据确凿，一定秉公办案，根据实际情况汇报。

未占民田 未曾扣饷 没有僭越 未曾铺张
荣禄：四宗罪证据不足！

1896 年 6 月 6 日，荣禄带领兵部员外郎裕厚、兵部候补主事陈夔龙、步兵统领衙门学习笔帖式廷夔前往天津。荣禄在天津期间，询问了直隶总督王文韶和天津知府沈家本后，就前往小站考察小站练兵的实际情况，于是才有本文开头一幕的发生。

其实，在御史弹劾的各条中，袁世凯的新建陆军穿着与传统的清兵不一样，并不能构成袁世凯的罪过。荣禄到小站后，看到新建陆军确实穿着短款的衣裤，但这也是为了操练简便，虽然是模仿西方国家的军队衣着，但此前湘军和淮军都曾经这样穿戴过，并没有什么特别的地方。只是在新建陆军，军官和士兵的衣服颜色都一样,区别仅仅是袖口处的红道,不太明显。荣禄立即告诫袁世凯军官还是添加战袍,与传统军队相同。

按照荣禄的回复,袁世凯在小站不仅没有占民田建西式营房,反而一直在使用过去"盛军"的营盘,其雇佣的德国、挪威等国的教习也都居住在营盘内。因而,说袁世凯连营房都仿造西方的样子,目的是为了捞钱,应该是传闻之误。荣禄还替袁世凯就西式洋房的修建一事做了如下解释:袁世凯确实曾经向督办军务处申请修建一座武器弹药库、军事学堂的专项经费,这笔钱共计五万两。钱已经下拨到新建陆军的账面上,但还没有开工兴建,据说因为武器弹药库主要存放的是子弹、炮弹、火药、地雷等西式武器,军校要聘请西方的教员,因而从建筑形制上,可能要跟传统的清兵营房有所区别,这也是实际需要,但因为与其他营房不同,所以才不敢轻易动工修建。从这个角度上说,袁世凯修西式军营的说法并不成立。

胡御史弹劾袁世凯的还有一条就是袁世凯不重用武备学堂的毕业生,其实,从小站练兵之初,袁世凯就非常重视提拔来自天津武备学堂的学生,这一点前文已经提及。到荣禄前往查办该案的时候,武备学堂已有130多名毕业生在新建陆军担任军官。改用西式方法练兵,武备学堂的毕业生正是可以大举使用的人才,因此,说袁世凯只是重情面,造成武备学堂的学生有意见,这一点与事实恰恰相反:一位外国记者也曾经注意到了这个问题,撰文指出,当时的新建陆军对武备学堂的毕业生非常重视,而一大批有军功的旧式军官级别高于袁世凯,不屑于投奔袁世凯,即便是投奔而去,也未必被袁世凯重用。加上当时大量的勇营、湘军、淮军被裁撤,造成许多军官无法安排,因而,这批军官制造各种舆论,诋毁小站新军。

　　说到克扣军饷,层层盘剥,这是旧军队的普遍现象。不明就里的人倒是可以认定袁世凯一定也是如此。实际上,从袁世凯上奏折提出练兵的时候,就一再强调,军饷可以多发,但一定要注意不能克扣军饷,让士兵能够拿到足额的饷银。只有这样军队才能操练成功。为了避免军饷被克扣的事情发生,袁世凯在督练新建陆军之初,就专门就军饷问题制定章程,发饷的时候,责成粮饷局将军饷用秤称准,包上,与各带队军官一同点名发放。这是荣禄从袁世凯和小站练兵的军官那里了解到的。不仅荣禄了解这个问题,就连当年的报纸也曾经指出过,袁世凯督练小站新军,对军饷发放的问题非常重视。袁世凯的女儿在回忆袁世凯时,也曾提到过一个细节,每到发军饷的时候,袁世凯经常进行突击检查,目的就是防止克扣士兵的军饷。

　　至于说袁世凯修建的小站练兵场,是借用的淮军原有屯垦的田亩,原计划使用 30 顷地,后来缩减到 16 顷,这是有案可查的。这些田地并非民田,商民上告之说也就不成立。而袁世凯在与王文韶往来的信函中,均用司道体例,王文韶也矢口否认了袁世凯拒绝接纳札文的事情。在胡御史的弹劾奏折中,还提到了袁世凯草菅人命一事,为此,荣禄致函天津知府沈家本,沈家本说如果有菜农被杀,其家属必然会上告,但天津知府并没有收到相关的状纸,各下属衙门口也没有这类的说法,此案似乎并无凭据。

小站练兵动了谁的利益?

　　当初督办军务处准备提名袁世凯为小站练兵督办人选时,翁同龢并不太同意,但是李鸿藻却力主让袁世凯充任这个职务。没想到新建陆军成立几个月后,不知道为什么天津的官绅对袁世凯非常不满意,都说袁世凯办事出格,不服北洋大臣管制。李鸿藻虽然不护短,但是毕竟自己参与了举荐袁世凯的事情,不好由他本人出面来上奏光绪皇帝。因此,李鸿藻就让胡景桂上奏折弹劾袁世凯。这段记载出自于陪同荣禄前往小站办案的陈夔龙之手,关于事情的具体情况很有可能是荣禄告诉陈夔龙的。弹劾袁世凯究竟是不是李鸿藻的意思,目前尚没有具体史料可能证明,但袁世凯小站练兵的确触动了一些人的利益。

1872 年创刊于上海的《申报》,是近代中国著名的中文报纸。素有"南申报,北大公"之说。早在袁世凯从北京前往小站的时候,该报就对此事进行了报道,报道中有一句话特别值得玩味,其原意为,袁世凯已经离开北京前往小站接替胡燏棻督办新军了,这支队伍并不受北洋大臣、直隶总督王文韶的节制。这句话其实很重要。

早在准备练兵之初,几乎所有的人都认为,应该裁撤地方上的练兵和绿营兵,将节省下来的款项支付给新式陆军。这些练兵和绿营兵一般归地方的官员管辖,一如胡景桂在弹劾袁世凯时提到的,克扣军饷是当时的通病,士兵的缺额和克扣军饷,成为一些地方官的额外收入。一支在眼皮子底下编练的部队,享受着清王朝最高额度的军饷,却不归自己节制,想必王文韶心里并不舒服。胡御史所提到的不服从北洋大臣节制是有根据的。根据督办军务处对小站练兵的要求,这支部队就是归奕䜣等人直接管辖,跟王文韶确实没有任何关系。王文韶自然也就管不着袁世凯。有了这一层关系在里面,说袁世凯不服从地方官员的管辖,有点冤枉他,但也很有道理。

回到北京后，陈夔龙草拟了一份奏折，里面提到，关于袁世凯擅自杀死小站军营门外的卖菜人一事，已经严厉谴责了袁世凯。至于御史弹劾的其他各条，与实际情况多少有些出入。在奏折的结尾，陈夔龙提出"请下部议"。荣禄一见，连忙阻止。久在朝中为官，荣禄深谙官场之道，被弹劾的官员如果一经部议，最轻也是撤职。他认为小站练兵刚刚开始，别人不一定容易接手，最后该奏折的结尾改成了从宽议处，严饬袁世凯认真操练军队，以观后效。为了缓和袁世凯与地方督抚的关系，荣禄在给光绪皇帝的奏折中提出，直隶总督王文韶资历很深，而且新建陆军与王文韶近在咫尺，便于考核，建议由王文韶节制新建陆军。

荣禄将自己查办案情的经过上奏给光绪皇帝，光绪皇帝一看确实没有什么太多的漏洞。于是下谕旨，不仅没有惩办袁世凯，反而安慰袁世凯，希望他继续努力操练，千万不能有骄傲自满的情绪在里面。光绪皇帝在下上谕的时候，采纳了这条建议，告诫袁世凯有事经常与王文韶禀商办理，王文韶要尽到考核的义务。不仅如此，光绪皇帝还准备与慈禧太后到小站检阅军队。

就这样，刚刚开始练兵不久遭到弹劾的袁世凯，侥幸躲过了一场劫难。虽然躲过这场劫难，但是此事对袁世凯的打击不小，他在给徐世昌的信中抱怨说，本来准备大干一场的，但是在被弹劾的这段时间里，竟然神情恍惚，意志消沉，所有的志向和抱负都烟消云散，军事上的事情无心详叙了。

一场小站练兵初期的风波，在荣禄的帮助下就这样化解了。

而当初惠御史弹劾的李鸿藻当时已经得了重病，仍然天天坚持工作，当他阅读到荣禄的奏折时，立即面带不悦之色。这一天下朝后,病情加剧,以后就经常不入朝,后来就病死了。看来袁世凯在小站练兵这个问题上,给李鸿藻的刺激不小。

而对于胡景桂来说,他这次参奏袁世凯本身就是风闻传言而奏,这个规矩在清朝不算违规。后来胡景桂出任山东按察使,而袁世凯正好是山东巡抚,得知袁世凯是自己的顶头上司,胡景桂非常紧张,生怕袁世凯会刁难他。但是,袁世凯见到胡景桂后,不仅笑谈当年的往事,而且不念旧恶。

(刊于《档案春秋》,2013 年第 11 期,2015 年 4 月 17 日《今晚报》摘要刊发)

周盛传与天津海防

刘景周

周盛传是晚清淮军将领。他所统率的传字营、盛字营,是李鸿章的亲军营,时称盛军。周盛传于同治六年(1864)补授广西右江镇总兵。同治九年(1870),李鸿章调任直隶总督,周盛传奉命屯卫畿辅,十年(1871)二月,驻军青县马厂,光绪二年(1876),调补天津镇总兵,移屯创建小站新农镇。光绪八年(1883)擢湖南提督,仍留天津镇。到光绪十年(1885)去世,周盛传在天津治军海防十五年,期间作了三件大事:一是创见新城炮台;二是小站屯田建镇;三是备战中法战争。这三件事都是为了一个目的,就是加强天津海防建设。

一、防线部署

周盛传肩负捍卫首都门户的职责,常怀极大的危机感。几经勘察,确立了防线部署。第一道防线,即海口前沿,大沽炮台、北塘炮台和祁口海口。第二道防线，新城炮台。第三道防线，小站屯地十八座营盘。最后是大本营马厂老营。

第一道防线，由淮部副将衔记名提督罗荣光任协台，称大沽协，负责前沿指挥调度。北塘游击史宏祖等率营兵驻守。大沽到北塘共设炮台三处，系早期旧有建筑。

第二防线新城炮台，明时旧有城防已圮，周盛传重新设计。中国的旧城防，砖甓城楼，不禁火炮摧击。周盛传从实战考虑，改用三合土厚护碉堡式建筑。由盛军自行施工修造。新城距大沽口三十里，新建的新城炮台有城垣二层，城内，城垣之间，设有大炮台三座，小炮台七十一座。炮台四围及顶部，以尺径粗圆木木栅围罩，培埋厚土，留枪炮眼，成蘑菇式碉堡。内城高三丈，外城高两丈，炮台上下分布，最高的五丈。高下开炮互不影响。低处能打远目标，高处能打到城根。炮台入口有隔堆遮蔽，隔堆下设藏洞，藏子药，藏兵勇。炮口立有标记，按方向标子午，炮下木板如罗盘，可听口令对照发射方向。三处大炮台，守兵七百二十人，小炮台守兵五十人，官弁总计二千余人。由张载之任新城炮台守备。

第三道防线在小站，小站距新城也是三十里，盛军从马厂移屯小站，扎下十八座营盘。以亲军营为中心大帐，传字营、盛字营直属亲军营，共三个营盘。下设中军、左军、右军和前军。中军五个营盘：中前营、中后营、中左营、中副营、水师营。左军和前军都是左、正、右三个营，共六个营盘。右军右营、正营而外，有两个左营，称新左营和老左营，共四个营盘，合计为十八营盘。另外还有唐仁廉的仁正营和仁左营两个营盘。盛军和仁军算在一起，就二十个营盘了。这些营盘，左军和前军，沿小站到新城的马厂减河一段驻扎。其他均沿小站通咸水沽的海河引河驻扎。北到北闸口，东到东大站。方

圆十里，所谓南扼祁口，东控大沽，声气相接，以张远势。当年天津
到海口的主要通道只修在海河南岸，盛军营盘踞海河沿岸最近处
不足四公里。

盛军的主要营官有：

营务处提调：文案，前先补用知县戴宗骞、记名总兵陈连陛、记
名总兵周盛朝、通永镇总兵吴殿元、记名总兵郑永鋒、侭先游击姚
俊士等。

中军：中军营务处提督衔记名总兵卫汝成、管带中军后营提督
衔遇缺题奏总兵孙显寅、管带中军前营总兵衔两江补用副将李安
堂、副营统领提督王正国、管带中军副营升用都司周盛忠、副将衔
侭先参将王从义等。

右军：右军统领提督卫汝贵、右军左营营官总兵张兆海、右军
右营营官总兵宋冠军、副将杜万青等。

前军：前军正营营官周寿昌、前军左营营官提督张海龙、前军
右营营官提督张久林、管带飞骑前营守备衔侭先千总孙吉武。

左军：左军统领提督贾起胜、左军左营营官记名简放提督刘安
泰、左军右营营官郑才盛。

传字营：传字正营营官副将周盛佑、盛字正营营官副将周家
泰、盛字右营营官总兵周家瑞。

仁字营：仁字营统领提督唐仁廉、仁字左营营官总兵初发祥、
仁字右营营官周盛鼎。仁字前营营官总兵姚士礼。

三道防线之后，是马厂老营。马厂营房由盛军马队驻守。马厂
距小站六十五里，有马新大道可通海口，有南运河水路直通天津城
区。马队共五营，每营五哨，每哨战马六匹，另有马小队两哨，随部
队编制。盛军全军用马、骡、骆驼总计一千数百骑，包括拉车、驮载、

拉炮用马骡等项。

马队统带为总兵吕本元、帮带副将任永清、提督张景春。

二、装备及操练

周盛传在给广西提督黄蕙亭的信中透露，"弟处现用后门枪炮已有数千根，统津防各军计之，约万余枝，稍足备用。"所谓后门枪炮，后门二字透露的信息是，盛军处在从刀矛兵器开始，间用前膛枪炮，又不断引进后膛枪炮的时代。

盛军后门枪炮有：七生脱半行炮、威敦过山炮、克虏伯钢炮、四磅克虏伯马炮、七个半生脱密达马炮、十五生脱密达后膛炮、大格林炮、小格林炮、轻铜炮、来福炮、轻重各磅田鸡炮、荷乞开司五管格林连珠炮。哈治开司兵枪、格拉兵枪、毛塞格托来司兵枪、亨利马提呢兵枪、士乃得兵枪、云者士得马枪、林明墩兵枪与马枪、十三响马枪等。

由于当年军费支绌，这些西洋枪炮，并非所有盛军全都装备，部分兵勇仍须使用刀矛，但都要轮番参加后门枪炮的训练打靶。在给李鸿章的请购枪支的禀帖中，周盛传还说："卑军十八营，连哨官哨长，需枪约万枝以外，七千枝之数每营均摊四百杆，仍系搭用矛杆。"这等于说还有三分之二的兵勇，仍处在冷兵器时代。

西洋枪炮的使用，需要学习训练。李鸿章为盛军聘请了德国教习，进行指导。博朗李保、康腾克，都曾在盛军教练营员。周盛传还及时请教过到防盛军的德国军士汉纳根。

周盛传并不惟洋教习的说教是从，而是结合自己统领军队的经验，总结出适合自身军队的一套方法，洋为中用。他总结的《操枪章程十二条》,被推介到淮部各军,成为训练洋械的教材。在《议覆总教习德参将李保条禀》《议覆德国兵机院总办密次藩条禀》中,他都能够臧否不一,见解独到,自持定见。他对李鸿章说:"(博朗)其言曰:'教习者惟先教统带营官,待其即熟,然后使之分教弁勇。乃有身使臂,臂使指之妙'。诚为精备之言,然刻下卑军正在加操,全恃统带营哨各官躬亲统率,……是将领受学于教习,反不暇自教其弁勇。似亦非此时长计。……莫如就天津紫竹林设一公所,仿西国武备院之制,择德弁中之精者,专习教练,饬各军挑选慓健而又精细之弁勇,送院学习,以期成就将才,为异日自强之本。各军仍可照常操练。"周盛传的这一建议,竟成了李鸿章其后在天津开办武备学堂的缘由。

关于学习洋操用德语口令,周盛传也有自己的看法。他说:"惟洋语难辨,兵勇人数众多,若平日无事之时,缓缓教习原不甚难,今则防务正急,又有新募之军,骤教以德国口令,恐非一时所能通晓。因思洋员来华者,每军不过分派二三名,性多灵敏,学习语言较易,若令将德国口令翻成华语,使德员习之,以教各营,似属两便。与其以德语教华军万众,难于一律,何若以德员习华语,不日可以渐通。"正是有了这一建议,中国军队学习洋操才有了中国语言的口令。

除聘用洋教习外,周盛传还很注重最新军事信息的学习与汲取。他在各种行文中,引用了当时流行的军事知识书籍多种,有《海防新论》《陆操新义》《炮说》《枪法准绳》以及制造地雷需要的《电学问答》《化学初阶》《化学鉴原》等。他既是统帅,又是盛军的全能教习。

盛军训练打靶,采取奖惩办法。根据命中多少奖给二两五钱、一两五钱、一两、五钱等银质功牌一面,打靶不中,兵勇罚跪,官弁降级。周盛传在《磨盾纪实》中说,"光绪十年三月（二十五日）（1884.4.20),挑选军中精壮,送津考试悬靶。……挑选三百余人,请傅相(即李鸿章)亲阅,计中(五枪)全红者六十余人,四枪三枪者,尤夥。合成总数在八成以上,傅相甚喜。"

三、备战中法战争

清同治十二年(1873),法军入侵越南,攻占河内。十二月,在河内近郊遭中国刘永福黑旗军打击,其头目安邺被黑旗军击毙。光绪八年(1882),法军再次攻占了河内。九年(1883)五月,法军司令李维业等,又被黑旗军击毙,中法战争爆发。

李鸿章奉旨经略越南战争,周盛传身在天津海口,却紧盯着法国侵略军行踪。他不断向广西边防打探法军情况。在给广西提督黄蕙亭的书信中,分析了黑旗军抗法形势,他认为刘永福能制胜,有五个优势:刘久经大敌,队伍精悍;刘不平于法人凌越,发愤而起,正义感激励士卒;越廷恃刘御侮,一切听刘所为,刘进退战守自作主张,随机应变,无牵制之苦;刘深悉地势,足以扼险自守;刘战守自立,行动迅速,而法军行动要经过议院辩论,事机不无少滞。洞见优势之外,周盛传着重指出了刘军的十点可虑之处。其一,刘军装备器械不如法军精利;其二,法军所占南圻六省,就地购粮不费运转之力,刘据越南三宣之地,硗薄尤多,一隅之地,迳路崎岖,纵赖越人接济,或有馈运不继之虞;其三,西洋兵卒,养以厚糈,训练有素,刘军至越已久,一时激于义愤,久而众志难坚;其四,洋人用兵,非徒尚勇力,筹虑精细,专长测量,刘军勇力过之而精细不足;其五,刘军所守,地段绵长,别径不免分歧。洋人凿险缒幽是其长技,凡可进攻之路,无不百计以图,一隙偶疏,动关全局;其六,洋人电线以通军报,瞬息可达。刘军信息稽延辗转,易误机宜;其七,东京(河内)既失,越王已听命于法,刘军饷项不裕,争先者难获筹赏,伤亡者难予抚恤,日久相持,群情易涣;其八,法人兵舰坚利,水陆相倚,择便登岸,防不胜防。刘军仅恃在岸设守,而无水师以为牵制,恐难得势;其九,洋人医药之精,胜于中华,受伤之士,皆能医治。刘军无精技医药,所损较多,士卒夺气;其十,刘军屡胜轻敌,不免可攻之隙,法人受创生忿,势将大举报复,使防范稍懈,或中狡谋。

以上情势分析,绝非信口雌黄可以罗列的,是周盛传深刻认识法军与刘军,深思熟虑得出的结果。未出所料,刘军果然最后失利,法军进犯到了中国境内。周盛传有了对入侵者的追踪认知,就有了盛军积极备战的行动。

1884 年 8 月,法军进攻台湾基隆,清廷避战求和政策导致水师失利。周盛传向李鸿章递上《再请决战禀》,坚决主战。"基隆炮台已于十五日被法人击毁,是法事已经开衅。滨海口岸皆当筹战筹防,直省地当畿辅,备御尤关紧要。……目下时局艰难,是非淆乱,务请中堂专利主持,放手一做!"在《恳请救台湾禀》中,周盛传"恳请中堂,密筹所以援应之法,或商借洋债,汇台应用,或雇他国商船,转运兵械到台,务使源源接济,御敌有资。"同时,他还提出《请驱法官法使片》,说"该国多行不义,民人积愤已深,拟请中堂即驱该领事回国,以肃政体而息人言。"

接着,他又上达《筹布天津海防急务禀》《筹办大沽北塘新城防务条陈》。条陈中建议,海河两岸设浮桥;大沽北塘新城各处储备水雷;留意统率之材,以年二十以上,四十以下身捷目威,踔厉无前者为合选;召集天津义勇万人,发给前门枪,最为救急要著,提出,虽市井之徒,但使剽悍,以军令约束,皆可应用。惟肿眼泡、弹弓腰、青庄腿、八字脚者,断不可用。连续又有《再陈海防条议》《筹备战守六条》《战守条议》《续拟战守十条》《续筹战守六条》《战守事宜五条》《续陈法事八条》以及《山海关设防》《筑台运炮》《会勘大沽形势》《祁口添筑炮台》《祁口形势》等禀帖。《战守条议》中指出,临战要募奇兵,拟请临时招募勇敢之士三四千人,各持肉厚节满圆劲毛竹,杆外用漆丝缠裹,上以镔铁为刃,用以应对敌方马队。查西国马队常带小开花炮,彼如专攻马队,以开花炮轰我,我之奇兵即可乘虚而入。或扰其前或击其后,轻快劲力,俾敌人不得措手。

在《续陈法事八条》中,周盛传警觉到,"法氛日恶,台事甚危。……来春难保不径行北犯。他提出,"我军师船既不足御铁舰,断难角逐外洋。"应该变通善用。即循海河挖一小支河,式如船坞,岸上堆筑土埂,埂上添筑隔堆,藏船于内,变成水上炮台,化无用为有用。又提出"津防机器局自中堂精心创造,多年积累,始得有此规模,……关系非轻。海光寺一局尚在土城内,东局则孤立难防。"拟请于东局周围筑墙开洞,多置枪炮,用沙土包袋厚培,可凭墉轰拒。又说,"洋人炮火精利,恃勇轻进,伤损必多",宜择扼要必由之路,坚筑防营,以三道土垣木栅,以防敌弹,并利攻击。又提出,行战之师毫无障蔽,挖沟伏避枪炮,又虑炮弹自高处坠下,宜照人字架帐篷之式,植木板覆厚土,以避炸弹等等防护措施。

盛军初涉火力战场,一切都未曾经历。周盛传不得不在战术上,结合海滨平旷的地形特点,创造性地拿出了应对办法。

晚清在粤捻等战乱平定后,盛军曾裁去二成队伍。为备战法军进犯,复又招募补足。周盛传认为,招募兵勇,首贵朴勇耐劳,徐、宿、凤、颖之人最为上选。而直省之人,不能耐苦,较之南士,浮朴迥殊。且离家过近,系恋较多,倘有征调,势必纷纷思避。因而派记名总兵卫汝成,前赴徐颖及河南永城一带招募成军。其后又拟招募奇兵,本拟在山东之武定,直隶之河间,专择强悍敢死之徒,以取冲突之用。第查该两处习教者甚多,结果又去了归、徐、颖、亳地方。兵员籍地的选择,也表现了周盛传的强军思想。

《磨盾纪实》甲申(1884)五十二岁条下纪录,“夏秋间,有攻毁基隆炮台,及以兵船阑入福建马江等事,沿海戒严。予益蒐简军实并督饬弁勇,讲求安雷放雷之法,以备战事。七月,添募新军十营,……并饬分办军食、器械、旗帜、号褂、棉衣等件,惟日不足。至八月杪成军,会同老军逐日操练不敢自逸。”这是周盛传生前最后一笔文字。

翌年,由周盛传的儿子周家驹在《磨盾纪实》之后续写道:“春正月,制行军馈,仿俄国制法,取其便于临阵携带,且经久不坏。盛以木匣中,衬纸数层,外以螺丝钉扭紧,使气不得洩,而又不溃木气。经始于去年十月,至是成。足资行军之用,皆捐廉为之。和议既定,此馈久储军中,至辛卯(1891)天津水灾,发以充赈。其犹有存者,甲午(1894)藉供东征之食,色味均未变。可见当年制法收法之精。”

周盛传办理天津海防,并不是随心所欲的。要克服种种困难,经费的紧绌,使周盛传锱铢必较地计算。周盛传的许多禀帖都是为申请经费而作的。邻县灾民屡次寻求盛军赈济,直隶藩司还曾扣发他的养廉薪俸,他不得不一次次和全军官弁解囊捐款办事业。既要为备战训练,还要为屯田忙碌。招民领种也是备战所需。殚精竭虑,直至创发身亡。周盛传在那个特定的时代,为天津海防,超负荷地克尽了天津镇总兵的职责。

(刊于《天津文史》,2015年第1期,第23—26页)

关于《冀中一日》的编辑和出版

刘运峰

冀中平原是华北平原的一部分,简称"冀中",它地处河北省中部,西起平汉铁路(即现在的京广线),东至津浦铁路(即现在的京沪线),北临北京天津,南至沧石公路(即现在的 307 国道),属于黄河、海河、滹沱河、滦河等长期冲积形成的平原地带,面积约 8 万平方公里。这一地区土地平阔,河流纵横,物产丰富,交通发达,其特殊的战略地位,成为抗日战争时期敌我双方争夺的重要地区之一。

1937 年 7 月 7 日发生的"卢沟桥事变",标志着中国人民抗日战争的全面爆发。冀中人民在中国共产党的领导下,由贺龙、吕正操、程子华、黄敬、王平等老一辈革命家创建了冀中抗日根据地。在八年抗战中,冀中人民浴血奋战,涌现了大量的英雄人物和可歌可泣的事迹,为文艺创作提供了丰富的生活资源。许多抗日题材的文学作品就是以冀中为发源地的,如冯志的《敌后武工队》,孙犁的《风云初记》《白洋淀纪事》,李晓明、韩安庆的《平原枪声》,徐光耀的《小兵张嘎》,王林的《腹地》,雪克的《战斗的青春》,刘流的《烈火金刚》,孔厥、袁静的《新儿女英雄传》,梁斌的《烽烟图》,等等。

这些作品大多是在新中国成立后完成的,其中自然受到了当时的政治形势和社会变迁的影响,有许多艺术加工的成分,因此,也只能当作一种文学作品分析和研究。

但是,有一部作品可以说是完全的纪实之作,是在抗日战争最为艰苦的岁月中诞生的作品,它就是《冀中一日》。

一、《冀中一日》诞生的背景

1941年,抗日战争进入了第四个年头。冀中处于敌人的后方,炮楼如林,公路如网,环境十分恶劣。但冀中人民却充满了乐观主义精神,他们采用多种文艺形式如诗歌、壁画、戏剧、扭秧歌等歌颂自己的英雄事业。他们还创办了许多报刊来鼓舞人们的斗志。据远千里回忆,"各专(区)、县都搞过报纸,有的是铅印的,有的是石印或油印的。各团体也都有自己的刊物。只冀中一级的文艺刊物就有:《冀中文化》《文艺学习》《歌与剧》《冀中画报》《连队文艺》等。"① 这些活动的开展奠定了坚实而广阔的群众基础,也为《冀中一日》的写作创造了条件。

《冀中一日》是"冀中一日"写作运动的产物。而"冀中一日"这一运动的开展主要是受到茅盾主编《中国的一日》的启发。

1936年早些时候,受到苏联作家高尔基编创的《世界的一日》的启示,邹韬奋找到茅盾,请其仿照高尔基的做法,主编一部《中国

---

① 冀中一日写作运动委员会编:《冀中一日》,百花文艺出版社1959年版,第2—3页。

的一日》,以反映全国各地民众抗日的要求,与当局的不抵抗政策作一对照;也可以借此向读者介绍在国家生死存亡之时,全国的黑暗与光明面。茅盾非常赞同邹韬奋的提议,于是两人商定了此书所要记述的具体日期定为1936年5月21日。(事后,此书的助理编辑孔令境透露说选择5月21日是想用以纪念震惊世界的"马日事变")同时,还确定了该书的主旨、编辑方针、文体规定和字数限制等具体事项,成立了由王统照、沈兹九、金仲华、柳湜、陶行知、章乃器、张仲实、钱亦石和邹韬奋等组成的编委会。

1936年4月27日,茅盾起草了《中国的一日》征稿启事,并以上海文学社的名义刊发在《大公报》上,启事中说,编辑该书的目的在于发现一天之内的中国的全般现实面目,彰显这一天之内的中国全貌;倡议全中国的作家、非作家及社会上各阶层的人士以5月21日为主题,记述这一天内周围所发生的事情,并说明"来稿内容可以是中国任何地方五月二十一日发生的任何事,及任何人的经历,对任何方面的印象,文字材料和图画材料均可。"

启事刊出,来稿踊跃,经过一番编选,1936年9月,《中国的一日》由生活书店出版。

《中国的一日》几乎囊括了所有的文学体裁,如短篇小说、报告文学、日记、书信、小品文、游记、短剧、速写,堪称集文学体裁之大成。它的面世标志着中国现代纪实文学在中国文坛的发展达到了第一个高潮,是20世纪30年代中国文坛上的一件盛事。这也使得这部书成为"一日"型出版物的父本和母本,对中国的文化界产生了巨大而深远的影响。

《冀中一日》正是《中国的一日》影响下的产物。

1941年三四月间,冀中的几位文化工作者见到冀中军区政治委员程子华,程子华问:"《世界的一日》出版了没有?"大家回答:"七七事变前只在《译文》上见过介绍,不知道这几年出版了没有。"程子华又问:"茅盾主编的《中国的一日》你们有吗?"大家说:"没有。事变前挑着看过,很好。运用集团的力量,横断面地表现一个时代,确是个伟大的创造。"程子华说:"咱们在冀中发动一次'一日'写作运动,你们看怎么样?"大家立刻响应:"好极了,我们回去再跟区党委研究一下……"①4 月 20 日,在冀中地区军、政负责人程子华、黄敬、吕正操等的倡议下,中共冀中区党委下发了关于《冀中一日》的通知,其中要求:"冀中党政军民共同决定编辑《冀中一日》,反映冀中全部生活情形,加强宣传工作。并已决定五月二十七日为《冀中一日》所要记载的日子,其意义及写稿方法,征稿方法已有《冀中一日》编委会及冀中文建会通知,并已在导报公布。""各级党委及全体同志应该了解《冀中一日》的编辑在党的宣传事业上的意义,各级组织应保证党政军民各部门及全体党员依照征稿办法供给稿件,按期寄交,各级文建会负责收转。下级同志不能写稿者,可自述意思,发动文化水平较高的同志代为记录,尽可能作到全党同志能写文章者,都写稿,不能写稿者,亦能口述思想,请人记录成稿。"

自此之后,一场轰轰烈烈的"冀中一日"群众性写作运动开展了起来。关于将写作的内容为 5 月 27 日这一天的个人见闻,是由于五月的纪念日较多,有"红五月"之说,"而五月二十七日,则是个极普通的日子,什么纪念日也不是。正因为是平常日子,则更能代表冀中人民的一般生活和斗争。"②

---

① 王林:《王林文集》(7),解放军出版社 2009 年版,第 213 页。
② 冀中一日写作运动委员会编:《冀中一日》,第 3 页。

倡议发出之后,冀中的军民积极响应。大家都热切地等待着这一天的到来,希望获得理想的题材。

由于是群众性的写作运动,当时采取了能动笔的动笔,不能动笔的就请人代笔的办法。不少目不识丁的老人也都参加了这一群众性的写作运动。王林回忆说:"跟各种中心工作相似,《冀中一日》写作运动宣传动员得相当深入。记得当时的街头识字牌上都写着'冀中一日'四个字。站岗放哨的儿童、妇女见行人来往时,查清了通行证,还得叫你念念'冀中一日'四个字。念完'冀中一日'之后,还得问'冀中一日'指的是哪一天,有不少不识字的老太太拿着早已准备好的纸张去找人'代笔'。在抗日战争最前列的冀中人民对于自己的革命事业是热爱的,对于战胜日本强盗是充满民族自尊心、自信心的。他们把《冀中一日》写作运动当成一种对自己的鼓舞,对敌人的示威。"①

大概连发起者都没有想到,冀中军民的写作热情竟是空前之高。正如孙犁在《文艺学习》前记引述的胡苏《河北人民的新文艺》报告中所说:"亲自动笔写稿者近十万人,包括着干部、士兵和农民,从上夜校识字班的妇女到四六句文言的老秀才、老绅士,还有老太太口述着找人替写。"②5月27日之后,各地送往《冀中一日》总编室的稿件源源不断,达五万篇之多,最终到了要用麻袋装,用担子挑,用小车推,用大车拉的程度。这也就带来了一个非常现实的问题:这些稿件都非常珍贵,不得不带着这些稿件打游击、进行转移。因此,上级不得不做出新的决定,即先由各级主管部门筛选,然

---

①王林:《王林文集》(7),第215页。
②孙犁:《孙犁文集》(补订本)第5卷,百花文艺出版社2013年版,第78页。

后再报送,这样可以使得编委会直接处理的稿件数量少些,编选得快些,打起游击来也轻便一些。

曾参加过《冀中一日》编辑的孙犁在《关于"冀中一日"写作运动》一文中说:"《冀中一日》为名副其实的群众文艺运动,影响至巨。从此提高了人民对文学的认识,对写作的认识,对现实的认识者至大。许多有才能之写作者亦由此发现"。①

参与"冀中一日"运动,对孙犁后来的文学理论观点的形成和对文艺的看法也产生了深刻的影响。在他看来,这样的运动好似将文艺放归了现实,是将文艺归还给人民群众的转折。"冀中人民在从对旧文学的爱好走上对新文学的爱好,在生活创造之外,从事艺术。'冀中一日'大浪潮后,文艺急转直下,成了群众的。"②

二、《冀中一日》的编辑

"冀中一日"的写作运动共收到稿件五万余篇,为了将其编辑成书,冀中区组织了《冀中一日》编纂委员会,由作家王林任编委会主任。

王林(1909—1984),又名王弢,河北衡水人,1930年参加共青团,1931年转为正式党员,担任青岛大学党支部书记,同时进行文学创作,出版了由沈从文作题记的长篇小说《幽僻的陈庄》并寄赠鲁迅。鲁迅1935年4月22日日记:"午得王弢所寄《幽僻的陈庄》一本。"由于当时鲁迅在病中,没有给他回信,也没有对这部小说发

---

① 孙犁:《孙犁文集》(补订本)第5卷,第321页。
② 孙犁:《孙犁文集》(补订本)第5卷,第324页。

表过任何评价。1935 年 12 月，王林参加了"一二·九"运动，1936 年 8 月到张学良的东北军做地下工作，亲身经历了"西安事变"。1938 年在冀中参加抗日战争，曾任冀中文建会副主任、"火线剧社"第一任社长、冀中文协主任等。

《冀中一日》编纂委员会由各级机关、团体派来的 40 余位宣传、文教干部组成。同时还请来了两位客人担任编审，一位是延安文工团的卞明，另一位是晋察冀边区文协的孙犁。从 1941 年的秋天开始，编委会就在滹沱河边安平县境内的彭家营、杨各庄和南北郝村，安排好后勤，调来了一批刻写人员，开始了编纂工作。关于当时的编纂工作，孙犁在日后的回忆中说："那是一段值得回忆的日子。这一带村庄距离周围敌人据点，都不过十五六里路，虽然党政军的主脑机关也都住在附近，但随时都处在反'扫荡'的状态里。我们唯一的负担就是这些稿件。""我们守着麻口袋工作，选好一篇就刻写一篇，后来就编成了四集。"①

经过两个多月的努力，编委会最终采用稿件二百多篇，根据稿件性质编为四辑，前三辑由王林、孙犁、陈乔等负责编选，第四辑由李英儒负责编选。

《冀中一日》编校完成的时间是 1941 年 10 月下旬，正值鲁迅逝世五周年。为了纪念鲁迅先生，特将完工日期注明为 10 月 19 日。全书编辑完成，冀中军区政委程子华特地撰写了题词，其中提到："《冀中一日》实事求是地反映了冀中人民的生活和斗争，刻画出了冀中抗日人民的生活和斗争，刻画出了冀中抗日民主根据地欣欣向荣的光明面，揭穿了敌伪汉奸罪恶无耻的黑暗面。因此，这

---

① 孙犁：《孙犁文集》（补订版）第 5 卷，第 79 页。

部巨著,是用脑和手的劳动写成的,也是用血和肉创造的,正因为它是真实的生活和斗争的描述,就可看到,冀中抗日军民在坚忍不拔的残酷斗争中对国家民族的贡献如何巨大,对于那些关心国防前线——冀中的全国抗战军民们、国防朋友们以如何兴奋鼓舞。"程子华还提到:"正因为这样,虽然《冀中一日》的作者,大多数没有文学修养,致有不少的缺陷——主要在写作技巧方面,对于冀中整个抗战动态还不能够表现无缺,有的对于一事一物还不能够充分、透彻地记述,可是都丝毫没有粉饰、铺张、矫揉造作的毛病。"

在完成《冀中一日》编辑工作的同时,编委会还编印了纪念鲁迅逝世五周年的特辑,大家分头写了纪念文章。编委会在后记中说:"本书的出版,正值鲁迅先生逝世五周年纪念日。鲁迅先生把一生的希望和心血,完全灌注在新中国和中国新文艺的产生和成长上,然而我们今天却只能将冀中区第一次文艺集体创作给他做祭礼了。我们又高兴又凄怆。鲁迅先生逝世五周年纪念特辑,就是我们对于他的追怀的一种表现。我们向全冀中区的文艺工作者建议:应该更具体的学习鲁迅先生和接受鲁迅先生的光辉遗产,而并不是用鲁迅先生的高度,来衡量我们这群文艺矮子。"①

在《冀中一日》的最后一页,编委会的各位成员还写道:"《冀中一日》油印本,总算出版了。这是冀中区文化界一件大事。我们是这件工程的泥瓦匠。从五万来篇稿子中沙里淘金地选择出二百多篇,又将近四十万字(连鲁迅特辑)一字一笔的刻写和油印出来,我们为了纪念我们对这件大工程的操作和亲眼见到自己的成绩的喜悦,不论编辑或刻写印刷工作同志,皆把名字签写下来,做我们自

---

①冀中一日写作运动委员会编:《冀中一日》下集,第411页。

己的小小纪念。"

编辑完成的《冀中一日》第一辑为"罪与仇",包括《鬼蜮魍魉》、《"王道乐土"原来如此》《虎口余生记》《十个人的死》等33篇,主要写敌占区、近敌区敌人的暴行;第二辑为"铁的子弟兵",包括《和政委在一起》《十勇士》《战斗在滏阳河上》《鬼子不敢点灯了》《火线剧社在五月二十七日》等41篇,主要是写我军三纵队及地区游击队作战、生活的情形;第三辑为"独立、自由、幸福",包括《向敌占区进军》《穿过封锁线》《流动集市》《生产品展览会》《上回文课》《我也要学习》等51篇,主要写冀中根据地民主政权建设;第四辑为"战斗的人民",包括《简单的日常生活》《赶快开会庆祝吧》《一场有趣的伏击战》《扑向石德路去》《八个模范妇女队员》《房东老大娘》等115篇,写冀中群众踊跃参战,创造健康向上进步生活的情形。

限于当时的条件,《冀中一日》初版只油印了200部。第四辑的版权页上注明:

一九四一年十月十九日草印。

主编:冀中文建会

编辑:八路军三纵队政治部

冀中行署

冀中各文艺团体

发行:"冀中一日"编委会

按照编委会原来的计划,是要先将《冀中一日》送到各有关部门审定和征求意见,以便修改后正式出版。但这些工作尚未完成,就遇到了日本在1942年5月1日疯狂发动的"五一大扫荡",冀中军民进入了更加艰难的时期,《冀中一日》也只能以半成品的形式落下帷幕。

三、《冀中一日》的再版

从 1942 年 5 月到 1945 年 8 月的日寇投降,冀中人民度过了最为艰难的岁月,《冀中一日》也没有修订和重印的机会。抗日战争胜利之后,人们又想起了这本书,但是,寻找起来非常困难。一是因为敌人对抗日根据地的大规模破坏,二是由于这本书是用当时试制的麦秸纸印刷的,很难得到保存。经过发动群众寻找、在报纸上刊登广告,才找到了前两辑。

1959 年 7 月,在天津成立不久的百花文艺出版社重新排印了这本书。为了提高《冀中一日》的质量,百花文艺出版社特地先将原本翻印出来,分送给熟悉当年冀中地区斗争形势和参与此书编辑出版工作的一些人员如远千里、王林、杜敬、力麦、陈乔、刘咨周、李克、苏醒先、赵卜一、康迈千等,对原书进行审校,然后根据大家的意见进行整理。编辑部在《出版说明》中说:"我们所根据的底本,第一辑是从王林同志处找到的油印原本,第二辑是 1951 年河北省文联根据油印本打字翻印的。因年代久远,很多字迹已经脱落或模糊不清了,另外,一些情节和描写,今天看也应斟酌。因此,我们在付印前做了一些整理工作。我们整理的原则是:为了保留原作的面貌,能不改的尽量不改;需要注释的加了注释;脱落、模糊的地方和原来印错的文字、标点,作了补充、改正。其中个别篇今天看来主题思想有较为严重的缺点,整理时做了些必要的修改或删节。此外,第一辑中的'武士道的杏花林'、'一件悲痛的事',第二辑中'指导员和逃兵'、'宣传了一次'等四篇,觉得里边的问题并非删改所能解决,只得抽了出去。"

在《出版说明》的最后,编辑部写道:"附带说一下,我们现在还没有得到原书的第三辑、第四辑,我们热切地期望大家帮助搜集、寻找,以便能使它早日出齐,保存下这部有价值的著作,满足广大读者的需要"。同时,出版社再次在报纸上刊登广告,给一些作者写信,征集该书的第三、第四辑。

但能否找到,并没有把握。正因为如此,这本《冀中一日》虽然只是半本,但并没有注明上册或是一二辑的字样。

《冀中一日》出版之后,受到了读者的欢迎。在两年多的时间里,就印刷了三次,到1961年10月,总印数达177800册之多。

中国有句话叫作"纸墨寿于金石",西方有句话叫作"书比人长寿",二者的表达有异曲同工之妙。《冀中一日》的第三、第四两辑终于找到了。

1959年晚秋时节,河北省河间县(今河间市)文化馆沈英致函百花文艺出版社,告知《冀中一日》第四辑《战斗的人民》已从一位老教师那里找到,1959年12月30日,河间县委专门派人将第四辑送到了出版社。于是,出版社于1960年初再次发出征集第三辑的启事。不久,《冀中一日》的作者之一侯巨子给出版社写信,提供了第三辑的线索,但没有找到。

1960年5月25日,曾经为印制《冀中一日》付出大量劳动,有"铁笔战士"之称的周岐自河北省定县来信,告诉出版社他不但有第三辑,而且全书四辑均完好地保存着。百花文艺出版社社长林呐在《寻书简记》一文中生动的写道:"望穿秋水似的盼了多年,一旦获此佳讯,自然喜庆若狂,莫以言状,当即致函周岐同志,除对它保存这部书付出的辛劳表示钦佩外,并请他早日托邮把书寄来。"为了保证万无一失,出版社特意先给周岐寄了一个小木箱用来存放原书。"六月十三日,全书四册安然到达编辑部。令人惊讶的是,不但完好无损,而且平整如新。字迹清秀活泼,装订整齐大方,除了浓郁的纸香,似乎还残留着阵阵墨香。许多人为此赞叹不已,许多人为此奔走相告:'《冀中一日》全部找到了!'"①

1963年2月,经过百花文艺出版社编辑的加工整理,《冀中一日》(下集)正式出版。程子华的题词本应放在上册,但由于这篇文章是在搜集到第三辑、第四辑才发现的,因此置于下集的卷首,以四号字排印。书后附录了王林的《回忆"冀中一日"写作运动》,李英儒的《"冀中一日"欣逢圣世》,林呐的《寻书简记》,周岐的《我是怎样保藏"冀中一日"的》四篇文章。该书首印38000册,其中精装本3000册,至此,《冀中一日》终于以完整的姿态重新出现在读者的面前。

《冀中一日》自1959年由百花文艺出版社出版上集,1963年出版下集,在此后近半个世纪的时间里,这部《冀中一日》就没有再版,因此也就失去了将两书合为一册的机会。

2011年5月,在相隔《冀中一日》编辑出版70年之后,河北人民出版社重新出版了《冀中一日》,将四辑内容汇为一编并进行了重新设计和编校。该书由中共保定市委常委、宣传部部长李国英撰写《再版前言》,其中提到再版《冀中一日》的初衷,一是弘扬民族精神,二是铭刻历史记忆,三是传承大众文化。较当年百花文艺出版社版,新版的《冀中一日》有了明显的改观,首先是在书前加插了当年冀中的历史照片,包括原冀中区党委书记黄敬和战斗英雄交谈,聂荣臻、程子华、吕正操等人的合影计13幅,这些历史照片所记录

①冀中一日写作运动委员会编:《冀中一日》下集,第435页。

的场景,恰与《冀中一日》正文的内容相契合。其次是将程子华的题词置于卷首,第三是附录了更多的内容,除了百花文艺出版社版上集卷首远千里的《关于"冀中一日"》、下集的四篇附录外,还有"中共冀中区委关于《冀中一日》的通知",孙犁的"关于《冀中一日》写作运动",李英儒的"追忆《冀中一日》"以及吕彤羽的"冀中老照片说明",同时还收录了百花文艺出版社 1959 年 3 月第 1 版的出版说明和 1962 年 7 月第 1 版的出版后记。

可以说,新版的《冀中一日》是第一次以合集的形式出版,同时对相关资料做了最大限度的搜集,是目前一个最为完整的版本。

四、余话

《冀中一日》还诞生了一个副产品,那就是孙犁的《区村和连队的文学写作课本》,这也是奠定孙犁作为一个文艺理论家地位的《文艺学习》的雏形。

1941 年,参与"冀中一日"写作运动和《冀中一日》的编辑,对孙犁的为民族、为大众、为人生的文学观的形成起到了决定性的作用。正如孙犁在时隔近 20 年之后谈到《文艺学习》时所说:"这本小书只是记下了:我经历了冀中区那一时期的生活,和编辑了反映这种生活的《冀中一日》以后,我对文学——生活,或者说是人民——文学之间的血肉关联的一时的认识罢了。"[1]

在编辑《冀中一日》之余,孙犁根据编委会主任王林为大批文艺新军写一本通俗的切合实际的引导文学写作的书的建议,编写

①孙犁:《孙犁文集》(补订版)第五卷,第81页。

了《区村连队文学写作课本》。该书首次油印 1000 册,使用当时视为珍品的粉连纸印刷,刻工和装帧非常精致,次年更名为《怎样写作》的铅印本,1947 年冀中新华书店将它改名为《写作入门》出版,后中南新华书店再次重印。1950 年,上海文化工作社将这本书更名为《文艺学习——给〈冀中一日〉的作者们》,纳入《工作与学习丛书》出版;1964 年作家出版社恢复了油印本原样出版。

如今,70 多年过去了,《冀中一日》这部书仍具有不可替代的价值,它尽管粗糙和浅陋,但却是冀中人民在抗日战争时期坚强不屈、浴血奋战的忠实记录,是不应该谈出人们视野的。

(此文系 2015 年 9 月 13 日在天津市解放区文学研究会、天津社会科学院举办的 "纪念抗日战争胜利启事周年天津抗战作家作品研讨会" 上交流的论文)

人物与事件

天津日报两位著名世界语者

罗文华

　　天津日报社是天津文化的一个大本营、大舞台。报纸创刊六十多年来，不仅出色地完成了作为主流媒体所承担的各项重要的宣传任务，报社内部在文化、文艺领域也是人才辈出，群星璀璨，编辑、记者中涌现了多位光耀津门的领军人物和享誉全国的名家大师。劳荣和方纪，这两位天津日报文艺副刊的名编辑，也同是著名的世界语者，都曾为推动天津世界语运动发展作出了杰出贡献。

　　天津市世界语协会成立于 1985 年。劳荣是协会筹备工作的主导者，被聘为协会首届顾问，方纪则当选为协会首任会长。今年是天津市世界语协会成立 30 周年，回望协会发展的历程，总结协会取得的成就，使人们更加缅怀劳荣、方纪两位前辈。

　　世界语，是波兰医生柴门霍夫博士于 1887 年创立的一种语言。柴门霍夫希望全人类借助这种语言达到相互了解，消除仇恨和战争，实现平等与博爱。他在公布这种语言方案时用的笔名是 Doktoro Esperanto，意为"希望者博士"，后来人们就把这种语言称作

Esperanto。20世纪初,世界语刚传入中国时,曾有人把它音译为"爱斯不难读"语,也有叫"万国新语"的。后来有人借用日本人的意译名称"世界语",一直沿用至今。世界语是在印欧语系基础上创制出的一种人造语言,具有科学性强、声音优美、富于表现力等特点。世界语现已传播到一百多个国家,约有一千多万人掌握和使用这种语言,已被应用于政治、经济、文教、科技、出版、交通、邮电、广播、旅游和互联网等各个领域。用世界语出版的书籍超过三万种,期刊一百余种。

自20世纪初世界语传入中国后,即得到很多中国文化精英的支持。蔡元培、鲁迅、周作人、胡愈之、巴金、恽代英等都学习过世界语。北京大学等高校也开设了世界语课程。《新青年》自第二卷第三号(1916年11月1日)起,还陆续发表了讨论世界语的通信。改革开放后,中国世界语运动的航船重新鼓起风帆,破浪前进。1981年,楚图南、胡愈之、巴金、谢冰心、白寿彝、叶圣陶、夏衍等发起的中国世界语之友会成立,在社会上产生了广泛影响。天津是中国世界语运动的重镇,近百年来涌现出很多推动天津世界语运动发展的积极分子,马千里、方之中、李霁野、方纪、劳荣、吴火、李原、苏阿芒、高成鸢等是他们中的优秀代表。

世界语者,指使用或推广使用世界语的人。在世界语者们看来,拥有"世界语者"这个特有的称呼,是他们的一种骄傲。We have friends all over the world,这是当年我们初学英语时常说的一句话,其实,世界语者才是真正的"朋友遍天下"。全世界的世界语者相互之间皆为朋友,无论他们是否认识,是否有相同的国籍、肤色、性别或者身份。凡是接触过世界语者的人们,对世界语者的印象,大都是热情、友好。近代以来的世界名人中,不乏著名的世界语者,如托尔斯泰、铁托、卡斯特罗、索罗斯、普京等。

劳荣（1911—1989），原名李学多，后改名李守先，笔名劳荣。曾任天津英文《华北明星报》校对，《每月科学》《科学知识》杂志编辑，《大公报》英文翻译、副刊编辑，《天津日报》副刊编辑、副刊组组长，《新港》杂志编委、编辑部副主任，天津市作协理事，市翻译工作者协会顾问等。他通过世界语走上文学之路，并运用世界语等语言翻译了很多外国文艺作品，为中外文化交流作出显著贡献。主要译作和著作有《被打穿了的布告》《裁判》《枞林的喧嘈》《为了和平》《沉默的防御工事》《奴隶之歌》《中国的微笑》《西里西亚之歌》《花束集》《世界语运动二三事》（此书实为最早的中国世界语运动简史）等。2008 年，10 卷本《劳荣文集》出版。早在 1932 年，劳荣就在南京自学世界语。1934 年，他与王任叔（巴人）、瞿白音等发起成立南京世界语学会，并担任执行委员。后在天津长期从事世界语活动，积极筹划成立世界语组织。1951 年，当选中华全国世界语协会理事。1979 年中央有关部门通知各地成立世界语协会，委派劳荣主导天津协会筹备工作。1985 年天津市世界语协会成立，聘请他为顾问。

方纪（1919—1998），原名冯骥，笔名公羊子。曾任延安《解放日报》副刊编辑、文艺组组长，《天津日报》副刊科科长，天津市文化局局长，市作协主席，市委宣传部副部长，市文联党组书记、名誉主席，中国文联委员，中国作协理事等。著有中篇小说《老桑树底下的故事》《不连续的故事》，评论集《学剑集》，散文集《长江行》，诗集《不尽长江滚滚来》《大江东去》等。散文《挥手之间》曾被选入中学语文教材。晚年致力于书法创作，引起世人瞩目。方纪是一位多才多艺、才华横溢的文学家、艺术家。早在延安时期，方纪就在延安世界语者协会理事长庄栋等人教的世界语班上学习世界语。新中国成立后，方纪曾从事外事方面的领导工作，如担任保卫世界和平大会天津分会秘书长、中苏友好协会天津分会总干事，亦与他喜爱世界语有关。1985年方纪当选天津市世界语协会首任会长后，不顾年迈体弱，为协会发展作出了很多重要贡献。

20世纪80年代后期，我在前辈编辑劳荣先生、方纪先生的影响和带动下，开始学习世界语。在学习过程中，曾得到天津市世界语协会骨干高成鸢先生、郝未宁先生的具体指导和帮助。我最早参加世界语沙龙活动，至今也有二十多年了。20世纪90年代初期，我成为中华全国世界语协会会员、天津市世界语协会常务理事。今年6月，我有幸被天津市世界语协会聘为名誉会长。在今年10月举行的天津市世界语协会成立30周年纪念大会上，我特别谈到天津日报历史上有两位著名的世界语者——劳荣和方纪，谈到他们是天津市世界语协会的两位重要创始人，是天津世界语发展史上两个里程碑式的人物。世界语在中国发展最快、影响最大的两个时期，一是五四新文化运动时期，一是改革开放时期。冰心说过："懂得世界语，就懂得世界。"对于我们来说，劳荣和方纪就是努力"懂得世界"的先行者。他们的理想与实践，很有现实意义，值得我们重视和学习。

(刊于2015年12月14日《天津日报》"满庭芳"版)

《天津志略》著者宋蕴璞

高成鸢

  《天津志略》是天津史研究者引用最多的文献之一。我在天津图书馆见过无数地方志书,除了旧线装多是小册子,只有《天津志略》特殊,精装大 16 开本,厚达 375 页,五号小字排印,字数约 35 万,照片插图一二百幅。资料的调查搜集,非特设机构不能完成,奇怪的是著者只署"大兴宋蕴璞"一人,出版者则是北平"蕴兴商行"。宋蕴璞何许人也? 询问多位天津史学者,都不详其生平。只有《天津志略》"封底里"页,印有天津商学各界杨西园、张伯苓等人士具名并呼吁赞助的启事,其中说"友人宋蕴璞遍游南北",计划出版志略,已成首部《南洋英属海峡殖民地志略》,《北平志略》已改成活动电影,云云。

  近年我常回故乡威海小住,由《天津记忆》创办者杜鱼先生搭桥,跟《威海记忆》主编张建国先生成为好友。他在威海档案局局长任上六赴英伦,弄回英租威海卫时期的大量档案和照片。他动员过我写回忆威海的文稿,由此想到几十年前我在天津图书馆旧资料库中见过的一册《山东大观》,亦署名宋蕴璞,内容是拟为山东十来个地方拍摄纪录片的文字纲要,其中《威海卫大观》部分正反两页,我曾复印保存。张先生闻此很兴奋,宋蕴璞在威海拍摄的《威海卫大观》1937年上半年完成,当时报纸有报道,不久值七七事变未能发行。在那之前,宋拍的《青岛大观》《潍县大观》都已上演。张先生一直苦于不知宋蕴璞是"何方人士",盼望能从其生平中寻求电影胶片存放的线索,估计很可能在马来西亚。

据查,影片《青岛大观》早已佚失;《潍县大观》被认定为现存中国最早的纪录片;另有1931年拍摄的《北平大观》(转年参与过意大利世界电影比赛)。《潍县大观》是当时省主席韩复榘指示潍县当局配合拍成的,可见宋蕴璞之活动有社会资源的强力支持。

另一重要线索是,今晚报社编《天津老照片》书中,有《商会代表赴南洋》一幅旧照,为1931年7月天津商会组团出国访问前夕合影,王勇则先生撰写的说明称"商会执委、织染同业公会主席王翰臣、会员周绍熙访问南洋,同行者为刚刚完成《天津志略》编辑的宋蕴璞,他是此行的向导","转年五月,王翰臣返津撰报告书"。此行历时年余之久,遍及东南亚多个国家。据查,署名也是"大兴宋蕴璞"的《南洋英属海峡殖民地志略》一书,篇幅也有30多万字,被认为是南洋研究的重要史料,可知宋氏在南洋各国也当有深广的事业根基。

又有材料说宋蕴璞"年甫二十,即赴西北一带经营文化实业,历十余年……"从天津商会合影来看,宋氏不过50多岁,他几十年间的事业领域广阔,能量惊人。他是商人、文人、社会活动家? 不得而知。如能解开宋氏生平之谜,对天津史研究必有较大助益。希望天津史探索者共同留意。

(刊于2015年12月14日《今晚报》第16版"副刊·津沽")

孙中山的藏书及其特色

葛培林

孙中山是伟大的民主革命先行者。他一生中拥有大量藏书,但其藏书不同于古来的藏书家或文人墨客,讲究珍本善本之类,或以某项去藏为主。孙中山毕生肩负着历史使命;实现近代中国的民族独立、实行民主制度、实现工业化的社会进步等。因此,他的藏书是围绕着革命目的来进行的,从中亦可见其鲜明特点。

一、孙中山的书房和藏书概况

孙中山在上海的寓所,坐落在法租界莫利爱路 29 号(今黄埔区香山路 7 号)。在这里,孙中山曾接待过许多中外名人。其中两位苏联友人曾描述了孙中山当年的书房。一位是在上海的俄国左派民主组织——俄国劳动社负责人马特维耶夫·博德雷;一位是二十年代由第三国际派遣来华联络各派革命力量的维经斯基。

马特维耶夫·博德雷在《两次会见孙中山》中记:

　　我们沿着木质楼梯上二楼，擦得很亮的楼梯通到楼上的主人办公室。我们一声不响地向上走，思想非常激动，一、二分钟以后我们就要看见一位世界闻名的人物了。

　　我们走进一间宽敞的办公室，里面一个人也没有。大家开始观察墙壁、屋子里的摆设和写字台。强烈的阳光从宽敞的窗子里射进来。这里的摆设一点也不奢华，整个办公室显得非常朴素和严肃。一切都服从于主人的合理的需要。

　　一张大写字台和上面摆着的东西，说明一个真正的学者应该具有怎样的思想方法。在几乎顶到天花板的玻璃书橱里摆着许多书。书背上的字使主人知道全部书籍的名字。大概，他闭着眼睛也可以找到这里的任何一本书。

　　孙中山用一个亲切的、简单的手势请我们在圈椅上坐下。于是我们开始交谈。①

维经斯基在《我与孙中山的两次会见》中记：

　　那是 1920 年的秋天，在上海。中国的陈独秀同志建议我结识孙中山。当时孙在法租界住一个独院，房子是国民党内的一些华侨党员为他建造的。我高兴地接受了陈同志的建议，因为我也一直很想认识孙中山博士。

　　……

　　孙中山在自己的书房里接见了我们。房子很大，有许多装满书的柜子。他看上去象是四十五岁到四十七岁（实际上他已经五十四岁了）。他身材挺秀，举止谦和，手势果断。我的注意力不知不觉间已被他俭朴而整洁的衣着所吸引，他身穿草绿

---

①尚明轩、王学庄、陈崧编：《孙中山生平事业追忆录》，人民出版社 1986 年版，第 305 页。

色制服,裤腿没有装在靴筒里。上衣扣得紧紧的,矮矮的衣领,中国大学生和中国青年学生一般都穿这种上衣。[1]

可见,上述两人对孙中山的藏书留下了极为深刻的印象。

由于孙中山一生嗜好读书,因此,他的藏书量也比较大。我们从 1925 年 3 月 11 日,孙中山签署的《家事遗嘱》中可见一斑:"余因尽瘁国事,不治家产,所遗书籍、衣物、住宅等,一切均付吾妻宋庆龄,以为纪念。"[2]其中特意提到书籍,由此可见,书籍所占比重是很大的。20 世纪 80 年代初期,笔者曾参观过北京的宋庆龄故居,在二楼的大书房里,靠北面的墙有整整一面墙的通体大书柜,满满的古今中外的图书杂志。书柜旁边有一个特制的取书的带滑轮的一丈多高的大梯子。想必其中有不少是孙中山遗留给宋庆龄的书。2006 年,笔者又参观过上海的孙中山故居纪念馆,二楼的书房有许多书橱装满了书。据介绍,仅在 1918 年到 1924 年这段时间内,孙中山就留下了 1923 种共计 5230 册图书。内容涉及政治、经济、哲学、理论、文学、教育、宗教、科技等 12 大类。除中文外,还有英、法、日、德、俄、希腊、朝鲜、拉丁等 17 种文字。其中很多书出版于 19 世纪末和 20 世纪初。1922 年 6 月 16 日,陈炯明公然反叛,炮轰广州观音山的总统府, 致使孙中山的实业计划手稿和很多孙中山收藏的中外典籍被毁于战火。对此,孙中山在《三民主义》一书的序言中曾说:《民族主义》一册已经脱稿,《民权主义》《民生主义》二册亦草就大部。其他各册,于思想之线索、研究之门径亦大略规划就绪,俟有余暇,便可执笔直书,无待思索,方拟全书告竣,乃出而问世。

---

[1]尚明轩、王学庄、陈崧编:《孙中山生平事业追忆录》,第 314 页。
[2]中山大学历史系孙中山研究室、广东省社会科学院历史研究所、中国社会科学院近代史研究所中华民国研究室合编:《孙中山全集》第 11 卷,中华书局 1986 年版,第 640 页。

不期十一年六月十六日(引者按:1922年6月16日)陈炯明叛变,炮击观音山,竟将数年心血所成之各种草稿,并备参考之西籍数百种,悉被毁去,殊可痛恨。"①孙中山所说的被毁之"西籍数百种,"都是价值很高的经典书籍,因为孙中山所购之书,都是经过精心挑选的,对他的革命理论和革命实践具有很大帮助的重要图书。

另外,孙中山在日本从事革命活动的住宅也收藏许多书。据同盟会员陈劭先在《孙中山先生的革命精神鼓舞了我们》中记:

> 中山先生除革命工作以外,惟一的嗜好便是读书。我记得在头山满宅谒见他时,他住的只是几间很小的日本式房子,书房里图书很多,特别是英文的报刊。他回国以后,无论是在兵马倥偬之中,艰困危难之际,也经常手不释卷。由于他好学深思,广泛地接触到世界的先进思想,所以在他的同代人中间,始终比别人更明了世界大势,见解更高更远。②

孙中山藏书的来源有三个方面,一是著者赠送;二是每月有买书的预算;三是外国书店上架新书先寄卖给他。据黄季陆在《国父的读书生活》中记:

> 我考察研究中山先生何以嗜读新书,而又能很快的得到许多新书供他浏览的原因,一直到他逝世以后才完全明白。第一、因为他是举世皆知的中国革命领袖,有若干新书出版,可能是由著者尽先寄赠请他批评;第二、据我所知,在中山先生个人方面的支出,每月固定有一笔开支,那便是他的购买外国书报的费用。在广州大本营时代,此项开支每月约毫洋三百元,值美金约在一百五十元左右。他生活非常俭朴,这笔支出

---

①《孙中山全集》第9卷,中华书局1986年版,第183页。
②尚明轩、王学庄、陈崧编:《孙中山生平事业追忆录》,第203页。

可能是他个人方面最大一笔了;第三、他是几个外国书店的经常顾客,可能有若干新书出版便由书店首先寄给他,也许他与书店事先有一约定也未可知。凡此种种,都是他在研究新知上所具有的特别便利,而为他人所不易有的。当他在世时,他在国内常住的上海、广州一些地方尚无完善的图书馆,无从供他的利用,如果他没有上述一些特别的便利,有关外文书报的利用,就不很容易。①

二、围绕革命事业而展开的藏书

即凡是有助于革命事业的书籍,孙中山无不藏之、无不读之。对此,曾任孙中山机要秘书的邵元冲在《总理学记》中记:

> 一日余偶询总理曰:"先生平日所治甚博,于政治、经济、社会、工业、法律诸籍,皆笃嗜无勒,毕竟以何者为专攻。"总理曰:"余无所谓专也。"余曰:"然则先生所治者,究为何种学问耶?"总理莞尔答曰:"余所治者乃革命之学问也,凡一切学术有可以助余革命之知识及能力者,余皆用以为研究之原料,而组成余之革命学也。"
>
> ……
>
> 总理毕生可谓不读无益之书者,凡中西典籍以及报章杂志,无不博读,然从未见总理一读小说杂部,及其他无关学术之书,故博而能精,无泛滥丛杂之弊。②

---

① 尚明轩、王学庄、陈崧编:《孙中山生平事业追忆录》,第835—840页。
② 尚明轩、王学庄、陈崧编:《孙中山生平事业追忆录》,人民出版社1986年版,第694—697页。

吴敬恒在《总理行谊》中记:

> 总理于古今中外有用之书,可算无书不读。什么《十三经》、《二十四史》,什么《民约论》、《资本论》,只要一有关政术治道,有益民生国用的书,一有空隙,就马上把卷展玩,心就领,神就会。他不是希望精博,是出于自然。他是天生一个新主义的创造家。
>
> 而自然喜欢读书的,终是不凡,自然喜欢读书,必然他有自然的需要。总理是为了要圆满他的主义,故博采旁收,日不暇给。那种研究,是纯任自然,无一毫勉强。①

同盟会员王葆真在《纪念伟大的革命领导者孙中山先生》中指出:

> 中山先生平生爱写《礼运》"大道之行,天下为公"一段,是人所共知的。他在伦敦和巴黎的时候,早就读了各国的革命史和各种革命理论,阅读西文书籍有关革命理论者至一百多种。②

华侨中的同盟会员温雄飞在《孙中山先生在檀香山》中记:

> 孙先生还劝我看书不要单看社会党的书,无政府党和提倡土地单税者的书也可以看看,他们有他们的理论,也都为穷人着想。他还留些带来的如《面包掠夺》(俄国无政府党人写的)和"土地单税"提倡者亨利·佐治写的《进步与贫乏》之类的书给我看,还简单介绍"土地单税"的理论给我们听。他以师友之情待我,使我十分感激,领益很多。③

---

① 尚明轩、王学庄、陈崧编:《孙中山生平事业追忆录》,人民出版社 1986 年版,第 711 页。

② 尚明轩、王学庄、陈崧编:《孙中山生平事业追忆录》,人民出版社 1986 年版,第 694、697 页。

③ 尚明轩、王学庄、陈崧编:《孙中山生平事业追忆录》,第 90 页。

同盟会新加坡分会会长张永福在《孙先生起居注》中记：

> 孙先生性恬静,平居沉默寡言,不呻吟,不吁嗟,胜不露喜,败不言戚。凡事均抱乐观态度,喜读书,读书时或以手捧或皮桌上,读后仍置回原处。买新书即外加纸裹皮,书籍分类庋置,绝不紊乱。读报先读专电,然后顺序读下,不乱掀纸张,读报后仍依旧叠折,不随手乱掷。同时若有多份报纸,读后亦然。好买书、好地理、经济、政治、哲学,及中国古籍。[①]

参加过辛亥革命,曾任北京大学校长的蒋梦麟在《追忆中山先生》中记：

> 先生从事革命时,我还只是一个学生。1908年我到旧金山卜技利加州大学读书。那时先生时时路过旧金山。直到1909年某日,我才有机会与先生见面。见面地点是旧金山唐人区 Stockton 街一个小旅馆里, 那一天晚上由一位朋友介绍去见先生。这位朋友就是湖北刘麻子,他的朋友都叫他麻哥的刘成禺先生。我和他是加州大学同学,又同是金山《大同日报》的主编。《大同日报》是中山先生的机关报,因这关系,所以与先生很容易见面。……
>
> 中山先生第一次给我的印象是意志坚强,识见远大,思想周密,记忆力好。对人则温厚和蔼。虽是第一次见面,使人觉得好象老朋友一样。大凡历史上伟大人物往往能令人一见如故。
>
> 此后,先生在旧金山时,因报纸关系,时时见面。武昌起义时,我尚在报馆撰文,刘亦在。而先生来,谓国内有消息,武昌起义了。闻讯大家都很高兴。

---

①尚明轩、王学庄、陈崧编:《孙中山生平事业追忆录》,第820页。

过了几天，先生动身经欧返国。临行时把一本 Robert`s parlimentary Law 交给我，要我与麻哥把它译出来，并说中国人开会发言，无秩序，无方法。这本书将来会有用的。我和刘没有能译，后来还是先生自己译出来的。这就是《民权初步》。原书我带到北平，到对日抗战时遗失了。先生时时不忘学术，经常手不释卷，所以他知识广博。自 1909 迄 1911 年期间与先生见面时，所讨论的多属学问方面的问题。①

上述几位当事人的记述，说明了孙中山所藏与所读之书，涉及社会科学与自然科学。这恰好组成了孙中山的革命学。因为在孙中山看来，古今中外的书籍是为现实需要服务的，是为今人所用的。正如 1918 年 12 月孙中山在《孙文学说——行易知难》中说："抑自人类有史以来，能纪四五千年之事翔实无间断者，惟中国文字所独有；则在学者正当宝贵此资料，思所以利用之。如能用古人而不为古人所惑，能役古人而不为古人所奴，则载籍皆似为我调查，而使古人为我书记，多多益善矣。"②其读书理念，实为今人读书之准则。

三、为革命和建设大量收藏地图

其二、收藏地图，熟读地图。这是他革命工作的需要。孙中山领导中国革命的伟大事业，必须十分了解祖国的地理。对此，邵元冲在《总理学记》中记：

> 总理于中国舆地研治最精，不但频年在军中时，案下及四

①尚明轩、王学庄、陈崧编：《孙中山生平事业追忆录》，第 195 页。
②《孙中山全集》第 6 卷，中华书局 1985 年版，第 180 页。

壁遍列舆图,即沪寓书室,亦复舆图四悬,总理时以朱墨勒成各种交通线,河道整理线,国防线等,故于山川形势关塞险阻,江河分合,莫不目谙心识,故一切计划莫不确实周详,可以起行,有时于地上,铺置地图,俯身观览,孜孜不倦。一日,有日人某请谒,直造书室,瞥睹壁上所悬国防地图,有总理勾勒之国防线数道,其第三道已密接日本一部,为色变久之。①

参加过辛亥革命的罗翼群在《孙中山先生的革命精神和事迹》中记:

我追随孙中山先生有十三年之久。……孙中山先生谦虚好学的精神,实在令人佩服。1916年冬到1924年冬,我在上海或广州,经常追随先生左右,这八年中,我看见先生不论在家里或者在行营,都手不释卷地学习。他特别精心研究各种地图,常常叫我搜集一些海、陆地图给他。后来,在作战中,或者在制订各种计划的时候,这些地图都成为他的很重要的参考资料。②

张永福在《孙先生起居注》中记:

孙先生中国地理尤纯熟,随时可以指出各省要塞的位置。各国陆军组织法及其状况、海军海舰图等,价虽甚高,亦不吝惜一买,熟读至略可背诵。③

总理性嗜读书。民三四年间我到檀岛,许多老同志为我道述总理幼年在檀岛读书及后在檀岛创立兴中会时生活故事:云总理常到檀岛图书馆阅览群,偶有余钱,辄用以购书,其好学精神,实为人所不及,故生平藏书亦丰。在沪在粤常直接向

①尚明轩、王学庄、陈崧编:《孙中山生平事业追忆录》,第694页。
②尚明轩、王学庄、陈崧编:《孙中山生平事业追忆录》,第249页。
③尚明轩、王学庄、陈崧编:《孙中山生平事业追忆录》,第820页。

外国订购书籍。其所阅读不拘名著与否,如去年来台之威廉博士,曾著一书名《经济史的诠释》(Econnomic Interpretation of History),并非畅销之书,总理亦购阅之。总理又爱读地图,用红蓝铅笔纵横注划,有一同志为其专掌地图,为大本营参军邓彦华。地图中有不少是海关所测绘水道图。因此总理对沿海岸的海港情形,了若指掌。改良国内河道,时加注意。如珠江道,总理初拟填塞省河,使南北两岸相连,在河南以南另辟一港出珠江口,所以有内港计划,后以工程浩大,未易举办,将省河江面船舶地点,重新调整。此内港计划,后由林云陔、刘纪文开其端,欧阳驹于三十七年长市政府时完成堤岸工程于后,可见总理在军事倥偬中,对国计民生的建设,未尝须臾或忘。总理常言"革命须有高深的学问",殆为其体验得来的训言,惜其藏书于陈炯明叛变时,大半焚毁于观音山。①

由于孙中山熟读地图,熟悉水陆航道,在危险关头,几次化险为夷。这样,既挽救了他和同志们的生命,也挽救了中国革命事业。对此,孙中山的卫士长黄惠龙在《中山先生亲征录》中记:

> 七月六日,确悉逆贼陆军,有环攻长洲要塞及我舰队、以期二次危害总理之消息,总理乃召集各舰长,开军事会议,出海图以示各舰长,且言有海心岗小河,为从来大舰所未曾通航者,水深若干,早已详注此中,此数日间拂晓时潮涨,我舰队可由此通过;各舰长面有难色,静默无声。总理遂令舰队,于九日拂晓四时,径由此海心岗小河,出三河口,绕道而至新造(即长洲要塞之后方)集中,卒之吾舰队乃安然通过,初无意外。夫以

①尚明轩、王学庄、陈崧编:《孙中山生平事业追忆录》,第833、834页。

海军专家所未及察之小河,而总理却能知其必能通航者,此盖总理平日对于水陆形势,无不留心,所以收此效果也。总理平生对于海道之异迹,为余所闻见者,厥有三次:(一)为张勋复辟反叛之役,总理率北洋舰队南下护法,各舰长皆未习粤河航线,恐易搁浅;幸总理在吊桥指示,不生意外,该舰长大惊,叹为天授。(二)在粤省,由虎门至焦门,舰长不习此间风涛沙线,总理出一小地图令余与舰长细察,依照图之水线而行,卒能安然到达。(三)为此次之渡过海心岗,然后知总理平日室中水陆地图,积如冈阜,有暇则张图于地,俯伏而详视之,笔注之,盖其所得者深也矣。①

另外,孙中山收藏地图、熟读地图,是革命和建设事业的需要。他的《建国方略》一书对祖国未来建设的规划,就得益于他地理方面的学问。

三、收藏新书以汲取新的思想

曾是中国国民党第一次全国代表大会代表的黄季陆在《国父的读书生活》中记:

> 近代民主政治最重要一个基础是教育,教育的目的是在使知的人尽量增多,不知的人大量减少,如此国家的兴革便易于推行了。知的来源一是靠学问,一是要靠经验,而读书则是集聚知识、学问、经验最大的途径,所以不读书的人便谈不上深透的知,更谈不上能鼓动风潮,转移时势,建设国家的革命

①尚明轩、王学庄、陈崧编:《孙中山生平事业追忆录》,第626页。

大业，我们要了解中山先生的革命事业的成就，从他追求知识，勤勉读书的生活中可以窥见一斑。

......

我记得在民国十二年(引者按：1923年)的冬天，当我正要从加拿大都朗杜城动身回国的时候，我的朋友刘奇峰先生自美国纽约寄了两本新书给我，作为他送行的礼物，一本是罗吉尔和威劳贝合著的《战后欧洲新宪法》，一本是罗吉尔和麦克本合著的《近代政治问题》，在刘先生的来信说这是他对我返国送行的礼物；而这一礼物是非常的名贵的。因为这两本书是他寄信的那一天才在书店出现的新书，也许他就是第一个购买这两本书的人。那时还没有从加拿大到中国的飞机开行，最快的交通工具是轮船，大约要二十多天才能到达香港和广州。在太平洋上二十多天的航程中，我把这两本书大体读了一遍，我读后觉得非常愉快，我觉得愉快的理由倒不是完全由于书的内容如何的好，而是因为这两本书是我最早得读新书，为他人所不易得到的机会，等待到了国内以后，我便可向别人夸耀自己的新知了！我少年时代这等狭隘的心胸，实在由于根本不知道知识学问是拿来做什么的。现在想起来，真觉非常幼稚可笑！在过去和现在的知识分子当中，象我这种情形的人，可以说仍是还有不少。

到了广州以后，一天我向中山先生请教一件事，那时他住在河南大本营楼上，大概是他方才用过午饭，正坐在放置在饭厅的一角一把沙发椅上沉思，他见我来了，便叫我端一把椅子坐在他的旁边，他对我说道："你方从外国回来，最近外国有什么新书出版？"我马上便把上述的两本新书的名称告诉他。中山先生又问我道:"书中的内容如何?"我此时正如学生投考学校,遇着考试的题目,正和事先准备的一点不差,心中的愉快,不言可知了!于是我便很得意的把两书的内容,尽我所知的一一陈说,对书中某些地方并特别加了些我自己的意见来批评,这样好似显示我是非常饱学的样子!

我滔滔不绝的说了大约有半个钟头,他一声不响的听着我说,一点也不加阻挠,一直到了我把话说完之后,他才由沙发椅上移动,走到坐旁的一间书橱,取出了一本红封面的书,带着微笑,对我说道:"你所说《近代政治问题》一书,是不是就是这一本?"我接过来一看,正是我所说的那本罗吉尔和麦克本合著的《近代政治问题》,我此时心里渐渐浮起了一种不安和惊奇的感觉,我心中这样地在想,如何中山先生竟这样快有了这本最新出版的书?等到我把书翻开来一看,见着书中用红蓝铅笔划了许多的横线,有些地方打着问号,书的上方偶然发现不少的圈和叉等等的记号。这显然是说明中山先生不仅具有了此书,而且是已经很用心地读过;因为这些记号,都是他在阅读时,遇着重要的地方留下来的符号,我此时的心情非常不安静;在先是惊奇,继之是恐慌,最后面上渐渐似乎在发热,觉得惭愧。惊奇的是以中山先生那样日理万机的人,何以有时间来读这些新书?恐慌的是我方才向他陈述书中的内容,究竟有无错误?惭愧的是我如果说错了岂不使他见笑,说我是在班门弄斧?

当我正陷于万分窘迫的情形中,中山先生很慈祥地带着

---

① 尚明轩、王学庄、陈崧编:《孙中山生平事业追忆录》,第 835—840 页。

微笑对我说:"读书要多读新出版的名著,这样才能渊博,才能吸收新知。阅读专著也很要紧,这样学问才有系统。你现在已经在做事了,做事时更要抽出时间来读书,不然便追不上时代,一个人追不上时代便会变做一个落伍者。你还年轻,你好好用功。"在听了他这番话以后,似乎没有一点指责我的地方,或许还带有一些勉励的意思,于是我紧张的情绪,才渐渐获得松弛!①

同盟会员吴铁城在《忆述总理言行二三事》中记:

孙中山正是吸收了新的知识,使他的革命学不断丰富完善,使他的思想始终处于适乎世界之潮流,合乎人群之需要的境况。从而,使他的思想与实践活动不断取得新的进步,直至第一次国共合作,实行联俄、联共、扶助农工的三大政策,进而提出了召开国民会议,解决国家大事,废除不平等条约,争取中华民族完全独立的政治主张。他领导的革命事业,也取得了空前的成功。这些,都与他的革命学不可分离。

四、孙中山的移动"书柜"

最后,简单说说孙中山的移动"书柜"。所谓移动"书柜",就是几个皮箱,里面装的全是书。因为孙中山从事革命活动,先后遭到清政府和袁世凯的通缉。他在海外的流亡革命生活,书籍,一直伴随着他。从中吸收知识,不断追求真理,坚信革命事业一定能成功。日本友人宫崎寅藏的夫人宫崎槌子在《我对于辛亥革命的回忆》中记:

1897 年,抵达横滨的孙先生是位寡言的人,而且一天到晚只要有空即手不释卷,所以在我们家的一星期左右,一直在看我们家里的书。而要跟滔天到福冈方面去设法军事费用时，则说："这里的书我都很喜欢"，并把行李装得满满地带去。

记得 1905 年初夏，孙先生再度来到日本，并下榻横滨。有时候他则从横滨带着皮箱到我们并不宽阔的家，把其中狭小的六个榻榻米的房间当做他在东京的"事务所"。

只要有时间，孙先生便从皮箱拿出许多书本来阅读，所以他的行李尽是书刊。最多的是英文书，而这些大多似乎是政治、经济、哲学方面的书籍。①

邵元冲在《总理学记》中记：

民国二年夏，各省讨袁军既挫失。总理寓东京，多以余力肆志典籍，日籍中有"汉文大系"者，略似今日流行之四部备要，凡四部要籍，若群经史汉诸子唐宋专籍略备，都三十余大册，贮于一架。总理日尽数卷，研精不懈，所学益进。凡所批答，悉简明洞畅，无浮辞溢句，虽宿学者，亦以为弗如也。②

另外，吴敬恒在《总理行谊》中也回忆说：孙中山经常带的四五只装书的，不厌舟车的笨重，穿洋过海。正是这些移动的"书柜"伴随着孙中山走遍天南海北，给孙中山不断补充着精神食粮。

五、购书、读书与革命相结合

书籍占据着孙中山生活的重要内容。他好读书，也爱买书。他常常为了买书弄到捉襟见肘的地步。一次在英国伦敦，曹亚伯看到

①尚明轩、王学庄、陈崧编：《孙中山生平事业追忆录》，第 756、761 页。
②尚明轩、王学庄、陈崧编：《孙中山生平事业追忆录》，第 694 页。

孙中山旅费不足,便集了40镑钱送给他,结果孙中山却将钱买了一大捆书。对此,国民党元老吴敬恒在《总理行谊》中记:

> 我又记得,总理在1908年,四十三岁,又经过英伦,要往美国。有位老同志湖北的曹亚伯先生,他揣度,总理旅费不充足,就集了四十镑钱,送到他的寓里。总理在这种辞受,又毫不矫揉造作。所以对于曹先生的四十镑,总理因为他是诚意献纳,当然听凭他放着而去。总理凡遇见各国说到中国的书,又凡遇最新讲到各种主义的书,是借钱也要买的。明天总理就拿四十镑,买了一大堆的书,曹先生见了,大为吃惊。他告诉我:"看他付房钱也恐怕付不出了,为什么买这许多的书?"我笑道:"你管他做什么呢!我们拿浅薄的见解,代他顾虑,是不对的。"这种买书,买得菜饭都没有。古来的书淫,也是如此。总理是有自然的需要,不惜任着自然,买了再说,乃有什么计较呢?他为圆满他的主义,固然积极的自然研究到精博,就是为了一时对于事业的需要,也终是旁采博采,马上研究。①

还有一次在上海,孙中山、宋庆龄和侍卫马湘一起外出,走进一间旧书店,选购了一大堆线装书,因书重步行吃力,想雇一辆马车却身无分文。此据马湘在《跟随孙中山先生十余年的回忆》中记:

> 林焕庭某次来见先生(引者按:指孙中山),报告华侨汇款来的事情。先生说:"好!款存在你处吧!"有一天,先生、夫人(引者按:指宋庆龄)和我到林焕庭处取了百多元,缓步走到棋盘街,走进一间旧书店里,选购了一大堆线装书。我将带来的

---

① 尚明轩、王学庄、陈崧编:《孙中山生平事业追忆录》,第711—713页。

大包袱把书包好，但是太重了，不容易拿回去。我便对先生说："可否雇一部马车搬回去呢？"先生说："好，这样重的书籍背着是不好走的。"说着把手向衣袋一摸，又说："钱已经买书用完了。"夫人也说身上没有钱。先生问我身上有没有钱，我说有四角钱，遂雇了一部马车回去。先生随即命林焕庭购置书橱，并和夫人把书籍分门别类地放在橱内。

先生有一次还带着我雇了马车到北四川路购了一大批外文书籍和制图仪器等物。他常常绘制地图，哪里应该筑铁路，哪里应该筑公路，哪条河流应该怎样改良和怎样利用，哪里有什么矿藏，哪里应该修建什么商港和军港等等，他都陆续详细地绘出图来。原有绘图仪器很粗劣而且多有损坏，因此又购了一批仪器回来。①

孙中山这种爱书的程度之深，是因为他的"革命学"需要古今中外的学问组成；另一方面，他嗜书的爱好，真正的藏书人和读书人也是完全可以理解的。

关于孙中山买书、读书及其治学精神，孙中山的秘书黄昌谷亦曾有清晰、具体的回忆。如1925年1月8日下午三时，黄昌谷应湖北蒲圻会馆同乡的邀请，在北京琉璃厂蒲圻会馆欢迎会上，讲演了孙中山的生活。其中回忆了孙中山买书、读书的生活：

有一次孙先生为革命的事，走到日本，有一个很有名的日本人（引者按：1899年8月，孙中山在日本横滨从事革命活动时，在与犬养毅的一次谈话），便问孙先生说，我们每次看见先生，谈不到三句话，先生就要讲革命。究竟先生于革命之外，

---

① 尚明轩、王学庄、陈崧编：《孙中山生平事业追忆录》，第121页。

还有没有别的什么嗜好呢？孙先生答应他说，我一生的嗜好，除了革命之外，只有好读书。我一天不读书，便不能够生活。所以孙先生一生的生活，无论是在做事，或者是休息，每天除了饮食做事之外，总是手不释卷。在旅行之中，总带得有几本关于革命一方面的最新出版物，时常仔细研究，就是在火线上督战，也是携带许多书籍杂志。军事上一经停止，便要把书拿到手内来，从容不迫，一行一字的读下去。

因为孙先生有这种爱读书的奇特嗜好，所以他所读的书，便是非常之多。有一次兄弟同孙先生到广东博罗去打仗，到一天晚间是中秋的夜里，月光很明亮，我们都坐在船上赏月，闲谈消遣，兄弟便问孙先生说，像先生这样爱读书，有爱读新书，从前读过了的书，自然是很多，究竟那些读过了的书，是不是都保存到现在呢？究竟读过了多少本书呢？兄弟在当时发这种问话的用意，实在是由于爱孙先生读书的性质太过。所以想要把他最宝贵的书籍，都是完全保存，作千古的一种纪念品。孙先生在当时也不问所以然，便照我的笨话答应说，我几十年以来，因为革命，居无定所，每年购买的书籍，读完了之后，便送给朋友了。至于读过了的书籍之种类和数目，记不清楚，大概在我革命失败的时候，每年所花的书籍费，至少有四、五千元。若是在革命很忙的时候，所花的书籍费便不大多，大概只有二、三千元。诸君想想，孙先生所读的书，不管他一共是有多少，专就买书非而论，每年就有这样多，便可推想到孙先生一生，无论是在哪一年哪一月，或者是哪一日，该是怎么样勤勉的读书。一生读过了的书，一共该是有多少。因为孙先生把世界上的书读得很多，所以他的各种学问，便是异常的丰富。因为孙先生的学问，是异常的丰富，所以他才能够立定坚忍不拔的革命志气；因为孙先生有坚定的革命志气,所以他才有非常的道德人格;因为孙先生有非常的道德人格,所以他一生的革命,便专研究革命的政治哲理,和创造政治哲理上的惊天动地的大事业。因为孙先生尽毕生之力,做这种研究和创造,所以他在学理上,便能够发明五权宪法和三民主义,在事业上便创造一个中华民国。①

可见,孙中山购书、读书,都有很强的针对性,即用革命的理论指导革命的实践。对孙中山来说,读书与革命事业相结合,才更能体现出藏书的价值。如果只藏不读,将书籍束之高阁,那就成了图书管理员,便失去了藏书的意义。而孙中山为了实现革命理想而读书。在这方面,他十分珍惜时间,见缝插针、勤奋刻苦,并告诫同志,要认真读书,否则,害已祸国。这给追随他的同志留下了极其深刻的印象,以至于几十年之后,他们写的回忆文章中都提到孙中山读书的故事。

参加辛亥革命的同盟会员冷遹在《追随中山先生革命的一点回忆》中记:

中山先生经常叫我们要多读书,多认识政治,才能担负起革命的责任。他自己经常手不释卷,博览群书,尽管在百忙之中,在军事紧急时期,稍有空闲就读书。这种不倦不厌的学习精神,是值得我们每个人学习和敬佩的。②

曾任临时大总统秘书的耿伯钊在《孙中山先生的生活片段》中记:

我非常钦佩中山先生的学习精神,他的学习充满了不倦的毅力,永远是那样勤奋。我觉得他在白天除了工作便是学

①黄昌谷:《中山先生之生活》。上海《民国日报》1925年1月29日。
②尚明轩、王学庄、陈崧编:《孙中山生平事业追忆录》,第187页。

习,常常看到他手不释卷。在他就职临时大总统不久,张勋、倪嗣冲的军队便在津浦线一带威胁着南京,当时在南京有几十万缺乏训练的民军,这几十万民军的粮饷快没有了。他一面调兵遣将,一面筹备粮饷,在那军政要务头绪万端的时候,他还抽出时间来看书。他看的书种类很多,有英文书籍,也有线装的古书,主要的是学习历史、地理和政治经济学。中山先生对中国历史很有研究,他特别注意两个朝代新旧交替的历史,对文天祥、史可法两位民族英雄也是十分推崇的。中山先生熟知中国地理,我们在拟定作战方案的时候,他对进军路线,对路途物产都了如指掌。①

长期追随孙中山,曾任广州军政府中将侍卫参军的李朗如在《关于孙中山先生的几件事》中记:

人们都知道中山先生俭朴、勤学。我特别记得一件事情:1917年,中山先生任大元帅的时候,虽然每天很忙,但是仍然一有空就读书,经常独坐在一张木椅上读到深夜。②

曾任孙中山机要秘书的邵元冲在《总理学记》中记:

总理平时读书虽不甚速,而阅读之时,字字着眼,行行经心,不肯随意放过,故阅后于书中要义无不了然。凡有批评,皆得窍要。某日偶阅商务印书馆本《文法要略》见其论"名字"一节中,于"亮、猛、鹄、援,皆称本名"即斥其误。又于曾国藩论文所引"春风风人,夏雨雨人,解衣衣我,推食食我"等语,遂以为评论中国文法之佐证,足见其所学之精密,而能遇事加意矣。

---

① 尚明轩、王学庄、陈崧编:《孙中山生平事业追忆录》,第218页。
② 尚明轩、王学庄、陈崧编:《孙中山生平事业追忆录》,第256页。

总理读书著作,虽伏暑祁寒,不稍间断,专诣之学者,或不如也。性颇畏寒,冬日入其书室,见炉火熊熊,总理短衣据案,奋笔不少休,以事请示者,随宜处分毕,仍研治如故。夏日亦时时挥汗批览,以为至乐;八年夏,一夕,将十时矣,余以事入总理书室,见其方拭汗校阅《孙文学说》排印稿。余谓:"先生何自苦若是,何不令他人校之。"总理谓:"稿已由人校二度,此为第三度,特自校之,然尚时见误讹,校书之不易,于斯可证。"余乃襄校数页,宵深始行。

十一年夏,陈炯明军既叛据广州,总理驻永丰舰督师讨贼,时炎暑熇蒸,舰中迫窄,总理除手草函电,促各路讨贼军外,终日危坐读书,不稍间辍,历时五旬余,备极艰顿,而志气弥砺,研读如故。

总理毕生可谓不读无益之书者,凡中西典籍以及报章杂志,无不博读,然从未见总理一读小说杂部,及其他无关学术之书,故博而能精,无泛滥丛杂之弊。

是年秋,总理在广州中山大学讲演,于完竣民族、民权诸讲外,民生主义尚只四讲,而有津、京之行。总理时预期在北京大学完成民生各讲,故携参考书颇富,于舟经日本时,更增购新书盈箧。既抵京,卧疾行馆,犹于枕上批览不辍,余谛视之,则讨论居宅之书也。[1]

黄季陆在《国父的读书生活》中记:

中山先生能够充分利用图书馆供他阅读,要算是在丙申(1896)年,他在伦敦被囚蒙难脱险之后,他大部时间是消耗

[1]尚明轩、王学庄、陈崧编:《孙中山生平事业追忆录》,第694—697页。

在大英图书馆里,他用功之勤,可以从英国伦敦警察局派来暗中侦察他的行动的密探关于他的报告见之。报告中说:他自早至晚都在图书馆阅读,到了用膳的时间也不离去。他的粮食是几片面包,在馆内取杯冷水此充饥。

凡是知道中山先生的人,都晓得读书几乎是他闲空时间一种嗜好,是他一种读书癖,勿论在平时,或在紧张的时期都是如此。他一生最为同志称道的有两件事:一是每遭革命失败的时候,别人或是沮丧叹气,或是乞灵于诗词小说,以作消遣,暂时安顿心灵;而他往往在这时期,取专门巨著而细读之,从容一如平时,一点无沮丧悲观的形象。胡汉民先生每每谈及此事,认为是他平生所见的第一人。胡先生为人极富自信,据他自己所说,在他遭遇革命挫败,或遇拂意事的时候,也只能以诗词小说或弈棋自遣,远不如中山先生从容镇定阅读专门巨著而引以为乐。二是中山先生每遇挫败或拂意的事而为他人所不能忍受者,他皆能处之泰然。据胡先生的意见,他认为中山先生所以能如此的原因,是由于他认革命为当然不断的进化,在危疑震撼的当中,他能综其全体以为衡量,故对于革命认为只有成功而无所谓失败。他对革命的此种乐观态度是由于他对革命之深切认识而来,而此一深切认识则是由于学问与读书而来;因为读书是他的生活,也是他的一种修养与造诣,而为他人所不及的。

戴季陶先生常说中山先生博览群书而有其特别独到的观点。他说:"我们读书是弯着腰去接近书,中山先生则是挺着胸膛在读书,合于他的需要的便吸取之,不合于他需要的便等闲视之。我们是役于书,而他则是役使着书。"他这种读书的气魄与方法实在值得我们效法。不嗜读书是一件不好的事,死读书而没有魄力与方法,纵然是博览群书耗费一生的精力,也将一无所得,最多也不过成为一个我们所谓的书呆子罢了。

　　他之所以喜爱读书的原因,正如他自己所说志在增益他的革命知识与能力来完成他救国的抱负。中国读书人有句自勉的话:"大丈未应当不负所学与所志。"要做到不负"所志",自必先把"所学"的基础打好。中山先生的一生,可以说对不负所学与所志两者都已做到了。①

就如何认真读书、如何鉴别好的文章问题,1919 年 8 月,孙中山与邹鲁的谈话时指出:

　　某日先生告邹曰:一般人读书不认真还不要紧,我们革命党人却千万不可不认真。因为一般人读书,或是为了个人的前途,或是为了一家的生活,他读书不认真,成败得失,只他个人或其一家。革命党人则不然,一身负国家社会之重,如果自己读书不认真,事情做错了一点,就不但害了我们的党,连整个国家社会也被害了。

　　某日邹等问:鉴别文章的方法如何?

　　孙答:很容易,一篇文章能当做一章读,一篇文章能当做一段读,一段文字能当做一句读,这便是好文章。因为唯有这样的文章,全篇气势方能贯注,作文之道亦如此。②

国民党元老之一,1949 年后曾任全国人大常委的邵力子,在1925 年 3 月 12 日,孙中山在北京逝世之后,撰挽联道:

①尚明轩、王学庄、陈崧编:《孙中山生平事业追忆录》,,第 835—840 页。
②《孙中山全集》第 5 卷,中华书局 1985 年版,第 79、80 页。

举世崇拜,举世仇恨,看清崇拜或仇恨是些什么人,逾见先生伟大;

毕生革命,毕生治学,倘把革命和治学分成两件事,便非吾党精神。①

由此可见,在邵力子看来,革命和治学伴随着孙中山的一生,已经是孙中山精神的组成部分之一。

孙中山藏书、读书、用书,并将科学知识与中国国情相结合、与中国革命的具体实践相结合,领导中国人民推翻了封建专制政府——清王朝,建立了民主共和国。从而为以后革命的发展开辟了广阔的道路。他在《建国方略》之中,对祖国的未来发展提出了宏伟的规划。

总之,孙中山革命事业的成功,与他藏书、读书、用书及其学贯中西的文化有着直接的关系。

(刊于《藏书家》第 19 辑,有删节,齐鲁书社,2015 年 2 月,第 115—125 页。收入本书者为全文)

---

① 据 1925 年 3 月 29 日上海《民国日报》载《邵力子挽孙总理》。

评剧皇后白玉霜

甄光俊

苦孩子走上唱戏的路

评戏早期四大流派之一"白"派创始人白玉霜,清光绪三十三年(1907)出生于天津,原姓卢,名慧敏,因家庭贫穷,幼年被其母卖给在同庆后桂花书院作跟班的李卜氏当养女,改名李桂珍。养父李景春是评戏演员,在孙凤鸣成班的剧团里唱老生,原有一子李国璋放在外祖父家读私塾,李桂珍十岁时被送进同庆坤书馆,先跟人学唱连珠快书《碰碑》、京韵大鼓《层层见喜》,孙凤鸣见慧敏是做艺人的材料,就教会她半出《马寡妇开店》,一试验,不光是唱词记准确,嗓门也够宽够亮。尤其难得的是,她小小年纪居然能体会得出在艰苦岁月里寡妇的寂寞心情。孙师父又安排她和小桂花、小菊花一起学演拆出落子《花为媒》《秦雪梅吊孝》《王少安赶船》《茶瓶计》等几出戏,几个小姐妹算是"同关"。14岁开始随班走码头演戏,刚出道就很有"戏缘",走一路红一路。当时在戏报上用的名字是李桂珍。

白玉霜便装照

几年以后李景春病故，养母李卜氏把李桂珍控制在手里，靠李桂珍唱戏挣钱养家。

李卜氏凭着多年跑江湖的经验，熟悉戏班行里行外的规矩。她给李桂珍取了个艺名叫白玉霜，出面招来些小演员，组成以白玉霜做主演，她的儿子李国璋拉二胡兼当管事的玉顺戏班。每天一早，就把白玉霜和小演员们叫起来到河边喊嗓子，喊嗓回来天才蒙蒙亮。上午练功排戏，下午和晚上演出，每天十分辛苦。只有初一、十五可以不练功、不喊嗓，让大家休息一下，演出还是照常。因为演戏才分钱，没戏没钱。那时的戏班流行一句话：人歇着，牙也得歇着。

玉顺评戏班常在天津法租界内的凤翔戏园演出，那是一座设备极其简陋的小戏园，开始连电灯也没有，点的是汽灯。街上的警察有中国人也有安南人，穿的是法式服装，帽子上还有小小的红璎珞。那时的艺人就怕军警宪兵流氓地痞，他们有时找上园子来捣乱。"女戏子"走在街上，或是在什么公共场所出出进进，也不太平。白玉霜很少外出，每次上街，身边总得有母亲陪着。

当年，因为京戏进过宫廷，人们称之为大戏，而被人称作"蹦蹦戏"的评剧，所演内容多系是男女间的爱情恩怨和家庭伦理道德，浅显易懂,虽然很受底层群众欢迎,社会上有些人却认为评剧不能登大雅之堂。白玉霜天性好强,对此很不服气。尤其让她感觉苦闷的是,人们常常管看戏叫"看玩艺儿",她感觉这是对艺人的污辱:演戏的怎么成了"玩艺儿"呢?

白玉霜热爱评剧艺术,立志演好评剧,通过自己努力奋斗,改变评剧被人看不起的社会地位,让它与其他剧种并驾齐驱。

白玉霜从小没上过学,当了演员才学着看小报或唱本什么的,不懂的,见人就问,日积月累将就着也能读剧本,看台词儿。她那时会的戏还不多,唱的总不外《马寡妇开店》《花为媒》《丢印》《张廷秀私访》《因果美报》《夜审周子琴》《杜十娘》等等,后来又演《小老妈开嗙》《苏小小》《纺棉花》等玩笑剧。她学过一阵子曲艺,在《纺棉花》里,快书、大鼓、坠子连同河北梆子尽情发挥,逗得观众欢笑不止。

白玉霜学艺之初,正是第一代评剧女演员李金顺在天津大红大紫的时候,她对李派艺术十分痴迷,在演出实践中竭力模仿。但是,她的嗓子高音不够理想,达不到李金顺的音质。但是,她中低音出众,丹田气息充足,演唱起来头腔、胸腔一起共鸣,腔音宽而且亮,发出的声音别具韵味。白玉霜在学和演的过程中,领悟出扬长避短的道理,她要依据个人的具体条件,走属于自己的艺术之路。她从同班女演员陈艳梅的行腔特色获得启发,毅然采用低弦低唱,以中低音之所长避高音不足之短,在情绪需要时,用腔音稍一使劲,如异峰突起,轻而易举便能博得观众喝彩。此外,白玉霜特别注意唱、念、做的综合发挥,对水袖、形体及面部表情的艺术技巧,努力往深度追求。积以时日,终于形成特色独具的评剧旦角新流派。又由于白玉霜的扮相较之同时期其他女艺人俊秀,在戏台上楚楚动人,因此很快在天津脱颖而出,成为备受天津民众欢迎的评剧新人。

名角挑班自律严

白玉霜天生好学,别人的艺术长处,哪怕是同辈演员,她认为是好的,总是千方百计地吸收、消化。与她同时成名的评剧女演员爱莲君,在唱腔旋律中运用短促的休止,穿插其他曲调,创作出来的"疙瘩腔",白玉霜虚心把它借鉴过来,化他山之石为己有,灵活地运用到自己的演唱中。

白玉霜爱看电影,中外好片子全看,为的是学别人的表演方法。京剧四大名旦的戏,她一有时间就去看。经常是花钱包一个厢,和团里的主要演员们一同去"偷艺"。她刚成名的时候,京剧名家程砚秋正火得出奇。白玉霜到处寻找程砚秋的演出剧本,给程砚秋先生管剧本的人外号叫"本子李",白玉霜托他找过《朱痕记》《玉石坠》《孔雀东南飞》等剧本。一个本子索要几十块大洋。白玉霜花钱买好剧本,她不心疼。然后她按程派的路子移植到评剧舞台上,不光学习程派表演,程派水袖等技巧她也要学。为了学习到位,她在家总爱对镜子琢磨。

从前评剧戏班排戏都是师徒口传心授,没有导演这一说。自从白玉霜成了戏班里的角,她特别重视导演的作用。有一个时期,她专门请了一位著名京剧科班富连成毕业的先生,在戏班里当导演。包括曾经上演过的老戏,她也一定要求导演帮她重新加工。有个别演员不适应导演在戏班里指手画脚,但是不敢违抗白玉霜,心想,谁叫人家是班主又是角儿呢。

搭过白玉霜剧团演戏的人全知道,进白家班演戏可不容易,白玉霜要求每个人都要把戏演好。她懂得,演戏不能靠光杆牡丹,好花离不开绿叶扶持。她非常注意戏台上的四梁八柱(老生、小生、彩旦、老旦等)配搭整齐。有一个时期团里彩旦有碧月珠,老生有单宝芬,小生有安冠英和李奎轩,丑角有辛俊德等。有时上演一出新戏,她为了审查大家唱得熟不熟,在后台放着剧本,一幕下来她就去翻翻。有人自知唱错了,赶快上去招认:"我唱错了两个字吧?"她原谅地说:"下次注意就行了。"。否则她会拿白眼瞪那唱错了的人。有时她在后台听到前边怪声叫好, 她一定得查问:"怎么了, 干吗叫好? 是出洋相了吧? "

据早年曾经跟白玉霜同台合作过的老人李义芬回忆:白玉霜要求全班演员精神贯注地对待演出。有的演员误了场,一律按规定"罚香",自己掏腰包买香到祖师爷牌位前认错。

白玉霜不光对别人严格要求,对自己,要求也很严格。她演《玉堂春》《珍珠衫》《桃花庵》,不计较自己的劳累,全是一个人顶全场。她觉得让别人分演感情不连贯。她欢迎别人给她演的戏提意见,她说那是给她"摘毛"。有一次,一个演员指出白玉霜在后台唱错了几个字,她高兴极了,当时送他两块大洋说:"太好了,这钱拿去洗澡吧。"

旧评剧的台词往往很"水",演员在台上没有准词儿,顺口编几句也行。白玉霜反对这个, 她要求演员演戏不能想怎么演就怎么演。一定要有准谱。老艺人李义芬回忆:"白玉霜演戏,得彩的地方都是固定的,这出戏上次唱在那得到观众叫好,这次还是那几处地方。"说明她用心用力的地方有准谱儿。她演《秦香莲》,向包公控诉丈夫陈世美的忘恩负义,唱到"手拉儿女进衙门",因为深入角色境界,感情真挚,唱时激动得牵了儿女的双手颤抖,气口也运用得好,每唱到此处,一定得彩。她演《红娘》,唱到"倒叫我小红娘无计奈何"处;演唱《潇湘夜雨》〈即《临江驿》〉唱到"听樵搂打罢了三更时分";演《玉堂春》,唱到"苏三此去好有一比"时,观众准是彩声不绝。

闯上海饱尝酸甜苦辣

评剧形成之初,艺人们为迎合观众,舞台表演出现过不健康的内容和低格调的表情动作。白玉霜为了维持生存,也未能脱俗。1934年她赴北平在广德楼演出新戏《拿苍蝇》,因所着戏装过于暴露,某些表情动作情趣不高,第二天早上突然来了几名背枪的警察,手拿公文说,白玉霜演的戏有伤风化,市长袁良有令,不准她再在北平演出。至于什么地方有伤风化?往后改了行不行?和园子订的合同、全团的损失怎么处理?一切不容分说,十分火急,警察当时押送她上火车回天津。车到丰台警察才下车,目送车开。

白玉霜被市长驱逐出北平,一时间轰动盛行评剧的北方各地,导致她在天津剧坛也难以立足。1935年7月,白玉霜应上海恩派亚剧场之约在那里演戏。她用一出宣扬妇女大胆追求幸福爱情的《马寡妇开店》打炮,从内容说,这出戏迎合了"五四"新文化运动启蒙背景下上海大众的心理需求,从艺术上说,白玉霜在台上的表演,克服了一般艺人只注重情节的传奇性,而不注重刻画人物个性的演法,她对马寡妇见到"相貌长得好,端正又儒雅"的狄仁杰时,心理情态的描画活灵活现,白玉霜因此唱红了上海滩。此后,《马寡妇开店》成了白派演员的看家戏之一,风靡一时。

1936年白玉霜从上海去武汉、无锡演出了一个时期之后,应正在上海演戏的另两位评剧坤伶爱莲君、钰灵芝诚约,回上海同台合演《马震华哀史》《桃花庵》《珍珠衫》等新剧目,强强联合的阵容,在上海掀起一股评剧热。白玉霜在演出时,大胆地将唱念中使用冀东口音的传统,更改为使用普通京音,方便了上海群众观听,这是白玉霜在艺术实践中向前迈出的一大步,也是对评剧所做的又一大贡献。

白玉霜很注意台上整齐利落。她自己的戏装讲究不说,戏班里的戏箱也很完备,她要求音乐场面包括人的穿着要考究,龙套也不是穿得破破烂烂的。

旧时代的戏曲界,由于竞争激烈,致使同行是冤家。白玉霜在上海演出红得发紫,同业同行的某位女演员唱对台戏是常有的事,而且白玉霜唱哪出,她也唱哪出,目的就是要一争高低。在激烈竞争的形势下,白玉霜有时想把戏演活泼点,但受文化水平所限,难免有分寸把握失当的地方,因此而遭受非议。上海小报《戏世界》、《罗宾汉》骂她是"东方梅惠丝",她因表演《枪毙小老妈》之类剧目,被人扣上风骚、淫荡的恶名。其实,白玉霜也常想改革戏里的"粉"词。例如她灌的唱片《玉堂春》三堂会审,她把苏三唱的庸俗的粉词儿,改为"玉堂春好比笼中鸟,公子他好比一位看鸟人,想当初,羽毛顺利人亲近,每日饲养献殷勤,到如今,一朝毛退喉失润,为什么看护之人不问津?"但是,社会风气不支持她的改进,为了争取观众,为了戏班人的生活,她在舞台上她又恢复了旧的唱词。和白玉霜同过台的演员回忆说,她本来不是轻易谑笑到戏以外去的。报刊上的批评,有的是为了敲竹杠的目的。

白玉霜在上海和同行唱对台戏,总是她争取到的观众更多,这就招惹了同行的忌恨。有人为了干扰白玉霜专心演戏,时常指使流氓在戏院门口或住家附近挑衅打架,人为的制造小仇小怨。后来越发变本加厉,竟然收买当地流氓,于一天晚上白玉霜去剧场演戏途中,向她身上抛掷大粪。白玉霜虽然遭受了骚扰惊吓,但没有因此而放弃演出。马上回去换了衣服,及时赶到剧场。巡捕房捉到了流氓,青帮头子徐朗西也出面摆香案问案,流氓供出肇事背后的实情,巡捕房要给流氓定罪。白玉霜认为都是同行,仇怨可解不可结,她为息事宁人,大度地为向巡捕求情,饶了肇事者。

白玉霜在上海打拼三年,局面一天好似一天,与白玉霜肯于接受艺术新观念有直接的关系。上海的文艺活跃,种类繁多,白玉霜通过观摩,开阔了眼界,从中学习、吸收了许多有益的艺术成分。过去评剧折子戏多,白玉霜在上海演出,全本戏多了起来。强烈的锣鼓、梆子等打击乐器的声响减轻了许多。她在音乐上注意刻画人物的心理活动,唱的腔调较之花莲舫、李金顺时期越发细腻,旋律也更加丰富。她虽然受某些剧目的局限,落下风骚的骂名,其实她最擅长演的是悲剧人物。她的嗓子有宽有低,适宜演悲剧,演唱时她走低腔,增强了悲剧气氛。在初期评剧中本来没有"反调",由于表现妇女痛苦生活的悲剧剧目逐渐增多的缘故,出于表现悲剧人物的需要,形成了"反调"。白玉霜是最善于唱"反调"的早期女演员,她唱出的"反调"缠绵、平稳,句法与节奏格式是与正调慢板相同,但调子较慢板低四度,伴奏中堂鼓与二胡相衬托,越发显得曲调低沉、压抑。在上海颇受观众欢迎。

白玉霜在上海期间,最大的收获是获得了田汉、欧阳予倩、洪深、安娥等新文艺工作者的同情与支持。他们看了她的演出,给予过许多指导,安娥还和她结为干姊妹。欧阳予倩为她提供了新编的

《潘金莲》剧本,采用京剧评剧两下锅的形式,使用京剧、评剧两支乐队伴奏,白玉霜扮演潘金莲,京剧名小生赵如泉扮演武松,在上海天蟾舞台演了四五场,全卖满堂。回到恩派亚剧场后,又以纯粹评剧的形式再演《潘金莲》。白玉霜扮演潘金莲,单宝芬扮演武松,李义芬扮演西门庆,连演了两个月,上座不衰。潘金莲荡

白玉霜赵如泉合演《潘金莲》

妇恶名在这台戏里被翻了案,成了反封建的古代女性。白玉霜演完这台戏,懂得了演戏不只是为了挣钱养家糊口,还肩负着对观众进行思想教育的责任。接着,她又在田汉、欧阳予倩的支持下,排演了全本《玉堂春》《阎惜娇》,演出也取得了轰动效应。

明星电影公司编剧郑小秋、导演张石川看了白玉霜演的戏,为了在影片里保存她的评剧艺术,接受洪深建议,于1936年7月,拍摄了一部反映评剧女艺人悲惨遭遇的电影故事片,白玉霜扮演女主角海棠红,名演员舒绣文扮小蓉养母,其他演员还有王献斋、严工上、沈骏等。白玉霜因为有过与剧中人物海棠红极为相似的人生经历,所以拍片时感情真挚、自然,进戏很快。影片里有一大段用评剧旋律谱写的"戏中戏",白玉霜演的更是得心应手。拍摄过程非常顺利。影片拍成后,白玉霜的艺名风闻全国。著名戏剧家洪深、欧

阳予倩在报上著文,对白玉霜的表演艺术给予很高的评价。20世纪50年代出版的《中国电影发展史》第一卷,还留着这部影片的镜头。

白玉霜在上海还灌制了《珍珠衫》《杨三姐告状》《杜十娘》等评剧唱片。

辉煌一时的评剧皇后

凭借电影《海棠红》的成功,白玉霜不仅从评剧艺人一跃而成为电影明星,并且被报界誉之为评剧皇后。1937年她回到天津,身价倍增,在新明大戏院连演数月,上座率居高不下。

"七七"事变后,天津沦陷。在日本侵略者的统治下,评剧艺人的日子特别不好过,哪一方面应酬不周到,都要吃苦头,都要花钱疏通。遇到这些事,白玉霜总说:"宁可让钱吃亏,别让人吃亏。"

1937年8月,白玉霜领衔的玉顺班到北平开明戏院演出,天津敌伪当局罚她五千元才许可坐火车。她在北平期间,陪她唱小生的安冠英在西柳树井泰兴旅社住宿,口袋里藏有一封写给朋友的书信,信中记述了他在天津目睹日本侵略军7月29日对南开大学狂轰滥炸的罪行,这封尚未发出的书信被查店的日本宪兵搜出,安冠英被扣上抗日分子的罪名,关进设在沙滩附近的日本宪兵队队部。一连几天从精神到肉体遭受残酷折磨,开明戏院老板托了不少人情予以搭救,几天后人总算放了出来。玉顺班结束北平演出回到天津,车站宪警以此为借口,硬说戏班里的艺人有抗日嫌疑,将戏班扣押不放,北洋戏院经理出面,证明是他们接白玉霜去演戏,请客吃饭又花钱才放白玉霜回家。

1938年,北京开明戏院(1949年后改民主剧场)再次邀约白玉

霜演出,汉奸报纸《新民报》对白玉霜百般刁难,白玉霜只好在前门
外同和轩请客招待新闻界。谁知那个《新民报》的总编辑吴菊痴散
席后在回家的道上被抗日锄奸队员开枪打死。敌伪当局了解到他
刚离开白玉霜的筵席,于是将白玉霜和李卞氏抓到官衙,押了两周
才释放。白玉霜在里边吃了不少的苦,还挨了打。

白玉霜唱了二十几年戏,饱尝各种辛酸苦辣,她因此懂得别人
的苦楚,知道心疼别人,经常仗义疏财。有一次她和全团人员从天
津乘船去营口,有一个不买船票的人被检查出来,当时下不了台。
那人说是在外经商赔了本钱,家住沈阳小西关,回家心切,但川资
不足,只好混上船来。白玉霜替他补了票款,又送给他回家的全程
路费。那人感激涕零。白玉霜仗义疏财的名声一经传播,她时常接
到贫寒之人的求助信,她一般都会派人去了解情况,她看可以伸手
拉一把的总是拉一把。

失去自由的爱情生活

尽管白玉霜驰名各地,在外边作艺吃尽苦头受够了气,回到家
里也没有人身自由。她的命运牢牢掌握在养母李卞氏的手里。连自
己的爱情生活都没有享受的权力。

白玉霜17岁的时候,李卞氏曾把她嫁给一位有钱有势而且有
原配的王姓法官,生过一个孩子,不久即夭亡。因为王法官的原配
找上门纠缠,这段短暂的婚姻生活宣告结束。此后,她希望做一个
真正的女人,建立一个幸福家庭。她的爱情向往和美好追求,由于
养母从中作梗,一次次的失败。

1936年,白玉霜在上海走红的时候,有一个情投意合的男朋

友,叫李永启,是戏班里打铙钹的。养母害怕她一旦结婚就会失去捧场的观众,更担心白玉霜的收入被丈夫把持。她一再施展伎俩,捣乱破坏。白玉霜一气之下,她要像杜十娘那样携带细软和首饰去嫁一个她所属意的普通人,经过和李永启密商,卖掉所存阔佬们赠给的首饰,在 1937 年农历大年初一双双私奔,乘飞机北上。

李永启是杨柳青镇西北东沽港人,二人来到杨柳青,悄悄在镇上狮子胡同租下一个小宅院,二人过起了提心吊胆的家庭生活。儿个月后,因为担心镇上耳杂目多,说不定哪天养母会找上门来,就悄悄回了李永启的老家。当时白玉霜将手里还仅有的八百元钱交给李永启,叮嘱他在当地买二十亩地,两广人安心过农家日子。没想到,李永启背着白玉霜偷偷赌钱,竟将八百元钱输了个精光。

白玉霜又气又恨,伤心到了极点。这时候,养母李卜氏找上门来,对她动之以母女情,劝她回养母家继续唱戏。为了往后的生活,白玉霜跟随养母重返梨园,再上舞台。自那以后,她相继到过济南、青岛、大连、旅顺、营口、金州、沈阳等地,到哪儿演出,全没唱黑过。黑也就是砸,不红就叫黑。

艺坛明星 凄惨陨落

白玉霜长年在繁忙的演出中拼搏劳累,没有顾及身体状况。到 1941 年 10 月在北洋戏院演戏期间,因体力不支,由每天日夜两场改为只演夜场。到 12 月初,病情加重,不得已而中辍登台,经医院检查,所患为子宫瘤,曾经两次住进北京德国医院烤电,诊治半年有余,身体刚有好转,李卜氏就逼迫她唱戏挣钱。养母把她当成了摇钱树,只看重她为家里成麻袋地挣钱,用剥削女儿的这些钱买了洋楼,却不顾女儿身体一天天地恶化。1942 年 8 月,已经病入膏肓的白玉霜,依然要在北洋戏院的台上演出《闺房劝婿》(根据禁演剧目《纺棉花》修改的)。一天,她到戏院演出,是由别人搀着上的车。上装时她还愁眉苦脸,一到台上,她又表现得精神抖擞,该唱唱、该笑笑、该哭哭,深入剧中人的化境。一场戏演完,她身体的癌细胞破裂,污水一直流到腿上。8 月 10 日(农历六月二十九日),孑然独身的白玉霜,在天津寓所里永远告别了热爱她艺术的观众和一起协力同心的舞台姐妹,终年只有 35 岁。

(刊于《文史精华》,2015 年 6 月上半月刊,第 66—72 页)

陈诵洛与赵元礼

齐 珏

陈诵洛(1897—1965),名中岳,浙江绍兴人,著名诗人。1921年至1937年在直隶省内磁县、肃宁、玉田、天津等地任县长。1921年由"天津近代诗坛三杰"严修、赵元礼、王守恂等倡建城南诗社,成为民国年间天津著名文学社团。1922年,年仅26岁的陈诵洛因受严修器重,加入城南诗社,并曾任社长。1929年严修逝世后,陈诵洛编著了记述严修生平掌故的《蟫香馆别记》,搜集整理出版了《严范孙先生古近体诗存稿》《严范孙先生遗墨》,为研究天津地方文化提供了宝贵的资料。

陈诵洛除与严修交往唱和外,与赵元礼也是终生相知相交。赵元礼(1868—1939),字幼梅,天津"四大书法家"之一,著有《藏斋集》《藏斋诗话》等。李叔同曾在其门下求教。

1937年,赵元礼七十寿辰。是时驻锡厦门万石岩的李叔同,特为赵元礼书写一幅华严经集联 "悉灭众生烦恼黯 恒涂净戒真实香"寄津以祝。陈诵洛也参与了此次祝寿献诗,作《赵幼梅生日赋寿》为其祝寿:"七十婆娑海上城,更休蓬累问平生。峥嵘向晚吟逾健,丧乱为儒世总轻。对客尤堪纵谈笑,爱余每劝屏杯觥。春风有约年年好,百岁相依老弟兄。"而有趣的是,陈诵洛与李叔同也有交集,文史专家章用秀发现陈诵洛《转蓬集》(赵元礼题匾)中的一首诗《虎跑寺访弘一和尚不值,即李叔同也》:"师友兼严赵,同依北斗尊(谓天津严范孙、赵幼梅)。时因二君语,忆到一家言。居近风篁岭,秋高滴翠轩。阶前好泉水,勤与汲灵源。"从中可以看出陈、李二人之间的文友关系。

天津沦陷后,城南诗社一度衰歇,但陈诵洛与赵元礼之间诗词酬唱并没有间断。在得知赵元礼搬入新居后,陈诵洛随即奉上《为赵元礼迁居作》以致祝贺:"石遗论朋友,谓缘即是债。藏斋我所兄,七十不衰迈。岂徒文字交,道义互规诫。誉我每过实,净我我不怪。何者为沆瀣,何者为缄芥。但觉我两人,宜共一世界。囊也对宇居,日必就君话。今兹隔水遥,走访肯辞惫。颇闻好院落,绕屋盛芳会。仍当晨夕来,取我襟抱快。信此非缘耶,谓债复悉害。此债偿难完,此缘亦靡届。"从诗中"七十不衰迈"来看,创作时间当在 1937 年以后。陈诵洛在回忆二人"岂徒文字交,道义互规诫"的真诚交往后,对赵元礼喜迁"绕屋盛芳会"的新居加以祝贺。

1939 年,赵元礼病逝,陈诵洛惊闻噩耗,即作《闻赵幼梅讣》:"平生缱绻师兼友,一老巍巍赵倚楼。欲挈只鸡向何处,泪痕飞洒海东头。"字里行间充满了对赵元礼这位亦师亦友的长者的沉痛哀悼,诗词酬唱往还二十载的知己师友从此天人永隔。

1965 年,陈诵洛因病去世,但由于历史原因,这位曾致力于津沽文化建设的文化名人,却被尘封近半个世纪。如今,随着相关研究的深入,他在天津近代文化艺术史上的贡献也期待着被世人重新认识。

(刊于 2015 年 8 月 2 日《今晚报》第 9 版副刊)

李叔同与《汉甘林瓦砚题辞》

曲振明

李叔同编印书籍始于上海李庐,其间先后编写《汉甘林瓦砚题辞》(以下简称《瓦砚题辞》)、《李庐印存》《李庐诗钟》,被后人誉为"李庐三种",其中后两种为人所知,而《瓦砚题辞》鲜为人知,以至许多内容都搞不清楚。笔者收藏一册由李叔同老师赵元礼珍藏的《瓦砚题辞》,结合李叔同生前事迹,将相关内容叙述如下。

一、编著《瓦砚题辞》的经过

李叔同编印《瓦砚题辞》,是由于获得汉"甘林"瓦砚而引起的。光绪二十四年(1898)戊戌变法失败后,李叔同奉母由天津迁居上海。到沪后,他参加了由袁希濂、许幻园结成的"城南文社",十九岁的李叔同才华过人,许幻园请他移居城南草堂,并特辟一室,自署醺纨阁,并亲题"李庐"二字,此后李叔同自号醺纨阁主和李庐主人。李叔同此间广结好友,并与江湾蔡小香、江阴张小楼、宝山袁希濂、华亭许幻园结拜金兰,号称"天涯五友"。据津门友人李澍浠在书内题辞中言:"叔同是年客沪上,数月以来时怅望。天涯远隔心何求,豪杰思逞志弥壮。忽闻购一甘林瓦,嗜古成癖真大雅……"①从李澍浠的"嗜古成癖"评价,可以看出李叔同青年时的爱好。据王翁如先生《李叔同早年轶事琐记》:"李叔同也喜古文物,常去当时城里鼓楼东的古文物收藏家李子明氏处谈论并欣赏,得结识李仲可、王襄诸氏。②"另据姚惜云《李叔同与我家的关系》:李叔同广结社会名流,终年盘桓,不耻下问,学与日增,"他的诗、词、书、画印刻无一不精。此外对金石、文玩、碑帖、字画之真赝。有鉴别能力,百无一失。在光绪二十六年(1900)前,公认为天津一才子"③。由于李叔同不仅爱好古物,还具鉴别能力。可见李叔同到沪不久,购得"甘林"瓦砚,并不意外。

砚是一块镌有"甘林"二字的汉瓦制成,所以称为汉甘林瓦砚。关于汉"甘林"瓦之来历解释不一。一说汉"甘泉"、"上林"宫苑、垣卫之瓦,"甘林"乃二宫名之省文;一说是汉甘陵昭庙之瓦,"甘林"之"林"是"陵"之音转。《瓦砚题辞》上卷拜洪堂主人在《甘林汉瓦歌》前进行了考证,其云:"甘林二字无考。《金石索》云:是甘泉上林省文。反复审之,不能无疑。汉瓦当有甘泉、有上林。甘泉则宫苑之瓦,上林则门署或垣卫之瓦,一为主名,一为统名,理不能合,其疑一?孙氏平津馆得甘林、甘泉上林、平乐宫阿三种,如依省文之例,则即云甘林,何必更赘甘泉上林之名。既云甘林,又云甘泉上林,是

①李叔同《汉甘林瓦砚题辞》下卷,己亥十月李庐校印,第 3 页。
②天津市政协文史委、天津宗教志编委会:《李叔同—弘一法师》,天津古籍出版社 1988 年版,第 311 页。
③天津市政协文史委、天津宗教志编委会:《李叔同—弘一法师》,第 309 页。

甘泉上林、平乐宫阿之外,别有甘林一种。其总云甘泉上林者,又自别为一种,意即甘泉宫门署之瓦,不得混于甘林,其疑又一? 以省文论之,汉隶省文以字省,取于简易,亦必同声同义,可通可转者始用。若以甘泉上林省去二字,成何字义。两汉去周秦不远,必无如是牵强。其疑又一? 窃谓林乃陵之省文,《左氏传》:僖十四年,诸侯城'缘陵',谷梁作'缘林'。又《汉书·杜密传》、刘季陵《清高士考证》云:陵本作林。以此证之甘林,或即甘陵也。"①

甘林瓦砚取之于汉代的文字瓦当。瓦当是宫殿屋檐头那块筒瓦的底,因其质地坚硬且有精美的文字或图案,常被后世文人雕琢成砚台。李叔同所得这方砚,为清乾隆朝名臣纪晓岚收藏。纪晓岚是《四库全书》的总编纂,喜欢藏砚,生前收集名砚无数,后人曾编《阅微草堂砚谱》行世。同为乾隆名臣的刘石菴也爱好藏砚,李叔同所藏"甘林瓦砚"有一段砚铭,云:"余与石菴皆好蓄砚,每互相赠遗,亦互相攘夺,虽至爱不能不割,然彼此均恬不为意也。太平卿相不以声色货利相矜,而惟以此事为笑乐,殆亦后来之佳话与。嘉庆甲子,五月十日,晓岚记,时年八十有一。"②这段砚铭有《阅微草堂砚谱》可以参证。既然瓦是汉物,又经纪晓岚这位名士收藏,无疑是件宝物。

天津人有得砚题辞的先例。雍正初年天津文人周焯在城西北角文昌宫西面海潮庵的泥淖里捡到桥亭卜卦砚,该砚为宋人谢枋得的故物。

周得此砚后,珍爱万分,摩挲不释手,竟夜抱以寝,且名其诗集

---

① 李叔同《汉甘林瓦砚题辞》上卷,己亥(1899)十月李庐校印,第,1 页。
② 李叔同《汉甘林瓦砚题辞》卷首。

为《卜砚山房诗钞》。乾隆十五年(1750),周焯于病故前,嘱其子将砚赠予查礼。查礼得砚,携之至京,遍征名辈题咏,辑为《卜砚集》,传布一时。李叔同作《瓦砚题辞》,或许是受查礼得砚题辞的影响。

李叔同将甘林瓦砚拓片若干,分发南北朋友征集题咏。从王寅皆诗"赵子之徒李叔同,海上遗来双秋鸿。甘林瓦砚孰手拓,茧纸莹白垂露工"。可见,是李叔同从上海将砚的拓本寄到天津,向友人进行征题的。

二、《瓦砚题辞》的主要内容

我所收存的《瓦砚题辞》封面的题签已脱落,书名是藏家题写的,而且封面右下角写有"佑渤弟藏、承蜩馆主人赠"的字迹。承蜩馆主人是李叔同的老师赵元礼的别号,李叔同十七岁时,由二嫂引见进入其娘家姚氏家馆学习。姚家为天津著名盐商,聘津门名士赵元礼担任家馆教师。李叔同在姚氏家馆,向赵元礼学习诗词。赵元礼是天津名士,由于十分崇拜苏东坡,故以藏斋为别号。书法追随苏东坡,名列津门四大书法家之一;诗词也推崇苏东坡,并向李叔同等人传授。李叔同原熟读唐诗五代词,再经赵元礼以苏诗相贯,由唐入宋,融会贯通,深得奥秘,作诗填词俱进。这本书钤印"叔同过眼"的图章,可见是李叔同送给老师赵元礼的一部分书,而赵元礼又赠送给朋友的。该书的下卷,还有赵元礼署名承蜩馆主人的题辞。

该书有两幅扉页和牌记,其一"汉甘林瓦砚题辞"由袁希濂以"江东小懒"题写的,牌记"己亥十月李庐校印"。其二"汉甘林瓦砚图"在影印瓦砚及纪晓岚铭图的前面,由许幻园夫人宋贞署"八红楼主"题写,牌记"己亥十月景印"。卷前还有"甘林"瓦砚和纪晓岚的砚铭两幅影印拓片。

《题辞》分上下两卷,每卷卷题之侧署以"醾纨阁主李成蹊编辑"。共收"拜拱堂主人"等32人撰写的题辞。上卷共20人题写,拜洪堂主人、茂苑惜秋生、剑心簃主人、椿庐主人、退园遯叟、百侯遗民、古吴韵秋阁主、秋圃老农、茂苑食砚生、鉴湖老渔、坚白斋主人、拔剑斫地生、大树将军后裔、龙山樵叟、越东樊仲乔、丹徒金炉宝篆词人、茂苑好古斋主人、成志堂主人、丹徒绮禅阁主、爱莲居。这些人基本为李叔同在上海的朋友,由于大部分人使用别号与室名,很难确认他们的身份。笔者考订的仅有茂苑惜秋生和秋圃老农。

茂苑惜秋生为欧阳钜源(1883—1907),是清代戏曲作家、小说家,原名欧阳淦,又字巨元,号茂苑惜秋生,苏州人。曾协助李伯元在上海办《繁华报》《绣像小说》,同时从事小说、戏曲创作。与人合作《玉钩痕》《维新梦》。与黄世仲合作编写《廿载繁华梦·负曝闲谈》。

秋圃老农为吴谷祥(1848—1903),是清代画家。原名祥,字秋农,别号瓶山画隐,晚号秋圃老农,浙江嘉兴人。山水画远宗文、沈,近法戴熙,亦画花卉、仕女,用笔苍劲,设色清丽。清末在上海鬻画,画风不落时尚。

下卷13人,黄山戈云甫、忏红道人、吴县愚庐主人凤曾叙、云间许荣、娄东宋贞、常熟言敦源、承蜩馆主、王春瀛寅皆、刘宝慈筑笙、李澂浠、陶善璐、讯斋、稻香斋主人等。其中许荣(幻园)、宋贞(梦仙)夫妇是李叔同在上海的挚友,忏红道人怀疑是南社成员庞病松,其曾号"病红山人",与李叔同相识于1899年,还曾为《天涯五友图》作序①,笔者认为"病红山人"与"忏红道人"有相通之处,故作推断。天津的朋友都归在卷下，其中有赵元礼、教育界名人王寅皆、刘宝慈，政界人物言敦源、陶善璐，书画家李澂浠等。

王寅皆名春瀛，天津人，早年补博士弟子员，光绪二十三年拔贡，廷试三等，后任候补内阁中书。1900 年后，追求维新，为严修心所折服的"吾乡通敏识时之俊"[2]之一。其在天津创办开文书局，以纂集时务通考风行一时，还与严修、林墨青集资，将会文、问津书院改为民立第一、第二小学。后入直隶提学使胡月舫幕，赴日本调查政治。其诗宗龚自珍，与赵元礼齐名，去世后，王守恂有诗哀悼，称"王赵齐名弱一个，为世悼惜哀斯文"[3]。

刘宝慈号竺笙，天津人，二十岁补县学生员，1894 年中举，1901 年任天津普通学堂汉文教习，1903 年赴日本游学，肄业弘文学院师范科。1904 年归国，在保定北关师范学堂任教。1905 年回天津，筹建天津模范两等小学，任校长三十六年，是著名的教育家。[4]

言敦源字仲远，江苏常熟人，定居天津。早年入李鸿章幕府，1895 年在新建陆军都练处任文案，协助袁世凯小站练兵。1902 年任北洋常备军兵备处提调、总办。1911 年任长芦盐运使。民国后任北京政府内务次长、参政院参政。1928 年后投资启新洋灰公司、中国实业银行等实业。其能诗善书，王揖唐《今传是楼诗话》云："老友虞山言仲远敦源，与哲兄謇博大令，早承家学，并负诗名……仲远虽以治军从政自见，顾诗学之邃，朋侪中尚有不尽知者。"[1]

---

①金梅《李叔同与"天涯五友"》，见郭凤歧：《李叔同一弘一法师纪念集》天津人民出版社 2000 年版，第 331 页。

②严修自订、高凌雯补、严仁曾编：《严修年谱》，1990 年齐鲁书社版，第 129 页。

③王守恂：《王仁安集》诗稿九，中国书店 1990 年印，第 9 页。

④市政协文史委编：《天津近代人物录》，天津地方史志编委会总编室出版 1987 年，第 104 页。

　　李澂澋字幼竹，天津人，著名画家，善画人物，得陈洪绶真髓。其常年为东门外袜子胡同同文书局画信笺，同文书局为天津旧南纸笺扇店，在天津颇有影响。其父李竹坡也是画家，以花卉见长，善作大画。②

　　陶善璐名逸甫，天津人。早年师从王菊芳、陶仲明，后从杨藕龄学习算学，与陈宝泉、李琴湘同学。丁酉乡试举人，③后赴日本学习法政。留日期间，倾心医学。归国后在保定警察局任科长。

　　从天津题辞的作者看，均为社会名流，并年长于他。由此可见李叔同早年交友范围和志向。从题辞的标题上看，大多数人以《甘林瓦砚歌》《题汉甘林瓦砚》为题，诗体以古诗、绝句、律诗为主。也有填词，如古吴韻秋阁主作词《青玉案 用贺梅子体 题汉甘林瓦砚》，秋圃老农作《题汉甘林瓦砚 调寄清平乐》等。从题辞的内容上看，题辞者或品鉴古砚之奇，或叹赏砚主之才。而李叔同广结四方名流，又表现出风流倜傥，少年气盛的一面。

三、后世对《瓦砚题辞》的了解与认识

　　由于《瓦砚题辞》印数较少，许多人缺乏对该书的了解，即便看过，也有缺憾。天津文史专家王翁如在《李叔同少年轶事琐记》中言："(李叔同)以后并自费刊过一册《甘林小辑》。《小辑》为二十余页的石印本，以曹全碑体题签。内容讲汉瓦当文、铜器、古钱、造像等，有实物图片，并附以诗咏之。对于这本《小辑》，天津刘宝慈氏当

---

①王揖唐：《今传是楼诗话》，辽宁教育出版社 2003 年版，第 301 页。
②陆辛农：《天津书画家小记》，见《天津文史丛刊》第 10 期，1989 年印，第 201 页。
③陈宝泉：《退思斋诗文存·忆旧》，1933 年 4 月协成印刷局印，第 90 页。

年有《甘林瓦砚歌》记其事。龚望先生现存有刘文,《小辑》已难找到
了。"①王翁如先生是古文字学家王襄的后代,可能见过《瓦砚题
辞》,但时间久远,记忆模糊了。相对而言。林子青先生对该书介绍
的比较详细。其在《弘一法师年谱》中云:"(1899年)是年得清纪晓
岚《汉甘林瓦砚题辞》(纪撰有砚铭),极为珍视,遍征海内名士题
辞,印成《汉甘林瓦砚题辞》二卷,分赠友人。扉页署'乙亥十月,李
庐校印,内署醿纵阁主李成蹊编卷',卷末有纪晓岚《砚铭》。题辞作
者三十余人,其中有王春瀛寅皆《纪文达甘林瓦砚歌》、金炉宝篆词
人《汉甘林瓦砚为醿纵阁主人作》、承蜩馆主《题甘林瓦砚旧藏纪河
间家》等"。②这段文字后面注释,引用了纪晓岚砚铭的全文和王春
瀛、金炉宝篆词人、承蜩馆主的题辞部分内容(三段题辞皆不全)。
由此可见,林子青先生见过该书,但所记也有几点不同,扉页应为
袁希濂署的书名,纪晓岚的砚铭在卷首,而非卷末。

近年来《瓦砚题辞》题辞内容有新发现。书法家、津门著宿龚望
先生保存的刘宝慈先生的《甘林瓦砚歌》已见网上登载。言敦源《题
甘林瓦砚诗二章旧藏纪文达家》,在其诗集《烑庄诗存·补遗》,题为
《纪文达所藏甘林瓦砚为李叔同作》,但只保留一首。

赵元礼《题甘林瓦砚旧藏纪河间家》,见于《寅卯集·附旧作》,
诗题为《题李叔同所藏甘林瓦砚拓本》:"李子嗜(耆)古(学)能文
章,获古自喜犹珍藏。自云此是(系)汉时物,土花拂拭松煤香。甘泉
上林在何许?惟余瓦砾明斜阳。河间尚书有奇癖,趣工雕琢安虚堂。
并时诸城亦同好,馈遗(贻)攘夺相咨商。太平卿相竞风雅,墨华飞

---

①天津市政协文委,天津市政志编委会:《李叔同一弘一法师》,第311页。
②林子青:《弘一法师年谱》,宗教文化出版社1995年版,第14页。

洒琼瑶光。古今瞬息二千载,一物戋戋关兴亡。我闻金石有成谱,译词考制详求祥。佚文类能证经史,飞鸿五凤延嘉祥。又闻唐米撰图史,马甘龙卵争辉煌。铜雀台空姿搜猎,品评真赝分圆方。名砚有辞意良古,弓刀几枚能颉颃。匪好古物好古说,后儒识短前民长。我愿李子秉高矩(榘),扫除意气韬锋芒。微言大义六经在,孔邢马郑曾扶匡。如衣布帛食菽粟,朴实典重逾珩璜。巧偷豪夺世恒有,载石自昔誇轻装。歌成寄远惜光景,落叶如雨鸣空(虚)廊,伸毫(纸)濡墨墨已尽,昂头一笑秋云忙。"[1]文中括号所列别字,为《瓦砚题辞》原书,仔细对照略有不同。

李庐三种印制次序,大多数人称李庐印谱为最早。据李叔同光绪二十五年(1898)从上海写给天津的篆刻老师徐耀廷的信中说:"今冬仍拟出《瓦砚题辞》一书,印成当再奉。鉴印谱之事,工程繁琐,今年想又不能奏成矣。"[2]《瓦砚题辞》付印后,而印谱尚未完成;又据朱经畬《李叔同年谱》记载,《李庐诗钟》于1900年出版。可见《题辞》早于《印谱》和《诗钟》,是李叔同在李庐编印的第一部书,也是李叔同编著的第一部印刷品。

李叔同编印的《瓦砚题辞》,表现其早年嗜古好学的风尚,还反映其与南北名流交游的情况,而题辞的内容也十分珍贵,对研究早年李叔同的生活状况有较大的帮助。

(刊于《天津文史》2015年4期,第22—26页)

---

①赵元礼:《寅卯集》附旧作,乙卯(1915年)印,第5页。
②崔锦:《李叔同早年的书信和〈印存〉》,见《李叔同—弘一法师》第223页。

严修与《严修日记》

陈 鑫

　　严修(字范孙,1860—1929)是近代著名教育家、南开系列学校的"校父",也是近代中国社会转型中的一位重要人物。他自幼读书治学,1883年中进士,选为翰林院庶吉士,1886年散馆授编修。1894年任贵州学政,提倡经世致用之学,并于1897年奏请开经济特科,发科举改革、戊戌新政之先声。因此得罪座师、翰林院掌院徐桐,1898年任满回京,即请长假。返津后,延聘张伯苓为塾师,从此两人长期合作共办新学。1902年自费赴日考察教育。1904年受直督袁世凯之邀,总理直隶学务,上任前再赴日本考察。回国后,推广新式教育,创建一系列新学堂,并改家塾为敬业中学堂(后改名南开学校)。1905年学部成立,任侍郎,推动全国教育改革,制定了中国首个官方颁布的教育宗旨,积极推动教育的近代化。1909年请假回津。清末至民初,屡拒各方邀请,不再出任官职,专心从事文教、公益事业。1912至1914年先后赴日、欧考察。1915年,袁世凯欲复辟帝制,严修以故交入都力争,不得。1918年,赴美考察。1919年同张伯苓等创建南开大学。1927年,与同仁筹立崇化学会。1929年逝世。严修一生经历了晚清至民国北洋政府时期近70年政治社会的巨变。他终身记有日记,保存了大量中国近代政治、社会、教育、对外交流的珍贵史料。

一、《严修日记》的写作

严修生前身后曾得到很高评价,被誉为"教育界之道德家"①。出版于1918年的《当代名人小传》中,严修被列为教育家之首。严修去世后《大公报》发社评,称他"殆不愧为旧世纪一代完人"。②他的学生周恩来也曾说:"严先生是封建社会的好人。"③历史学家傅斯年曾欲作北洋时期历史曰《民国北府记》,计划单独做传者二十余人,其中以严修为"清正"列传之首。④至于自袁世凯以下北洋时期大小政要,更是将严修作为当代严子陵(两汉之际隐居的高士),仰之弥高。

对于严修这样一位重要的历史人物,现在的研究仍嫌不足,一个主要原因是大量资料尚未得到很好的整理、利用。严修一生留下大量文字资料,包括日记、书信、诗文、书稿、札记以及任官期间的

①陈宝泉:《严范孙先生事略》,见蔡振生、刘立德编:《陈宝泉教育论著选》,人民教育出版社1996年版,第250页。
②大公报社评:《悼严范孙先生》,大公报1929年3月16日,第2版。
③见《一位不服输的教育先行者——记黄钰生先生谈爱国教育家严范孙》,梁吉生:《仰望南开》,南开大学出版社2009年版,第133页。据黄钰生讲:"周总理这句话,我是亲耳听见的。"
④王汎森:《中国近代思想与学术的系谱》,吉林出版集团有限责任公司2010年版,第500页。

档案。其中一部分曾在严修去世后出版过,但都已非常罕见。在这众多史料中,《严修日记》最为珍贵。从现存日记手稿看,严修从十七岁开始记日记,一直记至七十岁去世前一个月,前后跨越五十四年,虽有间断,但总体上相当完整。

清代士人多有记日记的习惯。严修就曾研读过钱大昕、曾国藩等先贤的日记,他的师友中也不乏记日记者。不过对他影响最直接的是其父严克宽。严克宽是一位富有社会责任感的盐商,在世时热心地方慈善公益事业,在天津开办有育婴堂、施材社、惜字社、备济社、牛痘局、灯牌公所等。①严修终身从事公益、教育,正是遵父之道而行。在修身方面,严修对父亲十分佩服,曾撰写《先父仁波公事略》歌颂其德行,文中提到父亲记日记的情况:"吾父中年以后,日有日记,记身过、口过、心过。尝以事诃叱仆人,修窃异之。越日,见日记册中果有自讼之语。"②严修学习了父亲记日记自省的方法,他的第一本日记《丙子日记》中就有"身过、口过、心过"栏目,或许用的就是与父亲同样的日记本。严克宽去世后,严修曾将"先考日记四本又信稿一本,交秀文斋装潢。"③可以说严修写日记习惯的养成,正是得自父亲真传。

严修一般于晚间记日记。据他制定的一个日程计划,写日记是每日亥初(晚9点)的任务④,大体上是当日记当日事。有些日记先作草稿,后复钞写。如《欧游日记》全用正楷,即为乙卯(1915年)九

①高凌雯:《天津县新志》,《天津通志·旧志点校卷中》,南开大学出版社2001年版,第803页。

②《严氏两世事略》,民国石印本,天津图书馆藏。

③己丑正月十三日日记,见严修原著,陈鑫整理:《严修日记(1876—1894)》,天津古籍出版社2015年版,第630页。

④癸巳三月三十日日记,见《严修日记(1876—1894)》,第901页。

月誊写。但也有时因各种原因,当时未记事后补写。如丁亥五月十九日、庚寅四月初七日、甲午九月十七日等有"补日记"的记录。此外还有一些日期记错,于文后注明者,如"王云翁来。系昨日。"可知非当日所写。但这些补写一般不会相隔太久。就笔者目前所见,相隔最远、篇幅最大的一次补写见于壬辰(1892年)七月一日日记:"自庚寅九月逮今,日记中辍,匆匆将已二年。"可知现存的庚寅、辛卯、壬辰日记中都有大量内容为此后所补。虽然如此,这次补写基本上有书信草稿、诗文、会课或随手所记资料为依据,可信度和准确度还是有一定保证的。

严修早年日记多用印好栏目的日记本。如丙子日记和丙戌正月十三日至三月三十日日记用一种版心印有"毋自欺堂"字样的日记本。甲申至丁亥上半年(除上述一册丙戌日记外)共五册题为"恒斋日记"一、二、四、五和"无恒斋日记",使用的是另一种日记本。丁亥下半年至甲午日记(另有甲辰日记与甲午同期写于一册)又是一种日记本,版心印"蟬香馆"三字。还有一种版心印"枣香书画室"字样的日记本,只一册,记录有戊戌、己亥、辛丑、壬寅、癸卯几年的日记。以上四种日记本虽略有不同,但均印有栏目,如将每日按"晨起""午前""午后""灯下"四个时段分为四栏;又有"记事""杂识""日知"等栏用于日常备忘和读书札记;此外第一种日记本还有"身过、口过、心过""敬、息"等用于自省的栏目。此外,庚寅日记、使黔日记(甲午九月至戊戌五月)、戊戌日记(五月至十二月)和癸卯以后的日记本则多用白纸或条格纸装订而成,无栏目。日记中对日记本的印制也有记录,如甲申三月十五日记有"敏斋借去日记板",可见严氏曾为日记本专门制板,还曾借友人印刷。又如丁亥七月初一日"穆某送新印日记册来,嘱其再印十册",七月初五日"刻字铺送来日记十本"。这指的是上述版心为"蟫香馆"者,这种本子严修自丁亥秋冬起使用了八年多,共有十五册。

严修在有生之年,至少对日记做过一次大规模整理。据乙卯(1915 年)九月二十九日日记云:"检笥中存昔年日记,装订之,自朝至暮。"①严修亲自整理了此前的日记,重新进行了装订,并在个别地方做了注释。(如丙子日记十月十一日"与侯子贞同车回"句下写道:"是时无人力车,同车者骡车也。乙卯九月注"。②)现在看到的严修早年日记都有两重封面,应该就是此次装订的结果。另外,早期日记本尺寸较大,可能装订时为了做统一的函套,所以对本子做了剪裁。有些写于页眉、页边的文字被裁了去。

严修常和友人交换日记。如癸巳二月二十九日"看体仁日记",甲午九月十七日"阅式金日记"。因为日记中记有功课进展情况,通过互读日记,起到相互激励的作用。严修也将这种方法运用到子弟教育中,通过查阅日记,督促学习。如癸巳二月二十九日严修接到自天津寄来的四弟、五弟日记仿本,看后于三月初十日寄回。③在贵州督学期间,严修也常写家信,要求几个儿子将日记寄来检查,并反馈读后感想。严修还通过阅读儿子的日记,补充自己日记缺漏的内容。如戊戌十月一日至十一月初六日日记即表明"以上据智崇日记"。④

不仅如此,严修还推广日记法,用于劝学。任贵州学政之初,严修便作《劝学示谕》,将"劝行日记法"列入五项劝学内容之一,作为

---

① 《严修手稿》第 10 册,第 7681 页。
② 严修原著,陈鑫整理:《严修日记(1876—1894)》,第 31 页。
③ 《严修日记(1876—1894)》,第 893 页。
④ 《严修手稿》第 6 册,第 3933 页。

指导黔省士子读书、省身、记功过的重要方式,并提出"本院于覆试之日当索观之",即对日记进行检查。①

日记法是严修砥砺学行的重要心得,他将此坚持终生,并在临终前,仍不忘嘱咐子孙要坚持记日记。②

严修逝世后不久,家人便对其日记、信草、文稿等进行了初步整理③,其后又将手稿捐赠给天津图书馆,其中日记共计 13 函 74 册。据赵元礼《蟫香馆使黔日记序》可知,严修的后人曾有将其日记陆续整理出版的计划。④可惜由于种种原因,很长时间只有《蟫香馆使黔日记》(严修赴任贵州前后近五年日记)于 1935 年影印。2000 年严修诞辰 140 年之际,南开大学出版社影印出版了日记全文,终于让读者一窥全豹。2012 年天津图书馆影印出版馆藏严修手稿,再次收录日记全文。不过由于手稿多用行草书写,且有多年记于一册,或一年记于多册等情况,需要专门进行整理,才可更好地利用。此前,已有部分日记整理出版,如《蟫香馆使黔日记选辑》(刘泳唐选辑,1986年)、《严修东游日记》(武安隆、刘玉敏点校注释,1995 年)等,品质较高,但仅占日记很小篇幅。笔者近年致力于将严修日记全部整理点校,其中 1876— 1894 的日记已于 2015 年 3 月出版。

二、《严修日记》的史料价值

《严修日记》记事内容广泛丰富,天气、读书、通信、购物、交游、

①《严修手稿》第 23 册,第 17984 页。
②见严智怡《小蟫香馆日记》稿本,天津图书馆藏。
③见严智怡《小蟫香馆日记》稿本。
④赵元礼:《蟫香馆使黔日记序》,《蟫香馆使黔日记》影印本,天津图书馆藏。

自我反省,以及对时政、社风、他人的观察、看法无所不记,具有很高的史料价值,包含了大量珍贵的教育史、政治史、社会史、地方史一手资料,特别是利用日记与其它史料相参照,可以发现许多值得研究的线索。兹举数例略作说明。

1.《严修日记》对近代教育的记录

作为近代重要的教育家,严修日记中有大量关于教育史的记录,这里仅举严修与近代教育宗旨的关系为例。清末新政一项重要举措是教育改革,1905年学部成立,严修任侍郎,制定了中国有史以来由国家颁布的第一个教育宗旨——"忠君、尊孔、尚公、尚武、尚实"。宗旨于光绪三十二年(1906)三月初一日上奏,当日朝廷下谕旨布告天下。《严修日记》可见奏稿起草过程:

> 七钟起,芸生、小庄来商订文稿。(丙午二月初六日)
>
> 七钟起,芸生、小庄仍来商订文稿。午未到署,改文稿。(二月初七日)
>
> 七钟起,仍改文稿。(二月初八日)
>
> 仍改文稿,小庄、云生俱来。(二月初十日)①

现存严修手稿中也留有这一奏疏的草稿。②据此可以确认这一教育宗旨出自严修之手。学部成立最初两年,由于尚书荣庆对西学、新学并不熟悉,教育改革实际大多由严修主持、推动。日记中芸生、小庄指刘潜、陈宝泉,时任学部主事,均为严修在直隶学务处时的故吏,因此奏稿明显带有直隶办学的特色。③

---

① 以上见《严修手稿》第7册,第4988—4989页。
② 《严修手稿》第22册,第16965—16966页。
③ 参见罗容海:《士与近代教育转型:以严修兴学为中心的考察》,北京师范大学博士学位论文,2012年,第231—232页。

从日记中，还可看到严修与中国历史上第二个教育宗旨，即"民国元年教育宗旨"的关系。鼎革易代，教育问题也需作出新的调整。1912年，全国临时教育会议召开，教育总长蔡元培致信严修，邀他参加全国临时教育会议。严修虽婉言谢绝出山，但仍关心教育政策的制定。此次会议一项重要内容是讨论新的教育宗旨。会后，严修专门找到参会的张伯苓，谈了自己的看法。日记中记道：

> 访伯苓于南开中学，为教育宗旨事。初蔡总长拟教育宗旨五项：一道德主义教育、二军国民主义教育、三实利主义教育、四世界观教育、五美感教育。而教育会会议时竟将四、五两条取消，大奇大奇！余劝伯苓力争之。(壬子七月二十一日)[①]

蔡元培五育并举的新教育宗旨是对"忠君、尊孔、尚公、尚武、尚实"旧宗旨的扬弃。其中前三项内容是在"三尚"基础上提出的。[②]此外，新宗旨取消了忠君、尊孔两项，新增世界观教育和美感教育。作为旧宗旨的制定者，严修对新宗旨没有丝毫抵触，反而积极拥护蔡元培的全部主张。根据日记可知，新宗旨起初没有得到教育会议的通过，而严修劝张伯苓"力争"保留蔡元培的主张。后来正式颁布的教育宗旨，加上了美感教育，不知是否有严修之功。日记为我们理解这段教育史的重要事件提供了信息。

严修对教育宗旨的探索从未停止。1918年，严修、范源廉等赴美国考察教育，此时张伯苓正在哥伦比亚大学学习教育学。他们会合后，常常一起研究、辩论。日记中记到：

---

① 《严修手稿》第9册，第6730页。
② 蔡元培明确表示："尚武即军国民主义也。尚实即实利主义。尚公，与吾所谓公民道德，其范围或不免有广狭之异，其要为同意"。见蔡元培：《对于教育方针之意见》，《蔡元培选集》，中华书局1959年版，第15页。

伯苓每日往大学师范部听讲两次，至夕则来寓为余讲述……昨议定自今日始。(戊午七月八日)

夕听讲,晚与伯苓谈吾国教育,辩论许久(七月十七日)①

讨论期间也涉及到教育宗旨。一次,张伯苓问道:"先时吾国教育目的,为尊君、尊孔、尚公、尚武、尚实,而今又当如何增减?"并问究竟"何为教育宗旨"?②之所以有此问,是因为1912年教育宗旨颁布以来,教育界对宗旨问题仍未形成共识,受到复古思潮、实用主义教育、新文化运动等来自不同方面的影响,几度废止,议论甚夥,莫衷一是。通过在美的考察学习,严、张等人对这个问题进行了更深入的思考,认为教育宗旨"当本其国情而定之"③。这里的"国情"指的是国家、国人存在的问题,"本其国情而定"就是要对症下药。以往中国的教育者主要是希望引外国教育模式作药,来治中国的病。此时经过深入观察与思考,严修、张伯苓认识到教育宗旨不能仿造,既需要学习先进,也需要依据本国国情实行变革,适合国人需要,解决中国问题。这也就是南开大学后来提出"知中国服务中国"、教育"土货化"的思想基础。④

2.《严修日记》对时人活动的记录

作为中国近代著名人物,严修交游广泛,与张之洞、张佩纶、徐桐、康有为、梁启超、袁世凯、胡适、陈独秀、张伯苓、周恩来等重要

---

① 以上见《严修手稿》第 11 册,第 8451 页、第 8456 页。

② 张伯苓:《访美感想》,崔国良编:《张伯苓教育论著选》,人民教育出版社 1997 年版,第 66 页。

③《张伯苓教育论著选》,第 66 页。

④ 关于严修对教育宗旨的探索,可参见拙作《从尚公尚武尚实到允公允能》,南开大学党委宣传部、南开大学校史研究室编:《南开"公能"校训与社会主义核心价值观》,南开大学出版社 2014 年版,第 16—23 页。

人物多有来往。《严修日记》的内容可以补充这些人物的部分信息。

如，严修日记中关于康有为、梁启超的活动有生动记录。严修在戊戌日记中记下了他第一次见到梁启超时的情形。此时严修由贵州学政任满回京，先至上海，再乘船赴天津。就在船上巧遇梁启超、康广仁。

> 余舱外有一人，堆行李于船闸之内，而徙倚以待。余开窗问姓名，曰南海康姓。问晋京何往。曰访人。又细问之，乃知即长素之侄（按：实为弟），因伴送梁君卓如而来也。卓如力疾行，康左右之。康名广仁……未正三刻开船，梁君卓如偕康君来访，谈一小时许。康君谓梁君曰，数日来未曾说如许多话，今日话已多矣。乃去。（戊戌三月初一日）①

转日严修回访梁启超，并遇到汪钟霖。

> 至大菜间第四号，访卓如。坐中遇汪甘卿钟霖，苏州癸巳孝廉，现主《蒙学报》，畅谈甚久，浑忘卓如之病也。既而〈王〉〔汪〕去，余又小坐，亦去。（三月初二日）②

严修的记录可为《梁启超年谱长编》作一补充。梁氏此行进京正是要与康有为发起保国会，广揽同道，开展变法活动。严修于前一年首倡开经济特科，是为"戊戌新政的原点"（此即梁启超语③）。可能正有感于严修为维新同道，梁启超虽在病中，仍主动过访。而严修亦久慕康梁学说，故而二人相谈投契。虽然日记中没有记下所谈内容，但从二人恋恋不舍之状，可以断言绝非简单寒暄。不久，严修在北京与康有为有过一次长谈。

---

①《严修手稿》第 5 册，第 3811 页。
②《严修手稿》第 5 册，第 3812 页。
③ 梁启超：《戊戌政变记》，广西师范大学出版社 2010 年版，第 51 页。

　　　　拜会徐艺甫，兼晤子静前辈。时康君长素在坐，畅谈良久。

（四月初四日）①

《严修日记》还记下了康、梁在京一次约会日本公使的情况。

　　　　接梁卓如来字，约明日到江米巷办馆陪日本公使。主人：

卓如、长素、李孟符、徐艺甫。客：建露、夏虎臣。（四月初九日）②

　　康、梁邀请严修也来参加这次会晤，虽然第二天"公使因翻译
患病，不得来"③，但也可见严修与维新人士关系是比较亲近的。严
修似乎并未加入保国会，或直接参与变法活动。这主要是他"因经
济特科之奏，见绝于徐荫轩师"。当时的翰林院掌院、严修的座师徐
桐以保守著称，不容严修的维新思想，将他开除门籍、断绝来往。老
师兼上司的不满，让严修在官场已无法立足，于是"请假回籍"。④不
过，严修也因此躲过了政变后的党人之祸。直到去世前，他还为此
自道"侥幸"。⑤

　　严修与康、梁的交往一直持续到晚年。但时移势易，三人对政
治的理解已发生了变化。此时康有为仍孜孜于政治活动，几次赴严
修家中，试图邀其参与。如：

　　　　会客：康南海及其婿潘。又徐善伯来访。南海谈约一小时，

仍申复辟之说，但主虚君共和耳。（癸亥五月三十日）

　　　　康更生偕徐、潘二君来访，久谈。（六月六日）

①《严修手稿》第 5 册，第 3836 页。

②《严修手稿》第 5 册，第 3838 页。

③《严修手稿》第 5 册，第 3838 页。

④《范孙自定年谱》，见《严修手稿》第 23 册，18413 页。

⑤严修：《旧历正月二十一日病小差预作自挽诗》"几番失马翻侥幸"句自注："戊戌失欢
掌院，免于党人之祸。"见《严范孙先生古近体诗存稿》卷二，协成印书局 1933 年版，第
64 页。

会客:康更生及其婿潘君……答拜康、潘、徐三君。(六月
十一日)①

康长素、徐善伯同来访。长素因本日得武汉失守之耗,忧
惧特甚。伊云,前日晋京,系催促张宗昌出兵也。(丙寅九月八
日)②

日记反映了康有为为复辟而奔走,以及对北伐军的恐惧。从日
记记述的语气可读出,严修对康氏活动是不屑的。严修虽在晚清时
深受康有为影响、赞同君主立宪,但此时他十分清楚民主共和已经
深入人心,无论是二元君主制还是虚君共和制都已不适合中国。也
因此,他既反对袁世凯变国本,更避见同在天津的前清逊帝。

相比而言,严修与梁启超的主张更为接近,交往也更频繁。
1921年梁启超应聘南开大学主讲中国文化史,1922年1月讲稿编
成《中国历史研究法》一书出版。严修于第一时间(1月27、28日,恰
为乙未除夕、丙申春节)通读一遍。③2月6日,严修又"至南开学校
听梁任公、陈哲叔(指严修表叔、教育家陈哲甫)演说,是日学校开
学日也。演说毕,陪任公到大学闲谈。任公招大学学生蒋、黄、王、陈
四人讨论学术研究方法。小庄、哲叔继至,同在学校晚饭。饭后又听
任公述戊戌、丙辰两次出京脱险事。"一直谈到晚上九点,才尽欢而
归。④这一年南开大学开始建设八里台校区。梁启超计划在南开大
学新校址中开办东方文化研究院,得到了南开的支持。虽然这一计
划最后并未成功,但晚年梁启超关心中国的教育事业,与教育家严

①以上见《严修手稿》第13册,第9762页、第9768页、第9771页。
②《严修手稿》第14册,第10366页。
③《严修手稿》第12册,第9400页。
④《严修手稿》第12册,第9404页。

修保持着密切联系,《严修日记》多处提到两人在不同场合的会面、长谈。

3.《严修日记》中晚清至北洋时期的天津士绅

士绅在中国近代历史转型中是非常重要的一个社会群体。由于天津独特的地理位置和晚清至北洋政府时期的特殊地位,造就了具有地域特性的士绅。总体上看,这一群体中人年辈相近、价值取向相似,不少人身具士、商双重身份。他们中的多数人在洋务运动中度过青少年,政治上倾向改良主义,思想上既坚持中学本位,又注意向西方学习。他们同情或支持康梁的维新运动,积极参与清末新政改革、立宪运动,直到北洋时期都在天津地方事务上拥有主要话语权。深入研究天津士绅,对于理解中国近代士绅阶层,进一步探讨中国近代史都是有益的。

严修一生绝大部分时间都在天津度过,由于他曾为翰林编修、直隶学务督办、学部侍郎等清要显赫的官位,其家族在盐业和实业界具有重要地位,又与本地各望族有着盘根错节的婚姻、交往关系,可以说他是天津近代士绅核心人物之一。以严修弟子高凌雯编著的《天津县新志》"荐绅表"所列光绪、宣统朝的 625 人为例①,这些人多数能在《严修日记》中寻到踪迹,有些人则频繁出现。利用《严修日记》,参以其他史料,可以勾勒出一个天津士绅关系网和活动的大事记,为天津士绅研究提供重要的线索和依据。

除了上述关于近代人物、近代教育、近代天津的史料外,《严修日记》中也可勾稽出不少反映清末民初政治事件的记录。虽然严修

---

① 见《天津通志·旧志点校卷中》,第 705—721 页,第 738—744 页。按:此表所列均为清末任过各级文武官职者,其中天津籍文官 456 人,武官 169 人。

并不热衷政治,但由于他与袁世凯、徐世昌等晚清、北洋时期军政要人的关系密切,所以日记中不少内容也可作政治秘闻看。《严修日记》中还有大量文字反映了时代风貌,涉及社会生活方方面面。此外,严修一生游历颇多,除京津常住之地,国内曾至河北、河南、湖北、湖南、贵州、上海、浙江等地,国外曾遍游欧、美、日本,对途中名胜人文都有认真观察、生动描写。

　　总之,严修作为清末、北洋时期许多重要事件的参与者、观察者,见证了中国变局。《严修日记》是研究这一历史时期的史料富矿,值得学界深入挖掘。

（刊于《历史教学·高教版》,2015 年第 7 期,第 46—51 页）

寇梦碧主编《学诗词》

宋文彬

　　沽上寇泰逢先生，1917 年生，词宗南宋吴文英（梦窗）、王沂孙（碧山），因号"梦碧"，以号行，颜其室曰"六合小溷""亥灵胎馆"，有《六合小溷杂诗》《夕秀词》行世。先生早岁曾任崇化学会讲席，20 世纪 40 年代，在津倡为梦碧词社，与当代词学名家夏承焘、张伯驹、陈兼与等时相酬唱；于三津，则与孙正刚、陈宗枢、张牧石等过从甚密，拈题分咏，唱和往还，众女蛾眉，芳兰杜若，骚人之意，各有所托，虽历红羊赤马之劫，亦未尝中辍。

　　寒斋所蓄《学诗词》四册（创刊号至第四期），乃去岁自冷摊购归者。是刊为天津茂林书法学院内部刊物，由寇梦碧先生主编，周汝昌先生题签。四册刊物皆无印行时间，但从"创刊号"中所载《夏承焘教授逝世》短讯（夏殁于 1986 年 5 月 11 日）及第二期所载《黄君坦先生逝世》短讯（黄殁于 1986 年 7 月 5 日）可知，是刊当创刊于 1986 年，何时辍印尚不得而知。

　　是刊设有"函授园地"（内置"诗词史""诗词病院""经验谈"等

小专栏)、“名著赏析”“今词话”“人物春秋”“吟坛”“诗坛近讯”等栏目。寇梦碧先生作为主编,除署本名外,另使用多个笔名,如“希声”“谢草”“郁青霞”等,亲为诸多栏目撰文。高準(署名“孤云”)、张牧石(署名“穆实”“实夫”“穆安”)、陈宗枢、李邦佐以及王焕墉等亦多有文章刊载。

为此刊撰文者皆为于辞章一道,素有专长者,且多为老辈学人,所作或便于入门,或有助提高,绝无应酬文字。如寇梦碧先生所撰《〈宴清都·连理海棠〉释句》一文,以梦窗《宴清都》一词为例,阐述其“顺逆离合”之笔法,驳斥刘大杰所撰《中国文学史》中评述梦窗词“吴文英的咏物词,大半都是词谜”之论。又如,张牧石先生所撰《关于“小秦王”渭城曲和唐人七言绝句》一文,指出张伯驹先生所作《小秦王》在格律方面的疏失,皆可谓“金针度人”。此外,是刊每期皆刊布一至两幅吟坛珍贵图片,如朱彊村《落叶词》手稿等。

私意以为,诸多栏目中,最具特色者当属“今词话”,所述皆沽上吟苑之稗史,读之多快人心目者。如寇梦碧先生所撰《秋碧词传奇》一文,述1964年张伯驹先生于福建《乐安词刊》读胡蘋秋所作长短句,觉其清新婉丽,即投函致胡,倍致倾慕,推为“当代李清照”,后多有唱和,情意缠绵,延至文革,犹未间断,积稿三巨册,名曰《秋碧词》(张伯驹号丛碧)。后嘱沽上陈宗枢先生为编剧本《秋碧词传奇》,演张、胡唱和事。实则胡蘋秋乃一京剧男票友,为荀慧生弟子,工青衣花彩,之所以易弁为钗,乃词家怀不羁之才,偶作游戏耳。张牧石先生曾向张伯驹先生明言此事,而张伯驹先生性情笃厚,犹未深信,其自挽长联中亦有“留《秋碧传奇》,求凰一曲最堪怜”之句。又如,寇梦碧先生所撰《枫根吟语》一文,述客居津门之诗词名家周学渊(息庵)先生所言况蕙风来札之"玄怪"事,及刘维素所撰《张牧石与鹿》诸文,皆堪为词林增雅故也。四期《学诗词》中"今词话"栏目共载文11篇,中7篇言及张牧石先生,牧翁之博洽多识,巧思捷才,可傲人也!

(刊于 2015 年 2 月 13 日《今晚报》第 17 版)

点点滴滴润物华

——杂忆黄耘石先生

张今声

1984 年,朋友送我一本挂历。挂历上印的都是清末民初的名画家,如:齐白石、张大千、徐悲鸿、吴石仙等,其中有一张署名黄耘石的画,看着好,但不知其人(可见那时编辑水平之高)。查找资料,亦不见经传。我寡闻,持此挂历请教先龚望师。龚先生看过说:"大好。我也不知此人。"时光荏苒,一晃到了 1986 年的夏季,我在大悲禅院遇到王维孟居士,无意中听他谈到黄耘石。我问:"此人是画画的?"听到王居士准确答复后,我请其代为介绍。王居士说:"今年十月初一(阴历)他来庙立牌位。"因了我平时喜欢涂涂抹抹,那时我在庙里发心,帮着写牌位。十月初一那天,我正在写牌位。一位老者走到我面前,递上一纸,我看了看,落款"黄耘石"。寒暄过后,我冒昧索画,黄先生爽快地答应。

第一次到黄先生家,与我想象的落差很大。黄先生居住十分逼仄,按天津卫人的话说"一间屋子半拉炕",一张不大的书桌,摆满了各种东西,十分杂乱。我很难想象那张我喜欢的画,就是在这种条件下完成的。随之,我求画的想法也随之消散。

黄耘石先生,名乃华,以字行。1916年生于北京,卒于2009年9月29日。幼年随其叔祖黄克斋习画,及长随于非厂先生习画。黄先生说:那时,于非老画元四家山水,字写《峄山碑》。后来,于非老去故宫工作,才开始画工笔花鸟,并写瘦金体。

抗战军兴,黄耘石先生辗转来到重庆,进入中央大学艺术系师从黄君璧学习国画。黄君璧时任中央大学艺术系教授并兼任国立艺专教授、国画组主任。黄耘石这个穷学生,跟随黄君璧学画数年,黄君璧先生"以真诚待人,以真爱来表现生命"来赞许黄耘石。对他情同父子,和颜爱语,循循善诱,还常常帮助他解决生活和学习上的困难。黄耘石亦常侍老师左右,得到黄老师的口传心授。

黄耘石说,第一次与黄君璧先生见面时,先生看了他的画后,当场给他画了两幅山水让他临摹。黄君璧先生教授国画,先教宋元至明清各家皴法,待有一定功力后,再写生,并鼓励学生自创新路。为此,黄君璧先生曾给每个学生编绘一套山水技法的画册,介绍历代不同流派的不同技法,反复为同学们修改画稿,指出习作中的不足。战时,中央大学校址建在重庆郊区沙坪坝嘉陵江畔。黄君璧先生经常带着他和同学们到嘉陵江边写生。为了迅速提高学生的写生能力,深入理解技法与景物的关系,先生画了近百幅嘉陵风景册页,每八页装订一册,供学生临摹。在紧张的学画之余,黄耘石常常在饭后陪先生散步,听先生讲述他的故乡广州的景色和过去游览名山大川的见闻。身为人师,黄君璧对年轻的黄耘石在艺术上更是百般提携与呵护。在重庆举办第四届全国美展时,黄君璧先生特意从黄耘石的绘画中挑选了一张精工清丽的小青绿条幅《白云青山图》,与中大同学作品一起送去参加展览,受到

黄耘石画作之一

参观者的称赞，自此黄耘石为世人所重。

1942年的春季，天空中下着毛毛细雨，黄耘石来到柏溪分校教师宿舍看望黄君璧先生。在一间小屋里，先生给他讲解清初四僧的绘画特点，又让他看了几张自己的近作，然后为他画了一幅拟石涛画法的山水画。上面画的是嘉陵江的风景，构图吸取石涛擅长的截断法，画中大部分景色都不是展现全貌，而是根据视域所及截取其最集中、最有代表性的一部分。先生做画，笔墨干湿并用，灵活多变，行笔忽急忽缓，随景而易。看先生作画，既是艺术的享受，又加深了对绘画艺术的顾悟。先生画完又题："壬午四月廿九日，耘石仁棣冒雨过访山中，畅谈绘事，余略拟石涛画法赠之。君璧并记于柏溪。"经过风风雨雨，黄耘石一直将这幅画珍藏在自己身边。

1944年，黄耘石先生供职的中央气象局，因人事变更，他失业了，这也是抗战最艰难之时。此前，黄君璧老要长某美术院校，要请他去任教职。因诸多原因，君老未赴任，黄先生任职美术院校也就杳无音信。失业后，黄先生的生活陷入窘境，他的中大同学知情后，请他赴昆明，另谋生路。人生多歧路，也充满了未知。如果黄先生去任教职，他以后的人生可能是一条坦途吧，抑或会更充满艰辛？不得而知。黄先生到昆明后，中央大学的同窗在筹办"中大同学旅昆校友十人书画展"期间，黄先生与蒋维崧先生相识了。几十年后，我持黄先生信札拜谒蒋先生时，他第一句话道："我和黄先生是在昆明时相识的。"

1953 年，黄先生因所谓的"历史问题"去北京教书。他去太平湖"胡佩衡画室"看望陈少梅先生时，在公交车上与蒋先生相见。此时的蒋先生供职高教部。他们因各自事忙，且人人自危，只是互道珍重，从后再也没有相见。20 世纪 80 年代初，黄先生要去苏州、安徽等地看望同学。行前给蒋先生寄信，希望相见。待黄先生出行之时，未见蒋先生回音。黄先生返津后，得到蒋先生的复信。信中言道，李天马先生自上海来济南，蒋先生陪他去青岛，故而未见到老同学的信，未能相见，很是遗憾，希望有机会互叙衷肠。《蒋维崧印存》出版后，我去济南，蒋先生题字赐我一册，并托我转赠黄先生一册，他在扉页上写道："耘石我兄教正。弟峻斋。"蒋先生去世后，黄先生握着此印看了许久，说："蒋先生真好。"是人好，抑或是印好？我想，二者兼而有之吧。

1946 年，黄耘石到天津并结识陈少梅。黄先生说："陈少梅天资聪颖，待人友善。在我倒霉别人惟恐避之不及时，他仍然与我交往。"1947 年，他与陈少梅等人创办美术学校，因经费问题未能成功。当我听说陈少梅为其画过画时，冒昧提出观看。黄先生即刻找出，满我心愿。并与我谈了陈少梅的许多逸事。

黄先生给我的画多是练笔之作，画在防风纸上，原本要扔掉。我见之，说："别扔，给我看着玩吧。"黄先生允诺。我请朋友装裱，拿给他看。黄先生说："说好看着玩，怎么裱了？不值啊。"我请他补个款，起初不同意。我执意，他才补上，并钤印。有一张画水画，我请龚先生在诗塘处题字。龚先生说："别黵了卷儿。"遂为此画配"松涛在耳，山月照人"对联。

黄耘石先生善用鸡豪笔画梅花。大约十几年的春节前，我请黄

黄耘石画作之二

耘石先生为朋友画张梅花，题了"山家岁暮无多事，插了梅花便过年"。裱好后，赶在年前送到他府上。希望平淡的生活中，能点缀些喜庆的气氛。他见到画后，眉头一皱，说："梅花，梅花……没的花。你还是拿回去吧。"我没有表态，心想，自己的这点儿心意，不能使人快乐，就拿回家吧。他也觉得有点过头，便说："我有心理障碍，你别怪我。"他的这个毛病，我是知道的。比如，数字的忌讳等。我自责，怎么就没想到画作谐音的忌讳。

黄先生画梅，他说是"写梅"。我问之，他答："画梅要有书法的功底，不然无骨力，无风神。我的梅花不是画，是写。"他从不写倒梅。我曾就此问之，先生答道："我倒了一辈子的霉，还怕写倒梅吗？我不避讳写倒梅，但我不擅写倒梅（这是老先生的诛心之论）。我喜梅之凌霜傲雪，勃勃生机也。"先生作山水时，说："我画某某景。"惟写梅花时，说："写自家心中之生机。"

昔年，我游杭州，赏过超山的唐宋梅，至今莫能忘怀。幽燕之地，无梅可赏。我喜欢在漫天大雪中观苍松古柏的老干虬枝。九九年的冬季，一个漫天大雪的日子，我看过古松柏后，并拜谒先生。先生见我来到，十分高兴地说："我一猜你准来。"先生知道我的习性。

落座后，我们师生漫无天际地畅谈起来。所谈离不开绘画、书法及京剧，及先生所亲历的文人逸事。望着窗外的大雪，我们从雪谈到梅花。先生说，他喜欢梅花，在昆明时勾了许多稿子。我说："先生，您给我画张雪梅吧。"他十分爽快地答应。我又复加一句："现在许多人画雪梅，不是加粉，就是染底子。您要画，就给我画一张既不加粉，又不染底子的。"先生沉思片刻，说："写写看吧。"他向来称画梅为写梅。看黄先生写梅是一种享受。老人笔下有奇崛之气，写枝干，写花蕾时，笔下时断时续，笔断而意连。着色时，花蕾间

黄耘石画作之三

时有时无。我凝心静气地看着。老人放下画笔，笑着说："总算没有交白卷。"许多朋友见到此画，都称其为难得的佳作。泽恩兄亦请其以此画为蓝本，再写一张。先生写了几次，终不称意。泽恩兄每次与我相晤，总是要我展开此卷。清人方士庶有一方"偶然拾得"印。据说，他只在其得意的作品钤上。黄先生的此幅佳作，也是"偶然拾得"吧。

先生中大校友陈之华先生，在先生倒霉时，不避招祸己身，仍与先生互通尺素。在黄先生九十岁时，陈之华先生请他写张梅花留作纪念。黄先生写了几张，不满意。我看过后说，您这几张笔墨极佳，给陈先生吧。黄先生说："你哪里知道我要写的意思。"我曾想把先生写给我的梅花送给陈先生。可是黄先生不答应。我想，老先生

黄耘石画作之四

是要写出自己满意的作品，以报老友吧。不久，传来陈先生过世，黄先生坐在床上，久久地看着窗外，一天未进食水。

从此，先生遂不复写梅花矣。此举，与吴季子挂剑亡友墓上颇为相同吧。

黄耘石为人宽厚谦和。在家境简陋且患帕金森氏综合症的情况上，有人索画，他尽量满足。

20世纪80年代。年逾古稀的黄耘石十分想念分别数十载的恩师。他创作了黄君璧先生故乡的《越秀山中秋月色图》，并题诗："昔年月夜话羊城，难忘金针度与情。坐帐何当归越秀，古稀弟子拜先生。"他希望先生能重返故里，以便再聆听教诲。他托人带给黄君璧先生。同时带去一把折扇和一盒漳州印泥，扇子一面画山水，一面写了两首诗：学艺嘉陵幸遇师，江山如画画如诗。每当挥笔图云树，难忘金针度与时。

怀音食椹喜鸣幽，蜀水苍山忆侍游。明月春风能解意，白云堂上祝添筹。

黄君璧先生回赠其《黄君璧九十华诞纪念集》和一封亲笔信。信中写道："耘石老弟，未晤多时，渴念之至。前托人交来折扇并函早经收到，本拟早为函复，只因心脏病复发，迟迟未复耳。今又有张伯兰先生带来印泥一盒并函，欣慰无既。我自来台后，每年均有到国外一行，顺道展览，宣扬国粹，或因过劳累，得染心脏病，最近两年，仍能搦笔作画。去年以百幅在台义卖，得款五百万元，全数捐出,救济孤儿贫苦老人。今年又画出七十张,在香港全部交东华三医院,全部义卖,得款三百余万,亦全部捐出,以为救济病人之用。吾弟近来工作如何,倘能约定在香港一晤,则偿心愿矣。九十二老人君璧手泐,戊辰除夕前二日。"并附言:"今托张先生带上我在九十岁时同学等印出《纪念集》作为纪念,得收后希为书告知,并将弟之地址附来至盼。"黄君璧先生希望师生二人能在香港相见,但他于1991年去世。黄君璧先生的这封信和《黄君璧九十华诞纪念集》,竟成了他们师生的永久纪念。

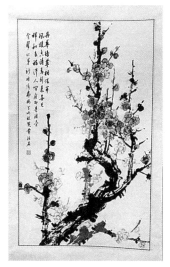

黄耕石画作之五

黄耕石先生有:"悬泉未忍空流去,点点滴滴润物华"诗句,以先生之诗纪念先生吧。

(刊于2015年9月20日《新天津》,总第10期第2版)

胡宗楙"梦选楼"藏书

李炳德

久居天津的著名藏书家胡宗楙,原名宗楚,字季樵,浙江永康人。

其父胡凤丹,初字枫江,又字齐飞,号月樵,别署双溪樵隐、桃溪渔隐。以附贡生入赀为兵部员外郎,旋于同治五年出官湖北候补道,加盐运使衔。曾主湖北崇文书局十余年,致仕还乡。尝以金华一郡撰述最盛,然迭遭兵燹,乡贤遗著散佚殆尽,因就四库采录,汇辑自唐以来乡贤著作165种,按四部分类,撰成《金华文萃书目提要》八卷。同治间,设退补斋,先取所藏,于同治八年刊《金华丛书》,成经部15种、史部11种、子部13种、集部28种,校刻行世,为学林所重。1935年,张元济主持下的商务印书馆选取由宋至清"最有价值"的百部丛书,汇编为《丛书集成初编》,曾将《金华丛书》选入其中。

胡宗楙生于清同治六年(1867),光绪十九年(1893)中副元,任奉化县教谕。光绪二十九年(1903)再考,成举人,改认知县候铨。次年,科举废,遂无意仕进,转向实业界。1917 年居天津,筑颐园,"于一亩之宫,点缀如绘,委曲迂回,极具匠心。藏书之所,精舍五楹。拳石、池水、竹径、药栏,饶有山林之逸趣"。在藏书、刊书方面,胡宗楙受其父影响极大。

胡宗楙在《梦选楼文钞·甲戌自述》中有曰:"庚寅失怙,弥留之顷,跽请欲言,以手指箧上遗书者再,泣血受命。甲午析居,家道中落,鬻产以偿,不足,则议散群书……仅留乡先哲典籍,余供书贾捆载以去。快快累日,愤而出游。自誓得志首刊先哲遗著,次即恢复藏书。"正是基于上述情况,胡氏隐退后,先补刊《金华丛书》,又辑校《续金华丛书》,得经部 5 种、史部 7 种、子部 13 种、集部 35 种,共60 种、388 卷,于 1924 年由永康胡氏梦选楼刊行。尔后便一意聚书,孜孜以求,先后得 16 万卷。筑室五楹,除储藏四部外,别辟一室,专庋乡邦文献。

宗楙一生著述甚富,有《金华经籍志》《群书考异》《段注说文正字》《昭明太子年谱》《永康人物记》等,另有《梦选楼文钞》《梦选楼诗钞》。《金华经籍志》为 1925 年孟冬胡氏梦选楼家刊。卷前有严修、傅增湘二序及胡氏自序。全书 24 卷,外编、存疑、辨误各一卷,共 27 卷,录书 1396 种。其解题体例,多仿孙诒让《温州经籍志》,又参朱彝尊《经义考》及其他目录而折中之,是继《温州经籍志》后的又一部收罗宏富、体例完善之佳作。

1935 年胡宗楙逝世。其子胡庆昌于 1948 年将其藏书尽捐天津崇化学会,总计五楹近百箱,另有家刻书板多种。崇化学会将胡氏捐赠之书庋藏于董事室,并将"梦选楼"匾额悬于室中,使人观匾额而知书所自来。天津乡贤、崇化学会董事金钺(浚宣)先生撰《梦选楼所藏书尽赠崇化学会记》以记其事。1953 年,崇化学会停办。全部财产捐献国家,其中藏书(包括天津蔡虎臣之希郑轩、绍兴金氏之立斋、永康胡氏之梦选楼所捐赠之书及崇化学会旧藏之书)由天津市文化局接收。其后不久,市文化局将这批藏书拨交天津市人民图书馆(即今天津市图书馆)。

(刊于 2015 年 7 月 16 日《今晚报》第 21 版"今晚副刊")

《五大道》系列人物之
中国宪法第一人——汪荣宝

周醉天

大型人文纪录片《五大道》第三集《遗风》，从位于天津市北辰区的中环花鸟鱼虫市场，说到位于和平区沈阳道的古玩市场，从民间收藏家何志华老先生，说道他收藏的清朝服饰，而随着清朝的覆灭，清朝的官服成为遗风。

然后是一段精彩的解说词，原文如下：

一个时代落下帷幕。一座城市历久弥新，沧桑不老，岁月遗痕。

北京开往天津的火车上，人满为患，尽管民国政府巨款供养着紫禁城中的皇帝，但旧朝人人自危，贵族遗臣，如潮水般涌入天津，毗邻首都的这座城市有着可以提供庇护的各国租界，也有着通往世界的海港码头，现代化程度更是远远超过北京，生活便利舒适，天津，这座从前帝都北京的卫城，如今，化作王公遗臣们心理上的卫城。

前清资政院议员汪荣宝，也被裹挟在逃亡的人潮中。天津旭街，曾经这里还是一片藻泽地，如今已成为繁华的商业街，天津的日新月异将帝都的迟暮映衬的无比鲜明,汪荣宝为清廷编纂的《宪法》,永远的失效了。铺满旭街的五色旗,让他为之一震,他感到,一个新的时代到来了。

这是一段精彩的解说词,解说词里提到前清资政院议员汪荣宝,汪荣宝是谁? 汪荣宝何许人也,按照纪录片《五大道》里给出的身份,是前清资政院的议员,是的,没错,汪荣宝是资政院的议员,是负责制定宪法的议员,他可以说是中国宪法第一人,那么,他是一个什么样的人呢? 为什么说汪荣宝为清廷编纂的《宪法》,永远的失效了呢?

因为他是编纂宪法的人,他编的是有史以来的中国第一部宪法,自此以前,中国是没有宪法的,这一回制定宪法,则是从1906年开始的政治体制改革中的一部分。

其实我们今天的人不难理解什么是政治体制改革,那一定是触及许多利益集团的一个很艰难的事情,讲一个小故事,晚清的政治体制改革是从中央官制改革开始的,就是中央各部门的设置,增剪部门,裁剪庸员等等这些事,当然这很难的,于是就有反改革的人背后捣鬼了,他们鼓动太监闹事,为什么鼓动太监呢? 这改革有太监什么事? 当然有了,太监也不干正经事,伺候伺候皇宫里的人,就得花纳税人的银子,众多的太监,也就成了一个利益集团了。怎么鼓动的呢? 说一旦改革了,那么这些太监可就属于被裁员的啊。这太监一听就急了,我们已经被裁了一回(阉割),又要裁我们呢,我们怎么这么倒霉呀,我们出去不就饿死了吗,不行,咱得一起去说道说道,找谁说去呢,这个事都是袁世凯弄的,咱找袁世凯去,于是就在紫禁城的院子里,见到袁世凯,一大帮的太监,就把袁世凯给包围起来了,你一言我一语,弄得袁世凯疲于应付,这都是太监,袁世凯也不敢得罪呀,袁世凯被弄得焦头烂额,也别说,袁世凯还就没敢再提这个事。

由汪荣宝与曹汝霖、金邦平、张仲仁负责拟定中央官制改革草案,除张仲仁外,其余三人都是留日同学,比较了解西方宪政,他们强调责任内阁和三权分立,坚持以君主立宪制的政治原则来制定中央官制。官制改革中风头最健的有四人,即汪荣宝、章宗祥、曹汝霖、陆宗舆,在新政改革中非常活跃,"每逢新政,无役不从,时人戏称为四金刚"①。1911 年,汪荣宝被任命为协纂宪法大臣,他与李家驹共同拟定了《大清宪法草案》,这是中国近代第一部完整的宪法,而汪荣宝和李家驹则成为我国宪法第一人。 9 月 29 日,汪荣宝在日记中说"将宪法草案清写一通,伏案竟日"②,誊写宪法草案,准备交给上司们讨论,然而这部凝聚了汪荣宝心血与理念的宪法因武昌起义的枪声而胎死腹中。

这就是纪录片《五大道》中说的"汪荣宝为清廷编纂的《宪法》,永远的失效了"。

那我们就介绍一下这个汪荣宝吧。

汪荣宝他们家那可是才子辈出的书香门第,他爸爸那一辈号称"一门四知府"。他大爷,就是他爸爸的大哥,汪凤池,拔贡出身,在北京做过内阁中书、在长沙做过知府;二大爷汪凤藻,进士出身,以知府衔获赏二品顶戴,出使驻日大臣;汪荣宝的爸爸是老三,叫汪凤瀛,拔贡出身,做过常德、武昌、长沙知府。四叔汪凤梁,进士出身,授翰林院庶吉士,担任过刑部主事、广西顺庆府知府等职。四子

①曹汝霖著:《曹汝霖一生之回忆》,中国大百科全书出版社 2009 年版,第 62 页。
②韩策等整理、汪荣宝著:《汪荣宝日记》,中华书局 2013 年版,第 301 页。

四知府,汪氏"一门四知府",那可真是了不得呀。知府是多大的官呀,相当于现在的地委书记吧,就是介于省和县之间的那个级别,他们家差不多管了半个省。

汪荣宝是汪凤瀛的长子,出生于 1878 年,1897 年经严格考试,被选为拔贡,成为汪氏家族荣获拔贡的第三人。

拔贡是科举的一种,由各省学政从生员中考试选拔,每府学二名,州、县学各一名,保送入京,作为拔贡。经过朝考合格,可以充任京官、知县或教职。1898 年春天,汪荣宝赴京参加朝考,又顺利通过在贡院和保和殿举行的两场考试,以七品京官入兵部任职。①

1900 年庚子国难,政府的贪腐无能与国家的耻辱让汪荣宝愤而辞职,其实皇帝都跑了,政府已经瘫痪了,不辞职也没事干了。汪荣宝于这年秋天进入南洋公学求学,寻找救国之路。1901 年 12 月他赴日本早稻田大学留学,主修历史和政法,回国后返兵部任职,不久受聘于京师译学馆,也就是北京大学前身,充任教习,讲授近代史。

在这个北京大学前身的日子里,一件事,足以看出汪荣宝的才情。这个北京大学那时候没有近代史的教材,他找来找去没什么教科书可用,就干脆自己动手写了一本,名叫《京师译学馆本朝史讲义》,后来改名为《学部审定中学中国历史教科书本朝史》,1912 年的时候,有位许国英,把这书修改增补了一番,交给商务印书馆出版,改名为《清史讲义》②。《清史讲义》将清史中一切外来因素分析得十分透彻,文字简洁优雅,提纲挈领地扼要记述每一件大事的来

①赵林凤著:《汪荣宝评传》,南京大学出版社 2012 年版,第 39—42 页。
②赵林凤著:《汪荣宝评传》,第 368 页。

龙去脉,有条不紊,值得今人效法。而尤其令人敬佩的,便是史笔的勇敢,虽触时忌亦所不顾。如此说来,汪荣宝堪称奇才亦不过分。

1906年,汪荣宝改任巡警部主事,巡警部改民政部,汪荣宝升补参事,仍然在译学馆兼职教习。1908年任民政部右参议,兼宪政编查馆正科员。1909年任简字研究会会员。1910年任资政院议员,负责审查新刑律案,他全力支持以资产阶级立法原理编纂的新刑律,他甚至带头高呼"大清国立宪政体万岁",可见,一个32岁年轻人文人的性情表露。1911年,汪荣宝被任命为协纂宪法大臣,编纂了中国第一部《宪法》,前文中已经谈到,他的宪法因为武昌起义的枪声,而永远的,失效了。

武昌起义带来的另一个后果就是,朝廷无力平息起义,不得已起用了被"回籍养疴"的袁世凯,袁世凯取得了朝廷的军权,总理大臣奕劻辞职了,朝廷命袁世凯组阁。这样,庆亲王奕劻的内阁就此解体了。

1911年11月2日,资政院开会讨论宪法信条,汪荣宝参与起草,并力主两院制,与持一院制议员有激烈辩论,"几至决裂",当《重大宪法信条十九条》得以通过的时候,议员皆欢呼,汪荣宝想起凝结自己几个月心血的宪法草案竟然作废了,他"未及散会,先行退出"[1]。汪荣宝愤愤地向大清门深深地作了三个揖,发誓说:从今以后,绝不再踏进大清门一步。[2]然后转身毅然离开北京,携家带口,踏上了"逃亡"天津的旅途。

这就是纪录片《五大道》里说的:"前清资政院议员汪荣宝,也

---

[1] 韩策等整理、汪荣宝著:《汪荣宝日记》,第312页。
[2] 沈云龙著:《徐世昌评传》,中国大百科全书出版和2013年版,第181页。

被裹挟在逃亡的人潮中。"

那么，汪荣宝为什么要逃亡呢？那些个日子里，北京谣言满天飞，王公贵戚和朝廷官员，人人自危，纷纷跑来天津"逃亡""避难"，这就是解说词里说的：北京开往天津的火车上，人满为患，尽管民国政府巨款供养着紫禁城中的皇帝，但旧朝人人自危，贵族遗臣，如潮水般涌入天津。

那么，"逃亡""避难"为什么来天津呢？解说词已经介绍了，我们就不多讲了，解说词说：毗邻首都的这座城市有着可以提供庇护的各国租界，也有着通往世界的海港码头，现代化程度更是远远超过北京，生活便利舒适，天津，这座从前帝都北京的卫城，如今，化作王公遗臣们心理上的卫城。

其实严格的讲，汪宝荣来天津，不是"逃亡"，而是"避难"。他又不是皇亲国戚，他为什么要避难呢？其实就是解说词里说的，"旧朝人人自危"。同时，直接导致汪荣宝"逃亡"的，还另有原因。

1911 年 11 月 7 日这一天，汪荣宝早晨起床洗了一个凉水澡，因为已经被任命为《法令全书》总纂，就来到官报局①看看，但是这里一个人没有，在这里稍微坐了一下他就走了，去了章宗祥的寓所。章宗元（章宗祥的哥哥）已经去资政院了，打电话来让汪荣宝赶紧过去，汪荣宝正在犹豫不定，孙润宇从寓所打来电话，他告诉汪荣宝，说他听说保定陷落了，这时章宗元回来了，他听说吴禄贞被杀了。这陆续传来的消息，让大家互相看着，都很吃惊，都说北方的局面很快就会乱了。大家在一起吃饭，吃饭的时候又听说吏部衙门着火了，这使他们几个更害怕了。汪荣宝开车回家的途中路过前

①官报局，是宪政编查馆的一个部门。负责《政治官报》的编辑、校对、印刷、发行等事宜。

门,他看见很多人在救火,在来来回回的跑,提着水桶跑。这又给汪荣宝加大了心理负担,他回到寓所,姚锡光恰好来串门,姚锡光说吴禄贞是被旗兵所杀,这样的局面是满汉互相仇视,必将演变成大悲剧。于是汪荣宝让妻子收拾行李,决定明天一早就到天津去。[①]

也就是说,当时传闻很多,出事也很多,吴禄贞确实被杀,但是并不像传说的那样是旗兵所杀。有些事情一传,就会以讹传讹,闹得人心惶惶。汪宝荣决定去天津,宏观的说是因为大局纷纭、"恶性"事件频发,传言纷飞;微观上说,是因为保定出事,吴禄贞被杀。因为武昌起义是南方,毕竟距离北京尚远,而保定离北京太近了,保定出事了,这太吓人了,所以他才决定,赶紧去天津。

所以说汪宝荣来天津不是"逃亡",而是"避难",但是这一趟不长的旅途,确实是有一点像"逃亡",而且不是他一人一家的逃亡,"携眷与四弟夫妇及孙、黄两家同赴东车场,车中拥挤,已无立足之地"[②],和他们一同"逃亡"的还有四弟汪乐宝夫妇、孙润宇夫妇、黄镇夫妇。汪荣宝见火车如此拥挤,就想坐下一班快车,正好碰上秦闻诗兄弟,他们力劝汪荣宝上车,孙润宇也不愿意再等,没办法汪荣宝只能上了火车,将就着呗。中午之前就到了天津,本打算安排在长发客栈,但是客满,在分店将就了两天,终于租得一处房子,就是旭街 78 号,楼底各两间半,月租金 70 元。汪荣宝在天津的家,终于安顿下来了。

汪荣宝这个人,用现在的话说,就是一个性情中人,有一点愤青的意思,他发誓不再踏进大清门,实际上没过几天他就又踏进了

①韩策等整理、汪荣宝著:《汪荣宝日记》,第 313 页。
②韩策等整理、汪荣宝著:《汪荣宝日记》,第 314 页。

那个大清门。那是因为没过几天，资政院选举袁世凯为内阁总理，袁世凯建立了中国君主立宪体制下的第一个责任内阁，而包括袁世凯本人在内，谁也不知道这个君主立宪体制下的责任内阁应该怎样运行，于是，张国淦亲自来到天津，就把这个汪荣宝请回了北京。他刚刚发过的誓言，还在耳边，他食言了。

汪荣宝回到北京，和张国淦他们一起，关在房间里想了好几天，给了袁世凯一个加强责任内阁权力，削减限制皇上权力的方案。袁总理大喜，马上就下了命令了："所以嗣后例应奏事人员，于奏事章程未定以前，关于国务有所陈述者，均暂呈由内阁核办，毋须再递封奏，以明责任，以符宪政"①，就是说：一切与立宪相抵触的上奏，一律停止；一切上奏，全由内阁办理。于是入对奏事之权，咸集中于内阁。而这个"停止入对奏事"的方案，就是出自汪荣宝。这样一来，皇上的权利都给消减了，限制了，国家最高权力实际掌握在袁世凯手里了，于是，摄政王载沣辞职了。大清朝廷就剩下一对孤儿寡母了，袁世凯距离逼清宫退位只差一步之遥了。

11月24日，当汪荣宝听说资政院谈话会上尚有多数议员主张痛剿南方起义军，遂感慨道："真可谓至死不悟矣。"都快死了还不明白呢。11月26日吃过晚饭以后，汪荣宝的同事、资政院科员高种来到汪荣宝天津旭街的寓所，二人聊天，聊到情绪兴奋时，携手外出，来到一家日本理发店，毅然的剪掉了脑袋后面的发辫，也剪掉了他与大清王朝的臣属关系。②二人一定是互相看着对方的崭新形象，开怀大笑不止。

---

①沈云龙著：《徐世昌评传》，第181页。
②韩策等整理、汪荣宝著：《汪荣宝日记》，第320页。

　　1912年2月17日,辛亥年十二月三十号,辛亥年的最后一天,而宣统三年已经数不到这一天了,他已经在五天以前结束了。这一天,是辛亥年的除夕,汪荣宝在天津的家里,准备迎接新的一年的到来,他在日记中写道:"早起,到旭街,一路见五色旗飘扬空际,气象一新。"①这就是纪录片《五大道》这一段解说词的最后一句:铺满旭街的五色旗,让他为之一震,他感到,一个新的时代到来了。

　　大型人文电视纪录片《五大道》第三集《遗风》选择汪荣宝作为第一个出场的历史人物,独具慧眼。本文借《五大道》的热播,向大家介绍这位才情出众的性情中人汪荣宝, 和他在清末民初的"遗风"中,游走于京津之间发生的故事。

　　(刊于《天津市社会主义学院学报》,2015年第3期,第54—56页)

---

①韩策等整理、汪荣宝著:《汪荣宝日记》,第345页。

谁获中国第一张
大学毕业文凭

王 杰

北洋大学堂于 1895 年建立，因为是应国家急需，兴学救国刻不容缓，因此当年建立，当年招生。盛宣怀在建立北洋大学堂的请奏章程中就规定："头等学堂，本年拟先招已通大学堂第一年功夫者，精选三十名列作末班。"又规定设立二等学堂以解决头等学堂生源问题，"二等学堂，本年即由天津、上海、香港等处先招已通小学堂第三年功夫者三十名，列作头班；已通第二年功夫者三十名，列作二班；已通第一年功夫者三十名，列作三班；来年再招三十名，列作四班。合成一百二十名为额。第二年起，每年即可拔出头班三十名升入头等学堂。"鉴于当时内地西式教育欠发达，而香港等地西学开办的早，形成了中学基础，尤其是一些办得好的教会学校，办学质量比较高，北洋大学堂的首次招生即在香港、广州等地举行。

1895 年 10 月，北洋大学堂的头等学堂在香港招生的消息见诸报端。消息明确"此外国所谓大学堂也"，宣布"至第四年底，头等头班三十名,准给考单挑选出堂。或派赴外洋,分途历练;或酌量委派洋务职事。"这是中国第一所大学堂的第一批招生,而且学生毕业后皆有很好的前途,因而报名者十分踊跃,达千余人之多。北洋大学堂本着"宁缺毋滥"的原则,通过严格的考试,仅录取了十来名。在这不足十名的学生中就有其后取得第一张大学毕业文凭的王宠惠。

王宠惠,字亮畴,广东东莞人。1881年生于香港,幼年入香港圣保罗学校读书,后升入皇仁书院,在校期间成绩优秀。1895年考取北洋大学堂头等学堂的法科。1899年,王宠惠以最优成绩毕业,并获颁发毕业文凭。这张毕业文凭是我国的第一张大学毕业文凭。文凭颁发于1900年元月。文凭的最上方有"考凭"(即文凭)字样,考凭顶端是一个蝙蝠图案,寓意喜福。考凭下方为祥云纹饰,寓意吉祥。整体为吉祥幸福之意。文凭的正文左右两侧各有两条大龙,跃出海水腾于空中,下方为海水波浪,文凭外围左右书有"钦字第壹号"字样。

文凭正文开头书有:"钦差大臣办理北洋通商事务直隶总督部堂裕为给发考评事,照得天津北洋大学堂,招取学生,由二等四班递升头等头班分年肄业。习汉洋文及各项专门之学,历年由该堂总办暨总教习、分教习随时考验,均能按照功课循序渐进。惟查该学堂于光绪二十一年九月间开办,当时所招学生有在原籍及上海等处曾习汉洋文,尽有造到该学堂所定功课四五年、二三年不等者,故自二十二年起,随其学历深浅,分隶头等第四班及二等各班,现届四年期满,核与八年毕业章程仍相符合。""学生王宠惠,经本大臣复加考核,名实相符合,行给付考单,俾该生执以为凭,以便因才录用。凡该生肄习各项学问,逐一开列于后,须至凭者。"

由此可以见得，第一批毕业生不仅经过四年学习修完了全部课程，考试合格，而且还得接受国家委派的由直隶总督监督的考试，才能够毕业授予文凭。经过考核毕业后不仅朝廷给予出身，而且可以获得学士学位。

考凭文字还有"计开：查该生前在香港肄业四年，于光绪二十一年招取入头等学堂第四班"，说明王宠惠入学时间。其后，开列了王宠惠在学期间所学的全部科目，"以便因才录用"。入学时间、毕业时间、所学科目、考试情况在文凭中书写得十分详尽。反映出朝廷对于大学堂人才培养的高度重视。科目后面由上到下排列了王宠惠曾祖父、祖父和父亲的名字，可谓光宗耀祖。

当时的毕业文凭都是由朝廷认可后，盖有学校关防才发给学生，学生都是毕业后再返回学校领取文凭，因此文凭所注明的颁发时间较之毕业时间晚。

因为，领受该文凭的是我国第一所新型大学的第一届毕业生，又是"钦字第壹号"文凭，所以称为我国第一张大学毕业文凭。王宠惠是我国有据可查的第一位在中国自己开办的大学毕业的本科生。

王宠惠在近现代中国乃至世界历史上曾是一个叱咤风云的传奇人物。民国时期，在政、学两界，他的大名几乎是无人不晓。王宠惠是中国第一张大学文凭的获得者，作为学者，他学贯中西，在宪法、刑法、民法、国际法等领域都有精深的造诣，是中国第一个在海牙国际法庭供职的中国法学家，并曾是联合国宪章的起草者之一，在国际法学界享有盛誉，可以说是近现代中国法学的奠基者之一。作为政治家，他曾一度担任中华民国国务总理，此后又长期身居国民政府的外交总长、司法总长等要职。

　　王宠惠生于香港一个信仰基督教的家庭。从小在教会学校上学,打下了扎实的西学基础。同时在父亲的督导下,课余在家里随周松石学习《论语》《孟子》等儒家经典,因此国文基础也很扎实。1895年,北洋大学在香港招收第一批本科生,王宠惠以优异成绩考取头等学堂第四班攻读法科法律学门。

　　1899年,王宠惠以最优成绩毕业,并获颁发我国第一张大学毕业文凭。1901年王宠惠留学美国耶鲁大学,获得法学博士学位。毕业后旋即赴英国继续研究国际公法,并获得英国律师资格。此时,王宠惠还游历了法国和德国等欧洲国家,考察各国宪法,并加入柏林比较法学会成为会员。在这期间,最能显示王宠惠学术功底的事件是他用英文翻译了《德国民法典》。该作品于1907年在伦敦由著名的斯蒂芬斯书店出版。该书在王宠惠翻译的版本之前,已经有一些英译本问世,但因这样或那样的缺陷而未被法学界所接受,而王宠惠的译本一出,很快就受到国际法学界的好评,并迅速成为欧美各大学的通用教材,这使得王宠惠在西方法学界名声大振。《德国民法典》的英文版奠定了王宠惠在西方法学界的学术地位。《德国民法典》直到20世纪70年代仍然在美国保持了经典教材的地位。70年代尼克松去台湾访问,下飞机后就提出要探望王宠惠博士,以表示他的敬意。原来王宠惠以英文翻译的《德国民法典》出版之时,正值尼克松出生,后来尼克松上大学,所用的教材就是王宠惠翻译的《德国民法典》。一个中国人,能以英文翻译德文的作品,并赢得以英文为母语的英美人的尊敬,是值得国人引以自豪的事情。

　　王宠惠在学业有成之后,投身报效祖国,追随孙中山进行民主革命,缔造共和。王在美求学期间恰逢孙中山旅居纽约,从此追随孙中山于国民革命。1904年他为孙中山起草了对外宣言。1905年同盟会成立，他即刻加入。此时的王宠惠在西方的法学界很有影响，事业正顺利发展。1911年他放弃了在国外优越的生活和工作条件，毅然回国参加辛亥革命，作为副议长到上海迎接孙中山抵南京组建临时政府，并出任外交总长。民国元年孙中山特颁发给王宠惠金质"中华民国开国纪念章"。袁世凯当政后，王宠惠反对封建复古，不顾挽留坚决辞职，出任复旦大学副校长。1915年护国运动兴起，王宠惠出任军务院外交副使。1920年任民国大理院院长。1922年任北京政府内阁总理。抗战期间任外交部长，国防最高委员会秘书长，为争取外援抗击日寇做出了贡献。

王宠惠在国民政府任外交总长期间，努力维护祖国统一，促成了《开罗条约》的签订，对于台湾等领土回归祖国做出了重要贡献。太平洋战争爆发后，形势急转直下。1942年11月，苏军在斯大林格勒战区组织反攻，英、美军队在北非登陆。1943年9月，意大利投降，世界反法西斯战争取得重大胜利。11月22日至26日，美、英、中三国首脑召开开罗会议，商讨联合对日作战计划及战后如何处置日本等问题。1943年11月23日晚，中方在与罗斯福单独会谈时，提出了日本攫取中国之土地，应归还中国等4项要求。11月23日，国防最高委员会秘书长王宠惠在预拟的中国政府提案中提出：日本自九一八事变后侵占之中国领土，包括旅大租界地及台湾、澎湖，应归还中国。11月24日，开罗会议公报草案提出，日本由中国攫取之土地，例如满洲（中国东北）、台湾等，当然应归还中国。讨论中，英国代表贾次干企图将中国主权模糊化，提出将草案改为："日本由中国攫去之土地，例如满洲（中国东北）、台湾与澎湖列岛，当然必须由日本放弃。"王宠惠认为，英国的这一修改，"不但中国不赞成，世界各国亦将发生怀疑"。他说："世界人士均知此次大战，由于日本侵略我东北而起,而吾人作战之目的,亦即在贯彻反侵略主义。苟其如此含糊,则中国人民乃至世界人民皆将疑惑不解。故中国方面对此段修改文字,碍难接受。"他表示:"如不明言归还中国,则吾联合国共同作战,反对侵略之目标,太不明显。"美国代表支持王宠惠的意见,英国草案被否决。26日,草案送请正在讨论的罗斯福、邱吉尔和蒋介石审阅,得到一致赞成。会议定稿的公报宣称:"三国之宗旨,在剥夺日本在1914年第一次世界大战开始后在太平洋上所夺得或占领之一切岛屿,在使日本所窃取于中国之领土,例如东北四省、台湾、澎湖列岛等,归还中国。"

王宠惠的外交成就,基础于法学根基。他是中国近代少有的学贯中西的法学泰斗,在宪法、刑法、民法、国际法等领域都有精深的造诣,曾是联合国宪章的起草者之一,是中国第一个在海牙国际法庭担任正法官的法学家,著作有《宪法平议》《宪法范言》《比较宪法》等,可以说是近现代中国法学的奠基人。

1958年3月15日,77岁的王宠惠在台北去世。

(刊于《博览群书》,2015年第10期,第13—16页)

张伯苓的三次"失策"

周利成

1947 年 10 月 17 日,是南开学校 43 周年校庆日,也是校长张伯苓从教 49 年的纪念日。天津新星报社出版的《中国内幕》的记者海天采访了张伯苓,他在慨叹张伯苓对中国教育事业的伟大贡献,景仰张伯苓先生倡导南开精神的同时,却又以独特的视角发现了三个"问题",进而指出教育家张伯苓一生中曾有三次"失策"。

弃武从教

张伯苓回忆起当年在威海卫"同济"号军舰上见到的最痛心的一幕:"我正在那里,并且威海卫的旗子两天内换了三次。我看见龙旗替下来太阳旗,第二天我又看见龙旗被英国旗代替了。悲楚和愤怒使我深思。我得到一种坚强的信念:中国想在现代世界生存,惟有赖一种能制造一代新国民的新教育。我决心把我的生命用在教育救国的事业上。"张伯苓从十三岁考入北洋水师学堂,艰苦从军八年,放弃海军生涯时正是一位二十二岁的青年海军军官。记者海天认为,假使以张伯苓献身教育事业的毅力和精神,让他继续训练中国海军,说不定中国早就有一支坚不可摧、战无不胜的强大海军了!当听到记者提出这个问题时,张伯苓笑着否认了这件事情的可能性。他说:"办海军,政府需要拿出大批的钱,自然和办一项社会事业不同了。"

今天看来,海天的这一想法不免偏颇和天真,甚至有些调侃的味道。正如张伯苓所讲,这两件事有着本质的区别:创办南开系列学校有了严修的鼎力支持,张伯苓的执著追求就能实现,但统领中国海军仅仅依靠一己之力是不可能做到的,更需要政府的支持、同僚的配合、将士们的浴血奋战。

献身政治

张伯苓曾任国民参议会参政员、主席团主席,并且为国事多方奔走。但大家都知道,他其实没有一丝一毫的做官想法。倘若做官是为国家服务,张伯苓宁愿多造就一些服务国家的人才。1941年,孔祥熙转托行政院参事张平群多次游说他加入国民党,张伯苓终于答应了,时年六十五岁。事后,蒋介石听说了,非常高兴,认为这是国民党的大成功!但海天认为,张伯苓参与政治是国民党的成功,对于他本人却未必。站在中国文化教育的立场而言,张伯苓的这一举动是一个巨大损失。倘若张伯苓不加入国民党,他在中国教育界的声望会更大。在当时国民党内部复杂的环境中,张伯苓假使不是以当事人的姿态而是以第三者的身份出现,他在政治上也会发挥出更大的权衡作用。张伯苓接受采访时说:"我办教育是为国,我入党也是为国。为怎样的国家呢？是为实现三民主义的国家。"

海天的这一观点是真知灼见，更有先见之明，这在当时的时代背景下愈显难能可贵。1947年12月，张伯苓当选为国大代表。1948年6月，张伯苓出任国民政府考试院院长。从张伯苓的从政轨迹上看，最初出任参政员只不过是想跑跑龙套，但加入国民党后，他就开始身不由己了。因为随着解放战争的深入，国民党在大陆的统治摇摇欲坠，岌岌可危，但蒋介石不愿就此退出政治舞台，他要把饮誉中外的大学者、民主人士网罗到政府里来，为他的独裁统治披上民主伪装，达到"名人效应"。所以，中国教育界的旗帜性人物张伯苓自然成为其中之一。

南开改国立

抗日战争爆发后，南开大学位于天津八里台的校舍被日本侵略者的大轰炸所毁，这对张伯苓打击很大，每当提及此事，张伯苓都是义愤填膺，诅咒日本侵略者的暴行。天津沦陷后，他迁居南京，住在傅厚岗66号。表面上的乐观很难掩饰他内心的悲伤，他时常挂在嘴边的一句话就是："咱南开，这回是真的难开啦！"他对友人感叹道："有中国才有南开呀！"抗战胜利后，张伯苓曾函呈蒋介石，表达了恢复南开大学的迫切心情。听说蒋介石批了"改国立"三个字后，张伯苓既激动又焦虑，激动的是他为之奋斗一生的南开学校终于有希望复校了！同时更为南开学校改为国立后的前途而焦虑。但是，如果仍然坚持私立，数字庞大的复员经费实难筹措，复校更是遥遥无期。两难之下，张伯苓向蒋介石提出了一个建议：政府补助费逐年递减十分之一，十年后，南开仍旧恢复私立。蒋介石答应了。但事情并没有像张伯苓预想的那样发展，1945年底，蒋介石亲自派人送张伯苓赴美国治病，并奉上了15000元治疗费。1946年4月，蒋介石亲自签署了将南开正式改为国立的文件，彻底击碎了张伯苓的天真梦想。当时，许多南开校友表示不满情绪，非南开校友杨开道教授还公开写文章大发牢骚。张伯苓面对海天的采访也很无奈。他说，南开办学本身并没有钱，要复校只有改成国立，我已别无选择。

张伯苓曾对学生说过："我们这个学校，全靠别人的帮助，我好比是大和尚，你们是小和尚，可以打听打听，哪一家出血，我领着你们去化缘。"南开改为国立既然非张伯苓原意，那么，他为什么不像当初创办南开学校时一样靠化缘解决复校经费呢？笔者认为，化缘复校已不现实。一是张伯苓最初化缘，是从小到大，如同滚雪球一般，南开系列学校一个个建立起来。而当时南开学校已成规模，复校需要一次性拿出巨额资金。二是时代不同了，当时正值战后恢复期，中国经济最为艰难时期，百业待兴，想化缘谈何容易啊！三是张伯苓已是七十一岁高龄的老人，身体多病。采访最后，张伯苓表示对南开学校的未来充满了信心，无论是私立还是国立，学校一定仍将保持南开精神和优良传统，并将世代传承！

（刊于《世纪》，2015年第1期，2015年1月，第69—70页）

天津抗战在党的沦陷区工作中的
重要地位与贡献

王凯捷

一、确立在华北沦陷区抗战主体地位

1.党中央决策部署

抗日战争爆发后,中国共产党制定了"隐蔽精干,长期埋伏,积蓄力量,以待时机"的沦陷区工作方针。1940年9月18日,中共中央书记处发出《关于开展敌后大城市工作的通知》(第一号)。通知指出:"目前我国各大城市重要港口主要铁路都沦陷于敌人之手,特别是大工业区(上海、天津等地)在敌人的统治下已经三年多了。"在这里,"有广大的劳动群众、知识分子、中间阶层,是对日寇痛恨,对中国抗战积极拥护,对共产党、八路军的主张同情。伟大的抗日力量广泛的统一战线的基础,同样是潜伏在敌后各大城市之中。"①在这份指导全国敌后城市工作的重要文件中,党中央第一次

①中央档案馆编:《中共中央文件选集》(12),中共中央党校出版社1991年版,第490页、491页。

将天津、上海作为具有代表性的敌后大城市,并指出了天津、上海这样的"大工业区"具备的五个显著特征:"(甲)工业已相当恢复,工人数量不比战前减少,这里依然是无产阶级密集的中心地。(乙)学校都已开办,有约占全国五分之三的大中学生和广大的知识分子。(丙)伪军逐渐增加,在日寇的南进政策之下其数目还将继续增加。(丁)城市居民的数目比战前增多,敌后大资产阶级大地主集中到各大都市。(戊)由于英军的撤退(根据英日共同签订的《有田·克莱琪协定》,原驻天津、上海英租界内的英军开始撤出——笔者注),更增加了敌人对天津、上海等地大工业城市的暂时统治势力。"①在党中央看来,天津在华北重要的政治、经济等战略地位,具有举足轻重的影响和作用。因此,基于引领其他敌后城市工作的深刻考虑,党中央在指导开展敌后城市工作上,已有计划地将中国第一和第二大工商业城市,作为开展敌后大城市工作的重心而赋予了重要使命。此后,在两大城市党组织的积极努力下,南有上海、北有天津的敌后大城市工作战略格局开始形成,并以出色的成绩带动了全国敌占城市工作的开展。

1940 年 9 月 18 日,中共中央在全国范围内确定以上海、北平、天津等 14 处为据点,并逐步开展城市工作。10 月 2 日,中共中央发出《关于开展敌后大城市工作给彭德怀、杨尚昆同志的指示》,特别提到党在华北工作应"由天津沿津浦线向济南、青岛等地及北宁线向唐山、山海关、辽宁等地发展"。

1944 年以后,世界反法西斯战争出现重大转折,解放区战场开始进入局部反攻阶段。1944 年 6 月 5 日,中共中央发出《关于城市

---

① 中央档案馆编:《中共中央文件选集》(12),第 490 页。

工作的指示》，明确提出："不占领大城市与交通要道，不能驱逐日寇出中国。""因此各局各委必须把城市工作与根据地工作作为自己同等重要的两大任务，而负起准备夺取所属一切大中小城市与交通要道的责任来……里应外合的思想，是我党从大城市驱逐敌人的根本思想。"①为贯彻执行党中央的决策部署，从1944年春夏开始，天津敌后城市工作发生重大变化，形成中央城委、北方局城委、晋察冀中央分局，以及冀中、冀东、渤海等根据地党委共同开展天津城市工作的新局面。

1945年8月，按照党中央举行大反攻的战略部署，天津周边的冀中、冀热辽八路军部队，向日伪占据的天津等敌占城市发起强大攻势。但由于美国支持国民党军队抢占大城市，并极力阻碍中国共产党领导的人民武装接受日伪军投降。面对严峻局面，党中央及时改变战略方针。同时，针对美蒋的阴谋活动，给予有力的抨击。1945年9月30日，延安《解放日报》刊登党中央以新华社记者名义撰写的《为美军将在天津登陆事发表评论》，指出："美军将在天津登陆目的，在于帮助中国军队解除日军武装，但尽人皆知，天津日军武装，即无美军登陆亦可顺利解除。"评论说："国民党当局一再要求美军登陆平津之目的，显然不是真正为了要解除平津日军之武装，而是为了要利用登陆美军以反对八路军的占领平津，更进而至于反对华北所有的八路军。"

党中央对美蒋抢占天津险恶用心的揭露，充分说明天津在实施"扩大解放区，缩小沦陷区"反攻战略中的重要作用。充分表明党

---

①中央档案馆编：《中共中央文件选集》(14)，中共中央党校出版社1992年版，第243—244页。

中央夺取并控制天津战略决策构想的深远，以及根据形势变化及时改变斗争策略做出的正确决断。

2. 党中央领导人与天津抗战

抗战初期，毛泽东曾多次就冀东游击战争作出重要部署。1938年4月20日，毛泽东致电聂荣臻、彭真等，要求"应设法与天津建立交通，调平津一批干部到你处工作。"[①]1938年7月8日，鉴于冀东敌情变化，毛泽东及时告诫聂荣臻等：敌人是"从漏洴口（应为罗文峪——笔者注）起，沿长城布防至马兰峪，折回蓟县，采取大包围形势。"其目的是"逐渐缩小包围，压迫我军于蓟县北部聚歼之。"[②]鉴于日军在该地仅有少数兵力，因此，毛泽东断言敌人绝难完成对我抗日武装的包围。要求他们趁敌人部署尚未完成之机，迅速以敏捷的动作，冲破封锁线，确保整体作战计划的完成。毛泽东做出的带有战略前瞻性的决策，充分展示出一个伟大军事家所特有的胆略和智慧。1944年中央发出全党开展城市工作的号召后，毛泽东曾亲自与派到天津开展情报工作的景雨林谈话，向他交待秘密工作任务。1945年5月，毛泽东批转文件，将晋察冀分局关于冀中津南武工队的组织形式和工作方式的经验，介绍到广东、湖北、河南、华中、山东、晋西北等地区。

1941年4月，周恩来派遣原延安鲁迅艺术学院实验剧团干部龚炜回天津工作，以天津中国实业银行职员身份为掩护，开展搜集日军战略情报等项工作。

[①]《毛泽东军事文集》第二卷，军事科学出版社、中央文献出版社1993年版，第216页。
[②]中共河北省委党史研究室编：《冀东抗日暴动》，河北人民出版社1993年版，第48—49页。

3. 创造性的斗争实践

1937 年 11 月，中共河北省委在天津建立了党的统一战线组织——华北人民抗日自卫委员会。进而在团结社会各界人士，开展敌后游击战争等方面发挥了重要作用，天津也因此成为指挥冀东暴动的中心。

1938 年 9 月，党中央决定在天津成立平津唐点线工作委员会。负责北平市委、大津市委、唐山市委和北宁铁路沿线党的各级组织工作。在此后三年零五个月的时间内，平津唐点线工作委员会卓有成效地领导了华北沦陷区的抗日斗争，为党在华北敌占城市的工作做出了历史性的贡献。太平洋战争爆发后，日本侵略者加紧对沦陷区中共组织进行残酷镇压，致使平津唐点线委遭受严重破坏。

之后，为继续发挥天津在整个华北敌后城市的主导作用，中共北方分局(后改称晋察冀分局)承担了领导天津工作的重任。这一时期，坚持战斗在天津的党组织，坚决执行党中央的指示，做到在"隐蔽"中求发展，在"埋伏"中积蓄力量，沉着应对复杂局面，并在很短的时间里使党的组织得到了发展。截止抗战胜利前夕，天津党组织已在全市各大中型工厂、农村，以及 133 所大中学校和电台、邮局、伪警中开展了活动。

1943 年后，随着世界反法西斯战场出现重大转折，特别是党中央发出全党开展城市工作的号召后，中共晋察冀分局和中共山东分局，要求靠近天津的根据地党委迅速派出干部、党员开辟工作。其中，仅晋察冀分局直接派遣并领导的党员就有 70 余人。派到天津的各个系统的党员深入工厂、学校发展党的组织；搜集敌伪军情报；建立运送重要物资的渠道和扰乱日伪统治秩序。到日本投降时，已形成有关根据地党委城工、敌工、社会、情报等部门共同开展天津工作的局面,并进一步确立了在华北敌占城市的主体地位。正如毛泽东在党的七大政治报告中所指出的:"我们夺取了大城市像北平、天津这样大的三、五个中心城市,我们八路军就要到那里去,我们一定要在那里开八大。"

二、为抗日战争做出重要贡献

抗战八年中,天津工人阶级为抗日战争做出了无私的奉献,他们以自己的智慧和朴素的爱国情怀,克服重重困难,千方百计为根据地输送急需物资和人才,粉碎了日本侵略者妄图从经济上"毁灭边区"的阴谋。对此,日本华北方面军不得不承认:晋察冀根据地所需要的"盐、砂糖、火柴、电池、纸、药品等各种物资,利用行商,主要从天津方面运入。"[1]此外,天津广大工人还开展了一系列破坏日伪当局军工生产、扰乱统治秩序的斗争。其中,电话局职工的"抗交斗争"等,在敌占大城市产生了重要反响。此外,一些积极支持中国抗战的国际友好人士也主动承担了为根据地运送物资的任务,如在天津居住的燕京大学英籍教授林迈可、奥地利医生傅莱等,积极为根据地解决无线电通讯器材和药品等问题。当年,日军驻天津特务机关"陆军联络部"根据对1944年2月掌握的情况,不无恐慌地指出:"从天津的情况看到,华北经济界的混乱,现已成为失去平衡的统制经济。依靠时局精神的号召,采取姑息因循的手段,是不能挽救这种局面的。如此放任下去,则华北经济势

---

① 日本防卫厅战史室编、天津市政协编译组译:《华北治安战》(上),天津人民出版社1982年版,第167页。

必在道义和统制的旗帜下遭到破坏,而华北兵站基地的作用必将从根本上被彻底摧毁。"同时,也"使驻津兵团和特务机关的多年努力成为泡影。"①

为取得抗战胜利,天津人民做出了巨大牺牲。抗日战争时期,日本帝国主义对天津进行了疯狂的经济侵略,仅在日伪当局推行"治安强化运动"期间,就掠夺铜60多万公斤,铁41万多公斤,锡纸15万多张,总计金额达3926万元(法币)。1937年7月至1942年7月,日本侵略者在天津抓捕的劳工并运往日本、伪满洲国等地的就有1547345人。②同时,天津郊县广大人民群众也做出了极大的牺牲。据有关资料统计,蓟县有20390名群众英勇牺牲,粮食损失2.2346亿公斤,房屋损失15760多间,被抓走的劳工6332人,盘山72座庙宇和清皇室行宫——静寄山庄等荡然无存;1944年10月后,日军在宝坻县先后制造了大吴庄、赵家铺、四里港、田家庄、南家庄、大唐庄等惨案;1945年初,日军企图偷袭宝坻县史各庄、赵各庄,遭到抗日军民沉重打击。在这次战斗中,八路军指战员和地方武装有146人壮烈牺牲。据有关资料统计,"中国共产党领导的抗日武装和地方政权工作人员在天津郊县伤亡计3376人。其中牺牲3032人,受伤344人。"③

全面抗战爆发后,天津市委承担了转移平津等地革命力量的工作。其中,党的重要干部如邓颖超等,国际友好人士斯诺、爱泼斯

---

①日本防卫厅战史室编、天津市政协编译组译:《华北治安战》(下),天津人民出版社1982年版,第417页。
②中共天津市委党史研究室编:《天津市抗日战争时期人口伤亡和财产损失》,中共党史出版社2014年版,第11页。
③中共天津市委党史研究室编:《天津市抗日战争时期人口伤亡和财产损失》,第13页。

坦等也在这一时期得到保护并转移。此后,这些转移出去的党员大部分到了山东、冀中、山西、太行山等抗日前线,经过艰苦环境的锻炼,成为华北根据地党政军群及各项事业的骨干力量。

天津郊县建立的游击根据地,在很大程度上支援了华北敌后抗战。抗战时期,不仅以盘山和整个蓟县地区为中心的冀东西部地区抗日游击根据地得到建立和发展,同时也推动了冀东东部游击根据地的开辟。以此为依托,相继开辟了蓟(县)遵(化)兴(隆)、蓟(县)宝(坻)三(河)、蓟(县)平(谷)密(云)、武(清)宝(坻)宁(河)等大片游击。同时,它与平西、平北、冀中等相邻抗日根据地遥相呼应,互为支援,不断给敌以致命打击。此外,在抗战后期建立起来的位于天津西南部地区的隐蔽游击根据地,在八年抗战中发挥了重要作用。其中,在今静海、津南、西青、北辰一带地区发展壮大起来的人民武装,成功地开辟了隐蔽游击区。到抗战后期,这些小块隐蔽游击区,成为进可攻、退可守的前进基地,并形成了对天津日伪军的战略包围。

在天津广大的敌后战场,抗日军民以有效的游击战,使日军的"扫荡"和"蚕食",一次次遭到失败。1942 年 9 月至 11 月,日军第二十七师团中国驻屯步兵第二联队,在对八路军第十二、第十三团的"围剿"中,不仅没有寻找到战机,相反却屡遭打击。对此,日军只得无奈地承认:"共军的第十二、第十三团三次转移到地区以外。"①此外,位于天津西南的王兰庄、梨园头和津南一些村庄的抗日军民,在冀中武工队帮助下修建地道,给予日伪军沉重打击。

八年抗战期间,天津人民的抗日斗争牵制和打击了华北日伪

---

① 日本防卫厅战史室编、天津市政协编译组译:《华北治安战》(下),第 215 页。

军主力,在日本华北方面军所辖六个师团中,就有日军精锐第二十七师团和独立混成第九旅团等主力,先后深陷天津地区不能自拔。1943年8月,冀中军区十分区部队奔袭杨柳青日伪军据点,迫使"扫荡"冀西的日军第一一〇师团和第十六独立混成旅团抽兵回援,在战略上达到了配合冀西反"扫荡"的目的。1942年冀中五一反"扫荡"后,天津西南地区抗日武装粉碎了日军对静海西部等地区发动的"七 大扫荡",从而减轻了冀中抗日根据地的压力。1945年6月,在对日大反攻的声威下,冀中津南武工队频繁进入天津市内,对日军重要军事目标进行了一系列破坏性袭击,配合了党领导的城市抗日斗争。对此,华北方面军惊恐万状地指出:"该地区治安急剧恶化,天津市内也不断发生恐怖事件。"

抗战时期,日军先后有两名中将和少将毙命于天津。他们是田代皖一郎、浅野嘉一、仪峨诚也和城仓义卫,是当时日军所占领城市中死亡高级将领最多的地区。

对天津人民的抗日斗争,当年的《新华日报》、延安《解放日报》《晋察冀日报》等都及时地给以了报道,在全国产生了极大反响。

三、为沦陷区抗日斗争创造了宝贵的历史经验

1. 党组织的中流砥柱作用

战斗在敌占城市天津的党组织和共产党员,为民族独立和解放做出了重大牺牲和贡献,党的优秀儿女魏大光、田野、杨大章、阮务德、包森、王少奇、胡子炎、刘家玺等献出了年轻而宝贵的生命。在抗日战争最艰苦的岁月里,天津"青抗先"党支部的4名党员坚持隐蔽精干的斗争方针,在十分艰险的环境里,仍在秘密状态下团

结争取了 87 名进步群众。

中国共产党领导的天津城市工作,使日伪当局深为恐慌。日本防卫厅在上世纪 70 年代出版的《华北治安战》一书中,曾不无感受地指出:"天津附近的中共党委和晋察冀分局等点线工作委员会的工作人员,潜入市内,在社会各阶层伪装就业。为了重建中共地下组织,从 1943 年开始积极活动。随着战局的演变以及物价上涨,民生不安,便乘机以工人、苦役、青年、学生等为目标发展党的势力和进行围城工作(破坏交通通讯线、阻碍物资移动、封锁情报等)……购买和运出抗战物资等。"对国民党派出的特工人员,则认为:"重庆系统特务工作人员,也企图在社会各阶层中进行争取同志的活动,但较之中共方面的工作,质量低劣,行动也不积极。"①由此形成鲜明对比。

抗日战争时期,天津党组织和党员数量有了较快发展。1943 年以后,全党开始逐步重视敌占城市工作。这一时期,各根据地党委根据党中央指示,大量派遣干部和党员来津开展工作,为天津党组织增添了新的力量和生机。截止 1945 年底,天津市内共有党员 938人,党支部 45 个。这些在抗日战争中发展起来的党组织,随后又成为解放战争时期反抗国民党反动统治的重要力量,为天津解放做出了出色贡献。与此同时,天津郊县党的各级组织,经过残酷斗争的考验,党员数量和质量有了明显提高。截止抗战胜利时,天津郊县党支部已发展到近 500 个,党员万余人,为取得抗日战争的胜利打下了坚实的基础。1945 年 8 月,为配合八路军攻打天津,静海县军民仅在一天之内就组织起一支 7000 人的支前队伍,并在一夜之

---

① 日本防卫厅战史室编、天津市政协编译组译:《华北治安战》(下),第 416 页。

间将津浦线唐官屯至独流区间铁路全部破坏。同时，不到三天时间，就完成了征收粮食48万公斤的任务。此外，抗战时期发展壮大起来的各级党组织，又成为解放战争时期带领广大群众支前拥军、保卫解放区、进行土地改革、发展生产和支援辽沈、平津两大战役的坚强战斗堡垒。其中，抗战时期坚持战斗在冀东西部地区的八路军第十二团、第十三团；曾为开辟津南游击区做出突出贡献的津南支队，都在这一时期参加了挺进东北的战略行动。与此同时，武宝宁联合县还组建了"支援解放东北民兵团"，为实现党中央建立东北根据地的战略决策做出了贡献。

2. 广泛持久的社会各界抗日斗争

为反抗日本侵略，天津的工人、学生和社会各界人士同仇敌忾，纷纷投入反抗日本侵略的洪流之中。这一时期，天津的爱国知识分子走出书斋，以各种方式支援抗战；天津的民族工商业者不甘心做亡国奴，他们联合起来，自觉地抵制日货。1939年，天津爱国商人宋则久经营的国货售品所提倡国货、抵制日货，受到广大群众的拥护。当时，设在租界内的各家商店也以拒收伪币的方式，反抗日本的经济侵略。抗战爆发后，爱国学生以"读书会"为依托，积极配合党组织开展各种形式的抗日斗争。天津广大市民在这一阶段也积极响应党的号召，支持并参与罢市、宣传等活动。天津沦陷后，一些爱国人士以各种方式坚持斗争。其中，洪麟阁、杨十三、王若僖、刘髯公、赵天麟等就是他们中的杰出代表，他们的英勇事迹曾在全国产生了较大影响，并成为激励广大爱国知识分子投身全民抗战的楷模。

抗战时期，天津一些隐蔽游击区党组织还积极开展了争取外国反战人士的工作。1943年冬，冀热边特委派党员到宁河县"高丽圈"农场开展工作。同时,在农场所属23个村普遍建立了抗日同盟支部,支援了冀东抗战。

3. 城市斗争与根据地互相配合

抗战时期,根据地承担了为市内培训抗日骨干的工作,一些工人、学生经过学习后,又返回市内加强了抗日斗争力量。战略反攻阶段到来后,天津的工人、学生和市民广泛开展了破坏日伪统治秩序的斗争,根据地也派出武工队,进入市内进行袭扰活动。日本宣布无条件投降后,天津党组织及时组建地下军,主动配合进攻天津市的八路军部队,从而给日伪军以强烈震慑。据粗略统计,天津人民在八年抗战中,共进行大小斗争近千次,以有力的行动配合了全国抗战。

利用租界开展革命斗争,是中国共产党在开展国统区工作中创造的一条成功经验。抗战时期,这种优势得到了充分的运用和体现。从抗战爆发至抗战胜利,中共河北省委、天津市委和平津唐点线工作委员会与晋察冀分局等,先后以英、法租界的特殊环境为掩护,及时转变斗争策略和方式,使天津逐渐成为党开展华北敌占城市工作的中心。同时使党在群众中的影响日益扩大,党的群众基础不断巩固,为抗战胜利和天津解放奠定了坚实的思想和组织基础。

(本文为中央文献研究室2015年8月召开的"抗日战争与中华民族伟大复兴——纪念中国人民抗日战争暨世界反法西斯战争胜利70周年学术研讨会"交流成果)

张恨水写天津抗战

杨仲达

张恨水以报人和通俗小说家名世，更以才子著称，人们耳熟能详的大概是他的《金粉世家》《春明外史》《啼笑因缘》一类作品。当然如果对他有足够的了解，那么应该知道他并不甘做一介书生，在日寇全面侵华之后，他毅然毁家纾难，只身入川，到重庆加入正拟复刊的《新民报》，并将其主管的副刊命名为《最后关头》。他以"关卒"为笔名，唤起民众抗敌，而且他还曾饱蘸浓墨，写过一些抗战小说，如《热血之花》《大江东去》等等，更是率先垂范。

也许人们并不熟识，张恨水还写过一部有关天津抗战的小说。这部小说的题材，就是 1937 年七七事变之后的那场史称"天津大出击"的战斗，这在中国抗战史上颇可一记，因为虽然功败垂成，但却是彼时所有大城市中主动出击打击日军的第一次。

1939 年，应《时事新报》友人时光的邀请，张恨水写了这部篇幅并不算长的长篇小说,题为《冲锋》。次年即 1940 年,在《前线日报》转载时,又改名为《天津卫》。这两部书名,前者所重的是内容中的冲杀一节,后者则是一语双关,天津曾经建卫,故称"天津卫",而这里的"卫"还作保卫的动词讲,突出其战斗的题材。

张恨水生平写稿,向来不甚爱惜,在报刊发表作品,如无人主张出单行本,就扔了不管。这部《天津卫》,托人在报上抄了一份保存。此后有赖朋友鼓励,他便将此稿拿出校阅一遍,又改名为《巷战之夜》,当时又增加了第一章和第十四章书的头尾内容,并在七七事变五周年当日作序出版,也就是说,这部书的最后成书,应该是在 1942 年。

张恨水对于抗战小说,自称"不肯以茅屋草窗下的幻想去下笔,必定有事实的根据,等于目睹差不多,才取用为题材。因为不如此,书生写战事,会弄成过分的笑话"。而这篇小说的故事,则是一个极关切者的经历,那人告诉他天津将沦陷的那一角落的现状。

那么,那一角落,或者说那巷战之夜,发生在天津哪里呢?是在河北五马路。因为这里地近天津北站,北站曾是那场战斗的主战场之一,故而才会有小说中的故事。

小说写到,天津的教书先生张竞存,在七七事变之后,天津沦陷之前,送妻儿自西站离开,后在自家与童工小马、保姆刘妈在被日军包围的孤岛一般的天津城内,在河北五马路艰难度日。并从 7 月 28 日起,在日军的轰炸之中,偶遇二十九军的一个班,然后由周班长与王得标等十一名战斗人员,加上十六位街坊邻居,军民共计二十七人,加以十一把大刀、六把锹、两把锄子的武器装备,成功伏击路过的一股日军残敌,以死二位战士、二位百姓的代价,歼敌七十九人,驱逐一人。作者以周班长之口总结胜利,是因敌人为残兵,又是乡军人新编,且更因被阻击,猝不及防而致完败。但是即使如此,也完成了一次英勇抗击日寇的壮举,书写了天津军民的光辉传奇。

(刊于 2015 年 12 月 1 日《今晚报》第 16 版"副刊·津沽")

刘云若小说研究

侯福志

刘云若是公认的北派通俗文学大家，也是具有全国影响的重要作家，一生撰写说部五六十种，为后人留下了宝贵的文化遗产。近年来学术界有关刘云若的研究不断升温，公开发表的有关刘云若的研究论文有 40 余篇，专著也有数种，研究成果不可谓不丰富。但也存在明显的问题，诸如学术界对刘云若及其作品的资料占有不够全面，导致对其创作情况了解得不够全面，对其文学成就及文学史地位的认知不够深入。这与

刘云若及其家人

民国文献极为浩繁有着莫大关系，也与流传过程中某些文献资料因散落于民间而不能进入学人视野有直接关系。因此，学人对刘云若及其相关作品资料占有不全面，也是可以理解的。

近些年，笔者搜罗了民间诸多有关刘云若作品的资料，其中有些作品未被学人所知，也未有过与之相关的公开发表的学术研究成果。结合收藏中发现的资料，就刘云若研究中存在的问题，笔者谈几点认知，供学人参考。

一、刘云若小说流传之考述

刘云若小说的流传主要有两个途径，一是民国时期的报刊杂志，另一个为刘云若的单行本著作。刘云若曾言："余向来作品，皆先刊报端，而后归书局出版，从未直接为写作刊行。"①由此可知，刘云若的小说都是先在报刊杂志上面世，后来再由书局整理出版。

就报刊杂志的流传途径而言，民国年间北京、天津、上海、哈尔滨、长春、沈阳、唐山等地的报刊都刊载过刘云若的小说，如北京的《新民报半月刊》《一四七画报》《三六九画报》，分别刊登过刘云若的《冰弦弹月记》《粉墨筝琶》《紫陌红尘》，长春的《麒麟》（月刊）刊登过刘云若的《回风舞柳记》《梨花魅影》，但刘云若小说发表的重地还是天津的报刊。据笔者统计，1929 年至 1950 年间，天津有 34 种报刊刊登过刘云若的小说，诸如《庸报》刊登《酒眼灯唇录》，《东方日报·东方朔》刊登《德门寿母》与《赏下来的月饼》（均为短篇小说），《北洋画报》刊载《换巢鸾凤》，《商报》刊载《春水红霞》，《天风

---

①刘云若：《酒眼灯唇录》，中华画报社 1940 年版，第 2 页。

报》刊载《春风回梦记》《旧巷斜阳》与《情海归帆》,《新天津画报》刊
载《旧巷斜阳》与《情海归帆》,《天津商报每日画刊》刊载《海誓山
盟》①,《中南报》刊载《绛雪兰云》,《天津商报画刊》刊载《红杏出墙
记》,《新都会画报》刊载《小扬州志(续集)》,《国风画报》刊载《湖海
婵娟》,《真善美画报》刊载《湖海婵娟》,《星期五画报》刊载《故国啼
鹃》,《星期六画报》刊载《水珮风裳》,《天津民国日报》刊载《白河
月》,《天津民国晚报》刊载《沧海惊鸿》,等等。

　　刘云若一生究竟创作了多少种小说,目前尚未有确切的数目。
但通过笔者所收藏的资料,加之依据张元卿先生《刘云若先生小说
年表(初稿)》,检索出来的不同名称的小说(不含短篇小说),共计
51种,其中30种有单行本存世,另外21种未见单行本。30种单行
本小说存在着同书异名(内容相同,但不同出版社出版时的名称不
同)与异书同名(两种内容不同的书名称相同)的情况,合计出现45
种书名:

　　(一)同书异名

　　《歌舞江山》(续集)又名《艺海春光》,《旧巷斜阳》又名《恨不相
逢未嫁时》《秋风落叶》,而《燕子人家》与香港出版的《满地风光》
《愁城春梦》(《满地风光》与《愁城春梦》系同一部小说的上下集)内
容相同。《妮娜英雄》由甘肃人民出版社再版时取名为《尘世孽缘》,
《回风舞柳记》又名《孽海情波》。《云霞出海记》又名《梨花魅影》《梨
园世家》。《燕都黛影》与《湖山烟云》系同一种小说的上下集,与《粉
黛江湖》内容相同。《好梦难圆》又名《一夜春晓》,亦名《海誓山盟》
(续集)。此外,《水佩风裳》与《翠楼杨柳》《逐水桃花》《落花归燕》是

---

①1936年6月该画报开始连载。

一部书,相当于一部书分四集,内容是连贯的。

(二)同名异书

1932 年 8 月 1 日,《中华画报》连载《妩媚英雄》(1933 年 10 月停刊时结束连载),累计连载 124 次,这部小说的内容是描写一位小学校长举办义务戏的故事,而 1942 年《天津妇女新都会画报》连载的《妩媚英雄》(自 1944 年 5 月开始转移到其北京的姊妹刊物《新光杂志》上连载,共计连载 507 次,至 1944 年 12 月左右结束),描写的是天津舞女的故事,与《中华画报》所刊《妩媚英雄》完全不是一码事,属于同名异书的典型。

另外,笔者曾见到两种名字均为《落花流水》的小说,一种是 1943 年 5 月由天津光明书局出版的《落花流水》(上下册),另一种是由奉天文艺画报社出版的《落花流水》(上下册),两种小说虽都以《落花流水》名之,但内容却风马牛不相及,是完全不同的两部小说。

目前已知的,仅有《春风回梦记》《红杏出墙记》《碧海情天》《小扬州志》《恨不相逢未嫁时》《粉墨筝琶》《酒眼灯唇录》《白河月》《旧巷斜阳》《尘世孽缘》等 10 种小说在建国后被再版过。

对于一位小说家而言,报刊杂志与单行本,都是极为有效地传播名声的途径。民国报刊对于成就民国时期刘云若的影响,无疑起到了至关重要的作用。而刘云若去世后,报刊再也无法刊登其作品。建国后,真正弘扬刘云若名声的,是单行本小说。随着近些年学人对刘云若单行本小说诸如《小扬州志》等的理解、认知的加深,刘云若逐渐成为一位与张恨水齐名的北派通俗小说家。

但目前存在一个问题,即学界熟悉的还是再版过的刘云若小说,而对于另外的小说,学人并没有给予充分的重视。是这些小说成就不高,还是这些小说价值不大? 窃以为,均不是,而是与刘云若小说没有再版有莫大关系。民国年间的版本毕竟稀少,甚至有些散落于民间。而且民国报刊上的小说,有些还未有单行本行世,这都阻碍了学人对刘云若的认知,也直接影响了刘云若在中国现代文学史上的价值评价。例如当时与刘云若一起扬名的天津作家还珠楼主、宫白羽、郑证因、朱贞木等,他们的小说都有再版翻印,甚至还有《宫白羽武侠小说全集》面世,这为作家小说的普及和研究提供了很好的基础。与上述这些作家相比,刘云若的小说普及程度显然没有那么高,也没有那么广泛。虽然也有 10 种小说再版或被翻印,但尚有 30 余种民国年间流行过的单行本未能再版,再加上报载的 21 部未见单行本的小说在内,将近 50 余种小说未能广泛流传,占其作品种类的六分之五。

如此之流传状况,直接影响了刘云若作品的普及,也严重制约了学人对刘云若资料的占有,以及对刘云若研究的深入。

二、刘云若小说创作之分期

若从 1927 年开始发表作品算起,至 1950 年 2 月刘云若去世为止,刘云若的创作历程长达 23 年。按照本文作者的理解,刘云若的创作可以划分为四个时期,即起步期、爆发期、扩散期和转折期。

1927 年至 1929 年,是刘云若创作的起步期。这一时期发表的作品以短篇小说和随笔、散文为主。1928 年 2 月 1 日,《东方朔》的《小说半月刊》(第 10 号)发表了刘云若的第一篇短篇小说《德门寿母》,这应当是其小说写作开始的标志。刘云若出道不久,就被吴秋尘称为"卫嘴子",据吴秋尘 1928 年 1 月 1 日《东方朔》上所刊《本朔一年之回顾与将来》一文云:"我起初总觉得要拿北京和天津一比较,北京总是要高一着。不然,不然,熟知有大谬不然者!戴愚庵,地道天津人也;刘云若,不含糊之一'卫嘴子'也,其经世文章,固有何如乎!"①吴秋尘是民国北平平民大学新闻系教授兼著名报人王小隐的得意门生,也是有名的报界编辑。王小隐主政天津《东方时报》时,吴秋尘被请到天津,成为王小隐的得力助手,遂有机会熟悉刘云若。在吴秋尘眼里,刘云若是不含糊的"卫嘴子"。此"卫嘴子"一词,一方面指刘云若能说会道,另一方面指刘云若作品出类拔萃,有经世之社会功用。吴秋尘的评价是公允的,刘云若后来二十几年的创作也印证了吴秋尘的评价。

1930 年至 1937 年,是刘云若创作的爆发期。1928 年 6 月《东方时报》倒闭后,刘云若失去发表作品的主要平台。其后不久,在王小隐推荐下,刘云若成为《北洋画报》的编辑。在编辑之余,刘云若又开始了小说创作。1930 年 2 月沙大风主办的《天风报》在日租界正式创刊②,应沙大风邀请,刘云若的第一部引起轰动的长篇小说《春风回梦记》在《天风报》上连载,此后刘云若的创作重点由诗文和短篇小说转向长篇小说。《春风回梦记》的诞生,不仅标志着刘云若创作重心的转变,也奠定了其在天津文坛上的地位。之后的 7 年里,刘云若创作了一系列经典长篇小说,诸如《小扬州志》《红杏出墙记》《旧巷斜阳》《情海归帆》《换巢鸾凤》等,先后在天津本地报刊发表,引起小说界的轰动。"天津人写天津事儿"③,是这一时期刘云

①吴秋尘:《本朔一年之回顾与将来》,《东方朔·新年赠刊》,1928 年 1 月 1 日,第 3 页。
②据 1930 年 2 月 18 日《北洋画报》载,"《天风报》筹备多日,因未得日租界当局批准,故迟未出版。现经方药雨君斡旋,已允许立案,出版期闻决定廿日云。"
③刘云若:《小扬州志》,中华画报社 1933 年版,第 1—2 页。

若小说创作的特点,也是他立足天津走向全国的重要支点。

　　1938 年至 1945 年,是刘云若创作的扩散期。"七七事变"之后,天津报刊杂志受到严格控制, 原来刊载刘云若小说的报刊杂志纷纷停刊。刘云若在《旧巷斜阳·自序》中曾说:"这小说最先刊于本市《银线画报》,只写了半年有余,便遇到当局取缔报纸。我写稿的报社,有四家废刊,也就是四篇小说遭'到永远续稿未到'的命运。"①这对靠笔墨生存的刘云若是莫大打击,但他的小说创作并未停止,他一方面利用天津仅存的几份报纸继续发表作品, 如《新天津画报》等,另一方面开始把目光转到了北平、东北等地。自 1939 年开始,刘云若的小说开始陆续在北平的《三六九画报》《一四七画报》《立言画报》及新京(长春)的《麒麟》上连载。由于北平、新京都是中心城市,文化辐射力极强,因此这两地的报刊杂志扩大了刘云若的知名度与影响力,不仅奠定了刘云若在东北、华北小说圈的重要地位,而且也使刘云若进一步走向全国,蜚声海内外。民国初年,活跃在天津文坛上的通俗小说家几乎都是外地作家, 如赵焕亭、潘垞公、徐春羽、耿小的、李山野等人无一是天津人。刘云若的出现,对于天津地域文学而言是一个福音。正是因为刘云若,天津本土的通俗小说创作才能在全国占一席之地,天津也从此由"走进来"的城市,变成了"走出去"的城市。

　　1946 年至 1950 年,是刘云若创作的"转折期"。创作主题由"风花雪月"转向"抗日锄奸"的社会主题。刘云若陆续发表了《白河月》《粉墨筝琶》《水珮风裳》等抗日锄奸题材的长篇小说。刘云若在 1947 年 4 月出版的《白河月》自序中曾说:"直到沦陷以后,我受了

____

①刘云若:《旧巷斜阳》,百花文艺出版社 1995 年版,第1—3 页。

许多刺激,许多磨难。这一篇课程虽然极端惨酷,但力量可太大了。它教多数人知道爱国,觉悟过去未尽到应尽的责任。许多人这样觉悟了,我也是一个。"①正因为如此,在抗战胜利之后,刘云若开始把写作的着眼点由过去的风花雪月逐步转移到抗日锄奸等题材上,塑造了一大批抗战英雄形象,为后人了解天津抗战提供了生动的史料。

刘云若在民国时期影响力的扩大,不仅有赖于各地报刊,各地的出版社也发挥了重要的作用。作为本土作家,天津的出版社在出版发行刘云若的小说方面,可谓不遗余力:1931 年,天津大陆广告公司出版了《春风回梦记》(上、下册),这是刘云若第一部单行本长篇小说;1933 年,天津的中华画报社出版了《小扬州志》;1934 年,天津工余图书社出版《碧海情天》,1938 年由天津金城书局再版;1939 年,天津京津出版社出版《情海归帆》。除了这几家出版社,天津文华出版社(法租界三十号路效康里内,发行人陶松麟、鲁传圣)、天津光明书局(法租界,发行人路康生)、天津生流出版社(法租界教堂后 57 号路 10 号,发行人扬宏)、天津新联合出版社(天津东马路大狮子胡同)、天津流云出版社(法租界三十号路 155 号)、唯一书店(兴亚三区三十号路 155 号)、天津正大书局(天津第一区三十号路天德里十二号,发行人陶松麟)、天津五洲书局(东马路邮局对过,发行人武仲维)等七家出版单位也都陆续出版了刘云若的小说。

自 1940 年开始,外地出版商开始关注刘云若的小说,并为之结集出版。最早关注刘云若的出版社,是上海广艺书局,出版的是

①刘云若:《白河月》,正新出版社 1947 年版,第 1—2 页。

刘云若的小说《同命鸳鸯》①。广艺书局是上海老牌出版社,成立于1900年,坐落于山东中路 A128 弄 208 室,以通俗小说出版为主,当时的发行人是张瑛。据不完全统计,自 1940 年到 1949 年,上海广艺书局出版的刘云若小说多达 10 余种,均为 1947 年以后出版。包括《一夜春晓》(1947)、《春水红霞》(1948)、《水珮风裳》(1948)、《翠楼杨柳》(1949)、《艺海春光》(1949)、《歌舞江山》(1949)、《逐水桃花》(1949)、《落花归燕》(1949)、《返照楼台》(续集,1949)等。上海励力出版社也是出版刘云若小说最多的出版社之一。上海励力出版社是天津励力出版社的分社,笔者据《春水红霞》版权页得知天津励力出版社坐落在法租界三十号路(今哈尔滨道)效康里 22 号,经理为刘汇臣。1941 年,刘汇臣又在上海市山东路 209 号设有分社,亦称励力出版社。随着上海励力出版社的成立,刘云若的小说也陆续成为活跃在津、沪两座城市出版社的主打产品,包括《换巢鸾凤》(1941)、《红杏出墙记》(1941)、《碧海情天》(1941)、《春风回梦记》(1943)、《云霞出海记》(1943)、《海誓山盟》(1943)、《春水红霞》(1946)、《回风舞柳记》(1946)等。除了广艺书局、上海励力出版社,上海出版过刘云若小说的出版社或书局还有正气书局(1946年由励力出版社更名)、协合书局(上海北京西路 826 号)、平津书店(上海市汉口市同安大楼 1101 号)、六合书局(上海六合路 165号)、正新出版社、国泰书局、育才书局等。

北平出版过刘云若小说的出版机构有:一四七画报社,出版了《粉墨筝琶》;北京二友书社,出版了《海誓山盟》;北京文兴书局,出版了《旧巷斜阳》。奉天(沈阳)出版过刘云若小说的出版社有:奉天

①张元卿:《民国北派通俗小说论丛》,山西古籍出版社 2001 年版,第 131—136 页。

艺光书店,出版了《红杏出墙记》;奉天章福记书局,出版了《旧巷斜阳》《燕子人家》等。新京(长春)满洲杂志社出版了《梨花魅影》。另外,笔者还收藏有香港大文书局出版的《冰弦弹月记》,以及由香港出版但无版权信息和出版日期的《满地风光》《愁城春梦》等作品。

从以上出版社出版刘云若小说的情况可知,刘云若的影响力是以天津为中心,向南北辐射的。南到上海、香港,北到奉天(沈阳)、新京(长春),足见刘云若在民国年间的知名度与影响力,其时他已是一名驰名海内的通俗小说大家了。

三、刘云若小说之误读

1955 年到 1956 年,以文化界社会主义改造为名,全国开展了对所谓的反动、淫秽、荒诞书刊图画以及私营摊铺进行了清理工作①。在这次清理运动中,刘云若小说难逃厄运。据《北京市处理反动、淫秽、荒诞图书第二批书目》,仅被北京市宣布没收有就有 2 部,即《小扬州志》和《水珮风裳》。《小扬州志》被认为是"写妓女私娼生活,文字淫秽下流。"②《水珮风裳》则被认为存在政治问题,其罪名是"颂扬国民党,称'国特'为爱国志士,并有反共言论。"③

客观地说,这几部所谓具有政治问题的小说,无论是在语言表

---

①《国务院关于处理反动的、淫秽的、荒诞的书刊图画的指示》,《中华人民共和国出版史料》第 9 卷,中国书籍出版社 2005 年版,第 334 页。

②王秀涛:《建国初期城市旧书摊改造与新文艺的推广》,《中国现代文学研究丛刊》2013 年第 4 期,第 83 页。

③王秀涛:《建国初期城市旧书摊改造与新文艺的推广》,第 83 页。

达上,还是在故事情节的设计描写上,亦或是人物塑造上,都没有明确地颂扬国民党的政治指向。如刘云若的代表作《粉墨筝琶》,原载于北平的《一四七画报》,1946 年 12 月结集出版。该书以地下工作者梁泽生、程蓊青在公馆大院里策划刺杀汪伪政权副主席蔡文仲为主线,以主人公程蓊青与陆凤云、林大巧的爱情纠葛为副线,用简洁生动而又风趣的笔墨,描绘了一幅天津人民抗日除奸斗争的历史画卷。这部以天津为背景的小说,通篇都没有提到国民党或共产党,但对从事抗日工作的"地下工作者"都给予肯定和赞许。这也许是刘云若的高明之处。在那个特定时代,刘云若没有加入任何政治组织,也没有站在任何政治组织的立场上,作为一介文人,他只是为了糊口才拼命地把自己关进屋子里专心写作。正因为如此,刘云若的作品一度被他的同学杨莲因讥讽为"风花雪月"之类的无聊作品,刘云若在《白河月》自序中曾经坦承自己的作品缺少社会责任感。根据刘云若的自序,"九一八"事变后,杨莲因曾对刘云若提出过这样一个问题:"到了这个时候,你还忍心写《春水红霞》那种东西吗?"①然而,迫于生计,刘云若仍然写了很多此类"无裨时艰"的作品。1943 年,刘云若在《紫陌红尘·启事》中说:"云若执笔为文,倏经十载。比及近岁,感慨弥多,一则因生活所迫,遂致贪多,而忘爱好。虽蒙读者备极誉扬,而文章得失,寸心所知,每一思维,辄不胜惶愧……深愧喁喁儿女,无裨时艰,思于笔墨之中,稍尽国民责任……区区之意,幸垂察焉!"②但每当想起杨莲因的话,"好像每个字都刺在我的心,所以最后几部作品,都是半途而废,近二年完

①王秀涛:《建国初期城市旧书摊改造与新文艺的推广》,第 83 页。
②刘云若:《紫陌红尘启事》,《三六九画报》1943 年第 19 期,第 12 页。

全与写作无缘"①。因为有了杨莲因的影响,在痛定思痛之后,刘云若决心抒发"几年蕴蓄的抱负",改变从侧面讽刺的做法,而是"积极地领导,纠正社会,推动青年",在这一背景下,以反映沦陷区热血青年抗日经历为内容的"纪痛的野史"——《白河月》《粉墨筝琶》等作品在刘云若笔下诞生了。这些作品反映的思想倾向与所谓的"颂扬国民党,称国民党特务为爱国志士"显然风马牛不相及。所以,评价刘云若的作品,要结合时代背景和具体内容去分析。

至于《春水红霞》《小扬州志》的罪名,现在看来更是一叶障目。刘云若所塑造的妓女、混混儿等众多人物群像都离不开特定的场合(烟馆、妓院、大杂院等)描写,而这些描写恰恰是那个时期大都市下层社会生活的真实写照。通过刘云若行云流水般的描绘,我们读到的只有刘云若对妓女悲惨遭遇的同情,对老鸨、混混儿、流氓等类人群则给予讽刺和鞭笞,对妓院生活的描写、对故事情节的构思,都是为了塑造不同的人物性格,而且也仅仅是点到为止,不存在赤裸裸的床上镜头的描写,没有所谓"通奸",更没有读到所谓的淫秽下流的文字。正如吴云心评价的那样:"刘云若的文笔尖刻,爱憎也还分明,实际上他也不是一个以专门写下流淫秽的小说为业者。"②其实,被扣上"黄色"帽子的不仅仅是刘云若,与刘云若同时代进入创作高峰期的另一位社会言情小说家张恨水,他的作品也曾经长期被人误解为"诲淫诲盗",并与"鸳鸯蝴蝶派"相提并论,这不能不说是一种误读。

---

① 王秀涛:《建国初期城市旧书摊改造与新文艺的推广》,第 83 页。
② 吴云心:《吴云心文集》,天津古籍出版社 1990 年版,第 593 页。

四、他者视角中的刘云若小说

关于刘云若及其作品,与之同时代的很多文人都有评价。这些评价散见于刘云若的著作序、跋中或同时期作者的文集中,属于他者视角的审视。透过他们的评价,今人能更直观、准确地了解刘云若在民国文坛上的地位,对于今天重新审视、解读刘云若有重要参考价值与意义。

在谈论刘云若时,经常听到这样一种论断,即所谓"南有张恨水,北有刘云若"。学人一直未详出处。日前,笔者于1943年励力出版社出版的《海誓山盟续集》中发现了出处。在《海誓山盟续集介言》中有这样几句话,似为这一论断之本源:"华北名小说家,以刘君云若李君寿民(还珠楼主)杰出,各有所长,未可妄加月旦。若同为社会言情小说,而为海内所共称道者,在北为刘君云若,在南为张君恨水。张自图南后,作品繁多,声名益盛。唯刘君能与颉颃,可称伯仲之间。以华北文丛,有'水流云在'之语。且二君作品,皆由影坛采为剧本,尤证其无分轩轾。"①这篇序言,乃由励力出版社编辑所写。在其眼里,刘云若与张恨水二人不分伯仲,作品都是写社会言情,都被改编成剧本,艺术成就难分轩轾。就当时的北派作家而言,刘云若是社会言情题材的代表作家。但就现代文学史而言,学界多书张恨水而不谈刘云若,这种现状在正统的文学史编写中还存在,这是对刘云若文学史地位认知不够深刻所致。另外,《海誓山盟续集介言》一文也论及天津地方作家群:"华北名小说家,以刘君

---

① 刘云若:《海誓山盟续集介言》,《海誓山盟续集》,励力出版社1943年版,第1—3页。

云若、李君寿民(还珠楼主)杰出,各有所长,未可妄加月旦。"①以刘云若与还珠楼主李寿民为并列双峰,只是二者创作在题材、风格上截然不同,李寿民取材武侠,以浪漫主义见长;而刘云若则取材都市,以批判现实主义为其特色。由励力出版社编辑的评价可知:在民国出版人眼中,横向比较,刘云若是华北文坛当之无愧的通俗小说大家。纵向比较,刘云若是与张恨水齐名的社会言情小说大家。因此,刘云若的诸多小说才会得到陆续出版。

但当时有些人则以为刘云若是高于张恨水的,比如徐铸成、郑振铎等。民国《大公报》总编辑徐铸成在其著作《报海旧闻》中这样评价二人的创作:"从二十年代到三十年代之际,在京津各报上写长篇章回小说的,有陈慎言、张恨水、刘云若、李薰风等。他们写的,当然谈不到有什么新内容,却也不同于上海洋场才子的专写'鸳鸯蝴蝶',而多少反映出一些社会问题。这些作者,以张恨水为最有名,他在《世界晚报》及以后的《世界晚报》上刊载《金粉世家》等长篇,风靡京津社会。1930年左右,《新闻报》的严独鹤第一次游华北②,特约张写《啼笑因缘》,从此一鸣惊人,编话剧,拍电影,唱评弹,风行一时。我则比较欣赏刘云若的小说。他专写天津的下层社会,描述人力车夫、乞丐、妓女乃至在'三不管'唱大鼓卖艺的凄苦生活,入木三分。《红杏出墙记》是他的代表作。我以为不论人物刻画及景物描述,精雕细琢,比《啼笑因缘》《金粉世家》等,实有过之。有一次我和郑振铎先生谈及,他也有此同感。"③徐铸成的这段评论,立场鲜明地指出刘云若小说的特点以及高出张恨水的地方,并指

---

① 刘云若:《海誓山盟续集介言》,《海誓山盟续集》,第1—3页。
② 按,此处时间有误,实为1929年。
③ 徐铸成:《报海旧闻》,上海人民出版社1981年版,第62页。

出郑振铎也与他持同样的观点。如此可知,民国时有些文人以为刘云若的成就是高于张恨水的。

著名武侠小说家宫白羽在文章中也高度评价了刘云若的小说。他认为在天津章回小说繁荣的20世纪三四十年代,创作中已经出现脸谱化的倾向,"有些小说,把书中人物严分邪正,无形中给每人画上一个脸谱"①,但刘云若的著作却克服了这种倾向。宫白羽在《湖海香盟序》中如是说:"云若以雕龙绣虎之才,从事说部。垂十五六年,成书四五十卷。于都市繁华相洞见表里,剖析很清,不止写到了上层,又透视到黑暗的底层。尤难得在写情沁人心脾,状物各具面目,毫无预制脸谱,强打背弓的毛病,也没有过重小动作之虑。他所写的故事往往揭破人间的丑恶,使读者吃惊,发笑,可是闭目一想,这样人物犹在面前。"②宫白羽的评价确是知己之言,能深入到刘云若小说人物的内心深处,能看透刘云若小说嬉笑怒骂背后的世态,揭示刘云若小说创作的特点。

综观当时人的评价,更多地把注意力放在刘云若小说的艺术成就上,但除了艺术价值外,其"正风移俗"的社会价值也得到一些学者的肯定。最典型的是非非生在《冰弦弹月记》的"序"中,对刘云若小说社会作用的评价。他认为"尤其是北方的著名著作者,刘云若先生,所著的《红杏出墙记》《燕子人家》《春风回梦》,均出了剧影。近日又作了几部有趣味的,《冰弦弹月记》《翠袖黄衫》《情海归帆》,各集均已发行单行本,其中各书的内容,均合乎现代青年的脑筋。所以,在工余之暇,茶余酒后,躺在沙发上,很可一观。能消遣时

---

① 宫白羽:《湖海香盟序》,《湖海香盟:上集》,天津五洲书局1942年版,第1—2页。
② 宫白羽:《湖海香盟序》,《湖海香盟:上集》,第1–2页。

光,能清醒眉目,能唤醒迷梦的脑筋。"①之前在某些人看来,刘云若的小说内容低俗,甚至与"黄色小说"画等号。但非非生纠正了这一认识,他觉得读刘云若的小说"能清醒眉目,能唤醒迷梦的脑筋",换句话说,刘云若的小说对青年具有正确的引导作用。非非生的评价是公允的,也是独具慧眼的。因此,在研究、继承、借鉴刘云若小说艺术成就的同时,也要更深入地挖掘刘云若小说的社会价值,只有这样才能真正完整地理解刘云若,才更有利于刘云若文化遗产的传承。

五、结语

刘云若是民国时期一位具有全国影响力的作家,其流传下来的几十部小说是一笔丰富且宝贵的文学文化遗产,具有重要的文学价值、社会价值与审美意义。由于历史原因,刘云若的小说受到不公正的待遇,被错误地扣上了"淫秽""反动"的帽子,致使其作品的流传受到了严重影响,也直接影响了学术界对刘云若的认知。因此,还刘云若的本来面目,客观公正地评价刘云若,无论是对通俗文学研究还是文化遗产继承,都具有重要意义。

(刊于《苏州教育学院学报》,2015 年第 4 期,2015 年 8 月,第 28—33 页)

---

① 非非生:《冰弦弹月记序》,《冰弦弹月记》,上海正气书局 1949 年版,第 1 页。

赴陕弘法与重返津门

——弘一大师 1931 年惜失北上机缘考

王勇则

1928 年至 1930 年,陕西持续大旱,赤地千里,饿殍枕藉。报章刊载陕灾动态尤多,闻者无不怵然心伤,各地纷纷筹办急赈。1931年 4 月底,时居浙江的弘一大师打算远赴西安弘法助赈,为三秦灾民提供精神抚慰。弘一大师对此次出行颇为重视,虽然时间较为仓促,但安排仍较细致,惜临时生变而未果。经对甬僧安心头陀力邀弘一大师赴陕弘法原委查摆分析,可判断天津应为此次赴陕赈济计划中的必经之路。据此认为,1931 年 5 月,弘一大师本有机会北来天津,由于未能成行,生生失却了一次重返故土的难得机缘。这一判断在弘一大师生平研究中应具有新意。

安心头陀(1863—1938),浙江鄞县五乡人,俗名傅宜耘、字砚云,法名寂定,号慈喜,曾参与创办宁波佛教孤儿院,后任宁波白衣寺住持,毕生致力于慈善事业,在江南久著盛誉。弘一大师与年长其17周岁的安心头陀熟识之始，不晚于1930年①。

刘质平《弘一上人史略》载："先师出家后，曾生大病三次。第一次在上虞法界寺，病未痊，被甬僧安心头陀跪请去西安弘法，'无异绑架'。师被迫，允舍身，有遗嘱一纸付余。余以其不胜跋涉，在甬轮上设法救回，自轮船三楼，负师下，两人抱头大哭。宁波同事，至今传作笑谈也。"②《弘一大师全集》（修订版）所载刘质平《弘一大师遗墨的保存及其生活回忆》一文中的相关表述，与上文基本相同，但"无异绑架"一句被删去③。刘质平当时正在宁波任教。

《弘一大师全集》（修订版）将此事解读为："宁波白衣寺住持安心头陀筹济陕灾，至白马湖请弘一法师同往西安。弘一法师不欲拂其意，许之。已上舶，刘质平以师病后，不胜长途跋涉，负之上岸，遂未果行。"④

姜丹书《记弘一上人》亦载此事："十八年，岁次己巳。上人五十诞辰。绍兴徐仲荪氏曾为放生于白马湖，洋洋焉鱼虾得所。上人亦

---

①弘一大师《致夏丏尊·二五（一九三〇年六月，上虞白马湖）》载："白衣寺安心头陀，今日来山房，声泪俱下，约余往甬。"函中提及的"山房"，即位于浙江上虞驿亭镇白马湖畔的晚晴山房，弘一大师曾驻锡于此。弘一大师《致性愿法师?六（一九三〇年闰六月十六日，上虞白马湖）》载："安心头陀像赞，乞赠与同学中喜乐者。"《弘一大师全集》（修订版）编辑委员会编：《弘一大师全集》第8册《文艺卷·杂著卷·书信卷》，福建人民出版社2010年版，第309—310、446页。

②《弘一上人史略》一文的落款为"民国三十五年农历九月二十日，门人刘质平谨述"，原载《南洋佛教》第127期，转引自天津市政协文史资料研究委员会、天津市宗教志编纂委员会《李叔同——弘一法师》，天津古籍出版社1988年版，第97页。

③刘质平《弘一大师遗墨的保存及其生活回忆》文后注释称："本文系根据一九四六年《弘一大师遗墨展览会特刊》上刘质平《弘一大师的遗墨》和《弘一上人史略》二文整理压缩而成，刊于文物出版社一九八四年《弘一法师》。"参见《弘一大师全集》（修订版）第10册《附录卷》，第257—259页。

④《弘一大师全集》（修订版）第8册《文艺卷·杂著卷·书信卷》，第292页。

轻舟漾波,与物同乐,观者兴感。既而,至甬上。有某僧,以筹济陕
灾,请至长安。上人不欲拂其意,许随行。已上舶,且将解缆矣。弟
子刘质平恐上人不胜西北长途,突入舱,负之返岸,众视错愕。上人
亦笑任之。师弟之情、恬适之怀,一时传为美谈。"①

弘一大师下船时,到底是与刘质平"抱头大哭"还是"亦笑任
之"?刘质平的表述与姜丹书的记载明显有别。因此次远赴西安弘
法与陕西赈灾②密切相关,事关重大,故此细节对于能否准确解读
弘一大师当时心态和诠释弘一大师此次赴陕意义,非同小可。

本文以当事人刘质平的表述为依据,并在梳理、查摆相关史料
基础上,对弘一大师1931年赴陕弘法未果原委予以考析。

一、弘一大师对赴陕弘法一事的记载

弘一大师作出赴陕弘法、施惠穷黎的决定后,于临行前将遗嘱
寄给刘质平保存,并附函:"第四中学③教员刘质平先生:安心头陀
匆匆来此,谆约余同往西安一行,义不容辞。余准于星期六(即二
日)十一时半,到宁波。一切之事,当与仁者面谈。弘一上。"

《弘一大师全集》(修订版)载,此遗嘱和此附函均为弘一大师
于"一九三二年六月下旬"写自"上虞白马湖",并在注释中称"宁

①姜丹书:《记弘一上人》,杭州《越风》半月刊1936年第9期第6页。参见姜丹书《弘一大师永怀录·传一》,《弘一大师永怀录》,上海大雄书店1943年版,第7页。

②关于陕西灾情及赈灾等情况,参见卢兆斑《最近陕西之赈务与灾情》,西安《新陕西》月刊1931年4月1日创刊号,第92—100页。

③即位于宁波的浙江省立第四中学,1933年更名浙江省立宁波中学。董启俊:《经亨颐与浙江省立第四中学》,宁波市政协文史资料研究委员会编:《宁波文史资料》第1辑,1983年版,第74—75页。

弘一大师 1931 年 4 月决定赴陕弘法后，于临行前致函刘质平

波白衣寺住持安心头陀筹济陕灾，至白马湖请弘一法师同往西安"一事发生在"是年"，但又称"《遗嘱》写作时间、地点，说法不一"。①

陈星《弘一大师考论》认为："弘一大师到宁波的时间是一九三一年农历三月十五日（星期六，公历五月二日）。弘一大师写此信、此便条必在此前数日……事件只能发生在一九三一年农历三月，写此信和便条则应该在事件发生前的某日。"②文中提及的"此信、此便条"即指此遗嘱和此附函。

弘一大师还曾致函广洽法师云："音本拟在此过夏，乃昨夕，忽有友人来此，谆谆约往远方一游，义不容辞。拟于明晨动身。大约至迟于中秋前，返法界寺料理一切。然后，再动身往厦门，亲近法座也。"弘一大师又向广洽法师交待刊刻其手书佛经等事宜，函末写道"濒行匆忙，草草复此"。此函落款为"三月十四日 演音顶礼"。而《弘一大师全集》和《弘一大师全集》（修订版）均载此函为弘一大师

---

① 《弘一大师全集》（修订版）第 8 册《文艺卷·杂著卷·书信卷》，第 291—292 页。
② 参见陈星著《弘一大师考论》，浙江人民出版社 2002 年版，第 23—28 页。

于"一九三二年三月十四日"在"慈溪金仙寺"所写①。

此函中提及的"忽有友人来此,谆谆约往远方一游"一语,当指安心头陀力邀弘一大师赴陕一事。否则,弘一大师不会将此次"远方一游"的行期安排数月之久(直至当年中秋节前才罢)。受陈星《弘一大师考论》中相关考证的启发,笔者判断,此函写明的"三月十四日",亦应指农历日期,即 1931 年 5 月 1 日(星期五)。这是因为,此函所述内容与弘一大师附函刘质平的内容可以契合,即"友人"指安心头陀、"远方一游"指赴陕弘法。此函提及的"昨夕",指农历三月十三日,即 1931 年 4 月 30 日(星期四)。而此函中所称的"明晨动身",即 1931 年 5 月 2 日晨动身。

弘一大师此时患病情况以及弘一大师此次所立遗嘱内容,在《弘一大师全集》(修订版)、《弘一法师年谱》等均记载较详。如弘一大师《致刘质平·三七(一九三一年正月初三日,温州庆福寺)》载:"朽人近来精力衰颓,远不如前。"又如弘一大师《致刘质平·三八(一九三一年旧二月,上虞法界寺)》载:"十日以来患病,近已渐愈。有暇乞到药房,购'安加里②丸'(多福大药厂)一瓶、'第威德润肠丸③'

①《弘一大师全集》第 8 册《杂著卷·书信卷》,第 286 页;《弘一大师全集》(修订版)第 8 册《文艺卷·杂著卷·书信卷》,第 463 页。

②"安加里""有加里""郁加里"均为桉树叶(桉叶)的别称。"桉叶是抗菌消炎良药,适用病症甚多,尤于外科,所谓化脓性病症之'圣药'"。孙洽熙等:《中药桉叶资源应大力开发利用》,《陕西中医》1993 年第 14 卷第 2 期,第 85 页。

③《银行周报》1930 年第 7 号载广告《君患肝火否,有我润肠丸》:"肝火中烧,最易激怒。世人往往因小不忍而乱大谋者,由于愤怒,实由于肝火。君有肝火否? 盍服'第威德润肠丸'以平之。药料完全植物质,毫无刺激作用。日服二粒,肝气不作。祝君前途更多胜利。各大药房均有出售。"《申报》1930 年 6 月 25 日又载:"口臭、头痛、不消化症等,皆为君肠部应加清理之朕兆,速服'第威德润肠丸'。""第威德"时为英商制药公司名。

两瓶。"①

　　而此遗嘱第一段即："余命终后，凡追悼会、建塔及其他纪念之事，皆不可做。因此种事，与余无益，反失福也。"②可见，弘一大师决意赴陕后，颇为冷静，且考虑周详。

二、安心头陀缘何匆匆谆约弘一大师赴陕

　　安心头陀邀弘一大师赴陕弘法动议，始于何时，未见史载，已知不晚于1931年4月。弘一大师很可能对此心理准备不足。

　　此动议与陕赈主其事者朱庆澜（即朱子桥）③奔走赈务不遗余力有关。当时朱庆澜两次南下赴沪劝赈。下面先看看朱庆澜行踪：

　　1931年2月22日，朱庆澜偕夫人及助手查良钊④等由北平南下⑤，

①《弘一大师全集》（修订版）第8册《文艺卷·杂著卷·书信卷》，第287页。
②《弘一大师全集》（修订版）第8册《文艺卷·杂著卷·书信卷》，第292页。
③朱庆澜（1874—1941），字子桥、子樵、紫樵、星桥，浙江绍兴人，生于山东历城。1930年在北平西城大保吉巷组织华北慈善联合会，任委员长。时亦有华北慈善会会长、华北赈灾会会长、华北赈委会会长等称谓。南京国民政府时期历任赈委员会常务委员、赈务委员会委员长、赈济委员会常务委员等职。《申报》等载为"朱子乔"的情形亦较多。
④查良钊，字勉仲，1897年生于天津，南开中学毕业。邹韬奋1931年2月28日撰《记查良钊君谈陕灾事》称："查君现任华北慈善联合会干事长，朱庆澜君即该会委员长。"《生活》周刊1931年3月14日第6卷第12期。查良钊于"民国十九年追随朱庆澜先生从事陕西大旱灾救济工作，初任华北慈善联合会总干事，亲历灾区，目睹惨状，发起'三元钱救一命'运动，号召津沪等地募款救灾。又联合华洋义赈会，修建泾渭渠，对于西北水利贡献极大"。秦孝仪主编：《革命人物志》第23集，（台北）中央文物供应站1983年版，第4页。
⑤《朱庆澜南下来沪 将报告目睹陕西灾况》，《申报》1931年2月28日，第13页。

3月1日抵沪①。3月3日在沪"商定组织上海筹募陕灾急赈会②,推许世英③、张群、朱庆澜、王一亭④、虞洽卿、王晓籁、邬志豪七君为主席团。"⑤3月9日,朱庆澜在沪主持召开陕灾急赈会第二次全体委员会,被推为"分组募捐总组主任"(后小称放赈委员)。会上,"公请朱子桥暂缓北上,留沪主持会务"。⑥3月19日,朱庆澜离沪,参加3月20日在南京召开的赈委会第十四次会议,并向蒋介石汇报陕西灾情,"蒋主席亦允竭力而为"。⑦朱庆澜赈灾心切,对监察院委员一

---

①《朱庆澜抵沪 与各慈善团体接洽 完成救济陕灾工作 坚决不就监察委员》、《昨晚各慈善家欢迎朱庆澜 将组织筹募陕灾急赈会》,《申报》1931年3月3日,第13页。

②全称"上海筹募陕灾临时急赈会",简称"陕灾急赈会"。

③许世英,字俊人、静仁,安徽秋浦人,时任南京国民政府赈务委员会委员长。

④王一亭,名震,浙江吴兴人,时任南京国民政府赈务委员会常务委员兼驻沪办事处主任、上海慈善团体联合会委员长。

⑤《上海组织筹募陕灾急赈会 许世英等昨晚欢宴朱子桥 当场推定陕灾急赈会委员》,《申报》1931年3月4日,第13页;《沪陕赈会成立 许世英等任委员》,北平《世界日报》1931年3月4日第2版。当时,《申报》等在报道中多有将"急赈""放赈""陕赈""办赈""赈灾""赈务""赈款""赈友""赈品"中的"赈"载为"振"的情形。"振"同"赈"。本文引用时均写为"赈"。下同。

⑥《陕灾急赈会昨开二次全委会议》,《申报》1931年3月10日,第10页。参见:《张啸林杜月笙前晚欢迎朱庆澜 当场为陕省灾民请命 两小时捐洋六万余元》,《申报》1931年3月11日,第14页;《朱庆澜展期北返 连日席不暇暖 力为灾民请命》,《申报》1931年3月12日,第10页;《陕灾急赈积极进行 自动捐助者颇不乏人》,《申报》1931年3月14日,第15页;《陕灾急赈会昨开委员会》、《甘灾急赈会成立 昨在一品香公宴朱庆澜》,《申报》1931年3月15日,第16页;《陕赈会主席康寄遥前日抵沪 与朱庆澜会商放赈事务》《朱庆澜明日晋京 出席全国赈务会议 昨晚宴华商卷烟界》,《申报》1931年3月18日,第13页;《各团体欢迎朱庆澜 协助陕省灾赈》,《申报》1931年3月19日,第10页。

⑦《申报》1931年3月20日第6版《赈委会今日开会》载,"朱庆澜、王震十九日晚由沪来京出席"。参见:《朱庆澜昨晋京 出席全国赈务会议 接洽发行陕灾公债 康寄遥昨欢宴报界》,《申报》1931年3月20日第9页;《朱庆澜昨抵京 出席今日赈委会》,北平《世界日报》1931年3月20日第2版;《赈委会分拨各省赈款 并请政府速拨赈灾公债三千万 朱庆澜昨抵京 蒋极关心陕灾》,北平《世界日报》1931年3月21日第3版;《朱庆澜等谈片 日内再赴沪筹款 陕赈债蒋允速发》,北平《世界日报》1931年4月6日第3版。

职坚辞不就。由于此次接洽赈款顺利且结果圆满,朱庆澜遂于"二十二日乘车北上至济,将留五日,为其兄治丧,再赴津转陕施赈"。①4月4日,朱庆澜"由津返平",并于4月5日披露"本人拟日内再赴沪一行"。查良钊对此补充道:"上海方面又来电催促南下,朱将军亦以该地筹赈尚有未及办理者,故决定仍赴沪一行,且该地急赈会有朱将军在彼号召,自能多筹赈款。"②4月10日,邬志豪等由沪来电,报告"经收赈款极佳",恳望"公能早一日来最好"。4月11日,朱庆澜复电"上海仁济路仁济堂转王一亭、黄汉之、张贤清、邬志豪、陆观甫"称:"澜即日去辽,由辽而连,由连转沪,约十七八号可到。"

1931年夏朱庆澜于在西安为安心头陀题词

③直到23日,朱庆澜才偕查良钊等"同乘'长春丸'来沪,于下午四时登岸"。朱庆澜披露此次行程:"因此间陕灾急赈会屡次来电催促南下,故由辽宁至大连搭船南来。大约在申五六天,与各方接洽后,即往陕西放赈。"④

安心头陀对陕赈颇为

---

①《朱庆澜昨北上》,《申报》1931年3月23日第4页,参见《朱庆澜昨北上 即赴陕办理赈务》,北平《世界日报》1931年3月23日第2版。

②《朱庆澜等谈片 日内再赴沪筹款 陕赈债蒋允速发》,北平《世界日报》1931年4月6日第3版。

③《沪对陕赈踊跃 已收款廿六万 朱庆澜即赴沪》,北平《世界日报》1931年4月12日第3版。

④《朱庆澜昨日抵沪》,《申报》1931年4月24日,第14页。

关注,是不难获悉朱庆澜此次南下消息的。一是安心头陀曾对陕赈
做过很多实质性的工作(如 1929 年就曾赴陕助赈①),且又开始筹
募巨款(参见下文);二是朱庆澜陕赈行踪已见诸各大报章,其竭力
筹募善款义举已"通国皆知"②;三是旅沪宁波人较多且不乏热心慈
善者,如邬志豪即上海陕灾急赈会主席团成员之一,与朱庆澜联系
颇多③。四是朱庆澜已于1931 年 3 月 18 日就陕赈事宜与旅沪宁波
同乡会接触④。可见,安心头陀此次赴陕赈灾并非突发奇想,而是颇
有思想基础。

　　安心头陀决定随朱庆澜一同赴陕,并预定赴陕行期后,风风火
火地赶到弘一大师住所,当面恳请弘一大师同行,并加以催促。这
与弘一大师致函刘质平所云的"安心头陀匆匆来此"和弘一大师致
函广洽法师所云的"忽有友人来此"等语都是一致的。悲天悯人的
弘一大师虽然抱病,但深感此行义不容辞,遂决定舍身同往,为此

---

① "华北慈善会委员长朱子桥氏,于昨晨七时,同查勉仲、崔献楼及和尚等二十余人,分
乘汽车三辆,前往乾县视察灾情,携有赈米数百袋、赈面一千余袋,并将安心头陀嘱为
乾县散赈之一万元赈款亦已带去云。又,前赴乾县视察灾情之安心头陀和尚,到达乾
县后,随即赴四乡视察灾情,目睹灾民面尽菜色,十室十空,村落为墟,有动于衷,不禁
放声大哭,并发宏愿,于餐时减食自饥。"原载 1929 年末出版的西安《新秦日报》,转引
自雒长安《朱子桥与长安佛教》(文中并未明确《新秦日报》所载这一报道的具体日期,
待考)。据中国佛学网(http://www.china2551.org/Article/tmwh/tmyj/201310/14689.html)。
②《申报》1931 年 3 月 6 日第 11 页《记朱庆澜之出处》(署名"珠")载:"通国皆知之朱庆
澜先生,外交家兼政治家、军事家也。比来专为赈济灾民,不辞跋涉,不辞险阻,仆仆道
途,奔波南北。"
③《申报》1931 年 3 月 28 日第 12 页《甬同乡筹浚东钱湖》载:"旅沪甬人庄崧甫、虞洽卿、
张申之、邬志豪等六十余人。"
④《申报》1931 年 3 月 19 日第 10 页《各团体欢迎朱庆澜·甬绍同乡会》载:"旅沪宁波同
乡会、绍兴同乡会,昨日下午六时假宁波同乡会会所,设宴欢迎朱庆澜。席间,由朱庆
澜报告陕中灾疫情形,希望绍甬两地及旅沪人士协助赈济,使灾后孑遗得延残喘。一
时,在座者无不动容。末复放映陕灾影片而散。"

还立下遗嘱，以坚其志，表明去意已决。在匆忙动身赴宁波登船前夕，弘一大师将此次行程以及手写佛经刊刻、著作出版流通等未了事宜，分别函告刘质平和广洽法师，请其代为落实。此即刘质平闻讯至"甬轮"将弘一大师"设法救回"的前因。

1931年4月30日，上海陕灾急赈会"邀上海各界经募捐款者开茶话会……朱子桥报告陕灾近况及分区设立粥厂、酌办急赈、工赈与教养灾童作工并掩埋尸骸、运送药品以防疫、填塞战壕等事以代赈"。陕西省赈务会主席、陕西华洋义赈会会长康寄遥在报告中还认为："陕灾约分三类：曰饥馑、曰兵燹、曰瘟疫，而求其原因，佛学所悬为首戒之贪嗔痴，实有以致之。盖祸福无门，惟人自召。贪婪无厌，报之以饥馑；暴戾恣睢，报之以刀兵；不信因果，报之以疠疫。亦天道好还。以故同人除从事物质上之救济外，并设会祈祷、印送善书，俾期戒杀放生，并以对制三业。"《申报》同时披露安心头陀行将赴陕："宁波安心头陀曾捐二万五千元，随同出发放赈。"[①]

据此载可知，安心头陀决定随同朱庆澜"出发放赈"，显然已得到朱庆澜准允。这也表明，1931年4月间，安心头陀已与朱庆澜取得联系。

陕赈期间，除大力开展物质救济外，实施精神抚慰、倡导善念德行，也是主其事者颇为注重的。佛教界人士的力量不可忽视，其可发挥作用的空间很大。深感重任在肩、责无旁贷的安心头陀之所以动员弘一大师参与其中，也正是基于这种朴素情怀。而且，陕西省佛教会已于1929年10月成立筹备处，后于1930年3月开会选举执监委员[②]。邀请弘一大师赴陕弘法，相信也是

①《陕灾急赈会茶话会纪》，《申报》1931年5月1日第14页。
②《陕西省佛教会成立》，《海潮音》1930年第11卷第6期《佛教史料·陕西佛化近闻》，第10页。

陕西僧众的热切期盼。安心头陀很可能已与陕西方面达成了
共识。

朱庆澜一行在沪停留半个月后，才踏上北返行程。5月6日，朱
庆澜致电位于北平西城报子街74号的赈委会驻平办事处："现定
九日由沪乘轮，至津平转陕。"①

《申报》1931年5月10日第14页载《朱庆澜昨日北返赴陕放
赈》称："沪绅邬志豪君于前晚假觉林蔬食处欢宴。到虞洽卿、王晓
籁、陆祺生、张慰如、谢蘅窗、徐乾麟、闻兰亭、史量才、黄涵之、李组
绅、哈少甫、查良钊、张贤清、林康侯等数十人。席间，由到席者作长
时间之商议，对各灾地均愿尽量输募，并感谢朱氏之热忱。昨，朱氏
以各慈善家均愿竭力设法，即于昨日下午二时，乘'天津丸'北返，
经大连，赴辽宁，返津平，再赴陕省等处放赈，救济灾黎。到埠欢送
者甚众。而朱氏则搭该丸三等舱，藉资节省用费。其热心与节俭，于
此可见一斑。而沪地捐款，已达三十八万元之谱。"5月8日晚的这
次饯别，安心头陀理应在场。

总之，安心头陀是获悉朱庆澜在沪筹赈行程后，决定从宁波动
身与之会合的。刘质平所指的"甬轮"，应指"沪甬轮"。"沪甬轮"行
驶在宁波至上海之间的航线上。

安心头陀约请弘一大师赴陕的行程，即先搭乘"沪甬轮"赴沪，
与朱庆澜会合后，于5月9日乘"天津丸"辗转至天津、北平，再乘
火车抵陕。这也就是说，如果弘一大师此次顺利同行的话，将在阔
别天津二十年之后，首度踏上家乡故土。

---

①《朱庆澜定明日北返 沪济生会办理豫赈》，北平《世界日报》1931年5月8日第3版。

三、对弘一大师赴陕弘法未果应如何理解

对于弘一大师赴陕弘法惜未成行一事,笔者试作如下判断:

弘一大师被刘质平背下"沪甬轮"后,与刘质平"抱头大哭",绝非因"被迫"前往而受了委屈,亦绝非出于对此前作出的赴陕决定表示后悔,而应该是因为力不从心而深感无奈和深表哀伤。

赴陕旅途艰辛、疲惫困顿,都是可以想见的。如拖着病躯咬牙坚持成行的话,弘一大师难免会因长途奔波而吃不消,而如此身体状态必然被特殊照顾。由于此次弘法纯粹是为当地灾民帮忙去的,弘一大师惟恐因此给当地增添不必要的麻烦。

义亦我所欲也。弘一大师明知不胜跋涉,但舟车劳顿事小,通过给灾民提供物质救济和精神慰藉,使之尽快脱离水深火热事大。而此次难以成行,也就难以为灾民尽一份力。这对弘一大师来说,显然是一个很大的遗憾,弘一大师因之纠结甚至是痛苦,遂成必然。弘一大师对此绝非不情愿。否则,弘一大师既不可能对于此次远行一再坚称"义不容辞",也不可能专门为此留下一份遗嘱。这说明弘一大师对于此行的担心并非多余,其已预感到此次远行很可能会舍生取义。

而一贯性情直爽的安心头陀助赈心切,其借助弘一大师的影响力和感召力,加大募捐力度和为三秦灾民提供更多更大精神抚慰的意图明显。安心头陀此次力邀弘一大师前往,坦陈己见,且不由分说。虽然其未从弘一大师的身体实际情况出发考虑问题,但在大灾面前,情急之下,顾不上许多,应无可厚非。因此,很难说安心头陀此举有明显不妥之处。即便是安心头陀对于弘一大师的病情

考虑不周,似也不应备受指责。试想,安心头陀时已 68 周岁了,健康状况亦应堪忧,还不是义无反顾地说走就走?

　　尽管刘质平"救师心切",但若说弘一大师是因"被迫"出行而被刘质平"救回"的,是否合乎情理和符合事物发展逻辑呢?刘质平《弘一大师遗墨的保存及其生活回忆》所言,虽对弘一大师呵护有加,但文中"被迫""救回"等语,理解似显偏狭,很容易让后人理解为弘一大师是受了安心头陀的"胁迫",才不得不登上"沪甬轮"的。这应该有违弘一大师明确表示过的赴陕义不容辞这一本意,或令安心头陀感到委屈。如是,《弘一大师全集》编者收录《弘一上人史略》一文时,删去文中"无异绑架"一语,也就不难理解了。

　　笔者判断,刘质平当时很可能并未了解弘一大师此次远行弘法目的和深刻意味。显然,刘质平因"救师成功"而颇感庆幸,如其对于弘一大师下船后到底因何与之"抱头大哭"这个问题,予以浅显解读,倒也情有可原。

1931 年 8 月 18 日旅津鄞县人张颐所作
《天津重逢安心老头陀送别一首》

四、安心头陀毅然赴陕投身义赈

安心头陀此行受朱庆澜委托募集赈款,且肩负放赈重任。他陪同弘一大师一同登上"沪甬轮"后,满心欢喜,本以为有弘一大师出山,此行定将圆满,没成想被刘质平"搅了局"。安心头陀眼巴巴地看着弘一大师被刘质平背下船,一定是心有不甘。按照通常理解,如"沪甬轮"尚未解缆开船的话,安心头陀大概会追下船来挽留弘一大师一番,才肯罢休吧。

安心头陀并未因突生此种变故而放弃此行,而是毅然前往。安心头陀不顾年迈体衰、甘愿献身慈善的执着精神和坚韧不拔、坚持不懈的品质,可嘉可风,着实令人钦佩。

1931 年 5 月 15 日晚,朱庆澜一行经大连抵北平,"拟在平稍作休息,即启程返陕"。①朱庆澜初定"本月二十四或二十五日由平动身赴陕……闻此次与朱氏同行赴陕者,共十余人。"②安心头陀即与朱庆澜同行者之一。5 月 16 日,朱庆澜致电上海陕灾急赈会:"澜同安心头陀,删日抵平。商云汀、唐慕汾、尹光宇三君偕赈友数人,已于真日赴陕。澜稍事料理,亦即前往。"③这表明,安心头陀就是乘"沪甬轮"抵沪后,与朱庆澜一同北上的。同行者还有释范成(即范成法师,参见下文)。

①《朱庆澜抵平 稍息即赴陕》,北平《世界日报》1931 年 5 月 17 日第 3 版。

②《国府允拨陕赈 急工两赈六十万 朱庆澜日内赴陕》,北平《世界日报》1931 年 5 月 18 日第 3 版。

③《陕灾急赈会昨接平杭两电》,《申报》1931 年 5 月 21 日第 10 页。"真日"即 11 日、"删日"即 15 日。

　　5月19日，朱庆澜电沪："此间运陕赈品、药品等件，现正交涉车辆，一俟车辆拨到，澜即亲自押运前往。"①此车辆为向平汉路驻平办事处所借的火车两辆。5月26日，"闷车、铁篷车各一辆"拨到，朱庆澜遂电沪报告行期："弟定俭日（二十八日）启行赴陕。"②直到5月31日，朱庆澜才"乘平汉路特别快车，偕同办赈人员及大批赈品等赴郑，转车入陕施放"。③6月2日"午，安抵郑州，即可转陇海"。④朱庆澜此次"携大批赈粮赴陕"，备受关注，甫一抵陕，查良钊即向北平赈务处及平津诸善长报平安："委员长朱庆澜偕同人于四日申刻安抵西安。"⑤朱庆澜亦致电许世英、王一亭等："澜偕赈友，于本日申刻抵西安。陕灾仍烈，各县急赈，次第散放，拟接筹善后。甘省灾亟待救。"⑥

　　抵陕后，安心头陀也忙得不可开交。这从朱庆澜致上海陕灾急赈会的函电中可窥一二：6月"阳⑦日，唐慕汾偕赈友九人，伴安心头陀，赴乾县放急赈"。6月"文⑧日，澜往咸阳、醴泉、乾县视查。二麦所收，不过二三成。大秋正待播种，惟耕牛缺乏、积荒草盛、人力难施，荒不能犁，则饥不能免，殊费筹维。无怪安心头陀之痛哭流涕也。今日赴三原勘查。""陕省缺少耕牛，饥民之人拖犁，力弱耕浅，且数年积荒、人力难辟，请访问有无耕地小机器，可代牛犁，

---

①《朱庆澜赴津 结束辽赈》，北平《世界日报》1931年5月20日第3版。
②《朱庆澜 明日离平赴陕》，北平《世界日报》1931年5月27日第3版。
③《朱庆澜昨赴郑 转车入陕》，北平《世界日报》1931年6月1日第3版。
④《朱庆澜抵郑 即转道入陕》，北平《世界日报》1931年6月4日第3版。
⑤《朱庆澜抵西安 查良钊电平报告》，北平《世界日报》1931年6月6日第3版。
⑥《陕灾急赈要闻 朱庆澜已抵西安》，《申报》1931年6月6日第14页。
⑦7日的韵目代日。
⑧12日的韵目代日。

宜于小农者,每架价若干? 能否用本地菜油? 电复。朱庆澜、安心头陀。元①。"②

《申报》1931年7月25日第16页载《济生会续办乾县牛种赈济》:"本年六月间,宁波安心头陀发愿随朱将军子乔,赴陕办赈。有某大善士等共募乾县赈洋二万五千元,由该头陀散放。续由头陀来电声述,该县籽种、牛种等,需赈甚急。又有某君等募乾县牛种赈洋一万二千元,先后电托朱子老转拨安心头陀收领散放。安心头陀不远千里、冒暑历险,实行菩萨济人之愿。而某大善士等又能慨助巨款,以济垂毙之灾民,更安得常有此等出力之和尚、出钱之大善士合力救灾,虽满地疮痍,不难末减。该会敬代数千百万灾民,九顿泣告于诸大善长之前也。"文中对安心头陀的记述真实不虚。

安心头陀在陕奔忙之际,不仅通过其在佛教界的影响,继续募化善款,而且对于陕西灾区恢复生产自救,也考虑周详、措置有方。陕西地方志和文史资料均载

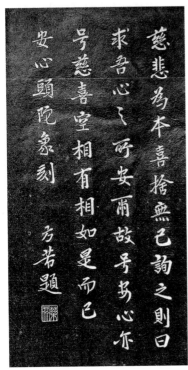

1931年8月方若在津为安心头陀题词

---

① 13日的韵目代日。
② 《朱庆澜亲查陕灾沪闻(来往各要电)》,《申报》1931年6月17日第14页。

其善行①。这都表明,安心头陀此次助赈,成效颇丰。而弘一大师却未能成行,着实令人叹惋。

五、陕赈期间的弘法活动

由于弘一大师赴陕弘法未果,朱庆澜、安心头陀等遂改而敦请太虚大师赴陕弘法。太虚大师已于 1931 年 4 月 28 日抵北平,驻锡居士林②。5 月,"朱子桥居士代表陕西省佛教会赴平,敦请太虚大师赴陕弘法未果,遂与范成法师和安心头陀相伴返陕。"③可见,朱庆澜与安心头陀等在沪回合后,之所以绕道北平,除办理赈款外,也因为要动员太虚大师同行,但太虚大师时亦因故未能成行。

范成法师于 6 月 16 日从西安致函《海潮音》杂志编辑满智法师,表明其此次赴陕还承担着一项重要任务,即访查、整理、拍摄于

---

① 《乾县志》载:"上海慈善团乾县基金会会址在文昌巷孙傅二公祠。系民国 20 年(1931),浙江宁波孤儿院院长安心头陀和尚募集巨款,来乾赈灾,救济百姓,遂于 21 年(1932)修慈善家'孙傅二公祠',散放棉花及耕牛,以救济贫乏。22 年(1933)创设基金会,计基金 1 万余元,缴付县中皈依弟子董其事。和尚乃归上海。"乾县县志编纂委员会编:《乾县志》第 498 页,陕西人民出版社 2003 年版。韩佑民《乾县"十八年年馑"及赈济概况》载:"省赈务委员会在县城西大街设立'农业工具收当贷款处'……宁波白衣大士寺主持〔住持〕安心头陀在县城内监楼巷西出资购买地基建房,设立了'孙傅二公祠'一所,祠内设一基金会。该基金会给乾县灾民贷款,购买耕牛三百多头。每头牛的贷款规定为三十元,虽在贷款契上写有利息,但是很微薄。耕牛贷款的还期定为三年。'二公祠'又给全县灾民施舍了不少件数的棉衣。'孙傅二公祠'的领导人曾由安心头陀指定县赈务会领导人赵时安先生兼任。"陕西省乾县政协文史资料研究委员会编:《乾县文史资料》第 1 辑,1985 年版,第 67 页。

② 释印顺编著:《太虚法师年谱》(中国近现代高僧年谱系列),宗教文化出版社 1995 年版,第 177—178 页。

③ 李庆东:《西安佛教百年大事记》,西安市政协文史资料委员会编:《西安佛寺道观》,陕西人民出版社 2009 年版,第 405 页。

1930 年仲夏弘一大师(左四)、虚云大师(左五)、安心头陀
(右一)在宁波白衣寺

此前在西安城内卧龙寺及开元寺中发现的宋版藏经《碛砂藏》[1]，
以便对其采取影印等保护措施[2]。7月，"朱庆澜在西安募修大慈
恩寺与兴教寺等古迹，并成立佛教法物采集处"。[3]可见，安心头
陀、范成法师等此次来陕，不仅参与赈灾，而且确实承担着弘法
使命。

9月初，太虚大师致电陕西辛未讲经会："东[4]电悉。候朱子桥长

①即《平江府碛砂延圣院大藏经》。

②参见《朱子桥等发起成立佛教法物采集处》，《海潮音》月刊 1931 年第 12 卷第 9 号。

③尘空：《民国佛教年纪》，《文史杂志》第 4 卷第 9—10 期合刊（佛教专号），中华书局
1944 年版，第 55 页。

④1 日的韵目代日。

者来平,即同来陕。"①可见,太虚大师赴陕弘法并非未果。太虚大师于 9 月 28 日离平南下,经豫赴陕,后于 10 月 10 日过临潼。"洛阳灵宝、灵潼各地迎太虚至西安,寓康寄遥寂园,陕主席杨虎城请参加国庆阅兵,并邀各界公宴,讲经卧佛寺,及巡礼终南山等诸古刹"。②

10 月 11 日,太虚大师在陕西辛未讲经会欢迎大会上演讲时说:"到去年,因为贵省的天灾,朱子桥先生在这边热心施赈,并且想从根本上救灾,恢复古时的文化与佛教的遗迹,与康居士等寄信给我,请我来陕。因此,又燃起我来陕的热情,所以有此一行。也是因为陕西历年的灾厄和佛教的衰落,使我不得不来……到了西安,又使我不期然地发生了很大的欢喜,因为此次救陕西天灾的诸君,都是信佛的,并且都能真实了解佛法,能够本著大悲救世的精神,来救灾民的饥寒。"③太虚大师又赋诗《辛未陕西杂咏》《终南游》等,以记其事④。至 1931 年 12 月 8 日,太虚大师才离陕还南⑤。

①《太虚大师全书》第 29 卷《杂藏·酬对(一)》,宗教文化出版社、全国图书馆文献缩微复制中心 2005 年版,第 295 页。《海潮音》月刊 1931 年第 12 卷第 11 号载《太虚大师赴陕宏法之消息·陕西辛未讲经会致太虚法师电》称:"北平柏林寺太虚法师慈鉴:函敬悉。此间均盼师来,已推朱子桥居士到平亲迓,面交川资。祈早惠临为荷。陕西辛未讲经会叩。东。"

②尘空:《民国佛教年纪》,《文史杂志》第 4 卷第 9—10 期合刊(佛教专号),第 55 页。

③《太虚大师全书》第 26 卷《杂藏·演讲(一)》,第 337—341 页,。

④《太虚大师全书》第 34 卷《杂藏?诗存(全)》,第 144—146 页,。

⑤太虚大师此次在陕期间的弘法活动,参见释印顺编《太虚法师年谱》(中国近现代高僧年谱系列),第 183—184 页。

六、朱庆澜与安心头陀在津会合后返沪

安心头陀完成放赈任务后,已于 1931 年夏离陕①,未能见到太虚大师。他先途经天津稍作停留,等待朱庆澜辗转抵津后一同返沪。《安心头陀像刻》载张颐②于 1931 年 8 月 18 日所作《天津重逢安心老头陀送别一首》,诗曰:"握手相逢在故宫,知君往陕两匆匆。净来曾约津门外,后会还期甬水东。替佛救灾无别法,与人为善本初衷。登台演讲高身价,不及贫僧愿力洪。"款识为"辛未七月初五

---

① 朱庆澜在西安给安心头陀题辞:"四摄六度,布施第一。辛未夏,安心头陀同赴乾县放赈,行将别去,留题数字,以志胜因。朱庆澜书于长安。"载《安心头陀像刻》线装拓本,吴兴王震题签,石藏宁波白衣寺。辛未即 1931 年。

② "张颐(约 1874—1950 后),约生于清同治年间,卒于新中国成立初。字一香,晚号苦存。宁波人,寄寓天津。好收藏历代碑帖,书法学文征明。卒年七十余岁。事见《宝凤阁随笔》。"此据洪可尧主编《四明书画家传》,宁波出版社 2005 年版,第 158 页。另载其生卒年为"张颐(约 1880—约 1950)"。此据陈玉堂编著《中国近现代人物名号大辞典》,浙江古籍出版社 1993 年版,第 475 页。张同礼撰《我所知道的方若》载,《天津日新闻》社长"方若就任后,聘请同乡张颐(字亦湘)为该报编辑。"此据天津市政协文史资料研究委员会编《天津文史资料选辑》第 18 辑,天津人民出版社 1982 年版,第 190 页。《清国留学生会馆招待规则》(1902 年)载,"神户、上海、天津三处,均有本馆赞成员代为经理……天津张君亦湘,天津玉皇阁前日日新闻社。各省东渡留学者,可于就近本馆赞成员诸处,询问购买船票。"此据《浙江潮》第 1 期插页所载,时在日本东京的浙江同乡会杂志部发行,光绪二十九年(1903)正月十八日印刷。张颐 1940 年撰《意园墨录》自署"鄞苦存居士张颐",可知其为鄞县人。书末载张绹伯跋文曰:"此《意园墨录》,亦湘大兄所作。兄名颐,晚号苦存居士,与吾为从兄弟,长余一十八岁。一八九七年春赴津谋生,从此旅居五十余载。一九五○年五月逝世,享寿八十有四。"参见周绍良著《绍良书话》,中华书局 2009 年版,第 39—40 页。张颐居津期间热心慈善。《益世报》1921 年 9 月 28 日《急赈会演义务习助赈》载:"天津急赈会发起赈灾义务戏通启云:近因苏浙皖鲁洪水为患,灾民流离,哀鸿遍野,惨不忍睹……天津急赈会代募江苏、浙江、安徽山东四省赈捐大会义务戏,发起人:张亦湘……"《益世报》1930 年 3 月 23 日《浙绅李胞与今日举殡》载:"前日,为李公成主之日,卢木斋先生为大宾,方药雨、张亦湘二名士为左右宾。"

日，苦巢一衲张颐呈草"。张颐是安心头陀同乡故旧，时居天津。从"知君往陕两匆匆"一句判断，安心头陀此次过津确与陕西赈灾有关。《安心头陀像刻》又载方若（钤印"药雨"）在津题词："慈悲为本，喜舍无己。询之则曰：'求吾心之所安尔，故号安心，亦号慈喜。'空相有相，如是而已。安心头陀象刻。方若题。"方若是浙江定海人，长年居津，与张颐熟稔。安心头陀在津与张颐会面时，方若也应在场。

《安心头陀像刻》中的题字"光明正大"即弘一大师所书

朱庆澜于8月18日抵津①。天津"各慈善机关，十九午宴朱，请报告视察陕甘灾情"，朱庆澜称："陕甘洼地已有五六分收成，高地仍旱，但鸡犬相闻，现象渐佳。余定二十晚南下。"②此次宴请地点在天津永安饭店③，安心头陀也应参加④。

①《朱庆澜昨未行 改今日赴津转京 章元善明日南下》载："记者昨晚朱庆澜于赈务处，据谈：'本人原定今晚（即昨晚）赴津，刻以诸事尚待料理，故改于明日（即今日）赴津小作耽搁，即转京沪办理水赈。'同行者有查良钊及由陕放赈同来之安心头陀二氏。"北平《世界日报》1931年8月18日第4版。

②《刘、朱南下办赈》，《申报》1931年8月21日第8页。

③交通部天津电话局1936年编《民国二十六年份天津电话号簿》载："永安大饭店 法租界27号路58号""荣兴池 法租界永安大饭店对过""明记饭庄 法租界27号路永安饭店三楼"。永安饭店也称永安大饭店，其所在地的法租界27号路，也称樊主教路（Rue Favier），1946年称林森路，1949年后改称新华路（锦州道至营口道之间一段）。

④《益世报》1931年8月20日载《战地急赈会赶办结束 准备改组水灾急赈会》："本日（十九日）午间，娄翔青等假永安饭店宴朱子桥先生。朱君办赈有年，声望卓著。此次新自陕甘归来，对于灾情报告，极为详明。刻下，华北灾赈会仍在积极办理中，次为长江一带之水患，为从来未有，比较其他各灾区，尤为重要。朱君定明晚（即今日）南下，并拟将以上各被灾地方，提交'慈联'统筹办理。"

朱庆澜一行于8月22日抵沪。"赈务委员会常委朱庆澜氏，应国府救济水灾委员会委员长委员长宋子文及赈务委员会委员许世英之电召，来沪办理水灾赈务。二十日由津乘车南下，昨晚四时三十分抵沪。同来者有华北慈善联合会常务委员查良钊、安心头陀、范成法师等三人。朱氏下车后，即往访晤财政部长宋子文，畅谈颇久，对于赈灾办法，详为讨论……据谈：'余此次在陕西放赈，便道赴甘肃视察灾况，为时凡二月有奇。抵郑州后，奉张副司令电召，办理战地急赈，乃急由郑返平。旋接沪电，遂束装南下。十八日晚抵津，十九日参与津各界水灾急赈会成立大会。二十日离津来沪。'"①

1931年10月29日弘一大师（左一）与安心头陀（右二）等在杭州虎跑定慧寺合影

安心头陀与弘一大师在"沪甬轮"上分手后，赴陕全程长达百日之久，此行堪称圆满。安心头陀还在津门留下了一段文坛佳话。虽然未能与弘一大师相偕而行，但安心头陀此行并未因之减色。

①《朱庆澜昨抵沪，担任灾区放赈工作，不久拟往武汉视察》，《申报》1931年8月23日第17页。参见《朱庆澜今日可到 十八日由津启程》，《申报》1931年8月20日第14页。

七、余论

弘一大师赴陕弘法，中道而止，失却一次返津良机，殊为憾事。以上探寻安心头陀1931年赴陕义赈行踪表明，弘一大师理应预见到此行必将顺道来津，惜未能"因缘和合"。不过，此行对体力、精力的考验很大。即便弘一大师成行，以其当时的病弱之躯，也很难吃得消。

刘质平"负师"下船后，师生二人曾"抱头大哭"。刘质平的"大哭"，应充满"救师"成功的喜悦，当属喜极而泣。而弘一大师的"大哭"，则一定有所不同。不仅是刘质平，即便是今人，又如何能对弘一大师"大哭"的心理动因理解得深刻、诠释得准确呢？

弘一大师对于此次赴陕弘法未果一事，除"大哭"一场外，又作何感想、有何反应呢？《安心头陀像刻》中有丰子恺所绘安心头陀全身像，题款为"安心头陀六十九岁造像。民国二十年暮春。丰子恺画。"1931年暮春（农历三月）即公历四五月间，即安心头陀赴陕之际。而《安心头陀像刻》中的题词"光明正大"，则为弘一大师所书。这都应视为弘一大师对安心头陀赴陕之行的美好祝愿。

弘一上人

弘一上人原名李叔同，號息庵，曩居杭之定慧寺；與甬之天寧寺住持安心頭陀，時有來往。予作安心頭陀遊，曾見上人之二詩，其一云：「松風殿角起秋聲，山月窺窗不勝情，一卷法華清口誦，布衣粗糲做了生平。」其二云：「生鐵戒寶孽如林，怕碰囮尉恠慘昔！物我須知原不二；慈悲普濟愜天心。」一味其詩，不脫商家本色。

衍

1936年5月1日出版的武汉《西北风》半月刊创刊号第8页所载《弘一上人》，反映了弘一大师与安心头陀的交谊安心头陀再次见到弘一大师的时间，不晚于 1931 年 10 月①。而且，安心头陀此后仍为陕赈操劳不辍②。那么，弘一大师是否还以别种方式对陕赈有所补偿呢？已知弘一大师 1933 年对在陕发现的《碛砂藏》给予过关注③，但尚未发现弘一大师对陕赈的具体记载。恳望识者教我。

（刊于《天津文史》，2015 年第 4 期，2015 年 12 月，第 29—40 页）

---

① 李芳远《弘一大师年谱补遗》载，1931 年 10 月，南山律学院"名誉院长谛闲老法师、院长炳瑞老法师、院长安心头陀、院董静安老和尚、院务总理栖莲方丈和尚、律学顾问弘一"，联合发布《南山律学院招收学僧通告》。南山律学院设"浙江宁波慈溪鸣鹤场五磊寺内"，"南山律学院筹备处"设宁波白衣寺。原载香港《原泉杂志》1957 年 3 月第 13 期，转引自秦启明著《弘一大师与十法师》第 137 页，江苏人民出版社 2011 年版。另外，杭州虎跑慧寺圆照禅师 1931 年 10 月 28 日圆寂后，弘一大师与安心头陀等于转天参加茶毗封龛仪式，并合影留念。弘一大师分别在画面相同的两张照片上题字，但在文字表述上略有不同。一是弘一大师题记曰："辛未九月十八日，虎跑定慧寺圆照禅师往生极乐国，十九日，请安心头陀念佛封龛，说法已，与沙门栖莲、弘伞、弘一、居士徐仲荪写影，以志胜事焉。"二是弘一大师《圆照禅师封龛摄影题识》载："辛未九月十八日，虎跑定慧寺圆照禅师往生极乐，十九日，请安心头陀封龛，说法既竟，与沙门栖莲、弘伞、弘一、居士徐仲荪合摄此影，以志遗念。演音。"《弘一大师全集》修订版第 7 册《佛学卷·传记卷·序跋卷》，第 636 页。
② 韩佑民《乾县"十八年年馑"及赈济概况》载："宁波白衣大士寺主持〔住持〕安心头陀，二十二年散：急赈洋 10000 元，牛贷洋 7000 元，棉贷、赎农具洋 3000 元。并设赈务基金会，后归平民工厂收支。"陕西省乾县政协文史资料研究委员会编：《乾县文史资料》第 1 辑，第 67—68 页。
③《劝请宋藏之两例》载："影印《宋碛砂版大藏经》，自发行预约以来，每部只定五百二十五元。与请印北平清代《龙藏》比较，其经价不及十分之一。缘是各名胜佛寺、各大图书馆、各藏书家均向本埠（威海卫路七一四号）影印宋版藏经会缴款定购。其中，有集资合办之两例，颇可俾有信愿而绌于资力者仿效进行。兹汇录如左：(甲) 弘一禅师记厦门贫儿舍资请宋藏事：'二十二年夏历六月，厦门妙释寺募资，乞请宋《碛砂藏》，既已倡布。于十五日，有贫母携儿，诣僧房中，舍资一圆，谓愿以此助请宋藏。问：何人施？曰：小儿施。问：是一圆何因而得？曰：曩母常持一钱与儿，自求所须，儿不肯用，乃以聚贮。母数ս与，绵历岁时，始与一钱，渐盈一圆，久置儿怀，视若球璧，今日侍母诣寺礼佛，闻他人言募请宋藏，欣欣舞跃，叹为胜缘，遂命舍所宝而随喜焉。儿衣敝衲，赤足无履，未及童年，名武彝也。甲戌正月沙门弘一演音撰。'"《申报》1934 年 3 月 23 日第 12 页。

天津东兴楼时代的川岛芳子

徐凤文

　　关于川岛芳子(爱新觉罗·显玗，金壁辉)这个妖艳、传奇的中国女子，一直充斥着各种离奇古怪的传说。

　　1933年的美国一家杂志写道，"每当一支日本军队遇到困难时，他们当中就会有人说，川岛芳子马上就要到了。"英国人理查德·迪肯所著的《日本情报机关秘史》引述了一个传说：川岛芳子曾说服溥仪当上了伪满洲国皇帝。更离奇的说法是，溥仪最初拒绝了芳子，直到芳子往溥仪的床上放了一条蛇后，溥仪才改变了主意。而近年最离奇的一个说法，是这位头号女汉奸并未死于枪决，而是逃匿到了东北，直到1978年才在长春辞世。

　　在1990年梅艳芳主演的电影《川岛芳子》中，有东兴楼开业的盛大场面。这个倒不是传说，中日两国各种有关川岛芳子的记述中，几乎都会提到位于天津日租界的这家中国饭庄。而这里，不仅是川岛芳子依托东洋、追求复辟的主要场所，也是川岛芳子一生复杂命运的戏剧舞台。

川岛芳子的东兴梦

李香兰在自传《我的前半生》一书中这样描绘东兴楼:"东兴楼是一家很有气派的中国饭馆,而且是进深很大的中国式建筑。宽敞的饭店里五彩缤纷,令人眼花缭乱。中国上流社会的大家闺秀们,在庭院里围成一个个花团锦簇的圆圈,谈笑风生。"

在梅艳芳主演的电影《川岛芳子》中,有一组 1935 年东兴楼开业的画面。门口车水马龙,厅内高朋满座。在京韵大鼓"丑末寅初日转扶桑"的背景声中,几个人在用不太纯熟的天津话窃窃私语:"她身为司令,为什么在天津开饭馆?""她是嘛司令呀——床上司令。"

东兴楼开业这一天,新修的光亮门脸儿,挂着大红绣球,悬着"新张誌喜"金字的横幅喜联,门口立了当时在天津还很稀罕的霓虹灯招牌。大厅里的墙壁上高悬着丝光闪烁、五颜六色的贺幛。这部电影将川岛芳子过生日和东兴楼开业以及暗杀等戏剧情节交织到了一起,厅内的贺幛上写的是"万寿无疆"四个大字。其实,这是借鉴了川岛芳子在北京北池子公馆过寿宴等故事。

东兴楼开业的第一批贺客中,大名鼎鼎的齐燮元、石友三、刘桂堂、郝鹏、白坚武和袁文会等一众亲日政客、天津要人出席。相随的女客,也都是红裙绿袄,钗光鬓影。电影中有川岛芳子在侍卫簇拥下走向主桌的画面。其实,这场戏的"大角"应该是挎着东洋刀的日本天津驻屯军司令多田骏。无论如何,东兴楼开张的规模及铺张的程度,即使在号称北方最大商埠的天津也不多见。而当时,大多数人还不太清楚这位川岛芳子是何许人也。

在此之前,川岛芳子曾参与策划上海"八·一三"事变,一时名声鹊起；1931 年 11 月，川岛芳子把末代皇后婉容由天津秘密带到了旅顺，又干成一件"大事"；随后，在多田骏的支持下，川岛芳子一跃成了安国军总司令，号称"金司令"。据日本川岛芳子研究专家渡边龙策在《马贼》一书记述，芳子曾对多田骏夸下海口："如果由我组成一支强大的马贼联合部队，大多反满抗日队伍将会欣然投奔到我的统率下来。"此后，穿着一身土黄色的日军军服，脚蹬长筒靴、腰挎手枪的男装丽人金司令经常驰骋在满洲原野之上。

到 1935 年，"金司令"已经失势了。回到日本的川岛芳子依然不改奢华本色，在东京九段地方租了一处阔气的公寓，等待东山再起的机会。这一年的初夏，川岛芳子结识了一位被誉为"朝鲜独立运动旗手"的朴锡韵。此人身份复杂，不仅从政，还是朝鲜《京城日报》社的社长，在天津还有一处叫"东兴楼"的饭庄。

朴锡韵向川岛芳子介绍，东兴楼的房东是曾任北洋政府京畿警卫总司令的王怀庆，王怀庆先将房子租给了天津日本银行理事长的姨太太广泽太太，后来又将这处房子租给了朴锡韵，闹得双方纠纷不断。为此，朴锡韵要求川岛芳子和他一同去天津经营这家大饭庄。

巧合的是，这一年的 8 月 5 日，多田骏上任天津驻屯军总司令。得知消息后，川岛芳子兴奋异常，不久即潜回天津，化名王梅，住进日租界石山街（今宁夏路）27 号的石公馆中，此处原为"宁夏王"马鸿逵在天津的办事处。为了东兴楼的事，川岛芳子亲自找到日本人广泽评理，广泽太太再也没有到东兴楼来滋事。

然而，这时候川岛芳子的心思不在饭庄上。在多田骏的支持下，川岛芳子在天津参与、策划了多项秘密活动：一是刺杀马占山，据川岛芳子的妹妹金默玉讲述，"抗日英雄马占山入关后停息天津。调任天津中国驻屯军司令官的多田骏命川岛芳子刺杀马占山。川岛芳子扮成舞女,设计谋害马占山,因被马占山的警卫发觉,未能得逞"。

1935 年 12 月 16 日,"华北自治委员会"成立,川岛芳子任"华北民众自卫军"总司令,办公地点即设在川岛芳子的住所。川岛芳子的自卫军还自制了印章和旗子。据姚斌呈蒋介石的密电称:"该伪组织之旗帜为黄地双龙,上有一轮红日。"据熊先觉在《我目击审判女间谍川岛芳子》一文中记述,1947 年河北省高等法院审判金璧辉汉奸案时,法官曾询问:"你在天津'东兴楼'参与日寇分裂中国的会议,这里的开会记录有你的签字,你承认吗?"川岛芳子答:"那是先签上名,后写的记录。"

与电影和一般传记上的记载不同,1935 年川岛芳子还没有成为东兴楼的主人。这个叫"东珍"的女人,一心想干大事,念兹在兹的是她的清朝中兴大梦。在多田骏的庇护下,川岛芳子在天津大肆活动,除了经营东兴楼饭庄,还在明石街开办了一家专制毒品的工厂和一个金船舞厅。然而,如同川岛芳子几次的结局一样,川岛芳子在天津的活动又一次受到了日本军方的追究。随着 1936 年多田骏被免职,川岛芳子再次被遣送回了日本。

东兴楼里的女老板

昭和十二年（1937)6 月 11 日的日本《每日新闻》"南信版"以"在温泉养伤的男装川岛小姐"为题,报道了芳子在善光寺温泉疗养的消息,称"东奔西走于日满两国之间,席不暇暖的男装丽人川岛芳子君"于今春回到松本市,一直在川岛浪速养父家里疗养。据说再过一个月左右就要回满洲去,给部下的士兵们发放军饷。

四个月后,川岛芳子兑现了自己的诺言。

1937年10月23日,日本《每夕新闻》登出消息说,芳子在天津开了一个名叫"东兴楼"的高级饭馆,为部下提供一个不属于领用军饷的供职场所。据这家日本报纸发自天津的报道,座落在天津日租界松岛街的东兴楼,"是一座气派宏伟、房间多并带有庭院的建筑。该饭庄仅勤杂工就有四、五十人"。

这是川岛芳子第二次到东兴楼了。川岛芳子接手后,对饭庄的五十来号人进行了内部整顿,建章立制,装饰门脸,很是花了一番心思,又召集安国军的一些亲信来到天津。不到三个月时间,一座阔气崭新的大饭店,就像电影《川岛芳子》中的场景一样,开张了。

此时,她的身份成了东兴楼的金经理。为了掩人耳目,以"男装丽人"著称的川岛芳子始终以男装示人,还带了一名叫川岛千鹤子的日本女人做了"金经理"的太太。这位女伴在电影中也戏份不少。

这一时期,川岛芳子公开的打扮完全按照旗人的男装穿戴。据曾出入东兴楼的李香兰记述,"此人虽然个子不高,体材却很匀称。她穿着一件男式黑旗袍,格外显出'旦角'之美。她留着分头,柔软的短发很匀贴。美目盼兮,稍微显大的嘴唇带着几分俏皮。……看上去她年轻得像个少年,而实际上川岛这时已年过三十。"

这时的东兴楼不仅安置了安国军的一些老兵,对于日军官兵的接待也十分周到,从吃茶点到洗澡,一切都管,成了当时享誉日本的"官兵之家"。在伪托川岛芳子自传的《动乱的幕后》一书中,有这样一段描述:"事变爆发以来,我们的东兴楼饭庄,已成了一个士兵之家。我们在饭庄的院子里,安上了成吉思汗锅(烤羊肉炉),大家可以围着锅台站着吃烤羊肉,这已成为天津的名吃之一。我们为开赴前线的官兵和从前线回来的人们,提供了舒适的休息场所。为对日本的勇士们略表慰问之意,当时对光顾本饭庄的士兵,我们都以免费茶点接待。"

"小姐做了这样一个大转弯,是不是要准备结婚啦?"

对于日本记者的提问,她的回答是:"哎呀……像我这样的人还能嫁给谁呀!"说完后嫣然一笑。在日本的报纸上,出现了这样的标题:"还能嫁给谁? 脱掉男装,举止文雅,热情接待皇军士兵的女老板。"

这一时期,川岛芳子也在北京找到了房子,即现在的北京东四牌楼九条三十四号。此后,川岛芳子经常往来于平津之间,并不断返回日本福冈东中洲旅馆清流庄。在此期间,她还担任过驻伪满同乡会会长、华北采金公司董事长、留日学生会总裁等职,并且与日军驻天津司令官多田骏、特务机关长和知鹰二策划利用汪精卫建立伪政权,并准备将溥仪迎回北平,图谋复辟。

川岛芳子与天津的故事不止于此。在电影《川岛芳子》中曾有刘德华饰演的福子和爱国学生在东兴楼刺杀川岛芳子的情节,实为虚构。而在天津,川岛确实曾遭暗杀,当时还传出川岛芳子毙命的新闻。1939 年 2 月 17 日汉口《申报》报道:"号称'日本玛泰哈丽'之川岛芳子,去年除夕在天津访其友人时,为壮士开枪击中。上星期日,在天津医院伤重毙命。"对于这条乌龙消息,该报还称"川岛之遭暗杀,日本遂失去堪比欧洲最大女间谍之妇人"

1940 年,川岛芳子再赴东京,提出"想在日本同中国之间充当恢复和平的桥梁",但东条英机对她不理不睬。至此,日本军方彻底"抛弃"了川岛芳子,显赫一时的金司令从此沦落成了天津一家中国饭庄的女老板。

该说说东兴楼了

川岛芳子在天津主要的活动地点是在东兴楼。现存解放南路上有一幢德式建筑,传为川岛芳子住宅,经萧振瀛家人指认这里原是萧振瀛旧居。而关于东兴楼饭庄的具体位置,数十年来一直众说纷纭。

一是秋山街说:据20世纪30年代初的《天津游览志》记载,东兴楼位于法租界33号路(今河南路)与日租界秋山街(今锦州道)交口。但很多当事人称东兴楼位于松岛街,与此处位置不符。十多年前,也曾有人到这一带询问老住户,均称这一路口过去肯定没有大饭庄;二是四面钟说,柳溪所著《金璧辉外传》等书称东兴楼位于"四面钟"一侧,今已不存;三是河北路说,与川岛芳子有过交往的段翔后人说,东兴楼在河北路附近,是个二层楼,楼上是房间,楼下有庭院建筑,对面有个饭店;四是南市说,有人认为东兴楼在南市东兴市场附近;五是芙蓉馆说,有人认为位于哈密道与辽宁路交口的芙蓉馆,抗战时期称叫东兴楼饭庄。

最近,"天津记忆"文化遗产保护志愿者团队又有了新的发现。团队成员张诚查阅了1937年的天津电话簿和1940年的日租界图,确认电话薄上标注的位于松岛街13号的东兴楼即现在的哈密道42号。其大致位置是:位于新华路与山东路间,路北中段,大门开在哈密道上,背靠四平东道,并留有便门。经现场考察初步估算,东兴楼南北长52米,东西宽15米(不含副楼和配房),占地面积约为800多平米。其中,院落面积500平米,主楼营业面积达500多平米。

1940 年从东京回到天津后，川岛芳子开始心灰意懒，时而在东兴楼做几天女老板，时而回北京的寓所休养，听听京戏，吸吸鸦片。在东兴楼饭庄，每天午饭后，川岛芳子都要由她的日本男"伯伊"，把她背到健身房——一座玻璃大厅去晒太阳。这时候，东兴楼饭庄的伙计们，会好奇地从楼上窗户里看见身材娇小的金经理，穿着宽条的大睡袍，让那个"伯伊"背进背出，背影迷离。

（刊于 2015 年 3 月 16 日《新金融观察报》"天津往事"专栏）

川岛芳子与她的东兴楼

张 诚

川岛芳子,原名金璧辉,生于1906年,是肃亲王第十四格格,被日本人川岛浪速收养,取名川岛芳子,培养成日本间谍,以参与东北"皇姑屯事件""九·一八事变""满蒙独立"和上海"一·二八"事变而臭名昭著。

川岛芳子是个传奇人物,她在天津的行踪,大致为两个时期,一是抗战前受日间谍机关派遣,利用皇族身份,拉拢在津遗老遗少、旧军阀,为分裂中国做准备,最后成功劫走秋鸿皇后(婉容);二是七七事变后到天津,以开饭店做掩护,纠集各派势力为傀儡政权服务。

"七七事变"爆发后,日军占领天津,多田骏被任命为华北驻屯军司令。在日本军部的安排下,蛰居在日本的川岛芳子秘密潜回天津,在日租界松岛街经营一家饭庄,名为东兴楼,以此为掩护进行间谍活动。

川岛芳子曾做过伪"安国军"司令,这些乌合之众被打散后有家难归,藉此她对外宣称,是为安置这些部下,才不得不开这个饭庄的。据日本《每夕新闻》1937 年 10 月 23 日刊登的消息:"川岛芳子在天津开了一个叫东兴楼的高级饭馆,为部下提供一个不属于领用军饷的供职场所。"李香兰也回忆说:"多田中将曾将川岛芳子任命为安国军司令,为照顾她,让她在天津以东兴楼作掩护,建立了地下活动据点。"①

其实,这个饭庄是由军阀石友三出资,日本军部暗中操作,表面由川岛芳子以老板的身份敷衍罢了。其在委托自传《动乱的幕后》中介绍:"事变爆发以来,我们的东兴楼饭庄,已成了士兵之家。我们在饭庄院子里,安上了成吉思汗锅,大家可以围着锅台站着吃烤羊肉,这已成为天津的名吃之一。我们为开赴前线的官兵和从前线回来的人们,提供了舒适的休息场所。"川岛芳子所述"官兵",其实是想降低东兴楼的规格,为自己开脱罪责。当时在天津,凡带有"楼"字的饭馆,都是最高级服务,只接受包桌,不卖散座。所以,日军的主要宴会都在这里承办,嗅觉灵敏的军阀政客趋之若鹜。一时间,东兴楼成了名人汇聚和情报买卖场所。根据日本特务机关"桐工作"秘密计划,确定对国民党政权采取以政治诱降为主,军事打击为辅的方针"。②川岛芳子在这里,与各界名流、国民党要员进行广泛接触,李香兰也是这时跟着潘毓桂来到东兴楼的,因为她的义父做了天津伪市长。

川岛芳子除了经营东兴楼饭庄,在明石街还有一家制毒工厂和金船舞厅,还与日本宪兵合谋绑架赚取赎金。避居天津的前东北

---

①[日]山口淑子、藤原作弥著;陈喜儒、林晓兵译:《李香兰之谜》,辽宁人民出版社 1988 年版。

②柳溪著:《超级间谍——金璧辉外传》,北方妇女儿童出版社 1987 年版。

军将领高纪毅为日军所捕,被川岛芳子"营救"出狱,因此收了高家30万元。[1]川岛芳子自称为中国人干过好事,但人们背地里都骂她:"这个恶毒的女人什么都要,就是不要脸!"

这个东兴楼维持时间不长,它的衰败原因和时局变化是分不开的。一来川岛芳子任务基本完成;二来1940年石友三被杀,东兴楼因拖欠房租被收回;三是1941年多田骏调离华北,参加太平洋战争,所以川岛芳子也借故离开天津。

1939年2月17日,汉口《申报》报道说:"号称日本玛泰哈丽之川岛芳子,去年除夕在天津访其友人时,为壮士开枪击中。"而李香兰则说:川岛芳子从1940年开始,往来于天津东兴楼、北京邸宅、日本福冈三个地方。平素总是呆在北平邸宅闭门不出,委托别人经营东兴楼,每天都是在郁郁寡欢、闷闷不乐中打发日子。

半个多世纪过去了,川岛芳子的传奇,一直在不断地演绎,但在史学界

1937年11月3日,川岛芳子在东兴楼与日本军官合影。千鹤子是她义父家的妹妹,掩护身份是川岛芳子贴身秘书

---

① 李刚:《川岛芳子审判档案大揭秘》,万国学术2012年版。

来讲,东兴楼饭庄却始终是个迷。

有人说,川岛芳子经常出入的东兴楼饭庄,在南市东兴市场附近;有人说,是位于哈密道与辽宁路交口的芙蓉馆;也有人说它是在法租界。曾经居住在哈密道91号的久村千惠子,在她的回忆录中写道:"天津松岛街的高级中餐馆东兴楼,就在我家附近。我们一家经常去那里吃饭。这是川岛芳子所经营的秘密会所。"据与川岛芳了有过交往的段翔后人说,东兴楼在河北路附近,是个二层楼,楼上是房间,楼下有庭院建筑,对面还有个饭店。而日本《每夕新闻》发自天津的报道中说,东兴楼坐落在日租界松岛街,"是一座气派宏伟、房间多并带有庭院的建筑,该饭庄仅勤杂工就有四五十人。"

给人印象最深的,是方令正导演的电影《川岛芳子》,特别是梅艳芳饰演的川岛芳子一出场,如同众星捧月一般。场面虽然恢宏,但看起来却像个茶楼或说书场。

电影剧本是根据李香兰回忆编写的,那是潘毓桂带她参加宴会时的印象:"东兴楼是一家很有气派的中国饭馆,而且是进深很大的中国式建筑。宽敞的饭店里五彩缤纷,令人眼花缭乱。中庭是穿着各色服饰的上流社会的小姐们。中国上流社会的大家闺秀,在庭院里围成一个个花团锦簇的圆圈,谈笑风生。"李香兰是在这里与川岛芳子认识的,她与川岛芳子一起喝酒、唱歌、跳舞、打牌;还与她一起演剧、唱大鼓、变戏法。从此李香兰经常出入东兴楼,她对川岛芳子的印象是:"此人虽然个子不高,体裁却很匀称。她穿着一件男式黑旗袍,格外显出旦角之美。她留着分头,柔软的短发很匀贴。美目盼兮,稍微显大的嘴唇带着几分俏皮。""雪白的瓜子脸上浮着高雅的微笑,""平时川岛芳子身着黑缎子长袍,黑缎子瓜皮帽,也稍化一些妆。""看上去她年轻的像个少年,而实际上川岛这时已经年过三十。""只有以金碧辉名义出席宴会或正式接见,才穿军装。"

然而,川岛芳子手下特务关子云称:1937年"川岛已三十六岁,面孔甚长,并无半点女人姿色,伊颇知藏拙,遂为男装。"①

既然是秘密特务机关,川岛芳子倒也十分小心,虽在这里留过一些影像,但都选择近景或以花木做衬背,使人看不到建筑全貌。所以,我们通过照片很难读

这是近藤久义提供的东兴楼照片,上有东兴楼标注,但川岛芳子及众人的背后,完全被花木掩映住了,因此看不到背景建筑影像,只知道在花木葱茏的庭院之中

到东兴楼更多的信息。

天津东兴楼是福山人开设的饭庄,经营正宗的山东鲁菜。当时在天津的饭馆,凡带"楼"字的饭庄都是一流,其装饰豪华非同一般,后厨杂役百十号人,但他们大多是由资方控股,而经营者却只能赚个零头。

东兴楼扑朔迷离,不同时期出现在不同地点。早期曾在南市一带,1930年租用黎元洪公馆经营,1935年在日租界松岛街和法租界33号路同时出现,而1948年它又到林森路,在此经营至1952年歇业。其经理人也因时间、地址不同而异。但是我们所寻找的,是

---

① 王研石著:《被日寇囚系半载记》,生活出版社1938年版。

川岛芳子所经营的那个特务机关。

川岛芳子所涉东兴楼饭庄有两个时期。第一次是在1935年，川岛芳子结识《朝鲜京城日报》社长朴锡韻，此人在津有一处东兴楼的饭庄。据朴锡韻说，房子是原北洋政府京畿警卫总司令王怀庆的，其先租给天津日本银行理事长姨太太，后又租给朴锡韻，闹得双方纠纷不断。为此，朴锡韻要川岛芳子帮忙，镇住这个女人不来扰闹。因此，川岛芳子一分没花进入东兴楼，依此来掩护其特务活动。在此期间，川岛芳子参与策划多项秘密活动：一是刺杀抗日英雄马占山，二是组织成立伪"华北自治委员会"。据川岛芳子妹妹金默玉讲："抗日英雄马占山入关后停息天津，调任天津中国驻屯军司令官的多田骏命川岛芳子刺杀马占山。川岛芳子扮成舞女，设计谋害马占山，因被马占山的警卫发觉，未能得逞。"

1935年12月16日，伪"华北自治委员会"成立后，川岛芳子任伪"华北民众自卫军总司令"，办公地点设在日租界石山街27号石友三公馆，还自制了印章和旗子。据姚斌呈蒋介石密电称："该伪组织之旗帜为黄地双龙，上有一轮红日。"

1947年，河北省高等法院审判金璧辉汉奸案，法官曾问："你在天津东兴楼参与日寇分裂中国的会议，在这里的开会纪录有你的签字，你承认吗？"①

再有，是在1937年10月23日，日本《朝夕新闻》登出消息："川岛芳子在天津开了一个叫东兴楼的高级饭馆，为部下提供一个不属于领用军饷的供职场所。"这是川岛芳子第二次到东兴楼。

川岛芳子接手后，对饭庄的五十来号人进行整顿，安插特务。

①熊先觉著：《我目击审判女间谍川岛芳子——熊先觉法学文集》，北京燕山出版社2004年版。

开业第一批贺客,就有齐燮元、石友三、刘桂堂、郝鹏、白坚武、袁文会等亲日政客和要人。自此,川岛芳子从伪"安国军"司令,摇身一变为东兴楼饭店经理,里外忙的不亦乐乎。当记者问她:"小姐做了一个大转弯,是不是准备要结婚啦?"川岛芳子回答:"哎呀,像我这样的人,还能嫁给谁呀!"说完嫣然一笑。记者将此作为副标题:"还能嫁给谁? 脱掉男装,举止文雅,热情接待皇军士兵的女老板。"

东兴楼接待日军十分周到,从吃茶到洗澡一条龙服务。川岛芳子在《动乱的幕后》中承认:"事变爆发以来,我们的东兴楼饭庄,已成了士兵之家。我们在饭庄院子里,安上了成吉思汗锅,大家可以围着锅台站着吃烤羊肉。我们为开赴前线的官兵和从前线回来的人们,提供了舒适的休息场所。为对日本的勇士们略表慰问之意,当时对观光本饭庄的士兵,我们都以免费茶点接待。"

成吉思汗锅,也就是日式烤肉的锅子,锅底向上翻。中式烤肉则是用铁片斜向交叉的篦子,底下放上炭火,当时这已成为天津名吃,食客一只脚踩在长板上,围着炉子烤,然后蘸上酱油,就着香菜和大葱。

东兴楼雅间是接待宾客的要处,也是其密谋破坏的窝点。1938年川岛芳子在这里,与谷狄、和知鹰二等密谋利用汪精卫,以此分化国民党政权。①川岛芳子还在东兴楼,与平凉日本特务机关长横山合谋,企图利用民族矛盾,切断我与苏联的联络,增加国际防共壁垒。②

川岛芳子经营的东兴楼到底在哪儿? 专家、学者各执一词,而

---

① 李万钢著:《死刑没有证据——国民政府审判金璧辉(川岛芳子)秘密档案考证析评》,2012年。
② 王研石著:《被日寇囚系半载记》。

民众也是人云亦云,谁也说不清。

其实,揭开东兴楼之谜并非很难,我的灵感也是忽然降临的。那是在2014年仲秋的一天。我忽想,川岛芳子既是以饭店为掩护,必有联系电话登录在册。遂翻开1937年版《天津电话号簿》,第167页竟明确标着"东兴楼饭庄,日租界松岛街13号",真是踏破铁鞋无觅处,得来全不费工夫。

按照1940年《日本租界图》,很容易找到了它的位置。

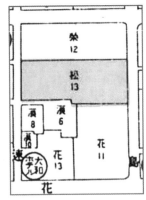

据此,我将川岛芳子所有影像,及日租界航拍照片对比,得出的初步印象是:东兴楼饭庄位于新华路与山东路间,路北中段,大门开在哈密道上,背靠四平东道,并留有便门。

后经万鲁建博士提供的资料,也证实东兴楼位于松岛街13号。①

根据图片分析和实地考察,此为中西合璧花园别墅式建筑,由主楼、配楼、庭院和库房等组成,主楼为一长方形建筑,首层和二层

①[日]早川锐录编:《北支!! 天津事情》,天津出版社1938年版。

为营业部分,局部三层为罩棚,以利通风和采光。主楼坐北朝南,砖木结构,造型别致,外檐和内饰均刻有砖雕。门口条石楼梯踏步,拱形门窗,阳面带有拱券式外廊,从这里可以俯瞰整个庭院。从第一道门进入外廊,左边木质楼梯可攀援而上;第二道门里全部是朱漆地板,宽阔的走道,两侧是对称的客房,室内装饰豪华,门窗配件全部用黄铜制成,天花板上挂着吊灯;二楼格局和首层基本相同,只是走道全用玻璃顶棚采光;局部三层基本上是巨型桄架,罩棚上的玻璃窗,镶着金菊花纹饰。

东兴楼有着狭长的院子,绿地面积达 2/3,中间甬道用方砖铺就直通大门口,有小径穿过栽植茂盛的花木,可供客人在其间寻芳。主楼东侧设有窄而长的副楼和配房,有便门供工作人员进出,副楼与主楼间设有天桥。

东兴楼坐落的松岛街,是当时日租界的红灯区,街道上到处是闪烁的霓虹灯,和穿着各色服饰的日本女人。在马路对面,有日租界最牛的芙蓉馆,在它的旁边还有弥生馆,再往前还有常盘旅馆;在它的侧后,还有实力雄厚的大和旅馆和浪速馆,都是日租界很有名的旅店。要不是日本军部背景和川岛芳子执掌,东兴楼

川岛芳子在东兴楼前与人合影(前排右三似王揖唐)

很难与这些饭店匹敌。

可喜的是,东兴楼这个建筑今天还在,就是在1976年大地震中严重受损,外檐早已面目皆非,但内部仍能看出当年的风采。现在的新门牌是哈密道42号,1966年以前箱包公司和家具公司曾在此办公,现产权单位是和平区房管局,由劝业场房管站使用。副楼仍是民居,为旧时职工宿舍。绿色葱茏的院子不见了,两边各盖了两栋楼房。

通过步测获得的初步数据是,它的南北长52米,东西宽15米(不含副楼和配房),占地面积约为800多平米,其中院落面积500平米,主楼营业面积达500多平米。

在实地踏勘的时候,采访了70多岁的于凤启老人,他一上来就对我说:"这是川岛芳子的房子!"住在周围的人也是异口同声。居民还提供了在主楼维修时,曾在地板下发现当年隐匿的报纸,在房管站库房,我还看到了保存完好的木质天窗。

水落则石出,东兴楼的一切都成过去,精美的砖雕,鲜花朵朵依然绽放。

(刊于《天津文史》,2015年第3期,第92—95页)

严复在津生活逸事

严孝潜

严复现保存在天津的手迹

由卢美松先生主编的《严复墨迹》和《严复翰墨》收录了大量的严复在各个时期的框联、政论、译著、书信、扇面等的手迹。

严复自小执笔书文,练就了行云流水般的书法,在生前就深得书法爱好者的珍爱。他的书法恂恂儒雅,笔锋秀丽,挥洒有度,深得颜、王遗绪,又于怀素、张旭大草下过功夫,落笔精妙凝练,含筋抱骨,笔势往来迎送,起收从容,结体宽绰,骨格清纤,仪态端庄平正,一张一弛中见其学养。诚然字彰其文,字如其人。人们阅之不仅可以欣赏严复书法的魅力,而且更加敬重严复的道德文章。

严复不以书法名世,因他多方面的辉煌成就,在某种程度上淹没了他的书法光芒,不过,国家有关部门在前些年,就将严复的手迹,列为不准出境的文物名单中间,可见严复书法的历史价值。

据悉,已知目前保存在天津的严复手迹共有六件,除天津市博物馆馆藏的三件外，其它三件还未收录到《严复墨迹》或《严复翰墨》中。

1) 现在南开大学图书馆特藏部所珍藏的《天演论》。它是卢弼在 1898 年将"慎始基斋丛书"《天演沦》的初印本，寄给严复，请严复校阅。严复在该初印本上，用朱笔手书，作了认真校阅，补写了《译例言》、还在全书校改了约 180 字，有的在天眉上加以特别说明。据此，卢弼才正式刊印出版了《天演论》。

2) 现存天津市博物馆的对联一件。为严复在 1908 年于天津书赠王荷舫行书八言对联，上联为"奉魁承杓垂后不朽"，下联为"钩河摘洛为学者宗"。

3) 现存天津市博物馆的行书书法轴一件。亦为严复在 1908 年于天津书赠王荷舫的，"韩魏公点绛唇词云：……荷舫贤世讲属复"。

4) 现存天津市博物馆的四幅屏条一件。为严复在 1909 年于北京书赠常伯琦的，末尾为"伯琦贤弟有道属书"。

5) 天津卷烟厂曲振明先生于 1988 年在天津古文化街购得一本旧书，这本书是"慎始基斋丛书"《天演论》的第一个正式版本，但该书内有大量的绿色手写字体的修改、增添和眉批，变动较多的有第二页自序；第三页导言二，上方新添有一大段眉批；第十一页论九后面的"复按"上方，又增添了一大段"复又按"等等。曲先生曾请罗澍伟等有关专家鉴定，从字体及"复又按"的字句，推断为严复手迹。不知什么原因该书被散落到民间。

6) 另外，曲振明先生于 1983 年在天津沈阳道古物市场，还购得严复书写的一幅对联："月悬中宵万籁俱寂""雨洒六合一尘不扬"，有严复签名"复"字，并盖有"候官严氏"等两枚印章。也不知道是什么原因被散落到民间。

据分析散落在天津民间的严复手迹还有不少，只不过我们还不知道罢了！

严复曾在天津买过房子

1918 年秋，严复决定回到阔别二十多年的故乡避病，在 1918 年12 月9 日晚到达故里福建候官阳崎（现福州市仓山区阳岐村）。1919 年1 月1 日，在阳崎为三子严琥办理婚事。不料喜事办妥，病又大发，就决定北上，转道上海就医。"所以健康稍复，就北上，把北京刑部街和天津秋山街的住宅都卖掉，迁入东城大阮府"（见《93 年严复国际学术研讨会论文集》第 588 页，王铁藩《水鸟飞来还逐去》一文）表明当时严复在天津秋山街，曾经买过房子，有自己的寓所。

当时天津秋山街，经查就是现在天津和平区的锦州道。但是天津秋山街的寓所在什么地方？门牌几号？该文中没有提及。

《严复集》收录的严复《与夫人朱明丽书》六十三封，在 1912 年6 月11 日写的第六十二封信中，曾提及拟在津建房一事："数日前李秀瑜来言，渠现约朋友数人，向日本领事批出地亩一块，每人赁用一亩，地租月弗一十二元，用三千块钱，可造上海式五楼五底住屋一座，尚有余地。如此统计，地租钱利，每月约需二十余元，可以得一安居之所。闻林赞如等亦作如是打算，吾意亦极以为然。李秀瑜说房子两月内可以造成，我昨已写信问之，请其的确回信，且看伊回信如何，再作道理。"

严复写给夫人的六十三封信中，只有在 1912 年6 月11 日的这封信中，提到拟在天津建房一事，但尚"且看伊回信如何，再作道理"。以后严复是否决定在天津，向日领事赁地一亩建房？无资料可查。但在严复1913年9月21日，日记中记有："晚车到津，看新屋。江姨风稍差，然是夕不睡也。"这又好象新屋建成，特地由北京到天津来看新屋，江姨娘时住在天津"风稍差，然是夕不睡也。"第二天9月22日"在秀瑜家公祝春榆生日"，9月23日又"到秀瑜处公请春榆"，于9月25日"搭早车回京"。在津逗留三天，其中有两天去了秀瑜家，第一天"公祝春榆生日"，第二天又"公请春榆"，这似乎都和新屋有关。

另外在1916年7月8日的严复日记中又有："邓曼云来告政府决议，嘱急赴津。七点半到津寓。"的记载。说的是当日邓曼云来告诉他，政府已通过惩办帝制祸首决议，要他紧急离京赴天津躲避，此前，亲友劝其远避，林纾甚至涕泣以迫，严复皆以"俯仰无愧作"，泰然处之。当天，经"家人强舁篮舆登车，始至天津暂避"，当晚七点半到达天津寓所。但"天津寓所"是在什么地方，他也没有写明，也无相关资料可查。

1916年7月14日黎元洪发表惩办帝制祸首令。严复没有列其中。8月17日，严复在天津寓所给冯国璋书，申述列名筹安会经过，于8月24日由天津回北京蛰居。在天津寓所住了一个半月。

从严复以上的信件、日记和其他资料，可知严复曾经在天津呆过或买过房子并且还在天津寓所住了一个半月的时间，但没有说明寓所位于天津的什么地方？

最近，从严复的四弟严观澜之孙，严名老教授处得知，在当时严复的几封家书中，曾提及他在津寓所位于"旭街附近的梨栈"。1918年11月4日严复为三子严琥完婚，离京抵津，就是住在梨栈的,当时江姨娘位在这里,严复和三儿严琥、侄伯勋于 11 月 21 日才离津南下。

据查,旭街即为现在的和平路,梨栈位于现锦州道(原名秋山街)和兴安路交口处的原市水果批发部,但目前已被全部拆除。

不过,从把天津秋山街的房子卖掉,到梨栈就位于秋山街上,似乎可以说严复 1913 年曾在秋山街的梨栈置有房产,后来在 1919 年严复回北京后被卖掉。

在严名老教授家中,现在还保存有完整的一个信封,信是严复从北京寄到天津,寄给他的外甥女何纫兰的,时间是在民国元年(1912)二月,信封上写有:"快班 天津 法租界长发栈后身中元街三十三号候官严寓 叶太太亲展 自京寓所"。当时朱明丽夫人和孩子以及甥女何纫兰等,从北京来到天津避难,就住在这里,何纫兰的丈夫姓叶,所以严复在信封上书叶太太。当时的长发栈位于现在的滨江道。

严复曾修订过《天演论》

严复所翻译的《天演论》在 1898 年正式出版发行,先后有慎始基斋本、陕西味经售书处重刊本、嗜奇精舍本、富文书局本、光绪癸卯本、吴汝纶节本、上海商务印书馆的铅印本等版本。

1900 年 1 月 29 日严复写信给吴汝纶,述及《原富》的翻译情况,并提到"《天演论》索者日多,顾其文字尚须商量也"。表明严复对所翻译的《天演论》并不满意,"顾其文字尚须商量也",有意进行修改。但以后一直没有《天演论》修订本出现。

天津曲振明先生,于 1988 年在天津古文化街上旧书肆,购得一本沔阳卢氏慎始基斋本《天演论》，在这本书内发现有大量手写的绿笔批注和红笔圈点。如在第十一页，天演论下，论九，真幻，篇末的"复按"上面的眉批上加了很长一段"复又按"，同时在该页上还有多处的更改增删……。经曲振明先生仔细考证，在该书上面的批注，有很多是吴汝纶节本上的内容，但通过仔细校对文字，发现仍有许多区别。

曲振明先生还请了一些专家，将批注的手迹与严复原手稿进行对照，认为批注确为严复手迹。

由此看来，严复确实曾在沔阳卢氏慎始基斋正式刊行本的《天演论》上，对其进行了大量的修订工作，对内中的文字和内容，进行认真的增删和更改。

但是不知道严复是在什么时间在这本慎始基斋正式刊行本的《天演沦》上进行批注、增删和更改工作？也不知道为什么没有正式刊行？同时也不清楚什么时间被散落到天津民间？

严复是在1900年1月29日写信给吴汝伦言："《天演沦》索者日多，顾其文字尚须商量也"；3月底赴上海与朱明丽结婚，4月下旬返津；6月26日，八国联军尽毁天津机器局及北洋水师学堂，学生星散；7月12日，天津城陷前夕，严复随难民从租界码头搭船，仓皇由津赴沪，"所有书籍，俱未携带。《群己权界论》译稿及知交函札，就中以湘阴郭待郎来书为最多，积年以来不下百数十通，亦均散失"。

从以上情况看，可能严复是在1900年上半年的一段时间里，在慎始基斋正式刊行本的《天演论》上，对其进行了大量的批注、增删和更改工作。但还没来得及交付正式刊行，7月12日就仓皇离津赴沪，所有书籍，俱未携带，"津寓为法兵所占，书籍文稿散失不少"，以后被散落到天津民间，1988年被曲振明先生所收存。

严复学生中的天津历史名人

严复从1880年到1900年在北洋水师学堂任职20年，在这20年中，北洋水师学堂共举办了六届驾驶班和六届管轮班，历届毕业生中现在知道有名有姓的204人，还有4人只知其姓名，不知那届那班，共208人。其中有许多学生参加了甲午战争，有的战死沙场。在北洋水师学堂毕业生中，天津籍或从小生活在天津的，或在天津任职，或与天津有关联的，不乏历史名人。

黎元洪，湖北黄陂人，幼居天津塘沽，管轮班第一届毕业，参加过甲午海战，后任湖北新军统领，辛亥武昌起义被拥戴为鄂军都督，后任中华民国副大总统、大总统，张勋复辟被迫下台，寓居天津。

张寿春，字伯苓，天津人，驾驶班第五届毕业，参加过甲午海战，后立志教育，在天津创办南开中学，南开女中，南开大学。曾任国民参政员和参政会副会长，国民政府考试院院长。

王劭廉，天津人，驾驶班第一届毕业，留学英国，历任天津水师学堂、威海水师学堂教习，1906年任北洋大学提调，还兼任天津县议事会副议长、直隶咨议局局长、教育部临时教育会长、约法议员、参政院参政等。1914年任开滦矿务局协理。

王开治，天津静海人，管轮班第五届毕业，留学英国，历任"海容"舰正轮机、上海江南造船厂工程师、海军造船大监、天津大沽海军造船所所长、北京大学兼职教授（讲授造船学）、上海民生实业公司总工程师、上海中华造船厂总工程师、解放后在北京任船舶工业局一级工程师和雇问。一生致力于海军船舰制造业，为我国造船业的先行者。

郑汝成，天津静海人，驾驶班第一届毕业，留学英国，历任烟台海军学校校长、海军执法官、上海护军使。1915年在上海被中华革命党人刺杀身亡。

吴毓麟，天津人，管轮班第三届毕业，曾留学欧美，历任海军练习舰教习、大沽造船所所长、直鲁豫巡阅使顾问、京东河道督办、交通部参事、津浦铁路局局长。1923年任交通部部长，翌年寓居天津。

刘秉镛，天津人，驾驶班第三届毕业，曾任天津海河工程局提调。

温世珍，天津人，驾驶班第六届毕业，留学英国，后历任李鸿章译员、海军见习、江苏铁道总管。民国后任金陵关监督、交涉员，参加过巴黎和会，后任直系军阀外事处处长。1937年日寇占领天津，任伪市长。解放后以汉奸罪被处决。

温世霖，天津人，北洋水师学堂肄业，历任清铁路大臣直隶督置、天津道署幕僚。创办天津普育女子学堂，主持《醒俗报》鼓吹维新，参加辛亥革命，后任众议院议员、国会议员、广东军政府参事。

伍光建，广东新会人，驾驶班第一届毕业。留学英国，历任出洋考察政治大臣参赞、海军处顾问、军枢司司长。天津《国闻报》编译。民国后任南京临时政府财政部顾问、盐务署参事、复旦大学教授。翻译有《十日谈》《悲惨世界》《三剑客》《列宁与甘地》等70余种译作。

孙仲英，江苏南京人，水师学堂那届那班毕业不详，曾任天津怡和洋行华账房及华俄道胜银行华账房。1925年任上海华洋义账会主席，对天津地方的慈善事业出力很多。

严复的儿孙

严复共生有九个儿女,男有严璩、严瓛、严琥、严璿、严玷,女有严瑸、严璆、严珑、严项。其中:

长子严璩,字伯玉,乳名阿璋,1874年生于福州,9岁来到天津严复身边,曾拜郑孝胥为师,1895年去英国留学,1900年回国,1902年开始在京师大学堂译书局任职,后历任驻法参赞、越南视察吏、广东全省电政监督、福建财政正监理官。民国成立后,历任长芦盐运使、财政部参事、公债司司长,华俄道胜银行清理处督办。以后又三度出任北洋政府的财政部次长、全国盐务署署长兼盐务稽核所总办等要职。后来他在南京国民政府任财政部次长、司法行政部总务司司长等职。1933年他59岁,失业寓居上海,上海沦陷时,日伪曾胁迫他出任伪财政部长,但他意志坚定,宁死拒绝日伪要求,表现了高度的爱国主义精神。以致在1942年贫病交加,病逝上海,终年68岁。

三子严琥,字叔夏,1897年生于天津,从小生长在严复身边,幼名普贤。曾先后入北京清华大学和唐山工业专门学校学习,但中途都被严复召回,在家为其聘请家庭教师自学。1937年起在福建协和大学等学校,历任教授、系主任、教务主任和文学院院长等职。解放后历任协和大学校务委员会主任、福州大学校务委员会副主任兼教务长、福州市副市长,同时他还是省、市人大代表和政协委员并兼省政协学习委员会主任,民盟福建省委常委及福州市委主委。1957年被错划为右派,后在福建省教育学院任职,1962年病逝,终年65岁。1984年福州市为他隆重举行骨灰安放仪式,并称:"严叔夏同志的一生，是不断追求真理、追求进步的一生，是热爱党、热爱祖国、坚持走社会主义道路的革命民主人士"。1994年福建省又隆重举行"严叔夏先生纪念会"，省、市领导及民盟中央负责人参加大会。2002年修复建立的严复故居纪念馆，专门设立了严叔夏展览室。

长孙女严倚云，严璩长女，1912年生于北京。在北京圣心女中读中学，后考入北京大学教育系。毕业后曾在西南联大、北京大学任教。1947年赴美，1956年获康奈尔大学语言学博士学位，先后任南加州大学、西雅图华盛顿大学教授。由于她在学术研究等方面的成就，曾被列入《美国学者名人录》、《美国教育家名人录》、《美国妇女名人录》，并被选为全美外国语学会第二副主席、世界教育荣誉学会分会主席。经胡适先生介绍与天体物理学教授高叔哿博士结婚，他们两人在华盛顿大学设立了"严复翻译奖学金"和"严复奖学金基金会"，奖励对中国文化有研究成果和兴趣的学生。1991年不幸车祸逝世，美国华文报纸《世界日报》以显著位置报导：严氏祖孙同为中西文化搭桥，严倚云博士仙逝；副题为：出身北京书香家，远至西方传文化。

二孙女严系云，严璩次女，1917年生于北京。现在唐山市居住，北京辅仁大学毕业，一直在唐山市第四中学任英语、音乐教师。现任唐山市海外联谊会副主任、唐山市老干部合唱团团长。夫婿梁绍造，医学博士，著名眼科专家。

长孙严侨，谱名严以侨，严叔夏长子，1920年出生于福州。就读福建协和大学，解放前加入中国共产党，1950年初，接受组织派遣，和妻子林倩一起偷渡到台湾。1953年被捕，关进"火烧岛"，1961年被保释出来，"或许是托严复之孙等原因之福，总算判的比别人轻……",1974年病逝,终年55岁。台湾著名人士李敖先生,曾写有《严复长孙——严侨在台湾》一文,刊登在《中华英烈》上。在《李敖回忆录》中,他认为"我总觉得严氏一门,正是中国现代史上最好的家传资料"。2003年国家民政部追认严侨为烈士。

三孙女严倬云,严叔夏的长女,1924年生于福州,曾就读上海南洋模范中学,上海圣约翰大学毕业,1946年到台湾,后与辜振甫结婚。曾精心经营屏东农场,热心妇女及慈善事业,现为台湾妇联会领导人。曾陪伴丈夫原台湾海基会董事长辜振甫,参加汪辜会谈,1998年在北京参加了辜振甫和江泽民的会见,还到北京大学瞻仰了北京大学建校100周年时所塑立的北京大学第一任校长严复塑象,2004年到福州出席了纪念严复诞辰150周年大会。

四孙女严停云,严叔夏的次女,1926年生于福州,曾就读上海南洋模范中学,上海圣约翰大学毕业,1948年到台湾,后与时为中央通讯社台湾分社主任叶明勋结婚。台湾著名作家,笔名华严,以《智彗的灯》一举成名,台湾文艺小说创作奖获得者,曾获世界艺术文化学院荣誉文学博士学位。

严复的长孙女严倚云

1991年10月30日,美国华文《世界日报》以显著地位刊登一条新闻:"严倚云博士仙逝"。1999年3月21日《世界日报》又发表了贺家宝先生的一篇文章:"严氏祖孙同为中西文化搭桥——记严复和他的孙女严倚云"。

严倚云博士就是严复的长孙女,严璩的长女。

　　严倚云 1912 年出生于北京,她一生得了几次不治之症:幼年因摔伤脊椎,留下残疾,身体矮小,双手端茶杯拿筷子都很困难,写不了几个字,手腕手臂就会发痛,写的字就像虫子爬行一样,自小医生说她活不到十五岁;1962 年 50 岁的她又得了红斑狼疮,要离开紫外线强的地方,才可以挽救生命;1979 年 63 岁的她又得了眼底血管阻塞,字不能写小,也写不直,几乎瞎了眼睛;1985 年已经73 岁了,她又得了双眼网膜脱落,写字得摸着写。除了这些怪病,还有关节炎、高血压、糖尿病,就这样她以惊人的毅力顽强向病残挑战,刻苦读书,自强不息,奋斗到底。

　　年小时,她和叔叔争玩具哭了,祖父严复告诉她"世界上的东西都不永远是自己的,只有一个人的学问什么人也抢不去。"她一直记着这句话,最大的愿望就是求学问,因此,她下决心去读书。

　　她自幼成长在严复身边,学习勤奋,志向远大,聪颖过人。中学就读北京圣心女中,同时学英语和法语,1932 年通过法国政府考试,取得法语合格文凭,她以病残的身躯,于 1934 年考上北京大学教育系,当年北大校长蔡元培,在文学院全院才召十名女生,她就是其中之一。

　　抗日战争时期,她在西南联大任助教、讲师。为了补助严氏家族中弟妹读书和生活,她曾在中法大学兼教法语,还在翻译官训练班教英语,还当过云南广播电台教育节目主持人,家庭常识主讲人,儿童周刊总编辑。抗战胜利后回北京大学任教育系讲师。

　　1947 年我国旅美矿物学家李国钦在北大设立奖学金,资助三名助教或讲师去美留学。名单公布时另增有二名候补,但这件事引起部份讲师和助教的不满,认为选拔不公。严倚云虽然被列为候补第一名,她仍然写了一封长达七千字的抗议书,递交给当时的北大校长胡适。提出:选拔考试她分数最高,在北大的四年在校成绩也是最好,论在校服务年限,她已工作九年,参选者没有超过她的。三名入选者全为男生,莫非学校有重男轻女之嫌?另外,如因她身材矮小,体质较弱,可这并未影响自已的学习和工作。校方考虑了她的意见,但名单已公布,再改也难,只好采取了一个补救办法,答应严倚云如果再有出国留学机会,她可以不经过考试优先录取。

这次失掉出国机会,使严倚云感到意外和懊丧。当时她已经三十五岁了,时不待人啊!

谁知,勤奋好学者自有出路。过了不久,就又有了一个出国机会,她突然接到从美国打来的一个电话,邀请她到纽约州一个小镇上的师范学院去教书。原来在抗日战争期间,她在西南联大时,遇到过一位来访的美国女教授,听严倚云说得一口流利的英语,见她认真带领大学生学习的情景, 就对她说:"有机会请您去美国教书好吗?",当时她以为这不过是说说而已,谁料几年后竟然真的兑现了。

机会难得,严倚云接受了美国教授的邀请。1947年到美国后,在纽约州的师范学院教书,一面教书,一面进修。当时她住的这个市镇,只有她一个中国人,生活上有诸多不便。她教的那班学生程度很不齐,必须采用复式教学,她又不了解异国学生的生活习惯,但这一切困难她都克服了,终于完成了规定的教学任务。

当时她已38岁,但她还要继续读书。为了凑足进入美国大学的学费,她曾在暑期做过兼职教员、校对员,当过保姆、售货员和宿舍的厨师。

1950年暑期她进入密歇根大学, 用工作两年半赚的钱读完硕士。从教育学转读语言学,在日耳曼语系选修歌德文、古英文、英语语言学,在斯拉夫语系选修俄文,在罗马语系选修古法文和法语言学,同时她还教汉古文,其他非印欧语系的语言,就抽空选修研习。就这样她掌握了欧美七国语言。1956 年获康奈尔大学语言学博士学位。在美国她乐于帮助远离家乡的中国同学,在自已尚不富裕的情况下,把救济金名额让给他人。

她先后任南加州大学、西雅图华盛顿大学教授。在美国进行的一次康奈尔智力测验中,她得了第一名。当她上台领奖时,全场哄堂大笑,原来评委们认为这种智力最高的一定是男士,奖品是一个精美的烟斗,没有想到竟给这个半老的,身有残疾,其貌不扬,身穿蓝布大褂的中国女生所得到。

1960 年,48 岁的她经胡适先生介绍, 和天体物理学教授高叔哿认识。在见面前,他们已经通信好久,觉得志同道合,兴趣广泛,观点一致,认为不管对方多大岁数,长得怎样,都没关系,一定可以共同生活。所以见面 24 小时后,就决定结婚。但婚后不久就得了红斑狼疮病,医生限一个月离开洛杉矶,搬到没有太阳的地方,后来在一年中有半年阴雨气候的西雅图定居。不久她体重增加了,血况正常,医生宣布她可以活下去了。这时她己成为西雅图华盛顿大学有史以来第一个女教授。

由于她在学术研究与教授中文方面的成就,六十年代,她被选入《美国学者名人录》《美国教育家名人录》《美国妇女名人录》,任全美外国语荣誉学会第二副主席,七十年代被选入世界教育荣誉学会任分会主席,八十年代被邀请参加为有成就的妇女举办的一年一次的宴会。

她在美国从事语言学研究和汉语教学,循循善诱,培养了大批能说中国话,通晓中国文化的外国人才。她在参加语言学会学术活动时,虽然身材矮小,置身众学者中总是侃侃而谈,答辩如流,不亢不卑的风度,受到与会者的尊敬。

严倚云在美国最出色的教学活动,就是从事华文教育,她除教授中国语言学,中文教学法,还开了中国文学,中国哲学,中国历史等课程,除课堂教学,还在电视台主持中文教学节目。她认为学习一种外国语言,只有在那一个国家的文化环境里学习,成效最好。因而她常为学习中文的外国学生组织周末晚会、露营活动等。她规定所有参加活动的各国学生,只能在活动中说中国话,不准说其他国家的语言。

有一次,严倚云请她的一位中国老同学看话剧,话剧是由她教的外国学生用中国话来演出的,那位中国老同学看后惊讶地说"这些外国学生中国话说得这样好,平上去入,四声分明,抑扬顿挫,无不合辙,连我这个中国人说起话来都赶不上严倚云教的外国学生!"

严倚云还教外国学生做中国菜,让学生在领略中国文化生活中学到中国话。为了教学成果,她还在华盛顿大学开过一门不计学分的课,专讲"中国烹饪之传统"足见她教授中文,传播中华文化,用心良苦。

八十年代,她和她的另一半(她对丈夫的称谓),拿出积蓄多年的四十三万七千美元,在西雅图华盛顿大学设立了"严复翻译奖学金"和"严复奖学金基金"来奖励对中国文化有研究成果的学生。

她牢记祖父严复"优胜劣汰"的教导,认为"一个人只要有毅力、耐心,没有什么事做不成的"。她以惊人的毅力,克服困难,战胜病魔,虽身处异国,而不忘祖国,努力上进,以高度的斗志,埋头苦读,表示她爱祖国、爱人民的一片赤子之心。

《世界日报》在报导严倚云博士仙逝的消息时,还配发了一个副题"出身北京书香家,远至西方传文化",贴切地描绘出严倚云一生最主要的闪光点。

(刊于《严复与近代中国社会文化》,有删节,天津人民出版社,2015年6月,第587—591页。收入本书时为全文)

缅怀刘髯公先生

尹忠田

今年，恰值中国人民抗日战争暨世界反法西斯战争胜利七十周年之际，我们由衷地缅怀那从来未曾忘记的中华精英、民族脊梁、宁死不屈的抗日英烈刘髯公先生。先生热爱生活，关爱生命，素以扶危济困为己任；先生爱憎分明，对敌对友，冰火两重天；先生面对日寇的侵略暴行，以笔为武器，以报纸为喉舌，口诛笔伐侵略罪行，积极宣传抗日；先生身陷囹圄后，面对敌人的严刑拷打，表现出视死如归的大无畏精神。拙文在写作中主要引用了信而有征的口述素材及相关历史文献，参考了当代学者的研究成果，尽可能全面地表述先生的嘉言懿行、善

新天津报社社长刘髯公(摄于1925年)

事义举、以及对敌斗争的英雄事迹,回顾那段刻骨铭心的峥嵘岁月。

一、出身名门

刘髯公[①](1893—1938),名学庸,字仲儒,笔名髯公。直隶省(今河北省)武清县(天津市武清区)杨村镇人。回族刘氏,祖籍南京望族。沧州"西赵河回族刘氏,祖籍南京江宁县二郎岗,始祖讳天锡,明洪武帐下银牌先锋,镇守山海关阵亡,后葬原籍。'靖难之役'后,明成祖朱棣念其生前保驾有功, 颁发占地龙书。永乐二年(1404年),始祖母张氏夫人率三子命远、命长、命兰由南京奉诏迁沧。命远定居黑龙村(今属南皮县),命长定居牛进庄(今属孟村回族自治县),命兰定居西赵河(今属孟村回族自治县)。"[②]沧州西赵河村回族刘氏,以命兰为一世祖。"刘命兰于永乐初由南京北迁沧州,到第三世已经分了十门,子孙迁徙河北、山东各地,都发展了新的聚居点。"[③]先生是命兰公十七世裔孙,与津门新闻人刘秉彝、刘孟扬者,为同宗同支之兄弟。考据《刘氏族谱》,成于明代,历经清季,乃至民国,其间数修其谱。民国二十四年(1935),合族第七次修谱,在天津成立了西赵河刘氏修谱办事处, 先生与之共襄其事, 时人传为美谈;其中"旧谱六门一支世系寥寥,髯公叔自任其门,自九世以降,添续若干。"[④]使新谱成为完璧,先生功不可没。先生出生于小农经

①政协天津文史委员会编:《天津近代人物录》,天津地方史志委员会 1991 年版,第113页。

②吴丕清、马祥学:《河北回族家谱选编》,河北人民出版社 2006 年版,第 168 页。

③《回族简史》编写组编:《回族简史》,宁夏人民出版社 1982 年版。

④吴丕清、马祥学:《河北回族家谱选编》,第 177 页。

济家庭,对中下层民众的疾苦感同身受,虽然仅读了几年私塾,但深明大义;面对积贫积弱的国情,忧国忧民之心油然而生。先生以诚信立身,以忠义处世。早年在北京曾因拾金不昧而获世人礼赞,并藉此深得社会倚重,先后在北京法国驻华使馆、天津法租界工部局任职。此后几年,几经辗转,涉足新闻界,以报人闻于世。

二、办报为民

民国十三年(1924),先生"决心要创办一份平民化的报纸,能替老百姓说话,畅所欲言,大抒中国人民的正气。"①正因如此,"出于为民讲话,司民喉舌之愿。"②所以,先生期望通过报纸来唤醒民众、唤醒社会,期望在社会上出现一片新气象。故此,先生将报纸定名为《新天津报》,1924年8月正式创刊,自任社长,同时创刊的还有《新天津副刊》,当时社址在法租界海大道。1924年9月,创刊《新天津画报》,为周刊,其时社址扩迁至意租界大马路。此后,陆续还创办了《新天津晓报》《新天津晚报》《文艺报》(三日刊)、《新人月刊》等各种报刊。一个小报社同时发行七种报刊,其经营模式,在天津地方报业同行中是绝无仅有的,其发展之速,在中国新闻史上亦是仅见。在今天,回顾新天津报社的发展史,可以称作前无古人、后无来者,用空前绝后来肯定其业绩是再恰当不过的了。由于《新天津报》社"以平民化、敢说话为标榜。"③所以,《新天津报》是这么说

---

①王哲夫:《宁死不屈的刘髯公》,政协天津市文史委员会编印:《沦陷时期的天津》,1992年版,第202页。

②章尺木:《爱国报人刘髯公》,《今晚报》2000年11月3日副刊。

③政协天津文史委员会编:《天津近代人物录》,第113页。

的,也是这么做的。"报纸以内容贴近生活,语言通俗,敢为老百姓说话而著称。"①先生在回顾报社创业历程时感慨地说:"回忆民国十三年九月十日,没有重大希望,日出一小张,每日能销四、五千份,……民国十四年,日销四万余份,由一张增至四、五张,职员由四十名增至二百四十余名,……添置滚筒机"②,新天津报社在一年之间发展得如此迅猛,在同行业中是不多见的,特别是在报社林立的天津,不仅占有一席之地,且做得如此风起云涌更是不容易。这些成绩的取得与新天津系列报刊深入社会,揭示百姓疾苦;深入民心、深接地气,有一定的社会基础是分不开的。新天津系列报刊的特色是"发挥公理,保障民权,消息总汇,舆论声音。"③新天津系列报刊的读者面很广,在天津乃至华北地区颇具影响。先生与《民兴报》的刘孟扬、《评报》的刘霁岚,被称为天津新闻界的"三刘"。这些成绩的取得,与先生的苦心经营是分不开的。当然,也与报社同仁的齐心协力是分不开的。拙文专题所限,这方面的内容也只好付之阙如了。

三、办学兴文

先生重教兴学,认为只有发展教育,才能使一般贫困子弟有文化、掌握生活技能,摆脱贫困生活,改变人生道路。先生在创办报刊的十年间,在把报刊办得蒸蒸日上的同时,还创办新天津报社附属

---

① 《宁死不屈的报人刘髯公》,周利成、王向峰编著:《旧天津的大案》,天津人民出版社2010年版,第128页。
② 髯公:《志本报十周年纪念》,《新天津画报》第54期,1934年9月10日。
③ 《新天津报之特色》,《新天津副刊》第6期封三。

小学两处。"每校学生八十余人,向不对外募款。"①完全是自力更生、以报养学。由此,我们才知道《新天津报》开辟的广告业务②以及为了开拓销路在农村设立分社③等措施。所有这些并不是单纯的赚钱盈利,而是把这些正当的收入更好、更充裕地用在办学,用于发展教育事业上。此外,须大书特书一笔的是:先生还破天荒地开办了面向平民的新闻函授学校。民国二十六年(1937)1月10日,先生发出了《新天津报附设新闻函授学校招生广告》。④面向全社会招生,简章从五个方面对这次招生作出说明,分别为:"发起动机",本报为促进社会人士对新闻事业之认识,并为各地方有志新闻事业之青年开辟出路起见。特设立新闻函授学校。"组织结构":新天津报社社长为本校董事长,特聘留日归国之新闻学专家为本校讲师,另聘新闻界闻人组织讲义编纂委员会;"课程内容":新闻常识讲座、现代新闻论、中国新闻发展史、出版法、世界新闻通信网之组织、新闻广告学、采访学、各部组织记事作业、实习作业、课外讲座等十方面;"毕业及待遇":学员毕业后发给毕业证书,每年择其成绩最优者前五名,由新天津报社优先录取,月薪二十至四十元,或介绍其他职业,其余学员择其次优者聘为本报特约通信员酌给津贴;"费用及其他":本校函授期间定为一年,全期讲义费一次交足者十四元,分三期交者每期六元,本校学员在学期间凭学员证订阅《新天津报》及各种出版物,享有八折利益,等等。有关新闻函授学

①髯公:《志本报十周年纪念》,《新天津画报》第54期,1934年9月10日。
②《新天津报告白价目》,《新天津副刊》1924年第1期至第5期封底。
③《在乡间平民高尚的职业,经理新天津报分社》,《新天津画报》第19期,1933年12月31日。
④参见《新天津画报》第173期,1937年1月10日。

校的详细情况,先后还刊有《关于新天津报附设新闻函授学校的整个介绍》①《本校职员介绍》②等文章,对新闻函授学校的详细情况次第作出介绍。新天津报社开设新闻函授学校的历史及相关史料,是研究中国新闻事业发展史不可多得的宝贵资料;亦是治学中国教育史之职业教育史,十分难得的珍贵素材。新天津报社开设新闻函授学校的史实及相关内容,是不可忽视与小觑的,还有待于文史界、乃至教育界新闻界,作深入地探索和研究。

四、著书立说

先生致力于新闻事业,既办报,又办学,可谓是百忙之身。虽然如此,但先生犹能于百忙之中,忙里偷闲,抽出时间来著书立说。早在 1927 年 5 月,先生著有《丙寅战史》一书,上下卷,全两册,由新天津报馆铅印出版拾。在先生的带动和影响下,有几位报馆同仁亦涉笔成趣,一发不可收。例如:1932 年,薛月楼编《清宫故事》一书;1936 年,肖海波撰《江湖故事记》一书;1939 年,周坪镇著《五女七贞》一书,这一年还有顾相峻著《大宋八义》一书、赵焕亭编《循环镜》一书,等等。如上各种图书,皆由新天津报馆铅印出版。此外,新天津报社还编印了《新天津副刊》合订册第一集,定名为《文艺俱乐部》,即以剪报的形式,皆是报纸专题文章的汇编,涉及 1924 年冯玉祥、王承斌倒戈及王败后躲入天津租界的事件,亦由新天津报馆铅印出版。

---

①参见《新天津画报》第 179 期,1937 年 2 月 28 日。
②参见《新天津画报》第 181 期,1937 年 3 月 14 日。

"解放前，天津出版的《新天津报》发表了不少连载的评书，有《大宋八义》《明英烈传》《雍正剑侠图》《三侠剑》《五女七贞》等。这些评书均为天津名说书人的口述记录，记录者是《新天津报》记者崔笑我，每日发表千余字，排成固定的三十二开书版式，和《新天津晚报》共同使用，看后剪下可装订成书。除在报纸上发表评书外，还原型不动印成书，每册约四、五百页，用灰色粗纸作封面，印刷极粗糙，但销路很大。"①在民国时期，报社出书已成为天津图书出版业的一大特征。②"而在天津首开其例并推出轰动作品者，便是《新天津报》。……刘髯公不惜代价于报端连载评书可谓颇具只眼。"③的确，这委实是明眼人的高明之举。

先生虽是一介书生，但又办报、又兴学、又著书、又出版，将一个文化人的文化潜能完全地、自觉自愿地奉献给社会。先生是那个时代站在文化前沿的领军人物之一。先生当之无愧，后生誉之不虚。

五、爱国爱教

回族有着优良的爱国主义传统，在回族传统文化的典籍中就有"爱国是信仰的一部分"的明文教诲。回族先进知识分子历来主张和阐扬"保国即是保教，爱国即是爱身"④的爱国爱教思想。先生是回族先进知识分子的优秀代表，爱国爱教思想贯穿其一生，从少

---

① 《〈新天津报〉编的评书图书》，《天津出版史料》第 3 辑，百花文艺出版社 1991 年版。
② 倪斯霆：《报社出书——民国天津图书出版之特征》，《天津日报》1992 年 9 月 30 日。
③ 倪斯霆：《〈新天津报〉社出版的剑侠小说》，《天津日报》1993 年 4 月 14 日。
④ 丁子良：《清真教人宜速奋起》，《竹园丛话》第 20 集。

民国十四(1925)年五月,上海"五卅"事件爆发,新天津报社参加市民大会游行,在全国形成"五卅运动"。

年时的忧国忧民,到壮年后奋发有为,无处不是其爱国爱教思想的显现。

1925 年 5 月间,在青岛、上海等地的日本纱厂先后爆发了工人罢工的斗争,都遭到日本帝国主义及北洋军阀的镇压。15 日,上海日本纱厂资本家枪杀工人运动领袖顾正红,并打伤工人十余名。30 日,上海学生二千余人在公共租界声援工人的罢工斗争,在学生的宣传和号召下,很快就集合了群众万余人,在英租界巡捕房门前高呼"打倒帝国主义"等口号,英帝国主义巡捕当即开枪屠杀,死伤数十人,造成震惊全国的"五卅惨案"。这一事件引起全国人民的公愤,各地举行游行示威、罢工、罢课和罢市,形成了大规模的反帝爱国运动。6 月初,"五卅惨案"的消息传到了天津,激起各界人民的极大愤慨;6 月14 日,天津二百余团体十余万人举行集会和示威游行,先生奋袂而起、积极响应,带领报社全体同仁,"加入沪案天津市民大会游行。"①游行的队伍沿途高呼"国民救国""力雪国耻""收回英日租界""取消不平等条约""取消领事裁判权""打倒英日帝国主义""抵制英日货"等振奋人心的口号②,其声响彻云霄。这次运动拉开了第一次国

①参见《新天津副刊》第 5 期,1925 年。
②天津社会科学院历史研究所编:《天津简史》,天津人民出版社 1987 年版,第 288 页。

内革命战争时期全国大革命风暴的序幕，就是这次运动敞开了先生久经压抑的胸襟，先生的爱国情愫充分迸发出来。

1931年9月18日，日本帝国主义驻扎在我国东北地区的关东军(侵略者)偷袭沈阳，这时驻守在沈阳及东北各地的国民党军队(东北军)，接受蒋介石"绝对不准抵抗"的命令，撤退到山海关以内，使日本侵略军迅速占领东三省。日本帝国主义大规模武装侵略我国东北的事件，史称"九一八"事变，是日本帝国主义妄图并吞中国、称霸亚洲的重要侵略步骤。事件爆发，国人大哗。值此中华民族生死存亡之际，"《新天津报》宣传抗日甚为激烈，经常歌颂抗日英雄马占山、冯占海、上海十九路军蔡廷锴、蒋光鼐以及宋哲元的大刀队等光荣事迹。"①此时，先生的爱国热情高涨；他以笔墨为刀枪，以报纸为喉舌，旗帜鲜明、立场坚定、态度坚决、意志顽强地宣传抗日救亡；他的爱国情怀流露在报纸的字里行间，激励着前方的战士、后方的民众，誓把抗战进行到底。天津沦陷后，先生深明大义，置个人生死于度外，抵御住日本侵略者的威逼利诱，拒绝与日本侵略者强加的一切合作。常言道："志士不饮盗泉之水，廉者不受嗟来之食。"先生岂能与强盗为伍，于是，"《新天津报》发出号外，以激昂的文字向天津父老告别，表达抗战必胜的信心。"②至此，先生忍痛将新天津报馆关闭，自行停刊。此时，先生的拳拳爱国之心压抑到了极点，直至被捕后，与日寇展开面对面的殊死斗争，为国捐躯，死而后已。

①王哲夫：《宁死不屈的刘髯公》，第202页。
②章尺木：《爱国报人刘髯公》，《今晚报》2000年11月3日副刊。

六、仁心仁闻

先生热爱生活,关爱生命;扶危济困,有口皆碑;乐善好施,声名素著。

先生的仁心仁闻不胜枚举,在西北角回族聚居区多有传颂。有刘文礼(1909—1985)者,自身条件差,因无劳动技能,生活无着,故大龄而未婚。先生得知后,为其在新天津报馆安排了力所能及的工作,收入可观;待生活稳定后,又为其娶妻成家,生儿育女,其乐融融。又有刘承化(1905—1959)者,雇农出身,家中赤贫,未及弱冠父母将其送到清真寺去学习,想把他培养成一名念经人,一则可以继圣传教,二则也可藉此摆脱没有文化的困苦。在清真寺里念经,饮食费用由所在清真寺的信教群众赞助,住在清真寺里,可以说是吃住不愁。但是,在清真寺的经堂教育中,学员请经(即购买学习教材)则需个人负担。阿訇世家的子弟念经,不用请经,因为家中有前辈留传下来的经卷教材,故不用花钱购买。贫苦家庭的孩子念经,一无所有,如同是旱地拔葱,很不容易,处处得花钱。当然,自古以来经堂学员就有自己制纸抄写经卷的传统,但急时忙用,远水不解近渴,眼见的这个经就要念不下去了。先生得知这个情况后,慷慨解囊,资助这个有志青年把经堂学习坚持下去,直至其成长为驰名京津乃至华北地区的知名阿訇。其后人对此事至今念念不忘,每提及此,仍然感慨万千地说:先生支教助学的义举,成就了一位大阿訇。

先生的善行义举泽被乡里,在杨村老家不分回民、汉民,尽皆感恩戴德。"他关心家乡教育,热心公益,扶危济困。二十世纪二十年代末,他在杨村七街庆善胡同内的自己宅院里兴办了杨村回民小学,出资举办杨村全镇学生演讲比赛会,奖励优秀学生。杨村清真寺1935年(应为1936年,尹注)遭雷击后殿烧毁,刘髯公同七街回民官绅穆文善团长领头出巨资,并向全国和杨村回汉乡亲募捐集资,使清真大寺修复如初。当年回汉民耕种的田地有很多在夹道洼里,几乎年年沥涝成灾,水排不出去,刘髯公出资及募捐六万现大洋在夹道村南、北运河大堤上修涵洞一座,让洼淀里的积水能及时排出。"①

先生的善人善事举不胜举,韩宝林先生的略述更为具体。"其一,民国十八年(1929年)武清杨村周边四十八村久苦水患,民不聊生。髯公发起在杨村修建泄水闸一座,逐有新明义务戏筹款之举。泄水闸建成后,四十八村代表六十余人为髯公送匾额一方,文曰"一方被德"。其二,民国二十年(1931年),《新天津报》被迫停刊五十天之久,引起广大读者反响,报纸从业人员生计受到严重影响。报贩工会联合会集合数千人,推举代表向当局请愿,要求恢复报刊,又有各方"函电交驰",《新天津报》遂得以复刊,照常营业。津市全体派报同仁集资制匾两方,一为"民众声音",一为"民意重申"赠于报社。其三,民国二十二年(1933),滦东一带惨遭战祸,数万难民麇集于天津市东局子,髯公日日奔波,施食施药。天津医药研究会也救治病患,难民得以全活。《新天津报》为其义举广为宣传,事后医药研究会为感谢报社相助,赠"功同翊次"匾一方。"②

先生的善举义行不可胜数,又如张今声先生传述的"刘髯公出

---

① 《宁死不屈的报人刘髯公》,第128页。
② 韩宝林:《〈新天津报纪念专号〉公益事业摘要略述》,《新天津(内刊)》总第4期,2014年5月8日。

厚资义葬周让,街谈巷议,传为美谈。"①

先生的嘉言懿行美不胜收;似璞玉浑金,德厚流光;如珠联璧合,光彩夺目。先生的瑰意琦行,光前裕后,熠熠生辉。

1937 年 7 月 7 日,卢沟桥事变爆发,日本帝国主义全面侵华战争开始了。平津先后失守,华北大部分地区沦陷,大批难民流落天津。这些难民背井离乡,流落街头,衣食无着,饥寒交迫。有的呼爹喊娘,有的寻儿觅女,哀鸿遍野,惨不忍睹。先生侠肝义胆,见生灵涂炭岂能坐视。连日来,先生尽心竭力地为救济难民而奔走,一方面尽个人能力出资租赁戏院、铺房等场所,安置难民;一方面联络社会力量募集赈款,救济难民。日寇横行,天理不彰;世道乖舛,人生无常。不曾想先生这次救助难民的义举,竟然成为留给后人永远的记忆与感伤!是的,先生就是在奔走于救济难民工作的途中落入日寇魔爪的。

七、宁死不屈

1937 年 7 月 30 日,天津沦陷。日本强盗使用飞机、大炮对市政府、警察局、造币厂、法院、电台、火车站等市政设施以及南开大学校园实施了狂轰滥炸,造成两千人遇难,十万人无家可归。日寇对先生的抗日立场心知肚明,对《新天津报》的抗日宣传早已怀恨在心。日寇占领天津后,曾先后五次实行强化治安,而第一次强化治安的布告竟然挑衅性地张贴在《新天津报》的阅报栏上,②日本鬼子

①张今声:《周让与髯公之谊》,《新天津(内刊)》第 1 期,2013 年 11 月 8 日。
②天津市历史博物馆、天津市地方志编修委员会等编、杨大辛主编:《近代天津图志》,天津古籍出版社 2004 年版,第 45 页。

天津沦陷后，日本驻屯军司令香月清司发出第一号强化治安布
告，竟然张贴在新天津报的阅报栏上

的放肆与嚣张可见一斑。先生预感到事态严峻，本应当杜门却扫、
深居简出，以静观其变。然而，先生面对一批批的难民潮，坐不安
席，睡不安枕。先生是一位见义勇为、当仁不让的人；虽然思忖再
三，但最终还是把个人生死置之度外，向难民伸出援手，此乃大仁
大义使然。

　　1937 年 8 月 5 日，先生从意租界《新天津报》社出发、由报社汽
车司机姚元太开车送先生到法租界，筹措救济难民款项及商定安
置等措施，这是先生连日来忙碌的主要事务。当先生途经特三区万
国桥（即今解放桥）时，遭到日本宪兵拦截，不由分说即被劫持；先
生与司机皆被捕，押至宪兵队，"捕渠理由亦为抗日"。[1]先生被捕
后，虽然身陷囹圄，但抗日之志更加坚定，所以遭到日本鬼子的严

①王研石：《被日寇囚系半载记》，生活书店 1938 年版，第 103 页。

刑拷打。先生宁死不屈,决不投降,拒不与侵略者做任何形式的合作,因此受刑最重。"刘君则负重伤,两腿被打不能动转,左脚踝骨似碎,不能起立,一耳被击出血,听话则须侧其好耳。渠被刑已有一月余,伤势以无药调治,故不见愈可。"①先生被刑后,已不能站立,不能行走。"望见刘髯公君由两人搀扶,步履艰难,……渠发须甚长,面孔瘦不成形。……但左脚踝骨已断,无药调治,溃乱成洞,将成残废。"②先生虽然被打得遍体鳞伤,"躺在搭搭密上,衣服褴褛,乱发长须,……现在腿伤出血,沾住裤腿,躺着稍一转动,疼痛难忍云云。"③但是,先生身在困境仍然不忘铭记历史,勿忘国耻,并谆谆嘱告难友。"髯公认为:我们身经这番磨难,必须把国家的凌辱,人民的涂炭,原原本本,写成信史。留给后人。以写好'华北沦陷之惨痛'互相勉励。……记述侵略暴行,以教育后人。"④此时,先生虽然自己被日本鬼子折磨得已是体无完肤,但是先生面对国破山河碎的现实,忧心忡忡地仍是国家、国难、国耻。先生身在逆境仍然心系国家、忧国忧民,这份爱国之情确是难能可贵的。

回顾 8 月 5 日那天,先生被捕的消息不胫而走,瞬间成为街谈巷议的重要话题。家属焦急,朋友担心,多方寻找营救途径。天津回族联合会闻讯后,在第一时间召集津郡十二座清真寺的教长联名具结力保开释先生。日本鬼子,就是魑魅魍魉之类,历来诡计多端,贯用鬼蜮伎俩,不顾社会舆论的压力以及民众的正义呼声,欲置先生于死地,推三阻四,就是不放人。无可奈何,事情竟然一误再误、

---

① 王研石:《被日寇囚系半载记》,第 206 页。
② 王研石:《被日寇囚系半载记》,第 233 页。
③ 卞僧慧:《纪念难友刘髯公先生》,《天津文史》第 34 期。
④ 卞僧慧:《纪念难友刘髯公先生》。

一拖再拖,时间已过两月有余。

先生的遭遇牵动着每个人的心,不仅在天津,北京的回民也十分关心先生的境况。"天津失陷后,天津成立了'天津回教会',会长是长期在天津日本医院当医生的中国回民王晓岩。王晓岩在一九三七年深秋来北京,在李铁拐斜街同和轩饭庄宴请北京各清真寺阿訇、乡老,提出要求成立'北京回教会'的组织,并与天津回教会一起联名保释天津沦陷后被日本人逮捕的刘髯公。刘在事变前任天津《新天津日报》社长,是京、津回族中知名的文化界人士。在同和轩的宴会上,王晓岩推举北京牛街礼拜寺阿訇王瑞兰为北京回教民众的代表,两人一起去天津面见了日本特务机关的茂川秀和,于是刘髯公获释。"①

1937 年 10 月 16 日,先生摆脱了七十余天的牢狱之苦,被抬出牢房时,生命体征微弱,已是奄奄一息。随后,先生已获生还的消息登于报端,以告慰那些关心先生的热心人的惦念之情。一些亲朋挚友闻信后,争先恐后地前来看望先生。知名学者卞僧慧前来看望先生,"髯公立命延入内室。其居处医疗条件,视前有天渊之别。相见时亦很激动。但其说话气力,尚不如相别时。不禁为之恻然。……刘君为当时天津名报人,……因沦陷前,其报多反日侵略言论,遂备受荼毒摧残,归家虽得医治将养,然元气已亏,绝非短期所能恢复。深感痛心。……今见其体气如此衰弱,惟慰勉以大难不死,必有后福。务必安心将养、宽以时日,必能康复,实现宿愿。"②先生的宿愿就是要打倒日本帝国主义,把日本侵略者赶出中国去;还要写一

①刘东声、刘盛林:《北京牛街》,北京出版社 1990 年版,第 100 页。
②卞僧慧:《纪念难友刘髯公先生》。

部《华北沦陷之惨痛》的信史,揭露日本侵略者的暴行,以教育后人不忘国耻。及至知名记者王研石前来看望先生时,先生"驺入弥留状态"①。

1938年4月下旬,先生回家已有半年多了,皮肉之伤稍有缓解,但精神状况不见有丝毫好转。由于内脏受伤严重,元气大为亏损,以至到了病入膏肓、疾不可为的地步。最为重要的是先生耿耿于怀的依然是国难家仇,所以说先生的致命沉疴是心病。先生禀赋刚强、性情刚烈,岂容日寇在中国大地上恣意妄为;乃至先生嫉恶如仇、怒火攻心;惜天不假年,赍志而没。先生归真(去世)的消息一经传开,亲朋挚友莫不哀痛惋惜。"如可赎兮,人百其身。"对先生表示出极其沉痛的悼念。三天后,是先生入土为安的日子,送葬的人们夹于道,犹闻呜咽之声,如泣如诉;按照伊斯兰传统仪式,先生安息在津北杨村祖茔之原。

八、铭记历史

铭记历史,缅怀先烈,珍爱和平,开创未来。七十年前,中国人民经过长达十四年艰苦卓绝的浴血奋战,以伤亡人数超过三千五百万的巨大牺牲,打败了横行霸道的日本侵略者,取得了中国人民抗日战争的伟大胜利;这也是自近代以来,中国人民抗击外来侵略的第一次完全胜利。铭记这段历史,绝不允许人类的悲剧重演。缅怀先烈,是无数的革命先烈抛头颅、洒热血,前赴后继,不怕牺牲,与敌人血战到底的顽强拼搏,才换来中华民族的解放。"一个有希

---

① 王研石:《被日寇囚系半载记》,赘记。

望的民族不能没有英雄,一个有前途的国家不能没有先锋。包括抗战英雄在内的一切民族英雄,都是中华民族的脊梁,他们的事迹和精神都是激励我们前行的强大力量。"①先生就是这样的民族英雄、民族脊梁。爱好和平的人们十分珍爱和珍惜来之不易的和平,在实现中国梦的征程上,我们要以先烈的事迹、抗战的精神为动力,开创未来,砥砺前行。"让我们共同铭记历史所启示的伟大真理:正义必胜! 和平必胜! 人民必胜! "②

(笔者在收集资料时得到天津学界资深学者罗澍伟老师、郭登浩老师的大力支持和帮助,在写作中参阅了《新天津(内刊)》的相关篇目,在这里特向罗澍伟老师、郭登浩老师及《新天津(内刊)》主编刘礼宾先生表示由衷的感谢!)

(刊于 2015 年 12 月 2 日《新天津》,总第 11 期第 2—3 版,收入本书有删减)

---

①习近平:《在颁发"中国人民抗日战争胜利七十周年"纪念章仪式上的讲话》,《人民日报》2015 年 9 月 3 日。
②习近平:《在纪念中国人民抗日战争暨世界反法西斯战争胜利七十周年大会上的讲话》,《人民日报》2015 年 9 月 4 日。

综述与随谈

2014 年天津史研究综述

张利民

　　2014 年的天津史研究有一些新的进展,学术专著、资料汇编和学术论文都有一些新的成果出现,进一步夯实了研究基础,有力推动了研究领域的扩展和研究工作的深入。以下就 2014 年国内各出版社和专业期刊出版物中有关天津史研究的状况做一简要的介绍。

一

　　本年度在档案史料汇编方面有较大的收获。《清实录天津史料汇编》,是研究天津史必备的资料长编,从历朝《清实录》中选取了有关清代天津行政区划变更、机构设置、官吏任免、户籍、田亩、人口迁徙、社会治理、赋役、灾害、赈济、漕运、海运、盐务和刑诉等方面的史料;该史料汇编历时数年,共计 250 万字,与先前出版的《明实录天津史料汇编》均为天津通史资料丛书,形成了系统的资料。①同时，还有一批专题资料汇编问世。《天津市抗日战争时期人口伤亡和财产损失》选用了中国第二历史档案馆和天津市档案馆的档案，揭露了抗日战争时期日军在天津的罪行，对日军的飞机轰炸、残害劳工、经济掠夺等所造成的人口伤亡和财产损失进行了调查和统计，有很多史料为首次公开。②《清代长芦盐务档案史料选编》的资料，选自中国第一历史档案馆藏长芦盐务档案和军机处上谕档、内阁题本、宫中朱批奏折、军机处录副奏折等，较为系统的披露了天津长芦盐务在清代的状况，以及一些案例；编者还根据清嘉庆年的《长芦盐法志》和《清史稿》等编辑了明永乐以来长芦盐务大事长编、清代长芦盐务谕旨长编和清代长芦盐务奏疏长编，方便了天津盐业史研究的系统和深入。③"赶大营"是近代以后天津与新疆等西北地区联系的独特现象，与"走西口"和"闯关东"同样具有重要的历史意义，促进了沿海与内地的经济和文化交流。本年度有学者从档案和历史文献、当时的西行游记、以后的文史资料中搜集、整理了大量的有价值的史料，1943年日本人在杨柳青等地的实地调查则是首次问世。这些史料的编辑出版，为今后开拓和深入系统研究天津与西北地区的联系提供了基础性资料。④《李大钊与北洋法政专门学堂》则是编者从原始资料、报刊和论著中搜集大量的关于北洋法政学堂设立与早期沿革、李大钊在该学堂就读期间的各

---

① 万新平、于铁丘主编：《清实录天津史料汇编》，天津人民出版社2014年版。
② 天津市委党史研究室编：《天津市抗日战争时期人口伤亡和财产损失》，中共党史出版社2014年版。
③ 中国第一历史档案馆、天津市档案馆和天津市长芦盐业总公司编：《清代长芦盐务档案史料选编》，天津人民出版社2014年版。
④ 张利民、方兆麟、胡有刚主编：《丝路津商——"赶大营"资料汇编》，天津人民出版社2014年版。

种活动,以及李大钊以后与该学校的联系等史料,通过筛选、整理和点校成集,并进行了一些解读、考证,为研究天津法政学堂提供了详尽系统的资料。①也有学者将有关张太雷在天津活动的资料和研究集结出版,选编了张太雷在北洋大学的一些重要史料和部分研究成果。②为了配合学习党史的需要,有关部门编写了中国共产党天津历史大事记,扼要记述了中共地方组织的创立和发展,重点反映了改革开放以后天津市委在党建等方面的工作。③

有的著作从原来的德国侨民俱乐部入手,研究和描述了德租界的历史和德国侨民的生活场景,内容丰富,图文并茂,也运用了大量的中外文原始资料。④有的著作以回忆录的方式,展示了在天津的七位日本侨民的生活和工作景像,他们有驻津领事,有教师、工商业者和职员,多在天津渡过了童年,以各自不同的自身经历,反映了在天津日侨的多样性和复杂性。⑤两书都为天津租界的研究提供了珍贵且鲜活的原始资料。在文化史方面,也有将天津历史上的文人墨客的诗文等汇集整理出版。如清初天津著名诗人王焵的诗文汇集为《王南村集》,⑥雷梦辰是天津书业名家,有学者将其所作的《津门书肆记》《津门书肆二记》,以及回忆文章汇集成册,为研

①《李大钊与北洋法政专门学堂》,政协天津市河北区委员会 2014 年 10 月印。
②李义丹、刘玉珊主编:《永恒的纪念——天津大学张太雷宣传和研究三十年》,天津大学出版社 2014 年版。
③中共天津市委党史研究室编:《中国共产党天津历史大事记(1919—2013)》,天津人民出版社 2014 年版。
④王敏主编:《天津康科迪娅俱乐部历史与文化百年》,天津人民出版社 2014 年版。
⑤【日】藤江真文等著 万鲁建编译:《近代天津日侨回忆录》,天津人民出版社 2014 年版。
⑥王焵著 宋健整理:《王南村集》,天津古籍出版社 2015 年版。

究天津的出版业和藏书家提供了资料。①

二

本年度关于天津史研究的论著,主要在政治、经济、社会、文化和人物等几个大的方面。

有的文章从政府的角度研究天津教案。王宝民的《“官谣”在“天津教案”中的推波助澜作用及当代警示》一文认为,官府在事件尚处于萌芽之际,没能及时澄清谣言,致使谣言越传越广,更严重的是,官府竟然发布了一条“官谣”,局势终于由可控变为不可控,酿成了一场震惊中外的外交事件。②刘建伟的《抗争与妥协:曾国藩在处理天津教案中的痛苦抉择》认为,曾国藩在处理天津教案过程中进行了一系列的抗争,因为面临着严峻的国内外形势,他不得不做出妥协。在处理完天津教案后,曾国藩提出了国家“徐图自强”的主张。③李里的《清代以降天津脚行与政府关系嬗变》,主要研究的是政府对社会的控制力,文章认为清前期设立四口夫头制度对脚行实施间接管理,清末改为四口包税制度后,政府不得不面对更多的脚行纠纷,直到1936年通过设立登记制度将脚行行规纳入体制内,天津脚行与政府关系的变迁展现了各种因素分会重组的复杂过程。④赵铁铸等人《晚清直隶省两大城市保定与天津警政比较》认

---

① 雷梦辰著、曹式哲整理:《津门书肆记》,天津古籍出版社2014年版。
② 王宝民:《“官谣”在“天津教案”中的推波助澜作用及当代警示》,《领导科学》2014年4月下期。
③ 刘建伟:《抗争与妥协:曾国藩在处理天津教案中的痛苦抉择》,《怀化学院学报》2014年第1期。
④ 李里:《清代以降天津脚行与政府关系嬗变》,《中国经济史研究》2014年第1期。

为,与保定警政相比,天津警政在警察宗旨理解方面更为深刻,机构设置健全,分工更加细化,警务监督机制进一步完善,警察法规建设备受重视①。

有研究明代天津军屯的论文,文章认为军屯是明代天津巡抚汪应蛟天津屯田实践的重要组成部分,对汪应蛟主导天津军屯时的投入兵力、军屯面积、人地关系、军屯科则等方面进行研究,探讨了军屯的得与失。②

对天津金融业研究中,左海军的《民国时期天津银号资本与资力的再估计》认为,民国天津银号资本规模小,但是银号通过股东无限责任、市面拆借以及迟期支付等特殊资金运作机制弥补了银号资金较小带来的缺陷,形成了较大的资力。③马涛的《1916年天津地区中国银行和交通银行停兑风潮》认为,1916年京津地区爆发的中国、交通两行停兑风潮最终得以平稳解决,却暴露了北京政府财政金融体系的缺陷,从而使金融市场面临危机。④吕健《天津斗店业初探》一文,对天津粮食交易市场上出现的斗店业产生的背景、职责功能、经营模式及其历史沿革进行了深入分析。⑤

虽然本年度研究天津经济的文章较少,但对于天津与周边城镇,以及城乡关系的研究有一定拓展,可以视为是研究天津城市发展的深入。熊亚平的《近代天津与京杭大运河山东段沿线城镇间商品流通初探—以德州、临清、聊城、济宁为例(1860—1937)》,简述

①赵铁铸、谢明刚、张彤:《晚清直隶省两大城市保定与天津警政比较》,《学理论》2014年第32期。
②李鹏飞:《汪应蛟天津军屯研究》,《农业考古》2014年第6期。
③左海军:《民国时期天津银号资本与资力的再估计》,《中国经济史研究》2014年第2期。
④马涛:《1916年天津地区中国银行和交通银行停兑风潮》,《兰台世界》2014年5月上期。
⑤吕健:《天津斗店业初探》,《黑龙江史志》2014年第21期。

了天津开埠前与运河沿线城镇的经济联系，分析了开埠后商品流通的变化，认为到 1937 年前，尽管天津与德州、临清等城镇间仍有大规模的商品流通，与聊城、济宁等城镇间亦有一定的商品流通，但就总体而言，随着济南和青岛成为德州、临清、聊城、济宁等城镇商品的重要输出地和供给地，天津与四个城镇间的商品流通呈现出不同程度的弱化趋势，也展现了近代华北城镇体系的变动，而且对当前相关城镇制定其发展战略也有一定的参考价值。①郑民德、刘杨的《京杭大运河与城镇变迁——以清代杨柳青为视角的历史考察》认为，依靠运河交通便利与国家漕运政策的刺激，杨柳青实现了从风景小镇向商贸城镇的转变，成为北直隶地区具有重要地位的商埠与码头②。任吉东的《从乡村到城镇：近代天津城乡关系探析》，以历代天津志书及时人调查为线索，试图复原近代环津村镇的数量及其空间布局，进而探讨天津城市发展对周边村镇影响以及其发展特征和趋势。③

对天津社会的研究仍然比较活跃。董丛林《由"丙寅词"看天津近代社会》一文认为，冯文洵所作《丙寅天津竹枝词》是一部天津活的地方志，也是天津社会的万花筒，藉之可窥见天津开埠及其他事变对城市政治、经济的影响，特别是其社会生活与风习情状。④

对城市阶层的研究多集中在下层社会。付燕鸿的专著《窝棚中的生命：近代天津城市贫民阶层研究》，从城市化的角度，分析了贫

①《城市史研究》第 31 辑，社会科学文献出版社，2014 年 9 月。
②郑民德、刘杨：《京杭大运河与城镇变迁——以清代杨柳青为视角的历史考察》，《聊城大学学报（社会科学版）》2014 年第 4 期。
③《城市史研究》第 30 辑，社会科学文献出版社，2014 年 5 月。
④董丛林：《由"丙寅词"看天津近代社会》，《河北师范大学学报（哲学社会科学版）》2014年第 1 期。

民阶层的形成原因、数量与空间分布,详尽地阐述了贫民的来源、
职业和日常生活,如收入和支出、衣食住行、风俗信仰和娱乐等,并
结合国家与社会学说探讨对城市贫民的社会关注与政府救济,推
动了天津近代社会底层的深入研究。①其论文《民国时期"城市病"
的主要成因与救治——以 20 世纪二三十年代的天津为例》中辨析
了城市病的形成以及与贫民的相关性,认为城市贫民生活上的贫
困是"城市病"的直接诱因,"民族—国家权威"的缺位是其制度性
原因,社会结构失衡与城市管理之后是引发"城市病"的内在因子,
此外,近代城乡结构二元化对"城市病"的发展也有一定助推作
用。②丁丽的《民国时期天津产业工人劳动保障问题探析》认为,民
国时期,为维护社会和生产秩序建立了各种保护劳工的措施,是从
无到有的一大进步,但具体实施成效尚需进一步探究。③孟玲洲《市
场冲击下的制度变异:20 世纪初天津手工业的学徒潜逃及行业应
对》一文认为,传统的对学徒制度下约束渐趋失效,而公权力对学
徒潜逃及追责的态度却十分的谨慎,折射出近代市场经济冲击下
学徒制度在传统习惯与国家法律或权力夹缝之中的窘态。④陈晶的
《民国时期天津社会救助立法之救助措施述论》认为,民国时期天
津社会救助立法中的救助措施,借鉴了西方先进法制,逐步趋向制
度化、体系化,同时表现出独特的商业文化色彩,已建构起日后天

①付燕鸿:《窝棚中的生命:近代天津城市贫民阶层研究》,山西人民出版社山西经济出
　版社 2013 年版。
②付燕鸿:《民国时期"城市病"的主要成因与救治——以 20 世纪二三十年代的天津为
　例》,《中州学刊》2014 年第 5 期。
③丁丽:《民国时期天津产业工人劳动保障问题探析》,《兰州学刊》2014 年第 7 期。
④孟玲洲:《市场冲击下的制度变异:20 世纪初天津手工业的学徒潜逃及行业应对》,《民
　国档案》2014 年第 3 期。

津社会救助的基本模式。①梁丽辉、郑兴刚《民国时期工人犯罪考——以天津为例》一文认为,民国时期,尤其是三四十年代,工人所犯罪行占比远远超过了他们在城市总人口中的占比;主要有:经济绝望犯罪,激情犯罪,失意报复犯罪三类,每种罪行背后都蕴含着深层的社会因素,都是对城市环境的特定反映。②

天津商会等社团继续受到一些学者的关注。李学智的《民间社会的成长与城市的现代转型——以清末天津为对象的考察》认为,天津开埠以后,具有现代性的民间社会团体开始出现,并积极开展活动,政府也被迫推行某些社会变革,城市社会生活出现某些改良和进步现象。但这些民间社团带有明显的过渡性特征,天津城市向现代转型的进程尚处于起步阶段。③有的论文从南京国民政府时期政府和社会组织的角度论述了如何解决房屋租赁纠纷的问题,即分析了法律层面和具体措施,也总结了社会组织的积极作用。④对于商会的研究集中在代表商人就税收问题与政府的交涉,马涛、迟慧《民国初年天津商会反对印花税之研究》一文从民初天津商会缓办印花税来分析中央政府与民间社会的互动关系,重点对政府和民间社会利益发生冲突时双方的交涉和沟通,以及根据对方行动不断调整自己的立场并予以回应⑤。苏芃芃《1928—1937年国民政府的税制改革——以天津商会为研究对象》一文,记述了南京国民

①陈晶:《民国时期天津社会救助立法之救助措施述论》,《黑龙江省政法管理干部学院学报》2014 年第 6 期。

②梁丽辉、郑兴刚:《民国时期工人犯罪考——以天津为例》,《黑龙江史志》2014 年第 7 期。

③《城市史研究》第 30 辑,社会科学文献出版社,2014 年 5 月。

④尹学梅、王静:《浅析南京国民政府时期房屋租赁纠纷与应对——以天津为例》,《城市史研究》第 30 辑,2014 年 9 月。

⑤马涛、迟慧:《民国初年天津商会反对印花税之研究》,《兰台世界》2014 年 3 月上旬。

政府实行税制改革时，地方政府为了私利公然违背裁撤厘金的宗旨，导致商民负担大增，纠纷不断，加之受 1937 年抗战全面爆发的影响，税制改革最终失败①。任晓兰、秦红梅《论晚清天津商人在税收政策制定中的政治参与》一文认为，晚清中国由农业税为主体的税收结构过渡到以工商税为主体的税收结构，清廷缺乏对民间经济应有的保护，天津商会的成立为商人的政治参与提供了组织机遇与制度保障。②

对天津的卫生与民俗也有专门的文章。任吉东等人的《卫生话语下的城市粪溺问题——以近代天津为例子》认为，作为公共卫生的一环，城市粪溺处理是近代化的重要内容，从中国传统的粪业经营理念入手，诠释了卫生普及背后西方文明的传播方式和路径。③有的论文以《大公报》的资料为主，研究清末天津卫生事业的发展与市民卫生观的初步确立，认为都统衙门时期建立的卫生机构及其推行的卫生举措，将天津的卫生事业初步导入正规；袁世凯执政使之得到进一步的完善与发展；各种社会力量的参与，是推动天津卫生事业发展与卫生观普及的重要因素。另外，地方自治对于塑造新式市民形象，推动天津城市的近代化有不可忽视之功。④许哲娜《试论南京国民政府时期天津婚俗改良与社会变迁》认为，南京国

①苏芃芃：《1928—1937 年国民政府的税制改革——以天津商会为研究对象》，《内江师范学院学报》2014 年第 29 卷第 7 期。
②任晓兰、秦红梅：《论晚清天津商人在税收政策制定中的政治参与》，《兰台世界》2014 年 5 月下旬。
③任吉东、原惠群：《卫生话语下的城市粪溺问题——以近代天津为例子》，《福建论坛（人文社会科学版）》2014 年第 3 期。
④张海荣：《清末天津卫生事业的发展与市民卫生观的初步确立——以《大公报》为中心的考察》，《城市史研究》第 30 辑，2014 年 9 月。

民政府时期的天津婚俗改良对个人与家庭、社会关系、家—国关系重新构建与诠释,成为社会教化与政治认同的重要载体①。

在天津的租界和侨民研究方面也有重大的突破。耿科研、江沛《1920年代前后天津美国侨民群体述论》一文,利用1920年代末天津美国侨民团体编辑出版的《1927年天津美侨联合会人名地址录暨美国侨民通讯录》和《1928年天津美国商业与社会指南》,初步复原1920年代前后天津美侨社会的人口规模、职业构成及空间分布情况,并通过对天津美侨联合会、美国商会、美国学堂及美国大学同学会等侨民社团获公告服务机构的考察,勾勒出美国侨民共同体的内外功能、组织机构及群体互动模式。②其《英国近代在华租界土地制度述论——以天津英国原订租界地皇家租契纷争为中心》,考察和梳理皇家租契制度的历史脉络和矛盾波折,有助于更完整地理解近代英国在华租界及其土地的深层次特征。③也有文章介绍了天津英租界的产生、建设和收回。④小林元裕《中日战争爆发与天津的日本居留民》一文,聚焦中日战争爆发前在天津的日本居留民,通过对他们如何面对战争以及如何被动员等问题的研究,从一个不同于以往的角度来考察中日战争。⑤万鲁建的《试论天津日租界的"殖民空间"》认为,日租界是一个充满日本色彩的"殖民空间",他们有自己的生活方式、交往对象和休闲娱乐活动⑥。有的论

①许哲娜:《试论南京国民政府时期天津婚俗改良与社会变迁》,《民国档案》2014年第3期。
②耿科研、江沛:《1920年代前后天津美国侨民群体述论》,《史学月刊》,2014年第3期。
③耿科研、江沛:《英国近代在华租界土地制度述论——以天津英国原订租界地皇家租契纷争为中心》,《民国档案》2014年第3期。
④陈磊《天津英租界的产生、建设与收回》,《兰台世界》2004年4月上旬。
⑤小林元裕:《中日战争爆发与天津的日本居留民》,《抗日战争研究》2014年第2期。
⑥万鲁建:《试论天津日租界的"殖民空间"》,《东北亚学刊》2014年第5期。

文论述了近代朝鲜人进入天津的经过、朝鲜营业者的职业构成,分析了朝鲜居住者的性格变化和营业特征,以了解朝鲜人在战时天津的存在方式和作用。①还有论文更宏观地探讨租界对城市近代化和城市文化的影响。如徐苏斌的《20世纪初开埠城市天津的日本受容——以考工厂(商品陈列所)及劝业会场为例》认为,近代天津是具有典型双重性格的城市,既有外国人经营的租界,也有中国人经营的地区,由于经营者不同,城市近代化前者是被动的,后者是主动,文章并以天津新政时期河北新区、日租界的商品陈列所以及后来扩展后的劝业会场为例,说明城市近代化是个错综复杂的力作用的结果。②李进超《城市空间与国家身份认同:从天津租界说起》一文认为,天津租界在总体上形成了极具同一性的城市空间,并获得了独一无二的"租界身份"。"租界"一词本身作为整合性的概念为其身份认同提供了前提基础。另外,在租界中还有一个更关键的整合印刷——宗教。③

三

需要特别关注的是天津考古方面的成果。天津市文化遗产保护中心编著的《天津考古》,共计一、二两册,汇集了该中心2000年以后考古调查报告、勘探发掘的合集,既有蓟县旧石器考古调查报告,也有明长城沿线寨堡、黄崖关关城、北洋水师大沽船坞、

①[日]木村健二等著,万鲁建译:《天津的朝鲜人》,《城市史研究》第30辑,2014年9月。
②《城市史研究》第30辑,社会科学文献出版社,2014年5月。
③李进超:《城市空间与国家身份认同:从天津租界说起》,《理论与现代化》2014年第3期。

大沽口南炮台等勘探报告,有包括蓟县、宝坻、武清、大港等区的考古发掘报告, 还有各区从辽代到清代墓地墓葬的发掘报告,可谓集十余年考古之大成。①盛立双编著的《初耕集——天津蓟县旧石器考古发现与研究》,除了蓟县各地旧石器地点的调查报告外,更重视研究和探索。如蓟县环境概况和旧石器地点的研究,关于两种石器工业关系、与周邻地区的文化关系、环境对石器工业的影响等问题的探讨。这些,为研究史前和明清以前的天津有重要的意义。②

对天津文化的研究方面,有较大的突破。《中国地域文化通览·天津卷》是对天津文化概括性的论述与研究,该书为中央文史研究馆发起,经历数年的准备和筹划,集中诸多学者几易其稿而成。该书的绪论提纲挈领的论述了天津的自然环境、建置沿革、文化的艺术风格和文化内涵分析;上编纵向叙述了从远古、文化形成、文化发展、文化转型等各个历史阶段;下编横向论述天津城市空间、城市生活的多元色彩、文学艺术的雅俗二元互动、近代教育、工商业发展和交通邮电业的肇兴等;而所有的研究和论述的下限是1911年,对于长时期形成的文化来说,尤其是近代以后最为兴盛的天津城市文化来讲,有意犹未尽之感。③本年度天津方言研究有大的突破,共计出版了三部专著,均列入天津通史专题研究丛书。有的属于工具书性质,对天津方言逐一进行解释,并附有天津方言亲属称谓一览表、天津方言与普通话差异对照表和天津方言词缀分类一

---

①天津市文化遗产保护中心编著:《天津考古》一、二,科学出版社2013年版。
②盛立双编著的《初耕集——天津蓟县旧石器考古发现与研究》,天津古籍出版社2014年版。
③张炳学、刘志永主编:《中国地域文化通览·天津卷》,中华书局2014年版。

览表,方便了使用和研究。①有的是语言学者以田野调查为基础,从天津方言的源流、语音与语系、词汇与语法,以及修辞语用等方面的论述和研究。②有的将天津方言与文化相结合,从方言与城市文化、民俗、地名文化等角度进行分析与研究。③刘金明、李伟佳的《天津城市文化的蒙古族因素》认为,蒙古族实际控制天津地区 154 年之久,天津城市文化在早期形成和发展过程中受到蒙古族的极大影响,融汇了众多蒙古族文化的成分。④

关于天津文学史研究的表现形式既有研究专著,也有以往文章的汇编,还有资料的系统汇集。如有为天津著名武侠作家还珠楼主李寿民撰写的传略,⑤有将往年发表的研究天津著名社会言情小说家刘云若的文章结集成《望云谈屑》。⑥民间的文史学者曾经发起研究民国北派通俗文学,并组织不定期刊物和学术研讨会,本年度将其精华汇集成《品报学丛》第一辑公开出版,⑦2013 年底天津文史学者主办的第一届问津学术年会的文章汇集为《九河寻真》出版。⑧

还有教育和艺术的研究成果,如郭道平的《英敛之、吕碧城与天津公立女学堂的创设》,考述了天津公立女学堂的创设情形,尤其是《大公报》主持人英敛之在其中所付出的巨大心力。⑨

---

① 谭汝为主编:《天津方言词典》,天津人民出版社 2014 年版。
② 马庆林、谭汝为、曾晓渝:《天津方言研究与调查》,天津人民出版社 2014 年版。
③ 谭汝为:《天津方言文化研究》,天津人民出版社 2014 年版。
④ 刘金明、李伟佳《天津城市文化的蒙古族因素》,《黑龙江民族丛刊》2014 年第 6 期。
⑤ 倪斯霆:《还珠楼主前传》,天津古籍出版社 2014 年版。
⑥ 张元卿:《望云谈屑》,天津古籍出版社 2014 年版。
⑦ 张元卿、顾臻编:《品报学丛》第一辑,天津古籍出版社 2014 年版。
⑧ 王振良主编:《九河寻真》,天津古籍出版社 2015 年版。
⑨ 郭道平:《英敛之、吕碧城与天津公立女学堂的创设》,《汉语言文学研究》2014 年第 1 期。

曹铁铮等人的《民国时期天津教育家对美术学科建制的贡献研究》认为,天津著名教育家梁启超、严智开、陈少梅、刘子久等对现代美术学科建制均作出过杰出贡献。①岳鹏星《清末民国天津义务戏考察(1906—1937)》认为,天津的义务戏表现出自身的慈善公益性、民间主体性与以戏剧艺人为核心等显著特征,在提升梨园艺人社会价值和促进社会文明方面发挥了作用②。有的著作从天津历史建筑入手,将多年来讲述在天津政治、经济、文化界人士和寓公的生平与故事汇集为《荏苒芳华:洋楼背后的故事》。③有的学者专门研究地方民情。在天津南市生活过的一位学者,带着深厚的情意和责任感,历时二年撰写了 80 万字著作《南市沧桑》,为此作者查阅了大量的档案文献和报刊,并通过实地调查和走访街巷老人,是其描述的更为具体和鲜活,力图还原历史本来面目,为研究天津的政治、经济、社会、文化和民俗提供了难得的资料。④有些文史学者,如从当地传说故事、风土民情等田野调查的资料,以短文的形式描绘了津南区,特别是小站镇的历史人文地理。⑤

2014 年天津史研究的成果中, 较为显著的是大型资料书和一批可读性的著作,出现了一些新的视角,如城市贫民、天津与周边城镇关系等,体现出研究的深度。从广度上也有所开拓,如总括性

①曹铁铮、曹铁娃、刘新民:《民国时期天津教育家对美术学科建制的贡献研究》,《艺术与设计(理论)》2014 年第 4 期。
②岳鹏星:《清末民国天津义务戏考察(1906—1937)》,《安阳师范学院学报》2014 年第 1 期。
③王振良:《荏苒芳华:洋楼背后的故事》,天津古籍出版社 2014 年版。
④林学奇:《南市沧桑》,天津古籍出版社 2014 年版。
⑤刘景周:《沽帆远影》,天津古籍出版社 2014 年版。

天津文化研究、天津方言的研究与调查、天津租界的研究等;而且,由民间文史学者组织的"问津文库",以编辑出版天津历史文化和文学为特长,自 2013 年启动后,每年出版十余部,引起了各方的关注,有助于天津史研究的深入与普及。

（刊于天津市社会科学界联合会编著《天津社会科学年鉴 2015》,天津人民出版社,2015 年,第 113—117 页）

从历史的崇敬走向现代精神的美丽
——妈祖与妈祖文化的当代解读

张春生

一、从民间敬慕到国家规制

经过千年的时空磨砺，敬拜妈祖和围绕这一活动所形成的文化现象，并没有因为岁月的漫长而消失，反倒是越来越显现出她具有的隽永生命力。这一情景的出现，本身就清楚地说明了妈祖和妈祖文化是一种优秀的传统文化。为了进一步深入认识妈祖文化，略作三个方面的阐释。

1. 面向海洋和呼唤普济

妈祖，原本叫林默娘，生于宋建隆元年（960），卒于宋雍熙四年（987），28 年来她做了不少利民爱乡的好事，在 28 岁时，因为在海上救人而牺牲。由此，她获得了船工渔民的爱戴，很快被尊敬为海神。在中国悠久的历史发展中，因年轻并是女性，在经历生死而名垂千古的，有很多。例如抗击暴秦的孟姜女、替父从军的花木兰、抵御入侵的穆桂英等等，但是她们在增强人们的爱国、求义和尚善的精神品质的同时,留给后人的只是传说。当然,传说充满了浩然正气,彰显着中华民族的精气神。可是林默娘却从中走出来,由人而成海之神。

显然,这由于妈祖生活在北宋的福建海边。中国社会到了公元九百多年,对海洋的认识到了新的阶段。离妈祖成长的不远处,就是当时的世界大港泉州。泉州是宋代海外交通贸易巨埠和"海上丝绸之路"的重要起点之一,以泉州为基点的人员与经济、政治往来,是构成中华民族向海外发展并促进我国繁荣的一个重要平台。而且,妈祖生前的主要活动和海洋有关,她的救危济困与舍身救人更与大海直接联系在一起。海难后被首先尊为女海神,也就顺理成章。可是其意义却不寻常。

中国文化里的海神,尤其是龙王,是广义的水神,真正司职海洋并配有辅助神祇的是妈祖。而且,朝廷敕封最开始和最主要的用语也是有关对海神的褒奖。到了郑和下西洋,妈祖的海神身份达到了充分体现,妈祖面向海洋的文化意识也更为突出。

2. 尚善取义和崇拜英雄

和中国民间诸神不一样的,还突出表现在妈祖没有成神之前,处处闪烁着生气和助人为乐的光芒。

据其家谱记载,出生时因不哭而取名默娘,这并非有何特别的地方。幼时的林默娘"会凫水、观天象、懂医术"。住在海边的人,能游泳,依据气象谚语和某些风浪前期的痕迹去判断即将发生的海潮、飓风和暴雨,以及采些草药用来医治瘟疫与头疼脑热,是十分正常的。可恰恰在这里,折射出妈祖自幼就乐于助人。正是善行与其人生相伴,这就为她身后获得崇敬奠定了基础。何况林默娘有过在夜里点着自己所住房屋,以火光告知海上捕鱼和航行的父老乡亲赶快在飓风到来前安全返航的义举。当她在一场海难中因救人而被海浪吞噬于湄洲岛时，大众因怀念她、祭祀她，而推崇其为海神娘娘，这正应了古代一句名言"聪明正直者为神"。而一旦尊敬为神，也就是以她为社会的行为圭臬、生活的道德规范、立人的内涵尺度。众人眼中的"娘娘"身份，应当是一个永远的从心底里去景仰的形象。

3. 民间祭拜与道德力量

妈祖为救人而牺牲，当地民众为纪念她，立庙祭祀。这一过程时间并不长。在洪迈的《夷坚支志》中，已经有了"林夫人庙"的记载。而洪迈是北宋高宗时的太学生，在宋高宗绍兴年间（1131—1162 年）出使过金国。妈祖去世是宋雍熙四年（987），与洪迈相隔不到二百年。可见妈祖由人成神的时间很快，反映出当地百姓对她的热爱，同时也表明民间祭拜所展示的那种力量。

在中国古代，神的存在是一股强大的指导人生、张扬道德、约束社会和家庭与个人的观念力量，并以祭拜为主要形态，予以内省式的修身，进而齐家治国。当然在民间是以问安求吉护佑的形式为主，但在观念上充满敬仰、在心灵上充满敬畏、在行为上充满敬佩。尽管祭拜的形式简单、草根，也必然会在尊敬和祷告中提升人们的素质，生活也因此存留着一种信念。当然，由于生产力和科学思维受到时代的制约，民间祭拜中难免会有迷信，但是百姓拜妈祖的主流是从中获得心灵安慰与思想的净化。妈祖文化中的救危济困的故事，传导的是正气、正义、崇善、崇德，即使有点"神秘"，也不影响真善美的内涵。祭拜与敬畏本身就互为表里，民间信仰尽管没有仪轨、戒律、经文、住持，在看似松散的表象下，自有其精神道德力量。

4. 皇家敕封是一种国家规制

自宋徽宗至清代，共有 14 个皇帝先后对她敕封 36 次，使她成了万众敬仰的"天上圣母"和"海上女神"，也和黄帝、孔子一起，成了由国家祭祀的神明。

清王朝对海神妈祖予以极大关注与推崇，康熙十九年敕封妈祖为"护国庇民妙灵昭应弘仁普济天妃"，正式纳入国家祭祀体系。随着对台统治、琉球外交与漕运等国家大事对天妃神灵的依赖，清廷对她一再加封，共加封妈祖十五六次之多，封号多达 64 字，这对纳入国家祭祀体系的民间神来说，是极大的褒宠。这也造成了几个妈祖之最，根据林国平先生的研究：

首先妈祖尊称最多。其次，皇帝给予的封号最多。仅清朝皇帝对妈祖的褒封多至 15 次，封赐为"天后"、"天上圣母"，成为女神中最高的封号。显示了妈祖在最高统治者心目中的崇高地位。再其次，宫庙最多，信徒最多。几乎遍及大陆广大沿海地区乃至内地，延至东南亚、欧洲、北美、南美等地。大略统计，世界各地的妈祖庙如今有 5000 余座，信众上亿。最后是，妈祖庆典最盛。每逢妈祖诞日，著名的妈祖庙都会举行盛大的迎神赛会。据此，2009 年被联合国教科文组织列入世界非物质文化保护名录中，在中国是首例，在世界也是第一例。

二、妈祖文化是一种优秀的传统文化

妈祖文化，是一个因年轻女性在海难中牺牲，被当地人崇敬，进而成为神祇，获得庙堂供奉，再经过朝廷多次敕封，形成信仰，又在多地扎根，延绵千年，至今依然香火旺盛，被列为世界文化遗产的一种文化形态。也就是说,妈祖文化历经千年而不衰,甚至我们的现代生活还有着她的明显身影。显然,妈祖文化有其独特的民族文化标识:

1. 妈祖信仰关键在于行为高尚

年轻时尊老助幼,扶危济困,以善心和爱意,帮扶乡亲,甚至不惜点燃自己的房屋以做灯塔,让风浪中的渔民船工安全返航,并以赴海救人献出年轻生命的壮举,让28岁的人生之光,超越时空,到了今天依然感染着千百万大众,让社会因她而增加一份美丽。人们敬仰她,源自她的集善心仁爱舍己为人于一身。信仰妈祖,也就是利他的精神得以充分体现。

2. 女性在中国文化中有其特殊地位

四大民间故事所褒扬的,都是杰出的女性,爱国为民,尚善崇德,不让须眉。并且女性在操持家务生儿育女上有着一定的话语权,尤其在民间,慈祥的妇女受大家尊重。所以,妈祖能够取代龙王海神,成为中国影响最大、神格最高的海神,主要原因与慈母般的形象有关。原本是28岁的年轻姑娘,但成为神祇却是一位慈母模样,这与中国文化的"尊母思维"直接联系。默娘成为妈之祖,也就成为创造生命之神,如女娲一般。在民间,妈祖和观世音、碧霞元君并列。加上历代朝廷的重视,也就和儒、释、道一样,进入了中国传统文化的重心部分。同时,妈祖祭拜,还不断因民众需要而增容,在天津娘娘宫已有了"送子""育儿""祛病""扶助妇女"等等功能。妈祖的人格魅力、形象魅力越发的博大。

3. 妈祖文脉根深叶茂

妈祖文化的源远流长,后浪推着前浪,是孕育于中华文化又使华夏文脉丰富的文化。妈祖出身比干的后代, 林氏家族又诗书传家,而所处的福建湄洲人杰地灵。又正值生活在经济积累殷实文化集聚浓郁海洋活动活跃的宋代海边,华夏文化的"为道""和合""守义""克己""尚善""敬祖"等等观念与规范,已蔚为大观,并正待推衍弘扬。妈祖浸润于此,青出于蓝又胜于蓝,以28岁的年华出海救人,舍生取义,这就把中华文化最为亮丽的内容生动感人地展现出来。华夏文化的大树又长出一束茁壮而生气勃勃的枝叶,到现在更以其雄奇矗立在华人世界和海峡两岸。

4. 妈祖信仰随着华人的脚部繁衍流布

妈祖文化的传播与在海洋上扬帆息息相关,并和漕盐运输密不可分。尤其是宋元时的拓展海疆,明朝时的郑和下西洋的推动"海上丝绸之路"与有清一代的瓷器外销,以及华侨和沿海同胞的往来海上,使妈祖文化和妈祖信仰发展、流布开来,以致"凡有华人的地方就有妈祖"。这一刻,彰显出妈祖是妈之祖,代表着民族的"根",有着鲜明的凝聚力。

三、妈祖文化和当代精神

由林默娘而成为妈祖和海神娘娘,是我国非常典型的由人到神的民间造神活动,同时借此来确立民族的精神诉求和社会准则以及人生规范,并从传统意识与文化继承上让后辈子孙永志纪念与不断学习。更为重要的是,由人而神的神,因为行为的震撼、道德的高尚、境界的隽远,又和中国历史文化所提倡的君子、圣人的行为规范相一致,而且他们曾经是真实、真切的一个社会存在,并且其言行做到了人人应该崇敬的一个榜样的标准。于是,当这一优秀的传统文化进入21世纪的头二十年,也就是中国社会发展到共筑"中国梦"的时候，我们感到妈祖文化也是民族文化的富有特色的部分。

1. 妈祖文化彰显着民族道德

妈祖的一生和妈祖文化的走来，鲜明谱写出"尚德、崇善、守义、大爱"的品德，生动彰显着"利他、助人、舍己、护佑"的精神，把中国文化的"人必知道而后知爱身，知爱身而后知爱人，知爱人而后知保天下"和"己欲立而立人，己欲达而达人"的做人准则，形象体现出来。其中立德而人立，好的德行会树人并保障齐家治国平天下的道理，被妈祖文化的核心"慈济、助顺"、"仁爱为怀、济民护国"予以心灵的诠释。百姓妈祖信仰的重心在于体味仁善，修养德性，立人利他。

2. 妈祖文化铺设着精神家园的底色

妈祖由人到民间神，再到祭奠于国家殿堂，其大众拥戴和精英称赞，即底层与顶层的一致，使其文化有着一种群众遵从社会规制的力量。她表现在祭祀与相配的丰富活动中，以一种群众参加祭拜仪式、组织巡街花会、擎香祈祷的活动，让妈祖精神传播。国家层面在古代更多的是委派官员主祭和敕封建庙、册封名号。

然而，正是这种植根于街衢乡间，多在宫庙花会展现的妈祖文化活动，使百姓的心灵有养性修身的寄托。并且这种寄托，伴随着对一位由民间小姑娘的救人牺牲的英雄壮举，和妈祖成为神祇之后每每祭祀和参加、观赏皇会等等活动所引发的敬畏之情，在内心不断涌起一种崇敬妈祖文化和尊重妈祖的信念，这信念中也就包涵着对中华文化的了解，对民族精神价值体系的接受。

3. 妈祖文化体现着民族的认同

妈祖敬仰与妈祖文化，无论是在萌生、确立、传承、发展的各个环节，还是在今天作为海峡两岸、华人世界交往的桥梁，都充满着群众性。在大陆每到妈祖的诞辰日和升天日,都会有隆重的祭祀与省亲踩街活动;在台湾,有八天七夜的全岛数万人绕境祭拜活动。其他的擎香祈祷活动更是数不胜数。当然百姓参与,因历史沿革形成风习,难免杂糅着陋习与迷信,但这些都是非主流的现象。更主要的是,群众在参与中于潜移默化里,让民族文化承接沿袭,把强烈的道德意识植入于心。

妈祖文化在发展中,先是从湄洲发轫,然后沿河流大海遍及我国沿海各省,再经各地增容丰富,使妈祖文化呈现出求同存异绚丽多彩的地域性。拿天津来说,妈祖娘娘有四副面孔:本身娘娘、眼光娘娘、送子娘娘、斑疹娘娘,各司护佑百姓、慈济女性、生育育儿和治病送医的职责。天津是移民城市,四面八方的农工兵商为了归宗认祖,用"娘娘宫栓娃娃"的习俗,既盼怀孕生子,又视为来到天津都是一家。这种妈祖文化在其他地域的发展,越是进入风俗习惯,越表明她的广泛性。当海外华人一旦集聚,有了妈祖供奉和妈祖文化活动,其浓浓的妈祖认同感就生发开来,"妈祖天下一人,天下妈祖一家"。可以说。只要崇敬祭拜了妈祖,就找到了妈祖亲人,就置身在华人世界。

人们敬妈祖,是在心灵中有了慈济如妈祖、做人如妈祖的信念;人们畏妈祖,是在言行中有仁爱德兴的规制与底线。敬畏是妈祖文化的一个重点,有了敬畏才能把围绕妈祖的传统精神弘扬下去。

今天,在改革开放深化,要实现"中国梦",并建设美丽家园的时候。第七届中国天津妈祖文化旅游节的隆重举行,使美丽天津早日实现又有了一个文化的、优秀传统的阶梯。妈祖文化中的人格高尚、道德致崇、心灵醇厚和含蕴其间的舍己利人、扶危济困、大爱盈盈、大善若水的精神,不仅代表着华夏文化的特征和坚实,也积淀并为今天的中国特色文化铺下基石。妈祖文化所体现的精神价值，也正是今天的核心价值的传统植被。现在倡导的"富强、民主、文明、和谐，自由、平等、公正、法治，爱国、敬业、诚信、友善"24个字里，与妈祖文化相关联的友善、和谐、爱国等等，也正充满着活力。

总之，"贤者，民之所生也"（宋·苏轼《晁君成诗集引》）。由林默娘而成为妈祖和海神娘娘，在越来越崇敬之中，一方面，妈祖会在大众内心成为可爱可敬的祭拜对象，进而为神，并因为她是神而去朝圣，这一过程便是一种精神与文化的升华。或者说，以此净化心灵，提高修养。另一方面，如荀子所说：口能言之，身能行之，国宝也（《荀子·大略》）。妈祖能在言行中彰显出光彩，影响大众，有益于社会，应视为"国宝"，也就形成了齐家治国平天下的社会价值观，并且是能够在神州大地传递下去，用以教育华夏后辈的优秀的价值观。

简言之，妈祖因救人于海上而失去年轻的生命的舍身救人，更由于是女性而受到敬重；当列为神灵进入社会与人的精神道德层面之后，群众的拥戴和皇权的经年认证，使这一源自民间的信仰衍化为主流文化。同时，也结合地域特点有了多重身份：海神、正义神、送子神、平安神、医护神等等。妈祖文化是中华民族有代表性的优秀传统文化。

今天要大力提倡的是：千年妈祖文化要与现代生活结合，演变为可以依此净化心灵，助益道德行为，增强人际关系和谐的文化表现与氛围——我们纪念妈祖，传承妈祖文化的意义也在于此。

（本文收入《弘扬民族精神共话美丽天津·中国梦》，天津人民出版社2015年10月，系作者在第七届中国天津妈祖文化旅游节的专题研讨会上所作的发言）

抗战歌剧《木兰从军》

孙玉蓉

上世纪 40 年代初，同在天津耀华中学任教的张肖虎与王守惠，抱着唤起民众抗日救国的满腔热忱，共同创作了历史题材四幕歌剧《木兰从军》，王守惠作词，张肖虎作曲。歌剧塑造了"立志赴战场"，"要一洗羞颜，给妇女们一个好榜样"的巾帼英雄木兰的形象，并通过木兰之口，唱出"今日我血溅沙场，明日便会见神异的曙光"，"要诛尽世间魑魅！要灭绝欺人强梁"，"人生正是座广大战场，赖有战争培养新生的力量，应该勇往直前地进取，怀着不惧厄运的心肠。努力！努力！不息！不息！冲杀！冲杀！"

张肖虎（1914—1997），作曲家、音乐理论家，祖籍江苏常州，出生于天津。因受家庭熏陶，他自幼酷爱音乐。在南开中学读书时，他就参加了学校组织的昆曲社、国乐社，学习演奏中外乐器。1931 年，他考入清华大学土木工程系后，即加入了该校学生艺术团的管弦乐队和室内乐队。他的课余时间几乎全用于音乐进修。他曾向外国专家学习钢琴和作曲理论，又在燕京大学音乐系选修作曲理论。大学四年级时,他担任清华大学学生艺术团管弦乐队及军乐队队长、助理指挥等。

那时,俞平伯正任教于清华大学中国文学系。他知识渊博,兴趣广泛,深通音律,会唱昆曲。20世纪30年代,他曾发起组织了研究昆曲的"谷音社",朱自清、杨荫浏等皆为该社成员。张肖虎曾旁听过俞平伯讲授词曲的课程,他们不仅是师生,也是艺术上的知音。

1936年张肖虎毕业留校,在西乐部任助教。抗战爆发后,因需照料母亲,张肖虎没有随同清华大学师生一起南迁,而是回到天津。他先后在耀华中学、天津工商学院、天津基督教青年会等单位任音乐教师,并主持创办了私立"天津音乐专修院"。他还组织众多音乐人才,以艺术的形式参与抗战,用演奏、演唱古典名作和渗透着正义与反抗精神的新作,来抒发爱国情怀。

王守惠(1915—1943),清华大学中文系高才生,昆曲爱好者,"谷音社"成员。1937年毕业后回津任教。他对俞平伯先生渊博的学识一直十分敬重。为了让《木兰从军》剧本能够精益求精,1943年暑假期间,他专程到北平,恳请俞先生帮助修订歌词。数月后,俞平伯将修改稿寄去时,王守惠已病逝于津门。闻此消息,俞平伯怅恨不已,在为《王守惠先生纪念刊》所作序言中,他详谈了自己校阅《木兰从军》剧本的经过以及与王守惠的师生之谊。他说:"余与守惠,郊园共学,知其于文章经籍以外兼精音乐,谷音曲社既立,即约其来游,佳日相逢,寻常视之。今则万事如云烟而守惠之墓行将宿草,栖迟陋巷,重省遗编,见《木兰》一剧犹在焉,诚不胜其叹惋之情。"字里行间充满了对王守惠的追念与惋惜。

此后,张肖虎认为《木兰从军》剧本文字仍显冗长,再次恳请俞先生为之删改。俞平伯亲笔删改的剧本原稿,张肖虎一直珍藏着。歌剧《木兰从军》的音乐也很有特色,既借鉴了欧洲作曲技法,又具有浓郁的民族风格。遗憾的是,限于当时条件未能上演全剧。

(原刊于 2015 年 9 月 15 日《今晚报》副刊)

溥仪买仿官窑瓷器

郭凤岐

末代皇帝溥仪逊位后，从故宫盗出了 210 部宋本珍品和大量珍贵书画和珍本古书。1925 年，逊帝溥仪寓居天津后，将这些珍本图书和珍贵书画，运到天津，变卖了几十件古书和部分书画，其余运往东北，后散失。

因为宫中官窑瓷器不易偷带，原清廷内务府南池子瓷器库存，早已抵押典当、倒卖一空。所以溥仪居住天津张园时，所用瓷器就需要购买。购买官窑瓷器价格昂贵，用民窑瓷器又有失"皇上"身价，溥仪就要侍从购买好的仿官窑瓷器。

这时，天津有一家仿制官窑瓷器的著名商号，就是锅店街的同泰祥。1916 年前后，天津锅店街仲盛公珠宝店的经理李春山，听取好友赵佩斋的指点，让其在银行当会计的弟弟李春生，去景德镇仿制官窑瓷器。赵佩斋是北京古玩商会会长、琉璃厂大观斋古玩铺经理，并向李春生讲述了刘勉之与人合作，成功仿制精美官窑瓷器的秘密。

李春山兄弟商量,从仲盛公珠宝店让出一间门脸,让李春生开细瓷店,字号同泰祥。由此,李春生跑到景德镇拜会刘勉之,先按刘勉之仿的样品搞仿制品,待彼此关系密切后,学到了仿制官窑瓷器技术,双方并商定获利的办法,打通了与各方关系,然后开始成批生产,这与刘勉之仿制官窑瓷器不同。刘求精致,一般仿制一二件。李的仿制虽不及刘的好,但数量大、销路多,很快发了财。

天津是水旱码头,是清室王孙、遗老遗少、下野军阀、富豪大贾麇集之地,仿制官窑瓷器正适应他们的需要。1921年,同泰祥仿官窑瓷器生意兴隆,仲盛公珠宝店让出全部铺面和房屋,迁往东马路,改字号彝古斋。同泰祥的门面大了,房子多了,从江西运来的仿官窑瓷器摆满各处。并在景德镇窑上开了同泰祥瓷庄,李春生窑上有人,镇上有存货瓷庄,瓷器不断从九江口水路运到天津。

1926年,同泰祥的经理陈建侯应张园要求,送去一件仿官窑瓷器餐具"水燉儿"。水燉儿的底部像大盘子,盘子里有圆屉,屉上有盖,两旁有提梁。全部构造都是双层空心,可以灌入开水。瓷水燉儿上绘着青花五爪龙,海水江崖,十分壮丽,器底有"宣统年制"四字楷书款。此器的胎釉和造型、绘画,都很讲究。水燉儿既能盛蒸、煮、燉的菜肴;又是海鲜、鸡、鸭、鱼、肉的餐具;并可放煎、炒、烹、炸的食品。溥仪看着精致的水燉儿,简直可以假乱真,高兴异常。此后的冬季就餐,他就用这个水燉儿保持食物温热可口,不凉不冷,既品尝美味佳肴,又欣赏器具的精美。

1928年,东陵守护大臣到张园向溥仪呈报孙殿英挖掘乾隆、慈禧陵墓的消息,溥仪悲痛欲绝。祖宗的坟被挖,使他受到的刺激比被逐出皇宫还大! 清廷遗老遗少也被惊动激怒,不少人从各地寄来重修陵墓的费用。溥仪在张园摆起灵堂、设立乾隆、慈禧灵牌和香案祭席。

祭奠乾隆、慈禧,要有白瓷祭器,这是老规矩。自明永乐年间,景德镇烧造出白瓷后,明清两代皇家都用白瓷作祭器。雍正仿永乐白瓷最好,道光以后的白瓷质量粗糙,且烧造的器皿越来越少。溥仪紧急派人在天津搜购好的白瓷。

上世纪 20 年代初期,同泰祥曾在景德镇烧造了一批仿永乐甜白瓷,如刻有暗花牡丹、洁白莹润的高足杯、小瓶、小罐、小执壶等,皆为薄胎精巧的小器皿;还烧造了一批仿雍正素白龙凤的成套碟碗,以及较粗的白瓷香炉、腊台、香筒等供器。张园如获至宝,一股脑儿搜罗殆尽。

若干年后,张园从同泰祥购买的仿官窑白瓷器皿,出现在天津、北平的挂货铺和古玩铺里,都说是皇家的东西。至此,仿的,假的,也成了真的。

(刊于 2015 年 10 月 28 日《今晚报》"副刊·津沽"版)

华洋书信馆始末

仇润喜

华洋书信馆是海关试办邮政初期的第一个代办机构，始自1878年7月，至1882年11月被关闭。由于它较近代邮政的第一个机构——天津海关书信馆成立，仅晚4个月时间，又都称作书信馆，早年即将两者混淆。如张焘编著、刻于光绪十年（1884）的《津门杂记》称："华洋书信馆于光绪四年设立，今改为拨驷达信局。"光绪二十四年羊城旧客《津门纪略》沿袭之："光绪四年设华洋书信馆，后改为拨驷达信局。"由日本人编写的《二十世纪初的天津概况》第六章"邮政"项下干脆称："天津邮政总局，原名华洋书信馆。"如此以讹传讹，不知误导了多少研究者与读者。

从上个世纪80年代开始的新一轮编史修志过程中，史志工作者发掘了清代海关大量的原始档案及邮政史料，使这一桩公案得以正其本而清其源：在天津成立的全国第一个邮政机构名叫海关书信馆，于1880年1月改为海关拨驷达局。华洋书信馆只是其代办机构。

事情要从近代邮政诞生说起。

1877 年初,赫德正式向总理衙门建议设立送信官局。总理衙门表示认可,于 1877 年闰五月,在交给总税务司指示应办事务的清单内,列有"通商口岸及就近地方设立送信官局,由总税务司管理之"一项,并就此函商于北洋大臣李鸿章。李鸿章在回函中不仅表示同意,还建议由赫德主持,以天津为中心,在北京、天津等五处海关试办。

1878 年春,赫德因参加巴黎国际博览会等因由,向清政府请假一年。3 月 9 日,他专程到天津拜会李鸿章,并经后者同意,以备忘录形式授权津海关税务司德璀琳,以天津为中心,在北京、天津、烟台、牛庄(营口)、上海五处海关,仿照欧洲办法,试办新式邮政。

德璀琳受命,即成立了近代邮政史上第一个机构——海关书信馆,地点在天津海关大公事房内。1878 年 3 月 23 日,德璀琳率先在天津发布公告:天津海关书信馆对公众开放,收寄华洋公众信件。中国近代邮政由此发端。

紧接着,德璀琳主持开辟邮路,公布邮运时刻及邮政资费表,发行中国第一套邮票——大龙邮票,等等,可谓紧锣密鼓。

1878 年 7 月 20 日,德璀琳致函牛庄海关税务司休士:"目前,我的目的是想把中国公众寄递信件的业务抓到手。为避免使海关因承担这项艰巨工作而负担过重,我与天津的大昌商行达成了协议,让大昌商行在北京、上海和烟台为我们代办这项业务。大昌商行已派姓于的信差到牛庄开办'华洋书信馆',负责收寄和分送中国公众的邮件。"7 月 25 日,德璀琳又致函上海海关税务司赫政,除通报开办华洋书信馆的事项外,并明确"大昌商行将以华洋书信馆的名义办理邮政业务,我已派文案吴焕去监督他们的工作"。9 月

30日,德璀琳在呈赫德的报告中,详细汇报了"开办海关书信馆的代理机构以从事接收分送中国人的邮件"的情况,并认为"他们的工作做得还能令人满意","还没有听到外界对他们有任何指责",等等。

综合上述史料,可以看出,一,华洋书信馆成立之目的,是要"把中国公众寄递信件的业务抓到手",这与赫德多年来奔走呼号,开办送信官局的目标一脉相承,并且是对海关书信馆的一种补充;二,海关书信馆成立伊始,任务艰巨,需要借助外力,发展壮大自己;三,大昌商行网点涵盖试办邮政的五个口岸,并有代办邮政的积极性;四,已派出海关文案吴焕常驻上海,督办此事。五,"官督商办"的华洋书信馆,从7月下旬开办至9月底,运行情况良好。

深层次分析,成立华洋书信馆的原因,主要有:一,近代邮政试办之初,邮件通达地仅为北京、天津、烟台、牛庄(营口)、上海等5个城市及周边地区,服务范围、影响面有限,需要借外力加以拓展;二,大清国无论官员还是百姓,因对由洋人主持开设的海关书信馆大都不了解而持观望态度,邮政业务发展缓慢,需要换由华人主持,以便招揽华人邮递业务;三,与强大的竞争对手——民信局竞争。对这一点,前述德璀琳9月30日呈赫德的报告中,曾直言不讳:"邮费率暂时由该(华洋)书信馆自行规定,以便于和现有的民信局竞争。"

1878年7月24日,在总税务司署支持下,以海关邮政招商合办的"华洋书信馆"创立。总部设于天津,同时在烟台、北京、上海、牛庄(营口)设立分馆,邮件由海关委托商船免费代为运送。

德璀琳与大昌商行总经理刘桂芳约定,"华洋书信馆的开办费用和经费都由它们自行支付";"收到的邮件应分开包装,交由海关连同海关邮件通过轮船或信差免费运送"；"在永久性办法规定之前，试办期间从中国人的邮件所收的邮费全部归该书信馆所有"；"上述各地的华洋书信馆对收到和分送的邮件应备有账册记录"，等等。

天津华洋书信馆旧址在天津三岔河口总督衙门附近。经理邱兰荪，下设会计 1 人、信差 3 人、邮差 1 人、门房 1 人。业务主要是收寄和投送华人邮件，托寄银行汇票及贵重物品。收寄的信件加盖朱红色带有地名的双龙戏珠长方形农历日戳，作为邮资凭证。该馆室内整洁，管理有序，邮件登记薄记得清楚仔细，封发的邮袋或邮封也都装有通知单，"和海关书信馆的办法一样。"

监督华洋书信馆运作的海关文案吴焕，江苏人，候补知县出身。1871 年 7 月进烟台海关任职，1877 年调天津海关，1878 年 5 月被派往上海。虽为德璀琳所派，吴焕却背着德璀琳另搞一套：拟以现设上海的华洋书信馆为总馆，在全国各大中城市普遍设立分馆，办理中国境内所有华洋邮政业务，范围包括中外公私文件、信函、零星包裹、贵重物品、银钱汇兑，等等。1879 年初，他制订《募股章程》，计划募集资金总额为纹银十万两，开设分馆一百所以上。如果他的计划得以实现，发展起来，很可能成为一张由中国人自己经营的全国规模的商办邮政网。显然，这不是代理、代办，而是自成体系，要全面取代海关书信馆。这与赫德、德璀琳等一心一意要"把中国公众寄递信件的业务抓到手"的目标大相径庭。

上海等处的华洋书信馆成立之后，吴焕进一步到南京游说南洋大臣沈葆桢，建议沈在其《募股章程》上亲笔批示，准其在长江流域各口岸普遍设立华洋书信馆。1879 年 2 月，沈葆桢同意了。吴焕又据此要求镇江海关税务司屠迈伦签发文件，向镇江海关监督报请批准在镇江设馆,并声称此举系赫德与德璀琳的计划,已得到李鸿章的批准。屠迈伦信以为真,未经请示总税务司,即将公文连同吴焕所拟《募股章程》签发。镇江海关监督据以呈报沈葆桢,沈即批转长江流域各海关,同意普遍推行。此事经九江海关税务司侯威尔报知赫德,赫德闻讯大怒,立即下令将屠迈伦撤职,并于1879年9月13日解除吴焕的工作,责令其清点华洋书信馆所有账务,赔偿大部分损失,回北京总税务司署报到。

大昌商行经理刘桂芳,德璀琳认为"是一位颇有才干的人,对邮政计划的重要很了解。"但恐经营不力,承办不到一年,旋即退出。

华洋书信馆成立之时,赫德并不在国内。对于华洋书信馆的用人失察,运作偏差,赫德很不满意。为此,他指示德璀琳在海关内部重组邮政机构,重塑邮政形象,加快发展。1880年1月15日,德璀琳发布中文《海关拨驷达局告白》:"兹将各信馆俱归海关税务司自行经理,改为海关拨驷达局,即华语邮政也。专送北京、天津、牛庄、烟台、上海、镇江等口岸来往信件。"公告并公布了邮运班期和邮件资费标准等。

"告白"当日即开始实施。海关书信馆更名为"海关拨驷达局"。拨驷达为英文"POST"(邮政)的译音。"告白"的意义在于:其一,强调海关邮政的集中统一,各书信馆"俱归海关税务司自行经理",与代办机构进行了切割;其二,改为拨驷达局,与书信馆划清了界限,便于消除华洋书信馆的影响。

1880年4月,赫德下令海关拨驷达局与华洋书信馆断绝往来。1882年7月19日,总税务司署总理文案、英人吉德签署致各海关的命令,彻查各口岸设立华洋书信馆的详细情况。10月4日,赫德致函津海关税务司好博逊："我命令你立即采取必要的措施，停闭天津口岸的华洋书信馆"。"如果该馆不照办,你应当在海关大公事房门口张贴中文公告,通知公众,华洋书信馆与海关书信馆不存在任何关系。""中国官方或私人如果想通过海关书信馆寄信,他们可以直接投寄。"10月13日,海关收回了华洋书信馆使用的邮袋、洋文邮戳等,涂掉了华洋书信馆门口牌子上的 POST OFFICE(邮局)字样。同时,在海关人公事房门口张贴中文公告,声明海关书信馆与华洋书信馆不存在任何关系;下令海关登轮值勤人员,如遇有华洋书信馆的邮袋应予查扣。至当年11月底,天津华洋书信馆关闭。

(刊于《天津文史》2015年第1期,第44—45页)

《津门保甲图说》上的妈祖庙

章用秀

妈祖,扶危济困,护海祥瑞,深为渤海之滨、海河之畔的天津民众所仰慕。

笔者翻阅清道光二十六年(1846年)刊印的《津门保甲图说》,发现这部官刻的关于天津海口民防事务的书,虽是反映清朝末年天津地区的海防情况,却也从中获知供奉妈祖的庙堂——娘娘庙在天津的分布和数量,这对于研究天津的妈祖文化和妈祖信仰确是不可多得的历史资料。

《津门保甲图说》有总图、分图,计181帧。经查阅,总共标有妈祖庙19座,并分别绘有每座庙的图形和坐落方位。

《东门外图说第二》标有"天后宫","天后宫"之东标为"袜子胡同",之西标为"宣家胡同"。这里所称"天后宫"即今南开区古文化街上的天后宫。

《东北城角图说》第六,图的东南角的部位标"娘娘庙",庙前有东西向横街,东标"陈家沟",西标"小集"。其北的地方还标有"锦衣卫桥""土地庙"及"税局"等。此庙位于河北区陈家沟子大街今北岸华庭小区所在地。

《西北一带村庄图说》第四,标有"娘娘庙",其东标为"关帝庙",其南为洼地。这里的"娘娘庙"即丁字沽娘娘庙(位于今红桥区)。

《西北一带村庄》第八,标有"娘娘庙",其东标"关帝庙",其西标"药王庙"。北运河对面为"刘家园"。这里指的是今北辰区北仓。

《西北一带村庄》第九,北运河之西,在村子偏北处标有"娘娘庙",附近是洼地,对河标"赵家庄"。这里是北辰区的桃花寺。

《西南一带村庄》第二十二,图中"杨柳青河南东头"偏南标"小刘家庄",小刘家庄之东北方标有"娘娘庙",从图上看,此庙有三层殿阁,周边有围墙、树木。庙当位于今西青区杨柳青镇南运河南的地方。

《东南一带村庄图说》第四,此图在西北角处标有"娘娘庙",其东标"天坛"。又标"北界连皇船坞,西界连马家口"。这座娘娘庙当位于今和平区大沽北路及劝业场附近。

《东南一带村庄图说》第十四,海河以东标"娘娘庙",庙周围为民舍,其北标"贺家口",再北标"小田庄"。文字说明称:"河流至大直沽为一大曲,道随之而转,其交流穿道过石桥束之,贺家口村庄在桥左,大孙庄有挂甲寺——津邑刹宇之最右者。"此图所标"娘娘庙"即今河东区大直沽的天妃宫。

《东南一带村庄图说》第二十六,在海河以北,"崔家马头"的东面标有"娘娘庙",庙东洼地,洼地以东标"顾家庄",海河南标"卢家庄"。有文字说明称:"由詹家庄而东曰崔家马头,其对岸曰卢家庄,河于两村间逶迤而南,溜势颇急。"此图的"娘娘庙"当在今东丽区崔家码头。

《东南一带村庄图说》第二十八,海河南岸,双港的东面标有"娘娘庙",其东南标"高家庄",海河以北标"桃源沽"。这里的"娘娘庙"当在今津南区双港偏东的地方。

《东南一带村庄图说》第三十三,海河的南边、东小庄之西标有"娘娘庙",庙西和庙南均为洼地。有文字说明称:"东小庄之北曰前辛庄,与白塘口相近,中设墩铺,堤穿村而东。"按今之地势,此庙大约在津南区辛庄、白塘口一带。

《东南一带村庄图说》第三十七,在海河以北,"城上庄"的东头标有"娘娘庙",庙东有一棵大树。再往东标为"卧河庄",有道路与"城上庄"相连。其说明称:"城上庄之连曰卧河庄,河流稍平,其对岸为于家庄。"此庙当在今东丽区小东庄南面临近海河的城上村。

《东南一带村庄图说》第四十五,标明在今津南区咸水沽镇中部偏南的地方有一座"娘娘庙",庙东标"东大街",其西北方标"关帝庙"且有一座桥。此图有文字说明称:"桥下引河一道,下抵南乡,水势亦急。其东曰东大街,民舍较西街尤夥。"这是在海河裁湾取直之前的地理状况,但娘娘庙是一直存在的。

《东南一带村庄图说》第四十八,在海河的东南岸标"西倪沽",西倪沽的最东头孤零零的高坡上,标有"娘娘庙"。其中部标有"大佛寺",其西部标有"三官庙",海河上标"渡口"。其文字说明谓:"西倪沽村亦近河村,外设渡口一处。"图上所标"娘娘庙"当在今津南区双桥河镇的西泥沽村。

《东南一带村庄图说》第五十七,在海河以南、葛沽镇西南方向标有"娘娘庙",庙下标有小字曰:"西界连葛沽西白衣巷。"海河北标"宁海县界"。镇内标有多处庙宇、桥梁及"葛沽巡检署""海防同知署"等。有文字说明称:"葛沽一大聚落,海防之内户也。"今属津南区。

《东南一带村庄图说》第六十三,在海河以南的邓善沽标有"娘娘庙",其西南标有"关帝庙",东南标有"菩萨庙",河对岸标为"宁河县界"。这里当属塘沽区(后属滨海新区)的邓善沽。

《南面一带村庄图说》第十六,此图在王家台西标有"娘娘庙",在陈家村东标有"娘娘庙",可知这一图中标两座"娘娘庙"。两村之间为邓家淀。其文字说明称:"王家台之西曰邓家淀,向多积水,今淤为田矣。再西曰陈家村。"这几个村落当属今天的西青区。

《南面一带村庄图说》第二十,门家道口北偏西标有"娘娘庙",门家道口西南为小梨园头,两村隔河相望。其文字说明称:"小梨园头与门家道口中隔一河,庐宇相望,无渡桥。"这座娘娘庙当在今西青区外环线南的门道口。

通过《津门保甲图说》所显示的妈祖庙坐落地点和分布状况的考察和分析,有以下几个问题特别引发我的思考。

其一,古代天津妈祖庙的数量超出以往人们的统计。《津门保甲图》标出的娘娘庙总共有 19 座。而同治九年(1870)刊印的《续天津县志》卷四载:"天后宫(即娘娘庙)十六,东门外,元建,明永乐元年重修,仁宗睿皇帝御制额联,今皇帝御制额,恭纪'天章';陈家沟;丁字沽;咸水沽;贺家口;葛沽;泥沽;东沽;前辛庄;后尖山;秦家庄;城西马庄;河东唐家口;芦北口;城西如意庵南,名天后行宫;大直沽。"其所记东沽,后尖山、秦家庄、城西马庄、河东唐家口、芦北口、城西如意庵的庙,未见《津门保甲图》标出。但《津门保甲图》标出的 19 座妈祖庙中,有 10 座为《续天津县志》所未载,它们是北仓、桃花寺、杨柳青、马家口东、崔家码头、双港、城上村、王家台、陈家村、门道口。两部地方文献对照互补,去掉重复的,加在一起共计26座。

因《津门保甲图说》和《续天津县志》所称天津之范围与现今天津市的行政区划并不相符,另有一些地方当时没有包括进去,故而还应囊括两书所载之外的妈祖庙宇。1996年出版的《塘沽区志》载:"最著名的庙宇是娘娘宫(亦称天妃宫、天后宫),北塘、新河、大沽、邓善沽等地均有此庙。每庙农历三月二十三日(天后诞辰日),热闹非常,称'娘娘会'。"除与前者重复出现的邓善沽庙,又多出北塘、新河、大沽3座。清雍正《畿辅通志》卷四十九载:"天妃祠,在霸州苑家口,一在宝坻,一在新河,一在卢台。"可知宁河县的芦台镇建有天妃祠,宝坻县也建有一座天妃祠。《重辑静海县志》卷二载:"天妃宫在县城西门内迤南。"可知在静海县亦有一座天妃庙。宁河、宝坻、静海的庙加在一起又多出了3座。另据董季群先生《天后宫写真》说:"天津还有闽粤会馆和千福寺两座天后行宫","还有鲜为人知的设在水师营和大沽营里的两座天后神祠"。这样算起来,在天津市范围内,有史可查的妈祖庙总共有过36座,比之前有人统计的27座又多出9座。

其二,天津妈祖庙的分布与河海经济关系密切。从《津门保甲图》来看,天津的妈祖庙多数建在漕运重镇和沿河靠海的地方。位于海河两岸的妈祖庙有邓善沽、葛沽、西泥沽、咸水沽、城上、前辛庄、双港、崔家码头、大直沽等。建于元代的陈家沟子娘娘庙则靠近三岔河口,与东门外敕建天后宫成犄角状,又与大直沽敕建天妃宫遥遥相对,这三座大庙均坐落在漕运、盐业的核心地带。沿南北运河的妈祖庙有杨柳青、丁字沽、北仓、桃花寺等。这些村镇在漕粮运输、储存和转运中的地位同样不可小觑。《津门保甲图说》称:"杨柳青者,西南一巨村也……滨海控道,水陆皆通,街巷村庐阗然成聚";"丁字沽人烟稠密,水陆冲要之区也";"北仓之下曰中仓,前此粮艘曾卸运于此,没仓厫一区,民舍填集";"桃花寺,河曲之巨村也。"这些都说明,妈祖崇拜随漕运传到天津,河海经济催发了妈祖信仰,天津的妈祖文化是建立在天津地区的空间地缘和经济基础之上的。

其三,妈祖文化已深深植根于古代天津人的生活。《津门保甲图说》载:"下郭家庄之对岸曰咸水沽,《畿辅通志》云:"咸水沽在县东南六十里,即古之豆子卤亢也。"《隋书》谓其'地形深阻'。《地理通释》云:'斥卤广数十里,宋时置戍守於此。'……其村庐舍填集。"查咸水沽娘娘庙则分为正殿、东殿、西殿、后殿。正殿供奉天后圣母,旁边祀送生娘娘和眼光娘娘,另祀痘哥哥。东配殿祀王三奶奶,其侧有药王爷。仅从内部设置即可看出,这座庙与津沽其他此类庙宇一样,已不再具有海上遇险"娘娘来救"的单一功能,还包涵有更多老百姓日常生活的种种祈愿。《津门保甲图说》载:"大直沽受群川之流,按《方舆纪要》云,地势平衍,群流涨溢,茫无涯涘,故有大直沽之名。今则旁多淤田,民庐交错矣"。当年大直沽天妃宫香火甚盛,除了过往商贾、船民在此祈祷航运平安,更体现出一种民俗文化。民俗学者梁广中先生自幼生长在大直沽。他曾对我讲:"每年农历五月初一至初五,天妃宫有祭祀天妃的庆典活动,四乡八镇的人们纷至沓来,大都是求福、求寿、求子、求财、占卜的,其中以老幼妇孺居多。大小车辆排满在河东田庄至小孙庄一带。一时商贩云集,万货杂陈。"而双港的娘娘庙,庙前有四亩地之大的庙场,旧历四月十八至二十八是正式庙会,据说连村里嫁到城里或外村的闺女们,这几天也都回娘家逛庙会。妈祖信仰已渐渐衍化为民俗活动。

《津门保甲图》还标有王家台、陈家村、门道口三座娘娘庙,这三座庙均未见其他文献记载,也从未听人提起过,所在村落为旧时南大洼一带(属现西青区、津南区的一部分)。这里距海河、运河较远,地势低洼,居民生活贫困,村庄多建在土台之上,且时有土匪出没。早年间流传一句话:"过了南大洼,还有北大桥,人过要留财,雁过要拔毛,丈夫不在家,女人也不饶。"此地既无漕运又无盐业,却也修起了妈祖庙,可见人们更多的是以此来祈求平安幸福,而并非航海安全。实际上,妈祖在人们心目中已然成了地方保护神、万能之神、去灾赐福之神,成了有苦有难的平民百姓的精神寄托。这正是妈祖信仰的内涵与延伸。

(刊于《天津妈祖文化研讨会论文集》,2015 年印行)

天津日租界街名沧桑

谭汝为

从 1840 年起,西方列强通过一系列侵略战争,强迫清政府签订了大量不平等条约。通过这些条约,列强在中国众多城市设立租界,使中国逐渐沦为半殖民地。天津是世界上租界最多的城市,先后有英、法、美、德、日、俄、意、奥、比九国列强在此设立租界。租界区域的开辟,使天津城的中心区,以海河为轴线迅速向东南方向拉长了约五公里,大体上奠定了当代天津城区的发展格局。在天津租界区内,各国当局各自为政,分别建造房屋,铺设街道,进行规划建设。其中,日租界设立后,街道的命名,及二战结束后中国政府收回租界,对其街道重新命名,都很有特点。

一、开设日租界的历史背景

1868 年,日本通过明治维新,脱亚入欧,国力日渐强盛。1887年,日本参谋本部制定"清国征讨策略",以此为基础逐渐演化成以侵略中国为中心的"大陆政策"：第一步攻占台湾，第二步吞并朝鲜，第三步进军满蒙，第四步灭亡中国，第五步征服亚洲，称霸世界，显示出狂妄无忌的勃勃野心。

1894 年，日本悍然发动甲午战争，成为实现其"大陆政策"前两个步骤的重要环节。1895 年，清政府与日本签订《马关条约》，日本取得割让中国领土台湾和辽东半岛以及巨额赔款的利益。签约 6 天后，俄、法、德三国干涉，迫使日本宣布放弃辽东半岛，但要中国以白银 3000 万两将其"赎回"。日本勒索中国巨额赔款达白银两亿三千万两。

甲午战争失败，标志着清朝历时三十余年的洋务运动彻底失败，打破了近代以来中国人民对民族复兴的追求。割地赔款，主权沦丧，掀起列强瓜分狂潮，大大加深了中国的半殖民地化。天津日租界就是在这种历史背景下设立的。

二、日租界的设立与扩充

1896 年，中日两国政府签订《公立文凭》，第一款规定：在各个通商口岸，应"专为日本商民妥定租界"；第三款规定：中国政府允准，"一经日本政府咨请，即咨上海、天津、厦门、汉口等处，设日本专管租界"。日本公使矢野文雄与北洋大臣兼直隶总督王文韶就日本在天津设立租界之事，前后交涉两年多，遂于 1898 年 8 月，天津海关道李岷琛、天津道任之骅与日本驻津领事签订了《天津日本租界条款》和《另立文凭》，前者规定了日租界的范围，后者规定了日本预备租界的范围，使日本成为唯一在中国设有租界的亚洲国家。另据"续立条款"最后一条，"现定租界内日本设立巡捕房，管理界内一切警察事宜"，从而使日本成为在中国租界里取得"警察权"的第一个国家。其他在中国设有租界的列强，纷纷效仿日本所开恶例，也都取得这一特权，使中国主权再度严重受损。

1900年，在义和团事变后，英法扩充天津租界，德、意等国在天津新开租界，日本也乘势而上，大力扩充租界。根据中日双方议定的条款，日租界西南的海光寺虽然在八国联军之役被日军占领，但不属日租界范围；只因《辛丑条约》日本取得了在华的驻军权，海光寺才成为日本驻屯军的司令部，但日本人却将海光寺一带视同日租界。九一八事变后，日本在华北地区大肆增兵，擅自越过墙子河，修建日本军官宿舍。天津沦陷后，日本更是为所欲为，到20世纪40年代，日本竟在海光寺附近的墙子河以西修建起西浪速街(今四平道)、西宫岛街(今鞍山道)和西伏见街(今万全道)等三条街道，并划分为两个街区，设立了区事务所、共立医院、宫岛高等女校、淡路国民学校分校等，使这里也成为了日租界的一部分。

天津日租界的四至范围：东临海河；东南面起自今锦州道，与法租界接壤，向西南至墙子河(今南京路)，再向西沿河为界，至海光寺；北面起自闸口，沿今和平路向南，至多伦道再向西抵南门外大街，再向南折至海光寺，总计占地2157亩。日本租界整体上处于天津城东南、紫竹林租界西北地区。日租界和法、英、美、德租界一字排开，拥有濒临海河泊船航运的优势，而且是九国租界里最靠近中国政府管界的区位。

三、日租界的道路命名

1902年，日租界精心修筑三条边界道路：临近海河的山口街

(今张自忠路)、与华市分界的福岛街(今多伦道)、与法租界分界的秋山街(今锦州道)。这三条主干道路分别以驻军天津的三位日本司令长官——第五师团长官山口素臣中将、临时派遣队司令福岛安正少将、天津驻屯军司令官秋山好古少将的姓氏命名。今热河路,当时叫小松街,1904年修筑,用东京建物株式会社天津支店首任店长小松林藏的姓氏命名,以纪念他在开发日租界市政建设上的功绩。"福岛"和"小松",既是日本姓氏,亦为日本地名——福岛县和石川县小松市。因此,福岛街和小松街,也可视为用地名命名的街道。

日租界当局最初的布局设想是:在曙街、寿街、旭街和荣街(即与海河平行的今嫩江路、兴安路、和平路、新华路的多伦道至锦州道段)两侧布满商家,形成日租界的中心商区。1906年之后,天津有轨电车的通车,推动旭街(今和平路)一枝独秀地走向繁荣。此时,荣街商业尚未启动,而寿街、曙街的商业却日渐冷落。于是,日本租界也逐渐以旭街为轴发展起来。

1913年出版的《天津案内》:"日租界中最为繁华的是旭街,各种中外店铺鳞次栉比,电车、人马往来络绎不绝,是为日租界中的银座街。寿街和旭街相差不多,特别是日本人的各种商店林立,和宫岛街同为租界中的另一繁荣区域;曙街多是日本料理店、旅馆等,昼夜弦声不绝。"日租界商业繁华鼎盛的标志是:1926年,位于旭街(今和平路)与福岛街(今多伦道)交会处的大型商场——中原公司建成开业。

当年天津父老,看到或听到日租界松岛街(今哈密道)、吉野街(今察哈尔路)、扶桑街(今荣吉大街)、桥立街(今福安大街)、浪速街(今四平东道)等街名,很容易联想到甲午海战日本战舰的名

字——松岛号（旗舰4278吨）、吉野号（4216吨）、扶桑号（3777
吨）、桥立号（4278吨）、浪速号（3709吨）等。因为在甲午海战中,北
洋水师致远（2300吨）、经远号（2900吨）、超勇号（1350吨）、扬威号
（1350吨）、广甲号（1296吨）5艘战舰就是被由吉野、浪速等4艘高
射速、高航速的新式快舰组成的日方第一游击队击沉或重创沉没
的。日本当局以其战舰命名天津租界街名,隐含狂妄炫耀武功的威
慑之意。

天津各国租界的路名都昭示出强烈的异国文化色彩,但天津
日租界给人印象最深的是以单字命名的几条街道,如旭街(今和平
路,多伦道至锦州道段)、曙街(今嫩江路,多伦道至锦州道段)、寿
街(今兴安路,多伦道至锦州道段)、荣街(今新华路,多伦道至锦州
道段)、橘街(今蒙古路)等。人们认为曙街与旭街含义相近,皆为黎
明之意;其实,日本樱花别名曙草,曙街之"曙"是樱花的意思。

天津日租界的多数街道,以日本本土地名命名。松岛、宫岛和
桥立,三处胜地并称"日本三景"。日租界早期街道就以其命名——
松岛街(今哈密道),以宫城县松岛镇命名;宫岛街(今鞍山道),以
广岛县宫岛命名;桥立街(今福安大街),以京都府北部的天桥立景
区命名。

日租界的南北向街道——今南京路（锦州道至南门外大街
段),当时叫住吉街,以大阪住吉区命名。今西藏路,当时叫兴津街,
以静冈市兴津命名。今新疆路,当时叫三岛街,以静冈县三岛命名。
今青海路,当时叫加茂街,以新潟县加茂市命名。今甘肃路,当时叫
淡路街,以兵库县淡路市命名。今陕西路(多伦道至锦州道段),当
时叫须磨街,以兵库县须磨海滨命名。今山西路(多伦道至锦州道
段),当时叫明石街,以兵库县明石市命名。今察哈尔路,当时叫吉

野街,以奈良县吉野市命名。今河南路(多伦道至锦州道段),当时叫春日街,源自爱知县地名春日井及奈良县奈良公园内的春日神社。今辽宁路(多伦道至锦州道段),当时叫常盘街,以福岛县常盘市命名。今林西路(鞍山道至锦州道段),当时叫香取街,以千叶县香取郡命名。

日租界的东西向街道——今沈阳道,当时叫蓬莱街,以山口县蓬莱山命名。今哈密道,当时叫松岛街,以宫城县松岛镇命名。今四平东道,当时叫浪速街,以大阪市旧称命名。今佳木斯道,当时叫吾妻街,以福岛县吾妻山命名。今万全道,当时叫伏见街,以京都市伏见区命名。今包头道,当时叫桃山街,以大阪府和泉市桃山地名命名。

总之,天津日租界这些带有典型日本风格和浓重殖民色彩的街名,成为日本当局显示本国国威的象征。

四、日租界的风云变幻

和美英法等列强相比,日本在中国的租界开辟较晚,但它取得了在中国13个通商口岸开辟租界的特权,其数量超过法国,仅次于英国,名列第二。在中国第一次国内革命战争之后,由于一批英租界被中国政府收回,此时日租界的数量超过英国,名列第一。虽然日本取得在中国众多通商口岸设立租界的特权,但限于其国力,真正实施开辟的日租界只有天津、汉口、重庆、苏州、杭州五处。实际上除面积最大、最为繁荣的天津日租界外,其他四处租界从未得到很大发展。由于天津地理位置优越,距日本海上距离最近,在日本蓄谋灭亡中国的阴谋中,天津成为最便捷的跳板和桥头堡,日本当局对天津日租界的经营可谓不遗余力。

1937年7月，日本发动全面侵华战争。7月29日天津沦陷。1940年汪伪政权成立，与日本签订《中日基本条约》，虽然规定了"交还"日本在中国的租界，但同时又规定，中国"应开发全领域，使日本国臣民，得居住营业"，这无异于宣布，被日本占领的半个中国全都成了日本的"租界"。日本当局还导演了一出所谓"交还"租界的丑剧。1943年1月9日，日本和汪伪政权签订《日华关于交还租界及撤废治外法权之协定》。3月30日举行了日租界"交还仪式"，由日本驻津总领事和居留民团团长作为日方代表，将日租界"交给"汪伪政权代表。表面上日租界原行政机构不复存在，其实日租界仍掌控在居留民团团长手中，局面无任何实质性变化。其后，天津日租界改称"兴亚第一区"。

日租界地区留存着的不少重要的历史住宅，如末代皇帝溥仪居住过的静园（鞍山道70号）、孙中山在天津居住过的张园（鞍山道67号）、北洋执政段祺瑞旧居（鞍山道52号）、北洋外交总长曹汝霖旧居（山西路108号）、西北军名将鹿钟麟旧居（山西路53号）、日本大和学堂旧址（鞍山道85号）、日本武德殿旧址（南京路228号）等。如今的张园和静园经过修葺，风采依然，既是洋楼建筑的典范，也是历史风云的见证。

五、收回租界，道路重新命名

1945年8月，日本投降，第二次世界大战结束，中国政府正式接管日租界，并将其所有路名一律重新命名。例如将福岛街改名为多伦道，将吉野街改名为察哈尔路。察哈尔东部重镇——多伦，是长城口外的商业中心和军事要地，曾一度被日军占领。1933 年 7 月，在吉鸿昌将军指挥下，抗日同盟军经 5 天激战，一举夺回多伦，将日本侵略军赶出了察哈尔，保证了长城一线战事的基本稳定。以著名的抗日前哨的地名——察哈尔和多伦，命名原日租界的街名，体现了天津百姓庆贺抗战胜利的民族自豪感。

再如将山口街改名为张自忠路。湖北襄阳，是曾任天津市长的张自忠将军率部与日寇决战的战场。1940 年 5 月，日军为控制长江水上交通线，调集 15 万精锐部队发起了攻占枣阳、襄阳、宜昌等地的枣宜会战。身为集团军总司令的张自忠毅然率部东渡襄河，抗击来犯之敌，他身中数弹，战死于十里长山。张自忠部截敌后路并阻敌西进，彻底粉碎了日军进攻襄阳、威胁老河口的企图，使整个战局转危为安。北京、天津、武汉等大城市都有张自忠路，以示对这位抗日英烈的纪念。

正如习近平总书记所强调的："中国人民对战争带来的苦难有着刻骨铭心的记忆，对和平有着孜孜不倦的追求。纵观世界历史，依靠武力对外侵略扩张最终都是要失败的。这是历史规律。中国将坚定不移走和平发展道路，并且希望世界各国共同走和平发展道路，让和平的阳光永远普照人类生活的星球。"

（刊于《天津社会主义学院学报》，2015 年第 3 期，第 51—53 页）

曹雪芹著书黄叶村

韩吉辰

　　乾隆十九年(1754)《红楼梦》甲戌本出现,作者曹雪芹三个字凭空闪亮登场! 这是一个极其大胆的行动,作者终于认祖归宗了! 与此同时,水西庄中大名鼎鼎的陆宗蔡(染香)却人间蒸发一般,无影无踪。难道曹雪芹就是在水西庄避难的陆染香吗? 果真如此,那可真是红学界的新发现、大发现啊! 作者曹雪芹似乎十分珍惜留恋十几年水西庄酸甜苦辣的生活,因此在书中,在不违反"真事隐"原则下,将水西庄轩馆名称(比如藕香榭、秋白斋)、白雪红梅、菊花诗社、孝贤皇后驻跸……一一隐写入书中。为了能使后人"解其中味",作者曹雪芹更加大胆地将自己最珍惜、使用时间最长的号"染香"深深隐藏在书中,这就是大观园首位景点"沁芳"! 这些在《红楼梦》文本中写的十分清晰,"谁解其中味?"就需要认真深刻理解文本的含义,探索作者的良苦用心。除了这些以外,最有说服力的证据即是"著书黄叶村"。黄叶村真正作为村名的,只有水西庄不远处、北运河畔的"西沽"! 史料明确记载"西沽旧名黄叶村",白纸黑字且非孤证,这是确凿的、唯一的。下面我们简单来梳理一下《红楼梦》诞生的过程,分析一下这部伟大的作品产生的时代背景以及诞生的地点。

《红楼梦》写作背景

人们常说《红楼梦》是康乾盛世的产物。需要指出的是:运河名园水西庄也是康乾盛世的产物,这是一个重要的背景,是同时代的。清王朝为什么到乾隆以后就"由盛而衰"?作者曹雪芹也在四大家族的"由盛而衰"探讨了其中深刻的原因。我们知道清王朝在强化集权统治中深深激化了各种矛盾,表面繁华似锦内部动荡不安。官场的腐朽日益严重,一些官吏贪污成风、买官卖官。统治阶级内部争权夺势的矛盾加剧,曹雪芹父亲曹頫就是因跟皇室派别斗争有牵连被罢官抄家,从此家势大衰一蹶不振。清王朝还长时间大兴文字狱,严酷压制知识分子的反清思想,冤狱丛生。一代文豪曹雪芹就生活在这样的时代大背景之中,在自己家庭大起大落之后,经历了生活的重大挫折,在大观园般的水西庄中隐姓埋名避难十几年,深感人生冷暖、世态炎凉,对封建社会有了更清醒、更深刻的认识,大彻大悟感悟人生写出世界名著《红楼梦(石头记)》。

《红楼梦》的确是一部伟大的现实主义作品,形象的、全方位地反映了封建社会的各阶层生活,但是后人有的评价往往过于拔高。比如有的评论《红楼梦》是一部作者"反封建"作品,主人公贾宝玉举起"追求个人解放"的大旗,甚至有资本主义民主思想的萌芽。笔者认为实在拔高了作者的思想水平,曹雪芹并没有那么高的"超前意识",在康乾盛世就能够预言封建社会即将没落。笔者认为曹雪芹是封建社会中的一个"愤青"，亲历了家道急剧没落的变化，包括对于水西庄查家急剧败落的所见所闻，开始孕育着"醉余奋扫如椽笔，写出胸中魂礧时"的宏大意愿。最后有感而发，利用他那生花之笔写出世界名著《红楼梦（石头记）》，只是客观上反映了封建社会的腐朽没落以及人间美好纯真的爱情亲情。和作者坎坷人生一样，《红楼梦》的成书过程是曲折漫长的，曹雪芹后半生一直在苦苦经营着，最后还是没有完成，只完成了前八十回。写作的时间呢？一般认为是乾隆九年至乾隆十九年甲戌本出现，有诗为证："字字看来皆是血，十年辛苦不寻常。"

曹雪芹著书还有一个特殊的背景，就是作者赶上了乾隆皇帝和皇后驻跸水西庄。我们知道乾隆皇帝即位时，年仅二十五岁，头脑清晰，身体康健，具有雄才大略。一改雍正皇帝的"暴君"高压政策，采取了比较灵活的"怀柔"政策，对于雍正皇帝夺取帝位时深受打击的皇族弟兄，大多采取恢复名誉等温情政策。另外乾隆皇帝以"帝王之尊"，多次驻跸一个盐商的私家园林水西庄，自有其深刻的社会原因，就是"盐商"问题。原来"盐商"经济具有一定的垄断性，盐商们通过各种手段积累了巨额钱财，甚至构成了对地方和中央财政的威胁。历代统治者都十分重视"盐商"经济，康熙和雍正皇帝都采取"高压"政策，但是这些"高压"政策非但没有解决盐商问题，反而加重了各种复杂的矛盾。乾隆皇帝对于"盐商"政策进行调整，与盐商的代表人物直接对话，达成朝廷与盐商都能接受的方案：即盐商拿出巨额钱财自动交与朝廷，换来若干特权和保护，这样盐商成为一个特殊的阶层：既有一定的政治地位又有一定的经济地位。在这种社会背景下，乾隆皇帝四次驻跸水西庄，就具有特殊的现实意义了。

乾隆皇帝携孝贤皇后第一次驻跸水西庄是在乾隆十三年(1748)冬末,这时水西庄正是鼎盛时期,而笔者认为曹雪芹以"染香"的名号正在水西庄避难,完全有机会全方位观察到这些极其难得的素材,他是目光敏锐悟性极高的有心人,在水西庄能够看到什么呢? 一是极其豪华威风的皇家仪仗礼节;二是水西庄主人接待皇帝皇后时的火树银花豪华景象;三是可怜的孝贤皇后(刚刚又死去一个儿子)与亲人见面时那哭声连连的悲惨场面。这些极其宝贵的素材经过曹雪芹文学加工升华,在描述"元妃省亲"时写的细致入微,使读者如临其境,感人至深,是很成功的文学创作。

《红楼梦》诞生地点

依据运河水西庄研究的史料,我们将《红楼梦》诞生的前前后后简单梳理一下。尝试提出一些新的观点,对于《红楼梦》作者的研究可能是有一定推动作用的。乾隆九年前后,曹雪芹(也就是笔者考证出来的孤儿染香,当时还不叫曹雪芹)开始酝酿构思撰写《红楼梦》,这时尚在大观园般的水西庄隐姓埋名避难居住,衣食无忧,史料丰富,且有一个安静幽雅的写作环境便于文学创作,尤其是创作一部长篇巨著需要有一个相对稳定的环境,这样才能避免各种干扰。

乾隆十三年冬末,乾隆皇帝、皇后来到水西庄驻跸,曹雪芹(就是避难的孤儿染香)亲眼目睹整个皇室活动的盛大仪式,听到"悲剧皇后"凄凄惨惨的哭声。之前宁郡王弘晈(怡亲王弘晓之兄)来水西庄,似应与曹雪芹(就是避难的染香)相见。紧接着三十六岁的孝贤皇后暴死运河,轰动全国、震惊朝野。

乾隆十五年,水西庄正式被定为"皇帝行宫"(因为乾隆皇帝在乾隆十六年要进行南巡),原来住在园中的闲杂人员曹雪芹(染香)被迫离开水西庄,来到不远处西沽(黄叶村)居住,继续写作《红楼梦(石头记)》,从此染香子这个名字断然销声匿迹,不再出现。天上掉下个曹雪芹,以这个新名字开始登场,来往于天津、北京,进入社会结交新朋友敦诚、敦敏。

乾隆十九年(甲戌)《脂砚斋重评石头记》初有清抄定本。这是最早存世的版本"甲戌本",既然是"重评",我们可以认为《脂砚斋初评石头记》应该是在此前一年即乾隆十八年,这个初评版本没有传世。曹雪芹三字出现在书中正文,将"染香"隐藏在书中最重要的景点"沁芳"之中。

乾隆二十一年(丙子)脂批于第七十五回前记云:"乾隆二十一年丙子五月初七日对清。缺中秋诗,俟雪芹。"是为当时书稿进度情况,脂砚斋也找不到曹雪芹。那么作者本人曹雪芹这时在哪里? 在干什么呢? 笔者认为曹雪芹认祖归宗自以为天衣无缝,实际上酒后失言惹来大祸,开始东躲西藏,在四处躲避官府的追查。最初罪名为"来历不明",接着罪名升级为"犯官之后、潜逃罪犯"。

乾隆二十二年(丁丑)友人敦诚有《寄怀曹雪芹》诗。回顾右翼宗学夜话,相劝勿作富家食客,"不如著书黄叶村"。这个信息很重要,说明在这之前曹雪芹尚在"黄叶村"居住写书。(请注意:著书"黄叶村"这一地点应该是曹雪芹自己向朋友敦诚介绍的。现在有的研究文章擅自改为"黄叶山村",是极为不妥的,一字之差谬之千里。)

乾隆二十三年(戊寅)友人敦敏咏及雪芹,这期间曹雪芹沿运河来往于天津、北京之间,寻求新朋旧友的支持。敦敏的《瓶湖懋斋记盛》记载乾隆二十三年曹雪芹个人曾在北京西山白家疃一带暂住(并没有带家属),这里有怡亲王允祥的祠堂,比较安全。

乾隆二十四年(乙卯)今存"乙卯本"《石头记》抄本,始有"脂砚"批语纪年。这个珍贵的版本经过考证是怡亲王弘晓组织抄写的。

乾隆二十五年(庚辰)外出一段时间后来到北京。今存"庚辰本"《石头记》,是"脂砚斋四阅评过"。友人诗每言"秦淮旧梦人犹在","废官颓楼梦旧家",似乎隐指《红楼梦》写作。

乾隆二十六年(辛巳)曹雪芹举家被迫到北京西山键锐营"管制"居住,外出探亲访友时需要向有关部门告假。结识了一位新朋友张宜泉。敦诚、敦敏及张宜泉诗形象写出小山村实景以及曹雪芹落魄的生活。

乾隆二十七年(壬午)敦敏有《佩刀质酒歌》记曹雪芹深秋来访共饮情况。脂批"壬午重阳"有"索书甚迫"之语。重阳后亦不复见批语,当有故事。这年最重要的一件事是曹雪芹除夕去世,甲戌本《脂砚斋重评石头记》第一回有批语曰:壬午除夕,书未成,芹为泪尽而逝。……甲午八月泪笔。

根据这些史料的初步分析,曹雪芹的足迹是比较清晰的,来往于天津、北京之间,沿着南北运河十分方便。那么在这期间《红楼梦(石头记)》初稿已经大部分完成,脂砚斋正在紧张帮助修订、删改和批注之中。如果此说可以成立,是不是可以这样说:《红楼梦(石头记)》的诞生地点应该是运河水西庄及运河黄叶村(西沽)? 当然这仅是笔者一家之说,尚不成熟还需要大家共同探索。

西沽旧名黄叶村

西沽历史悠久,是津门七十二沽之一,因地处沽水(今北运河)之西故名。南北大运河开通后, 西沽一带成为南北漕运的水路要道,设有码头,居民世代多为依靠水运、码头货栈或捕鱼种菜务农为生。清乾隆时期,西沽村已然发展成为了仅次于天津老城厢的居民生活区,商铺林立、船只往来,商业繁华的景象。不少达官贵人也选择安家于此地,而西沽一带的桃花堤,也从自然景观演变成具有地方特点的人文景观。西沽名声大振,还是因为康熙、乾隆皇帝于此留下诗词。原来清代西沽已形成的桃柳景观,文人墨客咏吟频出不辍。清康熙四十七年(1708)康熙帝南巡江浙,曾途经于此,留下著名《点降唇》词一首。

更引人瞩目的是:西沽在历史上曾经又名"黄叶村"。清朝天津文人李庆辰著《醉茶志怪》,明确记载:"西沽旧名黄叶村,老人犹有知者,近日莫传也。道光年间有乩仙诗云:'僧归黄叶村中寺,人唤斜阳渡口船。'自注云:'黄叶村即西沽'。"

这则史料很重要,明确写出西沽又名黄叶村,白纸黑字而且不是"孤证",请看另一则史料。清朝乾隆时期著名诗人查曦(也

是查为仁的朋友)在天津生活多年,写有大量诗篇,其中就有一首《东沽野酌》,诗曰:

"黄叶村(即西沽)前带酒歌,夕阳欲落晚风多。人家两岸临秋水,坐看牛羊乱渡河。"

东沽盖对西沽而称,二沽相连,都在北运河畔,一个秋天的傍晚诗人在东沽村前野酌,恰看到西沽(黄叶村)的景象。

从地理位置上看,就是今天天津的窑洼地区。

天津百花出版社近期出版新书《黄叶村的故事》(张泉芬主编),对于"黄叶村的来历"、"黄叶村的得名"进行了详细考证,主要搜集了民间的大量口碑资料,有一定的史料价值。现摘录两段:

……那么人们不禁要问:西沽黄叶村是怎么儿个来头?说法可多了,在此略谈一二。其一:秋风落叶说。听老人们讲,自古以来,西沽这一带土肥水美,是一"树木丛生,百草丰茂"的好地方。树多、草多,到了秋天落叶自然就特别多,由此得名"黄叶子村"。到了宋、辽对峙的年代,西沽"黄叶子村"才定名黄叶村。后来,随着津门七十二沽的名声越来越大,特别是西沽漕运的发展与繁荣,黄叶村这一地名才被西沽村所替代,难怪人们只知道天津有个西沽,不知道西沽曾叫黄叶村了。

……传说北宋时期,有黄、叶二姓家族,分别来自长江以南、黄河以北。黄、叶二姓人家沿大运河北上,选择了在土肥水美的西沽一带定居,当时也没有个村名儿,两家人便自称为黄家村、叶家村。人越来越多,村子越来越大,竟连成了一片,于是成了一个大村庄。毕竟一个村庄不能叫两个名字,也就成了黄叶村。

西沽又名"黄叶村",这是有史料明确记载的。人们立刻想起:乾隆年间敦诚寄怀曹雪芹的诗:"残杯冷炙有

今天津西沽黄叶村实景图片

德色,不如著书黄叶村。""著书黄叶村"就是写作《红楼梦》啊!难道这里真与曹雪芹有关? 西沽距离南运河的查氏水西庄不远,西沽有一条著名的盐店街,距今有近 300 年历史,在乾隆年间逐渐形成,这条以盐店命名的街道贯穿了西沽村的重要区域,形成西沽的商业中心。当时天津盐商中以水西庄查家最为兴旺,理应与盐店有关,查家在西沽置有房产。这里还有一条古老的"曹家胡同",结合"曹雪芹避难水西庄"的口碑以及"水西庄与大观园的关联",这就十分耐人寻味。难道曹雪芹(笔者认为应该就是水西庄中避难的孤儿染香)在乾隆十五年被迫离开水西庄以后,真的来到西沽(黄叶村)继续写作修改《红楼梦(石头记)》吗? 这可是广大读者和红学家极为关注的课题啊!

著名红学家周汝昌先生非常感兴趣,曾经以《西沽黄叶村》为题写道:"西连丁字落津门,谁识曾名黄叶村? 也是春芳与秋丽,宋辽遗迹此间存。"周汝昌先生并专门写文章:"怪哉妙哉。中华大地,别处还未听说真有黄叶村(只是诗人虚拟之名),而偏偏天津西沽叫黄叶村。何其巧也。又何其耐人寻味也。"

还应该提及的是:在西沽地区关于曹雪芹的口碑传说一直没有间断,虽然每次出现的传说都没有什么确切史料或文字族谱根据,但还是引起人们的关注。在天津除了西沽地区,还没有其他地方有这样的传说,这种现象应该进一步深入研究。

"曹雪芹"的由来

一代文豪曹雪芹是中华民族的骄傲,对于他的研究一直没有停止过,但是至今为止他的很多基本信息并没有搞清,比如"雪芹"是他的一个号,"以号扬名"。那么这个号是如何取的?是什么含义?就是一个引人入胜的课题,很多红学家花费大量时间研究"雪芹"这个号的由来。周汝昌先生下了很大力气研究,取得一些成果。

初版《红楼梦新证》里解释"雪芹"二字说:"怕是从苏辙《新春》诗'园父初挑雪底芹'取来的。"后来在1964年出版的《曹雪芹》一书里,他又加了"或范成大的'玉雪芹芽拔薤长'的诗句。"1976年周汝昌的《红楼梦新证》增订本时,他在范成大的《田园》绝句下面又加了一个括弧说:"参看苏轼《东坡八首》之三:'泥芹有宿根,一寸磋独在;雪芽何时动,春鸠行可脍。'""曹雪芹的父辈把他取名霑,自然意味着霑了甘霖雨露之惠,也可能有霑了'皇恩'或'天恩祖德'之意。他取的字,应该是'芹圃',有'泮水、采芹'希望中科举、得功名之意。所以这名和字意义实相关联。曹雪芹在他"芹圃"一字的基础上取号"雪芹",应该是从东坡诗里的"泥芹""雪芽"取义。《东坡八首》。东坡的"泥芹"之泥固然是污浊的,但它的"雪芽"却是出于污泥而不染。"雪芹"二字含有洁白、清苦和耐冷的意思。有关曹雪芹这个号的探索还有很多文章,主要思路都是在唐诗宋词中去寻找来源,唐诗宋词浩如烟海,极其费时费力,结果也很难有一致的意见。

经过对水西庄史料的长期研究,笔者却有了一些全新的看法,提出供大家评议。笔者考证曹雪芹这个名字(号)出现在乾隆十五年被迫离开水西庄以后,这时他已经中年,来到西沽黄叶村,写作任务十分繁重,时间非常宝贵,因此为了取一个"号"还能够如此费心费力吗?浩如烟海的唐诗宋词即使作者可以查找,但这个时候作者已经离开水西庄,没有大量查找史料的方便了,那时还没有公共图书馆，只有私家藏书，借阅需要主人同意。所以笔者认为"雪芹"这个号与其说是从浩如烟海的唐诗宋词寻找，还不如在作者身边寻找，应该是与作者生活环境极近的人名有关，随手拈来，这就简单多了。

曹雪芹是在他"芹圃"一字的基础上取号"雪芹"，这已经是红学界的共识。所以先要分析"芹圃"、"芹溪"的由来与含义。这个重要的"芹"字怎么来的？笔者认为："芹"字不是由什么遥远的唐诗宋词中引来，而是从"莲"字自谦而来，查为仁号"莲坡"，使用这个号时间最长，别人尊称"莲坡老人"，他的重要诗文集名叫《莲坡诗话》。曹雪芹（笔者考证认为就是孤儿染香）在水西庄避难十几年，全靠查为仁（莲坡）的全力安排呵护。著名文人吴廷华曾以"染香子"为题写道："得子极珍赏，勉使就师资。"就是说查为仁兄弟在"苏州孤儿"最困难无助的时候收留了他，并且精心培养，对这个孤儿无微不至的呵护，最终使孤儿（染香）成为一颗熠熠发光的文学巨星，查为仁（莲坡）不愧是发现千里马的"伯乐"！染香子内心是十分感激的。

在乾隆十四年六月查为仁（莲坡）去世后，染香发誓一定要永远铭记这位恩师，恩师号"莲坡"，自己就取号"芹圃"（前一字是实字，后一个字是虚字）。我们知道"采莲""采芹"都是古代经典《诗经》中的诗句：《诗经·采莲》中有句"逝将采莲，爱巢共建。爱莲爱莲，谁解我情。"另有"思乐泮水，薄采其芹"。古代文士以"采莲"为雅事，而"采芹"则是读书人的特权，说是古人中了秀才，到孔庙祭拜时，都要到庙旁的泮池采一枝清香柔韧的水芹插在帽上，比那插金戴银的富豪们自豪多了，万般皆下品，唯有读书高。这是说"采芹"要比"采莲"自谦一些，符合染香子取号的心理。这样我们可以知道:是"莲坡"造就了"芹圃"的产生。"芹溪"则是顺理成章的,那是由于"莲坡居士"引发了"芹溪居士"(音调抑扬顿挫更为和谐),他们都是深深信奉佛教的"居家处士"啊。

另外,曹雪芹(笔者认为应该就是水西庄中的孤儿染香)在江南生活多年,对江南民众的习俗十分熟悉,江南家中如果有两个女孩,姐姐取名"采莲",妹妹往往就叫"采芹",直到现今,这种采莲、采芹的叫法仍然相当普遍。

那么当乾隆十五年以后陆宗蔡(染香)改姓"曹"时,为什么又称为"雪芹"呢?这个新号"雪芹"是怎么考虑的呢?需要进一步探索。"苏州孤儿"陆宗蔡这时已经有四个号,分别是"雲间""染香"和新号"芹圃""芹溪"。两个老号陪他度过了那个难忘的年代,他十分留恋这个"雲间"和"染香"啊。于是绞尽脑汁采取了巧妙的措施(他是运用汉字的高手啊):第一,将心爱的号"染香"隐藏在大观园中最重要的景点"沁芳"之中,这是两个意思最贴切的近义词。

第二,另一个"雲间"也要藏在自己的新号中,"雲"字的近义词(形近字)很多"雨、露、霜、雪……"那么选用哪个字合适呢?还是"雪"字最好。为什么呢?你想呀:雲要降落到人间,如果变成雨水就要流走,露珠转眼蒸发消失,霜则见阳光即化。只有皑皑白雪最有魅力。他想起在盘山冬游时站在顶峰一片白茫茫大雪封山,一望无际的大荒山多么有震撼力!决定了将"雲"演变为"雪"(形近字)!这样就好办了,在由恩师"莲(坡)"而来的"芹"字,前面加上一个"雪"字,就成为"雪芹"!再从文本求证,《红楼梦》第十七回"大观园试才题对额"中描述首位景点"沁芳"的场景,使用了"清溪泻雪,石磴穿雲"的词句,分明将"雲"与"雪"的关系告诉了读者。

这样,《红楼梦》的作者、一代文豪曹雪芹的名字,横空出世!

"好雲香护采芹人"

如果按照这个"雪芹"的由来,还可以很好解释红学的一个难题:就是曹雪芹的祖父曹寅有一个号"雪樵",这个"雪芹"似乎犯了忌讳。也有个别红学家因此认为曹雪芹不是曹寅后代,进而否定曹雪芹的作者身份。现在我们知道,曹雪芹这个号是在什么情况下取的呢?是在离开水西庄以后,为了不忘恩师查莲坡,为了怀念旧号"雲间",从而"雪"由"雲"来、"芹"由"莲"来。这个新号"雪芹"完全是从心里油然而生。至于其祖父曹寅有一个别号"雪樵",可能曹雪芹根本就不知道,曹寅字子清,经常使用的号是"荔轩""楝亭",我们看他的著作文集《楝亭诗抄八卷》《楝亭五种》《楝亭书十二种》都是以"楝亭"命名的,别人称呼他主要为"曹荔轩"乾隆八年大诗人屈复写的诗,诗的题目就是《曹荔轩织造》。曹寅的别号很多,而这个"雪樵"使用比较少。从未谋面的孙子曹雪芹在长期避难、颠沛流离的过程中,对于祖父只是从别人简单介绍和"著作"中得知,很有可能根本就不知道祖父还有这么一个别号。因此不能由于"雪芹"与"雪樵"中都有"雪"字,而简单轻易否定了他们的血缘关系。(当然也有可能曹雪芹对于封建礼法十分叛逆,根本不考虑什么避讳之说。)

有趣的是,在《红楼梦》第十七回"大观园试才题对额"中,居然将作者曹雪芹新号、旧号都反映出来,当然这似乎有"比附"的嫌疑,我们还是先看看文本的描述吧。……(贾政)命再题一联:"若不通,一并打嘴!"宝玉只得念道:"新涨绿添浣葛处,好雲香护采芹人"。有人指出这幅对联有些不够工整,其中下联的"雲"去对"涨"似乎不妥,这点需要文字学者再探讨,我们重点讲下联的文字。这个"好雲香护采芹人",如果仔细分析一下,正将作者曹雪芹新号、旧号都反映出来,你看:"好雲(雲间)香(染香)护采芹(雪芹)人"。实在奇妙,是无意还是有意?

就在"好雲香护采芹人"的喝彩声中,书中紧接出现了"采莲"文字,似乎明显呼应"采芹",又是什么巧合吗?请看:……宝玉只得念道:新涨绿添浣葛处,好云香护采芹人。贾政听了,摇头说:"更不好。"一面引人出来,盘旋曲折。忽闻水声潺潺,泻出石洞。众人都道:"好景,好景!"……于是要进港洞时,又想起有船无船。贾珍道:"采莲船共四只,座船一只,如今尚未造成。"

《红楼梦》第十七回"大观园试才题对额"写得十分精彩,透露出的信息十分重要。这是第一次全面立体展示大观园的全貌,如果大观园是以运河水西庄为重要原型,那么作者一定会隐隐约约的将水西庄中的人和景点写在文字之中。景点的对应关系我们已经在第一部分第三章详细分析过了,这里不再重复。只将第十七回中主要的五点联系总结简介如下:

第一点:"沁芳"隐藏着"染香",……宝玉道:"有用'泻玉'二字,则莫若'沁芳'二字,岂不新雅?"贾政拈髯点头不语。众人都忙迎合,赞宝玉才情不凡。大观园中首位景点"沁芳"居然隐藏着作者最心爱的号"染香",这是多么重要的信息啊,我们在第二部分第五章专门介绍了。

第二点:首位景点"沁芳"的对联:……贾政道:"匾上二字容易。再作一副七言对联来。"宝玉听说,立于亭上,四顾一望,便机上心来,乃念道:"绕堤柳借三篙翠,隔岸花分一脉香"。我们在"引子"一节,介绍了这次游园与水西庄游园的关系,其中公子查善长的诗"三月桃花流曲岸,一行衰柳荫长堤"与贾宝玉的这幅对联似乎有某种关联。

第三点：点明"雪"与"雲"的对应关系。……说着，进入石洞来。只见佳木茏葱，奇花闪灼，一带清流，从花木深处曲折泻于石隙之下。俯而视之，则清溪泻雪，石磴穿雲。"雪"与"雲"本身就是形近字，且字义相关。

第四点：点明"采芹"与"采莲"的关系。

第五点：在"好雲香护采芹人"这一联中居然将作者曹雪芹的新号、旧号都反映出来，"好雲（雲间）香（染香）护采芹（雪芹）人"。

一幅描述大观园景点的对联居然藏有这么多关联，是"真事隐去"吗？ 实在令人惊奇，令人拍案叫绝！

"草亭"宋贞娘

人们对于一代文豪曹雪芹的爱情及婚姻生活是极为关注的，有一些文章试图探索曹雪芹身边的妻子，却由于史料的极度缺乏，总是不得要领。的确关于曹雪芹的爱情及婚姻，没有一个字明确记载。曹雪芹的一生是极其不幸的，幼小离家投亲靠友、颠沛流离只是到了晚年，才被迫定居北京西山地区，他的婚姻状况即使有一些口碑史料也往往经不起推敲。

我们在研究运河水西庄的史料时，发现了水西庄与大观园的联系，进一步发现"苏州孤儿"这一神秘人物，当这个"孤儿"离开水西庄"人间蒸发"后，"曹雪芹"凭空出现！ 他向朋友介绍自己是曹寅后人、写书的地点是"黄叶村（西沽）"，唯独不敢透露什么呢？ 那就是自己在水西庄长期避难的事实。这是查为仁生前一再叮嘱要严格保守的秘密，这一点曹雪芹（极可能就是水西庄的孤儿染香）做到了,打死也不说!既然曹雪芹的少年、青年时代是在水西庄查家度过的,年龄由十五六岁到二十八九岁,他的爱情和婚姻也一定与水西庄查家有关啊。这是一个大胆的假设,没有什么直接文字记载,还有一个更为大胆的假设呢:乾隆十五年曹雪芹(也就是笔者认为的染香)离开水西庄时,并非孤身一人,他带走了刚刚去世查为仁的贴身侍女,也有的史料称作"侍妾",这就是年轻的宋贞娘。这可是一件大事,不能随便胡乱猜疑,必须小心求证啊!有什么根据吗?笔者是根据以下六则史料做出这个大胆设想的,是否妥当请方家指正。

根据之一,是根据查为仁的婚姻记录:查为仁先后娶纳过六位妻妾,但是入家谱只有四位。《宛平查氏支谱》卷一《世系》载:"为仁字心谷,号蔗塘,又号莲坡。配金氏,讳至元,字含英,浙江山阴人,诰赠恭人,著有《芸书阁剩稿》,无出;继配刘氏,宝坻人,诰赠恭人;侧室曹氏,天津人,诰赠恭人;侧室张氏,天津人,诰赠宜人。"查为仁于乾隆十一年三月,夜梦双凤自空而下,栖息屋边,各衔一玲珑金色篆字,一"贞"一"福",掷之而去。后来买有两妾,"问其小字,一曰贞,一曰福,惊喜与梦合,字之曰贞娘、福娘"(见《畿辅先哲传》卷24《文学查为仁传》)。但《支谱例言》有规定:"妾书侧室,有子女则书,无子女不书;无子女而能矢节烈亦书。"贞娘和福娘既无子女,也非节烈妇,故《查氏支谱》未载。这个史料明确记载豆蔻年华的宋贞娘来到年过半百查为仁身边,仅仅过了两三年查为仁即去世,在查为仁死后宋贞娘并没有守节,而是外出自寻出路,因此不能进入族谱。那么年轻的宋贞娘去了哪里?《查氏支谱》未载。

根据之二,染香子与宋贞娘有共同的爱好,除了爱好诗词外,还同台参与演戏。乾隆十三年（1748）深秋，染香子为宾客吹笛，宋贞娘参与演出。这年大诗人厉鹗离津，水西庄在于斯堂东堂演剧，厉鹗和汪沆各有《东堂观剧》七绝四首记其事，汪沆的诗前三首为：

之一云："衣冠优孟醉模糊，从古神仙属酒徒。竿木逢场聊做戏，童心还忆昔年无。"原注：《传灯录》邓隐峰辞马祖，问："何处去？"对曰："石头去。"师云："石头路滑。"对曰："竿木随身，逢场作戏。"石头即希迁也。

之二云："浣香乐句染香笛，不听清歌近十年。今夕东堂竟丝竹，为渠惆怅罢艎船。"

之三云："屏弯记曲有贞娘，合制筝床共笛床。我亦中年感哀乐，何妨陶写百千场？"

根据之三，曹雪芹"有文无行"。关于曹雪芹的各种文字史料，大多都有一条这样的记录："有文无行""行为不端"，即谈及曹雪芹在某王府（富户）做西宾时与主人的婢女有染，后来被赶出王府（富户）。另一个重要的史料是在一篇《红楼梦的秘密》中披露，是传到国外的资料记载的，这篇史料介绍：一，此书作者是某王府的一位"私人秘书"；二，书即是在此时此地所写，所以都是现实生活；三，写书的动机是因为作者与某府中一婢女"通奸"而失宠，故作书"披覆"；四，书中自述"增删五次"，就是因为朝廷禁止，不得不反复修改。（周汝昌《曹雪芹新传》224页）

根据之四，在水西庄研究中，笔者意外地获得了查氏后人的主动提供来的私家秘闻，是外人绝不可得而知的史迹线索。简单地说，要点有三：1. 曹家获罪后，雪芹年龄很小，曾寄居查家避难。2. 雪芹的才学，手笔高出流辈，因此给查家做过文牍一类的事务。

3. 雪芹后有一侧室就是查家某女而嫁与他的。口述者是一位近八十岁老太太查良英,大感珍异! 表明曹雪芹与查家有某种联姻关系。

根据之五,宋贞娘是个女诗人取号"草亭"。宋贞娘生性活泼,擅长写诗、喜爱演戏,与染香子完全一致。宋贞娘自己取号"草亭",似与陆宗蔡(染香子)有关,就是因为"蔡,草也"(东汉·许慎《说文》中记载),这样宋贞娘取号"草亭"。在水西庄中只有染香子是她的知心人,在宋贞娘成为小寡妇以后,敢于支持她的也只有染香子。

根据之六,敦诚"寄怀曹雪芹"公然使用"小寡妇"典故。诗中出现这么一句"且著临邛犊鼻裈",这是使用了司马相如、卓文君的爱情私奔故事,许多红学家十分困惑:因为描写千古爱情的故事很多,比如《西厢记》中莺莺和张生。而卓文君却非常特殊——她是个小寡妇啊,在封建社会中寡妇再嫁(况且还加上私奔)绝不是什么光彩之事。卓文君是汉朝著名才女,临邛人,貌美且有文学才华,喜爱音乐善鼓琴,她出身于大富商家中,可惜红颜薄命,17岁出嫁不到一年就年轻守寡。卓文君与司马相如相爱"私奔"、安于清贫生活的故事被文人记载下来传于后世,具有一定的反封建意义,卓文君的名句"愿得一心人,白头不相离"更是感染了无数读者。为什么敦诚非要使用这个"寡妇私奔"的典故呢? 似乎很难解释。现在我们知道了,敦诚与曹雪芹比较熟,而曹雪芹酒后信口向朋友说出真情:自己的老婆是个小寡妇,年轻貌美才华出众,原来婆家极其富有……敦诚只有知道这些内情才敢于使用"寡妇私奔"的爱情故事。现实中的宋贞娘就是一个刚刚死去丈夫的小寡妇,这样解释敦诚诗中为什么敢于使用一个"小寡妇"的典故,有道理吗?(《红楼梦》书中也多次提及赞赏卓文君,表明作者赞赏的态度。)

　　根据以上六则文字史料和口碑史料,我们可以明确得知,当仅有十六七岁的宋贞娘孤苦伶仃来到水西庄时,"苏州孤儿"陆宗蔡(染香)的年龄是二十七八岁,正是风华正茂、才华横溢之时,很可能成为少女心中的偶像。两年之后查为仁突然去世,侍女(妾)宋贞娘年不过二十,她成为"小寡妇"后并没有按照礼法要求为查为仁守节;而曹雪芹对于年轻侍女(妾)非常同情,对于"吃人"的封建礼教非常反感,坚决支持帮助宋贞娘离开水西庄查家;侍女宋贞娘与"苏州孤儿"陆宗蔡(可能就是后来的曹雪芹)同病相怜,有共同的遭遇,共同的兴趣爱好,在经过一些波折以后终于走到一起,毅然离开了水西庄。至于查家后代口碑传说:"雪芹后有一侧室就是查家某女而嫁与他的",因为世代相传有一些口误:不是查家某女而是查家主人的侍女(查家几个女儿都有明确的归宿),不是曹雪芹有小老婆,而是这个侍女原来的身份为"侍妾"(小老婆)。这样"有文无行"的曹雪芹(染香)终于与年轻的小寡妇宋贞娘离开了水西庄,来到运河边的西沽黄叶村,开始了新的清贫生活。

　　周汝昌先生的《曹雪芹小传》还专门有一个记载:曹雪芹还与丫鬟生了一个儿子。这个儿子的后人在民国时住在北京六部口平南王尚可喜后人的家中,他的名字叫曹久恭。曹久恭在尚王后人尚养中的多次"逼迫"下,简单讲出了自己的身世——"原是雪芹的后裔,雪芹当日是与一个丫鬟生了一子,但不为家族承认其合法地位,摒而不收。雪芹逝后,正妻所生之幼子既已先殇,所以只遗下这一支'谱外'的旁梦弱苗。一直单传到久恭。""我问尚先生,后来曹大哥怎么样了呢? 答云,他后来因为长芦盐务上的一点关系,迁居天津,从此离开了尚家。"

这个口碑传说有两点值得注意,一是曹雪芹"当日是与一个丫鬟生了一子",这与我们提出的曹雪芹(染香)离开水西庄时带走侍女宋贞娘似乎是一致的,侍女就是丫鬟;二是提到曹雪芹后代与"长芦盐务上的一点关系,迁居天津",似与天津查家有关联,长芦盐务的大盐商就是查家。当然口碑传说在时间先后会有一些口误的,但是可以供我们参考,进一步研究。

(刊于《红楼寻梦水西庄》,清华大学出版社,2015 年 6 月,第139—152 页)

乾隆题诗"扬芬港"

阎伯群

　　乾隆年间刊行的《御制诗文十全集》,收入乾隆皇帝巡幸"淀津",于静海县扬芬港村题诗四首,记录了津西东淀地区堪比江南的水乡美景。乾隆一生五次视察白洋淀、天津地区,其中三次驻跸扬芬港行宫,曾为扬芬港易名、题诗,留下佳话。

　　历史上,扬芬港长期属于静海,曾是一块荒凉之地,宋末始有人烟,被称为"羊粪凸""羊粪岗"。民国二十三年(1934)《静海县志》载:"扬芬港。邑人阎子阳云:古名羊粪港,系苏武牧羊处。昔有苏武庙。有某姓者据云:其先蒙古人奉令来此看守此庙,日久子孙渐多,此庙亦废。清高宗南巡,因查水利曾驻跸于此,因改为扬芬港。"

　　乾隆三十二年(1767),高宗皇帝首次驻跸羊粪岗行宫。据说,就在这一次乾隆把"羊粪岗"改为"扬芬港"。虽然此段"插曲"并未留下确凿的文字记载,但在记录此行的《清高宗实录》中,"扬芬港"的称谓诞生。

　　扬芬港位于东淀中亭堤畔,称得上是东淀里的一颗明珠。扬芬港一带,为东淀水势最开阔处,烟波浩渺、势连天际,视野所及蒲绿荷香、菱歌渔唱，水乡之美达到极致。这一时期，东淀广袤"四百里而赢，概州县七"，堂二里、王庆坨、杨村都属于东淀之内。因此，与上游的西淀相比，毫不逊色。

乾隆帝于五十九年（1794）春，第三次驻跸扬芬港行宫，见水光接天，"西湖十景"点缀，遂留下《扬芬港得诗四首》：

> 扬芬盖以芰荷香，春仲何由袭水芳。
> 却是停舟有别会，波光滟滟接天光。
>
> 题名世代原难考，毁誉人间讶已纷。
> 德政设如俗吏者，真扬芬抑假扬芬。
>
> 擒魁海外靖妖氛，二负缚来亦逮闻。
> 欲命生祠立赤嵌，此扬芬乃真扬芬。
>
> 水纤牵舟到早仍，楼门俯淀远波澄。
> 厌他十景虚点缀，翻涸空明欲弗登。

扬芬港人向来珍视自己村名的历史渊源，自乾隆年间开始，官方政府和民间一直沿用"扬芬港"三个字。但也由于书写中的大意，许多文书中出现"扬""杨"混用的现象。尤其是建国后，扬芬港归属于河北省霸县，1983 年内部刊行的《霸县地名资料汇编》一书，误录为"杨芬港"。当地乡政府曾上书霸州市人大常委会，请予更正。鉴于此，2005 年出版的《霸州市志》和 2014 年出版的霸州《地名卷》，均进行了修正。而扬芬港镇政府，则始终沿用由来已久的"扬芬"二字，显示着一种恒久不变的乡土文化情怀。

（刊于 2015 年 11 月 18 日《今晚报》"副刊·津沽"）

我做劳工的悲惨岁月

李殿华口述　梁广中整理

我名叫李殿华，今年八十六岁了（1929 年生人）。小时候家住在天津市河东区大直沽怡安街永兴隆面铺（新和池澡堂子的斜对过）后身的袁家胡同 4 号。解放那一年我刚满二十岁，从十六岁开始（在伯伯的资助下高小刚毕业），为了帮助父亲承担抚养全家十二口人（奶奶、姑姑，父母，四个弟弟、三个妹妹）的生活重担，被迫到海河东侧的比利时租界上。大直沽海河边儿上被日本人占领的"和记洋行蛋厂"做童工了。

听老辈人讲：早在 1900 年八国联军从大沽口侵略咱们国家以后，八国以外的比利时列强，趁着"庚子之乱"向清朝政府发难，强行要求在天津大直沽一带设立租界，结果腐败的清政府拱手相让。以后比利时政府，把租界地又一块一块地卖给了各国的商人，建起了工厂、码头、油库等，发了一笔横财。"和记洋行蛋厂"就是英国"伦敦合众冷藏联合有限公司"的商人威斯蒂与他的儿子 1923 年合伙开办的。他们凭借着他们国家的先进冷藏、

梁广中与李殿华老人

烘干设备来到咱们中国疯狂掠夺食品财富。还先后在南边的汉口、南京、上海、青岛，北边的沈阳、哈尔滨等多个城市开办了多家工厂。

小日本占领了天津以后，日本兵强行从英国人手里把"和记洋行蛋厂"归为己有。他们对工人的压榨、剥削更加残酷。日本兵随便打骂工人，时常有工人被打聋、打伤、打残废；侮辱人格、罚工人下跪；强迫工人加班加点、连轴转，变着法儿克扣工资；惩罚偷拿食品的工人尤其狠毒，强迫长时间双手举重物罚站，以至晕倒不醒人事；有的被扣上思想不良、嫌疑分子等罪名送到盐坨地的日本军仓库（注：六纬路与光华路交口处的"新仓库"）的"日本1820宪兵队"惩治，不少工人被折磨致死；还有不少工人被强征"劳工"押送到日本服劳役惨死在那里。他们还喂养了一些汉奸、特务、工头监视控制工人，设立刑训室吊打、狗咬、过电、暴晒、冰冻、灌凉水、灌辣椒水等刑法迫害工人,生命安全得不到保障。虽然听到了那么多关于日本人心狠手辣的作为,为了家人能够吃上饱饭,还是强硬着头皮去了。奶奶一再嘱咐我:"干不了别硬撑着,不行就快回来。"

"和记洋行蛋厂"不仅加工鸡蛋,还宰牛等牲畜。当时一天宰牛300—350头、加工蛋制品几十吨鸡蛋。强迫一个照蛋工人每天最少要照30箱,来检查出变质的鸡蛋;打蛋的工人一天要打30多箱。我被分到宰牛车间,不仅有工头盯着干活,还有端着枪的日本兵来回溜达,气势汹汹地吆喝着工人,看谁不顺眼举起枪托子就砸。宰牛的活儿特别危险,饿了几天的牛发起脾气来犟不过,当从闷罐儿火车皮(车厢)里往下赶,所有的牛使劲往后退。牛是从河北沧县、山东济南、内蒙包头、东北三省等地征运来的。我们有的在前边使劲地牵,有的在后边用大木棒子轰。只要有一头牛被轰下来,别的牛就马上跟着下来。到了屠宰车间大门儿附近时,牛又全都跪下不走了。后来明白是牛闻到了同类的血腥味,感到大难临头的反应。

在宰牛车间里用四遛儿大铁架子排成四行,每行放好25个大铁盆。每一批杀100头。每个铁盆用来盛一头牛的血,和我一样的半大小子两个人负责一行。宰牛前由回民协会的专业师傅先把牛摺倒在地上,并且用绳子牢牢捆住牛的四个蹄子。他们一个人用两手抓住牛犄角,一个人拖住牛尾巴,俩人面对着同时猛力一拽,就干净利落地把牛放倒了。连续把100头牛都放倒后,请来经过伊斯兰教会培养,有资格杀牲的阿訇主刀。阿訇嘴里念着咒语,用刀子非常熟练地照着牛脖子一推一拉就把一头牛杀了。我们两个童工,赶紧把铁盆拖到跟前,马上抓住牛的气管、食管,尽管牛还在不停地挣扎。一旦憋着气的牛挣开人抓住的手,牛气管里的血会喷得很高,牛胃里残留的草料也从食管里喷涌出来,一下就把整盆四五十斤的牛血弄脏了。日本兵会大骂着跑过来,狠狠地照我们的脸扇耳光、用脚踹。有一回,一头被杀的牝牛(公牛)惊了,挣脱了捆在蹄子上的绳子,甩动着被刀割过的头,流着血围着车间狂奔了起来,没人敢拦,猛跑了十几圈撞倒了几个工人后,才筋疲力尽地倒下来。出了这个意外以后日本人特别担心、害怕,专门请来几名阿訇念了几天的"伊斯兰教经文",说是为了去掉晦气。这种每天担惊受怕的日子实在太难熬了,可是为了能挣到养家活命的钱,还是硬撑了半年后才辞退不干了。

　　"和记洋行蛋厂"里除了食品冷冻车间把牛的心、肝、腰、舌、尾、血都分类包装好冷冻起来。把胃、肠、肺处理掉,把整张的牛皮剥下来叠好运回日本加工成熟牛皮。"和记洋行蛋厂"还有食品烘干加工车间,用烘干设备把牛肉烤熟,做成像扣子一样的牛肉干;把土豆、胡萝卜、菠菜、大米饭烘干;把酱油烘干后碾成酱油粉密封包装好。我们偷吃过烤胡萝卜,有点儿像桂花味儿挺好吃。还想法偷吃牛里脊,用滚开的水在水壶里烫两次就熟了,暗地里用牛里脊换来的甜味儿的酱油粉粘着吃。平均一个礼拜(星期),小日本用装备冷冻设备的大驳船运走三、四百吨冷冻蛋液制品。冷冻蛋液包装在重量30—40斤的白铁皮方桶里;还运走近五、六百吨的牛肉冷冻制品;一、二百吨烘干后保鲜密封的蔬菜、粮食食品。那时我们每天连续干十来个钟头,挣得的工钱不能养家糊口,很多工友下工后还得去当小工,扛河坝(装卸工),拉胶皮(人力车)。日本鬼子每天把多少咱们国家的东西强抢来,变成了他们的?又经过我们的劳动,把加工好的成品运到他们国家供他们享受,运到"前线"喂饱他们的军队杀害咱们中国人!

从"和记洋行蛋厂"出来,我就跑到河边扛河坝做苦力去了。从河东的大直沽,对岸河西的小刘庄开始,往西一直到法国桥(现在的解放桥)的海河两岸布满了大小码头。从河西那边说有大连码头、三北码头、招商局码头、太古码头、怡和码头、大阪码头等几个大码头;从河东这边来说有德士古裕大纱厂码头、美孚石油码头、和记洋行蛋厂码头、谦记木行码头(现在的铁路木材厂)、日本发电厂码头、仁记东栈码头、太古东码头等等。码头都由脚行头儿掌控着,他们都有自己的驳船,像河东这一带的比利时租界名气大的脚行有"同立成脚行"、"通和成脚行"等等。

当年扛河坝的脚夫苦力干活没有任何装卸机械,完全靠简陋的扳子、钩子、绳子、撬棍、扁担,照明靠电石灯的亮光。在装有电石灰的铁罐的盖子上留个小孔。放进适量的水后生成烷气从小孔跑出来,用火柴点燃后产生的亮光儿照明。跟现在的现代化装卸机械、灯火通明的作业场相比,简直就是天上地下。

货船一靠岸就在船与河坝之间搭上大木跳板,脚行的领班在船舱口放好签子桶。签子是用竹子做的有半尺来长,方便脚夫扛麻包、东西时用手抓着,或用牙咬住。脚夫每扛一件活儿,从桶中抽取一根签子,来累计扛活的件数。下船后用一根签子换一个小竹牌方便放在衣袋里。收工后脚行有人专门按竹牌计数儿折合成工钱。脚行之间为了争脚夫扛活,就用铁皮做的大喇叭使劲吆喝加价:一件活儿长一分、长二分……谁给的钱多就给谁干,我们做苦力的常常来回奔走在各个码头之间。

我们大多数苦力每次得扛上200多斤重的粮包,有的壮汉身子板硬,两袋子粮包都不在话下。扛着重载儿踩在跳板上手脚不拾闲儿,颤颤悠悠的跳板随时都可能把人扔下去,被跳板甩下来受伤的脚夫可不在少数。抬大原木是最危险、最辛苦的差事,根据原木的长短决定上几幅杠,一条扁担俩个人抬称作"一幅杠",少则四幅、八幅,多则十二幅、十六幅。大杠头儿的体格棒、力气大,负责下链子,抬杠时走在最前边摸不着木头。紧跟着有二杠头儿、三杠头儿,分担着重要责任。每幅杠的脚夫分工都特别明确,最后一个杠称作"幺锁"。走跳板时大杠头儿领着喊号子,大伙儿的步子必须一致。只要有一个人迈错了步儿木头就晃荡,得马上纠正过步儿来。要不木头晃荡劲儿大了,连人带木头全都得滚到河里。

那年夏天,卸火车苦力活儿受的罪太大了!我先到的裕大纱厂(大直沽五号路和六纬路交口的棉纺一厂)码头卸过一号沫(细煤末),全凭人抬肩扛到百余米以外。没有风的天儿也是暴土扬场的。干完活全身都黑透了,几天也洗不彻底。三伏天卸白灰、碱面儿遭的罪更是厉害。飞扬一气的白灰、碱面儿无孔不入。为了不伤害到皮肤,我穿着夹胶的外罩;套上秋衣、秋裤;脑袋上戴着面具,在风镜的镜卡儿上,蒙两层头纱。出了汗决不可以擦。白灰会把脚夫的皮肤烧坏,一擦胳膊就流油儿;碱面呛人厉害也烧皮肤,一擦皮就掉却不流血,结了痂挠破时血才流出来。人进了车厢里卸货,得长长地憋着一大口气,猛干十来分钟跑出来再喘息,为了降温急着喝天然冰镇的水,谁知道一个伏天过来,冰镇凉水把牙床子给伤透了,万万没想到整口的牙全都给镇坏了、掉没了。可是当时不喝冰镇的凉水,干那样的活儿人就得给热晕了。这些遭罪的事儿我不止一次跟孩子们念叨过,让他们明白我们那一代人受的苦,现在生活多么的幸福。

解放前一年的冬天，到塘沽码头扛一个月河坝的磨难实在没法儿忘掉。那一年"三九"天寒地冻，招商局雇用脚夫到塘沽的驳船上包工卸汽油桶，一百公斤一个的油桶，五个整一吨。来时说包工一个月管吃、管住，包工的工钱高一点儿。我只带了一条小棉被，国民党用敞篷军用汽车把我们二十几个苦力拉到塘沽。大驳船的舱里码着五层汽油桶，要先把油桶一层层地搬下来，再抬到甲板上。然后从甲板上往船下卸。五个人搭伙搬一个四百斤重的油桶，没有手套手上抓着一团棉纱，垫几层报纸。手指抓着冰凉的油桶使不上劲儿，稍不留神滑落就会把脚砸成重伤、把腿磕伤。荷枪实弹的国民党兵还不依不饶地紧催快卸。

自从来到塘沽码头做苦力的头一天起，每顿饭都是棒子（玉米）面儿窝头；溜锅水一样的煮白菜，里面只放了一把盐；每人一小碗咸菜，没有一点儿油腥。晚上睡在八面透风的木板房里的地板上，整宿冻得没法合眼。到外边尿尿落在地上马上变成了一堆冰碴儿。有一天看见渤海湾海河口的中间，一条小火轮拖着一条驳船，烟筒里呼哧呼哧冒着蒸汽动弹不了，原来船都被冻住了。来时他们应承的吃、住条件都没给兑现，可是为了多赚到一点儿工钱，只能忍气吞声地挨着。吃不饱、睡不好，几天下来人就被折磨得没精打采。那一个月里正赶上了春节，为了过年跟工头借钱，那时国民党的"金元券"根本不值钱。我向工头儿预支了五千块钱，只合解放初期人民币的五角钱。买了五百块（即5分钱）钱的葱、一千块（即1角钱）钱的虾酱、一千块钱的麻酱、两千五百块（即2角5分钱）钱的大仁果儿（花生）吃了三、四天，算是把这个"年"给糊弄过去了。

作为解放前当过童工，受过苦力的大直沽人，我亲身目睹、经受了旧社会的辛酸困苦的磨难,更加热爱新社会。现在每天的日子像过年一样,我太知足了。我还想高高兴兴、健健康康地多活些年,亲眼看看、亲身体验咱们国家明天的好日子。

　　说明:李殿华老人已于 2014 年 5 月病故。

　　(刊于《天津文史资料选辑》第 122 辑,天津人民出版社,2015年,第 59—64 页)

"第一届民运会"考略

杨祥全

1953 年 11 月，全国民族形式体育表演及竞赛大会在天津举办，该次大会不但在中国体育史、中国武术史上具有重要的地位，而且也给天津留下了弥足珍贵的文化遗产。1984 年，本次大会被正式追定为"第一届全国少数民族传统体育运动会"（简称"第一届民运会"，下同）。截止 2015 年，民运会共举办了十届。随着民运会的不断发展壮大，"第一届民运会"因开创之功，其地位日益凸显。

可惜的是，由于材料的缺乏，关于"第一届民运会"的一些具体情况鲜为人知。也正因为此，一些教科书、研究论著等关于本届运动会的论述出现了许许多多的问题。为此，本人依据当事人的口述材料以及在田野调查过程中搜集到的《1953 年华北区人民体育运动大会秩序手册》和《1953 年全国民族形式体育表演及竞赛大会秩序册》等重要材料，写就此文，希望能对"第一届民运会"的研究有所帮助。

一、"第一届民运会"举办的时代背景与相关准备工作

新中国成立不久，党中央就委托团中央召开全国体育工作者代表大会，商讨成立了中华全国体育总会。1952 年 11 月，政务院又决定成立了中央体育运动委员会。1953 年，我国开始实行发展国民经济的第一个五年计划。就在这一年的 8 月 9 日，吴传玉在罗马尼亚举行的第一届国际青年友好运动会上，为新中国获得国际体育比赛的第一枚金牌，举国欢庆。毛泽东号召向吴传玉学习后，在全国掀起了训练的热潮。正是在这样的社会背景下，国家决定于 1953 年 11 月 8 日至 12 日在天津举办全国少数民族形式体育表演和竞赛大会。

（一）天津民族传统体育丰富多彩

天津是一个因运河而兴的移民城市，京杭大运河在将燕赵文化、齐鲁文化、中州文化、吴越文化等连接在一起的同时，各式各样的民族传统体育得以逐渐汇聚于天津并形成了自己独有的特色。这里的民俗体育独居津味，传统武别具风格。

1945 年，中央国术馆和国立体专在天津复校，更给这里带来了众多的民族传统体育人才。1951 年 10 月，天津市武术工作委员会成立，河北师范学院体育系的教师张文广任主任，张鸿玉为副主任，委员为郝家俊、张璧如、樊瑞丰、黄歧山、周树林、张吉吉、宁士俊、高铠庭、李恩贵、韩义祥、张国祥、邓洪藻、刘万福。武术工作委员会组织了"天津市武术界学习班"，集体创编了"团结保卫拳"（一路、二路）①。

---

① 聂华：《我国第一次民族形式体育盛会》，《体育文化导刊》2002 年第 4 期，第 79 页。

同年,为声援抗美援朝,捐献飞机大炮,天津举办了"天津市民族形式体育表演比赛大会"。1952年春,又举行了规模更为宏大的"民族形式体育表演比赛大会",设武术套路、散手、摔跤、短兵、长兵、石担、石锁、爬竿、皮条、举大刀、蹬墩子、弹弓等表演竞赛项目①。这次表演比赛大会还选拔出了参加在绥远举行的华北区人民体育运动大会的运动员。这些均对天津承办"第一届民运会"奠定了良好的基础②。

(二)上海武术观摩大会②

1953年4月19日,上海市假重庆南路第二医学院举行了武术观摩大会,183名运动员参加了观摩活动。

在建设新民主主义体育的过程中,运动员已不在仅仅为了夺锦标、争高分而参加比赛了。如已是三个孩子妈妈的古柏小学教师高君珠说:"我年轻的时候,每次参加演出,都是为了想夺锦标出风头,今天我的动机就不同了,我是为了通过这次大会,在广大的妇女群众中起一个示范作用,使多样化的体育运动,今后在我们妇女群众中也能普遍地开展起来。"四十三岁的上海卷烟三厂工人邹兴

---

① 马贤达:《中国短兵》,三秦出版社2003年版,第9页。
② 中央体育运动委员会在1953年7月17日,向中央人民政府政务院文化教育委员会提出了召开1953年全国民族形式体育表演和竞赛大会的请求。7月28日,中央文化教育委员会复函,同意召开。这样,前后仅用了三个多月的时间,一次盛会便办成了,效率之高令人敬佩。大会原订11月4日至8日在北京召开,因当时北京住房及场地等均有些困难,因此改在天津举行(王涛,张三春:《团结奋进之歌——回忆1953年民族形式体育表演和竞赛大会》,《体育文史》1984年Z1期《历史的鼓舞:庆祝中华人民共和国成立35周年》第26页)。
② 蔡龙云:《以新的姿态出现的武术观摩大会》,见蔡龙云:《琴剑楼武术文集》,人民体育出版社2007年版,第1—2页。

祖说:"今天我们参加演出,不再是为了单纯的分数,而是以生动的方式向群众们进行一次重视体育锻炼的宣传教育。"年轻的店员周克明和学生运动员陈业兴说:"体育运动在今天已成为一个含有政治意义的运动,尤其是武术运动,在今天更是一个革新的运动。我们青年人必须担起这个任务,把劳动人民创造的优良的民族遗产发扬光大。"

这次武术观摩大会上,采用了评分的方法。但这次武术观摩大会的评分已不再像过去那样专以技术观点来对运动员进行评判,而是更加注重德才兼备的全面发展,加入了武术运动员态度和作风的分值(占总分的 10%)[1]。

上海武术观摩大会对展现、宣传武术,发现武术人才等都起到了积极的作用,但也出现了不按时间报到,拖拖拉拉的情形。武术表演上也出现了一些丑化武术的现象。如表演猴拳的运动员、搔耳朵、挖屁股,有的运动员甚至将棍夹在两腿中间像甩尾巴似的在场上乱跑;双刀进枪的运动员,总爱用刀片在对方背上乱拍,以博取观众的喝彩。这些情况说明新中国初期人们对武术的认识还存在很大的误区,在演出的时候,还仍用旧社会的不合实际的噱头在群众面前卖弄。这些是需要在以后的工作中逐渐进行纠正的。

(三)华北区人民体育运动大会

1953 年 8 月 22—30 日,华北区人民体育运动大会在绥远省归绥市[2]举办。来自河北、天津、北京、绥远、山西等五个省市的运

---

①蔡龙云:《以新的姿态出现的武术观摩大会》,见蔡龙云:《琴剑楼武术文集》,第 2 页。
②1953 年 8 月 15 日,内蒙古自治区首届人民体育运动大会在呼兰浩特市举行。

动员参加了田径、自行车、摔角、拳击、体操、举重、赛马、球赛和民族形式等九个项目的竞赛与表演①。其中民族形式为表演项目，共包括单械、单拳、双拳、杂技等②。该表演项目的评选委员会主任委员为张云骥，副主任委员为田雨、张文广③、哈萨巴特尔④、吴桐、刘世明，委员为陈盛甫、张登五、李剑秋、姜宝润、边寿祺、周树林、张璧如、樊瑞峰，秘书为陈绪英。在该次竞赛与表演会上，下发了中华全国体育总会于 1953 年 7 月 30 日制订的 "关于召开 1953 年全国民族形式体育表演及竞赛大会"的通知⑤。通知对竞赛项目、表演项目、参赛范围、表演与竞赛办法、规定与要求等均进行了明确地说明。

二、"第一届民运会"的项目设置及主要机构

1953 年 11 月 8 日至 12 日，"为了研究和整理民族形式体育运动，以便于逐步地提倡和推广，使之成为广大群众所爱好的体育项目"⑥，中华全国体育总会在天津市第二人民体育场举办了"1953 年全国民族形式体育表演及竞赛大会"。

---

① 天津队的领队为李清安、李铭，指导为刘竞存、张长江，管理员为韩名琦、齐世元、苏司平、李研英、裴敬珍、郝家俊。
② 吴鼎柱、宋福柱、孙仲元、王建奇、魏大鸿、马贤达、曹士海、满开兰、郑长发、王金会、冯玉麟、冯玉亭、张涛、谢宝椿、王长龄、黄岐山、任俊峰、刘宝树、窦士俊、张喆、刘万福、邓洪藻、李恩贵、王树棠、杨桂芳、孙世广、徐瑞池、李良臣、郝家俊等代表天津参加了民族形式表演(《1953 年华北区人民体育运动大会秩序手册》第 43 页)。
③ 还担任本次竞赛与表演大会副总裁判，拳击摔角举重裁判长。
④ 还担任蒙民摔角裁判长。
⑤《1953 年华北区人民体育运动大会秩序手册》，第 51—55 页。
⑥《1953 年全国民族形式体育表演及竞赛大会秩序册》，第 51 页。

(一)大会的项目设置及参赛规模

大会设竞赛项目、表演项目和特约表演三大类,其具体要求为:

1. 竞赛项目:竞赛项目共包括国内流行的摔角(跤)、国际流行的拳击、举重(杠铃和石锁两种)、步射(弓箭射准)和击剑(短兵)五个项目。

2. 表演项目:大会规定"凡各民族在劳动生活斗争中创造出来的武术、民间体育、骑术等项目,且具有民族风格和体育价值的,都可报名参加表演"①。为保证大会的顺利进行,大会对表演项目的时间进行了规定。其中武术表演不得超过 5 分钟,民间体育表演不得超过 10 分钟。

3. 特约表演:特约表演的项目主要有天津市的狮子舞、李文贞的剑术、中国人民解放军的马舞、北京师范大学的国际击剑、河北师院的沙袋球、中国杂技团的杂技、解放军与内蒙古的马球以及华北区与内蒙古的蒙古式摔跤等项目。

这次大会得到了全国各地的普遍重视,据统计共有来自华北区、东北区、西北区、华东区、中南区、西南区(包括西藏)6 个行政区以及内蒙古自治区、中国人民解放军、中国火车头体育协会等九个单位,汉、满、蒙、回、维吾尔、哈萨克、塔塔尔、苗、傣、朝鲜等 10 个民族的 410 名运动员参加了这次表演和竞赛大会②。

---

① 《1953 年全国民族形式体育表演及竞赛大会秩序册》,第 52 页。
② 中国体育年鉴说是 380 名运动员(中国体育年鉴编辑委员会:《中国体育年鉴——1949—1962》,人民体育出版社 1964 年版,第 41 页),但根据当时的秩序册是 410 名运动员报名参加。

(二)大会主要工作机构①

1. 大会筹备委员会

主任委员由时任天津市市长的吴德担任，副主任委员是马约翰、黄中、吴砚农、李耕涛②、张轸、何启君，秘书长为黄中，副秘书长为李士会、朱德宝、吴江平、苏振起。

2. 大会指挥部

总指挥为李士曾③，副总指挥为朱德宝、梅彬、纪裴方、吴江平、苏振起，指挥王涛、张文广、徐致一、林间、晓州、刘青杉、王明哲、李清安、李鹤鼎、李铭。

3. 大会竞赛部部长朱德宝，副部长为吴江平、张文广、徐致一、李清安。

4. 大会裁判员

(1)表演评判长：徐致一。

武术评判组组长温敬铭，副组长郭挹珊，评判员陈盛甫、范铁生、李雨三、郑怀贤、刘宝君、孙文宾、郭运昌、高瑞周、樊瑞峰、李剑秋、李天骥、周树林、姜容樵。

民间体育评判组组长田雨，副组长刘家会，评判员洪资槐、杨文元、朱剑云、刘桂馥。

骑术评判组组长郭廷智，评判员高昌龄、周志颂。

(2)竞赛裁判长：张文广。

---

① 《1953 年全国民族形式体育表演及竞赛大会秩序册》，第 3—6 页。
② 时任天津体育运动委员会主任。
③ 李士曾(1913—2013)，河北高阳人，1949 年 1 月紧随解放军进入天津接管政权，历任第七区区长、市人大常委会政法委副主任等职。

步射裁判组组长赫寿岩,裁判员李凤山。

摔角裁判组组长张登魁,裁判员马文奎、张鸿玉。

拳击裁判组组长朱国福,裁判员韩深、卜恩富、谭家詠、曹禾年、刘志明。

举重裁判组组长会维祺,副组长赵竹光,裁判员周哲刚、姜宝润、王俊祥、翁柏林。

短兵裁判组组长唐豪,裁判员贾玉瑞、郝家俊。

三、"第一届民运会"武术表演盛况

武术是该次大会的主要表演内容和"压轴大戏",共有来自西北区、东北区、华东区、华北区、西南区、中南区、火车头体协7个单位的143名武术运动员[1]表演了70余种单练徒手套路和140余种器械套路。

(一)武术表演者的姓名及号码[2]

西北区(男 15 人,女 1 人,共计 16 人):1 苗玉龙、2 马子珍、3 马子才、4 朱文芳、5 张景福、6 马平安、7 张永泉、8 喇应章、9 陈鹿义、10 冯俊骥、11 张生芳、12 冯建勋、13 张桐、14 穆子杰、15 段俊明、16 马丽云(女)。

东北区(男 25 人,女 1 人,共计 26 人):17 原庆春、18 高志平、

[1]号码到145,但中间少59号和122号,故实际为143人报名参加表演。有资料记载为154人(中国体育年鉴编辑委员会:《中国体育年鉴—1949—1962》,第1518页),当误。

[2]《1953年全国民族形式体育表演及竞赛大会秩序册》,第43—48页。

19 周明德、20、薛仪衡、21 成传锐、22 林子源、23 徐永喜、24 申金儒、25 段德贵、26 张万成、27 王树章、28 史延秀、29 刘鸿仁、30 刘国富、31 张植彬(滨)、32 施鸿义、33 张凤翔、34 孙鸣九、35 吴凤鸣、36 张继修、37 傅洪德、38 周信有、39 李国珍、40 吴正清、41 李景新、42 潘恒蕙(女)。

华东区(男 11 人,女 5 人,共计 16 人):43 李赞成(臣)、44 周永福、45 周永祥、46 朱宪章、47 赵瑞章、48 解恩礼、49 邱桂香、50 蔡龙云、51 蔡鸿祥、52 胡汉平、53 邵善康、54 章海深、55 王菊蓉(女)、56 金莲芳(女)、57 佟佩云(女)、58 高君珠(女);

华北区(男 23 人,女 4 人,共计 27 人):60 吴桐、61 宋标、62 郑成权、63 邓鸣(鸿)藻、64 刘万福、65 王侠林(女)、66 马熙春、67 高紫云[1]、68 王树裳、69 傅仲武、70 傅来燕、71 田永福、72 松秉堃、73 陈福生、74 王金声、75 赵淑琴(女)、76 武淑清(女)、77 张旭初、78 徐德信、79 郝学儒、80 张紫绶、81 刘学会、82 胡玉书、83 刘宝树、84 孙世广、85 李恩贵、86 任俊祥。

西南区(男 27 人,女 5 人,共计 32 人):87 王树田、88 蓝素贞(女)、89 李雅轩、90 喻俊卿、91 张怀清、92 杨英侠(女)、93 关福全、94 刁良友、95 王之和、96 彭章全、97 熊延中、98 冯宝昇、99 周国荣、100 周克钦、101 刘健龙、102 李茂堂、103 廖仲烈、104 周子能、105 黄炳南、106 李岚杰、107 刘天模、108 文昌雄、109 李毅立、110 张腾蛟、111 黄秀珍(女)、112 李春燕(女)、113 魏效候(女)、114 周北涛、115 萧应鹏、116 闵观宏、117 赵锦才、118 杨国忠。

中南区(男 8 人,女 4 人,共计 12 人):119 董太凤、120 李元

---

[1]八十岁高龄。

超、121 刘杞荣、123 曹振华、124 李培信、125 卜文德、126 聂增永、127 刘玉华(女)、128 马玉霞(女)、129 马春喜(女)、130 崔华、131 刘凤鳞(女)。

中国火车头体育协会(男 14 人):132 孙奎元、133 许臣福、134 刘振家、135 毛铁山、136 杨连贵、137 杨立德、138 戚毛大、139 戚炳富、140 鲁兰柱、141 郭兰地、142 房洪纪、143 杨洪元、144 杨桂成、145 马述珍。

(二)武术徒手套路表演

从当时的秩序册来看,共有醉八仙、八仙拳、醉拳、醉步拳、黑虎拳、燕行拳、八极拳、八卦掌、八卦拳、梅花拳、五禽拳、大红拳、二路红拳、少林红拳、少林五角步、花拳、雪花拳、鸳鸯拳、龙锤、线锤、形意拳、炮锤、翻拳、二趟翻拳、翻子拳、劈挂拳、通臂拳、三路飞脚、奇势拳、奇拳、六合拳、炮拳、炮锤、华拳、华拳式、练步拳、大练步拳、二掌母子、连环腿、绵拳、开路拳、四平拳、臂腿连拳、太极拳、二趟太极拳、五行太极拳、查拳、太祖拳、霸王锤、罗汉拳、燕青拳、武松脱拷、三皇炮拳、韦陀拳、弭祖拳、二郎拳、少林拳、太山拳、螳螂拳、鸭行拳、猴形拳、白猿拳、白虎拳、豹拳、青龙出海拳、行者单拳、指武拳、铁九拳、钢拳、小护掩、大字拳、单拳、岔拳、八门心子等 70 余种不同名目的单练徒手套路①以及醉汉擒猴、八仙斗白猿、猴拳对打、擒拿对打、太极推手、对拳、团体拳等对练和集体拳项目。上述都是参与大会者拿手的表演套路,展现了二十世纪五十年代中

---

① 有学者认为该次大会武术表演项目"仅拳术就有少林、罗汉、八极、猴拳、绵拳、查拳、八卦、太极、螳螂等 139 种"(林伯源:《中国武术史》,北京体育大学出版社 1994 年版,第 450 页),不知从何而来。

国武术的基本情形。

(三)武术器械套路表演

与武术表演的徒手套路明成相比,武术器械套路名目繁多,主要包括剑术、刀术、枪术、棍术、鞭术及器械对练等。

1.剑术

计有龙凤双剑、青龙双剑、双剑、飞凤双剑、梅花双剑、武当剑、龙形剑、蟠龙剑、龙凤剑、龙凤单剑、行龙剑、七星剑、紫云剑、蟠子剑、八仙剑、提袍剑、棹林剑、太极剑、玄武剑、玄门剑、峨嵋剑、子云剑、昆吾剑、七门十三剑、六合剑、纯阳剑、奇形剑、天罡剑、单剑、判剑、子午剑、自然剑。

2.刀术

计有春秋刀、春秋大刀、春秋十八手大刀、大刀、四门大刀、红毛挑刀、八卦撒手刀、荷叶刀、步下刀、梅花刀、新形刀、八卦刀、八卦单刀、太极刀、拔步单刀、步伐刀、二龙刀、六合刀、如燕刀、单刀、六合单刀、八根才刀、八面金刀、通臂刀、八方刀、滚趟单刀、滚趟双刀、八卦双刀、八仙双刀、少林双刀、连环双刀、六合双刀、梅花双刀、反手双刀、万胜双刀、九龙刀、峨嵋刀、花刀、四门单刀、廿四式单刀。

3.棍术

计有子午棍、黄金棍、天七棍、八仙棍、单棍、五手棍、醉打三门棍、行者棒、猿猴棍、燕青棍、醉棍、八虎棍、少林棍、六合棍、三节棍、罗汉棍。

4.枪术

计有六合枪、梅花枪、锁口枪、葵花枪、哪咤枪、五虎断门枪、双枪、锁喉枪、子龙枪、花枪、十八式枪、少林枪、高家枪、断门枪。

5.鞭术

计有大圣鞭、陆战鞭、单鞭、虎头鞭、太师鞭、七节鞭、九节鞭、连环鞭、定堂鞭、刀里夹鞭。

6.对练与集体器械项目

计有对打鞭杆、三节棍进枪、三合剑对刺、刺剑、对刺、对刺剑、单刀进枪、双刀进枪、双手带进枪、空手夺枪、空手夺刀、空手夺三节棍、大刀群枪、拐子进枪、团体单刀。

7.其他

计有护手双钩、护手钩、殿章双钩、行钩、双钩、双拐、判官笔、峨嵋刺、流星锤、六合戟、小子棍、鸿雁铲、日月方便铲、方便铲、燕翅镗、大铁锹。

上述器械套路共计有140多种，当时中国武术内容之丰富可见一斑。

这次表演及竞赛大会的武术套路表演采用"有场无线"、集体评议（五人）①的方式进行评判。正是在这次大会上，西南区选手蓝素贞表演的"绵拳"和"自然剑"引起了人们的关注②。"武林女杰""大力神霸州李"李茂春的长女李文贞演练的太极十三剑和飞虎拳，则荣获了特别奖③。需要注意的是，"第一届民运会"还对"散手"、短兵和太极推手等对抗性比赛进行了尝试。

---

①据回忆，武术比赛时是在第二体育场中的篮球场进行，以半个篮球场（当时半个篮球场地长为14米，宽为13米）为表演场地（聂华：《我国第一次民族形式体育盛会》，《体育文化导刊》2002年第4期第79页）。

②1957—1958年，蓝素贞和温敬铭就绵拳问题专门进行了学术讨论。

③昌沧：《天津一青松——李文贞》，《中华武术》2008年第10期，第58页。

"散手"采用"有台无局无时限"的规则。擂台用木版搭成,高约半米,台面大约 20 米见方。胜方得分必须超过 2 分才能结束。这条规定使李群燕与李云川的比赛进行了约两个小时。运动员的护具包括长筒皮手套(至肘下部)、皮围裙、护腿三件。短兵用橡胶制品制成,带有护盘,长约 1 米。太极推手则发明了在胸前各插 10 面小旗的方法,在活步推手的过程中,以拨走对方小旗多者为胜①。这些均为 1979 年开始试点的散打、短兵、太极推手等运动提供了可资借鉴的经验与教训。

(四)"第一届民运会"武术受奖者及表演晚会节目

1953 年全国民族形式体育表演及竞赛大会武术受奖者共 98 人,其名单如下②:

西南区(19 人):蓝素贞(女)、周克钦、关福全、李雅轩、王树田、刘天模、李春燕(女)、张腾蛟、李毅立、魏效候(女)、赵锦才、杨国忠、黄秀珍(女)、王之和、喻俊卿、萧(肖)应鹏、黄炳南、周北涛、闵观宏。

中南区(9 人):马春喜(女)、刘玉华(女)、崔华、卜文德、李元超、曹振华、李培信、聂增永、刘凤鳞(女)。

西北区(9 人):冯建勋、苗玉龙、冯俊骥、张永泉、张景福、穆子杰、马平安、马丽云(女)、张桐。

华北区(19 人):王树裳、松秉埜、吴桐、刘宝树、李恩贵、郝学儒、高紫云、孙世广、邓鸿藻、赵淑琴(女)、马熙春、张紫绶、陈福生、

①聂华:《我国第一次民族形式体育盛会》,《体育文化导刊》2002 年第 4 期,第 79 页。
②中国体育年鉴编辑委员会:《中国体育年鉴(1949—1962)》,第 1518 页。

刘学会、任俊祥、郑成权、武淑清(女)、田永福、王金声。

华东区(16人):赵瑞章、周永福、周永祥、朱宪章、解恩礼、李赞臣、章海深、蔡龙云、蔡鸿祥、胡汉平、邵善康、佟佩云(女)、王菊蓉(女)、丘(邱)桂香、金莲芳(女)、高君珠(女)。

东北区(17人):周信有、申金儒、史延秀、吴凤鸣、成传锐、张继修、张凤翔、孙鸣九、林子源、刘国富、施鸿义、刘鸿仁、原庆春、李景新、薛仪衡、张万成、张植彬(滨)。

中国火车头体育协会(铁路9人):杨立德、马述珍、戚毛大、戚炳富、杨连贵、孙奎元、杨桂成、房弘基(洪吉)、刘振家。

1953年12月2日,中苏友好协会总会在北京青年宫主办了"1953年全国民族形式体育表演及竞赛大会优秀运动员表演晚会",该晚会共包括52个节目,其顺序为[1]:

1.李春燕的地躺刀

2.周克钦的定唐鞭

3.蔡云和蔡信和的矛盾对打

4.蓝素贞的自然剑

5.田永福和王金生的空手夺刀

6.张万成的荷叶单刀

7.赵锦才的三节棍

8.李文贞的飞虎拳

9.杨国忠和李毅立的对劈刀

10.刀正中和刀良友的象脚鼓舞

11.高君珠的蟠龙剑

---

[1]《全国民族形式体育表演及竞赛大会节目单》(中俄文对照,李文贞赠)。

12.邵善康的醉拳

13.田永福的哪吒枪

14.马春喜(十三岁)的峨眉剑

15.黄秀珍的虎头双钩

16.刘宝树和任俊峰的醉汉擒猴

17.高全荣的花式弹丸

18.刘振家的方便铲

19.蔡鸿祥和蔡龙云的对拳

20.李毅立和魏效侯的武当对剑

21.松秉堃(十一岁)的六合拳

22.邱桂香(十三岁)的提袍剑

23.李恩贵的鸭形拳

24.高瑞周的太极拳

25.沈少三的花样石锁

26.原庆春的秋春大刀

27.房洪吉的刀加鞭

28.宋保生和沈少三的摔角(跤)

29.增格、额尔很巴图、色登等八人的内蒙古摔角表演

30.朴景子、李乙顺、郑辰星的朝鲜跳板

31.张宝忠、张英杰的硬弓

32.蓝素贞的绵拳

33.金莲芳和佟佩云的拐进剑

34.宗祥生(六十八岁)的童子功

35.刘宝君的形意拳十二形合练

36.胡汉屏(平)的武松脱铐拳

37.邵善康的九节鞭

38.张桐的六合刀

39.成传锐的奇形剑

40.彭章全和熊廷中的三节棍进棍

41.郑怀贤和王树田的空手夺枪

42.张植滨(八岁)的八方刀

43.孙文宾的螳螂拳

44.王菊蓉的青龙双剑

45.胡汉屏(平)、章海深的单刀进枪

46.郑怀贤的飞叉

47.蔡鸿祥和蔡龙云的对拳

48.张文广和温敬铭的对擒拿

49.李天骥和张继修的太极对剑

50.苗玉龙(七十八岁)的醉棍

51.萧(肖)应鹏的猴形拳

52.李文贞的太极十三剑二路。

在上述受奖者中，大会还组织了武术优秀项目赴京表演团到北京给党和国家领导人进行了表演。1954年，中华人民共和国的第一支国家武术队(国家武术集训队)正是在上述受奖者及赴京表演团的基础上成立的。天津的刘万福、李文贞、孙世广、李国华、杨春山、李文兰、周文敏等有幸入选[1]，少林武术名家周树林还出任了教练员。

---

①聂华:《我国第一次民族形式体育盛会》,第79页。

三、贺龙的指示——精辟独到的"八字方针"

　　为宣传好这次盛会,徐源曾拜访过贺龙同志[①],请他指导宣传报道的思想。访谈期间,贺龙首先回忆了自己青少年时期在湘西生活的情景:那时在桑植,挂招牌收徒弟的拳师,就不下十几个。他们当中,有的确实有本事,但多数只不过虚有其名。他认为"民间流传的武术套路是很多的,不仅汉族有,各少数民族都有,这是要花费力气去发掘的。譬如一座宝山,大家都说它有宝,但到底有什么宝?有多少?不探明白是无从了解底细的。因此,要探明情况,发掘出来。这是头一件要做的事"。发掘不是目的,"被挖掘出来的东西,是真宝还是假宝,又得花费大力气去淘洗、整理。要剔除其违犯科学的东西,打开人们的眼界,还复它固有的健康的形体"。"同叫一个名的套路,由于传人的体会、侧重不同,往往会有不同的'手、眼、身、步、法'。如何使它符合科学原理,使人们更易于掌握,收到增强体质的效验。这是很重要的第二件事。"在此基础上,还得花费更大的力气来总结、提高。贺龙主张发扬各流派之长,反对"到此为止"

[①]1952 年 11 月 15 日,在周恩来总理主持召开的中央人民政府委员会第十九次会议上,决定在政务院下增设中央体育运动委员会,并任命时在西南担任军政要职的贺龙为主任。1953 年 4 月,贺龙同志从重庆来到北京,主持召开了第一次全国体育工作会议,和各大区体委的负责同志共同研究新中国体育工作的任务、方针、政策等问题。1954 年 9 月,第一届全国人民代表大会在北京举行,会议通过了关于国务院组成成员的决定,贺龙同志被任命为国务院副总理兼国家体委主任和国防委员会副主席。10 月下旬,贺龙同志正式调离西南,到北京工作。1954 年 11 月 1 日,国务院任命蔡廷楷、蔡树藩、卢汉、黄琪翔、荣高棠为国家体委副主任。不久,中央组织部又批准张非垢为国家体委秘书长、黄中为副秘书长。1956 年,张非垢和黄中又被任命为国家体委副主任。当年,张非垢只有 38 岁,是当时国务院系统最年轻的一位副部长。

的因循守旧思想。他认为"任何事物都是发展变化的,要适应发展变化的需要,就得注意随时提高自己。做学问是这样,学拳习艺也是这样。至于提高,不外两个方法:一是从现有的基础上开拓新境界;一是博采他人的擅长。只有经过刻苦认真的揣摩,道路才能越走越宽;习前人之所习,也才能在自己的手里发扬广大,取得更大更多的成效。这是第三件事。"[①]

贺龙自幼喜爱武术,对武术有自己独到的见解,对于武术运动的发展,他概括的"发掘、整理、提高、推广"八个字,精辟独到,对武术的发展起到了重要的作用。如张轸在《关于整理和开展武术运动的几个问题》一文中就指出的民族形式体育运动的"十六字方针":"调查研究,发掘整理,广泛宣传,逐步发展"[②],显然就是受到了贺龙八字方针的影响。

1953 年全国民族形式体育表演及竞赛大会是对新中国民族体育、尤其是武术运动的大检阅。整个大会观者如潮,每场都有两万多观众,从 8 号上午 9 时开幕至 12 号下午 3 时闭幕短短 5 天的时间,总计观众达 12 万余人次[③]。在这次大会的推动下,全国各地的民族传统体育活动迅速开展起来。由此,中华民族传统体育掀开了新的发展篇章。

(刊于《搏击·武术科学》,2015 年第 12 期,第 1—5 页)

---

① 徐源:《奋蹄挥鞭 开创武术新局面——忆贺龙同志的一次谈话》,《中华武术》1982 年第 1 期,第 5—6 页。
② 张轸:《关于整理和开展武术运动的几个问题》,《新体育》1954 年第 9 期。
③ 王涛、张三春:《团结奋进之歌——回忆 1953 年民族形式体育表演和竞赛大会》,《体育文史》1984 年第 1 期,《历史的鼓舞:庆祝中华人民共和国成立 35 周年》第 28 页。

天穆村回族史略稿读后

杨志垣

在读过天穆村回族史略稿第一章天穆村回族经济发展史、第五章天穆村回族人物志、第八章天穆村大事记和天穆回族史资料征集办公室主办的《史海钩沉》第一期至第十期,以及"《天穆村回族史略》2014年编修工作小结""编纂《天穆村回族史略》一书工作体会",尤其是各章的开篇词和各章中一些楷体字的"评语"——姑且称之为"评语"——深感震撼,受益匪浅。我认为在此使用"震撼"一词来形容绝不为过。下面谈几点个人看法:

首先,我认为,一方面,天穆村回族史略是一项系统文化工程,属于北辰区大文化范畴,《天穆村回族史略》的推出再一次显示出北辰区政协领导的远见卓识,雄韬大略。

另一方面,我也深深感动于魏积良主席等编撰者们"贯彻始终"的"对历史负责、对人民负责的思想观念"。编者说到了,也做到了!可以看出来和体会到,编者在文稿形成中,下了大功夫,花费了大力气,用"殚精竭虑"来描述毫不为过。

文史工作目前的状况仿佛是在"贫瘠"的土地上艰苦劳作,好像当年黄土高原上的延安人,奉献自己的努力苦干,去夯实中华民族的文化底蕴,这才是中华民族之根。这项文化工程,功德无量,值得子孙万代敬仰。

中国大地幅员辽阔,56个民族组成了中华民族大家庭,其中回回民族简称回族,是中国10个信仰伊斯兰教的民族之一,信奉伊斯兰教的人也被称为"穆斯林"。天津的天穆村是驰名的回族聚集地,天穆村的变迁轨迹可以认为是中国回族发展历史的缩影。

记述一个地区的历史,或者史略,主要表现在人物、经济、大事记等方面。提及某一地域,人们往往习惯于先问问出现过哪位名人、大家?改革开放以后,中国步入商品经济社会,人们写史、读史往往侧重于经济发展,这已经成为一项"硬指标",而在了解一个地区的历史时,又往往先从大事记入手。所以说,在阅读过天穆村回族史略稿第一章天穆村回族经济发展史、第五章天穆村回族人物志、第八章天穆村大事记的书稿后,可以说,对天穆村的历史全貌有了一个大致的基本了解。换个角度说,也即对《天穆村回族史略》的全书有了一个概括的基本认识。

从书稿总体来看,主题鲜明、内容丰富、重点突出、记述简练、语言流畅、文字功底扎实。

其中,第一章天穆村回族经济发展史,资料翔实,数字精确。经济发展史不能虚,必须用数字说话,实打实。其次,经济发展史记述的是人们身边看得见,摸得到的生活现实。尤其在阅读书稿中的新中国成立以后的部分内容时,我们这个年龄段的人倍感亲切,仿佛身临其境,置己于中,因为我们就是在这个熟悉的环境中学习、生活、工作、成长。

　　比如写到天穆村与"天津制革厂"的关联,我在孩童时就听长辈人讲过,上世纪五十年代,达赖、班禅都曾莅厂参观、访问;写到闻名遐迩的"天穆餐具厂",我有个亲戚刘增芬就曾在餐具厂工作;书稿中,重点记述了天津杨柳青船厂(原河北省航运管理局天津船厂),介绍了总经理穆怀利。我有战友就曾在这个厂做军代表。

　　书稿记述小商小贩、早点摊位,以及牛羊生意中的"口唤""倒桥"等都是回回的特色。不但记事、纪实,而且生动,鲜活。把历史写活了,看似一册平面的书,实则已经成为了映入人们脑海里的立体影像,这就是趣味性,可读性。就我而言,儿时,卖牛蹄筋的独轮小车上挂的那块写着"西域回回、清真古教"的小木牌是抹不去的记忆。

　　第五章天穆村回族人物志,繁简得当,即尊重事实,又记述透彻,如穆兴恩一节写得非常出彩。

　　第八章天穆村大事记,脉络清晰、特色鲜明,描绘出了天穆村六百余年的历史轨迹。读后可知,天穆村的特色是什么? 是否可以认为体育是强项之一? 天穆村可谓民族体育的摇篮。读后还可知,解放前,天穆村是对敌斗争的堡垒,解放后,天穆村是民族经济发展的典范,民族教育进步的楷模。

　　归纳起来说,在我多年从事文史工作的历程中,积累了一些教训和经验,其中一条经验是对村史、厂史的重视。多年以前,就曾与冯骥才就此观念进行过交流沟通,俱有共识。

　　自古以来,村庄就是政权统治、社会管理、经济发展、民俗文化和军事战争的基本单元,好比是动植物的细胞,麻雀虽小五脏俱全,最能够全面而如实反映历史的全貌,既具体,又实在。这绝不是夸大,也不是吹嘘。这一点,由《天穆村回族史略》可见一斑,天穆村回族史略以点涉面,小中见大。看似一村史略,实则涉及区域、市境,乃至全国,甚至世界。比如,关于一战时期华工的记述,不就是把一部村史融进了世界发展史嘛。

同时,《天穆村回族史略》最突出的一点,最为难能可贵的是弘扬了天穆村"伊斯兰教信仰底蕴"。比如,记述天穆村回回心中的"伊玛尼",由之奠定的天穆村寄庄业所以形成行业的诚信之基,甚至涉及劝勉从业户遵从教义,拒绝牛肉打水、注胶等等内容,均光大了灿烂、深邃的回族文化,成为《天穆村回族史略》的亮点,闪烁出最为耀眼的伊斯兰教的光芒。

在此,有几点建议,不一定对,仅供各位领导、编者和专家学者参考。

一、资料选取编撰的后期处理

据我一管之见,可能因为天穆村回族史略稿可采用的资料太多了,从而出现了书稿中选取资料后的拼接痕迹,这就需要在总纂时仔细进行加工——好像攒腻子,既不能有缝隙,又不能有接痕,更重要的是,要保持文风笔触前后的一致。以前,我在主编《天津通鉴》和《当代天津大事记》时都曾遇到过类似问题,有的编辑人员在电脑上贴错过资料,甚至闹出某位领导去世两次,分别在不同年份开追悼会的笑话。这一点,特别提请主笔魏主席再多受些累,总纂时,不凑字数,该删就删,该调就调,鼓起精神,一气呵成,坚持到底。

二、时空交代需进一步清晰

书稿的记述存在时间重叠和内容交叉,其中关于牛羊业发展的内容部分就非常典型,请看:

"从新中国成立至 1955 年,天穆回族特色产业"牛羊行"得到恢复和发展。寄庄、屠宰、销售经营活跃，天穆村民在市内六区开设的百余家牛羊肉店铺经营红火。……"牛羊行"个体经营仍为天穆回族主要生计和收入来源之一。

1956年开始对私营商业进行社会主义改造，牛羊肉店铺转为公私合营，个体寄庄、屠宰、销售因受到限制而消失。60年代，各种食品、日用品凭票供应，回民每人每月仅供应半斤牛羊肉，难以满足需求，于是村内有人于夜间在偏僻处偷偷宰羊倒卖羊肉，当时这些人被称为"刁六"。后作为"资本主义尾巴"被割掉，"文革"中这些人亦受到冲击。

随着个体经营的取消，"牛羊行"集体和国有经营开始起步和发展。1950年8月，穆家庄组建了回民生产合作社，负责人马恩义，主要业务为寄庄牛羊。时值中苏（苏联）友好，向苏出口牛肉成为天津食品公司的重要任务，为此于1951年在洋灰桥（今引河桥）附近和大窑等处建立了菜牛育肥场，天穆村穆瑞和、刘云汉、穆成书、马在升、贾仲义、穆成清、刘云霄、黑俊安等30余人先后在此工作。从内蒙古购进幼牛，存栏2000头左右，在草场放牧并喂食棉籽、豆饼等饲料，几个月后膘肥体壮、牛毛发亮。出栏前冲洗干净，拉运至小西关屠宰三场上架屠宰。牛肉冷冻后出口苏联。

同年，天津食品公司筹建天津市第三食品加工厂（属牛羊加工厂，简称"食品三厂"），招收了30名历届中学毕业生，包括天穆村穆怀波、时洪信等人，进行业务培训后分配到公司业务科工作。1953年食品三厂在韩家墅村建立，由沧县人吴茂全任厂长，穆怀波、时洪信等成为厂里业务骨干。原第四屠宰场并入食品三厂，其工人转为食品三厂工人，并录用了天穆村数十人。菜牛育肥场成为食品三厂之育肥基地。为扩大牛羊货源，从内蒙古通过铁路大批运进牛羊,在三义村设立了转运站,下火车后在转运站休整暂存,根据屠宰进度由专人(大部分为天穆村人)往食品三厂哄赶。随着食品三厂的发展,不少天穆村人成为厂骨干:魏春亮负责全厂会计等项工作,李茂轩、杨玉树在销售科主管业务,穆祥来、穆瑞光任车间主任,穆怀荣(女)、王世敏(女)为人事科、厂工会干部。随着改革开放和市场经济的发展,天穆村具有民族特色的传统行业——牛羊肉业日益壮大,经营方式由从过去的"赶趟子"转为"进腔子",由分散经营逐步转向规模经营。时有马振安牵头的"十大股",成员有穆祥贺、穆瑞田、赵玉田、马同义、穆祥瑞、哈祥来、张宝林等人。此后,天穆村牛羊行如雨后春笋般崛起。村内有百余户设点经营,并在市内各区开店设点,几占市区牛羊肉零售点的 80%,日销量 15000 公斤。牛羊货源地近至内蒙、山东,远至云南、四川、青海、甘肃。通过铁路或公路运输购进活牛和羊腔子,通过加工进行批发或零售。随着运销量增大,村内又新生 32 家寄庄户。

20 世纪 80 年代末 90 年代初,随着天穆村人牛羊肉经营规模不断扩大,河北、山东、内蒙古等地客商纷至沓来,在京津路(天穆村段)两侧形成绵延两华里的牛羊肉交易市场。"

看过以上这一部分内容,对于天穆村"牛羊业"的行业发展概况就会有所了解。但是,这一部分内容,开头先说"从新中国成立至1955 年"如何如何,下一个自然段,从 1956 年一直跨越到"文革",然后第三个自然段,又回过头来从 1950 年 8 月组建回民合作社重新写起,段末并涉及到牛肉冷冻后出口苏联等等,时空交叉,读者可能会一时反应不过来,跟不上,最好加以适当调整,尽量避免时间重叠和内容交叉,从而把时空概念交代得清清楚楚,便于读者沿着编者记述的时空轨迹一路走来。

我认为,史书在记述时,颇似现在的街道公路,在每一个重要的节点,都要设立清晰的"路牌",以引导读者,不迷失方向,这是史书编者们的重要功课,来不得半点马虎。

三、自然段落需更加合乎文理

举一个例子说明,书稿中有一个自然段为:

"羊圈业的商号,从清代有迹可寻者至1956年公私合营时,可谓数不胜数。其中一些著名商号有'恒盛裕','西裕成'等。发迹于清道光年间的'懋盛号',先期经营羊圈业,后期经营土地,而后破产。"

是否应将其点断,成为"羊圈业的商号,从清代有迹可寻者至1956年公私合营时,可谓数不胜数。其中一些著名商号有'恒盛裕','西裕成'等。发迹于清道光年间的'懋盛号',先期经营羊圈业,后期经营土地,而后破产。"两个自然段更妥?

因为懋盛号与前面的恒盛裕、西裕成在此是两段内容不同的记述。建议全书依此类推。

四、发挥趣闻轶事的作用

每一个地域或村落,历史上都可能在民间流传一些当地的趣闻轶事,生动、鲜活的表现在某个事件中,某些人物的作用或形象。如第一章天穆村回族经济发展史第三节牛羊业之(二)中记述了一段"黑五爷剥羊"的脍炙人口的趣闻轶事,读后,会让读者留下难以磨灭的印象。这一段是这样记述的:

"义成号后来居上,不仅因成安经营有术,其二子亦精明强干。长子穆祥庆居家经销,次子穆祥煜坐阵产地,兄弟俩相得益彰,生意越发红火。而后兄弟各立商号,祥庆名"庆丰合号",祥煜称"谦发号",一时在庄上叱咤风云。1923年谦发号移居北平,立足马甸,在北平大显身手,每日屠宰量颇大,以致"剥羊"缺少人手,遂向祥庆求援,请派多名剥羊快手进北平助阵。祥庆点将仅派一人前往,此人姓黑,排行在五(何广明外祖父),人称黑五爷,且瞽一目。黑五爷至北平见过二掌柜,祥煜心中失望却不便声张。转天晨礼拜后屠宰羊只,一时间场院中遍地铺开,伙计们不曾怠慢,立刻随宰随剥,可这黑五爷却稳坐如山,伙计们心中狐疑。岂料黑五爷甩开膀子,三刀两下,一只羊脱皮见肉,且羊皮不损丝毫,众伙计目瞪口呆,待黑五爷直起腰板,众人叹曰:"亏得大掌柜派了位一只眼的,要是派个两只眼的,咱们这些人都得喝西北风了。"

类似上面的这些趣闻轶事,如果记述得当,发挥得好,肯定能够恰到好处地增加可读性,收到锦上添花的效果。

五、"存疑"的处理

这个问题简单,存疑之处尽快考证,确定取舍去留。如"哈国勋在平安胡同南段开设哈记点心铺,又传后辈哈魁运、哈魁元经营,聘糕点师王士东?"如不能及时考证确定而又需保留的存疑,是否可以换一种记述方法,不能用问号坠后。如上面这段内容中的糕点师姓名存疑,末句可改为"有说聘糕点师为王士东",或"有聘糕点师为王士东一说"皆可。

六、体例及语言风格的定位

刚才郭凤岐教授谈及天穆村回族史略篇目设计和体例规范问题,方兆麟主任也关注到这个问题。我的意见是,不拘泥于旧规老例,要敢于创新,与时俱进。

郭主任一直从事修志工作,志书编修需循规蹈矩。我侧重于编鉴治史,年鉴也好,通鉴也罢,都比志书宽松一些。我还曾代表天津参加过一些全国性的合作项目,如历史文化名城大辞典、中国旅游等等。

当年,天津图书大厦开业不久,郭主任曾派人去了解志书销售情况,售书员们反映,最畅销的居然是中华书局出版的、由我牵头编辑的《中国旅游·天津》,销量稳居第一。这本被郭主任视为"小册子"的体例看起来有些不伦不类,但却浅显易懂的介绍了天津的历史文化,读者面宽。所以,郭主任提到,大胆地创新,符合时代需要。现时治史是百花齐放,推陈出新,尤其是年轻的史学工作者们更是创制了许多新的体例,在史学界吹起一股清新风气,大大增强了史书的趣味性和可读性。

前面曾提到保持全书文风笔触前后一致的问题,其实涉及到整部《天穆村回族史略》的语言风格,要解决这个问题,首先要对《天穆村回族史略》的受众,也就是读者群有一个基本的定位,也就是说这部史书给什么人看?比如,志书,不客气的说,基本是束之高阁,读者以官员、学者为主流,年鉴的读者面就宽广一些。我建议,《天穆村回族史略》的读者群应该定位的更加宽泛一些,以发挥启迪回族子弟的作用。为此,必须在全书的语言风格上,与时俱进,时尚一些,甚至扩展到流行的网络语言。

目前,《天穆村回族史略》似古文体,之乎者也型,虽然严谨,但是刻板,有的字词,如"泱潒",偏于生僻,不宜推广。

今天,有些遗憾的是咱们大学者罗澍伟罗先生因早就另有其他活动安排,未能到场。我之所以特意提起罗先生,是因为一直以来,我比较推崇罗先生的语言风格。

前几个月在天津社科院共同参加由孙海麟同志出席的卞慧新老的追思会,罗先生读得那篇文字,声情并茂,感人至深。会后,我与孙海麟就此专门交换了意见,俱有同感。

罗先生的年龄超过我们许多,尚能如此,我辈也需迎头赶上,这就是所谓活到老学到老吧。

七、治史必持的客观性

在此提及这一点,并非针对天穆村回族史略书稿,而是治史特有的普遍性问题。记述历史必然涉及到人、家庭和家族,因为历史是人创造的,包括帝王将相和黎民百姓。如果直接采用其后人所撰文字,不仅溢美者众,或许言过其实,而且极受后人文采影响。这碗水如何端平,就取决于编撰者的客观性。应当尽量避免厚此薄彼,褒张贬李,才能以服众人。

同时,我赞成师大刘金明教授意见,建议把天穆回族史资料征集办公室主办的《史海钩沉》第一期至第十期编撰成口述历史专著出版,与天穆村回族史略相辅相成,相得益彰。

总之,目前看来,天穆村回族史略书稿基础扎实,虽然存在一点瑕疵,但瑕不掩瑜,只要魏主席在总纂时再花费一些时间,下一番功夫,同时,把篇目调整的更加合理一些,体例更加时尚一点,即可付梓出版,大功告成。

我等翘首以盼。

(本文为 2015 年 11 月 19 日《天穆村回族史略》评审会上的发言稿)

塌河淀为天津提供的文化空间

尹树鹏

塌河淀是距城区最近的一片浩淼水域，地势平坦的天津平原遍布着明镜般大小不一的淀洼。因流水不畅，羊场状的海河蜿蜒其间。又有许多大小不一的减引河将他们连在一起。形成了一个完整的水系、水网。这就是天津的地理空间留给天津先民的先天资源。在这众多淀洼中塌河淀距城区最近，它对天津城市的形成、发展和走向起到了独特的作用。它决定了天津城区东部全部减引河的走向。永定河因泥沙淤积引起的河水泛滥，经北运河多次引起城区水灾。从明代起为保护天津城就开始在永定河、北运河开发减引河使其流向塌河淀，减轻天津的水患。在近代永定河治本的思路就是将其泥沙全部放入塌河淀。沉淀后再返回北运河。所以塌河淀为保障天津市区的安全，水面逐渐缩小。最后被淤成一片广袤的土地。成为天津市区东北部最易开发的资源。但在文化意义上讲，这片浩淼的水面提供的亲水空间、物产资源、社会人文又成了天津文化的重要组成部分。当前城镇化的速度很快，淀边村落大部为明代形成。

在城镇化的过程中注意古村落的保护,以引起政府和社会的关注。我们现在挖掘、整理塌河淀和天津文化的关系对我们在外环线外扩的过程中是否应该保留一些古村落具有现实和历史意义。也是完成生态文明建设的重要举措。

一、塌河淀的得名与形成

《天津府志》记载"塌河淀一名大河淀,即北运河筐儿港藉以蓄泄者也……在城东北四十里,周百里。……此淀上无来源,下通潮汐,以陈家沟、贾家沽二河为出纳焉,南北广十六里,东西长二十余里,东南有小河一道,出西堤头迳城儿上入七里海。"(《天津府志》卷之十七河渠志)

塌河淀早期是和七里海相通联的,也是性质相同的泻湖遗迹,对此天津旧志书皆有记述。"本为通塌河淀之三减河,通志有漏,据程氏含章原奏,应共为三。今北仓久湮,惟此因同治十年重浚,而存在辛庄下者,光绪十九年开为金钟河之上口。塌河淀本大河淀之音讹,深广多容,近被垫占垂尽,患乃亟矣。宣泄本有海河者二道,又有自宁河境出北塘者。"(《重修天津府志》卷二十)。"《县志》载大直沽引河东北通塌河淀,今无形迹。……塌河淀为筐儿港水道,久被民间侵占,垦做旱田,王家务一河远赴后海、七里海等处……"(《重修天津府志》卷二十)。"塌河淀在县东北四十。里俗传前代塌陷为淀,遇阴晦时见城池之形。……俱据旧志存之,于古无考。……塌河淀,诸书则尤诞矣。……"(《天津通志》中《天津县志》卷六之古迹志)。它和武清县周边的洼淀年龄相同。通过卫星遥感分析,塌河淀应该是和七里海同时代形成的古泻湖遗迹。

这些记载对此淀多以塌河淀为名，而近代出版的相关史料都明确指出其名为塌河淀，并指出了在阴晦天气有城池的幻影在水面出现。这些显然是不科学的，在八十年代笔者走访90岁以上的淀边村民时他们都说看见过这种现象。以早晨和傍晚居多。根据物理成像的原理，浩大的水面上空，水蒸气成雾状时，在太阳角度很低时容易形成折射现象。而老人都说上午、下午看见的幻影方向相反。上午在东北，下午在西南。这就印证了在古代，天津城和武清城关是形成海市蜃楼的条件，也是它得名的传说根据。塌河淀又是宋辽分界线上的水域，这些传说又和萧太后连在了一起。塌河淀遂成了萧太后的养马场、萧太后银銮殿地陷而成，小淀村就是萧殿的转音。它为天津提供了第一个具有地域空间的美丽传说。

二、淀边的文化空间

淀边近三十个村落，多为明代形成。具有浓厚的山西文化传承。寻其祖问其根，大都来自山西洪洞县，虽生活在水边却从不信奉妈祖，而专信碧霞元君，崇信东方主生的碧霞娘娘。它的传承路径带有明显的河文化而不是海文化。吃寒食的习俗一直保留至今。因大淀是鸟类迁徙必经之处，淀边是天津雁户最早形成和最集中的区域，打野禽成为特色职业。直至解放前，天津野鸭（禽）工会的主要首领皆为宜兴埠人

三、淀边的物产丰富了天津的食源和柴源

天津人讲吃，是因为有的可吃，取材容易。塌河淀和七里海的

河蟹是天津河蟹的主要供给地。每到初秋,新开河张兴庄的民生码头运河蟹的槽子船成队过耳闸经北运河驶向市区。而春秋两季的大雁、野鸭成船的集中在金钢桥以下的码头。为天津"八大成"饭庄提供了烧红腿、溜雀脯、炸铃铛等名菜。羽毛加工为"宝德生"羽毛行出口赚取了大量的外汇。高级羽毛远销欧洲,成为妇女帽子上的装饰。产生的铁杆芦苇到上世纪五十年代仍是优质的建材和造纸原料。

四、淀边的故事美丽动人

比较成熟的和有史实根据的有两段:一天淀边来了一队辽国的女骑兵,首领是能文能武,小名燕燕的萧太后。她当时三十出头,英姿勃发,骑在桃红马上,向水面望去。方圆百里的水面宛如平镜,淀边水草茂盛,气候凉爽。她感叹到,天下竟有如此好的地方,这可比塞上的海子强多了,这里没有山峦的起伏,一马平川,水甜草清,冬天不很冷,夏天不很热。真是天赐的牧马场。遂急忙派人告诉坐镇析津(现北京)的儿子,让他派人在此处为她修建一处行宫。不到一个月行宫修好了。议事处是大小不一的一群帐篷,中间一座是50人拉手才能围起的中军帐。地铺红毡毯,小帐分布四周。近水处修一宫殿,面水开窗,檐脊上挂满银铃。每当月亮升空,她都面窗而坐,或赏月或吟唱,快活无比。每早都要面窗临水梳洗打扮,水面的微风吹动银铃,带来阵阵响脆的铃声,遂给宫殿起名为"银銮殿"。萧太后着实在这里享乐了几年,谁知后来的日子里,发生了几次地震,萧太后也离此而去,银銮殿也就倒塌沉入淀中了。

第二个故事是确有史实根据的:1900年八国联军侵华战争中,当侵略军攻打北仓时,沙俄大尉亚罗斯拉夫戈尔基带领一连人担任后方侦察,他们从新开河以南,沿铁路向塌河淀进发,侵占宜兴埠达一星期之久。进村后首先搜寻义和团,见可疑的人就杀,共杀死三十多人。并放纵士兵奸淫妇女,到处大喊:"玛大摩(女人,太太之意)哈罗嗦(好的意思)"。人们逃到淀里的芦苇塘中,不敢做饭,只好以小鱼、小虾、芦根和野菜充饥。时值盛夏,暑热难耐,蚊虫叮咬,苦不堪言。戈尔基还要放火烧村,幸好有个来村逃难的宋通事(翻译)懂英语,也懂俄语,向戈尔基讲村里没有义和团,女人也都跑光了,并答应给筹集给养。沙俄士兵把抢来的各种物品和索要的给养在碧霞宫门前装满了好几车才从村中退出。但是雁户们却口衔打开结的苇管潜入水中,推着装有排枪的小船。在他们驶向北仓时,对他们开火,打得他们屁滚尿流……

五、新开河的开挖为新河北的建设 与新政的实施划定界限

1893年直隶总督王文韶接替李鸿章在三岔河口以北,利用堤头引河故道开挖了新开河,与塌河淀相通。在新开河以南,金钟河故道以北,正好形成一片开阔地。水运陆运都方便,而排泄水也方便,不会引起水灾,这就是袁世凯把新河北定位在此处的根本原因。并在新开河以北规划了高等教育园区。因临河而宁静,又直通天津新车站(今北站),率先在此建立了北洋师范学堂,北洋法政学堂,长芦育婴堂,天津地学会等学术机构。

六、塌河淀边人杰地灵

淀北 24 村,各村都有自己的小风俗,一村一样。和淀南诸村制定了交替放淤的规则。让它们轮流有一水一麦的收成。而在淀边水浅的地带,又形成天津北部最早的种稻区和非常美丽的亲水景观。被许多诗人所咏唱,清嘉庆年间赵埕的一首诗写道:"老妇鸡鸣起,忙具三人食。老翁率两男,刈稻淀之北。傍晚掉舟回,不载稻一撮。老妇诧而问,老翁笑而说。行至芦花湾,靠舵睡一觉。大儿摘鸡头,小儿采菱角。醒来抱膝看,老怀为之乐。遂至忘所事,空回甘受唾。明朝不吃饭,再去必多割"。

淀边形成的船户是天津民间运输力量的实力派,名镇宜兴埠走出了天津近代史上许多著名的人物。旧民主革命的志士温世霖、教育家张伯苓、温瀛士,以及共和国总理温家宝。另外还有靠供应军服、棉花的杨姓大户之女嫁给了民国总统袁世凯,成为中南海的"管家"六夫人。

至今天津北乡的村民都怀念塌河淀,因为它给人们提供了衣、食、住、行、乐。它最后一点残存的遗迹就是现在北辰区的永金水库。它也成为天津北部唯一的一片水面景观。永金水库静静的水面上几只定居的野鸭带着孵出的小野鸭在水面嬉闹,让人们的内心充满了依恋的乡愁。

(刊于《海津讲坛集荟萃》第 1 辑,天津古籍出版社,2015 年,第 20—26 页)

杨柳青才女白俊英与《画扇面》

由国庆

"天津城西杨柳青,有个美女白俊英,专学丹青会画画……"

中国文联副主席、中国民间文艺家协会主席、国务院参事冯骥才在谈到中国民间文化遗产抢救时曾不无感慨和担忧地说,会用天津杨柳青土话唱《画扇面》的白俊英早已不在,杨柳青"缸鱼"年画如今也只有王学勤老人会画了。

2008年2月,著名红学家周汝昌在《今晚报》副刊《年画·大观茶园·荀派·王紫苓》一文中回忆:"我几岁时,慈母就唱民间俗曲给我听:'天津城西杨柳青,有一个美人柏俊英';'巧手丹青能绘画——这佳人,十九冬……'从那时起,我就把杨柳青的这位才女柏俊英和年画联系在了一起。后来我一直想在讲年画的书上寻找柏俊英这个美好的名字。"

俊英画扇美名传

中国扇面画源远流长,入清后已风行大江南北,民间扇画以天津杨柳青所制为最美,是这里年画艺术丰厚积淀的结果。杨柳青的历史上诞生了善绘扇面的才女白俊英(坊间也称柏俊英、翠英等);诞生了说唱风格的民歌《画扇面》,并曾广泛流传于三北地区,至今脍炙人口。《画扇面》叙述了白俊英在扇面上以传统戏曲为素材,画出了许多忠孝仁义的故事,教化人们知荣辱,明廉耻,感恩德。

《画扇面》在长期的传唱过程中形成前后几个重要版本。一是只提到北京城,二是唱出了北京、盛京(沈阳)两座城,还有唱到天津城的。笔者收藏有民国中期由上海茂记书庄石印的《绣像新画扇面》唱本,此书自辽宁民间老艺人家中所获,其中收录的正是第二个版本,简明照录:

天津城西杨柳青,有个美女柏俊英,专学丹青会画画,这佳人年十九春,丈夫南学用功苦,眼看来到四月中。四月里立夏时少寒风,柏俊英坐房中赛蒸笼,手拿扇子仔细看,高丽纸上白生生,油漆骨子红点血,扇面以上缺少成工。八仙桌子放在当中,五样的颜色俱都现成,扇面铺在桌子上,细思想来暗叮咛,上边先画城两座,显一显奴手段敬敬明公。第一座北京城池来画上,九门九关甚威风,画上紫禁城一座,三宫六院画其中,金殿朝廷多画上,八大朝臣列西东。第二盛京关东来画上,老将军断赌才得安宁,东沟反了宋三好,陈大人率众领兵,众家英雄征东往,东边黎民才得太平。手拿扇子心烦闷,小奴家一看不得稀罕,虽然城池风景好,读书人也仔细看,耻笑奴家太不堪,忠孝节义不周全。忽然想起忠良画……忠孝节义全画了,柏俊英留神仔细看观,画完半面闲半面,心内思想暗详添,八出戏儿后边画,兑上了颜色甚是新鲜。头一出画上走雪山……八出戏儿全画毕,单等儿夫全了篇,金榜题名身荣贵,得取头名中状元,光宗耀祖高官坐,合家欢乐福双全。

光绪元年(1875)清军在吉林红石砬子镇压起事的宋三好,根据这一史实可以看出,经添词、改编的《画扇面》第二个版本约出现在此后时间。这一时期,天津还流传有"三一座城池画天津"的版本,留待后话。

才女白俊英何许人

有"神笔"之称的白俊英是不是确有其人呢?可谓莫衷一是,引人探究。按说像《画扇面》里唱到的或民间传说的,白俊英是了不起的杨柳青乡土画家,但方志、典籍中的原始生平依据至今尚未被人翻检出来,这也从一个侧面反映了部分民间艺术的"草根"特点。另外,自明代杨柳青年画发端以来,成功作品无数,但作者多不署款,如此又为"寻找"白俊英的可资线索带来盲点。

一直以来,关于白俊英的身世大致有几种不同的说法。

马逸先在《杨柳青年画小史》中谈到:"到了清光绪年前后,杨柳青涌现出一批农民画师,他们对杨柳青年画的发展及其艺术水平的提高起了积极地推动作用,其中有张俊庭……此外还有生卒年代不详的潘忠义和女画家白俊英。"或许是白俊英身在乡野,淳朴画匠,太民间了,是无法进入清代画家名录中的。

又说白俊英只是民间传说中塑造的人物,可能是清代乾隆、嘉庆年代人。张鸾搜集整理的民间故事描述,乾隆年间有一个财主在杨柳青戴廉增画店里买了一幅白俊英亲笔画的《莲年有鱼》带回家,后来那鲤鱼神奇鲜活起来。

再说白俊英是明末清初人,生于1628年,卒于1691年,字玉翠,号荷香子,在家中排行第二,人称二姐。并称白俊英祖籍吴门

(今苏州吴县),她的父亲是明崇祯进士,在南京为官,后调任京城,因明末战乱全家定居杨柳青。可惜作者没有标明所根据的文献。比对年代发现,《画扇面》唱到的"张彦休妻"的故事一般认为出自乾隆年文学家、戏曲家袁栋的《白玉楼》。另外"五出画上拾捡柴,姜秋莲出门泪满腮"源于明末清初之后多年的戏曲《春秋配》,而此时白俊英早已不在世间。也许有更早的戏曲版本,也许这些唱词是于白俊英身后在传唱过程中被民间艺人不断添加的新词。

就白俊英的身世,笔者采访过多位博学的天津老一代历史文化专家并到杨柳青实地调研,所获答案大多认为应该有这个人,但确切资料尚未见到。《画扇面》写事实在,写人生动,就民歌创作而言凭空编造的成分不大,像陕北民歌里的兰花花(姬延玲),常常是有其人才唱其事的。

《画扇面》因版本不同、传唱的地区不同,加之方言、发声乃至以讹传讹等原因,白俊英也被经常唱成柏俊英、白仲英、白秀英、翠英、翠玲、白二姐等,甚至还将天津唱为北京。如东北版本"天津城西杨柳青,有个美女柏俊英";陕西安塞版本"天津卫城西杨柳青,有一位美女名叫翠英";山东版本"天津卫城西杨柳儿青,有一位女子名叫翠玲";陕西绥德版本"北京那城西杨柳一苗青,有一个美女白仲英"等。现今,歌手杨一采集于陕北并演唱的《画扇面》开篇唱到:"天津那个卫城西杨柳青,有一位女子名叫翠玲……"

《画扇面》的产生与发展过程中始终洋溢着田野的气息,口传心授,父领子作,自娱自乐,多变甚至混淆而成为一种常态是可以理解的。乡里乡亲,想唱就唱,唱错传错也无所谓。但万变不离其宗,一定是天津城西杨柳青的佳人白俊英才脍炙人口,才经典不衰。

传说中的白俊英

有一段杨柳青民间故事对白俊英的身世以及画扇面的细节讲述的绘声绘色。据说,传统杨柳青年画要数互为邻里的白家和安家画的最出色,白家小女白俊英和安家儿郎安雪从小青梅竹马,俊英画画,雪儿题字,堪称绝配。在俩孩子18岁那年就要办婚事的前几天,皇上南巡路过小镇要检阅画棚,家家都要挂出最好的画来。白家和安家的画尽产尽销,一时拿不出佳作,这可是要满门抄斩的罪过。圣上说到就到,情急之下的白俊英用金粉和几样颜色胸有成竹地画了一条飞龙,安雪原本要写"金龙飞舞"时却在慌乱之中落下了"舞"字,成了"金龙飞"。没想到皇上见罢却龙颜大悦,当顺口念出"金龙飞"时,只见天空祥云乍现,金龙腾空而起⋯⋯圣上恩赏,安雪被召到御画院。

安雪进京前的晚上,心中忐忑的白俊英特别为他画了几把扇子。先画紫禁城,城内金銮宝殿文武满朝,三宫六院美女成群;再画精彩大戏表现忠孝节义;又画杨柳青风情。白俊英试探着让安雪选择一把,安雪爱乡情切,带上了杨柳青风情画,这才让她放心。身在京城的安雪眷恋着白俊英,不被金钱和官职所动,后来回到家乡,夫妻二人与年画相伴终生。

另外的传说云,乾隆年间津西胜芳镇的富户薛大人船过杨柳青时被河边的《画扇面》小调所吸引,于是停船上岸,这里的美画让他惊羡不已。他更喜欢白俊英亲笔画的《莲年有余》,买了一幅带回家中。说也神了,有天晚上薛大人依稀见到画中的胖小子动了动身子,从画上跳了下来,小童子东瞧瞧西看看,然后嫩声嫩气地对老俩口说,爷爷奶奶要是想吃鱼,我会逮,你们拿个木盆来吧。待老俩口一定神,那胖小子又跳回画里。薛大人连忙找来木盆,对画上的胖小子开玩笑地说,你的话我们当真啦,木盆在这,我们就等着吃鱼啦。转天清晨,薛大人惊奇地发现盆里果真有一条活蹦乱跳的大鲤鱼。从此,薛家每天有鱼吃。

人心不足蛇吞象,时间一长薛大人就往歪处琢磨了。他让胖小子每天给他家一筐鱼,鱼说来就来。进而,薛大人想让别人池塘里的鱼全都归他,好赚大钱。就在他美滋滋地打着如意算盘的空儿,只听见"唰"的一声,再抬头看那年画竟变成了白纸,薛大人急得也一命呜呼了。事后人们传言,薛家的铜臭气玷污了娃娃和金鱼的灵性,那胖小子抱着鲤鱼回杨柳青找白俊英去了。

《渔盆的故事》在1959年曾被改编为动画片《渔童》,深受青少年欢迎。故事的发生与杨柳青年画和白俊英有关。传说清末年间有个渔翁在杨柳青南运河畔以打鱼为生,一天晚间见到河里升起金色火光,于是驾船前往打捞上来一个白瓷盆,盆底的画就是白俊英所绘的娃娃和鲤鱼。夜里,渔翁看到画中的渔童举着鱼竿钓起了小金鱼,溅出的水珠落在盆边变成了粒粒金豆子,渔翁得以安家立业,并在后来保护渔盆未落到洋人手里……

津沽说唱《画扇面》

《画扇面》不仅在光绪年间出现了艺人添加的"盛京"版本,其实在"天津教案"发生后,津沽还流传着"三一座城池画天津"的版本,盲艺人牛亭山的说唱最为著名。

在原《画扇面》的内容基础上,这一版本先唱天津的精粹风物与便捷交通："三一座城池画天津,能人制造算盘城……单街子,娘娘宫,估衣街的买卖数不清,四门的鼓楼就在当中。天津卫马路修得宽,四面钟的洋货样样都全,洋楼盖下了无其数。自来水,电线杆,电灯电话紧后边,要来了地图又把电车安。扇面上画梁家园,望海楼便在三岔河口前……往上海,三五天,火车还有火轮船,来来往往赚的都是中国钱。"

同治九年（1870）,直隶总督曾国藩奉命来津办理天津教案,他综合当时的局势,先对英国、美国、俄国进行赔偿,也未与法国开战,计划同法国单独交涉。随后,天津人的反帝热朝更加高涨,《画扇面》也迎合时事道："外国人们定计分我江山……进京要夺权,侵犯了中国混乱江山……大乱就在同治九年,天津的黎民不得安然,黎民百姓遭涂炭。都大人,把脸翻,外国人们一命染黄泉,天津的黎民们才得平安。五月佳节失落了机关,那才是外国人们的报应循环。又来了那不怕死的陈大帅,领黎民,到这边,上了浮桥过了关,火烧望海楼就在五月二十三……"这里的陈大帅就是记名提督陈国瑞。《清代通史》载,天津教案发生后,陈国瑞与奕譞对群众反帝运动给予了一定的支持。

该版本《画扇面》在说唱完北京、盛京、天津后,照旧回转唱起忠孝节义和八出戏："三座城池都画完,忠孝节义没画周全……忠孝节义都画完,白二姐越看越心酸,叫人们耻笑我太不堪,细思想,仔细观,调好了颜色再画一番,八出戏文画后边……"

《中国民间歌曲集成·天津卷》收录有老天津西郊和东郊的《画扇面》。西郊歌由牛亭山演唱（冯零、雪玲记录）,分为3段,从"天津卫城西杨柳青（哪）,有一个美女白俊英,专学丹青会画画（呀）"唱到"细思想,暗叮咛,一心要画上两座城,显一显手段敬敬明公。"东郊歌由于润安演唱（王小村、钟文龙记录），为一段，从"天津（呀）城西杨柳青，有一个美女白俊英，专学丹青会画画"唱到"心中想，暗叮咛，上面先画两座城。"最近出版的由文化部、国家民族事务委员会、中国音乐家协会主办的《中国民间歌曲集成》也将《画扇面》收录其中。

1949 年以前，尚未出现"天津时调"一词，当时称"唱时调"，除了几种鸳鸯调之外，还有以演唱曲目而定的曲调，如《画扇面》《十杯酒》《绣麒麟》《明月五更》等，均在天津流传。天津时调表演艺术家王毓宝就曾表演过《画扇面》。近年来，歌唱家李瑛在国际文化交流活动中多次演唱《画扇面》，将它推向了世界舞台。

八方演绎《画扇面》

自 19 世纪 70 年代以来，杨柳青人积极支援边疆，跟随左宗棠走进新疆，他们不仅带去了毛巾、肥皂、布袜、腿带、针线、茶、烟、糖、常用药等，还将包括《画扇面》在内的天津民间说唱，以及年画、秧歌、风筝、剪纸、春联、珠算、烹调、游艺等流播到西北地区。"百艺进疆"还带动了"赶大营"沿线陕西、甘肃、山西、内蒙古等地经济与文化的发展。

百多年来，《画扇面》在陕西、甘肃、宁夏、内蒙古、山西、山东、河北、河南、安徽、北京和东北三省久盛不衰，半壁河山处处传唱，曲调近 30 种，仅陕北就至少有 16 种，由此演化出的表演形式更为繁多。早已具有西北风黄土情的陕北民歌《画扇面》的风格或轻快，或细腻，或柔婉。有时，每种曲调之间的旋律差别较大，似乎各有师承门派，加之不同演唱者多变、即兴的发挥，所以陕北《画扇面》的变化最为丰富,绥德、米脂、横山、佳县、安塞、延川、子长、子洲等地《画扇面》的歌词几乎没有完全一样的,但它们的内核都是天津杨柳青的才女白俊英与她的扇面美画。

曾在陕北插队10余年的作家王克明对当地风俗情深意切,他曾亲耳听过安塞艺人任志强的演唱,并原汁原味地记录下了那份精彩:"天津卫城西杨柳青(吗那嘿),有一位美女名叫翠英……二一出画上二进宫(吗那嘿),杨宗保搬兵回到了朝中,三霄妹摆下黄河阵,萧天佐(呀吗)过洪州,来了元帅穆桂英(咳呎咿呀),打坏了番贼救出了公公。三一出画上女娇流(吗那嘿),李三娘担水面带忧愁,人说是苦实难受,王三姐(呀吗)飘绣球,张彦休妻白玉楼(咳呎咿呀),秦雪梅吊孝两眼儿泪流……"

在山东,不仅有临沂小调《画扇面》,苍山的艺人还将《画扇面》改编成鲁南民歌,在《画扇面》唱词的基础上,最后一段特别与时俱进地唱到:"杨柳青的男女和老少,丹青画画手段高,他们的作品欧亚去,美国总统也来瞧一瞧,临走带去嫦娥奔月,董成招财也捎着。要问唱者名和姓,苍山宋庄的杜景顺。"吕剧是山东地方戏,它早先是清末年间一些乞丐在学唱《画扇面》等杂曲小调基础上的一种发展创新。吕剧最初的剧目就有《画扇面》。另外胶州小调秧歌也唱《画扇面》的调子。

《画扇面》在内蒙古西部经化妆演唱,发展为欢快热闹的二人台。而山西的二人台《画扇面》则被演绎成"女画家杨柳清"的爱情故事了。安徽的皖北琴书中也可见源自《画扇面》的音乐元素。

在运河畔,在窑洞里,在庙会间,《画扇面》的每一次传唱,其旋律也许都会发生变化,不同曲调的行云流水与酣畅淋漓,都为白俊英画扇面的故事留下了随性之快,乡土之美。

《画扇面》里看大戏

有许多古代故事之所以家喻户晓，就因为它们曾被戏曲很好地演绎，或成为了老幼熟知的民歌，《画扇面》又何尝不是呢。细心读者不难发现，《画扇面》唱的大多是戏出故事。

以民国年间流行在东北的《画扇面》为例，"忠孝节义全画了，柏俊英留神仔细看观，画完半面闲半面，心内思想暗详添，八出戏儿后边画，兑上了颜色甚是新鲜。头一出画上走雪山……"这里的量词没有使用"幅"或"片"，而是以"出"来表示，画了一出又一出，"八出戏儿全画毕，单等儿夫全了篇……"

20世纪五六十年代，东三省传唱的《画扇面》中的大戏更加丰富：

"头出画上走雪山，有个小姐曹氏玉莲，家院曹福活冻死，又来了，众八仙，迎接曹福上南天，哭坏了小姐曹氏玉莲。二出再画贤孝男，钟子期打柴不爱做官，白猿偷桃天书献，小沉香，劈华山，吴汉杀妻站潼关，哎，文王带人去访贤。三出画上节烈女姣流，李三娘磨房实忧愁，挨冻受饿实消瘦，王三姐，抛彩球，张彦休妻白玉楼，哎，秦雪梅吊孝节烈千秋。四出画上义气男，单雄信访友在河南，仗义疏财秦叔宝，为朋友，两肋酸，石秀杀嫂上梁山，哎，俞伯牙访友马鞍山前。五出画上拾捡柴，姜秋莲出门泪满腮，春发访友到郊外，舍银两，就走开，一朵鲜花他未摘，哎，诚言是君仗义疏财。六出画上朱春登，牧羊圈舍饭去修行，婆媳寻吃去讨饭，赵氏女，进芦棚，夫妻见面泪盈盈，哎，艰难困苦谁不知情。七出画上二进宫，李艳妃宫中多愁容，国家有难思良将，徐延昭，闯进宫，黑虎铜锤举在空，哎，杨波保国苦尽忠。八出戏画的精,画个和尚叫唐僧,师徒路过无底洞,猪八戒,太稀松,全凭大圣孙悟空,哎,灵霄殿告状请来天兵。九出戏画上魏蜀吴,刘备枭雄三顾茅庐,请来先生诸葛亮,借荆州,谋东吴,周瑜定计请皇叔,哎,怒摔竹筒令箭才出。十出画上五雷阵,孙膑双拐没人敢陪,王翦下山平六国,大毛贲,斗雄威,孙膑进阵魂吓飞,哎,盗仙丹多亏金眼毛遂……"

《画扇面》里的出出大戏也在陕北唱着,如"二一出画上二进宫,正宫娘娘多愁容,国家有难思良将,徐千岁巧计生,黑虎铜锤举在空,杨侍郎报国苦尽忠。"歌中每一段(一出戏)的第一句后三个字便是剧名,如三出画《牧羊圈》、四出画《唐太宗》、五出画《黄鹤楼》、六出画《走雪山》、七出画《明公断》等。

山东《画扇面》也完整保留有戏出唱词,如"五出小戏画上黄鹤楼,汉刘备吃酒犯了忧愁,东吴设下了美人计,曹操笑,刘备哭,周瑜摆宴请皇叔,拆开了竹节令箭现出。"

《画扇面》的流变

竞相传唱的《画扇面》后来逐渐成为一种民歌曲牌,唱者主要是半农半艺走乡串镇的人,以及卖针线、卖膏药的、卖唱本的小贩等,他们手打响板,唱起来如同吆喝歌,很能招揽顾客。撂地说相声的在开场铺垫时也常用这个曲牌来"圆粘儿"。

在旧时民间,用《画扇面》曲牌唱的小调也叫《百忍图》。曾流行在天津西郊,由牛亭山、孙华洲演唱的《公道老爷劝善》中道:"混沌初分世难晓,谁知道地厚天有多么高,日月穿梭催人老,要争名,把利捞,难免生死路一条,八个字造就定是难逃。树大根深长的牢,人受教调武艺高,井淘三遍吃甜水,劝明公,忍为高,千万别跟那歹人学,劝君子回头你为善最好。"

天津曲艺理论家倪钟之、曲艺作家萧作如向笔者介绍,建国后,《画扇面》曲牌被天津曲艺团的曲艺作家陈寿荪改编成《农民乐》曲牌,被单弦和曲艺剧吸收,为人喜闻乐见。单弦曲牌可分为叙述曲牌、抒情曲牌、特殊用途曲牌,《农民乐》属于抒情曲牌中带有欢快喜剧色彩的那一类。如20世纪60年代的"棵棵绿竹叶儿尖,满山叠翠荡漾无边。社员们锄草在田里面,听那劳动歌儿唱得欢。丰收景象在眼前,伟大祖国好河山。"民歌说唱《画扇面》原来的教化意味浓郁,在演变成曲牌之后便以宣传和抒发欢快情感为主了。

近年,北京密云五亩地村一位农民还尝试用民歌《绣枕头》的曲调来唱《画扇面》的老词,颇有趣味。时下流行乐坛的一名歌手承袭并演唱了陕北民歌《画扇面》,嘹亮高亢,总能听出些黄土情的韵味来:

"天津那个卫城西杨柳青,依呀喂,有一位女子名叫翠玲,从小小学到会画画,小佳人十九春,丈夫是南京读书人,哎哟,月儿到了四月半中。四月里天立夏无寒风,依呀喂,小二姐高楼摆下龙阵,手那扇面仔细看……五色那颜料摆得现成,扇子放在桌面上,仔细想不消停,画出北京一座城,哎哟,画在那扇面上显显那手能,第一幅画出北京城,依呀喂……二一幅画出俞伯牙,依呀喂……八一幅画出水晶宫,依呀喂,来了一位和尚他是唐僧,他去西天取真经,猪八戒小沙僧,还有开路的孙悟空,哎哟,一路上遇到了九妖十八洞……"

当然,城市歌手与一身黄土的民间说唱艺人是有区别的,这首流行歌曲和原生态的陕北《画扇面》相比,在一些词汇和语调上不免有讹误之处,歌手对原有典故的采集也在减少,但流行音乐无疑会让更多人听到了这首源于天津的经典民歌。

现在,白俊英的美名已成为了一家年画社的品牌,画社不仅生产精美的杨柳青传统年画,还不断开发旅游市场空间,相关的文化产品让更多人知道了天津城西杨柳青曾有个才貌双全的女子白俊英。

(刊于《天津档案》,2015 年第 1 期,第 42—43 页;第 2 期第 41—43 页)

天津印制的华东区票
及加盖的华北区票

张 辉

　　1948年3月山东青州解放,6月山东省邮电管理总局移驻青州,7月底更名为华东财经办事处邮电管理总局并开始印制发行邮票。1949年1月10日淮海战役胜利结束后,长江以北的华东区域已全部解放。为了配合中国人民解放军大举南下后能迅速接管国统区的邮政业务,恢复通邮,华东邮电管理总局未雨绸缪,提前着手安排邮票发行工作,并设计了一套"交通工具图"的华东解放区邮票,俗称"邮运图"。邮票原拟在山东济南印刷,因为当地印刷厂胶印设备不足,所以1949年1月15日天津解放,在城市接管初步完成后,这套邮票被送到天津印刷。

　　当时由于山东和天津两地诸多金融业务都未对接,使华东局无法及时将印费汇给天津。可邮票必须按期发行,华东财政经济办事处同天津邮电管理局协商,印费先由天津局垫付,而华东局将在邮票印好后给天津局留下5000套在津出售,以充抵印费。华东区票在华北解放区并不能作为邮资凭证使用,只能用于集邮,因此华

天津印制的华东区票

东局留下的"邮运图"直到 5 月 1 日天津集邮台恢复营业时才投放市场。就这样,华东局未花分文就如期完成了邮票印制。

"邮运图"邮票由原来印制过毛泽东像普通邮票的私营华东印刷公司经理宫有为,介绍到其父宫俊宏所经营的天津中国印刷公司承印,印厂地址在天津市第一区赤峰道 11 号。"邮运图"完成后,天津中国印刷公司又相继印刷了山东"二七"建邮七周年纪念、淮海战役胜利纪念、南京上海解放纪念 3 套华东区票。

这 4 套邮票的大体情况是:

J·HD—46 第一版交通工具图邮票

王顺堂设计,全套 11 枚,分有齿票、无齿票两组,图幅 23mm×20mm,1949 年 3 月 26 日发行。1950 年 9 月 1 日停用。邮票图案均为前进的火车,左上角有一颗光芒四射的五角星。左右下角分别为阿拉伯数字小写面值和大写面值,称为天津版"邮运图",有的全张四边无齿孔。

J·HD—47 山东"二七"建邮七周年纪念邮票

全套 11 枚,分有齿票、无齿票两组,图幅 31mm×21mm,1949

年 4 月发行。1942 年 2 月 7 日山东战时邮政总局成立,为此 1949 年华东邮政管理总局特发此套邮票以纪念这一重要事件。邮票图案均为邮政人员穿过敌人的封锁运送邮件的情景。其中面值 5 元的那枚邮票上,敌人碉堡上插有一面日本旗,为了消除它,采取在其上加盖"邮"字方法,加盖的字和颜色不同,也有漏盖的。

J·HD—48 淮海战役胜利纪念邮票

王顺堂设计,全套 11 枚,分有齿票、无齿票两组,图幅 31mm×21mm,1949 年 5 月 1 日发行。淮海战役是中国人民解放军与国民党军队进行战略决战的三大战役之一。邮票图案均为画面右边为淮海战役简图,左边是中国人民解放军前进的情景,一名年轻的解放军战士高举红旗走在队伍的前面,他的背后是尚未清理完毕的战场。

J·HD—49 南京上海解放纪念邮票

全套 9 枚,图幅 31.5mm×22mm,1949 年 5 月 30 日发行。1949 年 4 月 21 日,毛泽东、朱德发布向全国进军命令。4 月 23 日,攻克了南京,5 月 27 日,解放了华东经济中心上海。这套邮票就是为纪念南京、上海解放而发行的。邮票图案均为左边是上海地图,右边为南京地图,上方印有"南京上海解放纪念"字样。这种以市区图作为邮票图案的做法在中国尚属首次。

随着中国人民解放军的节节挺进,华东区票的印刷地点向南迁移,华东邮电管理总局也移驻上海。J·HD—50 第二版交通工具图邮票就是在上海印制的,称为上海版"邮运图"。邮票图案与"天津版"完全相同,全套 8 枚,图幅小了一号,为 21.5mm×18.5mm,整张枚数由天津版的 150 枚增加到 200 枚。

两个版的"邮运图"上的"华东邮政"四个字是按照从右至左的

书写顺序排版的；但邮票下方标明面值的大写汉字却是从左至右的排版顺序。在同一枚邮票上出现了完全相反的两种书写顺序,这应当属于排版上的失误。

1949年1月天津解放后,天津市各邮局发出通告,金圆券面值的邮票一律停用,存在人民手中的金圆券面值邮票,限期向邮局兑换通用的解放区邮票。因天津刚刚解放,各邮局出售的邮票均是从石家庄带来的平山版毛主席像邮票。

晋察冀边区邮政管理局于1948年分三次发行了一套8枚毛泽东像普通邮票,邮票面值为晋察冀边区银行券币值,发行日期分别为2月25日(发行100元、200元、500元直型和1000元四种)、3月23日(发行500元横型、2000元、5000元三种)和7月9日(发行2500元一种),因急需,另选其中5种印制时没有打孔。此票后来考证是在河北省阜平县印制的,由于当时误传是在平山县印制,所以称为"平山版"。

天津解放后出售的这种邮票有500元直横两型、1000元(含无齿票)、2000元、2500元、5000元面值6种,约74.3万枚。晋察冀边币每1000元折合人民币1元。后因带到天津的邮票数量有限,为不使邮票供应断档,华北邮电总局决定发行一套华北解放区改值邮票,以解燃眉之急。

随后经天津市军管委员会交通接管处邮政管理局军代表批准,在天津市哈尔滨道181号明记卡纸印刷工厂,将旧中华邮政库存的"中华邮政中信版宝塔图"50元(法币)汇兑印纸铅字机盖改值普通邮票5角10万枚,1元30万枚,3元60万枚。汇兑印纸上的宝塔是山西洪洞县广胜寺的飞虹塔,票面的面值加盖5号黑体字,"华北邮电暂作邮票"8个字为5号宋体字,均为黑色字。于1949年

天津加盖的华北区票

1 月 27 日正式发行。

因加盖的改值邮票数量有限,仍不敷用,故又在东马路贡院后胡同 13 号天津久兴印刷局再行加盖续印 20 元、50 元的汇兑印纸,改值为普通邮票 5 角、6 元两种。其中 50 元暂作 5 角邮票 17 万枚、20 元暂作 6 元邮票 73 万枚。除票面面值用字改为 4 号宋体字外,"华北邮电暂作邮票"8 个字仍为 5 号宋体字,也仍是黑色字。于 1949 年 2 月 9 日正式发行。

第一次发行的俗称"小字"票,第二次为"大字"票,后者印坏销毁的邮票近 2500 枚。第一版与第二版加字的字距不同,字体排列的高低也不同。两次加盖当中也产生了诸如倒盖、复盖、正倒复盖、漏盖"华"字、漏盖"暂"字、卧排"暂"字、"壹"字墨点等多种变体票。

此套邮票志号定为 J·HB— 58,名称为华北邮电总局加盖"华北邮电暂作邮票"改值邮票。先后两版的天津加盖改值邮票既是华北解放区唯一的地方解放加盖票,又是盖有"华北邮电"的一套独特邮票。

(刊于 2015 年 2 月 25 日《天津日报》第 12 版)

《汉文泰晤士报》上的寻书启事

张元卿

前些年淘到一张《汉文泰晤士报》,据李磊《〈汉文京津泰晤士报〉一瞥》称,该报是《京津泰晤士报》的子报。在 20 世纪 20 年代,《京津泰晤士报》与香港的《孑剌报》、上海的《字林西报》、汉口的《楚报》并称英人在华所办的"四大具有魔力的大报"。李文写道:"这家报纸创刊于 1894 年 3 月,属英人贝令汉(William Bellingham)的天津印刷公司所有。初为周刊,1902 年改为日刊,1941 年受日本侵略势力的压制而被迫停刊。"

关于其创办时间,李磊认为是 1917 年 10 月左右,2009 年郭传芹《关于〈汉文京津泰晤士报〉的再考察》则进一步确定为 1917 年 10 月 10 日。最近偶翻 2001 年出版的《天津大辞典》,发现早在李、郭两位考察《京津泰晤士报》之前,辞典相关词条已明确写着该报"1917 年 10 月创刊于天津","原名《汉文泰晤士报》(《汉文京津泰晤士报》)。1927 年 10 月 25 日第 3384 号,报头名改为《泰晤士报》。1928 年 11 月 10 日第 3931 号版头改为《汉文平津泰晤士报》。社址在天津荣业大街。办报人熊少豪,经理胡稼秋,编辑孟震候、黄能文、涂培源等"。

李磊在天津图书馆只看到 21 张《汉文京津泰晤士报》,最早一张是 1920 年的,最晚是 1928 年的。郭传芹在国家图书馆看到的是 1918 年 1 月 7 日、1926 年 3 月至 1930 年 2 月的。

我之所以留意《汉文京津泰晤士报》,是因为天津作家宫白羽一度任该报总编,我总想着这个报上或许有白羽的佚文,那时还不知道京津的图书馆就藏有此报。我收藏的《汉文泰晤士报》是 1924 年 3 月 21 日的,天图没有,国图也没有。这是张残报,只有第一、二两页,基本是广告的天下,没有新闻,更没有副刊。靠近报头的位置有一则《寻找旧书》启事:

> 启者,敝处于前日(二十日)由法界乘蓝牌电车赴老车站邮局下车时,偶一不慎,遗失手抄小说《锺无艳》旧书三册,计第一、二、三本。该书系毛头纸书皮,如各界人士拾得,请将该书送至法界汉文泰晤士报胡稼秋君,或津海关内林耀增君收,当有重谢。
>
> 林□谨启

启事中提到的《锺无艳》是一种民间通俗唱本,有弹词《锺无艳全传》和广东木鱼书《锺无艳娘娘》等。林氏说他遗失的《锺无艳》是手抄小说,那自然不会是当时正规书局印行的同名通俗小说,因当时通俗小说印数较多,极少有人去抄录,即便有人抄录,抄本丢失了,也不值得登报寻书。唯一的可能是林氏的《锺无艳》是一种珍贵的民间抄本,但到底是弹词还是木鱼书,还需从林氏指定的收件人林耀增入手来考察林氏生平才能确定,但这实在繁琐,也不一定能寻出头绪,而世传《锺无艳》以木鱼书为多,故不妨暂且认为它是木鱼书抄本。如果它是木鱼书,那是不是可以做这样的联想:它曾流行于当时流寓天津的广东人社区中,也许广东会馆还上演过木鱼书《锺无艳》?

不管我的联想能否被证实,在报头边这样的黄金位置刊登这样的寻书启事,说明林氏实在惦记这个手抄本,但该报既是商业报纸,广告多,则登载这则启事的费用一定比较高。不过,肯定也能为急着寻物的客户接受,否则我们就不会知道当年竟有林氏这样的书痴。如今自不乏这样的书痴,但能在报头边留下这等书痴行径的,想来是少之又少,或几乎没有的吧。

(刊于 2015 年 11 月 23 日《今晚报》副刊)

昭和歌后的天津往事

周梦媛

　　她是当年日本国宝级歌手,将大量中国歌曲在日本唱红。她被征用到"皇军慰问艺术团"来津"慰问"演出,鼓舞日军的士气。却不想就在准备回国的当天,日本宣布无条件投降,自此进入天津的日本人收容所。她晚年出版自叙传,详细回忆了这段日子,并声称自己有罪,也让中国人从另一个角度解读出这段历史的曲折。

被征入伍来津演出
谁想竟成人生转折

　　1945 年 7 月,中华民国政府军事委员会宣布抗日战争进入转守为攻阶段。月底,美、中、英三国联合发布波茨坦公告,敦促日本无条件投降。此时,日本占领下的天津,仍有居留民团在鼓舞着日本侨民的"必胜"决心,还有伪政府伪机关在为日军进行慰安和举办"善邻相亲"的活动,而一般日本侨民则被派去参加各种支援活动。

与此同时,一艘名叫"烟台丸"的货船,从日本出发赶往中国。这船上除了一仓货物,还有几位神秘的乘客,他们按照大连汽船株式会社为这艘货运船制定的路线,从新潟到达了朝鲜雄基港口,然后又马不停蹄地向着华北、向着天津飞蛾扑火般奔来。这几位乘客是日蓄工业株式会社的艺人,在那个摒除"敌性词汇"的年代里,他们公司的原名"哥伦比亚唱片"不允许被使用,但作为日本第一家唱片公司,那里的艺人无疑有着巨大的影响力,这次他们也是以慰问团的形式,应邀前往华北的京津地区"歌唱报国"。

为首的是一位女歌星——渡边滨子(1910—1999),被誉为"昭和歌后"。也许咱们国人不太熟悉,但提起由她原唱和带去日本的歌曲,我们多少会有所耳闻:《苏州夜曲》《沙韵之钟》《白兰之恋》《何日君再来》《夜来香》《蔷薇处处开》……其中前三首是地道的日本原创歌曲,后三首则借用了咱们耳熟能详的中国歌曲曲调。这些中国歌曲在用日文重新填词传唱到日本的过程中,也是经由渡边滨子之口唱红的,以至在日本广为人知。渡边滨子是那个年代日本的歌坛巨星,然而怀着未知心情奔赴华北的她还不知道,天津这座城市即将光复,她注定要在这里碰得遍体鳞伤。

其实,这不是渡边滨子第一次来中国了。早在1938年春,东京日日新闻、大阪每日新闻与哥伦比亚唱片公司合办的"皇军慰问艺术团"就到过华东地区,因为前一年的12月,日军攻陷了国民政府的首都南京,激起了日本人的"从军热情",连文艺界都嚁然应之。早年因演唱不含政治意义的抒情歌曲而多次受指责和查禁的渡边滨子,这次也被编入其中。此后慰问日军成了日本文艺圈的惯例,渡边滨子也成了以来华"劳军"闻名的歌手,她的作品多是用中国歌曲填上日本词来翻唱。

　　根据战时统辖文艺出版的日本内阁情报局规定，参与慰问的艺人是被"征用"，等同于从军，"皇军慰问艺术团"是在陆军省报道部的命令下整合起来的，因此，渡边滨子胸前也戴上了金星章。来华多次的渡边滨子，还出席过一些中日合办的音乐会，认识了张君秋、姚莉、白虹等中国艺术家。慰问团的演出，让当时日占北京的伪文化协会很是欣赏，因此力邀其再来，于是便有了1945年这一次。

归国行程遇到波折
亲身经历战败景象

　　话接前文，渡边滨子一行到达雄基后，乘火车经过新京，抵达北京，十天之内匆匆在秦皇岛、昌黎、滦县、唐山等地"慰问"，而后于8月8日抵达天津。在天津，渡边滨子"慰问"了天津病院、日本驻屯军司令部等地，10日与日军货物厂的管理人高谷繁次少将见面。正是这个日军货物厂，几天后便成为各地汇集而来日本侨民的收容所。11日，渡边一行到了北宁公园，在那里"一座壮丽的建筑"中举行了一场音乐会，转天就是"最后的舞台"淡路国民学校（今鞍山道与甘肃路交口）。租界时代后期，淡路国民学校的礼堂，经常被用作大型活动与重要演讲的举办地，渡边滨子也觉得"这里的麦克风最好用了"。乐手拉着手风琴，吹着萨克斯，两个半小时唱了民谣和流行歌曲，"听众都很高兴"。当时，日本艺人前往战场等地"慰问"，多乘坐军方提供的军用卡车，这次渡边滨子在天津，当她与三位乐手、一位经纪人上车之后，司机却迟迟不开车，询问得知是要等其他团员，当渡边表示人已经齐了的时候，司机还惊讶怎么会有这么小的慰问团。

活动结束后,安排方为渡边滨子提供了两天空闲时间。这两天她短暂地游览了天津,买了些手信,出席了日军举办的宴会,与侨民中关照慰问团的同事、商人们见了面,这其中包括当时坐落在特一区通州路(今台北路)的日蓄(哥伦比亚唱片公司)工作人员。他们的宴会场地则是"天津亚细亚饭店",也就是日占时期被改了名的利顺德大饭店。

8月15日,是渡边滨子和她的慰问团预定返程的日子。一行人预定了上午10点的火车票,但不知为何车却晚点了。这时,此前在军队宴会上曾经把酒言欢的驻屯军大尉松村,将她们急忙忙地接了回去,说是广播里将会有来自日本天皇的重要内容播出。中午,众人打开收音机,日本天皇的声音第一次向普通民众播送,虽然艰深晦涩的用词和天皇具有特色的朗读停顿需要解释才能明了,但即便是听懂的只言片语,已让这些人认识到了,此时此刻是历史上一个重大的转折,注定将被载入史册。

听完播音后,渡边滨子身边的军官们都摘下了帽子,扔掉了军刀,颓丧地瘫倒在椅子上,还有人问他们:"天皇说的是什么?"得到的回答是:"战争结束了,我们输了。"问的人还一头雾水:"输了?之前不是说我们在中国处处都打胜仗的吗?"面对这样的反问,军人只有苦笑,告诉在场所有的人:"你们可能回不去了。"

第二天,马路上处处飘扬起了青天白日旗。此时,渡边一行在军队的护送下去了北京。一路上众人还担心沿途会遭到中国百姓的攻击,但没想到一切如常。在北京,渡边滨子为了掩盖自己日本人的身份,穿上了中国服装,去北海公园等地游玩,看见日本兵在用军刀胡乱砍路边的树木、互相争吵,陷入一片混乱。之后,陆续有日侨前往天津的收容所,等待遣返。在这样的形势下,渡边滨子再次返回天津。

在收容所里仍表演
十一个月后才归国

在日蓄天津支店的安排下,渡边滨子住上了"一流的旅馆",但旅馆方提出"禁止日本人入住",又将她赶了出来,日蓄只得又安排她住进了明治制果天津支店的楼上,与店长稻叶氏一家住在一起。明治制果就是咱们现在超市都能买到的"meiji"明治巧克力糖果的生产商。

接下来,渡边滨子自叙传中的讲述颇为珍贵,她以被羁押的战败国国民的身份,见证了美军入城的情景:"欢迎的小旗在街上迎风飘扬……外面欢声雷动,我们从窗边向下望,只见美国海军意气风发,威仪堂堂地行进在大路上。人们挥舞着旗子,拍着手,摩肩接踵,迎接他们,挥洒着胜利的喜悦……我们呆然看着这一切,身边的军官紧紧抓着窗框,泪水从他溢满悲伤的脸颊上流过……那一夜(天津)成了不夜城,转天满马路都是美军的吉普与卡车。"

有记载显示,明治制果在天津有过四个地址:最早期在法租界,然后两个位于日租界,但渡边滨子透露自己并非在日租界;而明治制果最晚期的地址,在兴亚第三区七号路与六号路交口处,就是今天解放北路和哈尔滨道交口西侧骑楼建筑,这也是1945年9月美国海军陆战队一师进入天津市区时,被天津百姓夹道欢迎过的地方。

直到这一年的12月31日,渡边滨子和一直照顾她的稻叶家,離開了他們的明治制果商店，乘上美國憲兵的大卡車，前往收容所。在收容所，渡边被安排在有厨房和浴室的、原货物厂军属居住的舒适宿舍。1946年1月，收容所由美军转交中方管理，穿上中国服装的渡边滨子，在宴会上用中国话给进驻的中国军人们演唱了《何日君再来》《夜来香》等歌曲，没想到很受欢迎。在最后的几个月里，她便经常在收容所里的临时剧场，给等待遣返的日本侨民演出，也给中国军人演出，偶尔还会被一些没看过她演出的年轻日本军人认为是"会说日本话的中国姑娘"。这几个月在收容所的经历，另有当时被遣返的侨民也曾见过。这些人在回忆中提到，渡边滨子经常在收容所演出，那美貌如同外国女演员一般，让人看得入迷。不知不觉，渡边滨子也迎来了自己的遣返日。

那是1946年4月的末尾，收容所宿舍的门卫为这批人开了一个小小的送别会，大家一起做日本料理吃。转天，接受检查后，渡边滨子登上了美军的LST—162登陆舰。一路上她快活地歌唱，5月4日，到达长崎县佐世保市针尾岛浦头港。那是被指定的日侨遣返登陆港口之一。今天，那里建立了"遣返纪念和平园"与"浦头遣返纪念资料馆"，以此来铭记往事。渡边滨子回到横滨那已被烧毁的家中时，距日本投降已经十一个月了。

一代歌后的天津羁旅，至此画上句号。归国后，渡边滨子继续着自己的歌唱事业。直到昭和年代的最后一年引退，五十余载中演唱了一千八百余首歌曲，几度担任NHK红白歌会压轴。晚年，渡边滨子在失智症的折磨下陷入卧床不起的境地，1999年12月31日去世于家中，享年89岁。

对于自己的经历，渡边滨子曾这样评价："我也是战犯。我也是支持日军侵略的一人。因为用歌曲鼓舞军人，我也进过收容所。"不知当她对记者缓缓地说出这句话时，脑海中浮现的，是不是那一年,天津街头的秋色。

附一:《苏州夜曲》

　　依偎君怀侧耳听

　　渔歌如梦,鸟啼声声

　　水乡苏州,花落春归去

　　惜良辰,垂柳丝丝如啜泣

　　落花瓣瓣逐水流

　　明日何处,问君知否

　　今宵珍重,比翼照叠影

　　慎莫忘,此情长印两心中

　　理鬓为卿复缱绻

　　素手折枝,花递君暖

　　如泣如诉,意醉月朦胧

　　蓦然醒,寒山古刹夜鸣钟

附二:《何日君再来》

　　难忘那面容

　　灯影摇曳的薄雾中

　　二人依偎着

　　微笑私语

　　多么快乐

　　啊?心爱的你何时才能回来

　　何日君再来

难忘那时候

轻风吹拂的林荫路

二人肩并肩

或喜或悲

互相安慰

啊?心爱的你何时才能回来

何日君再来

难忘那回忆

和你分别的林荫路

心中浮现你面容

拥抱回忆

痴痴等待的寂寥之日

啊?心爱的你何时才能回来

何日君再来(歌词为本文作者译)

(刊于 2015 年 11 月 6 日《今晚报》副刊"讲述"版)

韩慕侠"武师王"如何得来

朱国成

韩慕侠武术专馆誉满京津。

1918 年夏天，天津博物院召开了北方各省著名武术家武术表演大会。应博物院院长华学涑先生之邀,韩率武馆众弟子参加此会。

大会开幕时,人山人海,连那些外国驻天津使节也都纷纷前来观看。

武术表演开始时,数十名武术家不分派别、拳种,都亮出了自己的拿手功夫进行精湛表演。

当轮到韩的女弟子乔咏菊、乔咏荷表演时，把大会推向了高潮。

第二天,报纸以《击技精熟》为题进行报道说:

"武术馆击技之部约女武术家乔咏荷、乔咏菊二女士到馆演技,已志前报。

昨日,二女士练习剑术、拳法各一次,二女士所练,剑法纯熟,拳法精稳。在场诸君，无不击掌称赞。吾国女子素弱，近年始于体育稍事研究，此次得二女士如此提倡，则女界尚武之风，将来必异常发达矣。"

韩在大会上表演了形意拳、八卦掌、双头蛇和连环枪。还应博物院院长之请，在热烈的掌声中，进行了慷慨激昂的演讲，由国际战争讲到国内武术之弊端，武术之重要、武术救国之理，亦讲了武术界如何求同存异，共谋大业的愿望。

历时一个月的武术表演结束后，天津博物院根据各武术家表演情况，颁发了用苍玉所制武士奖章数枚。韩所率与会的十三名弟子均获武士奖章，博物院独以武师奖章赠与韩。

事后，韩的弟子、南开学校学生梁镜尧特制插屏一帧，真实地记录了这次盛会。文曰：

民国七年夏天津博物院成立展览大会并召集北数省技击大家数百员萃于一场演习武术一月以资互相观摩技擢其尤名曰武术馆博物院长华君学涑邀请　慕侠先生先生率男女弟子莅会先生每演习全场那肃然目为之眩尤以先生所传女弟子两乔女士为全场生色纠纠武夫退避三舍中外来宾叹为观止闭会后男女弟子得武士奖状者十有三人矣先生非特个人武术精娴且所授弟子均为全场称许是以知先生不独以武术见称且能以道德气节感化其弟子故有此成绩也又知先生不只能教授男生而且能传之于女子也故博物

院特赠先生玉牌一面镌文曰武师玉篇曰师范也书泰誓章曰作之师礼文王世子有曰出则有师也师也者教之以事而喻诸德也此所以称先生不只以武士之名而尊之曰武师也说文曰玉有五德润泽以温仁之方也触理自外可以知中义之方也其声舒扬专以远闻智之方也不挠而折勇之方也锐廉而不技洁之方也夫牌以玉为质是喻先生仁义智勇洁五德俱备也。

民国十年一月八日梁镜尧撰海阳周予孜书。

这帧"武师玉"插屏以及韩获得的武师苍玉牌,他的后人至今仍保存完好。

(刊于 2015 年 1 月 12 日《天津日报·聚焦西青》)

笔古墨润夺天工

——《唐静岩司马真迹》再版有感

车志强

弘一大师李叔同,一生分为两个阶段。出家前是名扬海内的艺术大家,举凡诗词、书画、篆刻、音乐、话剧等,无一不精,无一不通。出家后,苦修南山律宗,圆寂后被佛教界称为"南山律宗第十一代祖师"。大师出家后诸艺俱舍,惟以书法抄写佛经,结缘与人。其高古宁静、平淡冲和的书风,被世人称为"弘体"。

"弘体"书风的形成,一是大师因内心世界而外化而成,一是其幸遇明师,教授其根植古人,取法乎上而成。在李叔同诸多名师中,唐静岩即其之一。

唐静岩字毓厚,一字载庭,号蘧翁、在山居士等。安徽太湖人。精通歧黄之术。早岁在山西为官,晚年客居津门,业医。某年天津流行瘟疫,用其医方救治患者,活人无数。平常出门应诊,必坐轿,脉礼八吊,世人称其"唐八吊"。唐静岩初习唐隶,略涉甜媚。后专攻秦汉,转益多师,终扫旧习。李叔同随其习字,唐静岩课以《张猛龙》《爨宝子》《天发神谶》及龙门二十品诸碑。因了打下良好的基本功,遂有后来"弘体"的形成。

1895年，李叔同请唐静岩书写册页。唐静岩上迄商周，下止唐碑，计临二十四帧，以供李叔同揣摩研习。1889年，李叔同离津旅沪，于是册题曰《唐静岩司司真迹》并将其刊行，后寄给其在天津谊兼师友的徐耀庭。随着时间的推移，其原迹无存，就连刊印本亦仅存一二，为研究李叔同早年的生活轨迹，留下些许遗憾。此次再版的《唐静岩司马真迹》为徐耀庭文孙徐拓（广中）赠给印人王九思，王九思递传给张葆石。是册于2000年10月，在天津市纪念李叔十同诞辰一百二十周年活动中展出，引起广泛关注。时光飞逝，今年适逢弘一大师李叔同诞辰一百三十五周年，我与葆石先生商量，影印此册，广结善缘。葆石慨然允之。

我之所以再版此册，一是弘一大师人品魅力，道德力量的感召。一是此册初次刊印至今近百二十年，所存无几，传承至今，弥足珍贵。另，海内外研究弘一大师李叔同的学者们翘首以盼，希望得见真容。是册重印，可尝众人凤愿。

我相信，随着此次的再版，定会有接力者，再襄义举，使其化被万千，为研究弘一大师李叔同贡献各自的力量。

大师往生之前有偈语"华枝春满，天心月圆"，心香一瓣，谨以此书，缅怀大师。

（刊于2015年12月2日《新天津》，总第11期第1版）

20 世纪 20 年代杨柳青年画市场

方 博

　　天津杨柳青是闻名遐迩的古镇画乡，腊月里的年画市场自然热闹非常。1993 年 1 月《文史》杂志王树村先生《我与年画的半生缘》，回忆了儿时的杨柳青年画市场：

1935 年 2 月 1 日《益世报》上登载的《杨柳青的"年画"市》

　　"少年时代的我，成长在北方著名年画产地杨柳青镇。抗日战争之前，每逢岁末年初，杨柳青镇总是车水马龙，熙来攘往，热闹非常……旅馆客栈，住满来自各地购画的客商。使我流连的是那画市上贴满了墙壁的各作坊画样。这些画样来自各家画店,内容形式皆不一样,大约共有200张,看完一遍又一遍,今天看了明天还想看,不啻一年一度的民间年画展览会。"

在《邮筒里的老天津》一书中,收录有一张反映杨柳青年画摊的老明信片,是弥足珍贵的影像资料。然而,对于杨柳青的年画市场,究竟规模如何? 因鲜有文字记载而甚为模糊。

日前,笔者于1935年2月1日的《益世报》上发现《杨柳青的"年画"市》一文,生动详实地记录了民国年间杨柳青年画市场的多处细节,为我们重新认识画乡里的画市提供了史料依据。

杨柳青镇的年画市场位于镇西的菜市大街,文章开头便提到:"在每年旧历十一月底的时候,'年年在此'、'在此多年'等类的小

曾经的杨柳青年画市场——菜市大街

红条便贴满了菜市(杨柳青镇菜市大街——编者注)的墙上,这便是卖年画的临时市场所在地。"市场自发形成,无人管理,各摊贩却能统一定价。可见市场并非处于放任状态,虽无专人管理,但行业操守仍在规范着卖家。文中写道:"卖画者可以任意摆摊交易,刚近旧历腊月,贩者便开始售卖,一张张的年画贴满了两边的墙上,价钱都是一样,花样又相同,所以买卖的好坏,仅依靠地势占的如何了。差不多每天九点多钟便摆摊,一直到下午五点多钟的光景才收市。摊贩很多,固定的地址每天必来卖者,有十余家,还有临时加入凑热闹的小孩们,在晴天人多的时候,他们便也加多了。"贩卖年画的地摊纯属小本经营、规模也并不大。"他们没有使人注意的广告,那(哪——编者注)里有个空子,他们便蹲在那(哪——编者注)里卖;他们的本钱很少,最多也过不去半块钱;花样也很简,多者四五样,少者二三样。露天交易的时间,都不约而同的一样。"市场上并非只是地摊,也有成规模的画铺。"再谈到本钱多,花样繁的便是铺子里的买卖者,大多数都是临时租间房子,而买卖。今年在铺子里卖画的有六处,他们交易的时间比露天摊贩长得多,晚上也要作生意。"说到画市上的顾客,"每天里,画市上游人非常的多,顾客中大多数是小学生,因为现在已经放了年假,在家里坐着是多烦哪! 便跑到画市上来消磨时间,一家家的都看到了,一张张的都很深刻的印在脑子里才走。"民国年间,石印技术的出现和洋纸、洋料的冲击,使传统工艺的木版年画极度萎缩。以致于在杨柳青镇上只剩下一家勉强维系。文中也描述了此现象:"年画的花样,并不都是本地土产的粉连纸画,而小张纸画确占大多数,大张美人画虽然没有像天津宫北大街那样多,可是也不少。这里画作坊并不像诸位所想的那样多,而仅仅有一处,销路很不好。之因洋画狂兴的原因,价钱比洋画贵得多,样式没有洋画新颖。然而一时也还不能消减,却因符合于一般农民的心里。"可见画市上的热度依然丝毫不减。"在寻常日子,街上

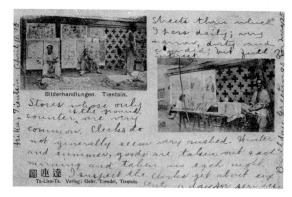

反映杨柳青年画摊的老明信片

就够热闹,若遇集日,(本镇集日是一、六,每月统共是六个,)四乡农民云集,更为热闹,挤挤跄跄,把街上都塞满了人,行走也感困难。这么一天一天的一直卖到腊月三十日,才算终了。"

　　此文落款为"宝璞自青镇寄",这位"宝璞"即"周宝璞",又名"周雨"。他是杨柳青人,1941年起从事新闻工作,先在重庆《益世报》编辑社会服务版,兼任记者、采访主任。1945年转入上海《大公报》。1946年国共和谈时,由重庆调往南京,负责关于国共和谈的新闻报道。1950年,进入北京新闻学校研究班学习。1951年毕业后,仍返上海《大公报》任政治组组长。1953年随报社由沪迁津,在《大公报》驻京办事处任记者。《大公报》由津返京后,任群众工作部副主任。1958年调文化部《新文化报》。1961年该报停刊,调吉林人民出版社任副总编辑,周雨先生有着丰富的新闻从业经历。

　　周雨先生古稀之年依旧笔耕不辍。1991年出版的《津西文史资料选编》(第5册)登载了其回忆儿时故乡的文章《忆20年代的杨柳青》。开头他便自我介绍道:"我于1918年出生在杨柳青,学名周宝璞。在镇里生活了十年,1928年去天津读书,此后偶尔回家探亲,

1939 年在日军占领下,我离开天津,做为天津流亡学生辗转到了昆明,继续读书,迄今没有回过故乡,弹指间已经半个世纪了。"由此推算,1935 年《益世报》发表其作品——《杨柳青的"年画"市》时,他年仅 17 岁。

在此文中,他再次写道民国年间杨柳青的年画市场。"杨柳青年画历史悠久,名扬全国。二十年代还很兴时,一进腊月,在前街以西(街名记不清了)警察局两铡摆满了画摊,每个画摊要占十米左右的地盘,都设摊床,把年画铺在床上,贴满墙上,供人选购。把大街打扮得五颜六色,十分鲜艳。从晨到暮人流不息,当时上海胶印月份牌大美人还没有流传过来,画市上是套色印刷的木板画一统天下。"这些回忆虽已略显模糊,但与半个世纪前的文字如出一辙。

此外,儿时的周雨先生也曾亲身参与到年画市场的生意买卖中。在 1935 年的《杨柳青的"年画"市》中,他就写道:"在这条画市里,除掉卖年画者,其次便是卖年对的,这里可以说是文人墨士的竞赛场,一般小孩的消遣地。书对者,都是些私塾老先生们,售卖者是些小学生们,他们因为放年假没有什么事作,便来当临时小商人。"到了 1991 年的《忆 20 年代的杨柳青》中,他更是自我爆料:"有一年,几个同学凑钱买了些红纸,书写春联跻身摊贩中,也没有蚀本。买年画、砍猪肉(三九天的猪肉冻得硬帮帮,买肉都要用斧砍),就把春节气氛烘托起来。"

民国年间,王树村和周雨两位先生还都尚处于青少年时代。当时他俩是否相识?又是否在年画市场上谋面?我们都不得而知。

(刊于《天津文史》,2015 年第 1 期,第 63—64 页)

从票证看天津地铁发展

罗 丹

一、天津地铁参观券概观

随着近年来全国公共交通的大力建设，在全民收藏热的带动下，交通卡券类收藏无论从种类、藏友数量等方面都有很大程度扩展和提升，在邮币卡收藏市场中占有越来越重要的位置。比起公交、铁路、飞机和轮船卡券，地铁(轻轨)卡券起步虽晚但发展迅猛，收藏领域成熟度高，收藏市场前景广阔，潜力巨大。

公交、地铁作为都市生活最主要的出行方式，卡券收藏方面亦有诸多相似之处，但地铁卡券更受到普遍关注。最直观的表现是地铁线路少、票价高，乘坐过程无论是车厢本身还是地铁基础设施，给人带来的科技体验度更强烈。深一步挖掘，地铁在承担交通运输的功能同时，还可佐证所在城市的综合硬实力。众所周知，地铁建设投入耗资巨大，目前每公里花费以亿元人民币来计算，首条地铁开通年代的先后、运营线路和车站数量的多寡，直接反映了城市规模和经济水平,随之诞生的地铁购物商圈、地铁沿线房产经济等领域更是不可小觑。可以说,集存地铁卡券是见证城市发展和体现市民自身荣誉感的一种方式。

从中国第一条地铁即北京地铁开通至今,中国地铁走过了四十余年的发展道路,地铁卡券也从最初的纸质票,发展为今天具有数据存储功能的技术性票卡。地铁卡券收藏可大致分为五种,一是单程票类,也是最为常见的,即临时购买的单次乘车票,值得一提的是某些城市还发行机场专线票和多人团体单程票,以及地铁沿线举行大型活动时发售的临时票,都属此类;二是纪念票类,其中节日纪念和公益活动、当季热门电影宣传票卡占有很大比重;三是储值类,有地铁公司独家推出的储值票和所在城市的一卡通公司发行的 IC 卡;四是优惠类,主要包括学生卡、敬老卡、乘次票等;五是测试、应急、参观券类。这五类中最受收藏者争相追捧的当属地铁参观券。

参观券,亦称试乘券,指在地铁试运营阶段或正式运营初期,供特殊团体参观及试乘的凭证。所谓特殊团体,各地区、各年代具体情况不同,但可粗略分为四类:一是地铁公司及上级主管单位领导;二是地铁建设相关单位如电力公司、机车厂、土方施工单位工作人员,有轨电车司机及调度员;三是媒体记者;四是本地或外埠其他单位人员。从参观券使用人群的特殊性角度来讲,参观券实际发行数量偏小,加之参观是集体行为,参观券使用结束后,最终不一定保留在个人手中。

天津地铁试车券

与其他类地铁卡券相比，参观券大都只在地铁运营初期短暂发行和使用，故而被非地铁爱好者留存的概率就更小。北京、天津地铁的最初试乘时间可追溯到上世纪70年代，就票券本身而言，因其不具备绝对公开性，无论从纸张材质以及印刷效果方面都不甚优良，在地铁人工手动检票的年代，会采取打孔、撕角、直接收回等方式，杜绝票券再次使用。参观券就好比婴儿的出生证明，既有很高的收藏价值，又包含深刻的史料意义。品相良好的早期地铁参观券留存至今可谓难上加难，更加奠定了参观券在地铁卡券类收藏中的绝对地位。

天津地铁参观券的种类，可以根据地铁运营的两个阶段，分为两类，一是1976年至2001年运营的天津老地铁，其间的参观券可称为早期券；二是以2003年津滨轻轨即9号线建成为开端，发行的新时期地铁参观券。

目前见到的早期券有四种——"天津市地铁试车"券、"天津市地下铁道参观券"棕色版、紫色版和加盖参观券章的一角客票，主要图案均为地铁车辆和站台。新时期参观券可根据地铁的不同线路来区分。9号线于2004年3月28日试运营，在2003年12月初为配合"滨海新区十年建设成就展"活动，方便市民参观，发行了一张门票和车票双用并带双副券的票券，可在指定车站按指定时间往返，此票可视为9号线的参观券；改造后的1号线于2006年6月12日试运营，其间发行了"天津地铁开回来了"邀请券，右侧带有副券，背面为线路图和使用说明文字，主券和副券可分别充当乘车凭证，往返使用；2号线于2012年7月1日东西两端分别试运营，发行两种竖版卡式参观券，图案和外形相同且均为两枚一套。其中一种内置芯片，通过闸机进出车站，另外一种无芯片版，进出站从边门通过，由工作人员打孔验票；3号线于2012年10月1日试运营，发行了两种与2号线类似的竖版卡式参观券，但3号线芯片版参观券可乘坐十次，而2号线同种卡券只能乘坐一次。此外3号线还有一种纸质带双副券可往返乘坐的参观券，凭副券进站，出示主券出站。值得收藏者注意的是，2号线和3号线的两套共四张卡式参观券，可从正面和背面依次拼成一幅包括天津鼓楼、天津之眼、天塔、解放北路原中法工商银行大楼等地标建筑在内的完整画轴式蒙太奇天津风景图，相当美观。

天津地铁应急票

笔者收藏有一张"天津市地铁试车"券，它发行于老地铁第一次试运营期间，亦是目前见到的时间最早的参观券。1970年4月7日，天津市决定以修建战备通道为目的，以墙子河改造工程名义立项，史称"7047工程"，是天津老地铁的前身。1976年1月第一次试通车，只有新华路、营口道、电报大楼（今鞍山道）、海光寺四座车站，这张票券就在此期间发行使用。票券本身面积较大，背面为注意事项，正面以红色为主色辅以金色，整体画面以纵截面为视角，用颜色分割，生动呈现了地下与地上两部分景观。地下部分主要为地铁站台和行驶中的地铁车辆，地上部分则出现了地铁站房、铰接式公交车、小卧车和当时天津标志性建筑友谊宾馆大楼模型图，由此推断票券设计者可能试图描绘新华路站地面上下的双重风貌。此票设计优美，印刷精良，在副券栏还盖有清晰的时间戳，无论是从审美角度还是收藏角度看，在全国范围内实属难得珍品。

发端于上世纪70年代中国地铁肇始期的天津地铁，一路走来不仅见证了中国地铁的发展历程，也是改革开放以来中国城市化进程的典型缩影。而发行地铁参观券的惯例，将会一直传承下去，因为地铁试乘的意义已不仅仅局限于参观欣赏、见证历史和收藏票券，对于地铁管理者而言，更深层次的作用是要让市民在乘坐地铁舒适便利的同时，感受到都市发展的轨迹，进一步支持地铁建设。同时试乘人员在体验过程中，也可检验新线路的综合运营状况，也可从乘客角度提出意见和建议并使地铁管理者改善之。地铁迷中有相当数量的二三十岁年轻群体，他们善于使用微博、微信等通讯方式获取和发布信息，这对地铁的宣传工作起到了良好作用。倘若能够成为地铁新线路开通初期的参观、试乘者，并留下珍贵的票券，这是对地铁迷最好的嘉奖和最高荣誉。

天津麻将中，无"混儿"难胡，地铁卡券收藏亦可作如是观。对于广大地铁卡券收藏爱好者来讲，如果能在自己心爱的收藏卡册首页放入一两张参观券，将会起到画龙点睛的作用，使之大为增色。

（此节与杨泽锦先生合写）

二、天津地铁一号线重新运营参观券

在近年收藏领域中，交通类票证收藏热度不断上升，而收藏和研究此类藏品的多为二三十岁年轻藏友。各地交通运管部门如公交公司、地铁公司等，看准这一趋势，发行了

天津地铁邀请券

各式纪念类票券。在网上,交通类票证收藏无论是在藏友论坛还是在交易平台,都有相当庞大的板块。归纳起来,大致有几个原因:首先,交通类票证收藏主要依托于各种交通事业,而交通事业发展无疑是科技现代化的产物,这对于求新求异的年轻群体而言具有很强的吸引力。其次,相对于其他一些藏品而言,交通类票证收藏有一种传承性,简而言之,即现在仍然有实用价值,完全可以从日常生活中渐渐培养兴趣。例如最简单的收藏可以由今天乘坐火车出行,火车票留作纪念开始,而不像粮票、电话卡这样已经退出使用领域的藏品。即便是邮票,在电子通讯发达的今天,其使用意义也已变得微乎其微。交通类藏品对于刚刚起步的年轻收藏群体而言,有一定的初始亲切感。

在国家大力倡导节能减排和绿色出行的今天,公共交通出行对人们日常生活的意义也越来越重要。中国地铁由上世纪70年代发端,因其相比其他出行方式更为稳定、快捷和安全,90年代开始高速发展,如今已经成为大中城市交通中不可或缺的部分。地铁不仅是一种出行方式,而且是现代城市规划中的重要一环。一方面,随着经济社会高速发展和城市规模不断扩大,人们对出行的需求度也逐渐增加,使地铁建设速度随之增快。另一方面,规模化运营地铁网络,也吸引越来越多的人每天穿梭于地理位置相距较远的地方。在地铁还未普及的时代,即便是从天津市区到塘沽都可以称得上出了趟远门,那么就更难想象现在有相当数量的"取经"大军,每天乘坐地铁奔走于上海与江苏昆山间、北京与河北廊坊间跨省市上班,这恰恰有赖于便捷高效的地铁。另一方面,早期地铁线路设计大多是为缓解交通拥堵,穿过人流密集的城市中心、繁华商圈和交通枢纽,到如今地铁沿线甚至是规划线路,都有很大可能出现新兴购物中心和高档住宅区,打"地铁牌",也成为近十年来房地产界最常用的促销手段之一,故而地铁对城市规划和经济的带动作用同样不可小觑。

几乎每座城市的地铁一号线,都穿越城市中心区、繁华地带,是交通干线,系为舒缓交通压力而建。天津也不例外,一号线的走向,主要是因为传统意义上天津市区的主轴也是西北——东南走向,途经滨江道商业区、小白楼商业区、天津西站、海光寺等重点区域。而后续地铁其他线路建设,也大都设计与一号线交叉形成换乘站,从而逐步形成完善的地铁网络。天津地铁一号线作为最早建成和迄今运营时间最长的线路,可以根据运营阶段划分为两段。第一段是服务于1976年至2001年的老地铁时代,第二段是2006年开始重新运营的新地铁联网时代。天津地铁一号线作为中国第二条地铁,距今已有近四十年的历史,是中国地铁发展的重要见证和城市化进程的典型缩影,因而集存与一号线相关的票券便成为天津地铁收藏的主项。尤其是重新开通后的一号线票券,在地铁收藏领域一直是热门藏品。究其原因,除上述提到的历史意义外,还有一层意义,即一号线重新开通的时代,正是收藏趋热的时代,收藏意识的养成,收藏市场的成熟,收藏者规模的扩大,都为互联网时代地铁类票证收藏提供了良好的氛围。加之天津老地铁时代线路偏短、运营范围有限,除报销情况外,留存票据的意识也相对薄弱,存世量很少,导致目前收藏市场上,天津早期地铁票券价格高出其他城市地铁相同时代类似藏品价格几倍甚至几十倍,收藏难度偏大。

改造延伸后的一号线于2006年6月12日开始试运营,在此之前可凭邀请券进站参观,而此券按时间顺序也成为新一号线的第一张票券。由于参观券本身发行范围和数量较小,且在使用后要回收,留存下来的可谓少之又少。笔者也是搜寻多年,在收藏市场上曾多次失之交臂。几年前曾碰到过此券,但因刚涉足收藏,对票券的价值体会不深,加之感觉价格昂贵,故而错过;还有两次是藏友提供出售消息,赶去购买时,却被其他藏友刚刚买走,令人非常失望。近日,在古文化街一位经营钱币的老先生摊位上偶然看到此票,经询问得知,是他为朋友代卖,遂欣然购之。

这张票正面上方印有"天津地铁开回来了!邀请券"字样,中部是一号线地铁客车飞驰的图像,整体以蓝、黄二色相衬,使红白相间的车辆更具立体性和动感。背面以蓝色为底色,下部印有票券使用的注意事项,中部印有一号线可供观光的车站及线路简图。值得注意的是,可供参观的车站仅有图上标注的八站,即勤俭道、西北角、二纬路、营口道、下瓦房、土城、财经大学和双林,而非全部车站。票身带有副券,可往返使用,进站时撕下副券,回程使用收回本券。票券虽无编号,但在背面顶部盖有"2006年3月24日有效"的时间戳,依此来掌握票券使用情况。

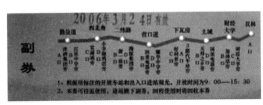

2006 年的天津地铁票

地铁纸质参观券的历史,可追溯至上世纪 70 年代的地铁肇始期。在科技高速发展和电子化售票日益发达的今天,纸票变得越来越少。2012 年开通的天津地铁二、三号线所使用的参观券,率先发行了卡式票券,采用闸机检票方式。不仅票券美观、易于保存,同时验票快捷,便于地铁运营单位统计数据。这张天津地铁一号线重新运营邀请参观券,不仅成为天津地铁新发展的历史见证,对于票券本身来说,也成为纸质参观券时代逐渐远去的标志。

三、天津地铁代用币

在微博和微信等主流网络平台上，我们总能看到外地游客尤其是年轻朋友来到天津之后，分享一些优美的图文游记，出现频率最高的几张照片莫过于津湾广场背景下的解放桥、霓虹绚烂的天津之眼和天津地铁币。天津地铁币不知不觉地成为天津的名片之一。首先，圆滑迷你的外形，配上鲜艳的颜色，让人觉得轻巧的塑料小币像玩具一样可爱；其次，对于国内大多数已经开通地铁的城市来说，与常见的磁卡式相比，代用币式的地铁票显得更新颖一些。

代用币，顾名思义，是指由现金兑换，在某些公共场合为了方便结算或快捷消费等原因而使用的一种替代品。按照使用领域，代用币可大体分为交通类、游戏类和通讯类三种。交通类代用币是在某些公共交通工具上使用，游戏类代用币是在游乐场或街机游戏厅内使用，而通讯类代用币一般指公共电话代用币。从材质来看，代用币一般有金属类和塑料类（或内置芯片）两种。它和纪念章类似，都不属于真实货币，但在收藏领域同属"邮币卡"中的"币"类。在收藏热的大背景下，越来越多的收藏爱好者热衷于搜集非传统类的个性化收藏品，代用币的关注度也在不断上升。

手机和网络的全民普及，使得目前公共电话的使用范围和频率十分有限，通讯类代用币的收藏也主要集中在上世纪中期前后国内几座特大城市内出现的电话代用币和国外品种。街机游戏厅虽然在大中型城市内数量不少，但规模和风格差异偏大，有些代用币的设计和制造也不十分精心，从而对收藏来讲，直接影响了游戏代用币的体系划分，使归类和研究存在一定困难。随着近几年地铁在全国各大城市陆续开通运营，地铁代用币每天在成千上万的乘客之间流动，交通类代用币也逐渐成为目前分量最重的代用币种类。

交通类代用币一般都具有车票性质，目前可分为三类。一是轮渡类，即在游船或摆渡船上使用的代用币，存在城市包括上海、香港等；二是快速公交类，开通快速公交并使用代用币的城市有厦门、成都、绍兴等；三是最常见的地铁类。据不完全统计，使用地铁代用币的城市除天津外，还有广州、深圳、南京、长沙、武汉、台北和高雄。与北京、上海这样地铁建设年代早且地铁网络覆盖率已经很高的城市不同，这些城市的地铁建设大都进入发展期，既有线路初见规模，属于在今后几年内还将大力扩展地铁运营范围的一部分。

地铁代用币的设计原理与常见的 IC 卡类似，是将带有数据读写功能的集成电路芯片嵌装在直径为 30 毫米、厚度为 2 毫米的塑料圆盘中。乘车前，将其放置在检票闸机读写器的可识别范围内，阻挡装置自动抬起后入站。出站时将代用币投入检票闸机即可。它与磁卡式车票是目前地铁车票最主要的两大品类。代用币作为单程票使用时，与储值票区别明显，出站时直接投入检票闸机，不会和储值票混淆。并且代用币的性价比较高，因为磁卡式车票本身又薄又软，很容易人为损坏，在与机器进行长期频繁读取时磨损会十分严重，导致失效。而代用币表面材质坚硬耐磨，即便票面稍有损坏也很难伤及芯片，大大延长了使用寿命。更为特殊的一点是，代用币本身具有在一定轨道内可沿重力方向自动滚动的物理特点，相比较磁卡式车票，在检票闸机内不必再安装传动电机，亦减小了设备制造和维护成本。另一方面，代用币也有不足，因为体积过小，在乘车时携带感不强，容易丢失；可印刷文字和图案的表面积小，不像磁卡式车票可印刷地铁知识或公益广告。但总的说来，从目前情况看，使用代用币式车票将成为大势所趋。

在地铁多年建设发展和科技进步的时代背景下，地铁车票的材质由单纯的纸张，过渡到现在的电子元件票种。如北京、上海这样的地铁"资深"城市，有早期纸票和目前磁卡票两个阶段。但这种阶段划分并不绝对，1979年通车的香港地铁，从肇始期就采用磁卡式车票并一直沿用至今。天津地铁票历经三个票质，从已经在收藏市场上一票难求的老地铁早期纸质车票，到前段时间在电视上热议的蓝、红、橙三张一套的老地铁乘车卡和九号线津滨轻轨运营初期曾经使用的磁卡式单程票，再到现在多条线路联网统一后的代用币。天津地铁票质变化可以说在走一条适合本地情况的常规发展道路。

相对于其他城市地铁，天津地铁代用币的种类也相当丰富。包括已经退出流通和目前正在使用的币，按照使用时期可大致分为三部分，共12枚。第一部分是2006年地铁重新开通后未联网期间发行的4枚币，有最常见的2枚绿色单程票，正面带有"天津地铁"标志和中英文字样，背面一种为空白，一种印有某银行天津市分行字样和标志；除上述两种外，还有一枚只在地铁开通纪念册中出现过，外形及图案与背面空白版绿色单程票完全一致，只是颜色为灰色且未见其正式流通使用；另外一枚也与上述代用币外形类似，是橙色应急票，值得注意的是这枚币收藏于地铁一周年纪念册中，且到目前为止还在出现紧急情况或重大节日时流通使用。第二部分是津滨轻轨9号线在2010年10月前后发行的4枚币，一面有"津滨轻轨""单程票"中英文字样和轻轨标志，另一面有轻轨公司全名和企业口号。这4枚币外形完全一致，只是颜色不同，但发行方式相当复杂。蓝币使用范围最广,是当时轻轨中山门终点站与滨海新区方向之间 2、3、4、6 元票价时使用,这枚蓝币一直流通到 2012 年 10 月全线联网的新币统一之前;淡黄币是中山门站前往塘沽站即 5 元票价时使用;紫币是塘沽站前往市区方向时使用;浅绿币类似应急票,在举办重大活动如足球比赛时使用。第三部分是目前正在使用并带有"天津轨道交通"和"单程票"中英文字样的新款代用币,共有 4 枚。一枚是 2011 年 9 月前后发行的绿色代用币,替代了上文介绍的第一枚绿色代用币;第二枚与第三枚分别于 2015 年 3 月和 10 月推出,是在前一版基础上背面刻上文字的版本,目前与上一枚并行流通;最后一枚是新版橙色应急票,目前与老版应急票在指定时间或场合中同时使用。

近年来许多城市的轨道交通公司在开通地铁前会征求多方意见,决定车票的主要类型是采用代用币式还是磁卡式,而代用币式车票得到了越来越广泛的认同,可见地铁代用币的诸多优点还是值得关注的。天津地铁代用币作为国内地铁代用币发展最丰富和完备的一员,还将不断发展下去。而人们在网上展示地铁代用币时,不仅因为地铁代用币新颖可爱,还源于对这绿色小圆片背后国家倡导绿色出行方式的支持与推广。

(刊于 2015 年 1 月 28 日、7 月 15 日、11 月 4 日《天津日报》"藏友"版)

附录

精彩纷呈的天津史研究
——第三届问津学术年会综述

余心者言

第三届问津学术年会 2015 年 12 月 26 日在天津市问津书院举行,来自天津市各高等院校、科研院所以及文史学界的专家学者七十余人汇聚一堂,提交论文 74 篇,围绕天津的社会与文化、风俗与史迹、人物与史迹、学术史等相关问题展开讨论。

一、沦陷时期的天津

2015 年是中国人民抗日战争暨世界反法西斯战争胜利 70 周年,有关抗日战争的资料整理与学术著作汗流充栋,相关学术会议也是遍地开花, 极大地推动了抗日战争史和近代史等相关领域的研究。天津自近代以来就与日本有密切关系,《中日修好条规》谈判和换约都是在天津进行的,1875 年日本在天津设立领事馆,甲午战争后又在天津开设在华面积最大的日租界, 庚子事变时参与攻打天津城,并参加了都统衙门对天津的殖民统治,开始在天津驻军,修建海光寺兵营,成立华北驻屯军。此后,日本一直将天津作为其经营华北和侵略中国的前沿阵地,直至 1937 年抗日战争全面爆发。1937 年 7 月底天津沦陷后,又被日伪统治长达八年之久。可以说,近代天津历史当中离不开日本的身影。因此,研究天津与日本的关系以及沦陷时期的天津社会,乃是天津学界的一个重大课题。先前已有一些资料编译和学术专著的出版,但还有很多问题缺乏深入研究。2015 年借助纪念中国人民抗日战争暨世界反法西斯战争胜利 70 周年的学术春风,不少学者将视角放在沦陷时期的天津,从不同角度展开分析与论述。

李学智考察的是七七事变前后《大公报》的对日观察与对日态度,认为"七七事变"之前,《大公报》对日本扩大侵略的野心是有清醒认识的,并已对报社的撤离做了相应准备。卢沟桥事件发生后,《大公报》强烈谴责了日本的侵略行径,但在日本扩大侵略意图明显的情况下,对事变的和平解决仍不愿放弃最后的一丝希望,显示了弱国无外交的无力与无奈。王凯捷论述了天津抗战在党的沦陷区工作中的重要地位与贡献,认为抗战时期中共党组织先后以英、法租界的特殊环境为掩护,及时转变斗争策略和方式,使天津逐渐成为党开展华北敌占城市工作的中心,并使党在群众中的影响日益扩大,党的群众基础不断巩固,为抗战胜利和天津解放奠定了坚实思想和组织基础。张绍祖考察了天津沦陷时期教育界的抗日活动,认为天津沦陷后,天津教育界并没有屈服于日伪的统治,而是开展了各种形式的抗争。教师和学生自发抵制日本的奴化教育,教师运用中国传统优秀文化对学生进行抗日救国教育,学生则组织"抗日杀奸团",破坏日本的军用物资仓库和刺杀汉奸,谱写了天津教育界可歌可泣的抗日篇章。刘运峰通过考察《冀中一日》的编辑和出版,认为在残酷的战争和恶劣环境中,虽然此书没有得到广泛传播,但是对于当时鼓舞抗日仍旧发挥了一定作用。该书在新中国成立后重新出版,也证明了该书所具有的价值和意义。孙玉蓉考证了抗日歌剧《花木兰从军》的来龙去脉,认为这是作者张肖虎与王守惠以艺术的形式参与抗战,用演奏、演唱古典名作和渗透着正义与反抗精神的新作来抒发爱国情怀。倪斯霆考察了天津沦陷后几位文人在法租界内创办抗日报纸《高仲明纪事报》的历史,说明在民族危难之际,各条战线都有爱国者在行动。正是他们的存在,使得天津虽沦陷但并未沉沦,而继续燃烧着抵抗之火,并最终赢得抗战的胜利。杨仲达以张恨水撰写的抗战小说《天津卫》为例,分析了著名报人兼通俗小说家张恨水的爱国情怀以及作家是如何参与和书写抗战的。

沦陷时期的天津社会生活也是与会学者关注的一个重要方面。任吉东将视角放在了沦陷时期天津的社会底层。他以粪溺业为中心考察了沦陷时期天津社会底层的行业变迁,认为清末民初之前,政府层面对该行业一直奉行无为而治的宗旨,对于垄断行为加以控制,实行轻捐薄赋的治理原则;而沦陷之后,天津粪溺行业则陷入举步维艰的低迷发展期,这一方面固然有天灾战乱的影响,更多的则是受到日伪政权的层层盘剥与不良商人的侵占。成淑君则以电影院这一公共娱乐场所为切入点,考察了沦陷时期的京津社会。认为电影院作为民众娱乐的重要场所,电影也是对民众实行教化的重要方式,因此成为侵略者和抗日爱国者共同瞩目的焦点。日本侵略者将电影作为政治宣传和思想控制的重要工具、经济掠夺和任意迫害的对象;抗日爱国者则将其变为传达爱国立场、反抗日本侵略的舞台。这也表明沦陷时期,政治对个人和日常生活的影响达到了前所未有的高度,包括个体娱乐权利在内的各项权利,在国家利益面前均被极大地忽视和压制了,娱乐和爱国呈现出一种相互对立的状态。王静关注的是沦陷时期天津律师的执业活动,认为天津沦陷后,律师执业活动受到了严重影响。与沦陷区相比,"孤岛"因政治原因暂时为律师提供了相对安全的执业环境以及大量潜在客源。但总体而言,不论是身处沦陷区还是"孤岛",沦陷时期的天津律师群体在业务拓展方式、业务语言上,甚至在公众舆论引导方面都处于一种集体沦陷的状态。梁广中整理、李殿华口述的《我做劳工的悲惨岁月》,则是日伪沦陷时期李殿华在比租界"和记洋行蛋厂"和码头做劳工的悲惨经历,控诉了日本侵略者对我国劳动人民的压迫和剥削。万鲁建则将关注点放在天津日侨身上。通过考察沦陷时期的天津日侨社会,认为日侨在日本占领天津后,虽然享受相对稳定的社会生活与优越感,但是中国人民的抗日斗争,还是让他们陷入了恐慌与不安。尤其是太平洋战争的爆发、日本国内统制政策的影响,使得在津日侨也陷入生活的艰辛,尤其是日本战败投降后等待遣返的日子里,日侨更是体会到了战争所带来的痛苦。通过日侨不同时期的心理反应,来说明侵略战争既有日侨的参与,也是日侨的惨痛教训,这是日本人所应该深刻反省的。周梦媛通过"昭和天后"渡边滨子的天津往事,考察了日本艺人参加海外慰问的历史以及日侨在日本战败前后的悲惨历程,表明战争的残酷性。徐凤文和张诚两人则对川岛芳子在天津的活动以及东兴楼的具体情况进行考证,确认了东兴楼的具体位置,还对川岛芳子在天津的活动做了比较真实的还原,纠正了以往记载的讹误。

总之,这些文章涵盖了沦陷时期天津的各个方面,深化了抗战时期的天津研究,推动了天津抗战史及相关研究。

二、文化风俗的天津

所谓风俗是指在历史发展过程中长期延续下来而约定俗成的风尚、习俗。由于各地人文地理的不同,各地的风俗也是千差万别。所为"十里不同风,百里不同俗"是也。春节与中秋对中国人来说都是很重要的节日,但是相关风俗却因地区不同而有所差异。高惠军通过考察天津人过年的各种风俗,认为天津人过年是"讲究多"、"心气高"。管淑珍则以古文化街特有的年味儿来表达一种"乡愁",认为保护好年味儿,就是守住了城市的文化之根。许哲娜考察了老天津的中秋食俗,认为月饼生产模式的改变,是天津城市工业化的一个缩影,月饼口味的"演进史",也反映出天津多元文化融合的加强。

妈祖信仰虽然传自于南方,但是天津作为港口城市和河海码头,使得妈祖崇拜得以生根发芽,形成具有天津特色的妈祖文化。张春生对妈祖和妈祖文化进行了时代解读,认为妈祖文化是中华民族有代表性的优秀传统文化。妈祖文化中的人格高尚、道德致崇、心灵醇厚和含蕴其间的舍己利人、扶危济困、大爱盈盈、大善若水的精神,代表着华夏文化的特征和坚实,也积淀成为今天中国特色文化的基石。妈祖文化所体现的精神价值,也正是今天的核心价值的传统植被,这也是今天我们纪念妈祖、传承妈祖文化的意义所在。侯杰和李净昉则考察了天后信仰与地方社会秩序建构的关系,认为天后的诸多职能满足了信仰者不同层面的精神需求,受到了不同社会阶层信仰者的普遍重视,加强了皇会参与者的社会地位以及各阶层的互动关系。从这个意义上说,民间信仰也就是天后信仰也成为建构和调整地方社会秩序的重要因素。也就是说,可以通过强化天后信仰者的心理认同来加强社会秩序的稳定。吴裕成考察了泥古村周人麟与碧霞宫的故事,探讨了碧霞元君崇拜在北方兴盛的原因。章用秀则通过《津门保甲图说》,考察了清代晚期天津妈姐庙宇的分布情况,并进一步指出了庙宇分布与河海经济的密切关系。

关于城市意象的重构和现代性问题,也是文学研究者关注的重点。闫立飞分析了五大道与城市意象重构的关系,认为该地区万国博览会式的物质形态不仅创造了特征鲜明的空间文化,还重构了都市意象,成为现代都市代表性的意象符码。大型纪录片《五大道》在中央电视台的播出,也意味着五大道意象对都市意象替代与重构的完成。孙爱霞则考察了屋顶花园娱乐空间与都市现代性的关系,认为"现代性"既体现于器物美学层面,也体现于精神文化层面。风靡津城的屋顶花园,既为津城市民提供了新的消闲娱乐场所,也代表了一种现代性的消费休闲模式,改变了津城市民传统的思维观念,建构、体现出精神文化层面的现代性。罗海燕考察了近代学人华世奎诗文中的都市现代性呈现,认为华世奎诗文尽管多有应酬之作,但也具有很强的写实性,并且面对现代都市的侵蚀,其妥协性超过了对抗性,也就是说遗老如华世奎者,也在逐渐接受现代性的天津。

水西庄作为著名私家园林,旅居此地的文人墨客数不胜数,并留下了诸多酬唱文集,在天津文化史上占据重要地位,甚至还有学者认为它是《红楼梦》里大观园的原型。故此,有一些学者将目光放在了这里。叶修成考察水西庄时认为,由长芦盐商查日乾、查为仁父子创建的水西庄,在查为仁主盟期间,延揽天下文人学子雅集酬唱、诗文赠答,使水西庄一度成为失志与在野文人的心灵栖息地,在南北士林中产生了极大影响。乾隆初年,水西庄文事活动进入全盛时期,诗文创作也体现出独特的艺术风格,在清代文坛上占有重要的文学席位,并使水西庄文化现象在中国文化史上也具有了重要的历史意义。韩吉辰则利用相关资料,通过考察《红楼梦》的写作背景以及作者曹雪芹的人际交往情况,认为作者曹雪芹可能就是曾寓居水西庄的染香子,并且《红楼梦》也可能是在天津西沽即黄叶村完成的。当然这只是一种假设,但也为红楼梦研究提供了新的视角。宋健利用史料,弄清了水西庄第二代主人查为仁游览宝坻并作有诗文的史实。杨传庆则详考清遗民在津成立的词社须社,通过对须社成立背景、成员构成、结集情况以及与汐社承继关系的考察,认为须社这一清朝遗民文人群体是民国文学史不应忽视的考察对象,在新旧文学并生的时代,这一群体也展示了民国时期传统文人的别样心态,当我们设身处地置身于他们所处的战乱、动荡、无序、无可为的历史环境之中,我们就会对他们的立场和情感抱有一种"理解之同情"。阎伯群通过相关资料,考证了乾隆皇帝三次驻跸当时静海县扬芬港并题诗留念的史实,而且扬芬港之名也是由乾隆提议改名的。张元卿和方博,分别通过对《汉文泰晤士报》上的寻书启事和《益世报》中有关杨柳青年画市场繁荣的报道,分析了报刊资料对历史研究的重要性。张辉和罗丹利用收藏品,考证了天津印制的华东区票及加盖华北区票问题以及天津地铁发展的历史,这是民间学者从事历史研究的一个新视角。

塌河淀对天津城市的形成、发展和走向起到了独特的作用,决定了天津城区东部全部减引河的走向。在文化意义上讲,这片浩淼的水面提供的亲水空间、物产资源、社会人文又成了天津文化的重要组成部分。尹树鹏认为现在挖掘、整理塌河淀和天津文化的关系，对我们在外环线外扩过程中是否应该保留一些古村落具有现实和历史意义，也是完成生态文明建设的重要举措。吉鹏辉考察了天津皇船坞的一些细节，有助于了解历史的真实。王振良对天津地方文化研究中的几组对立概念进行了深入思考，他认为天津地方文化中存在着山与水、京与卫、南与北、中与西、雅与俗、上与下、城与郊的分野。他认为，山与水属于自然地理因素，是天津文化发生和发展的直接动因，堪称天津文化的根本之根本，其他各组概念都或多或少地打上了或"山"或"水"的印记；京与卫、南与北、中与西，是天津的各种地缘关系，属于人文地理因素，它们与津沽地域直接或间接的交流，对天津不同时期的文化发展产生了巨大影响；雅与俗、上与下是住民的思想和心理因素，既是在前述诸种因素融会贯通中形成的，同时也反作用于这些因素。而城与郊的概念，作者自己也认为比较牵强，只是为照顾天津郊县文化的一种折衷。当然，作者所总结的这七组概念，大家可以商榷或再探讨，但是它对于我们整体把握并重新认识天津地方文化无疑具有启发意义。

三、历史人物的天津

　　天津虽然谈不上历史悠久，但在近代史上却是举足轻重，值得一说的历史人物也是不胜枚举。无论是慈善家群体，还是各界大名鼎鼎的历史人物，都能举出很多。天津的慈善事业一向兴盛，这与天津的社会特点和盐商资本的雄厚有密切关系。任云兰考察了清代天津的慈善家群体，认为清末，天津城市慈善事业非常发达，出现了一批士绅慈善家，他们从早期的个人或家族的修城筑池、修桥补路、开设粥厂、散米散钱、掩埋无主尸体、立义地和建义学,发展到后来的结社恤嫠、育婴、施药、冬赈、备荒、济贫等。她分析了天津产生慈善家群体的原因,一是扶危济困的城市精神影响了士绅民众的慈善行为,二是城市经济的发展造就了一批家业富足的富商大户,这些人成为潜在的慈善家,三是官方对慈善行为的褒奖和正面宣传带动了一大批人从事慈善事业。

由于近代天津的风云变幻,很多政治人物都曾在天津驻留。葛培林考察了孙中山的藏书及其特色,认为其藏书多为有关革命理论和革命实践的,其目的是为了有助于他的革命之知识和能力,为革命事业服务,故孙中山称自己研究的是革命学,这也是他领导中国革命事业不断取得新胜利的法宝之一。郭凤岐和金彭育讲述了末代皇帝溥仪在天津购买仿官窑瓷器和吃西餐的往事与生活,为我们窥探清朝遗老遗少的租界生活提供了视角。刘景周考察了晚清淮军将领周盛传办理天津海防建设的情况,认为在当时经费困难的情况下他殚精竭虑地超负荷工作,为天津海防做出了贡献。张博详考了1896年袁世凯小站练兵被弹劾案的始末,认为如果不是荣禄实事求是的调查,那么袁世凯小站练兵的历史有可能被改写。井振武关注的则是清末重臣李鸿章在天津的主要事迹,认为李鸿章将在上海、南京等地积累的丰富洋务经验移植到北方,把天津作为推行洋务新政的实验场,成为中国近代化运动的引擎,对"近代中国看天津"产生了深刻而久远的影响。周醉天详述了"中国宪法第一人"汪荣宝的一生,肯定了他为清廷宪法编纂所做出的贡献。张翔、彭辉则利用有关图文资料,考证了有着"中国的辛德勒"之称的拉贝在天津的印迹,纠正了某些讹误。

天津由于在近代教育方面的开风气之先,涌现出了直隶法政学堂、南开学校等名校和严修、张伯苓等全国闻名的教育家。因此，教育界的历史人物也是天津学人所关注的。刘国有以直隶和京师等法政学堂的早期发展历史为中心，追溯了这一体制产生的背景、对象与演变过程，揭示了中国近代法政专门教育的若干特征，认为多数法政学堂是以日籍教习和留日归国学生为教学骨干，课程设置和内部管理也多取法日本，甚至有的学堂直接使用日语授课，使得后来中国的法政教育打上了深厚的日本烙印。陈鑫通过分析《严修日记》，认为严修作为清末北洋时期许多重要事件的参与者、观察者，其有关近代人物、近代教育、近代天津的记录，反映时代风貌、涉及社会生活的文字，还有游历各地对途中名胜人文的认真观察、生动描写，都是研究这一历史时期的史料富矿，值得学界深入挖掘。王杰通过文献资料考证，认为王宠惠作为中国第一张大学毕业文凭的获得者，其后来所取得的成绩与他在北洋大学接受的近代教育是分不开的。周利成则考察了张伯苓的三次"失策"，实际上这是张伯苓人生的三个重要节点，为我们认识其人生及南开大学提供了新的视角。

天津自明代建城之后，文化不断获得发展，不但有大量科举士子，也有很多知名的乡绅与文化人。因此，挖掘天津历史文化名人也是天津学界同人义不容辞的责任。高成鸢考证了《天津志略》著者宋蕴璞的生平，为我们重新认识该书及作者提供了线索。李炳德考察了胡宗楙"梦选楼"的藏书情况。罗文华为我们讲述了天津日报社两位著名世界语者劳荣和方纪的事迹，认为他们既是《天津日报》文艺副刊的名编辑，同时作为著名的世界语者，也为推动天津世界语运动发展作出了杰出贡献。张金声则饱含感情地回顾了著名书画家黄耘石的一生，让我们看到那时候知识分子的风骨与情怀。曲振明考察了李叔同编写《汉甘林瓦砚题辞》的渊源以及相关问题,为重新认识相关问题提供了新资料。齐珏考察了津门两位文化名人陈涌洛与赵元礼的交往,为津门再添文坛佳话。宋文彬则将目光放在寇梦碧主编的《学诗词》上,从小刊物里可见大文人的情怀。侯福志详考了通俗文学大家刘云若小说的版本演变,认为资料缺乏是目前学界对刘云若无法给予公正评价的重要原因。还刘云若以本来面目,客观公正地评价刘云若,无论对于通俗文学研究还是文化遗产继承,都具有重要意义。王勇则利用各类文献,详考了弘一法师李叔同1931年惜失北上陕西救灾弘法的前因后果,纠正了时人以及今人对于这一事情流传讹误,认为弘一大师去陕西救灾既不是被"绑架",对于最终未能成行也是充满遗憾的,还历史以本真。作为严复后人,严孝潜讲述了严复在天津的生活逸事,为我们更全面认识严复提供了一个侧影。尹忠田则利用相关资料,详述了爱国报人刘髯公的一生。

杨祥全依据当事人的口述材料以及田野调查过程中搜集到的《1953年华北区人民体育运动大会秩序手册》和《1953年全国民族形式体育表演及竞赛大会秩序册》等重要材料,对中国"第一届民运会"进行了详细考证,通过对举办的时代背景、项目设置和主要机构、武术表演盛况以及表演晚会情况的描述,澄清了一些历史迷雾。李瑞林细述了汉沽"铁道飞行队"的成员构成,认为实乃是天津武术孕育了他们,使得他们在抗日烽火中得以生存。朱国成详述了韩慕侠如何获得"武师玉"的过程。张建对西于庄历史口述史料的抢救和记录,杨志垣对《天穆村回族史略稿》的评述,对于我们今后从事天津地方史和口述史研究都具有借鉴意义。

陈克考察了评剧从一个民间说唱艺术逐步登上大雅之堂的

历程，认为这其中既有天津城市所具有的文化融合的作用，也与成兆才等一代代艺人的努力分不开。甄光俊详述了评剧皇后白玉霜的一生，让我们看到了老艺术家一路走来的艰辛以及对艺术的不懈追求。由国庆考察了杨柳青才女白俊英和民歌《画扇面》的历史渊源，有助于我们了解白俊英是否真实存在以及《画扇面》历史嬗变中所蕴含的丰富社会史内容。车志强和姜维群则分别对《唐静岩司司真迹》和天津洋家具做了论述。仇润喜和谭汝为分别就华洋书信馆和天津日租界街名做了考察，纠正了讹误，传递了信息。

四、继续前行的天津

本届学术年会提交的文章，既有学术史回顾，也有专门史研究；既有宏观论述，也有微观考证，内容涵盖了天津历史文化的方方面面，可谓是本年度天津历史文化研究的一次总汇。正如张利民在全面回顾 2014 年天津史研究概况时所指出的那样，本年天津史研究在学术专著、资料汇编和学术论文方面都有新成果出现，在研究视角和广度上也有新开辟，进一步夯实了研究基础，有力推动了研究领域的扩展和研究工作的深入，为今后开展天津地方史研究夯实了基础，提供了借鉴。更为重要的是，天津文史学界的专家学者汇聚一堂，共话天津的历史与文化研究，并进行深入的交流与讨论，无疑会推动天津史研究的发展。

当然，学术年会不在于解决多少具体的学术问题，而在于能给大家提供交流的平台。一个有七十余人参加的学术年会，虽然进行了分组，大家也很难畅所欲言，展开充分讨论。从提交的文章质量来看,总体比去年又有提高,但仍需要在学术规范方面继续努力。而且如何分组,也是个需要再思考的问题。我相信,随着学术年会的越来越成熟,这些问题都会逐步得到解决。

2016 年 11 月 20 日初稿
2016 年 11 月 27 日修订

问津书院学术年会
说说天津"文化味儿"

李海燕　任　悦

新报讯　近日,由问津书院组织召开的"第三届问津学术年会"在巷肆创意产业园区学海堂举行,由万鲁建主编的《九河寻真》(第二届学术年会论文集《三津谈往》(问津讲座汇编)两本文集同时首发。此次学术年会有专家学者以及新闻界人士70余人参加,大家围绕地方文化史的广会议题,交流汇报了各自的研究成果和体会,并就天津文史研究以及如何提升天津文化建设的软实力提出了很多很好的建议。著名学者姜维群在发言中,肯定了问津书院在出版地方文献方面的重要贡献(已累计出版了33种专著),他认为,问津书院的存在是天津文化人的幸运,是天津人的骄傲。问津书院的存在,不在于出版了多少种书籍,而是它打破了旧有的樊篱、禁区,是天津地方文化史上是有里程碑意义的事件。

(刊于 2015 年 12 月 29 日《每新报》)

碰撞与阐释
——第三届问津学术年会第一组讨论小结

尹树鹏

各位先生、各位同仁，本组成员 22 人，到会 20 人，提交论文 19 篇，18 人现场发言。我组成员包含天津报业资深媒体工作者，天津档案馆编研人员，及多位从事天津地方历史文化的研究人员。他们在发言中都高度肯定了问津书院整合天津社会多种历史文化资源建设天津历史文化事业的积极作用。出版了系列丛书，发挥了独特的担当。对长期坚持此项工作的带头人给予了高度评价。

其中姜维群先生指出问津书院在挖掘历史文化的文献过程中摒弃了非红即逆、非共即毙、非官即弃的历史人物评价模式。解放思想，在文化领域整理出一批已被淹没的人物史料，《陈诵洛年谱》即是一例。罗文华先生讲述了《天津日报》社里的两位著名的世界语专家的事迹。吴裕成先生论述了泥沽村周氏在诗文中对当时碧霞宫的描述，以及碧霞宫几次重修的历史。再次证明了碧霞信仰是天津市本土的民间信仰。吉朋辉先生通过对长芦盐务档案的梳理搞清了望海寺大修的规模及修建年代的考证。从乾隆皇帝为其写匾证明了该寺规模很大,规格很高,并对一些盐商的兴衰也做了论证。刘景周先生认为小站练兵的历史意义应延伸到洋务运动的先驱李鸿章。井振武先生则详细的论述了李鸿章的海防思想,并提出应在天津恢复李公祠。金彭育先生利用对张园和静园的研究指出溥仪在天津居住期间的时尚消费助推了上层分子生活的欧化。葛培林先生从孙中山的藏书入手,分析出孙中山的英语水平远远高于日语水平。孙中山涉猎多方面的知识,提出了对革命有用的书都要读的口号。另外一些先生利用自己的研究纵深对涉及天津的文学作品进行了剖析。侯福志先生坚持几十年研究天津通俗文学大家刘云若。近期在大学学报发表了相关论文。对六十种版本进行了比较发现了同书异名,同名异书的现象和原因。对刘云若文学创作对天津的影响做了详细的阐述。管淑珍女士对天津通俗小说中一些底层人物形象所表现出的思想道德高于一些虚伪的假仁义道德。杨仲达先生在张恨水小说中挖掘出七七事变时天津居民的自觉反抗。并通过小说对所描写的抗日情节进行了时空分析。从文学角度证明了天津人民反抗日本帝国主义侵略的勇气和智慧。杨志垣先生提出了天津回族聚集区天穆村口述史有以小见大、以局部看整体的作用。

宋文彬和罗丹两位小将,一个论述了寇梦碧在传播古典诗词方面的建树,一个以年轻人的敏锐谈了自己多年来收集研究天津地铁车票的经过和分析。他提出了中国第二条地铁在天津建成,不同时期的车票从面值到设计,从侧面折射出天津地铁发展的过程,如果和外省市的地铁发展进行横向比较可以比较出各地方的城市建设规模和特点的规律。方博和阎伯群两位学者多年来坚持对杨柳青年画史的挖掘与研究。方博利用几个著名的老报刊所显露出来的报道进行长时间的梳理。弄清了在上世纪 20 年代杨柳青年画市场的规模、销售区域和流通走向。阎伯群则利用自己祖父是改良杨柳青年画的先驱这一优势用清末学务处和民国初年的教育厅推广天津改良年画以达社会教育提高国民道德品质的史料，论证了改良年画是天津文化史上的一个亮点。并对自己申报非物质文化传承人的现实意义也进行了论述。何德骞先生的先人长期在国民政府时期从政，他以自己的经历论述了天津市县划界的过程，以及对天津城市规模发展的影响，他提出了撰写天津工艺美术装潢史话的意义和计划，天津是中国近代广告的发源地之一，和天津的经济、文化直接关联。因此他诚恳的希望得到大家的关注和支持。尹树鹏先生站在环境文化研究者的角度提出了从古代到上世纪五十年代塌河淀的浩淼水面及其纳洪滞沙的作用，为天津提供了历史文化空间。北运河开发的多条减引河，三岔河口的防洪措施决定了天津城市的选址、城市布局和发展走向。淀边 24 个村庄的风俗习惯和碧霞信仰是天津文化系统中的重要组成部分。其中萧太后传说最为动人，其水产是天津饮食文化的重要组成部分。王振良先生在年会结束前对问津书院的工作向全体与会者做了报告，特别提出了 2015 年问津书院为众多热爱天津地方历史文化的研究者搭建了平台，在历史文化的传播中表达了自信与担当。问津文库的影响越来越引起社会的关注，其影响之大是目前出版界少有的现象。在未来仍然坚持这些积极的做法，并对支持问津书院工作的各方人士表示感谢。

探讨与交流

——第三届问津学术年会第二组讨论小结

王勇则

　　参加第三届问津年会第二组讨论发言的专家学者，共计22位。会场气氛热烈、别开生面，大家均以天津历史文化为主题，踊跃发言、畅所欲言。虽然不拘谨、不局促、不偏狭，但都自觉讲政治、守规矩、不妄议。

　　大家不仅把2015年在天津历史文化方面取得的研究成果拿出来与大家共享，而且也把心得、感受说出来与大家共同体会、共同探讨。大家还积极建言献策，充分体现了对天津历史文化的责任感。总之，大家并不是正襟危坐地、呆板木讷地宣读论文和文章，而是有很大的讨论成分和分享空间。

　　大家围坐一起，在愉快的心情中，各自通报本年度的新收获、本年度的新收藏、新发现和值得研究的新选题，本年度遇到的新挑战，本年度在天津地方史研究过程中如何提高发现问题、分析问题、解决问题能力等。尤其是对于本年度自我意识到的某些环节、细节，值得总结的经验，也乐于向大家展示、给大家提示，令大家受益匪浅,甚至是顿开茅塞。

如,李炳德先生关于章钰四当斋与目录学研究的发言,立即引起与会者的兴趣。多位专家相继对目录学、文献学价值作用,展开讨论,并就如何涉猎才能丰富治学路数的分析,颇令人感到耳目一新,认为很受用。与会者都认为,这些切实有效的点拨,是平常很难获得的学术指引,很有启发性和借鉴性。因此,此次年会分组,把学术前辈、敦厚长者与后学晚生安排在一起,实在是匠心考虑。

参加本组讨论发言的专家学者,紧紧围绕天津历史文化,提出了很多中肯建议:

一是认为对于天津工业史的研究、解放初期天津文化领域接管的研究,都属薄弱环节,值得重视起来。

二是认为对于当前存在的阻碍天津历史文化精华普及、弘扬问题,应引起足够重视。如:如何在相关题材的影视作品中坚持历史真实性、坚持大节不虚的问题;如何通过深入挖掘,纠正明显的历史错讹的问题;如何扭转热衷于把天津历史传说与史实混为一谈的问题;如何改变人们对天津传统文化无知或存有偏见的问题等。

三是认为天津已经出版的历史文化研究成果越来越多了,更应面向全国,加大宣传力度,扩大传播影响,也要更加提高研究成果的学术含量、质量,还要在如何树立市民对天津历史文化自豪感上,力求抓住结合点、找准适应性、寻求贴近性。

第二组提交的学术论文和报刊文章具有以下诸多特点:

一是注重对天津历史人物生平事迹的开掘,各具特色。大多数论文、文章与天津历史人物相关,总量不少于三分之二。除通过历史档案、文献史料、鲜活的口述史料梳理人物履历外,也有的注重缕析人物不同历史阶段的政治倾向、文化特质,如对张伯苓的研究等。还有的注重人物交游研究,如探查陈涌洛与赵元礼之间的关系等。

二是注重对天津抗战史的开掘,各有千秋。抗战史研究是2015年的大主题。通过本组的发言亦可窥见一斑。本组提交的论文、文章多达五六篇,既涉及抗战人物,也涉及抗战活动,还有对侵华日军暴行的揭露,很有见地和突破性。如关于《高仲明纪事报》的研究等。

三是注重对天津城市发展史、租界史的开掘,各展其长。这方面的论文、文章也占一定比例。如对《津门保甲图说》中所载娘娘庙的研究,角度颇为独到。

四是注重对天津艺术史,包括戏剧史、收藏史的开掘,各有天地。如对李叔同与汉甘林瓦砚的研究,就有弥补空白的价值。

五是注重对天津武术史的开掘,各具眼光。这方面的研究是本组的一个持续性的亮点。去年第二届年会上就提交好几篇。今年的相关研究更深入了,更有意趣了。

以上五个注重,基本上涵盖了本组论文、文章的特点,深堪体味。本组与会者都表示,会后继续消化、内化,有待结集出版后再好好拜读、好好领悟。

总之,与上一届问津年会相较,本届本组专家学者的研究兴趣越来越广泛,切入点更为巧妙,研究成果愈加丰富、愈加精彩。更重要的是,学术热情、学术水准、学术声誉越来越高,选题意识、理性思维、思辨性也都越来越强。大家在发言中不再拘泥于轻车熟路、满足于习惯套路,往往生发出以点带面、从线到片,甚至是立体化、全方位的冷静思考、深邃思考、缜密思考。以上这些变化、进展,在大家的发言中表现得较为明显。

创新与共鸣
——第三届问津学术年会第三组讨论小结

万鲁建

本组共计有 24 位专家学者发言、讨论，如果从学院派与民间研究者来分的话，我们这一组都算是学院派。很多学者都是学养深厚、研究成果丰硕的大专家，让我来做总结，实在汗颜。如有汇报不到之处，还望各位先生谅解。从我们这组发言的内容来看，大致可以分为如下三个方面。

首先是关于沦陷时期的天津的研究。今年是中国人民抗日战争胜利七十周年，因此有关抗战方面的研究成果丰硕。我们小组有六篇文章都是关于这方面的研究。李学智教授通过考察七七事变前后《大公报》的对日观察与对日态度，认为"七七事变"发生之前，《大公报》对日本扩大侵略的野心是有清楚认识的，并已对报社的撤离做了相应的准备。卢沟桥事件发生后，《大公报》强烈谴责日本的侵略行径，但在日本步步进逼扩大侵略意图非常明显的情况下，对事变的和平解决，仍然不惜含垢忍辱而不愿放弃最后的一丝希望，显示了弱国面对强权的无力与无奈。刘运峰先生则通过考察由王林、孙犁等人编辑的《冀中一日》的编辑和出版,认为在战争的残酷和环境的险恶中,虽然此书没有得到广泛的传播。但是对于当时鼓舞抗日仍旧发挥了一定的作用。而且该书最终在新中国成立后得以重新出版。让我们看到抗战时期,知识分子的抗日热情和努力。任吉东先生以粪溺业为中心考察了沦陷时期天津社会底层行业的变迁,认为在天津沦陷之后,一方面受到天灾战乱的影响,另一方面更受到日伪政权的层层盘剥与不良商人的侵占,天津粪溺行业举步维艰,陷入低迷发展时期。王静女史则考察了沦陷时期的天津律师执业活动,认为天津沦陷后,律师执业活动受到了严重影响。与沦陷区相比,"孤岛"因政治原因暂时为律师提供了相对安全的执业环境,以及大量潜在的客源。但总体而言,不论是身处沦陷区还是"孤岛",沦陷时期的天津律师群体在业务拓展方式、业务语言上,甚至在公众舆论引导上都处于一种集体沦陷的状态。万鲁建先生则分析了沦陷时期的日侨生活,认为从日侨在这一时期生活的变化,也能够看到日本占领天津后,并没有如他们所想象的那样安稳,尤其太平洋战争爆发以后,天津的日侨也一样陷入了日本统制生活之下,而且由于处于战争的前沿,更是陷入了一种焦虑、矛盾而恐慌的世界之中。谭汝为先生通过考察日租界街名的变化,认为街名并不单是一种标识街道的名称,其实含有深刻的政治含义。无论是日租界时期的街名表明日本在华的侵略和强势,还是胜利后的改名所体现了天津百姓庆贺抗战胜利的民族自豪感。都充分说明了这一点。

第二是有关天津社会风俗的研究。在有关的几篇文章中,有两篇涉及到妈祖研究。一个是张春生先生的《从历史的崇敬走向现代精神的美丽——妈祖与妈祖文化的当代解读》。他认为妈祖崇拜所蕴含的传统文化是一种优秀的传统文化。其内中所蕴含的民族道德、精神家园的底色及所体现出的民族认同，对于我们今天所追求的"中国梦"也具有积极意义。并希望将妈祖文化融入现代生活之中，使其能够净化心灵，助益道德行为，增强人际关系和谐的文化氛围。侯杰先生则从天后信仰与地方社会秩序的建构这一视角进行考察，认为天后的诸多职能能够满足信仰者不同层面的精神需求，受到了来自不同社会阶层的信仰者之普遍重视。加强了皇会参与者的社会地位以及各阶层的互动关系。从这个意义上说，民间信仰也就是天后信仰也成为建构和调整地方社会秩序的重要因素。也就是说通过强化天后信仰者的心理认同，来加强社会秩序的稳定。说起民俗，其中重要的一项就是过年的习俗。高惠军先生通过对天津人如何过大年的考察，认为天津保持了浓厚的中国年的氛围和味道，并且还培养和孕育了一代代民间技艺能人。并可见天津人的人文性格和文化品味、精气神，更可见天津人"爱国诚信、务实创新、开放包容"精神的历史文化价值。孙爱霞女史虽然并非直接论述风俗，但是却可以归于城市文化当中。她通过考察屋顶花园娱乐空间与都市现代性的关系，认为屋顶花园代表的是一种现代性的消费休闲模式，它改变了津城市民传统的思维观念、休闲模式，并建构、体现出了精神文化层面的现代性。

第三是有关天津教育的研究成果。天津在教育方面领风气之先，不但涌现了一批近现代中小学，更出现了中国近代第一所大学，以及著名的私立大学南开大学。因此，天津教育史在中国教育史上占据重要的地位。本小组提交的论文当中，也有不少关涉此方面者。王杰先生通过文献资料考证王宠惠为中国第一张大学毕业文凭的获得者。并对其人生经历作了考察,认为他后来所取得的成绩,是与他在北洋大学接受的近代教育分不开的。刘国有先生则将视角放在了清末法政教育的兴起方面。他通过考察法政学堂的演变及课程设置、师生的招生等情况,认为清末法政学堂由在职与候补官员的培训机构逐步发展为全面招收举贡生员和新式中学毕业生,聘请中外教师分科讲授现代法学和政治理论的政法类高等学校,并在民国后成为政法大学,并长期影响着中国政法教育与实务。因课程设置和内部管理也多取法日本,有的学堂还直接使用日语授课,这给中国后来的法律和政治发展打上了深厚的日本烙印。陈鑫先生考察的是严修和《严修日记》。他通过分析严修如何记《日记》以及日记所蕴含的重要史料价值,认为严修作为清末、北洋时期许多重要事件的参与者、观察者,见证了中国变局。而《严修日记》不但有关于近代人物、近代教育、近代天津的史料,还有大量文字反映了时代风貌,涉及社会生活方方面面,而且游历各地,对途中名胜人文都有认真观察、生动描写。总之《严修日记》是研究这一历史时期的史料富矿,值得学界深入挖掘。

前面说了,近代天津开风气之先的领域甚多,邮政事业就是其中之一。大龙邮票发行于天津就是明证。仇润喜先生通过历史文献,详细考察了华洋书信馆的历史脉络,认为华洋书信馆只是海关试办邮政初期的第一个代办机构,纠正了有关研究的一些讹误。对于我们理清近代天津邮政史的早期情况很有意义。小站练兵是我们所非常熟悉的,但是创办初期也并非一帆风顺。张博先生通过考察1896年小站练兵弹劾案的始末,认为如果不是荣禄经过调查,将弹劾袁世凯的问题解决，那么小站练兵的历史有可能改写。虽然我们都说历史是必然的，实际上在必然当中存在着很多偶然因素。

天津是否有文化，或者说是否有高雅文化，似乎还真有些争论。但是如果细考前近代的天津文化史，或许我们就不会那么没有自信了。本小组就有两篇文章为天津有文化做了注脚。叶修成先生的《清末天津水西庄考论》，就是一篇全面考察水西庄的专论。他认为这个由长芦盐商查日乾、查为仁父子创建的水西庄，通过延揽天下文人学子雅集酬唱、诗文赠答，使得水西庄一度成为失志与在野文人的心灵栖息地，在南北士林中产生了极大的影响。水西庄文事活动在乾隆初年的全盛时期，诗文创作又呈现出独特的艺术风格，在清代文坛上占有重要的文学席位；水西庄文化现象也在中国文化史上具有重要的历史意义。杨传庆先生通考察了清遗民所组织的词社——须社，这个由郭则沄主持的词社，网络了在津的众多清末遗民，他们通过诗词酬唱，排解深藏内心的苦楚。他们这种遗民心态和遗老身份，对于他们的创作产生了很大影响。因此，研究须社这一清朝遗民文人群体及其酬唱，是民国文学史不应缺少的一部分。与新文学并生的旧文学，也展示了民国时期传统文人的别样心态。

最后，张利民先生则全面回顾了 2014 年天津史的研究成果情况。他认为 2014 年是天津史研究丰收的一年，在各方面都取得了很大成就，较为显著的是大型资料书和一批可读性的著作，出现了一些新的视角，如城市贫民、天津与周边城镇关系等，体现出研究的深度。在广度上也有所开拓，如总括性天津文化研究、天津方言的研究与调查、天津租界的研究等；而且，由民间文史学者组织的"问津文库"，以编辑出版天津历史文化和文学为特长，自 2013 年启动后,每年出版十余部,引起了各方的关注,有助于天津史研究的深入与普及。总之,2014年的天津史研究有了一些新进展,学术专著、资料汇编和学术论文等新成果的出现,进一步夯实了研究基础,有力推动了研究领域的扩展和研究工作的深入。

第三届问津学术年会征稿启事

杜 鱼

问古鉴今,探索天津!

天津问津书院拟于 2015 年 12 月 26 日,举办第三届问津学术年会,促进天津地方历史文化研究信息和成果的交流,欢迎各界学人积极支持和参与。现将有关事项和要求通报如下:

1. 参会者除特邀嘉宾之外,必须提交 2015 年发表的文章一篇,并详细注明所发表的载体、期数、日期、页码等。

2. 提交的文章必须与天津地方历史文化相关,要求原

海报

创性和有新意,具体形式不限,长度不超过 1.2 万字。

3. 发表的载体必须具备下列条件之一：①有正式刊号的期刊或报纸；②有正式书号的连续或独立出版物；③在全市性乃至全国性学术会议上交流过的论文（如收入内部论文集敬请注明编印日期和页码）；④各相关专业部门（文史研究馆、政协文史资料征集部门、党史研究部门、史志编纂部门、档案部门、文物文献收藏部门）审核编印的非正式出版物；⑤天津市各级各类科学研究机构审核编印的非正式出版物；⑥天津市各级各类政府部门、省级及以上学术团体编辑的内部印刷品（须经年会组委会审核同意）；⑦天津市各级各类企事业单位、社会组织编辑的内部印刷品或作者自编自印本（须经年会组委会审核同意）。

4. 文章内容不得违背法规政策和损害公序良俗,发表文章的印刷品如列入保密范畴或仅供内部研究者谢绝提交。

5. 文章必须提交电子版文本,12 月 20 日前发送至电子邮箱：woxinxiangjing@sina.com。文件名请统一设置为"作者姓名：文章题目"格式,文章题目含副标题。纸质文本一律不接纳。

6. 电子文本提交前请仔细与刊出的纸质稿仔细核对,确保两个文本完全相同。除错字外内容上一律不作任何更改；如有注释请统一更动为尾注,序列号使用[1][2][3]……

7. 所有通过审核的参会文章,将于 2016 年结集为《九河寻真.2015》正式出版。以后遵例每年印行。文章发表时配照片的,请同时提交至邮箱；发表时无照片的,不再另行配发。

8. 不符合相关要求的文章,将不再收入文集。结集文章问津书院和出版社均不支付任何形式报酬,每位作者送样书一册以为纪念。

9.《九河寻真.2014》即将进入印刷程序,届时在年会上与作者见面。

10.以上规定各类事项问津书院拥有最终解释权。

感谢天津学人对问津书院的关注和支持!

天津问津书院

2015 年 11 月 12 日

第三届问津学术年会邀请函

尊敬的×××先生:

　　由问津书院主办的第三届问津学术年会，定于 2015 年 12 月

年会代表证

26 日（星期六）举行。第二届问津学术年会文章结集《九河寻真.2014》、2014 年度问津学术讲坛文稿结集《三津谭往.2014》同时首发。今诚邀您作为特邀嘉宾莅临会议指导（有事可随时离会）。如有 2015 年发表的关于天津地方历史文化的稿件，可随时赐发给我，以便收入明年出版的《九河寻真.2015》。

　　能否与会望告知，谢谢!

　　时间:26 日 09:00—16:30

　　地点:河北四马路 158 号问津书

院（巷肆创意产业园内）

　　日程：09：00 开幕会（集堂／二楼会议室）

　　　　09：40 合影留念（一楼中庭）

　　　　10：00 分组讨论（一楼双槐书屋、三楼学海堂、四楼止月轩）

　　　　12：00 自助午餐（一楼餐厅）

　　　　13：30 分组讨论（一楼双槐书屋、三楼学海堂、四楼止月轩）

　　　　15：30 闭幕会（三楼学海堂）

　　　　16：30 散会

天津市问津书院

2015 年 12 月 21 日

第三届问津学术年会提交论文目录

（按作者姓名音序排列）

姜维群：天津洋家具堪比民国海派家具

金彭育：溥仪与天津西餐

井振武：清末重臣李鸿章与天津李公祠

吉鹏辉：皇船坞的一些细节

李瑞林：天津习武人孕育了两支"铁道飞行队"

李学智：七七事变前后《大公报》的对日观察与对日态度

李炳德：胡宗楙"梦选楼"藏书

梁广中：我做劳工的悲惨岁月

刘景周：周盛传与天津海防

刘运峰：关于《冀中一日》的编辑和出版

刘国有：清末法政学堂的兴起

罗　丹：从票证看天津地铁发展

罗文华：天津日报两位著名世界语者

罗海燕：近代学人华世奎诗文中的都市现代性呈现

倪斯霆：天津沦陷后,战斗在租界里的《高仲明纪事报》

齐　珏：陈诵洛与赵元礼

曲振明：李叔同与《汉甘林瓦砚题辞》

任吉东：沦陷时期天津社会底层行业变迁

任云兰：海河的整治与近代天津城市环境的重塑

宋　健：莲坡曾作宝坻游

宋文彬：寇梦碧主编《学诗词》

孙玉蓉：抗战歌剧《木兰从军》

孙爱霞：屋顶花园娱乐空间与都市现代性

谭汝为：天津日租界街名沧桑

万鲁建：沦陷时期的天津日侨社会

第三届问津学术年会日程

名称:第三届问津学术年会

时间:2015 年 12 月 26 日 09:00—16:30

地点:问津书院(河北四马路与元纬路交口巷肆创意产业园内)

日程安排

09:00—09:40 开幕会。王振良主持,二楼大会议室(集堂)

王振良总结问津书院 2014 年工作

郭凤岐先生作主题发言

09:40—10:00 合影(一楼中庭)

10:10—12:00 分组讨论(分组名单附后)

第一组 尹树鹏主持,三楼小会议室(学海堂)

第二组 王勇则主持,四楼小餐厅(止月轩)

第三组 万鲁建主持,一楼巷肆书吧(双槐书屋)

12:00—13:30 自助午餐(一楼餐厅)

　　　　　　休息并参观二楼天津地方文献中心(雅雨堂)

13:40—15:50 继续分组讨论

16:00—16:30 闭幕会。王振良主持,三楼会议室(学海堂)

　　　　　　小组主持人作分组总结(尹树鹏、王勇则、万鲁建)

　　　　　　大会主持人作会议总结

16:30 散会

附:分组名单(以到会为准)

第一组(23人)/主持人尹树鹏

方博、葛培林、管淑珍、侯福志、何德骞、吉朋辉、姜维群、金彭育、井振武、刘景周、罗丹、罗文华、荣 华、宋文彬、王振良、吴裕成、阎伯群、杨志垣、杨仲达、尹树鹏、张建、杜琨(记者)、录像师

第二组(22人)/主持人王勇则

陈克、郭凤岐、李炳德、李瑞林、梁广中、罗澍伟、倪斯霆、齐珏、曲振明、王勇则、尹忠田、张诚、张辉、张金声、张绍祖、章用秀、甄光俊、周利成、周醉天、刘礼宾、于霁丹(记者)、录像师

第三组(25人)/主持人万鲁建

陈鑫、高惠军、侯杰、李学智、刘国有、刘利祥、刘欣、刘运峰、卢岚、仇润喜、任吉东、孙爱霞、万鲁建、王杰、王静、王来华、杨传庆、叶修成、张博、张春生、张利民、侯文韬、杨森、李海燕(记者)、录像师

问津——不断前行的探索

万鲁建

第三届问津学术年会的论文集终于编定,总算松了一口气。这是我第二年编辑年会论文集,既是荣幸也是责任。按照惯例,还是应该说几句的。

本届学术年会,与会学者70余人,提交文章74篇,与前两届年会相比微有增加,论文集将近800页,也算是很厚重的一本书了。书中既有专业性的学术论文,也有通俗性的报刊文章,但都颇有新意,令人欣喜。从内容上来说,几乎囊括天津历史社会文化的各个方面。本年度论文集的一个显著特点是,有关沦陷时期天津社会的文章非常显著,这固然与2015年是中国人民抗日战争暨世界反法西斯战争胜利70周年有关,但也应该看到,随着各方面史料的编译出版和天津历史研究的不断深入,为这些研究提供了资料支持和研究基础,这些成果的出现也就显得水到渠成了。我相信,今后将有更多的研究成果涌现。

还有一个不变的现象是,有关人物的文章仍旧最多,在全部

74篇文章中占去30余篇,而且多为近代历史人物。这自然又与近代天津的辉煌有关。作为近代中国的都市,天津不但能开风气之先,还因为拥有租界能够及时接触并学习西方文明,使得天津在软硬件方面都位于国内前列,这自然会吸引诸多政治界、经济界和文化界人士的到来。北洋政府时期,有人数众多的"寓公"阶层,占据着各租界的洋房别墅。再后来由于首都南迁,天津对外贸易的兴起,商人阶层在天津日益占据重要地位,形成了庞大的商人群体。经济的繁荣和社会的发展,又吸引了众多文化人的到来。近代著名的文化人严复、严修、张伯苓、梁启超、华世奎、方地山、曹禺等人,或生于天津,或驻留天津,都留下了难以磨灭的足迹。众多历史人物汇集天津,足以说明天津在近代中国历史上的地位。当然,本次年会文章所涉及的人物,大多是为人所熟知的历史人物。对于那些在天津历史上声名不显乃至被遮蔽的人物,我们还应该花大力气去钩沉,使其获得应有的历史地位。

天津市问津书院经过几年来的运转,已经呈现出喜人的局面。问津讲坛受到越来越多听众的关注,甚至还能与主讲人开展互动。问津文库已经出版40余种,其中不乏质量厚重之作,在天津文史学界早已闻名遐迩,甚至让学院派都产生了"嫉妒",有人说科研院所未能做到的事情,而民间学人却做得如此有声有色,实在令人佩服。问津书院在国内学界也具有了一定的影响力。据我所知,已经有不少人开始关注和收集问津文库这套丛书了。"小黄本"的《问津》,质量也日渐提升,成为学人喜爱之物,甚至有人托我寻找,可见受欢迎的程度。每年的问津学术年会,这就更不用说了,作为天津文史界同仁的一次年终聚会,已逐渐成为大家迎接新年的一道大餐,不少人对此都很是期盼。记得不久前,还有朋友问今年的学术年会还举办吗？怎么还没有发通知？我说当然会举办，通知稍后应该就能收到了。也有朋友问去年的论文集什么时候出版？今年年会时能拿到吗？我也肯定地回答"会的"。实际上，这时候我还没有完成论文集的最后一道程序，那就是综述和后记。现在，我终于可以卸下心中的重担，负责任地告诉朋友们年会时就能见到书了。

还有一个不能不提的现象，就是专业学者的参与兴趣越来越浓，参加人数也越来越多。问津学术年会本来就是天津文史研究者的交流平台，希望能完全打破学院派与民间学人的藩篱，实现两者的良性互动和交流，并在时机成熟的时候开展更具体的合作。如今看来，这一目标正在逐渐变为现实，甚至已经有专业学者与民间学人开展合作研究，并且取得了不错的成果。而这一切，正是得益于问津书院和问津学术年会这个平台。我相信，今后会有越来越多的此类合作，这也必将推动整个天津文史研究的交流与发展。

成绩已经过去，我们不再沉醉其中。未来大有可为，我们必将不断探索前行。在天津市问津书院同仁的不懈努力下，在天津文史学界同仁的倾情参与下，在所有书院朋友的大力襄助下，"问津"的明天一定会更美好！

最后，我还是要感谢给我支持的各位师友。感谢王振良先生的厚爱，给我机会继续学习。感谢章用秀先生在百忙之际欣然赐序。感谢天津社会科学院日本研究所田庆立副研究员慨然题写书名。感谢天津古籍出版社和唐舰编辑对于天津历史文化事业的付出。感谢天津社会科学院出版社和张博副总编辑对第三届问津学术年会论文集出版的支持。感谢所有与会及提交文章的师友!

　　惭愧的是,我本人学识有限,很多方面都在学习之中。再加上疏懒成性,致使论文集的编辑不免仓促,每每想起总是心有不安。因此,本书如有错讹,概由本人负责,还望诸位师友见谅。

　　　　　　　　　2016 年 11 月 28 日凌晨于津门愚心者言宅

《问津文库》已出书目

（总计462种）

◎ **天津记忆**

沽帆远影　刘景周著	59.00 元
茬莀芳华：洋楼背后的故事　王振良著	49.00 元
津门书肆记　雷梦辰原著/曹式哲整理	49.00 元
故纸温暖：老天津的广告　由国庆著	28.00 元
沽上文谭　章用秀著	38.00 元
百年留踪：解放桥的前世今生　方博著	39.00 元
南市沧桑　林学奇著	79.00 元
津沽漫记：日本人笔下的天津　万鲁建编译	39.00 元
忆弢盦：来新夏先生纪念文集　焦静宜编	92.00 元
与山河同在：天津抗日杀奸团回忆录　阎伯群编	38.00 元
楮墨留芳：天津文化名人档案　周利成著	30.00 元
布衣大师：允文允武的艺术名家阎道生　阎伯群著	30.00 元
口述津沽：民间语境下的堤头与铃铛阁　张建著	28.00 元

九河寻真.2014　万鲁建编　　　　　　　　　59.00 元

九河寻真.2015　万鲁建编　　　　　　　　　88.00 元

◎ 津沽文化研究集刊

《雷雨》八十年　耿发起等编　　　　　　　　55.00 元

陈诵洛年谱　张元卿著　　　　　　　　　　48.00 元

碧血英魂:天津市忠烈祠抗日烈士研究　王勇则著　　98.00 元

都市镜像:近代日本文学的天津书写　李炜著　　　38.00 元

◎ 津沽名家诗文丛刊

王南村集　王焕原著/宋健整理　　　　　　　68.00 元

严范孙先生古近体诗存稿　严修原著/杨传庆整理　　48.00 元

星桥诗存　苏之銮原著/曲振明整理　　　　　58.00 元

退思斋诗文存　陈宝泉原著/郑伟整理　　　　88.00 元

待起楼诗稿　刘云若原著/张元卿辑注　　　　42.00 元

◎ 津沽笔记史料丛刊

严修日记(1876—1894)　严修原著/陈鑫整理　138.00元

桑梓纪闻　马鸿翔原著/侯福志整理　　　　　42.00元

天津县乡土志辑略　郭登浩编　　　　　　　98.00元

◎ 随艺生活

方寸芸香:藏书票里的书故事　李云飞编　　　98.00元

问津书韵:第十三届全国读书年会文集　杜鱼编　78.00元